OCÉANO

ATLÁNTICO

Estrecho de la Florida

LAS BAHAMAS

La Habana • Matanzas

ar del Río

Cienfuegos

CUBA

Camagüey

Guantánamo

Santiago
de Cuba

**REPÚBLICA
DOMINICANA**

HAITÍ

San
Juan

*Islas
Vírgenes*

Port-au-
Prince

Santo
Domingo

Mayagüez

Ponce

Antigua

Kingston

**PUERTO
RICO**

Guadalupe

Antillas Menores

JAMAICA

Dominica

Martinica
Santa Lucía

Mar Caribe

Barbados

San Vicente

Curaçao

Granada

Aruba

Bonaire

*Isla
Margarita*

**Trinidad y
Tobago**

NDURAS

cigalpa

NICARAGUA

Caracas

on

Managua

L. de Nicaragua

*Canal de
Panamá*

ntarenas

**COSTA
RICA**

Colón

San José

Panamá

Río Orinoco

VENEZUELA

GUYANA

PANAMÁ

Panamá

*Golfo
de
Panamá*

Río Magdalena

COLOMBIA

Bogotá

ECUADOR

B R A S I L

PERÚ

Annotated Instructor's Edition

¡ARRIBA!
Comunicación y cultura

Fifth Edition

Eduardo Zayas-Bazán
Emeritus, East Tennessee State University

Susan M. Bacon
University of Cincinnati

Holly J. Nibert
Western Michigan University

 PEARSON
Prentice
Hall

 woЯLd
Languages

Upper Saddle River, New Jersey 07458

Publisher: *Phil Miller*
Editorial Supervisor/Assistant Development Editor: *Debbie King*
Director of Marketing: *Kristine Suárez*
Director of Editorial Development: *Julia Caballero*
Development Editor: *Janet García-Levitas*
Development Editor for Assessment: *Melissa Marolla Brown*
Production Supervision: *Nancy Stevenson*
Composition/Full-Service Project Management: *Natalie Hansen and Sandra Reinhard, Black Dot Group*
Assistant Director of Production: *Mary Rottino*
Supplements Editor: *Meriel Martínez Moctezuma*
Senior Media Editor: *Samantha Alducin*
Prepress and Manufacturing Buyer: *Brian Mackey*

Prepress and Manufacturing Manager: *Nick Sklitsis*
Interior Design: *Black Dot Group*
Cover Design: *Lisa Delgado, Delgado & Company*
Art Manager: *Maria Piper*
Illustrator: *Andrew Lange*
Director, Image Resource Center: *Melinda Reo*
Manager, Rights & Permissions IRC: *Zina Arabia*
Manager, Visual Research: *Beth Brenzel*
Image Permissions Coordinator: *Joanne Dippel*
Photo Researcher: *Elaine Soares*
Marketing Coordinator: *William J. Bliss*
Cover Image: *Getty Images/Laura Ronchi Collection*

This book was set in 10/12 Meridian Roman by Black Dot Group and was printed and bound by Von Hoffmann. The cover was printed by Phoenix Color Corp.

© 2008, 2004, 2001, 1997, 1993
by Pearson Education, Inc.
Upper Saddle River, NJ 07458

Printed in the United States of America
10 9 8 7 6 5 4 3 2 1

Student Edition: 0-13-222327-9 / 978-0-13-222327-0
Annotated Instructor's Edition: 0-13-230936-X / 978-0-13-230936-3
Brief Student Edition: 0-13-232310-9 / 978-0-13-232310-9

Pearson Education LTD., *London*
Pearson Education Australia PTY, Limited, *Sydney*
Pearson Education Singapore, Pte. Ltd.
Pearson Education North Asia Ltd., *Hong Kong*
Pearson Education Canada, Ltd., *Toronto*
Pearson Educación de Mexico, S.A. de C.V.
Pearson Education—Japan, *Tokyo*
Pearson Education Malaysia, Pte. Ltd.
Pearson Education, *Upper Saddle River*, New Jersey

Dedicado a Mabel J. Cameron (1914–2004)

Y a Manuel Eduardo Zayas-Bazán Recio (1912–1991)

"Y aunque la vida murió, nos dejó harto consuelo su memoria"

—**JORGE MANRIQUE**

BRIEF CONTENTS

120081

COMMUNICATIVE OBJECTIVES

VOCABULARY

CHAPTER 1

■ **Adjective form, position, and agreement** is introduced so that students may become familiar with the basic structure of a noun phrase before building their vocabulary with various adjectives presented in Chapter 2. **Subject pronouns and the present tense of** *ser* are basic elements needed for sentence formation, introduced at an early stage in order to encourage communication.

CHAPTER 2

■ After receiving initial input with forms of the verb **tener** in Chapter 1, students are exposed to the full conjugation of **The present tense of** *tener* and begin to produce these forms in Chapter 2. Knowledge of these forms is recycled in Chapter 3 with **Other expressions with** *tener.*

CHAPTER 3

■ The presentation of **Possessive adjectives** will encourage students to discuss things pertaining to them and their relationships with people and things. The presentation is also a precursor to the **Long-form possessive adjectives and pronouns** in Chapter 13.

CHAPTER 4

■ The presentation of pronouns is sequenced in an incremental fashion beginning in this chapter with **Direct objects, the personal** *a,* **and direct object pronouns** and continuing through Chapter 8. In these chapters, the text reinforces the connection between objects and the pronouns that represent them.

CHAPTER 5

■ **Reflexive constructions: pronouns and verbs** are presented in this chapter along with **The present progressive** in a complementary fashion, allowing students to learn the uses of each structure and later encouraging them to use both simultaneously.

1
Hola, ¿qué tal?
2

Meeting and greeting others
Spelling your name
Performing simple math problems
Talking about the calendar and dates

Describing your classroom
Responding to classroom instructions
Talking about yourself and others
Identifying colors and talking about your favorite color

Saludos y despedidas

En la clase

LETRAS Y SONIDOS:
Spanish vowels

2
¿De dónde eres?
38

Describing yourself, other people, and things
Asking and responding to simple questions
Asking for and telling time

Talking about what you like to do (*me gusta/te gusta*)
Talking about what you have and what you have to do

Adjetivos descriptivos y adjetivos de nacionalidad

¿De dónde eres? ¿Qué haces? ¿Qué te gusta hacer?

LETRAS Y SONIDOS:
More on vowels in Spanish

3
¿Qué estudias?
74

Exchanging information about classes
Talking about things that belong to you
Talking about how you and others feel

Describing yourself and others
Asking for and giving simple directions

Las materias académicas y la vida estudiantil

Los edificios de la universidad

LETRAS Y SONIDOS:
Syllabification in Spanish

4
¿Cómo es tu familia?
114

Talking about your family
Expressing desires and preferences
Planning activities

Extending invitations
Making spatial references
Discussing things you know

Miembros de la familia

El ocio

LETRAS Y SONIDOS:
Word stress and written accent marks in Spanish

5
¿Cómo pasas el día?
154

Describing your daily routine and habits
Expressing needs related to personal care
Expressing emotional states
Comparing objects and people

Talking about what you do around the house
Discussing people or things using superlatives
Describing what is happening at the moment

Las actividades diarias

Los quehaceres domésticos

LETRAS Y SONIDOS:
The consonants "h, ch" in Spanish

STRUCTURES	CULTURE	READING AND WRITING
The Spanish alphabet The numbers 0–100 The days of the week, the months, and the seasons	**COMPARACIONES:** El mundo hispano **OBSERVACIONES:** *¡Pura vida!,* Episodio 1 **PANORAMAS:** El mundo hispano	**PÁGINAS:** "Versos sencillos, XXXIX", José Martí **TALLER:** Una carta de presentación
Nouns and articles Adjective form, position, and agreement Subject pronouns and the present tense of *ser* (to be)	**RITMOS:** "Salsa en Nueva York", Típica Novel (Cuba, Nueva York)	
Telling time Formation of yes/no questions and negation Interrogative words	**COMPARACIONES:** Nombres, apellidos y apodos **OBSERVACIONES:** *¡Pura vida!,* Episodio 2	**PÁGINAS:** "*E-milios*" por correo tradicional **TALLER:** Una entrevista y un sumario
The present tense of regular -*ar* verbs The present tense of regular -*er* and -*ir* verbs The present tense of *tener*	**PANORAMAS:** España: Tierra de Don Quijote **RITMOS:** "Cuéntame alegrías", Tachú (España)	
The numbers 101–3,000,000 Possessive adjectives Other expressions with *tener*	**COMPARACIONES:** Las universidades hispánicas **OBSERVACIONES:** *¡Pura vida!,* Episodio 3	**PÁGINAS:** El Museo de Antropología de México **TALLER:** Una carta personal
The present tense of *ir* (to go) and *hacer* (to do; to make) The present tense of *estar* (to be) Summary of uses of *ser* and *estar*	**PANORAMAS:** ¡México lindo! **RITMOS:** "La Bamba", Mariachi Vargas de Tecalitlán (México)	
The present tense of stem-changing verbs: *e→ie, e→i, o→ue* Direct objects, the personal *a*, and direct object pronouns The present tense of *poner, salir,* and *traer*	**COMPARACIONES:** La familia hispana **OBSERVACIONES:** *¡Pura vida!,* Episodio 4 **PANORAMAS:** La América Central I: Guatemala, El Salvador, Honduras	**PÁGINAS:** "Querida Dolores" **TALLER:** Una invitación
Demonstrative adjectives and pronouns *Saber* and *conocer*	**RITMOS:** "Marimba con punta", Los Profesionales (Honduras)	
Reflexive constructions: pronouns and verbs Comparisons of equality and inequality	**COMPARACIONES:** El ecoturismo en Costa Rica **OBSERVACIONES:** *¡Pura vida!,* Episodio 5	**PÁGINAS:** Playa Cacao **TALLER:** Vendo casa
The superlative The present progressive	**PANORAMAS:** La América Central II: Costa Rica, Nicaragua, Panamá **RITMOS:** "Ligia Elena", Rubén Blades (Panamá)	

CHAPTER 6

■ The introduction of **Indirect objects and indirect object pronouns** in the *Primera parte* precedes the presentation of *Gustar* and similar verbs in the *Segunda parte*, allowing students to learn the forms of the indirect object pronouns along with the verbs that require these pronouns in their usage.

CHAPTER 7

■ **Double object pronouns** are presented here after having given students ample practice with the direct and indirect object pronouns by themselves.

CHAPTER 8

■ The presentation of **The impersonal and passive *se*** concludes the presentation of pronouns. Students have learned the difference between the form and function of all sets of pronouns before seeing them used in different contexts, like the passive **se** in this chapter.

CHAPTER 9

■ **The Spanish subjunctive: An introduction** presents the mood that students will be using and practicing throughout the rest of the text in a sequential fashion. In the introduction, students learn the basic form, context, and meaning, which they will build upon in later chapters.

CHAPTER 10

■ The presentation of *Nosotros* **commands**, as well as **Indirect commands**, in the same chapter as **The subjunctive to express feelings and emotions** and **The subjunctive to express doubt and denial** allows students to see how the uses of the subjunctive, including most command forms, relate semantically to each other.

	COMMUNICATIVE OBJECTIVES	VOCABULARY
6 **¡Buen provecho!** 188	Discussing food, eating preferences, and ordering meals Talking about things and expressing to whom or for whom Expressing likes and dislikes Discussing cooking and recipes Talking about events in the past	Las comidas y las bebidas En la cocina **LETRAS Y SONIDOS:** The sequences "s, z, ce, ci" in Spanish
7 **¡A divertirnos!** 222	Talking about activities you like to do in your free time Making plans to do something Talking about indefinite people and things, and people and things that do not exist Talking about different sports Reporting past events and activities Taking shortcuts in conversation	El tiempo libre Los deportes **LETRAS Y SONIDOS:** The sequences "ca, co, cu, que, qui, k" in Spanish
8 **¿En qué puedo servirle?** 256	Shopping at a department store Talking about what used to happen and what you used to do in the past Describing a scene in the past Reading and responding to advertisements Describing a product Contrasting what happened in the past with something else that was going on Making general statements about what people do	Las compras y la ropa Tiendas y artículos personales **LETRAS Y SONIDOS:** The sequences "j, ge, gi, x" in Spanish
9 **Vamos de viaje** 292	Requesting travel-related information Making travel arrangements Describing travel experiences Trying to influence another person Giving advice	En el aeropuerto Los viajes **LETRAS Y SONIDOS:** The letter "g" in sequences other than "ge, gi" in Spanish
10 **¡Tu salud es lo primero!** 328	Talking about your health and explaining what part of your body hurts Inviting others to do something Making suggestions indirectly Talking about how to stay fit Expressing emotions Giving your opinion about something	Las partes del cuerpo humano Los alimentos **LETRAS Y SONIDOS:** The consonants "r, rr" in Spanish

STRUCTURES	CULTURE	READING AND WRITING
The subjunctive with impersonal expressions Formal commands The subjunctive and the indicative with adverbial conjunctions	**COMPARACIONES:** Los empleos y las relaciones personales **OBSERVACIONES:** *¡Pura vida!*, Episodio 11 **PANORAMAS:** El virreinato de la Plata: la Argentina y el Uruguay **RITMOS:** "Todo cambia", Mercedes Sosa (Argentina)	**PÁGINAS:** "No hay que complicar la felicidad", Marco Denevi **TALLER:** Un *currículum vitae* y una carta de presentación para solicitar trabajo
The past participle and the present perfect indicative The present perfect subjunctive The future and the future of probability The conditional and conditional of probability *Tú* commands	**COMPARACIONES:** La tecnología y el idioma **OBSERVACIONES:** *¡Pura vida!*, Episodio 12 **PANORAMAS:** Los hispanos en los Estados Unidos **RITMOS:** "Caminando", Millo Torres y El Tercer Planeta (Puerto Rico)	**PÁGINAS:** *La casa en Mango Street* (fragmento), Sandra Cisneros **TALLER:** Un relato personal
The imperfect subjunctive Long-form possessive adjectives and pronouns *Si* clauses The future perfect and the conditional perfect	**COMPARACIONES:** Periódicos del mundo hispano **OBSERVACIONES:** *¡Pura vida!*, Episodio 13 **PANORAMAS:** La herencia cultural de España: las culturas, los idiomas y las comunidades autónomas **RITMOS:** "Se vende", ADN (España)	**PÁGINAS:** *Solos esta noche* (fragmento), Paloma Pedrero **TALLER:** Reseña de una película
Hacer in time expressions The pluperfect indicative The pluperfect subjunctive and the conditional perfect	**COMPARACIONES:** Julio Bocca, bailarín **OBSERVACIONES:** *¡Pura vida!*, Episodio 14 **PANORAMAS:** El arte moderno hispano **RITMOS:** "Que viva el son montuno", Típica Novel (Cuba, Nueva York)	**PÁGINAS:** "El crimen perfecto", Enrique Anderson Imbert **TALLER:** Una escena dramática
The subjunctive with indefinite and nonexistent antecedents The relative pronouns *que, quien,* and *lo que* *Se* for unplanned occurrences The passive voice *Pero* or *sino*	**COMPARACIONES:** La política y los hispanos **OBSERVACIONES:** *¡Pura vida!*, Episodio 15 **PANORAMAS:** La herencia indígena **RITMOS:** "Tu música popular", Gilberto Santa Rosa (Puerto Rico)	**PÁGINAS:** "Bajo la alambrada", Francisco Jiménez **TALLER:** Un editorial periodístico

PREFACE

¡Arriba! continues to rise! We were very pleased by the enthusiastic response to the changes we made in the fourth edition of *¡Arriba!,* and our aim has been to make the fifth edition an even more complete and flexible program for first-year Spanish courses, one that instructors with varying teaching styles can adopt with confidence. With help from an unprecedented number of reviewers, we have made many important refinements in the student text. But we have also extensively revised the other components of the *¡Arriba!* program, with the goal of creating a completely integrated whole that will allow students to have a successful and rewarding learning experience.

Since it was first published in 1993, *¡Arriba! Comunicación y cultura* has been used successfully by thousands of instructors and hundreds of thousands of students throughout North America. Originally conceived to address the need for an elementary Spanish text that went beyond grammar drills to develop cultural insight and communication skills, it has come to be known as a highly flexible program—one that can be used effectively in a wide range of academic settings by instructors who teach the course in different ways. Adopters have consistently praised *¡Arriba!* for its clarity and for providing materials that are both motivating and easy to use in the classroom. We believe that they will find those qualities reflected in the fifth edition as well.

Organization and Pedagogy

Like its predecessors, the fifth edition of *¡Arriba!* consists of fifteen thematically organized chapters. The first twelve chapters present essential communicative functions and structures, along with basic cultural information about the countries that make up the Hispanic world. The last three chapters present more advanced structures together with thematically focused, cultural material. (A brief version of the text, consisting of the first twelve chapters only, is also available.)

All chapters have the same basic organizational structure, with content presented in three major sections. The language material that forms the core of each chapter is divided into two distinct instructional units, *Primera parte* and *Segunda parte.* The third, entitled *Nuestro mundo,* is a synthesizing section that presents cultural information along with activities designed to develop students' reading and writing skills. A two-page spread at the beginning of each chapter serves as an advanced organizer and presents the chapter's communicative objectives.

The *Primera* and *Segunda partes* are largely parallel in their organizational structure. They include the following sections:

- *¡Así lo decimos!* presents new vocabulary related to the chapter theme. This section begins with *¡Así es la vida!,* lively conversations and readings that set the stage for the communicative functions and culture to be presented more formally later in the chapter. Drawings (many of them new to this edition) are used extensively to provide visual context for vocabulary learning and practice. Words are listed in practical, functional groups to facilitate student retention. This section also offers a wide variety of practice activities, ranging from more guided to more open-ended activities, among them an audio activity that builds on the language sample introduced in *¡Así es la vida!*

■ *¡Así lo hacemos!* presents grammar structures related to the chapter's communicative objectives. We have tried to make the explanations as clear and concise as we could, with short, bulleted points followed immediately by examples. Wherever possible we have supplemented the words with helpful and (we hope) entertaining illustrations. **Study Tips** boxes assist students with structures that non-native speakers of Spanish often find difficult, and additional structures are elaborated further in the *Expansión* boxes, also located in this section. A wide variety of practice activities is provided for each grammatical topic, moving from form-focused to meaning-focused to more open-ended communicative activities.

■ The *¿Cuánto sabes tú?* boxes at the end of each part serve as a form of self-assessment. They are designed to remind students of the communicative objectives for the chapter and assist them in determining how well they have mastered the material.

■ *Letras y sonidos* boxes (new to this edition) offer a brief presentation of an important pronunciation topic. The purpose of these boxes is to help students improve their listening and speaking skills.

■ *Comparaciones* (in the *Primera parte* only) presents information regarding the Spanish-speaking world as a whole, then asks students to compare what they have learned with aspects of their own culture. The *En tu experiencia* questions invite students to reflect on their experiences within their own culture, while the *En tu opinión* activities encourage them to discuss topics further in small groups.

■ *Observaciones* (in the *Segunda parte* only) offers a comprehensive and engaging set of activities based on the corresponding episode of a new video filmed specifically to accompany the fifth edition of *¡Arriba!* This sitcom-like video, entitled *¡Pura vida!,* features the interactions of five young adults who have all found their way to a residence in Costa Rica. The pre-viewing, viewing, and post-viewing activities in the text are designed to help students follow the story that unfolds in each episode.

The *Nuestro mundo* section of each chapter includes the following elements:

■ *Panoramas* is a visually and textually panoramic presentation of the Hispanic country or region that is the focus of the chapter. The material is supported by activities that encourage students to discuss the regions and topics, do additional research on the web, and make comparisons between the targeted country's culture and their own.

■ *Ritmos* is designed to help students understand and appreciate the musical culture of the targeted country or region. The text offers pre-listening, listening, and post-listening activities to accompany the musical selections. The selections themselves are available to instructors on an accompanying audio *Ritmos de nuestro mundo* CD.

■ *Páginas* focuses on the development of reading skills. The readings include excerpts from magazine and newspaper articles, a fable, poems, short stories, plays, and novel excerpts. All are authentic texts written by contemporary Hispanic writers from various parts of the Spanish-speaking world, including the United States. All of the readings are accompanied by pre- and post-reading activities.

■ *Taller* provides guided writing activities that incorporate the vocabulary, structures, and themes covered elsewhere in the chapter. Writing assignments are varied, ranging from personal and business letters to fables. Each assignment is presented in a process-oriented manner, encouraging

students to follow a carefully planned series of steps that includes both self-monitoring and peer editing.

Each chapter concludes with a comprehensive, clearly organized list of all active vocabulary words introduced in the chapter. This section (which is new to this edition) also includes grammatical references for quicker access to information.

New to This Edition

Drawing on the success of previous editions, the fifth edition of *¡Arriba!* has been carefully crafted to introduce another generation of students to Spanish language and culture. Like its predecessors, the new edition has been designed as an eclectic and flexible text that is clear, easy to use, and motivating to students. But while the goals remain the same, many refinements and additions have been made as a result of extensive feedback from over 150 reviewers. The comprehensive array of supplemental materials has also been carefully reviewed and revised, and several new items have been added to the program. Specific changes include the following:

- **A new, more visual layout** in the *¡Así lo decimos!* sections has been designed to aid and motivate vocabulary learning. Small drawings are used to convey the meaning of many individual vocabulary words, lessening dependence on English translations. Larger, more complex drawings are also provided so that students can visualize the context in which new vocabulary words could be used. Audio recordings of all the vocabulary items in this section are available online and on an accompanying set of CDs.

- At the end of each chapter, a **new summary** listing all the active vocabulary words introduced in the chapter facilitates review and serves as a quick reference.

- **A new pronunciation section** in each chapter, titled *Letras y sonidos,* helps students with pronunciation of new words as well as those introduced in previous chapters. In early chapters these sections focus on aspects of pronunciation that may affect the speaker's ability to communicate meaning. Later chapters deal with topics that contribute to the perception of a non-native accent in Spanish. Each *Letras y sonidos* section includes exercises that the instructor may elect to use with students for more focused practice.

- **Four new songs** in the *Ritmos* sections allow students to experience engaging and motivating music from around the Hispanic world. The new songs include *Salsa en Nueva York, La Bamba, Junto a ti,* and *Que viva el son montuno.*

- **Four new readings** in the *Páginas* sections reflect current events and create balance in the text between cultural and literary readings. The new readings include "*E-milios* por correo tradicional," "El Museo de Antropología de México," "El Santiago" (Reseña periodística), and "Un folleto turístico."

- **A completely new video,** carefully scripted to reinforce the sequence of topics in the fifth edition of *¡Arriba!,* is the focus of the revised *Observaciones* sections in the second part of each chapter. This sitcom-like video, entitled *¡Pura vida!,* features the interactions of five young adults who have all found their way to a residence in Costa Rica. The pre-viewing, viewing, and post-viewing activities in the text are designed to help students follow the story that unfolds in each episode.

■ **Many new annotations** in the **Annotated Instructor's Edition** provide a wealth of additional suggestions that will help instructors get the most out of each chapter's contents. The new annotations were added to provide more support to instructors, to facilitate different teaching styles, and to provide clear direction for lesson planning. These annotations enhance activities in the text by offering ideas for pre-activity warm-ups and tips on implementation, as well as suggestions for wrap-up and expansion. The new annotations likewise include additional activities made available for extra practice or as alternatives to activities in the text. Finally, various notes are included that suggest ways an instructor can deepen student understanding of certain structures in the target language.

■ The sequencing of grammar topics has been revised to achieve a better balance between chapters and across semesters. Specific changes include the following:

◆ In Chapter 2, *-ar* verbs and *-er/-ir* verbs are now presented as two separate topics, giving students the opportunity to practice *-ar* verbs before moving on to *-er/-ir* verbs.

◆ Coverage of the present progressive has been moved from Chapter 3 to Chapter 5 to better balance the grammatical load and discourage misuse of the progressive form in Spanish.

◆ The treatment of pronouns has been reorganized and spread over a larger number of chapters in order to allow students to learn each set of pronouns and their functions in a clearer, more efficient manner. "Indirect object pronouns, *decir* and *dar*" and "*Gustar* and similar verbs" have moved from Chapter 5 to Chapter 6; "Double object pronouns" from Chapter 6 to Chapter 7; and "Impersonal and passive *se*" from Chapter 7 to Chapter 8.

◆ Coverage of superlatives has moved from Chapter 6 to Chapter 5 to maintain a balance of grammar topics in light of changes to the pronoun sequence.

■ The student text now includes icons with cross-references to supplemental material available in the accompanying **Student Activities Manual** and in the *¡Arriba!* audio and video programs. For more information, see "A Guide to *¡Arriba!* Icons," pages xxii–xxiii.

Program Components

Student Resources

AUDIO CDS TO ACCOMPANY THE TEXT

The recordings on this CD set correspond to the listening activities in the textbook as well as the *¡Así es la vida!* dialogues, the *¡Así lo decimos!* vocabulary words, and the new *Letras y sonidos* pronunciation section.

STUDENT ACTIVITIES MANUAL

The *¡Arriba!* **Student Activities Manual** includes "workbook" activities as well as audio- and video-based activities for each chapter of the text. The activities are integrated and organized to mirror the corresponding textbook chapter. Each chapter of the manual includes a *Letras y sonidos* section, two *¿Cuánto sabes tú?* sections, comprehensive activities on the *Observaciones* video segments, and an extended *Nuestro mundo* section. The contents of this manual are also available in online formats.

■ **ANSWER KEY TO ACCOMPANY THE STUDENT ACTIVITIES MANUAL**
The **Answer Key** contains answers to all activities in the **Student Activities Manual.**

■ **AUDIO CDS TO ACCOMPANY THE STUDENT ACTIVITIES MANUAL**
The recordings on this CD set correspond to the listening activities in the *¡Arriba!* **Student Activities Manual.**

ADDITIONAL PRACTICE ACTIVITIES
This *¡Arriba!* supplement provides additional activities that can be used in class or assigned for out-of-class work. Integrating highly motivational activities such as games, crossword puzzles, fill-in-the-blank activities, and paired activities, it is a rich resource for a variety of teaching situations.

QUICK GUIDE TO SPANISH GRAMMAR
This brief supplement (with laminated pages to ensure durability) provides students with a handy reference source on the key points of Spanish grammar. It is available at a special discount in value packs with the *¡Arriba!* student text.

¡PURA VIDA! VIDEO
¡Pura vida! is an original story-line video filmed specifically to accompany the fifth edition of *¡Arriba!* Over the course of its fifteen episodes, students follow the interactions of five principal characters who find themselves living together in a youth hostel in San José, Costa Rica. Students are able to see the vocabulary and grammar structures presented in the textbook in use in realistic situations while gaining a deeper understanding of Hispanic culture. The sitcom-like format allows instructors to show or assign segments for some chapters without being obligated to do so for others. Pre-viewing, viewing, and post-viewing activities are found in the *Observaciones* sections of the textbook and the **Student Activities Manual.** The video is available for student purchase on DVD, but is also available within **MySpanishLab.** In addition, the video is available to instructors on DVD and VHS cassette.

Meet The Cast!

Here are the main characters of *¡Pura vida!* whom you will get to know when you watch the video:

Doña María

Felipe

Hermés

Silvia

Patricio

Marcela

VISTAS CULTURALES **VIDEO**

The new, Telly™ award-winning *Vistas culturales* video provides students with a rich and dynamic way to expand, enhance, and contextualize the cultural materials they study in the *Panoramas* section of the textbook. The eighteen ten-minute vignettes include footage from every Spanish-speaking country. Each of the accompanying narrations, which employ vocabulary and grammar designed for first-year language learners, was written by a native of the featured country or region. The video is available for student purchase on DVD, but is also available within **MySpanishLab.** In addition, the video is available to instructors on DVD and VHS cassette.

- *VISTAS CULTURALES* **VIDEO GUIDE**
  The video guide includes useful vocabulary and pre-, during-, and post-viewing activities designed to guide students as they view each country segment.

ENTREVISTAS **VIDEO**

The new *Entrevistas* video consists of guided but authentic interviews with native Spanish speakers on topics related to each chapter's theme. Participants employ target grammatical structures and vocabulary while providing broader cultural perspectives on chapter themes. The video is available for student purchase on DVD, but is also available within **MySpanishLab.** In addition, the video is available to instructors on DVD and VHS cassette.

Instructor Resources

ANNOTATED INSTRUCTOR'S EDITION (AIE)

The *¡Arriba!* **AIE** now has a new format, with slightly larger pages, to allow inclusion of a great deal of helpful new material. Icons are placed at appropriate points throughout each chapter to indicate related resources available in other components of the *¡Arriba!* program (see chart on pages xxii–xxiii for the icon key). The number of marginal instructor annotations has been greatly increased. The annotations fall into several categories:

- **Pre-activity Preparation:** Suggestions for instructor preparation, such as what the instructor might need to bring to the classroom, beyond the text, to carry out an activity.

- **Warm-up:** Suggestions for activating students' prior knowledge or helping set up an activity before carrying it out.

- **Implementation:** Ideas for implementing an activity that go beyond the direction lines.

- **Expansion:** Ideas for lengthening or adding to an activity, e.g., by asking additional questions or by applying the information to students' lives.

- **Wrap-up:** Suggestions for concluding an activity effectively, e.g., by drawing a conclusion based on the students' responses or by sampling or reviewing student responses.

- **Additional Activity:** Independent activities separate but related to those in the student text that offer instructors further options for classroom practice with students.

- **Note:** Additional information on how a structure functions or how a word is used, beyond what is provided in the student text.

- **Audioscript:** The written script of what is heard on the accompanying audio program.

- **Lyrics to *Ritmos* songs:** Full lyrics of all of the songs on the *Ritmos de nuestro mundo* CD.

INSTRUCTOR'S RESOURCE MANUAL (IRM)

The *¡Arriba!* **IRM** is a comprehensive resource that instructors can use for a variety of purposes. Contents include:

An introduction that discusses the philosophy behind the *¡Arriba!* program, a guide to using the text's features, and a guide to other program components.

Pointers for new instructors, including lesson planning, classroom management, warm-ups, error correction, first day of class, quizzes/tests, and other teaching resources.

An explanation of the North American educational system, written (in Spanish) for instructors who may be unfamiliar with it.

Sample syllabi showing how the *¡Arriba!* program can be used in different educational settings and at different paces.

Detailed lesson plans for selected chapters.

The audioscript for the **Student Activities Manual** audio program.

The videoscripts for all three *¡Arriba!* videos *(¡Pura vida!, Vistas culturales,* and *Entrevistas*), as well as suggested activities for the *Entrevistas* video. (Activities for *¡Pura vida!* and *Vistas culturales* are available in other components of the program.)

IN-CLASS COMMUNICATIVE PROJECTS

This unique supplement (new to this edition of *¡Arriba!*) consists of highly interactive classroom activities coordinated with the text's communicative objectives. It includes student handouts as well as tips for instructors. These activities offer instructors additional opportunities to motivate students while enhancing their communication skills.

MUSIC CD: *RITMOS DE NUESTRO MUNDO*

This music CD contains recordings of all songs featured in the *Ritmos* sections of *¡Arriba!* The songs have been carefully selected to represent a variety of musical genres and styles and to reflect the culture of the country or region featured in the corresponding chapter of the text.

TRANSPARENCIES

The *¡Arriba!* transparency set consists of all the maps from the textbook as well as the drawings found in the *¡Así lo decimos!* sections. It also includes some drawings not found in the student text.

POWERPOINT PRESENTATIONS

This new set of **PowerPoint Presentations** includes all of the visual material in the *¡Arriba!* transparencies set, together with dynamic presentations on each grammar point covered in the text.

IMAGE RESOURCE CD

Digital versions of all illustrations in the *¡Arriba!* student textbook are provided on this CD. Instructors can use the images to create their own handouts, transparencies, PowerPoint slides, and test questions.

TESTING PROGRAM

The *¡Arriba!* **Testing Program** has been completely revised and greatly enhanced for this edition. In addition to two finished, ready-to-use tests for each chapter, it contains over 500 testing modules from which instructors can draw to create customized tests. The finished tests and modules have been carefully edited to ensure close coordination with the textbook and **Student Activities Manual.** The content area, assessment goal, and response type are identified for each module. Available within **MySpanishLab** is a user-friendly test-generating program known as **MyTest** that allows instructors to select, arrange, and customize testing modules to meet the needs of their courses. Once created, tests can be printed on paper or administered online.

- **TESTING PROGRAM AUDIO ON CD**
  This CD contains the recordings to accompany the listening activities in the
  ¡Arriba! **Testing Program.**

Online Resources

MYSPANISHLAB™

MySpanishLab™ is a new, nationally hosted online learning system created
specifically for students in college-level language courses. It brings together—in
one convenient, easily navigable site—a wide array of language-learning tools
and resources, including an interactive version of the *¡Arriba!* **Student
Activities Manual,** an electronic version of the *¡Arriba!* student text, and all
materials from the *¡Arriba!* audio and video programs. Readiness checks,
chapter tests, and tutorials personalize instruction to meet the unique needs of
individual students. Instructors can use the system to make assignments, set
grading parameters, listen to student-created audio recordings, and provide
feedback on student work. Instructor access is provided at no charge. Students
can purchase access codes online or at their local bookstore.

QUIA™ STUDENT ACTIVITIES MANUAL

An interactive version of the *¡Arriba!* **Student Activities Manual,** including
the related audio and video materials, is available in the highly regarded **Quia**™
platform. Instructors' access is provided at no charge. Students can purchase
access codes online or at their bookstore.

COMPANION WEBSITE™

The open-access **Companion Website**™ features access to the *¡Arriba!* audio
program, web resources such as cultural activities and links, practice activities,
and comprehensive chapter review materials.

ACKNOWLEDGMENTS

The fifth edition of *¡Arriba!* is the result of careful planning between ourselves and our publisher and ongoing collaboration with students and you—our colleagues—who have been using the first, second, third, and fourth editions. We look forward to continuing this dialogue and sincerely appreciate your input. We owe special thanks to the many members of the Spanish-teaching community whose comments and suggestions helped shape the pages of every chapter. We gratefully acknowledge and thank in particular our reviewers for this fifth edition:

Riyad Abifaker, *University of North Carolina at Charlotte*
Claudia Acosta, *College of the Canyons*
Ana Almonte, *Hudson Valley Community College*
Raysa Amador, *Adelphi University*
Carol Amman, *Alfred State College*
Yuly Asención, *Northern Arizona University*
J. Stewart Bankhead, *University of North Carolina at Charlotte*
Gabriel Barreneche, *Rollins College*
Hilario Barrero, *Borough of Manhattan Community College, CUNY*
Anne Becher, *University of Colorado at Boulder*
Camile Bethea, *Wofford College*
Paola Bianco-Sobejano, *Wilkes University*
Brian Boisvert, *University of Massachusetts at Amherst*
Amanda Boomershine, *University of North Carolina at Wilmington*
Judy Brandon, *Clovis Community College*
Darren Broome, *Gordon College*
Laura Brown, *University of North Carolina at Charlotte*
Suzanne M. Buck, *Albuquerque Technical Vocation Institute*
Valerie Budig-Markin, *Humboldt State University*
Julia Bussade, *University of Mississippi*
Wendy Caldwell, *Francis Marion University*
Gina Carrion, *Angelo State University*
Horacio Castillo-Pérez, *University of North Carolina at Charlotte*
Laura Chamberlain, *Coastal Carolina Community College*
Deb Cohen, *Slippery Rock University*
Francesca Colecchia, *Duquesne University*
Elizabeth Contreras, *University of Mississippi*
Mary Cook, *Coastal Carolina Community College*
Angelina Craig-Flórez, *Columbia University*
Cathy Davis, *Rockland Community College*
John F. Day, *St. Norbert College*
Fidel de León, *El Paso Community College*
Jesus de León, *El Paso Community College*
María de los Santos Onofre-Madrid, *Angelo State University*
Douglas Deane, *Albuquerque Technical Vocation Institute*
Mark Del Mastro, *The Citadel*
Nancy Di Bella, *University of Southern Florida*
Christopher DiCapua, *Community College of Philadelphia*
Debra Dickerson, *University of Tennessee at Chattanooga*
Lisa Dillon, *Oakland Community College*
Conxita Domenech, *Front Range Community College*

Patrick Duffy, *La Salle University*
Lucia Dzikowski, *Seminole Community College*
Gilta Engman, *Nova Southeastern University*
Héctor M. Enríquez, *University of Texas at El Paso*
Norma Espinosa-Parker, *Compton Community College*
Enric Figueras, *Boise State University*
Patricia Figueroa, *Pima Community College*
Tanya Flores, *Boise State University*
Roberto Fuertes-Manjón, *Midwestern State University*
Guadalupe C. Gámez, *University of Texas at El Paso*
Ricardo García, *San Jacinto College South*
José M. García-Paine, *Front Range Community College at Boulder*
Linda Gianoulis, *Northwestern College*
Zoila Gil, *University of North Carolina at Charlotte*
Nathan Glockle, *Dakota County Technical College*
Concepción Godev, *University of North Carolina at Charlotte*
Gail Grosso, *Albuquerque Technical Vocation Institute*
Karen Guffey, *Gordon College*
Hannelore Hahn, *College of Saint Elizabeth*
Eric Henager, *Rhodes College*
Lorenza Hernández, *Clovis Community College*
Amarilis Hidalgo de Jesús, *Bloomsburg University of Pennsylvania*
Anneliese Horst Foerster, *Queens University of Charlotte*
Diana Huey, *Clovis Community College*
Silvia Huntsman, *Sam Houston State University*
Margarita Jacome, *Denison University*
J. Eduardo Jaramillo-Zuluaga, *Denison University*
Alexis Jardine, *Reading Area Community College*
Shannie Jessup, *Surry Community College*
Valerie Y. Job, *South Plains College*
David Knutson, *Xavier University*
J. Grady Lacy, *Surry Community College*
Nilsa Lasso-von Lang, *Moravian College*
Luis E. Latoja, *Columbus State Community College*
Jacquelyn Linnes, *North Central University*
Iraida H. López, *Ramapo College*
Nuria López-Ortega, *University of Cincinnati*
Thedore Maier, *Danville Community College*
Martha Manier, *Humboldt State University*
Laura Manzo, *Modesto Junior College*
Delmarie Martínez, *Nova Southeastern University*
Angelica McMillan, *Front Range Community College*
Neal A. Messer, *Virginia Military Institute*
Brenda Miller, *Northeast Iowa Community College*
Charles H. Molano, *Lehigh Carbon Community College*
Alexis Moore, *Albuquerque Technical Vocation Institute*
Carlos Murrell, *North Carolina Central University*
Lisa Nalbone, *University of Central Florida*
Mary Newcomer McKinney, *Texas Christian University*
Trista Nicosia, *Cape Fear Community College*
Lola Norris, *Texas A&M International University*
Cristina Ortiz, *University of Wisconsin at Green Bay*
Jayne Ortiz, *University of North Carolina at Charlotte*
Luisa Ossa, *La Salle University*
Sue Otto, *University of Iowa*
Eliezer Oyola, *Evangel University*
Milta Oyola, *Evangel University*

Mirta Pimentel, *Moravian College*
Alcibíades Policarpo, *Sam Houston State University*
Harriet Poole, *Lake City Community College*
Comfort Pratt, *Texas Tech University*
Nicole Price, *Denison University*
Mónica Prieto, *Florida International University*
Anne M. Prucha, *University of Central Florida*
Kay E. Raymond, *Sam Houston State University*
Kathleen Regan, *University of Portland*
Alejandra Rengifo, *Central Michigan University*
Ray Rentería, *Sam Houston State University*
Danielle L. Richardson, *Randolph Community College*
Sheila Rivera, *University of Central Florida*
Ignacio Rodeño, *Xavier University*
Joaquín J. Rodríguez-Barberá, *Sam Houston State University*
Nilsa Rodríguez-Jaca, *The Culinary Institute of America*
Caroline Rueda, *University of Cincinnati*
Ivan Ruiz-Ayala, *Georgia College & State University*
Maritza Salgueiro-Carlisle, *Bakersfield College*
Ruth Sánchez Imizcoz, *The University of the South*
Loreto Sánchez-Serrano, *Johns Hopkins University*
Carmen Schlig, *Georgia State University*
Rosalba E. Scott, *University of North Carolina at Charlotte*
Gilberto Serrano, *Columbus State Community College*
Paul Sexton, *Tarrant County Northwest*
Albert Shank, *Scottsdale Community College*
Michele Shaul, *Queens University of Charlotte*
Margaret L. Snyder, *Moravian College*
Mary Stevens, *SUNY New Paltz*
Rosa María Stoops, *University of Montevallo*
Charles Swadley, *Oklahoma Baptist University*
Katheryn A. Thompson, *University of Tennessee at Chattanooga*
John Verbick, *University of Oklahoma*
Gayle Vierma, *University of Southern California*
Valerie Watts, *Asheville Buncombe Technical College*
Norman Weinstein, *Boise State University*
Kathleen M. Wheatley, *University of Wisconsin at Milwaukee*
Peter T. Whelan, *Francis Marion University*
Norma Williamson, *Sam Houston State University*
Joseph Wilson, *Catawba College*
Timothy D. Wilson, *University of Alaska, Fairbanks*
Tanya S. Wilder, *Washington State Community College*
Melinda J. Wise, *University of Cincinnati*
Bridget E. Yaden, *Pacific Lutheran University*
Erica Yozell, *Moravian College*
Irina Zager, *Davenport University*
Elizabeth Zahnd, *Francis Marion University*
Mikela Zhezha-Thaumanavar, *Western Michigan University*
Nancy Zimmerman, *Kutztown University*
U. Theresa Zmurkewycz, *Saint Joseph's University*

We owe many thanks to Pepe Fernández, a longtime contributor and friend, and to Enric Figueras and Lisa Nalbone for the **Student Activities Manual.** Special thanks are due to Héctor Torres, for his knowledgeable advice about music and for his tenacity in obtaining permissions for the ***Ritmos de nuestro mundo*** CD, and to Anne Prucha, for creating the ***Ritmos*** activities in the text. Thank you

also to Pamela Ranallo for the development of the web site to accompany the new edition. Special thanks are also due to Catherine Hebert and Daphne Villatoro for all of their careful work on the testing program, to Memo Cisco for authoring the innovative **PowerPoint Presentations,** to Mary Stevens and José M. García-Paine for their contributions to the **Instructor's Resource Manual,** to Evelyn F. Brod and Teresa Roig-Torres for their work on the **Additional Practice Activities,** to Chris DiCapua for his contribution to the **Companion Website,** and to Comfort Pratt for her many helpful suggestions and for authoring the **In-class Communicative Projects.**

We wish to express our gratitude and appreciation to the many people at Prentice Hall who contributed their ideas, tireless efforts, and publishing experience to the fifth edition of *¡Arriba!* We are especially indebted to Janet García-Levitas, our Development Editor, for all of her hard work, suggestions, attention to detail, and dedication to the text; and to Julia Caballero, Director of Editiorial Development, for helping to shape the fifth edition in every detail and for supervising every aspect of the *¡Arriba!* program.

We would like to sincerely thank Phil Miller, Publisher, for his support and commitment to the success of the text. Many thanks are also due to Mary Rottino, Assistant Director of Production; Nancy Stevenson, Senior Production Editor; our Photo Researcher, Elaine Soares; Andrew Lange, for clever illustrations; and Siren Design for the creative reproductions of the realia.

Thanks are due to Samantha Alducin, Senior Media Editor, for her excellent work on the *¡Pura vida!* video and other media components. We would also like to thank Melissa Marolla Brown, Development Editor for Assessment, for the diligent coordination between the text, **Student Activities Manual,** and **Testing Program;** and Meriel Martínez Moctezuma, Supplements Editor, for her efficient and meticulous work in managing the preparation of the other supplements; Bob Hemmer, Samantha Alducin, Andrea Michael, and Dan Cooper for their hard work on **MySpanishLab™,** Debbie King, Assistant Development Editor, for her impressive work and efficiency in her work on the glossary, obtaining permissions and reviews, and in attending to many administrative details; Kristine Suárez, Director of Marketing, and Bill Bliss, Marketing Coordinator, for their creativity and efforts in coordinating marketing and promotion for the new edition.

We thank our partners at Black Dot Group for their careful and professional editing services, design, and project management, and Natalie Hansen, Editorial Project Manager, in particular.

Finally, our love and deepest appreciation to our families: Lourdes, Cindy, Eddy, and Lindsey, Elena, Ed, Lauren, and Will; Wayne, Alexis, Sandro, and Ignacio, Camille, Chris, Eleanor, and Theresa; and Pete, Valayda and Jesse, Roger and Britt, Dave, Nancy, Wesley, and Megan, Leisa and David, and Tammy.

EDUARDO ZAYAS-BAZÁN
SUSAN M. BACON
HOLLY J. NIBERT

A GUIDE TO ¡ARRIBA! ICONS

Activity Types

	Pair Activity	This icon indicates that the activity is designed to be done by students working in pairs.
	Group Activity	This icon indicates that the activity is designed to be done by students working in small groups or as a whole class.
	Information Gap Activity	This icon indicates that the activity is designed to be done in pairs, with each student having access to information that the other student does not see. The information needed by Student A is included in the chapter; Student B's information is found in **Appendix 1,** pp. A1–A19.
	Web Activity	This icon indicates that the activity involves use of the World Wide Web. Helpful links can be found on the accompanying *¡Arriba!* web site.

Supplemental Student Resources

	Student Activities Manual	This icon indicates that there are practice activities available in the *¡Arriba!* **Student Activities Manual.** The activities may be found either in the printed version of the manual or in the interactive versions available through *MySpanishLab* and **Quia.** Activity numbers are indicated in the text for ease of reference.
	Text Audio Program	This icon indicates that recorded material is available in the *¡Arriba!* text audio program. The recordings may be found either on the accompaning set of CDs or on the *¡Arriba!* web site. The CD and track numbers are indicated in the text for ease of reference.
	¡Pura vida! Video	This icon indicates that a video recording is available in the *¡Pura vida!* video that accompanies the *¡Arriba!* text. The video is available on the *MySpanishLab* and **Quia** web sites and in DVD and VHS formats.
	Vistas culturales Video	This icon indicates that a video recording is available in the **Vistas culturales** video that accompanies the *¡Arriba!* text. The video is available on the *MySpanishLab* web site and in DVD and VHS formats.

Instructor Resources

	Instructor's Resource Manual	This icon indicates that there are additional resources available in the *¡Arriba!* **Instructor's Resource Manual.** These resources include lesson plans as well as video scripts to accompany the *¡Pura vida!* episodes.
	Additional Practice Activities	This icon indicates that practice activities are available in the *¡Arriba!* **Additional Practice Activities** supplement.
	Transparency	This icon indicates that there is a relevant transparency available. Some transparencies replicate the images included in the student text, while others are additional images drawn from other sources.
	PowerPoint Presentation	This icon indicates that there is a PowerPoint grammar presentation or image available to supplement your lessons. A "G" in the icon reference indicates that there is a grammar presentation available on PowerPoint. A "T" in the icon indicates that the image is available on transparency as well as on PowerPoint.
	Ritmos de nuestro mundo CD	This icon indicates the track number for the songs presented in the *Ritmos* section of *¡Arriba!*
	In-class Communicative Projects	This icon, presented with all *¿Cuánto sabes tú?* boxes, indicates that there are communicative projects available. Students can use these to put each of the communicative objectives into practice, within context, in class.
	Testing Program	This icon refers to the ready-made tests, to tests A and B, and to the modules available in that chapter if you prefer to create your own test.

General introduction.
Each *capítulo* contains three distinct parts: *Primera parte*, *Segunda parte*, and *Nuestro mundo* (which includes sections on culture, music, reading, and writing). Each *capítulo* begins with a list of communicative objectives and an outline of the chapter.

1 Hola, ¿qué tal?

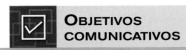

OBJETIVOS COMUNICATIVOS

- Meeting and greeting others
- Spelling your name
- Performing simple math problems
- Talking about the calendar and dates

- Describing your classroom
- Responding to classroom instructions
- Talking about yourself and others
- Identifying colors and talking about your favorite color

RECURSOS

IRM
Lesson Plan

El descubrimiento de América por Cristóbal Colón. Salvador Dalí, 1958.

Source: Salvador Dalí (1904–1989), "The Discovery of America by Christopher Columbus, 1958–1959, oil on canvas, 410.2 x 310 cm. Salvador Dalí Museum, St. Petersburg, Florida, USA. The Bridgeman Art Library International Ltd. © 2004 Salvador Dalí, Gala-Salvador Dalí

El mundo hispano

Implementation of *Refrán*.

Ask students for an equivalent expression in English, such as "Money can't buy happiness." Ask them how many agree with this statement and for brief reasons why or why not.

Implementation of *Artwork*.

Have students examine the two works of art and their titles and accurately identify the theme or topic of each one. Perhaps write key words from the titles on the board (e.g., *descubrimiento, Cristóbal Colón, historia, conquista*) and ask students to identify the English cognates. Then ask students to tie the topics together and to the general cultural theme of the chapter, i.e., *El mundo hispano.*

Note on *Artwork*.

Refer to Activity 1-36 on page 27 for some basic background information about Diego Rivera (Mexican muralist, 1886–1957) and Salvador Dalí (Spanish/Catalan painter, 1904–1989). You may want to point out, or elicit from students, that Rivera's mural reflects *el estilo realista* and that Dalí's painting reflects *el estilo surrealista* (for which this artist is especially famous).

«Si vives alegre, rico eres.»*

AMÉRICA DEL NORTE

EUROPA

OCÉANO ATLÁNTICO

ÁFRICA

OCÉANO PACÍFICO

AMÉRICA DEL SUR

ANTÁRTIDA

Source: Diego Rivera, "Mexico from the Conquest to 1930." Mural. (Detail) Location: National Palace, Mexico City, Mexico. Photo: Leslye Borden/Photoedit. © Banco de Mexico Diego Rivera & Frida Kahlo Museums Trust. Av. Cinco de Mayo, No. 2, Col. Centro, Del. Cuau

Historia de México desde la conquista hasta el futuro. Diego Rivera, 1930.

---

*Refrán: If your life is happy, you are rich.

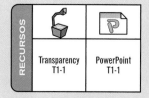

RECURSOS

| Transparency T1-1 | PowerPoint T1-1 |

Warm-up for *¡Así es la vida!*

Have students skim the dialogues and look for differences in Spanish punctuation (e.g., written accent marks, inverted question marks (¿) at the beginning of a question, etc.). The rules for word stress and written accent marks in Spanish appear in Chapter 4, after crucial preliminary concepts (such as the syllable) have been presented in prior chapters. For now, simply tell students to memorize a written accent mark as part of the word and that question words in Spanish (e.g., *¿Cómo?, ¿Qué?*) always take a written accent mark. For a full explanation of this topic, refer students to Chapter 4.

Implementation of material in *¡Así es la vida!* sections.

There are several ways to present a dialogue.

- Have students look at the drawings while you read the lines to them.
- Act them out as if you were two people, changing your tone of voice for each actor.
- Draw and label stick figures on the board. Point to each one as you say each figure's lines.
- Once you are confident students understand the meaning, act out the dialogues with one or more members of the class.
- Have students take on the roles of the characters and read the dialogues in pairs or small groups.
- Use the dialogues and monologues to test listening and reading comprehension. For example, ask *¿Cómo está Jorge? ¿Es María Luisa profesora o estudiante?* etc.
- Use the dialogues and monologues to practice cohesion in conversation and text. On separate strips of paper, write the lines of a dialogue or the sentences of a paragraph. In small groups, students reconstruct them by correctly sequencing the strips of paper and then reading the result aloud to the class for confirmation. For expedience, assign a different dialogue or paragraph to each small group.

Expansion of *¡Así es la vida!*

Ask students which of the two dialogues is formal and which is informal. Have them identify the cues that led to their conclusions, including the relationship between the speakers in each dialogue, the use of *usted* versus *tú*, the use of formal (e.g., *buenas tardes*) versus informal (e.g., *¿Qué tal?*) expressions, etc.

Expansion of *¡Así es la vida!*

After students hear the dialogues, have them comment on pronunciation. For instance, they may notice crisp vowels, the silent *h* in *hola*, the trilled initial *r* sound in *Roberto*, etc. A different aspect of Spanish pronunciation is treated in each chapter in a section titled *Letras y sonidos*.

PRIMERA PARTE

¡Así lo decimos!¹ Vocabulario

CD 1,
Track 1

1-1 to
1-3

¡Así es la vida!² Saludos y despedidas

En el pasillo (*hallway*) de la universidad

Jorge:	Hola, Roberto. ¿Qué tal? ¿Cómo estás?
Roberto:	Muy bien, Jorge, ¿y tú?
Jorge:	Eh... más o menos...

En la puerta (*door*) de la clase

Profesor López:	Hola, buenas tardes. ¿Cómo se llama usted?
María Luisa:	Me llamo María Luisa Gómez.
Profesor López:	Mucho gusto. Soy el profesor López.
María Luisa:	Encantada.

¹That's how we say it!
²That's life!

4 • cuatro

| | | | | | | Saludos y despedidas | | | | | | | | | | | | | | | | | | | | | | | | | | | | | | | | | | | | | | | | | | | | | | | |

CD 1,
Track 2

1-4 to
1-8

el estudiante

la estudiante

el profesor

la profesora

Saludos	Greetings
Buenos días.	Good morning.
Buenas tardes.	Good afternoon.
Buenas noches.	Good evening.
¿Cómo está usted?	How are you? (formal)
¿Cómo estás?	How are you? (informal)
Hola.	Hello; Hi.
¿Qué pasa?	What's happening?
	What's up? (informal)
¿Qué tal?	What's up? (informal)

Respuestas	Responses
De nada.	You're welcome.
¿De verdad?	Really?
Encantado/a.	Delighted; pleased to meet you.
Gracias.	Thank you.
Igualmente.	Likewise.
Mucho gusto.	Nice to meet you.
(Muy) Bien.	(Very) Well.
(Muy) Mal.	(Very) Bad.
Más o menos.	So, so.

Sustantivos	Nouns
la clase	class
la universidad	university

Despedidas	Farewells
Adiós.	Good-bye.
Hasta luego.	See you later.
Hasta mañana.	See you tomorrow.
Hasta pronto.	See you soon.

Presentaciones	Introductions
¿Cómo se llama usted?	What's your name? (formal)
¿Cómo te llamas?	What's your name? (informal)
Me llamo...	My name is...
Mi nombre es...	My name is...
Soy...	I am...

Títulos	Titles
el señor (Sr.)	Mr.
la señorita (Srta.)	Miss
la señora (Sra.)	Mrs.; Ms.

Otras palabras y expresiones	Other words and expressions
con	with
mi/mis	my
o	or
tu/tus	your (informal)
y	and

Implementation of material in ¡Así lo decimos! Vocabulario sections.

Use this vocabulary as a reference section. Have students look over the vocabulary before coming to class. When appropriate, bring in additional images or realia to present and model words in class. The activities in this section as a whole progress from receptive to productive, with the last ones being the most open ended. Build student confidence by progressing slowly toward the more creative activities. The *Letras y sonidos* section in each chapter offers information on aspects of Spanish pronunciation as well as an initial activity for practice. Additional pronunciation activities appear in the Student Activities Manual, or SAM.

Implementation of ¡Así lo decimos!

Use this vocabulary to generate various mini-dialogues among students. Have students circulate around the room and introduce themselves to three different classmates, according to a given context specified by the instructor beforehand (e.g., an informal party, a professional or corporate (formal) gathering, etc.). Alternatively, have students face each other in two concentric circles and introduce themselves, with one circle rotating after each conversation to create new student pairs. As a wrap-up, have a few volunteers stand up and generate a spontaneous dialogue in front of the class.

cinco • 5

RECURSOS

Transparency
T1-3

PowerPoint
T1-3

Aplicación

1-1 ¿Qué tal? If you heard the statements or questions on the left, how would you respond? Choose from the list of options on the right.

MODELO: Adiós.
Hasta luego.

1. __b__ Hola, ¿qué tal?   a. Me llamo Pedro Guillén.
2. __f__ Gracias.   b. Muy bien, ¿y tú?
3. __a__ ¿Cómo se llama usted?   c. Buenas tardes, profesora.
4. __g__ Mucho gusto.   d. Hasta mañana.
5. __h__ ¿Cómo estás?   e. ¿De verdad?
6. __c__ Buenas tardes, Tomás.   f. De nada.
7. __d__ Adiós.   g. Igualmente.
8. __e__ Estoy muy mal.   h. Estoy muy mal.

 CD 1, Track 3   **1-2 ¿Quiénes son?** (*Who are they?*) Listen to the short conversations on your **¡Arriba!** audio program or as read by your instructor. Write the number of each conversation next to the corresponding situation below.

__5__ two friends saying good-bye

__2__ a teacher and student introducing themselves

__4__ a young person greeting an older person

__1__ two friends greeting each other

__3__ two students introducing themselves

1-3 ¡Hola! The following people are meeting for the first time. What would they say to each other?

MODELO:

PROFESOR SOLAR: *Buenas tardes. Soy el profesor Solar.*
ESTER: *Buenas tardes, profesor Solar. Soy Ester Muñoz.*
PROFESOR SOLAR: *Mucho gusto.*
ESTER: *Igualmente.*

el profesor Solar, Ester Muñoz

1.

la Sra. Aldo, la Sra. García

2.

Patricia, Marcos

3. Eduardo, Manuel

1-4 Saludos. How do you greet people you're meeting for the first time? How do you greet relatives? Friends? Does the age of the person you are greeting make a difference? When do people embrace, hug, or kiss each other on the cheek in the U.S. and Canada? Read about greetings in Latin America and Spain and think about how you would react to them and why.

Many Spanish speakers use nonverbal signs when interacting with each other. These signs will vary, depending on the social situation and on the relationship between the speakers. In general, people who meet each other for the first time shake hands (*dar la mano*) both when greeting and when saying good-bye to each other. Relatives and friends, however, are usually more physically expressive. Men who know each other well often greet each other with an *abrazo*, or hug, and pats on the back. Women tend to greet each other and their male friends with one (Latin America) or two (Spain) light kisses on the cheeks.

María, ¿cómo estás?

 1-5 Presentaciones. Introduce yourself to five of your classmates. Shake hands or kiss lightly on the cheek as you ask them their names and how they are doing. Then say good-bye.

 1-6A ¿Cómo está usted? (*When you see the A/B icon, one of you will assume the A role given in the text; the other, the B role in Appendix 1 for B Activities.*) Assume the role of instructor—Sr./Sra. Pérez. Your partner is your student. Greet each other and ask how things are. Use the following information about yourself and the day. Student B, please see **Appendix 1,** page A1.

- It's morning. You greet the student.
- You feel great today. Ask a student his/her name.
- Respond to the student.

CD 1,
Track 4

1-9 to
1-13

LETRAS Y SONIDOS

Spanish vowels

The vowels of Spanish are short and stable. Their pronunciation is fairly predictable based on spelling, where each of the five *letters a, e, i, o, u* corresponds to one vowel *sound*. In English, these same five letters correspond to many different vowel sounds, which tend to be long and glided. For example, the letter *a* creates five different vowel sounds in the following words: f*a*ther, c*a*t, *a*pproach, bl*a*me, *a*we.

What vowel sound corresponds to each of the letters *a, e, i, o, u* in Spanish?

1. The letter *a* is pronounced like the *a* in f*a*ther, but is shorter.
   más   pasa   nada   mañana   encantada

2. The letter *e* is pronounced like the *e* in th*e*y, but is shorter with no final glide.
   es   tres   mesa   deporte   interesante

3. The letter *i* is pronounced like the *i* in mach*i*ne, but is shorter.[1]
   mi   niño   libro   tímido   inteligente

4. The letter *o* is pronounced like the *o* in al*o*ne, but is shorter with no final glide.
   o   hola   color   exótico   nosotros

5. The letter *u* is pronounced like the *u* in fl*u*te, but is shorter.
   tú   azul   lunes   gusto   música

[1]Be careful to avoid the *i* sound in s*i*t in the following words, since this sound does not exist in Spanish: *inteligente, interesante, introvertido, impaciente, tímido, simpático, misterioso.*

PRIMERA PARTE

Expansion of 1-4.

Have students role-play in class to demonstrate the Hispanic form of greeting. Provide conversation cards with short dialogues and indicate the relationship between the speakers on the card. Encourage students to use a handshake, hug, or kiss on the cheek when appropriate.

Note on *Icon.*

The icon that precedes 1-5 means that students should work in groups of three or more.

Implementation of 1-5.

Please make sure students know that they have options regarding how they introduce themselves in this activity. If they are uncomfortable with the traditional kiss, then they may shake hands.

Note on *Icon.*

The A/B icon that precedes 1-6A means that it is an information gap activity. The information for student **B** appears in Appendix 1.

Implementation of material in *Letras y sonidos* sections.

The *Letras y sonidos* section of each chapter addresses a particular aspect of Spanish pronunciation and provides focused practice for students as they progress in their language skills. Sound discrimination activities can be repeated at later points in the semester/trimester. Have students keep track of their responses to note how their perception skills improve over time. Additional perception and production activities are available in the Student Activities Manual, or SAM.

Additional Activity for *Letras y sonidos: Spanish Vowels.*

Write the following pairs of words on the board (or select only a subset of them for each vowel: numbers 1–4 address Spanish [a], numbers 5–6 [e], numbers 7–10 [i], numbers 11–13 [o], and numbers 14–15 [u]). Have students listen and decide if the underlined letters in each pair create similar (S) or different (D) vowel sounds in English versus Spanish. Then have students pronounce the Spanish words.

English / Spanish
1. f*a*ther / p*a*dre (S)
2. m*a*p / m*a*pa (D)
3. *o*ccupied / *a*plicado (S)
4. *A*pril / *a*bril (D)
5. m*e* / m*e* (D)
6. p*e*rson / p*e*rsona (D)
7. L*i*bra / l*i*bro (S)
8. p*e*ople / p*i*pa (S)
9. ph*y*sics / f*í*sica (D)
10. *i*deal / *i*deal (D)
11. *O*ctober / *o*ctubre (D)
12. s*o*cial / s*o*cial (S)
13. *o*ffice / *o*ficina (D)
14. l*u*nar / l*u*nes (S)
15. f*oo*tball / f*ú*tbol (D)

¡Así lo hacemos!¹ Estructuras

CD 1,
Track 5

1-14 to
1-17

1. The Spanish alphabet

The Spanish alphabet contains twenty-seven letters, including one that does not appear in the English alphabet: **ñ.**²

Letra (*Letter*)	Nombre (*Name*)	Ejemplos (*Examples*)
a	a	Ana
b	be (grande)	Bárbara
c	ce	Carlos; Cecilia
d	de	Dios; Pedro
e	e	Ernesto
f	efe	Fernando
g	ge	gato; Germán
h	hache	Hernán; hola
i	i	Inés
j	jota	José
k	ka	kilómetro
l	ele	Luis
m	eme	María
n	ene	Nora; nachos
ñ	eñe	niño
o	o	Óscar
p	pe	Pepe
q	cu	Quique; química
r	ere	Laura
s	ese	Sara
t	te	Tomás
u	u	usted; Úrsula
v	be (corta) or uve	Venus; vamos
w	doble be (or uve doble)	Washington
x	equis	excelente; México
y	y griega	Yolanda; soy
z	zeta	Zorro

- The letters **b** and **v** are pronounced exactly alike, as a **b.**
- The letters **k** and **w** are not common, and appear only in words borrowed from other languages, such as **karate** and **whiskey.**
- At the beginning of a word, **r** is always pronounced as a trilled **rr,** for example, **Ramón**, **Rosa**, **reloj.**

---

¹That's how we do it!

²Until mid-1994 the Spanish alphabet had three additional letters: *ch, ll,* and *rr.*

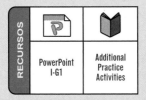

RECURSOS

PowerPoint
I-G1

Additional
Practice
Activities

- Depending on its position, the letter **y** can be a semivowel as in the English words *boy* and *toy*: **Paraguay, voy.** It can also be a consonant as in the English words *yard* and *yesterday*: **yo, maya.**

- The letter **c** is pronounced like **s** before **e** or **i: cero, cita.** It sounds like the English **k** before **a, o,** or **u: casa, Colombia, Cuba.**

- The letter **z** is pronounced like the English **s: gazpacho, zona, lápiz.**

- In most of Spain, **c** before **e** and **i,** and **z** are pronounced like the English **th,** as in **zorro** or **Celia.**

- The letter **g** is pronounced like the Spanish **j** (or hard English **h**) before **e** or **i: Germán, gitano.** The combinations **ga, go, gu, gue,** or **gui** are pronounced like the English **g** in **gate: gato, Gómez, Gutiérrez, guerra, guía.**

- The letter **h** is always silent: **hotel, hospital.**

- When a letter carries an accent, say **con acento** after saying the name of the letter: **eme - a - ere - i con acento - a (María).**

Aplicación

1-7 ¿Qué vocal falta? What vowels are missing from the following names of famous people?

MODELO: S___nt___n___
          Santana

1. J_e_nn_i_fer   L_ó_p_e_z   (actriz y cantante)
2. C_a_mer_o_n   D_í_a_z   (actriz)
3. R_o_b_e_rt_o_   Cl_e_m_e_nt_e_   (beisbolista)
4. Ósc_a_r   d_e_   l_a_   H_o_y_a_   (boxeador)
5. P_a_bl_o_   P_i_c_a_ss_o_   (pintor)

1-8 ¿Qué letra falta? What consonants are missing from these countries' names in the Spanish-speaking world?

MODELO: Mé___i___o
          x (equis), c

1. Ar_g_enti_n_a
2. Bo_l_i_v_ia
3. _P_erú
4. E_c_ua_d_or
5. Ve_n_e_z_ue_l_a
6. El Sa_l_ _v_ado_r_
7. Re_p_ública Do_m_ini_c_ana
8. Co_s_ _t_a _R_ica
9. Para_g_ua_y_
10. Espa_ñ_a

1-9 ¿Quién soy yo? (*Who am I?*) Take turns dictating your full name to each other. Then check to see if your spelling is correct.

Note on 1-10A.

Some students may not be familiar with the following personalities mentioned in the activity: Andy García, an actor of Cuban heritage who became famous in *Godfather III*; Salma Hayek, an actress of Mexican heritage who starred in *Frida*; Penélope Cruz, an actress of Spanish heritage who starred in *Vanilla Sky*.

Wrap-up for 1-10A.

Make sure students pronounce the words correctly after they transcribe them. Assist students with pronunciation.

1-10A Otra vez, por favor (*please*). Take turns spelling out your words to each other. Be sure to say what category they are in. If you need to hear the spelling again, ask your partner to repeat by saying, **Otra vez, por favor.** Student B, please see **Appendix 1,** page A1.

MODELO: cosa (*thing*) (enchilada)
     e - ene - ce - hache - i - ele - a - de - a

YOU SPELL...	YOU WRITE...
1. persona famosa (Andy García)	1. persona famosa: _____
2. ciudad (Lima)	2. ciudad (*city*): _____
3. cosa (banana)	3. cosa: _____
4. ciudad (Taos)	4. ciudad: _____

 2. The numbers 0–100

1-18 to 1-20

0–9	10–19	20–29	30–39
cero	diez	veinte	treinta
uno	once	veintiuno	treinta y uno
dos	doce	veintidós	treinta y dos
tres	trece	veintitrés	treinta y tres
cuatro	catorce	veinticuatro	treinta y cuatro
cinco	quince	veinticinco	treinta y cinco
seis	dieciséis	veintiséis	treinta y seis
siete	diecisiete	veintisiete	treinta y siete
ocho	dieciocho	veintiocho	treinta y ocho
nueve	diecinueve	veintinueve	treinta y nueve

40–49	cuarenta, cuarenta y uno, cuarenta y dos, cuarenta y tres…
50–59	cincuenta, cincuenta y uno, cincuenta y dos, cincuenta y tres…
60–69	sesenta, sesenta y uno, sesenta y dos, sesenta y tres…
70–79	setenta, setenta y uno, setenta y dos, setenta y tres…
80–89	ochenta, ochenta y uno, ochenta y dos, ochenta y tres…
90–99	noventa, noventa y uno, noventa y dos, noventa y tres…
100–109	cien, ciento uno, ciento dos, ciento tres…

■ **Uno** becomes **un** before a masculine singular noun and **una** before a feminine singular noun.

un libro	*one book*	**una mesa**	*one table*
un profesor	*one professor (male)*	**una profesora**	*one professor (female)*

■ In compound numbers, **-uno** becomes **-ún** before a masculine noun and **-una** before a feminine noun.

veintiún libros   *twenty-one books*
veintiuna profesoras   *twenty-one female professors*

■ The numbers **dieciséis** through **diecinueve** (16–19) and **veintiuno** through **veintinueve** (21–29) are generally written as one word. The condensed spelling is not used after 30.

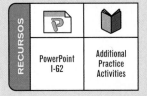

RECURSOS

PowerPoint I-G2 | Additional Practice Activities

- **Cien** is used when it precedes a noun or when counting the number 100 in sequence.

   cien estudiantes   *one hundred students*
   noventa y ocho, noventa y nueve, cien

- **Ciento** is used in compound numbers from 101 and 199.

   ciento uno   **ciento cuarenta y cinco**
   ciento diez   **ciento noventa y nueve**

Aplicación

1-11 ¿Qué número falta? Complete the following sequences with the logical number in Spanish.

MODELO: uno, _____*tres*_____, cinco, _____*siete*_____, nueve

1. dos, _____cuatro_____, seis, ocho, _____diez_____, doce, _____catorce_____

2. _____uno_____, _____tres_____, cinco, siete, _____nueve_____, once

3. uno, cinco, _____nueve_____, _____trece_____, diecisiete

4. cinco, diez, _____quince_____, veinte, veinticinco, _____treinta_____, _____treinta y cinco_____

5. treinta, cuarenta, _____cincuenta_____, _____sesenta_____, setenta, _____ochenta_____, _____noventa_____

6. _____once_____, veintidós, _____treinta y tres_____, cuarenta y cuatro, _____cincuenta y cinco_____, _____sesenta y seis_____, setenta y siete, _____ochenta y ocho_____

7. veintiuno, veintitrés, _____veinticinco_____, veintisiete, veintinueve

8. noventa y cinco, setenta y dos, _____cuarenta y nueve_____, veintiséis, _____tres_____

  1-12   Te toca a ti (*It's your turn*). Challenge a classmate with an original sequence of numbers. See the previous activity for models.

1-13 ¿Cuál (*What*) es tu número de teléfono? Write your telephone numbers, including the area code, and take turns dictating them to each other.

MODELO: E1: *¿Cuál es tu número de teléfono?*
          E2: (513) 556 2240: *cinco, trece, cinco, cincuenta y seis, veintidós, cuarenta*

¿Cuál es tu número favorito?

PRIMERA PARTE

Additional Activity for *The numbers 0–100.*

Play a counting game: say a number between 1 and 100, then begin to count backwards. Choose a student to give the next number in the sequence, with the next student following the cue, and so on. Begin a new sequence after every five students.

Note on 1-13.

Telephone numbers are usually given in pairs of digits. This exercise encourages students to incorporate the very practical function of exchanging telephone numbers with a classmate.

Warm-up for 1-13.

Point out the words *número* and *teléfono* in the activity. These words have not been formally presented, but students should recognize them as cognates. Possibly review pronunciation with students before doing the exercise.

Implementation of 1-13.

Students may wish to give out fake telephone numbers for privacy.

1-14 ¿Qué hacer en Madrid? On what page of the tourist guide can you find information about what to do in Madrid?

En Madrid

La **Semana Santa** en Madrid ofrece un buen número de procesiones.

El 30 se corre la famosa **Mapoma** (Maratón Popular de Madrid).

El 23 se celebra el **Día del Libro**. Se ofrece una gran variedad de libros por todo el centro de la ciudad.

Atención: Noten que los museos tienen horas especiales durante la Semana Santa.

Bienvenida a los participantes del Congreso de Inmunología Humana que tiene lugar en el Hotel Principado.

El teléfono turístico: 902 202 202.

La línea turística proporciona amplia información sobre hoteles, restaurantes, camping, hostales, etc., las mejores ofertas para viajar, dónde y cómo reservar.

010 Teléfono del consumidor.

Toda la información cultural y de servicios del Ayuntamiento de Madrid.

MARZO - 2008

EDITA Patronato Municipal de Turismo Mayor, 69, 28013
Madrid. Tel. 91 588 29 00
El p.m.t. no se responsabiliza de los cambios de última hora.

MODELO: <u> 20 </u> música
en la página veinte

1. <u> 27 </u> puntos de interés
2. <u> 26 </u> datos útiles
3. <u> 18 </u> congresos
4. <u> 22 </u> niños
5. <u> 12 </u> conciertos

6. <u> 13 </u> ballet
7. <u> 31 </u> paseo del arte
8. <u> 14 </u> deportes
9. <u> 20 </u> fiestas
10. <u> 14 </u> ópera

3. The days of the week, the months, and the seasons

1-21 to 1-27

Los días de la semana

- The days of the week in Spanish are not capitalized and are all masculine.

- Calendars begin the week with Monday, not Sunday.

- The definite article is not used after **es** when telling what day of the week it is.

    Hoy **es jueves.**   *Today is Thursday.*

- On Monday …, on Tuesday …, etc., is expressed by using the definite article, **el** or **los.**

    El examen es **el lunes.**   *The exam is on Monday.*

- Days that end in **-s** have the same form in the singular and the plural.

    el lunes   **los lunes**

- In the plural, the days of the week express the idea of doing something regularly.

    La clase de filosofía es **los lunes,**   *Philosophy class is on Mondays,*
        los miércoles y **los viernes.**   *Wednesdays, and Fridays.*
    Los sábados voy al gimnasio.   *I go to the gym on Saturdays.*

septiembre 2008						
lunes	martes	miércoles	jueves	viernes	sábado	domingo
1	2	3	④	5	6	7
8	9	10	11	12	13	14
15	16	17	18	19	20	21
22	23	24	25	26	27	28
29	30					

¿Qué día es hoy? Es jueves, 4 de septiembre.

Los meses del año

- Months are not capitalized in Spanish.

    Mi cumpleaños es en **noviembre.**   *My birthday is in November.*
    Hay veintiocho días en **febrero.**   *There are twenty-eight days in February.*

PRIMERA PARTE

Implementation of *Los días de la semana* **and** *Los meses del año.*
Refer to the calendar on this page, or bring in your own Spanish calendar, and have students indicate how it differs from the English system (e.g., weeks begin on Monday, days and months are not capitalized).

Expansion of *Los días de la semana.*
Some temporal adverbs may come in handy here (*hoy, anoche, ayer, anteayer, mañana, mañana por la mañana, pasado mañana*).

Implementation of *Los meses* **and** *Las estaciones del año.*
Practice recognition of the months of the year by asking who has a birthday in each month and then ask the season for certain months.

RECURSOS

PowerPoint I-63	Additional Practice Activities

Las estaciones del año

■ The definite article is normally used with seasons. Seasons are not capitalized.

¿Cómo es **la primavera** aquí?   *What is spring like here?*

el invierno

la primavera

el verano

el otoño

Aplicación

1-15 Fechas importantes en los Estados Unidos y el Canadá. Write out the date of the following celebrations.

MODELO:

el diecisiete de marzo

1.

el treinta y uno de octubre

2.

el treinta y uno de diciembre

3.

el cuatro de julio

4.

el catorce de febrero

1-16 Fiestas importantes en el mundo hispano. Refer to the calendar on page 13 and match the dates with the probable event.

MODELO: El día de la Independencia de México es en el otoño.
            El 16 de septiembre es el día de la Independencia de México.

1. __c__ La batalla de Puebla se celebra en la primavera.

2. __e__ El día de la Raza (o el día de Colón) es en el otoño.

3. __a__ La fiesta de la Virgen de Guadalupe es en el invierno.

4. __f__ El día festivo (*holiday*) para los trabajadores es en la primavera.

5. __d__ En México, el día de las madres también es en la primavera.

6. __b__ En Pamplona, España, se celebran los sanfermines[1] por nueve días en el verano.

a. el 12 de diciembre
b. del 6 al 14 de julio
c. el 5 de mayo
d. el 10 de mayo
e. el 12 de octubre
f. el primero de mayo

Ernest Hemingway escribió sobre las fiestas de San Fermín.

---

[1]"Los sanfermines" is a masculine plural noun referring to the festivities that honor Saint Fermin (*San Fermín*).

PRIMERA PARTE

Note on Additional Activity for *Los meses* and *Las estaciones del año*.

Explain to students that the seasons in the northern hemisphere and in the southern part of the southern hemisphere are inverted. Therefore, where March marks the beginning of spring in the northern hemisphere, it marks the beginning of fall in the southern hemisphere.

Additional Activity for *Los meses* and *Las estaciones del año*.

Write the season in which each month falls in the northern hemisphere. Then do the same with the southern hemisphere.

	Hemisferio norte	Parte sur del hemisferio sur
1. agosto	———	———
2. julio	———	———
3. diciembre	———	———
4. marzo	———	———
5. octubre	———	———
6. septiembre	———	———

Answers to Additional Activity.

	Hemisferio norte	Parte sur del hemisferio sur
1. agosto	verano	invierno
2. julio	verano	invierno
3. diciembre	invierno	verano
4. marzo	primavera	otoño
5. octubre	otoño	primavera
6. septiembre	otoño	primavera

1-17 Trivia. Take turns asking each other questions.

MODELO: E1: ¿Qué mes tiene veintiocho días?
E2: *febrero*

1. los días de la semana en que no hay clases
2. los meses de la primavera
3. un mes con treinta y un días
4. un día malo (*bad*)

 1-18 ¿Cuándo es tu cumpleaños? Take turns reporting your birthdays. Have one person fill in the information on a twelve-month graph, like the one below, for the class.

1. ¿Cuál (*Which*) es el mes más (*most*) común?
2. ¿Cuál es el mes menos (*least*) común?

Número de estudiantes	
enero	
febrero	
marzo	
abril	
mayo	
junio	
julio	
agosto	
septiembre	
octubre	
noviembre	
diciembre	

 ¿Cuánto sabes tú? *How much do you know? Can you...*

1-28 to 1-31

☐ introduce yourself to your teacher? to a classmate? to a person at a party?

☐ greet and say good-bye to friends from class? use the Hispanic ways of greeting?

☐ spell your name in Spanish? write down a classmate's name when it is dictated?

☐ dictate your phone number and take down a phone number dictated to you?

☐ talk about the calendar and dates: say when your birthday is? ask when a friend's birthday is? say which days you have class? say which months you're in school? give today's date?

Comparaciones

El mundo hispano

1-19 En tu experiencia. How many countries can you name whose official language is English? Can you think of differences in accents or in expressions that people use in regions of the United States and other English-speaking countries? As you read about the Spanish-speaking world, think about how geography influences language and culture.

There are over 425 million Spanish speakers in the world today. Spanish is the official language of Spain, Mexico, much of Central and South America, and much of the Caribbean. Spanish is spoken in some Asian countries, such as the Philippines, and by a portion of the population in Equatorial Guinea and Morocco in Africa. The United States has over 42 million people who are of Hispanic heritage, which is 14.5% of its population, and some 1.8 million Hispanic-owned businesses. The United States is considered the fourth largest Spanish-speaking country in the world. Today, only Mexico, Spain, and Colombia have more Spanish speakers than the United States and by the year 2050, one in every four United States citizens will be Hispanic.

The enormous diversity among Spanish speakers results in differences in pronunciation and vocabulary, similar to differences in expressions and accents in English. Different neighbors and ethnic groups influenced the words and accents of each country. Below are some examples.

1-20 En tu opinión. Take turns telling each other in which country you are, based on what you need.

MODELO: E1: *Necesito un coche.*
E2: *Estás en España.*

	España	**Colombia**	**México**	**Argentina**
car	coche	carro	carro	auto
apartment	piso	apartamento	departamento	departamento
bus	autobús	bus	camión	ómnibus
sandwich	bocadillo	sándwich	sándwich; torta	sándwich; bocadillo

Implementation of material in *Comparaciones* sections.
In the first few chapters, the *Comparaciones* are in English to allow students to gain confidence in reading to learn more about the Spanish-speaking world. Use the *En tu experiencia* as a warm-up or advance organizer to help them anticipate what the reading is about. *En tu opinión* is a paired or small-group activity in which students comment on what they have read.

Warm-up for *Comparaciones*.
Have students try to list as many Spanish-speaking countries as they can think of in three minutes. Then review the list in class and check for correct responses. Have students work together using the map in the book to locate the countries they mentioned, including Guinea Ecuatorial, a Spanish-speaking African country, etc.

Introduction to *Segunda parte*.

The structure of the *Segunda parte* is identical to that of the *Primera parte* in each chapter. Specific ideas for varying presentation, expanding practice, and using ancillaries appear in the annotations for each chapter.

Implementation of *¡Así es la vida!*

In this section, students will learn to identify objects and people in the classroom. Point to an object and have students identify which of two options it is: *¿Es un libro o es una mesa?* Have students point to an object or person in response to questions such as: *¿Dónde está la pizarra?* Some classes enjoy acting out commands: *Toca la pizarra. Toca la mesa.* Once students are comfortable identifying objects, move from recognition to production. Have students take turns challenging the class. Later as a review, ask open-ended questions: *¿Qué es esto?, ¿Cómo es?, ¿De qué color es?*

Expansion of *¡Así es la vida!*

You can give students alternatives for some words, such as *pizarrón (pizarra), gis (tiza).*

SEGUNDA PARTE

¡Así lo decimos! Vocabulario

CD 1,
Track 6

1-32 to
1-33

¡Así es la vida! En la clase

Profesora García: Buenos días, abran el libro en la página cincuenta, por favor, y escriban el número seis.

Paulina: Ay, necesito un lápiz.

Miguel: Pues, no tengo papel.

Ramón: Y yo no tengo libro.

Profesora García: ¡Pero qué barbaridad! (*What nonsense!*) ¡Qué estudiantes!

RECURSOS

Transparency
T1-4

PowerPoint
T1-4

18

CD 1, Track 7

1-34 to 1-39

| el bolígrafo | la calculadora | el cuaderno | el diccionario | el libro | el mapa |

| la mesa | la mochila | la pizarra | la puerta | el reloj | la silla |

Colores	**Colors**
amarillo/a	
anaranjado/a	
azul	
blanco/a	
gris	
morado/a	
negro/a	
rojo/a	
rosado/a	
verde	

Más objetos en la clase	**More objects in the classroom**
el lápiz	pencil
el papel	paper

Verbos	**Verbs**
necesitar	to need
ser	to be
tener (ie)	to have

Adjetivos	**Adjectives**
aburrido/a	boring
barato/a	cheap; inexpensive
bueno/a	good
caro/a	expensive
extrovertido/a	outgoing
fascinante	fascinating
grande	big
inteligente	intelligent
interesante	interesting
malo/a	bad
pequeño/a	small
simpático/a	nice
tímido/a	shy; timid
trabajador/a	hard-working

Adverbios	**Adverbs**
aquí	here

Expresiones para la clase[1]	**Expressions for class**
Abre (Abran) el libro.	Open your book(s).
Cierra (Cierren) el libro.	Close the book.
Contesta (Contesten) en español.	Answer in Spanish.
Escribe (Escriban) en la pizarra.	Write on the board.
Escucha (Escuchen).	Listen.
Estudia (Estudien).	Study.
Lee (Lean) el diálogo.	Read the dialogue.
Repite (Repitan).	Repeat.
Ve (Vayan) a la pizarra.	Go to the board.

[1]These commands are for one student. Commands for the whole class are given in parentheses.

diecinueve • **19**

Implementation of *Los colores.*

Bring in large pieces of colored paper and attach them to the board. Say *Mi color favorito es…* and point to the paper of that color. Then ask students what their favorite color is, prompting them with yes/no questions and pointing to the paper: *¿Cuál es tu color favorito? ¿Es el azul / el rojo / el marrón?* Finally have students circulate and ask classmates their favorite colors.

Expansion of *Los colores.*

Colors such as brown and purple have more than one Spanish equivalent. You can offer alternatives such as *pardo*, *color café*, *púrpura*, and *color violeta*. For tan, use *de color marrón claro*, and for taupe, use *gris pardo*.

Additional Activity for *Adjetivos.*

Think of fictional characters, archetypes, famous people, etc. who exemplify these qualities. Say each name and have students reply with an appropriate adjective from the list. Encourage them to use the correct ending according to gender, e.g., *Einstein (inteligente), Tiny Tim (pequeño), Cinderella (trabajadora, buena), The Joker (malo)*, etc. Then have students think of and say their own names for the class to describe.

Implementation of *Expresiones para la clase.*

We include the commands here principally for receptive purposes. They allow you to use more Spanish in your teaching. Students will learn to recognize them if you act them out each time you use them during the first couple of weeks. Use gestures to indicate actions such as *Escriban en un papel. Lee en voz alta*, etc. For the presentation and practice of formal commands in Spanish, see *Capítulo 11*, and for informal commands, please see *Capítulo 12*.

Expansion of *Expresiones para la clase.*

If you speak Peninsular Spanish and use *vosotros* commands, write the equivalents of these *Uds.* commands on the board to help prepare students for what they will hear in your classroom (e.g., *Abran=Abrid, Cierren=Cerrad, Vayan=Id*, etc.).

Additional Activity for *Expresiones para la clase.*

Do a total physical response (TPR) activity. First ask individual volunteers to act out a given command, e.g., *Toca el mapa. Ve a la pizarra y escribe tu nombre. Lee la oración en la pizarra. Abre tu libro a la página 20*, etc. Then ask students in pairs or small groups to act out further commands, e.g., *Toquen/Tocad el libro del/de la profesor/a.* Finally, have students work in pairs to create their own commands for others to carry out in the classroom. Be prepared to participate.

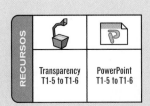

Implementation of *Preguntas* and *Respuestas*.

In this section you have several short formulas that students can use to communicate simple needs. Have students guess what you have in your "bag of tricks": *¿Qué hay en la bolsa? Hay un bolígrafo. No, no tengo un bolígrafo. Hay un lápiz. ¿Necesitas papel? Sí, necesito papel, etc.*

Warm-up for 1-21.

Give brief commands such as *Señalen la pizarra* and have students point to the objects as you point along with them. Then just say the commands without pointing and have students indicate the objects you mention.

Warm-up for 1-22.

Una encuesta (*survey*) de tu clase. Take a class survey to find out the favorite colors of your students. Record their answers according to the gender of the students: females (*chicas*) and males (*chicos*).

EXPANSIÓN — More on structure and usage

To ask and reply to basic questions in Spanish, use the following questions and answers:

PREGUNTAS	QUESTIONS
¿Cómo es/son?	*What is/are (it/they) like?*
¿Cuántos(as)?	*How many?*
¿De qué color es…?	*What color is…?*
¿Necesitas…?	*Do you need…?*
¿Qué hay en…?	*What is/are there in…?*
¿Qué es esto?	*What's this?*
¿Tienes…?	*Do you have…?*

RESPUESTAS	ANSWERS
Es…/Son…	*It is… / They are…*
Hay un/a (unos/as)…	*There is a (are some)…*
Necesito…	*I need…*
Tengo…	*I have…*

Aplicación

1-21 ¿Qué hay en la clase? Take inventory of your classroom. Indicate how many of each item there are.

MODELO: ___20___ estudiantes
Hay veinte estudiantes.

_____ pizarra(s)   _____ cuaderno(s)

_____ bolígrafo(s)   _____ silla(s)

_____ mesa(s)   _____ reloj(es)

_____ mapa(s)   _____ libro(s)

1-22 Ellos, ellas y los colores. This reading comes from *Vanidades*, a popular magazine throughout Latin America. The article is based on a survey of men and women and their color preferences. Skim the reading. Don't try to understand every word. Read for general meaning to answer the questions below.

Ellos, ellas y los colores.

En un hospital de París se desarrolló un estudio en el que se les pidió a pacientes adultos, hombres y mujeres, que pintaran acuarelas con sus colores favoritos. En los resultados se observó que el 85% de los hombres prefirió usar los tonos verdes y los azules, mientras que la mayoría de las mujeres escogió los rojos y los amarillos, mostrando así —una vez más— las marcadas diferencias que en cuanto a preferencias de colores existen entre los dos sexos.

Vanidades, 34 (20), p. 16.

1. Where did the study take place?
   In a hospital in Paris.

2. Who were the subjects interviewed?
   Male and female adult patients.

3. What percentage of men is referred to?
   Eighty-five percent.

4. What colors are mentioned?
   Green, blue, red, and yellow.

5. Now compare your class with the subjects in the article by responding **Sí** or **No** to these statements: *Answers will vary.*

"Los hombres del estudio son como (*like*) los chicos (*guys*) de la clase".

"Las mujeres del estudio son como (*like*) las chicas (*girls*) de la clase".

1-23 ¿Qué haces cuando…? (*What do you do when…?*) Listen to a Spanish teacher make various requests in the classroom and write the number of each request by your corresponding reaction.

CD 1,
Track 8

_5_ I answer in Spanish.	_1_ I close the book.
_4_ I open my book.	_6_ I listen to the music.
_7_ I read the dialogue.	_3_ I repeat the month.
_2_ I write the sentence.	_8_ I go to the board.

A   B

1-24A Necesito… Below is a list of items you need. Tell a classmate what you need and ask if he/she has them. Mark the items your classmate has. When you finish, compare your lists. Student B, please see **Appendix 1,** page A1.

MODELO: E1: *Necesito ochenta bolígrafos. ¿Tienes ochenta?*
E2: *Sí, tengo bolígrafos.*
E1: *Necesito treinta y tres libros. ¿Tienes treinta y tres libros?*
E2: *Sólo* (only) *veintidós.*

Necesito…

_____ 1 puerta	_____ 14 cuadernos	_____ 11 mesas
_____ 10 sillas	_____ 80 bolígrafos	_____ 20 diccionarios
_____ 100 papeles	_____ 17 lápices	_____ 75 pizarras
_____ 16 mochilas	_____ 95 mapas	_____ 33 libros

1-25 Veo algo… (*I see something…*) Describe an object to see if your classmate can guess what it is. Use colors and adjectives from **¡Así lo decimos!**

MODELO: E1: *Veo algo verde y grande.*
E2: *¿Es la pizarra?*

1-26 De compras (*Shopping*). You are responsible for buying supplies for an academic department. Figure out how many of the following items you need to order. (Be sure to show your calculation.)

Hay nueve profesores y dos secretarias. Cada (*each*) profesor necesita una mesa. Tres profesores necesitan un cuaderno y diez bolígrafos cada uno. Tres profesores necesitan ocho lápices y una silla cada uno. Dos profesores necesitan veinticinco cuadernos y una pizarra cada uno. Un profesor necesita cuatro diccionarios, un reloj y dos cuadernos. Cada secretaria necesita quince bolígrafos, una computadora, veinte lápices, quince relojes y una mochila.

MODELO: *9 mesas (9 × 1 = 9)*

1. cuadernos __(3 × 1) + (2 × 25) + (1 × 2) = 55__

2. computadoras __2 × 1 = 2__

3. lápices __(3 × 8) + (2 × 20) = 64__

4. pizarras __2 × 1 = 2__

5. mochilas __2 × 1 = 2__

6. bolígrafos __(3 × 10) + (2 × 15) = 60__

7. diccionarios __1 × 4 = 4__

8. relojes __(1 × 1) + (2 × 15) = 31__

Audioscript for 1-23.
1. Cierra el libro, por favor.
2. Escribe la oración, por favor.
3. Repite el mes, por favor.
4. Abre el libro, por favor.
5. Contesta en español, por favor.
6. Escucha la música, por favor.
7. Lee el diálogo, por favor.
8. Ve a la pizarra, por favor.

Expansion of 1-23.
Te toca a ti. (*It's your turn.*) In groups of three or four students, take turns acting out each other's instructions.

**Additional Activity for
¡Así lo decimos!**
¿Es mucho o poco? Take turns saying how much an item in your classroom costs, and asking whether it costs a lot or a little. Your partner will respond to your question.
MODELO: lápiz/10 dólares
  E1: El lápiz cuesta 10 dólares.
    ¿Es mucho o es poco?
  E2: Es mucho.

1. mesa/50 dólares
2. papel/50 centavos
3. bolígrafo/2 dólares
4. silla/59 dólares
5. libro/85 dólares
6. cuaderno/21 dólares
7. mapa/39 dólares
8. escritorio/99 dólares

Implementation of *Nouns and articles.*

Many of the nouns presented in this section are cognates of English. Be sure that students practice the Spanish pronunciation of polysyllabic words, such as *universidad.* In working with adjectives, use real world examples, such as people who fit the descriptions, e.g., *Catherine Deneuve es una actriz francesa.* Encourage students to suggest their own examples to illustrate the new grammar point.

Note on *-ema ending.*

Greek words that end in **-ema** are masculine. Point out to students that other words ending in **-ma,** like *el idioma* and *el clima,* also are masculine.

¡Así lo hacemos! Estructuras

 4. Nouns and articles

1-40 to
1-46

Words that identify persons, places, or objects are called nouns. Spanish nouns—even those denoting nonliving things—are either masculine or feminine in gender. Note how the definite article (*the*) must agree with the noun.

Masculine		Feminine	
Singular	**Plural**	**Singular**	**Plural**
el hombre	los hombres	la mujer	las mujeres
el muchacho	los muchachos	la muchacha	las muchachas
el libro	los libros	la mesa	las mesas
el profesor	los profesores	la profesora	las profesoras
el lápiz	los lápices	la clase	las clases
el mapa	los mapas	la universidad	las universidades

There are many clues that will help you identify the gender of a noun.

- Most nouns ending in **-o** or those denoting male persons are masculine: **el libro, el hombre.** Most nouns ending in **-a** or those denoting female persons are feminine: **la mesa, la mujer.** Some common exceptions are: **el día** (*day*) and **el mapa,** which are masculine.
- Many person nouns have corresponding masculine **-o** and feminine **-a** forms.

  el amigo/la amiga   **el niño/la niña** (*boy / girl*)
- Most masculine nouns ending in a consonant simply add **-a** to form the feminine.

  el profesor/la profesora   **el francés/la francesa**
- Certain person nouns use the same form for masculine and feminine, but the article used will show the gender.

  el estudiante/la estudiante (*male / female student*)
- If it is provided, the article will tell you what the gender of the noun is.

  la clase   **el lápiz**
- Most nouns ending in **-ad** and **-ión** are feminine.

  la universidad   **la nación**
- Most nouns ending in **-ema** are masculine.

  el problema   **el poema**

RECURSOS

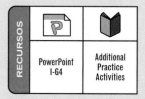

PowerPoint
I-G4

Additional
Practice
Activities

22

- Use the definite article with titles when talking about someone, but not when addressing the person directly.

  El profesor Gómez habla español.   *Professor Gómez speaks Spanish.*
  ¡Buenos días, profesor Gómez!   *Good morning, Professor Gómez!*

- Nouns that end in a vowel form the plural by adding **-s.**

  mesa → mesas

- Nouns that end in a consonant add **-es.**

  mujer → mujeres   **universidad → universidades**

- Nouns that end in a **-z** change the **z** to **c** in the plural.

  lápiz → lápices

- When the last syllable of a word that ends in a consonant has an accent mark, the accent is no longer needed in the plural.

  lección → lecciones

	Masculine		Feminine	
Singular	**un** bolígrafo	*a pen*	**una** silla	*a chair*
Plural	**unos** bolígrafos	*some pens*	**unas** sillas	*some chairs*

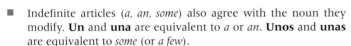

Sí, y es un profesor muy inteligente.

Es una clase buena.

- Indefinite articles (*a, an, some*) also agree with the noun they modify. **Un** and **una** are equivalent to *a* or *an.* **Unos** and **unas** are equivalent to *some* (or *a few*).

- In Spanish, the indefinite article is omitted when telling someone's profession, unless you qualify the person (good, bad, hard-working, etc.).

  Lorena es profesora de matemáticas.   *Lorena is a mathematics professor.*
  Lorena es **una** profesora buena.   *Lorena is a good professor.*

Aplicación

1-27 ¿Masculino o femenino? Say which of the following words are masculine (M) or feminine (F). Then provide the article.

MODELO: _____ libro
              M: el libro

1. <u>F: la</u> universidad
2. <u>F: la</u> mesa
3. <u>M: el</u> muchacho
4. <u>F: la</u> mujer

5. <u>M: el</u> problema
6. <u>M: el</u> lápiz
7. <u>F: la</u> silla
8. <u>M: el</u> poema

1-28 ¿Qué necesita? Say what the following people or places need. Use the indefinite article.

MODELO: ¿Qué necesita un profesor de informática (*computer science*)?
              Necesita una computadora…

bolígrafos	cuaderno	mapas	papeles	lápices
diccionario	mesa	reloj	sillas	computadora
calculadora	estudiantes	microscopio	puerta	libros

¿Qué necesita… *Answers will vary.*

1. un profesor de historia?
2. un científico?
3. una profesora de biología?

4. un matemático?
5. una profesora de ingeniería?
6. un/a estudiante?

Note on *written accent marks.*
For a full presentation of written accent marks, refer to Chapter 4.

Additional Activity for *Nouns and articles.*
Write several vocabulary words or cognates on colored sheets of paper, using the same color for all words that follow the same rule for gender, i.e., blue for all words that end in *-ción.* Make sure to include a group of words that does not correspond to any rule. In class, make two columns on the board and label them *masculinas* and *femeninas.* Hold up the words and ask students to place them in the correct column. Then ask students to explain the common feature of all the words of the same color, thereby deducing the hints for remembering the gender of words. Explain the arbitrary nature of grammatical (versus biological) gender, pointing out that for inanimate nouns, one generally cannot predict grammatical gender based on meaning. As a note, know that there are some exceptions to this in Spanish, however. For example, fruit tends to be feminine whereas the tree that bears it is masculine: *manzana / manzano, naranja / naranjo, cereza / cerezo, ciruela / ciruelo,* etc.

Warm-up for 1-28.
Before beginning student practice, review the cognates presented in the activity: *mapa, profesor, clase.* Then review any remaining words, as you deem necessary.

Expansion of 1-28.
Have students write a list of items in the classroom, using the verb *hay* and the indefinite article.

1-29 Más de uno. Give the plural form of each of these nouns.

Modelo: el libro
los libros

1. la profesora
   las profesoras
2. el lápiz
   los lápices
3. la lección
   las lecciones
4. la puerta
   las puertas
5. el reloj
   los relojes
6. el día
   los días
7. el mapa
   los mapas
8. la mujer
   las mujeres

1-30 En la clase de María Luisa. Complete the paragraph about María Luisa's class by using the correct form of the definite or indefinite article in each blank.

En (1) _____la_____ clase de español, hay (2) _____un_____ mapa, (3) _____una_____ pizarra, (4) _____una_____ mesa y (5) _____unas_____ sillas. (6) _____Los_____ estudiantes son (*are*) muy inteligentes. (7) _____La_____ profesora es (8) _____la_____ señora López. Todos (9) _____los_____ días (*every day*), estudiamos (*we study*) (10) _____la_____ lección y hablamos (*we speak*) mucho.

5. Adjective form, position, and agreement

1-47 to 1-53

■ Descriptive adjectives, such as those denoting size, color, and shape, describe and give additional information about objects and people.

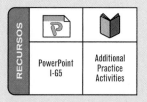

un libro **fascinante**	*a fascinating book*
una clase **grande**	*a big class*
un cuaderno **rosado**	*a pink notebook*

■ Descriptive adjectives agree in gender and number with the noun they modify, and they generally follow the noun. Note that adjectives of nationality are not capitalized in Spanish.

el profesor **colombiano**	*the Colombian professor*
la señora **mexicana**	*the Mexican lady*
los estudiantes **españoles**	*the Spanish students*

■ Adjectives whose masculine form ends in **-o** have a feminine form that ends in **-a.**

el profesor **argentino**	*the Argentine professor (male)*
la profesora **argentina**	*the Argentine professor (female)*

■ Adjectives ending in a consonant or **-e** have the same masculine and feminine forms.

un coche **azul**	*a blue car*
una silla **azul**	*a blue chair*
un libro **grande**	*a big book*
una clase **grande**	*a big class*

■ For adjectives of nationality that end in a consonant, and adjectives that end in **-dor,** add **-a** to form the feminine. If the masculine has an accented final syllable, the accent is dropped in the feminine and the plural forms.

el profesor **español**	*the Spanish professor*
la estudiante **española**	*the Spanish student*
un libro **francés**	*a French book*
una mujer **francesa**	*a French woman*
un señor **trabajador**	*a hard-working man*
una profesora **trabajadora**	*a hard-working professor*

Aplicación

1-31 Parejas. Match the following objects with the colors. Pay close attention to the gender and number of the nouns.

1. las mesas
2. el bolígrafo
3. los relojes
4. la silla

_3_ amarillos
_4_ blanca
_1_ rojas
_2_ negro

1-32 ¿De qué color? Look at the following items in your classroom and state what color they are.

MODELO: la pizarra
La pizarra es negra.

1. el mapa
2. el lápiz
3. el libro
4. los cuadernos

5. las sillas
6. la puerta
7. los papeles
8. la mochila

1-33 ¿Cómo es? ¿Cómo son? Combine nouns and adjectives to make logical sentences in Spanish. Remember that articles, nouns, and adjectives agree in gender and number.

MODELO: los estudiantes
Los estudiantes son buenos.

el libro de español		fascinante
los profesores		interesante
las sillas		simpático
la clase		inteligente
los estudiantes		bueno/malo
la pizarra	es/son	norteamericano/español, etcétera
el libro de inglés		rojo/anaranjado/amarillo/negro, etcétera
el bolígrafo		barato/caro
la universidad		grande/pequeño
los cuadernos		trabajador

1-34 ¿Cómo es? Describe your Spanish professor and one or more students in the class. Use at least two descriptive words for each person.

MODELO: *Cristina es inteligente y trabajadora.*

1. El profesor (La profesora) es…
2. (Nombre de un/a estudiante) es…

1-35 Palifruta. Answer the following questions based on the ad.

1. ¿De qué color es el palifruta de limón? amarillo
2. ¿De qué color es el palifruta de grosella? rojo
3. ¿Son buenos o malos los palifrutas? ¿Por qué? *Answers will vary.*

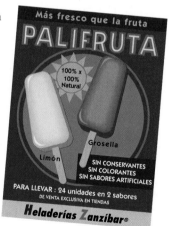

Note on *Subject pronouns*.

In some parts of Latin America, including Costa Rica, Argentina, Uruguay, and parts of Colombia, the pronoun *vos* is commonly used instead of *tú*. Its corresponding verb forms differ as well. The *vos* form is not taught in this book.

Additional Activity for *Subject pronouns*.

Ask students which subject pronouns they would use to address the following people. Have students decide if the addressees are *tú, usted, vosotros/as,* or *ustedes*: **1.** *dos amigos de la universidad,* **2.** *una profesora distinguida,* **3.** *un grupo de estudiantes en la cafetería,* **4.** *los estudiantes de la clase de español,* **5.** *tus padres,* **6.** *una señora anciana,* **7.** *un hombre en el autobús,* **8.** *tu mejor amigo/a,* **9.** *unos chicos jóvenes en la calle,* **10.** *dos policías.*

Implementation of *Present tense of ser*.

When you formally introduce *ser,* you might want to review instances of the verb that students have already seen in *¡Así es la vida!* and *¡Así lo decimos!: ¿Cómo eres? ¿De dónde eres? ¿Quién eres?*

Implementation of *Present tense of ser*.

This is a good time to point out the verb charts in Appendix 2 as a learner resource. Direct students to the present indicative conjugation of *ser* on the chart and explain that forms are listed vertically in columns.

6. Subject pronouns and the present tense of *ser* (to be)

1-54 to 1-60

In Spanish, subject pronouns refer to people (*I, you, he,* etc.).[1]

Subject pronouns			
Singular		**Plural**	
yo	I	**nosotros/nosotras**	we
tú	you *(inf.)*	**vosotros/vosotras**	you *(inf. Spain)*
usted (Ud.)	you *(for.)*	**ustedes (Uds.)**	you *(for.)*
él	he	**ellos/ellas**	they
ella	she		

Just like the verb *to be* in English, the verb **ser** in Spanish has irregular forms. You have already used several of them. Here are all of the forms of the present indicative, along with the subject pronouns.

ser (to be)					
Singular			**Plural**		
yo	**soy**	*I am*	nosotros/as	**somos**	*we are*
tú	**eres**	*you are (inf.)*	vosotros/as	**sois**	*you are (inf.)*
él, ella, Ud.	**es**	*he/she is, you are (for.)*	ellos/as, Uds.	**son**	*they are, you are (for.)*

■ Because the verb form indicates the subject of a sentence, subject pronouns are usually omitted unless they are needed for clarification or emphasis.

¿Eres de Puerto Rico?	*Are you from Puerto Rico?*
Sí, soy de Puerto Rico.	*Yes, I'm from Puerto Rico.*
Yo no, pero **ellos** sí son de Puerto Rico.	*I'm not, but they're from Puerto Rico.*

■ There are four ways to express *you*: **tú, usted, vosotros/as,** and **ustedes. Tú** and **usted** are the singular forms. **Tú** is used in informal situations, that is, to address friends, family members, and pets. **Usted** denotes formality or respect and is used to address someone with whom you are not well acquainted or a person in a position of authority (e.g., a supervisor, teacher, or older person).[2]

■ **Vosotros/as** and **ustedes** are the plural counterparts of **tú** and **usted,** but in most of Latin America, **ustedes** is used for both the familiar and formal plural *you*. **Vosotros/as** is used in Spain to address more than one person in a familiar context (e.g., a group of friends or children).[3]

---

[1] Subject pronouns are not generally used for inanimate objects or animals (except when referring to pets).

[2] In the families of some Hispanic countries, children use **usted** and **ustedes** to address their parents as a sign of respect.

[3] *¡Arriba!* uses **ustedes** as the plural of **tú** except where cultural context would require otherwise.

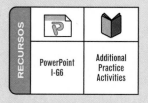

RECURSOS

PowerPoint I-G6

Additional Practice Activities

- The pronouns **usted** and **ustedes** are commonly abbreviated as **Ud.** and **Uds.** or **Vd.** and **Vds.**
- The verb **ser** is used to express origin, occupation, or inherent qualities.

¿De dónde **eres**?	*Where are you from?*
Soy de Toronto.	*I am from Toronto.*
Mi madre **es** profesora.	*My mother is a professor.*
Ustedes **son** muy pacientes.	*You are very patient.*

Aplicación

1-36 Dos artistas importantes. Read the description of the two artists below and underline the uses of **ser**. Then answer the questions that follow.

Salvador Dalí y Diego Rivera son dos de los artistas más famosos del mundo. Sus pinturas son admiradas por expertos y por estudiantes de arte. Los dos son del siglo xx, pero sus experiencias y sus estilos son muy diferentes. Salvador Dalí es español. Es de Figueras, un pueblo cerca de Barcelona. Dalí es famoso no sólo por su arte surrealista, sino también por su apariencia extravagante. *El descubrimiento de América por Cristóbal Colón* conmemora el famoso viaje de Colón en 1492. La muerte de Dalí es en 1989 a la edad de 84 años.

Diego Rivera es mexicano. Es de Guanajuato, una ciudad colonial al norte de la Ciudad de México. La fecha de su nacimiento es 1886 y la fecha de su muerte es 1957. Rivera es famoso por sus murales que describen la historia de México, especialmente la conquista de México por los españoles. *Historia de México desde la conquista hasta el futuro* es un mural muy grande. Su estilo es realista.

Now answer in Spanish.

1. What do Rivera and Dalí have in common? Son artistas famosos.
2. What else do they have in common? Son del siglo xx.
3. How do they differ? Dalí es español, Rivera es mexicano, etc.

1-37 Una encuesta. Take a survey of class members to find out what they consider to be the ideal qualities of the following people, places, and things. Respond with your own opinions as well.

MODELO: E1: ¿Cómo es la clase ideal?
   E2: *La clase ideal es pequeña.*
   E3: *La clase ideal es interesante.*

1. ¿Cómo es el/la profesor/a ideal?
2. ¿Cómo es el/la amigo/a ideal?
3. ¿Cómo es el libro ideal?
4. ¿Cómo es la universidad ideal?

 1-38 Yo soy… Introduce and describe yourself to a classmate, then ask what he/she is like. Follow the model.

MODELO: Me llamo… Soy…, y… (adjectives).
   ¿Cómo eres tú?

 ¿Cuánto sabes tú? *How much do you know? Can you…*

□ identify the objects in your classroom using the correct definite or indefinite article?

1-61 to 1-64

□ follow your teacher's instructions in Spanish?
□ describe yourself using several adjectives?
□ describe items using colors and other adjectives?

RECURSOS

In-class Communicative Projects

Observaciones

Episode 1

1-65 to 1-68

¡Pura vida! Episodio 1

¡Pura vida! is an on-going *serie* that takes place in Costa Rica.

Antes de ver el video

1-39 ¿Cómo es Costa Rica? Costa Rica is known for its natural beauty and national efforts to maintain the varied ecosystem. It is a tropical country with several climatic zones and four mountain ranges with seven active volcanoes. Earth tremors and small quakes shake the country from time to time. Read about San José, its capital, and answer the questions that follow in English.

San José está situada entre dos volcanes.

San José, la capital de Costa Rica, está situada (*located*) en el valle central del país (*country*) a una elevación de 3.795 pies de altura, con los volcanes Poás, Irazú y Barba al norte y la Sierra de Talamanca al sur. La ciudad tiene una población de 350.000 habitantes; la temperatura promedio (*average*) oscila entre los 19 y 22 grados centígrados.

En el centro de San José los turistas pueden ver (*see*) el Teatro Nacional, con su arquitectura barroca y neoclásica. Es el edificio (*building*) más notable de la ciudad. Otros lugares (*places*) de interés son el Museo de Oro Precolombino, el Museo de Jade, el Museo Nacional y el Centro Costarricense de Ciencias y Cultura. El suburbio de Escazú tiene excelentes restaurantes y una animada (*lively*) vida nocturna.

1. Where is the capital of Costa Rica located? In the central valley of the country.
2. What volcanoes are to the north of San José? Poás, Irazú, and Barba.
3. What is San José's average temperature? Between 19 and 22 degrees Celsius.
4. What is the most remarkable building in the capital? El Teatro Nacional.
5. Where can you find excellent restaurants and lively nightlife? In the suburb of Escazú.

A ver el video

1-40 Los personajes. Watch the first episode of *¡Pura vida!* and watch for the ways in which the characters greet each other. Take note of what seems to cause cultural confusion. Then, identify the characters using the brief descriptions below.

La casa de doña María

Hermés

Felipe

1. __F__ Es fotógrafo.
2. __F__ Tiene una camioneta (*van*).
3. __DM__ Compra (*buys*) fruta.
4. __H__ Va al trabajo (*work*).

Después de ver el video

WWW

1-41 La ciudad de San José. Connect with your **¡Arriba!** website to see photographs of the city of San José and write three adjectives to describe it.

MODELO: La ciudad es…

veintinueve • **29**

Note on *Observaciones*.

The expression *¡Pura vida!*, literally translated as "Pure life!", has a figurative meaning in Costa Rica roughly translated as "Cool!". This expression commonly is used by Costa Ricans to refer to a positive mood or situation, and it embodies the free spirit and passion for life that typifies this tropical country. Friends often use this phrase to greet or to respond to one another with energy, as in the exchange, A: "*¿Qué tal la fiesta?*," B: "*¡Pura vida! La pasamos excelente.*" ("Cool! We had a great time.").

Implementation of *Observaciones*.

Follow the same general cycle for all video activities. Use the pre-viewing activities as advance organizers to give students an idea of what they will see; have students view the episode and do the comprehension activity as homework; review the episode and do a more open-ended activity in class.

Implementation of *Observaciones*.

Use the storyline video series as a springboard for integrating theatre into your classroom. At an interesting moment during any particular episode, stop the video and have students predict what will happen next. The students can compose brief dialogues to act out in front of the class. After viewing the skits, play the video and see which group's skit most closely approximates the video storyline. As the series develops over various episodes, these skits will become more and more interesting, as students will come to know the characters in greater depth.

Expansion of 1-39.

Divide the class into groups, and assign each group one of the places in San José mentioned in the reading to research on the Internet. Have students report their findings first to their small group and then to the entire class during the next class session.

RECURSOS

IRM Video Script

CAPÍTULO 1

Implementation of material in *Panoramas* sections.

Panoramas presents a visual glimpse of the Spanish-speaking world and encourages students to investigate it further. Use *¿Ya sabes?* as an advance organizer. In some cases, students will know the answers. In others, they will find the answers in *Nuestro mundo*. Occasionally, the answers will have appeared in the context of the chapter. The Internet activities provide additional images and information about what is presented in these few pages.

Expansion of 1-42.

Ask students additional comprehension questions based on the map. Either translate these questions into English for this beginning chapter, or write the Spanish questions on the board or a transparency for visual support, defining key words such as *¿qué?, país, habla, ¿dónde?, isla.* E.g., *¿En qué continentes hay países de habla hispana? ¿En qué continente está la mayoría de estos países? ¿En qué continente está México? ¿En qué continente está España? ¿En qué países existe la conexión geográfica entre la América del Norte y la América del Sur? ¿Dónde están las islas del Caribe? ¿En qué países del Caribe hablan español?*

NUESTRO MUNDO

Panoramas

 El mundo hispano

Vistas culturales

1-69

You will soon see that our world (*nuestro mundo*) is full of diversity and surprises. Throughout **¡Arriba!** we hope to emphasize that the Hispanic world is one of many cultures with the Spanish language tying it together across five continents. As you make these discoveries, we hope that you remember and appreciate the diversity. To begin, what do you already know about the Spanish-speaking world? Supply as much of the following information as you can.

1-42 ¿Ya sabes? (*Do you already know?*) How many of the following can you name? *Answers will vary.*

1. the names of some Spanish-speaking countries
2. a coffee-producing country
3. states in the United States where Spanish is an important language
4. a petroleum-producing country

On the next two pages, you will find the answers to some of these questions, as well as other information about the Spanish-speaking world. Use the images and your guessing skills to understand the text, then test your comprehension with the activities that follow.

RECURSOS

| Transparency T1-7 | PowerPoint T1-7 |

La topografía, el clima y la economía de Sudamérica varían de región en región. La majestuosa cordillera de los Andes, donde hace mucho frío (*it's very cold*) y donde hay poca vegetación, contrasta con la rica y calurosa (*warm*) zona del Amazonas.

Muchas capitales sudamericanas son metrópolis grandes y modernas con sus rascacielos (*skyscrapers*), su comercio, su gente (*people*) y su contaminación (*pollution*).

Santa Fe de Bogotá, la capital de Colombia, incluye un nombre con origen indígena (Bogotá) y español (Santa Fe).

Algunas de las plantas de esta región en los Andes tienen valor medicinal.

Los yacimientos arqueológicos, como el de Tulum, México, son testigos (*witnesses*) de las civilizaciones precolombinas.

La presencia de los hispanos en los EE.UU. (*U.S.*) se nota en muchas partes, especialmente en las grandes ciudades y en el sur del país. Este desfile en febrero es parte de la celebración del Carnaval de la Calle Ocho de Miami, donde muchas personas son de origen hispano.

Implementation of *Panoramas*.

Point out various reading comprehension strategies to help students process the material in the *Panoramas* section of each chapter. First, encourage students to look for cognates as they read the captions. For an immediate confidence boost, have them identify the English equivalents for *el clima* and *la economía* in the very first caption of this section. Second, encourage students to connect the language to the photographs. For example, have them identify the word for *mountain range* in the first caption. Third, whether the reading is assigned for home or in-class, tell students to underline words that interfere with their understanding of the text. Review these words with them or ask them to consult the glossary or a Spanish–English dictionary before proceeding to the activities. (Students may need a few pointers on how to use a bilingual dictionary.) Fourth, point out that it is not necessary to understand every word in a text to capture its global meaning. Thus, tell students not to get distracted or overwhelmed by an occasional unknown word. For further practice with reading comprehension, have students carry out the *Páginas* section of each chapter, as well.

Expansion of *Panoramas*.

Ask students comprehension questions based on the information in the captions. Either translate these questions into English for this beginning chapter, or write the Spanish questions on the board or a transparency for visual support, defining key words as necessary and pointing to the pertinent photograph for each question. The language of the questions reflects the language used in the captions, so encourage students to pay attention to all of these clues to meaning. E.g., ¿*Cómo es el clima de los Andes? ¿Cómo es el clima en la zona del Amazonas? ¿Cómo son muchas de las capitales de la América del Sur? ¿Para qué usan algunas plantas en esta zona? ¿Dónde está Tulum? ¿Qué es? ¿En qué partes de los EE.UU. hay muchas personas de origen hispano?*

1-43 ¿Cierto o falso? Identify whether the following statements are true or false. Correct any false statement.

MODELO: _____ Bogotá es la capital de Chile.
          _F_ *Bogotá es la capital de Colombia.*

1. __C__ Hay muchos hispanos en Miami.
2. __F__ Los Andes están en Norteamérica. Los Andes están en Sudamérica.
3. __F__ Tulum está en la costa de Guatemala. Tulum está en la costa de México.
4. __F__ El Carnaval en Miami es en el otoño. El Carnaval en Miami es en el invierno.
5. __C__ Algunas plantas de los Andes tienen valor medicinal.
6. __F__ La capital de Colombia es pequeña. La capital de Columbia es grande.

WWW
1-44 Conexiones. Connect with your **¡Arriba!** web site to find out the following information about the Spanish-speaking world.

1. a Central American country where English is the official language
   Belize

2. where Patagonia is
   Southern Chile and Argentina

3. three very long rivers
   Amazon, Paraguay, Paraná

4. three important mountain ranges in the Hispanic world
   Andes, Sierra Nevada, Pyrenees (*Pirineos*)

5. what and where Titicaca is
   A lake in the Andes between Perú and Bolivia

6. a city in the United States with a large Spanish-speaking population
   Los Ángeles/Miami

1-45 ¡Vamos! Work with another student to choose three Spanish-speaking countries you are going to visit. Once you choose the countries, connect to the Internet and print information about them. Be prepared to justify why you chose the three countries.

MODELO: *Vamos a Chile, a Bolivia y a la Argentina.*

 **Ritmos**

"Salsa en Nueva York" (Típica Novel, Cuba/Nueva York)

This song, by the Cuban group Típica Novel, very simply tells of the joys of *salsa* music and its influence on the city of New York. Metaphorically speaking, the lyrics of the song represent the far-reaching influence of Hispanic music on the peoples and cultures of the world where it has flourished.

"Salsa en Nueva York"
Llegó la salsa a Nueva York, cuna del ritmo y del sabor
de Puerto Rico, Cuba y demás se unen así salsa y sabor.
(se repite)

Oye, lleva mi ritmo, salsa y sabor. (se repite)
Hace tiempo, que hacía falta que la Novel le traiga salsa.
(se repite)
Oye, lleva mi ritmo, salsa y sabor. (se repite)

Antes de escuchar (*Pre-listening*)

1-46 Estilos musicales. "Salsa en Nueva York" is typical of the cheerful, catchy, and very danceable rhythms of *salsa* music. Are you or your classmates familiar with *salsa*? Have you ever heard *salsa* music? What ideas or thoughts do you associate with it? What ideas or thoughts do you associate with Hispanic or Latin music in general? What musical styles are typical of your country or the region you are from? Which are your favorites and why?

1-47 La música hispana. Before listening to "Salsa en Nueva York," write down as many styles of Hispanic or Latin music as you can, working in pairs. Then share your list with your classmate and discuss any artists whom you know and whether or not you like their music. Some possible answers: la salsa, el merengue, la bachata, el tango, el cha cha chá, el mambo, la rumba, la cueca, el danzón, el corrido, el bolero, etc.

A escuchar (*Listening*)

1-48 Los instrumentos. As you listen to the song indicate with an "X" which instruments you hear. The names of the instruments are written in Spanish. They are all cognates, words that are identical or similar in both Spanish and English.

_____ el piano   _____ el banjo

_X_ la trompeta   _____ el acordeón

_X_ el violín   _X_ la guitarra

_X_ la flauta   _____ el clarinete

RECURSOS
Ritmos
Track 1

NUESTRO MUNDO

Implementation of material in *Ritmos* **sections.**
Ritmos are musical selections that present students with a wide variety of rhythms and types of music. Each selection is representative of the cultural focus of the chapter. Encourage students to tap their feet, sing along, dance, draw, or simply listen. They will learn a little more about the wide variety of Hispanic culture.

Lyrics to "Salsa en Nueva York."
Llegó la salsa a Nueva York, cuna del ritmo y del sabor
de Puerto Rico, Cuba y demás se unen así salsa y sabor. (se repite)
Oye lleva mi ritmo, salsa y sabor. (se repite)
Hace tiempo, que hacía falta que la Novel le traiga salsa. (se repite)
Oye lleva mi ritmo, salsa y sabor. (se repite)

Implementation of 1-46.
This activity can be done as a competition, e.g., to see who has the longest list. The instructor can give a time limit to see who comes up with the most musical styles.

Implementation of material in *Páginas* sections.

Páginas are authentic or semi-authentic readings carefully selected to help students develop strategies and gain confidence in reading in Spanish. Encourage students to use the visuals, cognates, format, design, and other clues to help them anticipate what will come. As with *Comparaciones*, *Panoramas*, and *Ritmos*, *Páginas* always has pre-reading, guided reading, comprehension, and expansion activities. The sequencing is receptive to productive, simpler to more complex. Do pre-reading in class; have students read silently or as homework; do the review and expansion the next day in class.

Después de escuchar (*Post-listening*)

1-49 Descripciones. Imagine that you are a true *aficionado*, or fan, of *salsa* music. Indicate in the spaces below with an "X" which statements you would most likely believe to be true of "Salsa en Nueva York." Each statement uses a cognate.

_____ Es interesante.	_____ Es terrible.
_____ Es mala.	_____ Es emocionante.
_____ Es fascinante.	_____ Es romántica.
_____ Es misteriosa.	_____ Es exótica.
_____ Es aburrida.	_____ Es buena.

Páginas

Versos sencillos, "XXXIX" (José Martí, Cuba)

1-71

The readings in **Páginas** come from the Spanish-speaking world and were written for native Spanish speakers. Remember that you do not have to comprehend every word in order to understand the passage and glean essential information. The related activities will help you develop reading comprehension strategies.

José Martí (1853–95) was an artist, intellectual, and patriot. Besides being known for his struggle to gain Cuba's independence from Spain, he is famous for his poetry, some of which has been popularized through song (*Guantanamera*). This selection comes from a series of short poems entitled *Versos sencillos* and discusses how the poet treats both his friends and his enemies.

Antes de leer (*Pre-reading*)

1-50 Los cognados. Spanish and English share many cognates, words or expressions that are identical or similar in two languages—for example, *profesor*/professor and *universidad*/university. When you read Spanish, cognates will help you understand the selection. Skim the poem and list the cognates you see. Then for each cognate, guess the meaning of the phrase in which it appears.

A leer (*Reading*)

1-51 El poema. Read the following poem.

"XXXIX"

Cultivo una rosa blanca,
En julio como en enero,
Para el amigo sincero
Que me da (*gives*) su mano (*hand*) franca.
Y para el cruel que me arranca (*yanks out*)
El corazón (*heart*) con que vivo,
Cardo (*thistle*) ni ortiga (*nettle; a prickly plant*) cultivo:
Cultivo una rosa blanca.

Implementation of 1-51.
Recommend that students use a bilingual dictionary to look up the meaning of some words. This would be another good opportunity to discuss how to use a bilingual dictionary.

Después de leer (*Post-reading*)

1-52 ¿Comprendiste? (*Did you understand?*) Which of the following seem to describe the poet from what he writes?

1. Es blanco.
2. Es optimista.
3. Tiene amigos.
4. Tiene enemigos.
5. Es generoso.
6. Su mes favorito es julio.

1-53 Los símbolos. We often use colors as symbols for other things. Work with a classmate to match these colors with what you believe they could symbolize. What else do they symbolize for you?

1. __d__ el rojo
2. __e__ el amarillo
3. __a__ el blanco
4. __c__ el verde
5. __b__ el negro

a. la pureza (*purity*), la paz (*peace*)
b. el misterio
c. la juventud (*youth*)
d. la pasión
e. la cobardía (*cowardice*)

Taller

1-54 Una carta de presentación. When you write a letter of introduction, you want to tell something about your physical and personal characteristics and something about your life. In this first introduction, think of information you would share with a potential roommate. Follow the steps below to write five sentences in Spanish to include with a housing application.

1-72 to 1-74

Santa Clara, CA
25 de septiembre de 2007

¡Hola!

Me llamo Susanita. Soy extrovertida y simpática. Tengo clases muy interesantes y fascinantes. Mi profesora de español es la señora Carro. Es muy inteligente y trabajadora. Mi cumpleaños es el 10 de abril. Mi color favorito es el amarillo. . .

¡Hasta pronto!

Susanita

Antes de escribir (*Pre-writing*)

- Write a list of adjectives that you identify with yourself.
- Write a list of adjectives to describe your classes and your professors.

A escribir (*Writing*)

- Introduce yourself.
- Using adjectives from your list, describe what you are like. Use the connector **y** (*and*) to connect thoughts.
- Describe your classes and your professors.
- Say what your favorite color is (**Mi color favorito es el…**).
- Add any other personal detail about yourself (your birthday, favorite day of the week, etc.).

Después de escribir (*Post-writing*)

- **Revisar (*Review*)**
  - ☐ Go back to make sure all of your adjectives agree with the nouns they modify.
  - ☐ Check your use of the verb **ser.**
- **Intercambiar (*Exchange*)**

  Exchange your description with a classmate's. Then make suggestions and corrections and add a comment about the description.
- **Entregar (*Turn in*)**

  Rewrite your letter, incorporating your classmate's suggestions. Then turn in the letter to your instructor.

Vocabulario

Implementation of *Vocabulario*.
Help students better assimilate vocabulary through images, role-plays, and review games. Some examples of the latter that will work successfully with these word sets include word associations (e.g., a search for synonyms and/or antonyms), spelling races at the board, and Pictionary. By interacting with others and using words in meaningful ways, vocabulary acquisition is greatly enhanced.

PRIMERA PARTE

Saludos	Greetings
Buenos días.	Good morning.
Buenas noches.	Good evening.
Buenas tardes.	Good afternoon.
¿Cómo está usted?	How are you? (for.)
¿Cómo estás?	How are you? (inf.)
Hola.	Hello; Hi.
¿Qué pasa?	What's happening? What's up? (inf.)
¿Qué tal?	What's up? (inf.)

Presentaciones	Introductions
¿Cómo se llama usted?	What's your name? (for.)
¿Cómo te llamas?	What's your name? (inf.)
Me llamo...	My name is...
Mi nombre es...	My name is...
Soy...	I am...

Respuestas	Responses
De nada.	You're welcome.
¿De verdad?	Really?
Encantado/a.	Delighted; pleased to meet you.
Gracias.	Thank you.
Igualmente.	Likewise.
(Muy) Bien.	(Very) Well.
(Muy) Mal.	(Very) Bad.
Más o menos.	So-so.
Mucho gusto.	Pleased to meet you.

Despedidas	Farewells
Adiós.	Good-bye.
Hasta luego.	See you later.
Hasta mañana.	See you tomorrow.
Hasta pronto.	See you soon.

Títulos	Titles
el señor (Sr.)	Mr.
la señora (Sra.)	Mrs.; Ms.
la señorita (Srta.)	Miss

Otras palabras y expresiones	Other words and expressions
con	with
mi/mis	my
o	or
tu/tus	your (inf.)
y	and

Sustantivos	Nouns
la clase	class
el/la estudiante	student
el/la profesor/a	professor
la universidad	university

SEGUNDA PARTE

En la clase	In the classroom
el bolígrafo	pen
la calculadora	calculator
el cuaderno	notebook
el diccionario	dictionary
el lápiz	pencil
el libro	book
el mapa	map
la mesa	table
la mochila	backpack
el papel	paper
la pizarra	blackboard
la puerta	door
el reloj	clock; watch
la silla	chair

Adjetivos	Adjectives
aburrido/a	boring
barato/a	cheap; inexpensive
bueno/a	good
caro/a	expensive
extrovertido/a	outgoing
fascinante	fascinating
grande	big
inteligente	intelligent
interesante	interesting
malo/a	bad
pequeño/a	small
simpático/a	nice
tímido/a	shy; timid
trabajador/a	hard-working

Los colores	Colors
amarillo/a	yellow
anaranjado/a	orange
azul	blue
blanco/a	white
gris	grey
morado/a	purple
negro/a	black
rojo/a	red
rosado/a	pink
verde	green

Adverbios	Adverbs
aquí	here

Verbos	Verbs
necesitar	to need
ser	to be
tener (ie)	to have

Expresiones para la clase	Expressions for class
Abre (Abran) el libro.	Open your book(s).
Cierra (Cierren) el libro.	Close the book.
Contesta (Contesten) en español.	Answer in Spanish.
Escribe (Escriban) en la pizarra.	Write on the board.
Escucha (Escuchen).	Listen.
Estudia (Estudien).	Study.
Lee (Lean) el diálogo.	Read the dialogue.
Repite (Repitan).	Repeat.
Ve (Vayan) a la pizarra.	Go to the board.

Numbers 0–100	See page 10.
The days of the week	See page 13.
The months and the seasons	See page 13–14.
Subject pronouns	See page 26.

RECURSOS

Testing Program
Tests A and B
Modules
1-1 to 1-34

2 ¿De dónde eres?

OBJETIVOS COMUNICATIVOS

- **Describing yourself, other people, and things**
- **Asking and responding to simple questions**
- **Asking for and telling time**

- **Talking about what you like to do (*me gusta/te gusta*)**
- **Talking about what you have and what you have to do**

Pablo Picasso, pintor prolífico, nació en Málaga. Esta obra es una de sus más famosas.

PICASSO
Don Quixote
1955

España: Tierra de Don Quijote

«Buenas acciones valen más que buenas razones.»*

*Refrán: Good deeds are worth more than good excuses. (Actions speak louder than words.)

Rafael Nadal, de Manacor, Mallorca, España, ganó más de 12 torneos de tenis internacionales en 2005.

treinta y nueve • **39**

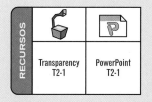
PRIMERA PARTE

Note on *Cultural focus.*

Beginning with this lesson, each chapter has both a thematic and a cultural focus. Although Chapter 2 focuses on Spain, feel free to personalize your examples with people and places you know.

Implementation of *Refrán.*

Have students repeat the ***refrán*** until they feel comfortable saying it. Have them identify the gender of the nouns. Have them write the singular forms also (i.e., ***razón*** and ***acción***) and review the related rule presented in *Nouns and articles* in Chapter 1.

Note on *Images.*

Refer to Activity 2-33 on page 63 for some basic background information and a photograph of Pablo Picasso (Spanish painter and sculptor, 1881–1973). Perhaps ask students to name the art movement for which Picasso is most famous, *el cubismo.* Then ask if the black-on-white drawing shown here (titled *Don Quijote*, 1955) represents this Cubist style (which it does not) and what well-known characters are depicted in it (i.e., Don Quijote and Sancho Panza). Perhaps have students characterize the drawing and explain how it differs from Picasso's well-known Cubist paintings (e.g., the lines in the drawing are simple and one-dimensional, the figures are not deconstructed and then reconfigured from various perspectives simultaneously, etc.). You might also ask students to think of and/or name other famous works by Picasso, such as the drawings *Mains Aux Fleurs (Hands with Flowers), Colombe Avec Fleurs (Dove with Flowers), Bullfight I, Bullfight III,* etc., and the paintings *Guernica, The Old Guitarist,* etc. For some basic background information and an additional photograph of Rafael Nadal (Spanish/Mallorcan tennis player, 1986–), refer to Activity 2-14 on page 51.

PRIMERA PARTE

¡Así lo decimos! Vocabulario

CD 1, Track 9

2-1 to 2-2

¡Así es la vida! ¿Quiénes somos?

La *Casa del Café* es un lugar muy popular en la Calle Mayor de Madrid. Hoy hay muchas personas.

En una mesa están José e Isabel. José Ortiz Pérez es el estudiante moreno. Estudia en la Universidad de Salamanca, pero es de Algeciras, un puerto en el mar Mediterráneo. La muchacha rubia, amiga de José, se llama Isabel Rojas Lagos. Es de Sevilla. Es muy inteligente y muy trabajadora. También es muy simpática. En otra mesa hay dos muchachas, Marta y María. Marta es dominicana y su amiga, María, es mexicana.

Paco, el muchacho rubio, y su amigo Daniel compran café. Paco es colombiano. Es alto y delgado. Daniel es de Madrid, la capital de España.

¡Cuántas personas interesantes hay en la *Casa del Café*!

Adjetivos descriptivos y adjetivos de nacionalidad

CD 1,
Track 10

2-3 to
2-7

(la chica) **rubia**

(el chico) **moreno**

(el chico) **joven**

(la mujer) **vieja**

(el hombre) **pobre**

(la mujer) **rica**

(el muchacho) **alto**

(el muchacho) **bajo**

(la perra) **flaca**

(el perro) **gordo**

(el suéter) **nuevo**

(el suéter) **viejo**

Más adjetivos descriptivos	More descriptive adjectives
bonito/a	pretty; cute
feo/a	ugly
grande	big
guapo/a	good-looking
pequeño/a	small
perezoso/a	lazy

Algunos adjetivos de nacionalidad[1]	Some adjectives of nationality
PAÍS	NACIONALIDAD
la Argentina	argentino/a
el Canadá	canadiense
Chile	chileno/a
Colombia	colombiano/a
Cuba	cubano/a
la República Dominicana	dominicano/a
el Ecuador	ecuatoriano/a
España	español/a
los Estados Unidos	norteamericano/a (estadounidense)
México	mexicano/a
Panamá	panameño/a
el Perú	peruano/a
Puerto Rico	puertorriqueño/a
El Salvador	salvadoreño/a
Venezuela	venezolano/a

Los lugares	Places
la capital	capital city
la ciudad	city
el país	country

Las personas	People
el/la amigo/a	friend
el/la muchacho/a	boy/girl
los padres	parents

Adverbios	Adverbs
ahora (mismo)	(right) now
también	also
tarde	late
temprano	early

Conjunciones	Conjunctions
pero	but
porque	because

[1]Adjectives of nationality are not capitalized in Spanish.

Note on ¡Así lo decimos!
The vocabulary in this section introduces students to nationalities and other adjectives. It is not meant to be an exhaustive list, and you may want to introduce other nationalities of interest to your students. The activities include some personalities students may have read or heard about. Use the in-text visuals to help students visualize who they are.

Implementation of ¡Así lo decimos!
Bring in photos of international celebrities. Ask ¿Quién es?, ¿Cómo es?, and ¿De dónde es?, providing a model response after each question for the first picture. Then have students provide short answers for questions about other photos. Remind students of previously learned adjectives such as simpático/a, bueno/a, malo/a, trabajador/a, tímido/a. Introduce the adjectives aburrido/a, emocionante (boring, exciting). Add the following nationalities: francés/francesa, inglés/inglesa.

Note on Algunos adjetivos de nacionalidad.
Point out to students that when certain countries are referred to in Spanish, such as la Argentina and el Canadá, a definite article is used, while for other countries, like Chile and España, a definite article is not used. Point out also that the definite article in El Salvador is part of that country's name and therefore needs to be capitalized.

RECURSOS

Transparency
T2-3

PowerPoint
T2-3

Aplicación

2-1 ¿Quién eres tú? Listen to José and the others on your **¡Arriba!** audio program or as read by your instructor. Based on the information in **¡Así es la vida!**, write the number of each monologue next to the corresponding name.

CD 1, Track 11

___1___Isabel   ___4___María   ___5___Paco   ___3___Daniel   ___2___José

2-2 Asociaciones. What do you associate with the following people and places? Choose terms in the two right columns that you associate with the people and places in the left column.

MODELO: Madrid—*ciudad, grande*

México	**dominicano/a**	**moreno/a**
Barcelona	**bonito/a**	**norteamericano/a**
Salma Hayek	**capital**	**país**
Bolivia	**ciudad**	**pequeño/a**
Buenos Aires	**colombiano/a**	**peruano/a**
Alex Rodríguez	**delgado/a**	**grande**
Penélope Cruz	**español/a**	**puertorriqueño/a**
Lima	**joven**	**rico/a**
Los Ángeles	**mexicano/a**	**rubio/a**
Madrid	**ecuatoriano/a**	**viejo/a**

2-3 En una fiesta en Salamanca. Complete the conversation between Juan and Marisol with words and expressions from the word bank below.

La Universidad de Salamanca, fundada en 1218, es la más antigua de España.

amiga	aquí	capital	cómo
dominicano	eres	española	me llamo

Juan: ¡Hola! Soy Juan Luis Ruiz. ¿(1) ___Cómo___ te llamas?

Marisol: (2) ___Me llamo___ Marisol. ¿De dónde (3) ___eres___, Juan?

Juan: Soy (4) ___dominicano___.

Marisol: ¡Ah! Mi (5) <u>amiga</u> Ana es de Punta Cana, en la costa de la República Dominicana.

Juan: Yo soy de Santo Domingo, la (6) <u>capital</u> . ¿Y tú, Marisol? ¿De dónde eres?

Marisol: Ay, yo soy (7) <u>española</u> . Soy de (8) <u>aquí</u> , de Salamanca.

 2-4 ¿Cómo son? Take turns describing these people, places, and things to see if you agree with each other. When you agree, say: **Sí, es cierto.** When you disagree, offer your own opinion. Choose from the adjectives in the three columns, making sure that they agree with the nouns they modify.

MODELO: la universidad
E1: *La universidad es pequeña.*
E2: *Sí, es cierto. (No, es grande.)*

alto/a	grande	pequeño/a
bajo/a	guapo/a	pobre
bonito/a	joven	puertorriqueño/a
delgado/a	mexicano/a	rico/a
español/a	moreno/a	rubio/a
feo/a	norteamericano/a	simpático/a
gordito/a	nuevo/a	trabajador/a
gordo/a	panameño/a	viejo/a

1. la ciudad de…
2. el/la profesor/a
3. Benicio del Toro
4. la clase

5. un estudiante de la clase
6. una estudiante de la clase
7. Antonio Banderas
8. España

 2-5 ¿Cuál es su (*his/her*) nacionalidad? Give the name of the country where the following people are from and their nationality.

MODELO: Felipe de Borbón / España
E1: *¿De dónde es Felipe de Borbón?*
E2: *Es de España. Es español.*

1. Juanes / Colombia
2. Juan Carlos de Borbón y Pedro Almodóvar / España
3. Celia Cruz / Cuba
4. Rubén Blades / Panamá
5. Salma Hayek / México
6. Pedro Martínez / La República Dominicana
7. Yo…
8. Nosotros…

Implementation of ¡Así lo hacemos!

In these sections, students practice telling time, as well as asking and responding to questions. When presenting and practicing these grammar points, use real-world examples. Even before students can form questions, they will recognize your questions from your intonation and gestures. If you ask students the time at different moments during the class hour, they will associate the question with something that is important to them, that is, the end of class!

Implementation of *Telling time.*

First, have students read through this grammar point as homework. Then, in class, start by writing systematic examples on the board (e.g., *Es la una (en punto). Es la una y diez. Es la una y cuarto. Es la una y media. Son las dos menos cuarto. Son las dos menos diez. Son las dos. Son las dos y diez.*). Bring in a large clock with movable hands (whether real or made out of paper or plastic), or simply draw a clock on the board. Adjust the clock to the various times on the board while pointing to and saying the sentences, asking students to repeat after you. After showing the students various examples, adjust the clock randomly to new times while asking yes/no and binary-option questions first (e.g., *¿Es la una? ¿Son las seis y cuarto o son las seis y media?*), followed finally by the open-ended question *¿Qué hora es?* Then have students work in pairs, taking turns setting and asking versus telling the time (e.g., A: *¿Qué hora es?* B: *Son las ocho menos diez.*). Bring in small plastic clocks (sold at teacher stores), or simply have students draw times or clocks on paper. Be sure to circulate around the room, offering linguistic support when needed.

 2-6 Yo soy... Take turns introducing yourselves, saying where you are from and what you are like.

MODELO: *Hola, soy _____. Soy de_____ . Soy_____ y_____. No soy_____.*

¡Así lo hacemos! Estructuras

1. Telling time

2-8 to 2-11

¿Qué hora es?

■ The verb **ser** is used to express the time of day in Spanish. Use **Es la** with **una** (singular for one hour). With all other hours use **Son las.**

Es la una.	*It's one o'clock.*
Son las dos de la tarde.	*It's two o'clock in the afternoon.*

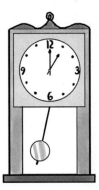

- To express minutes *past* or *after* an hour, use **y.**

  Son las tres **y** veinte.   *It's twenty past three. (It's three twenty.)*

- To express minutes *before* an hour (*to* or *till*) use **menos.**[1]

  Son las siete **menos** diez.   *It's ten to (till) seven.*

- The terms **cuarto** and **media** are equivalent to the English expressions *quarter* (fifteen minutes) and *half* (thirty minutes). The numbers **quince** and **treinta** are interchangeable with **cuarto** and **media.**

  Son las cinco menos **cuarto** **(quince).**   *It's a quarter to five. (It's four forty-five.)*
  Son las cuatro y **media (treinta).**   *It's half past four. (It's four thirty.)*

- For *noon* and *midnight* use **(el) mediodía** and **(la) medianoche.**

  Es **mediodía.**   *It's noon (midday).*
  Es **medianoche.**   *It's midnight.*

---

[1]This is how time is traditionally told. It is now common to use **y** for :01 to :59. 3:40 = **Son las tres y cuarenta.**

Note on *Telling time.*
Perhaps point out to students some cultural differences regarding the perception of time in the United States versus in various Spanish-speaking countries. For instance, in the United States, it is very important to be punctual, especially concerning most social engagements, professional meetings, classes, schedules for buses and trains, etc.; whereas in most Spanish-speaking countries, start times are interpreted with a more casual, relaxed attitude, especially concerning social situations (and to a lesser degree in business and academic contexts). Of course, there will be differences even among Spanish-speaking countries regarding this topic, so be sure to share your own opinion and experiences, as well.

Expansion of *Telling time.*
Point out that in the Hispanic world, the 24-hour clock is used for making appointments and schedules (e.g., movie, TV, bus, plane, train).

Additional Activity for *Telling time.*

¿Qué hora es en...? Determine what time it is in the cities shown in the chart below. Notice that the chart uses the 24-hour clock. Be sure to use *de la mañana, de la tarde,* etc.

Modelo: E1: *Son las cinco de la tarde en San Francisco. ¿Qué hora es en Asunción?*
E2: *Son las nueve de la noche.*

Juneau	Nome	16:00
San Francisco	Seattle	17:00
Santa Fe	Boise	18:00
Houston	Tegucigalpa	19:00
Miami	San Juan	20:00
Caracas	Asunción	21:00
Buenos Aires	Montevideo	22:00
Madrid	Bilbao	2:00

- To ask at what time an event takes place, use **¿A qué hora...?** To answer, use **a la/las** + *time.*

  ¿**A qué hora** es la clase? *(At) What time is the class?*
  Es **a las** ocho y media. *It is at half past eight.*

- The expressions **de la mañana, de la tarde,** or **de la noche** are used when telling specific times. **En punto** means *on the dot* or *sharp.*

  La fiesta es a las ocho **de la noche.** *The party is at eight o'clock in the evening.*

  El partido de fútbol es a las nueve **en punto.** *The soccer game is at nine sharp.*

- The expressions **por la mañana, por la tarde,** and **por la noche** are used as a general reference to *in the morning, in the afternoon,* and *in the evening.*

  No tengo clases **por la mañana.** *I don't have classes in the morning.*

- In many Spanish-speaking countries, the 24-hour clock is used for schedules and official timekeeping. The zero hour is equivalent to midnight, and 12:00 is noon. 13:00–24:00 are the P.M. hours. To convert from the 24-hour clock, substract twelve hours from hours 13:00 and above.

  21:00 (or 21,00) = **las nueve de la noche**
  16:30 (or 16,30) = **las cuatro y media de la tarde**[1]

Aplicación

2-7 Rafael y sus actividades. Refer back to page 39 to see a photo of Rafael Nadal, the famous Spanish tennis player. Write an **X** next to the activities you think he normally does.

_____ Se levanta (*gets up*) al mediodía.

_____ Practica tenis por tres horas.

_____ Lee (*reads*) poemas.

_____ Juega (*plays*) al tenis con su instructor.

_____ Se acuesta (*goes to bed*) a las once y media de la noche.

_____ A las once de la mañana está en el gimnasio.

_____ A las dos de la tarde está en casa.

---

[1]The punctuation used in giving the time varies from country to country. You might see periods or commas as well as the colon used in English.

● **STUDY TIPS**

Learning to tell time in Spanish

1. To become proficient in telling time in Spanish, you'll need to make sure you have learned Spanish numbers well. Practice counting by fives to thirty: **cinco, diez, quince, veinte, veinticinco, treinta.**

2. Think about and say aloud times that are important to you: **Tengo clases a las nueve, a las diez..., Hay una fiesta a las...,** etc.

3. Every time you look at your watch, say the time in Spanish.

2-8 La vida diaria de Rafael Nadal. Read about Rafael Nadal's daily schedule, then answer the questions that follow in Spanish.

Rafael Nadal, el famoso tenista español, tiene un día muy activo. A las siete de la mañana, está en la cancha de tenis. Practica con su instructor hasta (*until*) las diez de la mañana. A las once y media de la mañana, está en casa con su familia. A la una y cuarto de la tarde, está en la universidad. A las cinco de la tarde, está en un restaurante. A las nueve de la noche, está otra vez en casa con su familia. Ahora, son las once y media de la noche y Rafael ve (*watches*) la televisión. Mañana es otro día.

1. ¿A qué hora está en la universidad?
   A la una y cuarto (y quince) de la tarde.

2. ¿Dónde está a las cinco?
   Está en un restaurante.

3. ¿A qué hora está en casa con su familia?
   A las once y media de la mañana y a las nueve de la noche.

4. ¿Qué hora es ahora?
   Son las once y media de la noche.

5. Y tú, ¿dónde estás a las siete y media de la mañana?
   Answers will vary.

Warm-up for 2-8.
Before beginning this activity, contextualize the reading passage by having students look at the photographs of Rafael Nadal on pages 39 and 51. Ask them to anticipate its content by brainstorming as a class for ideas on how Nadal's life is, e.g., *¿Qué imaginan Uds.?… ¿Es Rafael activo o perezoso?*, etc.

Expansion of 2-9.
Have students restate each item using the 24-hour clock.
MODELO: *Son las catorce treinta.*

2-9 ¿Qué hora es? Look at the clocks and say whether the following statements are **cierto** or **falso.** Correct any false statements.

MODELO:

Son las dos y cuarto de la tarde.
Falso, son las dos y media de la tarde.

Son las dos y cuarto de la noche.
Falso, son las doce y veinte de la noche.

Son las siete menos quince de la mañana.
Cierto.

Son las ocho menos veinte de la noche.
Falso, son las nueve y veinte de la noche.

Son las cuatro menos cuarto de la
Falso, son **mañana.**
las cuatro menos cuarto de la tarde.

Son las doce menos diez de la noche.
Cierto.

Es medianoche.
Falso, es mediodía.

2-10A ¿A qué hora? Complete your calendar by asking your partner when the events with times missing take place. Student B, please see **Appendix 1,** page A2.

MODELO: la fiesta (20:30)
E1: *¿A qué hora es la fiesta?*
E2: *Es a las ocho y media de la noche.*

Hora	Actividad
10:15	la clase
	la conferencia (*lecture*)
12:05	la reunión
	el examen
16:30	el partido de fútbol
	el programa "Amigos" en la televisión
20:30	la fiesta

 ## 2. Formation of yes/no questions and negation

2-12 to 2-16 **La formación de preguntas *sí/no***

- A yes/no question has rising intonation. There are three ways to form yes/no questions, depending on the intent of the speaker. Note that an inverted question mark (¿) is used at the beginning of a question, and a standard question mark (?) closes one.

- To request new information, invert the order of the subject (S) and verb (V) found in a declarative sentence.

  Declarative (S + V):
  Miguel es de Barcelona.   *Miguel is from Barcelona.*

  Request for new information (V + S):

  ¿Es Miguel de Barcelona?   *Is Miguel from Barcelona?*

- To express disbelief about information already given, maintain the declarative order (S + V) but with rising intonation (called an *echo question*).

  Disbelief (S + V):

  ¿Miguel es de Barcelona?   *Miguel is from Barcelona?*

- To confirm information already given or supposed, simply add to the end of a statement a tag word or phrase with rising intonation (such as *¿no?, ¿verdad?, ¿no es cierto?*).

  Confirmation (S + V):

  Miguel es de Barcelona, ¿verdad?   *Miguel is from Barcelona, right?*

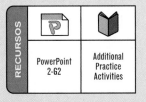

Negación

■ To make a sentence negative, simply place **no** before the verb.

Tú **no** eres de Portugal.	*You're not from Portugal.*
Nosotros **no** somos de España.	*We're not from Spain.*

■ When answering a question in the negative, the word **no** followed by a comma also precedes the verb phrase.

¿Son Elena y Ramón de Segovia?	*Are Elena and Ramón from Segovia?*
No, no son de Segovia.	*No, they're not from Segovia.*

Aplicación

 2-11 ¿Verdad? Ask each other questions based upon the following statements by inverting the subject and the verb or using a tag question. Respond to your partner's questions in a truthful manner.

MODELO: Cervantes es autor.
  E1: *¿Es autor Cervantes? (Cervantes es autor, ¿verdad?)*
  E2: *Sí, Cervantes es autor.*

1. Penélope Cruz es baja y fea.
2. Pedro Almodóvar es director de cine.
3. Pablo Picasso es pintor.
4. Antonio Gaudí es de Barcelona.
5. Santiago Calatrava es perezoso.
6. Edgar Rentería es jugador de béisbol.
7. Antonio Banderas y Melanie Griffith son poetas.
8. El SEAT es un automóvil norteamericano.

 2-12 ¿Es verdad? Take turns asking and answering yes/no questions. Comment on the truthfulness of each other's responses.

MODELO: E1: *¿Eres norteamericano/a?*
  E2: *No, no soy norteamericano/a.*
  E1: *¿De verdad?*
  E2: *Sí, de verdad. Soy de Francia.*

1. ¿Eres canadiense?
2. ¿Son profesores tus padres?
3. Tus amigos son trabajadores, ¿no?
4. ¿Eres de San Francisco?
5. Tu familia es rica, ¿verdad?
6. ¿…?

Note on 2-11.

Cervantes: escritor español (*Don Quijote*)

Penélope Cruz: actriz española

Pedro Almodóvar: director de cine español (*Hable con ella; Mala educación*)

Pablo Picasso: pintor conocido por sus épocas rosada y azul

Antonio Gaudí: arquitecto español/catalán (*Sagrada Familia* en Barcelona)

Santiago Calatrava: arquitecto español

Edgar Rentaría: beisbolista colombiano

Antonio Banderas: actor español (*The Mask of Zorro, Philadelphia*)

Melanie Griffith: actriz estadounidense (*Working Girl*), esposa de Antonio Banderas

SEAT: coche pequeño fabricado en España, semejante al Fiat italiano

3. Interrogative words

2-17 to 2-22

■ Interrogative words are often used at the beginning of a sentence to form questions. The most frequently used are:

¿Quién eres tú?

¿Cómo...?	*How...? What...?*
¿Cómo eres?	*What are you like?*
¿Cuál(es)...?	*Which (one/ones)...?*
¿Cuál es tu libro?	*Which one is your book?*
¿Cuándo...?	*When...?*
¿Cuándo es tu clase de español?	*When is your Spanish class?*
¿Cuánto/a(s)?	*How much (many)...?*
¿Cuántos estudiantes hay?	*How many students are there?*
¿Dónde...?	*Where...?*
¿Dónde hay una pizarra?	*Where is there a blackboard?*
¿De dónde...?	*From where...?*
¿De dónde es Paz Vega?	*Where is Paz Vega from?*
¿Adónde...?	*(To) Where...?*
¿Adónde vas?	*Where are you going?*
¿Por qué...?	*Why...?*
¿Por qué no hay clase hoy?	*Why is there no class today?*
¿Qué...?	*What...?*
¿Qué estudias?	*What are you studying?*
¿Quién(es)...?	*Who...?*
¿Quién es el profesor Suárez?	*Who is Professor Suárez?*
¿De quién(es)...?	*Whose...?*
¿De quién es el bolígrafo azul?	*Whose is the blue pen?*

■ When you ask a question using an interrogative word, your intonation will fall.

¿Cómo se llama el profesor?

Aplicación

2-13 Los sanfermines. Read the description of one of Spain's most popular festivals and match the questions that follow with their responses.

La fiesta de San Fermín en España es muy famosa. Siempre es en Pamplona, en el norte de España. El primer día es el 6 de julio y el último día es el 14 de julio. Durante nueve días sueltan (*turn loose*) los toros (*bulls*) que corren (*run*) por las calles. Los jóvenes corren delante (*in front*) de los toros. Es muy peligroso (*dangerous*), pero también muy emocionante. El novelista norteamericano Ernest Hemingway, famoso por *The Sun Also Rises*, describió (*described*) muy bien la fiesta de los sanfermines.

1. __d__ ¿Dónde es la fiesta?
2. __c__ ¿Cuándo es el primer día de la fiesta?
3. __f__ ¿Cuál es el último día de la fiesta?
4. __e__ ¿Quiénes corren por las calles?
5. __b__ ¿Cómo es la fiesta?
6. __a__ ¿Quién es el autor norteamericano que se asocia con esta fiesta?

a. Ernest Hemingway
b. es emocionante
c. el 6 de julio
d. en Pamplona, España
e. los toros y los jóvenes
f. el 14 de julio

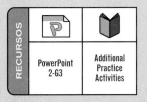

2-14 Rafael (Rafa) Nadal. Read the following description about Rafael Nadal, and then answer the questions below.

Rafael Nadal Perera es uno de los tenistas más famosos del mundo. Nace (*he is born*) en la isla de Mallorca, España el 3 de junio de 1986. En 2002, a los quince años, gana en Mallorca el primer torneo importante. Hoy es considerado el tenista número dos del mundo y es el primer tenista, desde (*since*) Boris Becker, en alcanzar (*reach*) esa posición antes de (*before*) los veinte años. En 2005 gana más de doce torneos, incluyendo los *ATP Master Series* de Monte Carlo, Roma, Montreal y Madrid. Sus fanáticos (*fans*) están convencidos de que Rafa pronto será (*he will be*) el tenista número uno del mundo.

1. ¿De dónde es Rafael Nadal?
   Es de España, de Mallorca.

2. ¿Cuándo nace?
   Nace el 3 de junio de 1986.

3. ¿Qué gana a los quince años?
   Gana en Mallorca el primer torneo importante.

4. ¿Cuántos torneos gana en 2005?
   Gana más de doce torneos.

5. ¿De qué están convencidos sus fanáticos?
   Que Rafa pronto será el tenista número uno del mundo.

EXPANSIÓN　　More on structure and usage

¿Qué...? versus ¿Cuál(es)...?

The interrogatives **qué** and **cuál** may cause some confusion for English speakers learning Spanish because each may be translated as *what* or *which* in different contexts. Generally, **qué** is used to request a definition and/or explanation and is translated as *what*.

¿**Qué** tienes?	*What do you have?*
¿**Qué** es esto?	*What is this?*

When followed by a noun, ¿**qué**? means *which*.

¿**Qué** clase necesita?	*Which class does he/she need?*
¿**Qué** clase tienes ahora?	*Which (What) class do you have now?*

Cuál also means *which* but is generally not followed by a noun. In some cases, it can be translated as *what*, but it always implies a choice indicating *which one(s)*. Use the plural **cuáles** when that choice includes more than one person or thing.

¿**Cuál** de las clases necesita?	*Which (of the) classes does he/she need?*
¿**Cuál** prefieres?	*Which (one) do you prefer?*
¿**Cuáles** son tus amigos?	*Which (of those people) are your friends?*
¿**Cuál** es la fecha de hoy?	*What is today's date?*
¿**Cuáles** son las capitales de los dos países más grandes de Latinoamérica?	*Which are the capitals of the two biggest countries in Latin America?*

2-15 ¿Qué? o ¿Cuál? Complete the questions with **qué** or **cuál(es)** depending on the context. Then answer the questions.

MODELO:　¿ _Cuál_ es la fecha de hoy?
　　　　　Es el 2 de octubre.

1. ¿ _Qué_ hora es?
2. ¿ _Cuál_ es tu clase favorita?
3. ¿ _Cuál_ es tu cuaderno?
4. ¿ _Qué_ día es hoy?
5. ¿A _qué_ hora es la clase de español?
6. ¿ _Cuál_ es la fecha de tu cumpleaños?

PRIMERA PARTE

Additional Activity for *Interrogative words.*

En los sanfermines. Use interrogative words to complete the following exchanges.

Jesús: Hola, 1. ¿ ___Cómo___ te llamas?

Carmen: Me llamo Carmen Domínguez. ¿Y tú?

Jesús: Soy Jesús Sánchez. 2. ¿ ___De dónde___ eres, Carmen?

Carmen: Soy de Bilbao, España.

Jesús: 3. ¿ ___Por qué___ estás aquí en Pamplona?

Carmen: Estoy aquí para ver las fiestas.

Jesús: 4. ¿ ___Qué___ haces (*do you do*) en Salamanca?

Carmen: Soy estudiante de literatura inglesa.

Jesús: 5. ¿ ___Dónde___ estudias?

Carmen: En la Universidad de Salamanca.

Jesús: 6. ¿ ___Cómo___ es?

Carmen: Es vieja, pero muy bonita.

Jesús: 7. ¿ ___Cuándo___ es el tren para Salamanca?

Carmen: ¡Ay, Dios mío! ¡Es ahora mismo!

Note on *Expansión:* ¿Qué...? *versus* ¿Cuál(es)...?

This aspect of the interrogatives is very challenging for students. Have them read over the box of information silently in class or as homework, and then review some of the examples with them. Have them complete Activity 2-15 in pairs and review the answers with them. Then perhaps provide additional fill-in-the-blank questions on the board for further practice, e.g., *¿Cuál es tu color favorito? ¿De qué ciudad eres? ¿Cuál es la capital de España?*, etc.

2-16 ¿Quiénes son? ¿Cómo son? Ask each other at least four original questions about the people depicted on the I.D. cards.

MODELO: E1: *¿Dónde estudia Luisa?*
E2: *Estudia en la Universidad Nacional.*

 2-17 Una entrevista. Interview each other to complete the biographical information requested on the card below.

MODELO: Nombre:
E1: *¿Cómo te llamas?*
E2: *Me llamo Ramón.*

Nacionalidad:
E1: *¿De dónde eres?*
E2: …

> Nombre: _____
>
> Nacionalidad: _____
>
> Domicilio: _____
>
> Descripción física: _____
>
> Clase favorita: _____
>
> Nombres de amigos/as: _____

2-18 Profesor/a… Ask your teacher any question and then react with **¿De verdad?, ¿Es cierto?,** or **¡No!**

MODELO: ESTUDIANTE: *Profesor/a, ¿de dónde es usted?*
PROFESOR/A: *Soy de Bolivia.*
ESTUDIANTE: *¿De verdad?*

¿Cuánto sabes tú? *Can you…*

☐ describe yourself and others using the verb **ser** and descriptive adjectives, including nationality?

☐ tell time and say at what time events happen?

☐ find out information from others by asking questions using inversion and interrogative words?

2-23 to 2-26

Comparaciones

Nombres, apellidos y apodos (*nicknames*)

2-19 En tu experiencia. How does a name reflect a person's heritage? When do women in the United States and Canada keep their maiden name after marriage? Are there instances when married women use both their maiden and their married names? Do you have a nickname? Who uses it, and under what circumstances? Do you prefer to be called by your nickname? This reading explains the naming patterns used in the Spanish-speaking world. As you read it, think about what your complete name is.

People with Hispanic backgrounds generally use both their paternal surname (**el apellido paterno**) and maternal surname (**el apellido materno**). For example: **María Fernández Ulloa** takes her first surname, Fernández, from her father and her second, Ulloa, from her mother. Many Hispanic women keep their paternal surname when they marry. They may attach their husband's paternal surname using the preposition **de.** For example, if María Fernández Ulloa marries Carlos Alvarado Gómez, her married name could be María Fernández de Alvarado. Many would refer to her as **la señora de Alvarado,** and to the couple as **los Alvarado,** although María would be known as **María Fernández,** as well. There are some advantages to these naming practices, including less confusion if a woman gets divorced since she keeps her paternal surname as well as knows that her children will keep the family name alive. Nonetheless, these traditional naming conventions are also changing as attitudes toward gender equality evolve, and some women choose to make no alterations to their name when they marry. What remains relevant is that a family name can be very important for a person, his/her identification, and family pride.

The use of a nickname (**apodo**) in place of a person's first name is also very common in Hispanic countries. A person's nickname is often a diminutive form of his/her given first name, formed using the suffix **-ito** for men or **-ita** for women. For example, **Clara** becomes **Clarita.** As in English, there are also conventional nicknames like those listed below.

2-20 En tu opinión. Take turns asking and answering the following questions.

1. ¿Cuál es el apellido paterno de Carmen? ¿Y el apellido paterno de Ceferino? Herrera; García
2. ¿Cuál es el apellido materno de Carmen? Sáenz
3. ¿Cuál es la nacionalidad de Josefina? ¿Y la nacionalidad de Francisco? nacionalidad: española
4. ¿Dónde estudia (*study*) Francisco Betancourt? ¿Cuál es su (*his*) apodo? Salamanca; Paco
5. ¿Cuál es tu apellido materno? ¿Y tu apellido paterno? *Answers will vary.*
6. ¿Cuál es tu apodo? *Answers will vary.*

Male		Female	
Alejandro	Alex, Alejo	Ana	Anita
Antonio	Tony, Toño	Carmen	Menchu
Enrique	Quique, Quiqui[1]	Concepción	Concha
Francisco	Paco, Pancho[1]	Dolores	Lola
Guillermo	Memo, Guille	Graciela	Chela
José	Pepe, Chepe, Cheo	Guadalupe	Lupe
Ignacio	Nacho	María Isabel	Maribel, Mabel
Luis	Lucho	María Luisa	Marilú
Manuel	Manolo	Mercedes	Mencha, Meche, Merche
Ramón	Mongo	Rosario	Charo, Chayo
Roberto	Beto	Teresa	Tere

[1]Not all nicknames are used in every country. For example, *Quique* is used in Spain, *Quiqui* in Cuba. *Paco* is used in Spain, *Pancho* in Mexico. Some nicknames like *Chema* combine the first and second names, *José María.*

Note on Comparaciones.

Learning about the Spanish system of names is a wonderful opportunity to connect language and culture. The evidence of one's heritage is much more evident in Spanish than in English. However, today in Canada and the United States more than ever, women are keeping their maiden names after marriage, a custom that keeps their family's heritage at hand.

Expansion of 2-20.

Have each student identify in Spanish the equivalent of his/her own English name and see or guess what the corresponding nickname might be. If a student's name has no Spanish equivalent, have him/her choose or research a possible nickname in the language.

Warm-up for ¡Así es la vida!

First have students read the dialogue silently to themselves and underline any verbs that they see. Then elicit all conjugated and infinitive verb forms from them and write these on the board. Help students assign meaning to the forms by observing their endings and by associating each root with the corresponding infinitive listed in the *¿Qué haces?* section of *¡Así lo decimos!* (You may need to provide some of the infinitives for them on the board.)

Implementation of ¡Así es la vida!

Once you are confident that students understand the meaning of the verb forms, divide the class into groups of three students. Have them read the dialogue aloud as a role-play, and then ask for volunteers to do the same as a class. Answer any additional questions about meaning that they may have.

Expansion of ¡Así es la vida!

Ask the following questions to confirm comprehension. *¿Dónde trabaja la secretaria? ¿Qué lenguas habla Celia? ¿En qué materia tiene examen mañana? ¿A qué hora es el examen? ¿Cómo son los exámenes de su profesora? ¿Qué lenguas estudia Rogelio? ¿Cómo es Rogelio? En tu opinión, ¿va a ayudar a Celia?*

SEGUNDA PARTE

¡Así lo decimos! Vocabulario

CD 1,
Track 12

2-27 to
2-28

¡Así es la vida! ¿Qué haces?

En la Facultad de Idiomas en la Universidad Complutense de Madrid…

Secretaria:	Hola, buenas tardes.
Celia:	Buenas tardes. Soy Celia Cifuentes Bernal. Hablo español, francés,… y…
Secretaria:	Muy bien, ¿y?
Celia:	Estudio idiomas y mañana hay examen de alemán a las dos de la tarde. Los exámenes de mi profesora no son fáciles. Yo leo mucho y todavía no comprendo bien la materia. Necesito ayuda.
Secretaria:	Ya entiendo. Debes hablar con Rogelio. Rogelio estudia portugués y alemán. Es muy inteligente. Rogelio, ¿ayudas a esta muchacha con un examen de alemán?
Rogelio:	Pues, no ahora. Estudio y tomo café con varios amigos los lunes, miércoles y viernes por la noche después de practicar tenis y esta noche asisto a un concierto de música jazz. ¿Mañana?

UNIVERSIDAD
COMPLUTENSE
DE MADRID
Facultad de Idiomas

APRENDE

alemán	inglés
chino	italiano
coreano	japonés
español	portugués
francés	ruso

RECURSOS

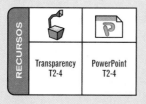

| Transparency T2-4 | PowerPoint T2-4 |

| | | | | | | | | **¿De dónde eres? ¿Qué haces? ¿Qué te gusta hacer?** | | | | | | | | | | | |

CD 1,
Track 13

2-29 to
2-33

(el) alemán - Alemania

(el) chino - China

(el) coreano - Corea

(el) español - España, México

(el) francés - Francia, el Canadá

(el) inglés - Inglaterra, los Estados Unidos, el Canadá

(el) italiano - Italia

(el) japonés - el Japón

(el) portugués - Portugal, el Brasil

(el) ruso - Rusia

Sustantivos	Nouns
el idioma/la lengua	*language*

¿Qué haces?	What do you do?
abrir	*to open*
asistir (a)	*to attend*
aprender	*to learn*
ayudar	*to help*
bailar	*to dance*
beber	*to drink*
buscar	*to look for*
caminar	*to walk*
comer	*to eat*
comprar	*to buy*
comprender	*to understand*
conversar	*to converse*
creer	*to believe*
decidir	*to decide*
enseñar	*to teach*
escribir	*to write*
escuchar	*to listen*
estudiar	*to study*
hablar	*to speak*
leer	*to read*
llegar	*to arrive*
mirar	*to look at*
nadar	*to swim*
practicar	*to practice; to play (a sport)*

preparar	*to prepare*
recibir	*to receive*
regresar	*to return*
tomar	*to drink; to take*
trabajar	*to work*
viajar	*to travel*
vender	*to sell*
ver	*to see*
vivir	*to live*

Algunos deportes[1]	Some sports
(el) baloncesto/el básquetbol	*basketball*
(el) béisbol	*baseball*
(el) fútbol	*soccer*
(el) fútbol americano	*football*
(la) natación	*swimming*
(el) tenis	*tennis*

Adjetivos	Adjectives
difícil	*difficult*
fácil	*easy*

Otras palabras y expresiones	Other words and expressions
¿Qué te gusta hacer?	*What do you* (inf.) *like to do?*
Me gusta[2] (+ infinitive)	*I like* (+ infinitive)
Te gusta (+ infinitive)	*You* (inf.) *like* (+ infinitive)

---

[1]You will learn more about sports in **Capítulo 7.**

[2]You will learn more about **Gustar** and similar verbs in **Capítulo 5.**

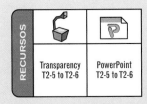

RECURSOS	Transparency T2-5 to T2-6	PowerPoint T2-5 to T2-6

Implementation of *Los idiomas y los países.*

Take a large world map to class, or make transparencies of various parts of the world, and have students identify the location of these countries. Once students are familiar with the flags (*banderas*) and the names of the languages and countries, show images of the flags for review and ask: *¿Qué país es/representa?, ¿Qué idioma(s) hablan?, ¿Qué colores hay en la bandera?,* etc. You may want to expand on the languages to reflect the linguistic richness of some countries. For example, for Spain, you might add *el catalán, el vasco, el gallego;* for Mexico, *el nahuatl, el maya;* for the United States, *el español.* For Canada, *el inglés* and *el francés* both appear already in the list.

Implementation of *¿Qué haces?*

Help students connect form and meaning by bringing in images of these actions from magazines, the Internet, etc., and/or by acting them out in front of the class. Later in this chapter, various additional *-ar, -er,* and *-ir* verbs are presented. If you introduce the idea of theatre in the classroom early on, students will become increasingly comfortable with it over the course of the term and will more freely participate in games like charades, suggested and explained in subsequent teacher notes. An important practice to keep in mind is that an instructor should never ask students to do what he/she is not willing to do himself/herself. Thus, by acting out concepts for the class, you will be "setting the stage," per se, for active participation by students later on.

Audioscript for 2-22.

1. Nosotros practicamos fútbol.
2. Pablo trabaja en una librería.
3. Los amigos leen en la biblioteca.
4. Ana mira una telenovela en la televisión.
5. Hablo francés.
6. Jorge y Teresa toman café y conversan mucho.

Expansion of 2-24.

Students may write a paragraph about their classmates using the information they learned from the activity.

Aplicación

2-21 ¿Quién es? Refer to **¡Así es la vida!** on page 54 and identify the speaker of each statement below.

C: Celia   **R**: Rogelio

1. __R__ Practico tenis.
2. __R__ Me gusta la música.
3. __C__ Tengo un examen mañana.
4. __R__ Estudio con mis amigos.
5. __C__ Leo mucho para mi clase.

 2-22 ¿Qué pasa? Listen to your **¡Arriba!** audio program or your instructor to hear a description of what is happening. Match each drawing with the corresponding statement you hear.

CD 1, Track 14

| 6 | 3 | 5 | 2 | 1 | 4 |

2-23A ¿Dónde estoy? Take turns identifying the country where you speak the language. Student B, please see **Appendix 1,** page A2.

A B

MODELO: E1: Hablo italiano.
             E2: Estás en Italia.

HABLO...   **TU COMPAÑERO/A ESTÁ EN...**

1. inglés   Alemania
2. coreano   el Japón
3. ruso   China
4. portugués   España

2-24 ¿Qué te gusta? Tell a classmate the names of three activities that you like and three that you don't like. Do you have any interests in common?

MODELO: *Me gusta practicar fútbol, pero no me gusta leer novelas.*

LETRAS Y SONIDOS

CD 1, Track 15

2-34 to 2-35

More on vowels in Spanish

While the letters *i, u* correspond to vowel sounds in Spanish (*li-bro, lu-nes*), these letters also may correspond to *glides*, which are brief, weak sounds that combine with a vowel to form a single syllable. The letter *y* also produces a glide in some words. It is important to distinguish a glide from a vowel in speech, since meaning can be affected: *reí* ("I laughed"), where the letter *i* is a vowel and there are two syllables (i.e., *re-í*), versus *rey* ("king"), where the letter *y* is a glide and there is only one syllable. A glide can precede or follow a vowel, and in some words, it does both. The following examples all contain glides, shown underlined. Be sure not to pronounce these glides as a separate syllable.

a-di̲ós   si̲e-te   vei̲n-te   soy̲   hay̲
nu̲e-vo   gu̲a-po   Eu̲-ro-pa   es-tu-di̲ái̲s   U-ru-gu̲ay̲

The letters *i, u*, when next to other vowels, are not always glides in Spanish, however. When they indeed are vowels and not glides, a written accent mark is used to indicate that they constitute a separate syllable.

dí-a   rí-o   pa-ís   Ra-úl

In English, the sounds *e* in *they* and *o* in *alone* always carry a final glide. Be careful not to insert a glide with these vowels automatically in Spanish, since the meaning may be changed: *pe-na* ("pity") versus *pei-na* ("he/she combs").

¡Así lo hacemos! Estructuras

2-36 to 2-40

4. The present tense of regular -*ar* verbs

Spanish verbs are classified into three groups according to their infinitive ending (**-ar, -er,** or **-ir**). Each of the three groups uses different endings to produce verb forms (conjugations) in the various tenses.

- The present tense endings of **-ar** verbs are as follows.

hablar (*to speak*)		
yo	habl + o	→ habl**o**
tú	habl + as	→ habl**as**
él, ella, Ud.	habl + a	→ habl**a**
nosotros/as	habl + amos	→ habl**amos**
vosotros/as	habl + áis	→ habl**áis**
ellos/as, Uds.	habl + an	→ habl**an**

¿Qué estudias?

Estudio matemáticas.

■ The following verbs are regular **-ar** verbs that are conjugated like **hablar.**

ayudar	*to help*	**llegar**	*to arrive*
bailar	*to dance*	**mirar**	*to look at*
buscar	*to look for*	**nadar**	*to swim*
caminar	*to walk*	**necesitar**	*to need*
comprar	*to buy*	**preparar**	*to prepare*
conversar	*to converse*	**regresar**	*to return*
enseñar	*to teach*	**tomar**	*to take; to drink*
escuchar	*to listen*	**trabajar**	*to work*
estudiar	*to study*	**viajar**	*to travel*

The Spanish present indicative tense has several equivalents in English. In addition to the simple present, it can express on going actions and even the future tense. Note the following examples.

Estudio ingeniería.   { *I study engineering.*
   I am studying engineering.

Practicamos golf mañana.   *We will practice golf tomorrow.*

●STUDY TIPS

Learning regular verb conjugations

1. The first step in learning regular verb conjugations is being able to recognize the infinitive stem: the part of the verb before the ending.

INFINITIVE	STEM	
hablar	habl**ar**	→ habl
estudiar	estudi**ar**	→ estudi
trabajar	trabaj**ar**	→ trabaj

2. Practice conjugating several **-ar** verbs in writing first. Identify the stem, then write the various verb forms by adding the present tense endings listed above. Once you have done this, say the forms you have written out loud several times.

3. Next you will need to practice **-ar** verb conjugations orally. Create two sets of index cards. In one, write down the subject pronouns listed above (one per card). On the other set, write some of the regular **-ar** verbs you have learned. Select one card from each set and conjugate the verb with the selected pronoun.

4. Think about how each verb action relates to your own experience by putting verbs into a meaningful context. For example, think about what you and each of your friends study:

   Estudio matemáticas.   **Juan estudia ingeniería.**

Aplicación

2-25 ¿Qué te gusta hacer? Choose from the activities below to say what you like and do not like to do.

MODELO: *Me gusta jugar al fútbol.*
      No me gusta nadar.

(No) Me gusta…

bailar con mis amigos	preparar comida mexicana
conversar con mi familia	practicar golf
viajar en avión	llegar temprano a clase
caminar por el parque	escuchar música
comprar chocolate	tomar café
ganar dinero	trabajar por la noche

2-26 Preguntas y respuestas. With a classmate, take turns matching the following questions with logical responses.

1. __e__ ¿Qué compras en la librería?

2. __d__ ¿Quién enseña literatura española?

3. __b__ ¿Qué necesitas para la clase de matemáticas?

4. __a__ ¿Con quiénes estudias?

5. __h__ ¿Qué instrumento musical practicas?

6. __c__ ¿Quién prepara la comida en tu casa?

7. __g__ ¿Dónde trabajas?

8. __f__ ¿Cuándo y dónde escuchas música?

a. con mis amigos de la residencia

b. una calculadora

c. mi padre (*father*)

d. la profesora Rodríguez

e. libros y lápices

f. por la noche en mi dormitorio

g. en una oficina

h. el trombón

Expansion of 2-27.

Have students write sentences in the first person about their routine using the cues provided in the exercise, e.g., *Yo escucho música en el coche.*

2-27 ¿Qué hacen? Match each drawing with an activity listed below, then create a sentence based on the information you have.

MODELO:

Eugenia

practicar tenis
Eugenia practica tenis.

1. __j__ bailar en una fiesta

2. __b__ mirar la televisión

3. __i__ estudiar en la biblioteca

4. __g__ preparar una pizza

5. __f__ hablar por teléfono

6. __e__ caminar por la tarde

7. __c__ conversar durante el almuerzo (*lunch*)

8. __h__ nadar mucho

9. __a__ escuchar música

10. __d__ trabajar en el laboratorio

a.

Jacinto

b.

Arturo / Abuela

c.

Jorge / Carlos / Leo

d.

Leonor

e.

Lucy / Memo

f.

Sonia

g.

Ramona

h.

Pedro

i.

Katia / Giselle

j.

Víctor / Catalina

 2-28 ¿Y tú? Take turns asking each other questions about your routine at the university.

MODELO: ¿Dónde / estudiar?
> E1: *¿Dónde estudias?*
> E2: *Estudio en la residencia.*

1. ¿Cuándo / trabajar?
2. ¿Con quién / hablar por teléfono?
3. ¿Con quiénes / conversar en clase?
4. ¿Por qué / estudiar español?
5. ¿Cuándo / comprar los libros?

5. The present tense of regular *-er* and *-ir* verbs

2-41 to
2-45

■ You have just learned the present tense forms of regular **-ar** verbs. The following chart includes the forms for regular **-er** and **-ir** verbs.

	comer (*to eat*)	**vivir (*to live*)**
yo	com**o**	viv**o**
tú	com**es**	viv**es**
él, ella, Ud.	com**e**	viv**e**
nosotros/as	com**emos**	viv**imos**
vosotros/as	com**éis**	viv**ís**
ellos/as, Uds.	com**en**	viv**en**

■ The present tense endings of **-er** and **-ir** verbs are identical except for the **nosotros** and **vosotros** forms.

■ The following verbs are regular **-er** and **-ir** verbs.

-ER		**-IR**	
aprender (a) (+ infinitive)	*to learn (to do something)*	**abrir**	*to open*
beber	*to drink*	**asistir (a)**	*to attend*
comer	*to eat*	**decidir**	*to decide*
creer	*to believe*	**escribir**	*to write*
leer	*to read*	**recibir**	*to receive*
vender	*to sell*	**vivir**	*to live*

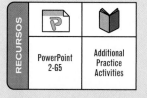

■ **Ver** (*to see, to look at*) is an **-er** verb with an irregular **yo** form. Also note that the **vosotros/as** form has no accent because it is only one syllable.

ver (*to see, to look at*)			
yo	**veo**	nosotros/as	**vemos**
tú	**ves**	vosotros/as	**veis**
el, ella, Ud.	**ve**	ellos/as, Uds.	**ven**

Aplicación

2-29 Me gusta/No me gusta. Complete the following sentences stating which activities you like to do and which you do not like to do.

MODELO: Me gusta ver *fútbol en la televisión*.
No me gusta asistir a *los partidos de fútbol*.

1. (No) Me gusta ver _____.
2. (No) Me gusta beber _____.
3. (No) Me gusta vivir _____.
4. (No) Me gusta asistir a _____.
5. (No) Me gusta comer _____.

2-30 Una semana típica. Fill in the blanks to complete the following paragraph about a typical week for Celia at the university. Use the correct form of a logical verb from the word bank.

asistir (a)	escuchar	practicar	ver	mirar
bailar	estudiar	tomar	comer	trabajar

(1) Yo ___estudio___ ingeniería en la Universidad Complutense de Madrid.
(2) ___Asisto___ a mis clases por la mañana donde (3) ___veo___ a mis amigos. Mi amigo Antonio y yo (4) ___trabajamos___ en la cafetería de la universidad.
(5) Yo ___trabajo___ los lunes y miércoles. Antonio (6) ___trabaja___ los miércoles y jueves. Los sábados Antonio y su amigo Luis (7) ___practican___ tenis por la mañana. (8) Yo ___veo___ un poco de televisión o (9) ___escucho___ música. Por la noche, Antonio y yo (10) ___bailamos___ en la discoteca Kapital con amigos.

Additional Activity for *The present tense of regular verbs.*

Think up a brief narrative to tell the class. It can integrate all three -*ar,* -*er,* and -*ir* conjugations and thus serve as a synthesis activity, or it can include only -*er* and -*ir* verbs. Also, it can be told in the first or third person, depending on your desired focus. Before class, write each conjugated verb form that you intend to use in the story on a piece of paper using large letters. In class, tell students to listen carefully and supplement your narration with visuals (e.g., gestures, images from magazines, stick figure drawings, etc.). After the story, pass out the papers (one per student). Have students stand up and form a circle or line according to the order of the actions/events in the story. As a wrap-up, students include their verb in a sentence to try to recount in order the basics of the narration. Any seated students can listen and confirm the accuracy of the retold version.

Note on 2-30.

Discoteca Kapital is a well-known night spot in Madrid.

Expansion of 2-30.

Ask simple questions about the narrative to check comprehension.

Expansion of 2-31.

Put together a class newspaper with the articles the students write.

Additional Activity for *The present tense of regular verbs.*

Las actividades de los estudiantes.

Combine a word or phrase from each column to form at least six complete, logical sentences in Spanish. Be sure to conjugate the verbs.

MODELO: *Mi amigo trabaja en la cafetería.*

Yo	asistir (a)	clase
Los amigos	escuchar	con la tarea
Tú	bailar	fútbol
El profesor	**trabajar**	(natación,
La profesora	**(en)**	tenis)
Mi amigo	comer	la pizarra
Mi amiga	practicar	por teléfono
Mis	hablar	español
compañeros	aprender	(francés,…)
y yo	tomar	**la cafetería**
Los profesores	preparar	mucho
de la	enseñar	(poco)
universidad	ver	el piano
Mis padres	escribir	café
Carlos		la radio
El estudiante		la lección
¿…?		la televisión

Wrap-up for *Additional Activity for The present tense of regular verbs.*

Have students read their sentences aloud, and then ask questions about their statements. Perhaps allow other students to ask questions, as well, and establish a condition where at least two questions must be asked for every statement, e.g., E1: *Yo estudio mucho.* E2: *¿Dónde estudias?* E3: *¿Y qué estudias?*, etc.

Additional Activity for *The present tense of regular verbs.*

Bring in full-page magazine images that lend themselves to narration. Have students work in groups of three. Give each group its own unique image about which it will compose a short story. Once all groups have finished, place the images along the chalk tray of the board, or use tape or putty to hang them up, and number each image. Ask each group to read its story aloud to the class. The other groups listen and then guess which image is involved by saying the number of the image.

2-31 Maribel y la doctora Recio. Use the following information to write short news articles.

La doctora Recio:
profesora, historia
elegante, alta
Universidad del País Vasco
Bilbao
inglés y alemán
bailar, música clásica

Maribel:
estudiante, inteligente
simpática, ciencias políticas
Universidad Complutense de Madrid
España
francés y japonés
fútbol y natación

2-32 ¿Qué hacen? Take turns using the verbs listed below to describe the scene in the photograph: include what is there, who the people are, what they are like, and what they are doing.

MODELO: (haber) *Hay siete estudiantes.*

abrir	escribir	hablar	ser
asistir (a)	escuchar	leer	ver
comprender	estudiar	mirar	vivir

2-33 Pablo Picasso. Read the description of Pablo Picasso to a classmate and ask three questions that he/she can respond to with either **sí** or **no.**

Pablo Picasso es uno de los artistas más importantes del siglo xx. Es de Málaga, España, pero vive gran parte de su vida en Francia. Su padre (*father*) es profesor de arte. Su nombre original es Pablo Ruiz, pero usa su apellido materno, Picasso. Estudia en Barcelona y en Madrid. Después vive en París. Es famoso por sus períodos "azul" y "rosa" y también por el estilo que se llama "cubismo". Una de sus obras más impresionantes es *Guernica*, un cuadro que representa los horrores de la Guerra Civil española y que Picasso pinta en 1937. El cuadro ahora está en el Museo Reina Sofía de Madrid.

2-34A Entrevistas. Ask each other questions to obtain information. Be prepared to report back to the class. Student B, please see **Appendix 1,** page A2.

> **MODELO:** E1: *¿A qué hora llegas a clase?*
> E2: *Llego a las dos.*

1. ¿Cuándo estudias, por la tarde o por la noche?
2. ¿Qué idiomas hablas bien?
3. ¿Lees el periódico (*newspaper*)?
4. ¿Siempre asistes a clase?
5. ¿Qué deportes practicas?

2-35 ¿Y tú? Write a short paragraph in which you discuss your activities using verbs that end in **-ar, -er,** and **-ir.** Connect your thoughts by using the expressions **pero, y,** and **también.**

> **MODELO:** *Estudio dos idiomas: inglés y español. También estudio ciencias y administración de empresas. Trabajo en la cafetería. Me gusta escribir poesía y asistir a conciertos de música rock.*

6. The present tense of *tener* (to have)

2-46 to
2-50

■ The Spanish verb **tener** is irregular. As in English, **tener** is used to show possession.

> **Tengo** tres clases y un laboratorio.
> **¿Tienes** un bolígrafo?

> *I have three classes and a laboratory.*
> *Do you have a pen?*

tener (*to have*)			
yo	**tengo**	nosotros/as	**tenemos**
tú	**tienes**	vosotros/as	**tenéis**
él, ella, Ud.	**tiene**	ellos/as, Uds.	**tienen**

■ **Tener** is used in many idiomatic expressions, including **tener que** + *infinitive* (to have to [do something]).

> Mañana **tengo que** asistir a clase.
> **¿Tienes que** leer una biografía de Picasso?

> *Tomorrow I have to attend class.*
> *Do you have to read a biography about Picasso?*

Tengo que terminar esta pintura para las cinco de la tarde.

Warm-up for 2-33.
Before beginning this activity, refer students to the drawing by Picasso in the chapter opener. See the teacher note associated with the drawing for additional information and ideas for expanding the discussion of Picasso and his artwork. For a glimpse of Picasso's personal life (he was married twice, maintained various lovers, and fathered four children with three different women), refer students to the engaging 1996 film *Surviving Picasso,* starring Anthony Hopkins.

Wrap-up for 2-35.
Once students have completed their paragraphs (either in class or at home), collect them to read aloud to the class without mentioning the students' names. Have the class guess the author of each one. If you have a large class, perhaps ask for a group of volunteers to hand in their paragraphs and read only those.

Note on *The present tense of* tener.
Point out that when *tener* is used to express possession, the indefinite article is usually omitted before a noun in the negative: *Tengo una clase,* but *No tengo clase.*

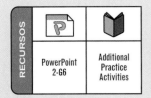

RECURSOS

PowerPoint 2-G6

Additional Practice Activities

Aplicación

2-36 Mi tarea. Check off the activities you need to do today.

Tengo que...

☐ asistir a clase.
☐ llegar temprano a clase.
☐ estudiar la lección.
☐ comprar comida.
☐ escribir una composición.

☐ hablar con el/la profesor/a.
☐ bailar en la discoteca.
☐ escuchar música
☐ ayudar a mi amiga.

 2-37 ¿Qué tienes que hacer? Discuss what you do and do not have to do tomorrow.

MODELO: E1: *¿Qué tienes que hacer mañana?*
E2: *Mañana tengo que practicar tenis y tengo que hablar con el profesor. No tengo que estudiar. ¿Y tú?*

2-38 ¿Qué tienen en común? Write eight sentences in Spanish, saying what various people have in common. Use verbs that end in **-ar** as well as **ser** and **tener.**

MODELO: *Christina Aguilera y Gloria Estefan son bonitas. Tienen muchos amigos. Cantan bien.*

Christina Aguilera	el príncipe Felipe de España	Shakira
Jude Law	Gloria Estefan	Barack Obama
Paz Vega	Enrique Iglesias	Eva Longoria
yo	Pedro Almodóvar	Jessica Simpson
Bill Gates	tú	Tiger Woods
Venus Williams	Rafael Nadal	Benjamín Bratt

 2-39A ¿Tienes? Take turns asking each other if you have the items on your list. If your partner has the item you want, you make a pair. The first person who has five pairs of items wins. Student B, please see **Appendix 1,** page A2.

MODELO: ☐ un libro de historia
E1: *¿Tienes un libro de historia?*
E2: *Sí, tengo. (No, no tengo.)*

☐ un libro de español
☐ una pintura de Picasso
☐ un examen fácil
☐ una mesa roja
☐ un lápiz azul
☐ una mochila negra

☐ una novela de Hemingway
☐ un reloj grande
☐ un buen amigo
☐ un/a profesor/a inteligente
☐ un libro nuevo
☐ un cuaderno viejo

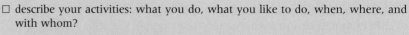

✓ ¿Cuánto sabes tú? *Can you...*

2-51 to 2-54

☐ describe your activities: what you do, what you like to do, when, where, and with whom?
☐ identify the language spoken in several different countries?
☐ say what you and others have?
☐ say what you and others have to do?

RECURSOS
In-class Communicative Projects

Observaciones

Episode 2

¡Pura vida! Episodio 2

In this episode you'll learn more about each character as he/she shares his/her opinions of each other.

2-55 to 2-59

Antes de ver el video

2-40 Silvia es española. Read the following information about Spain and match the questions that follow with the appropriate answers.

España es el tercer país más grande de Europa, después de Rusia y Francia. Por su diversidad y su mezcla (*mixture*) de gentes y tradiciones, España es un país muy diferente al resto de Europa. Los grupos que han influido (*have influenced*) en la historia de este país son: los íberos, los celtas, los griegos, los romanos, los godos, los árabes y los judíos.

Ahora, España está dividida en diecisiete comunidades autónomas. Aunque existen diferencias entre las comunidades, todos comparten (*share*) muchas tradiciones y costumbres, como el horario.

En España el horario es muy diferente al de los Estados Unidos y Canadá. Por ejemplo, se desayuna (*one eats breakfast*) entre las ocho y las diez de la mañana. El almuerzo (*lunch*), en los restaurantes, se sirve entre las 13:00 y las 15:30 horas. La cena (*dinner*) se sirve de las 20:30 a las 23:00 horas. En los bares y restaurantes se puede comer "tapas", los deliciosos aperitivos españoles, todo el día.

Se puede (*One can*) comer tapas a cualquier hora (*at any time*) en España.

1. __b__ ¿Qué países europeos son más grandes que España?
2. __a__ ¿Cuándo se sirve la cena en España?
3. __c__ ¿Dónde se puede comer tapas en España?

a. de las 20:30 a las 23:00
b. Rusia y Francia
c. en muchos establecimientos epecialmente los bares y restaurantes

A ver el video

2-41 Los otros personajes. Watch the second episode of *¡Pura vida!* and listen to the characters describe each other. Then, write a description for Silivia, Patricio, and Marcela using the correct forms of logical adjectives from the following list.

alegre   mexicano   español   moreno   colombiano   guapo   cubano   inteligente   simpático

Silvia

Patricio

Marcela

Después de ver el video

2-42 ¿Cuál es tu opinión? Choose two of these countries and state why you would visit them.

MODELO: Visito _____ porque es _____ y _____.

México   Argentina   Costa Rica   Colombia   España   Cuba

sesenta y cinco • **65**

RECURSOS

IRM
Video Script

Implementation of *Observaciones*.
For each chapter, do the pre-viewing passage and corresponding comprehension questions in class, the viewing and comprehension activity as homework, and a follow-up during the next class period.

Implementation of 2-40.
Encourage students to avoid translating when they read a passage. They can use the questions that follow the reading as advance organizers for what they will read in the text. During the follow-up, ask other questions that do not appear in the exercise, e.g., *¿Es similar el horario típico en España al horario en los Estados Unidos? ¿Cuáles son las semejanzas y diferencias?* (Write the words *horario, semejanzas,* and *diferencias* on the board and define.)

Expansion of 2-40.
For additional information on Spain, share with students the following passage or parts of it. *Ahora, España está dividida en diecisiete comunidades autónomas. Éstas tienen su propio gobierno y en algunas de ellas su propia lengua. Además del español, en España se habla el catalán, el vasco y el gallego.*

Wrap-up for 2-41.
Have students compare their responses in small groups and assess their level of agreement with one another and with the characters in the video.

NUESTRO MUNDO

Panoramas

España: Tierra de Don Quijote

Vistas culturales

2-43 ¿Ya sabes...? How many of the following can you name?

2-60 to 2-61

1. la capital de España Madrid
2. un arquitecto español famoso Santiago Calatrava
3. un producto importante de España las aceitunas
4. el nombre del otro país que ocupa la Península Ibérica Portugal
5. un director de cine español famoso Pedro Almodóvar

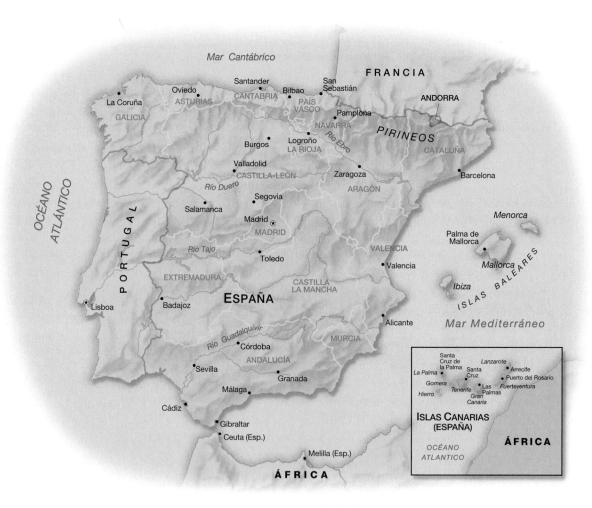

La fabricación de automóviles tiene lugar en el norte de España. El SEAT es un auto pequeño y económico muy popular.

El arquitecto Santiago Calatrava diseñó L'Hemisfèric (*Planetarium*) en Valencia.

El clima agradable del sur de España, particularmente en la Costa del Sol, atrae a millones de turistas de todo el mundo.

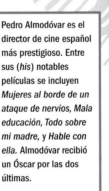

En las largas y ricas costas de España, la pesca (*fishing*) es maravillosa. La gastronomía española es famosa por sus (*its*) excelentes platos.

El clima de Andalucía en el sur de España es perfecto para el cultivo de las aceitunas (*olives*). De ellas se produce el aceite de oliva y muchas variedades de aceitunas deliciosas para comer.

Pedro Almodóvar es el director de cine español más prestigioso. Entre sus (*his*) notables películas se incluyen *Mujeres al borde de un ataque de nervios, Mala educación, Todo sobre mi madre,* y *Hable con ella*. Almodóvar recibió un Óscar por las dos últimas.

Implementation of *Panoramas*.

Point out various reading comprehension strategies to help students process the material in the *Panoramas* section of each chapter. First, encourage students to look for cognates as they read the captions. For example, have them identify the English equivalents for the following words in the very first caption of this section: *fabricación, automóviles, norte, auto, económico, popular*. Second, encourage students to connect the language to the photographs. For example, have them identify the expression for olive oil in the caption above the bottom right photograph. Third, whether the reading is assigned for home or in-class, tell students to underline words that interfere with their understanding of the text. Review these words with them or ask them to consult the glossary or a Spanish-English dictionary before proceeding to the activities. (Students may need a few pointers on how to use a bilingual dictionary.) Fourth, point out that it is not necessary to understand every word in a text to capture its global meaning. Thus, tell students not to get distracted or overwhelmed by an occasional unknown word. For further practice with reading comprehension, have students carry out the *Páginas* section of each chapter, as well.

Expansion of *Panoramas*.

Ask students comprehension questions based on the information in the captions. Perhaps write the questions on the board or a transparency for visual support, defining key words as necessary and pointing to the pertinent photograph for each question. The language of the questions reflects the language used in the captions, so encourage students to pay attention to all of these clues to meaning. E.g., *¿Qué es el SEAT y cómo es? ¿Qué profesión tiene Santiago Calatrava? ¿Dónde está la Costa del Sol? ¿Cómo son los platos españoles por lo general? ¿Quién es Pedro Almodóvar? ¿Qué producto cultivan en Andalucía?*

Additional Activity for *Panoramas*.

Encourage students to connect forms in the language with meaning. Have them interact with the images and the text by preparing a matching activity, where the two are presented separately, and students must match each image with the brief paragraph that describes it. Have each student make each match, or alternatively, divide the class into six groups, each receiving one paragraph that must be matched to its corresponding image. Be sure to clarify any remaining words still left unclear to students after the activity.

Note on *Panoramas*.

Refer to the CIA World Factbook for current demographics of countries around the world: <https://www.cia.gov/cia/publications/factbook/>.

2-44 ¿Dónde? Identify a place on the map where you might find the following.

1. playas (*beaches*)
2. montañas
3. arquitectura interesante
4. el gobierno
5. buena gastronomía
6. arquitectura moderna
7. la producción de aceite de oliva
8. la fabricación de automóviles

 2-45 Conexiones. Connect with your **¡Arriba!** web site to find out the following information about Spain.

1. dónde hay otros diseños de Santiago Calatrava
   Answers will vary.
2. el nombre del rey (*king*) de España
   Juan Carlos
3. la población
   40,400,000 as of July 2006.
4. una de las lenguas, además del castellano, que se habla en España
   Euskera o vascuence, gallego, catalán.
5. el nombre de un/a tenista profesional famoso/a
   Answers will vary.
6. una comida (*meal*) popular de España
   Answers will vary.

2-46 Guía turística. Complete this description of Spain with the correct form of the appropriate adjectives from the list below. Refer to the reading and photos in **Nuestro mundo.**

MODELO: *España tiene playas <u>bonitas</u>.*

bonito	delicioso	económico	excelente
famoso	grande	hermoso	importante
largo	moderno	prestigioso	popular

España tiene una gastronomía ___famosa___, un director de cine ___prestigioso___, arquitectura ___moderna___, fábricas ___grandes___, aceitunas ___deliciosas___, automóviles ___económicos___ y una costa ___hermosa___. *Answers will vary.*

Ritmos

2-62

"Cuéntame alegrías" (Tachú, España)

The guitar rhythms and singing style of "Cuéntame alegrías" are reminiscent of Spanish flamenco music, which originated in southern Spain and was greatly influenced by the gypsies in the middle of the nineteenth century.

Antes de escuchar

2-47 La letra. Complete the table below with the correct definite and indefinite articles for the words found in the lyrics of "Cuéntame alegrías." Then, use a bilingual dictionary and the glossary at the back of the textbook to find out the meanings of the words.

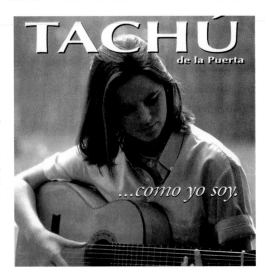

PALABRA	ARTÍCULO DEFINIDO	ARTÍCULO INDEFINIDO
vida	la	una
amor	el	un
caricia	la	una
sonrisa	la	una
corazón	el	un
alma[1]	el	un
flor	la	una
cielo	el	un
cariño	el	un

A escuchar

2-48 La canción. As you listen to the song, choose the word or phrase that best completes the following sentences.

1. El grupo que canta "Cuéntame alegrías" se llama… b

    a. Amor   b. Tachú   c. Alegría

2. El grupo es de… a

    a. España   b. México   c. La República Dominicana

3. En la canción canta… a

    a. un hombre   b. un niño   c. una mujer

4. Uno de los ritmos de la canción tiene influencias de la música… b

    a. clásica   b. flamenca   c. rock

5. Uno de los temas de la canción puede ser… a

    a. el amor   b. los estudios   c. España

---

[1]Note: Singular feminine nouns that begin with a stressed "a" or "ha" require the masculine definite or indefinite article. For example, *el alma buena,* but *las almas buenas; el agua fría,* but *las aguas frías.*

Note on *Ritmos.*
The guitar rhythms and singing style of "Cuéntame alegrías" are reminiscent of Spanish flamenco music, which originated in southern Spain and was greatly influenced by the gypsies in the middle of the nineteenth century.

Lyrics for "Cuéntame alegrías."
Cuéntame alegrías, mi "vía",
y dame tu amor.
Hazme una caricia, sonrisa,
dame el corazón.
Tienes mi alma, caramba,
hay para ti un rincón.
Y siempre presente en mi mente,
ahí te mantengo yo.

Chorus:
No quiero que llegue el día,
¡ay! que me digas que en la vida
todo tiene que acabar.
Que me digas que el cariño,
igual que viene se va.
Que ese amor que compartimos,
lo arrastra una tempestad.
Que ese amor tú lo compartas con una
    persona más.

Eres luz del día, mi "vía",
flor de mi jardín.
Donde guardo flores y olores,
sólo para ti.
Entre tierra y cielo, te quiero,
¡ay! nunca podrá haber.
Amor más sincero, te espero,
que nuestro querer.

Chorus

Expansion of 2-47.
Have students supply the plural forms of the articles and nouns, too.

Note on 2-47.
Point out to students that the articles *el* and *uno* are always used when they appear immediately before a feminine noun beginning with stressed *a* or *ha,* such as the words *alma* (soul), *agua* (water), *hacha* (ax). The word *tema* that the students will see in the activity is masculine, even though it ends in "a". Most words ending in **-ma** are masculine. Discuss words that have these endings.

RECURSOS   Ritmos Track 2

Implementation of *Páginas*.

Introduce the reading with examples students will recognize, such as, *¿Escribes cartas en computadora? Tienes una cuenta de correo electrónico?* Then ask students to scan the reading for where the service is offered and how much it costs. Have students compare the price with mailing a letter in the United States or Canada. Students can do the reading and comprehension questions as homework, while the follow-up and communicative activity can be done during the next class period.

Después de escuchar

2-49 Comprensión. Answer the following questions with a complete sentence in Spanish and then practice asking and answering the questions with a partner.

1. ¿Cuál es el título de la canción?
   "Cuéntame alegrías"

2. ¿Qué instrumentos oyes (*hear*) en la canción?
   la guitarra, etc.

3. ¿Cómo es el ritmo de la canción?
   rápido, alegre, etc.

4. ¿Te gusta la canción? ¿Por qué?
   Answers will vary.

Páginas

"E-milios" por correo tradicional

2-63

Antes de leer

2-50 Pistas extratextuales. Look at the illustration and guess what the reading is about.

2-51 Busca los cognados. Underline the cognates in the text. Do they coincide with your guess about what the text is about?

A leer

"E-milios" por correo tradicional

Una noticia interesante: ¡en España los carteros *(mail carriers)* reparten *(deliver)* e-milios! Sí, el Departamento de Correos tiene una "oficina virtual" en la Red *(Internet)*, que está abierta las 24 horas del día durante todo el año, y así puedes mandar *(you can send)* "cartas" sin necesidad de sobres *(envelopes)* o de sellos *(stamps)*.

Sólo tienes que escribir el texto en computadora y entrar en www.correos.es/. Ellos después imprimen la carta y la envían a cualquier dirección postal del mundo. Los responsables aseguran que el servicio es más rápido porque la carta entra en el circuito de reparto *(delivery route)* antes, porque no es necesario sacarla del buzón *(mailbox)*, aunque también es más caro *(expensive)*. Mandar una carta electrónica a cualquier destino nacional cuesta *(costs)* 48 céntimos de euro. Una carta normal cuesta 28 céntimos. Pero además de tiempo, se ahorra *(you save)* el precio del sobre y del papel. Muchas personas han comentado que quizás *(perhaps)* la idea venga del "cibernético" príncipe Felipe de España.

Después de leer

2-52 Haz las preguntas. Complete the questions with the most appropriate interrogative word. Use the answers in Spanish to help you form the questions.

1. ¿_____ es el país que tiene un servicio electrónico de cartas?
   Cuál, (España)

2. ¿_____ cuesta una carta normal en comparación con una carta por e-*milio*?
   Cuánto, (,28 versus ,48)

3. ¿_____ horas al día está abierta esta oficina de correos?
   Cuántas, (24 horas al día y siete días a la semana)

4. ¿_____ no tienes que comprar?
   Qué, (papel y sobre)

5. ¿_____ es más rápido el servicio por *e-milio* que el servicio normal?
   Por qué, (porque la carta entra en el circuito de reparto inmediatamente)

6. ¿_____ es posiblemente esta idea?
   De quién, (el príncipe Felipe de España)

2-53 ¿Qué opinas tú? Respond to the following statements to express your opinions.

1. Me gusta usar el correo electrónico.
   a. Mucho.   b. Un poco.   c. No me gusta nada (*at all*).

2. Paso más de dos horas diarias en la Red (*Internet*).
   a. Siempre.   b. De vez en cuando.   c. Nunca.

3. Recibo cartas normales.
   a. A menudo (*Often*).   b. De vez en cuando.   c. Casi nunca.

4. Me gusta escribir cartas normales.
   a. Mucho.   b. Un poco.   c. No me gusta nada.

5. Soy una persona muy cibernética.
   a. Sí.   b. Posiblemente.   c. No.

2-54 Correos en la Red. Connect with your **¡Arriba!** web site to find out the following information about sending mail from Spain.

1. the cost to send a letter (*carta*) or post card (*tarjeta postal*) to the U.S. _____

2. the cost to send a 2-page fax to the U.S. _____

3. the cost to send a 10-word (*palabra*) telegram to Canada _____

4. how long it takes to deliver an urgent money order (*giro postal*) _____

Expansion of 2-53.
Conduct an informal survey in class of how often students write letters, e-mails, instant messages, and text messages on their cell phones. Tally the results on the board and, together as a class, draw conclusions about the students' habits.

Taller

2-55 Una entrevista y un sumario.

2-64 to
2-66

Antes de escribir

¡ALÓ!

LOS PRÍNCIPES DE ASTURIAS, FELICES CON SU HIJA.

464545 656754

■ Write questions you'd like to ask a famous Spaniard if you could interview him/her, for example, el príncipe Felipe, Pedro Almodóvar, Antonio Banderas, Penélope Cruz, Felipe de Borbón, Picasso, Salvador Dalí, Rafael Nadal. You may log onto your **¡Arriba!** web site to see some famous people in the Spanish-speaking world. Use the following interrogatives:

¿Cómo?   ¿Dónde?   ¿Qué?   ¿Cuándo?

¿Por qué? ¿Cuál(es)? ¿Quién(es)? ¿De dónde?

■ Write at least one question using the verb **tener.**

■ **Entrevista.** Interview a classmate who will role-play as a famous Spaniard, then write up the responses.

A escribir

■ Summarize the information for an article in *¡Aló!*, a Spanish magazine that depicts the lives of the rich and the famous. Use connecting words such as **y, pero** (*but*), and **por eso** (*therefore*).

■ Write at least six sentences about your famous person.

Después de escribir

■ **Revisar.** Review your summary to assure the following:

☐ agreement of nouns, articles, and adjectives

☐ agreement of subjects and verbs

☐ correct spelling, including accents

■ **Intercambiar**
Exchange your summary with a classmate's; make suggestions and corrections.

■ **Entregar**
Rewrite your summary, incorporating your classmate's suggestions. Then turn in the summary to your instructor.

Vocabulario

PRIMERA PARTE

Adjetivos de nacionalidad	Adjectives of nationality
argentino/a	Argentine
canadiense	Canadian
chileno/a	Chilean
colombiano/a	Colombian
cubano/a	Cuban
dominicano/a	Dominican
ecuatoriano/a	Ecuadorian
español/a	Spanish
mexicano/a	Mexican
norteamericano/a (estadounidense)	American (US)
panameño/a	Panamanian
peruano/a	Peruvian
puertorriqueño/a	Puerto Rican
salvadoreño/a	Salvadorian
venezolano/a	Venezuelan

Adjetivos descriptivos	Descriptive adjectives
alto/a	tall
bajo/a	short
bonito/a	pretty; cute
delgado/a	thin
feo/a	ugly
flaco/a	skinny
gordo/a	chubby
grande	big
guapo/a	good-looking
joven	young
moreno/a	brunette
nuevo/a	new
pequeño/a	small
perezoso/a	lazy
pobre	poor
rico/a	rich
rubio/a	blond
viejo/a	old

Los lugares	Places
la capital	capital city
la ciudad	city
el país	country

Las personas	People
el/la amigo/a	friend
el/la muchacho/a	boy/girl
los padres	parents

Adverbios	Adverbs
ahora (mismo)	(right) now
también	also
tarde	late
temprano	early

Conjunciones	Conjunctions
pero	but
porque	because

SEGUNDA PARTE

Verbos	Verbs
abrir	to open
asistir (a)	to attend
aprender (a)	to learn
ayudar	to help
bailar	to dance
beber	to drink
buscar	to look for
caminar	to walk
comer	to eat
comprar	to buy
comprender	to understand
conversar	to converse
creer	to believe
decidir	to decide
enseñar	to teach
escribir	to write
escuchar	to listen
estudiar	to study
hablar	to speak
leer	to read
llegar	to arrive
mirar	to look at
nadar	to swim
practicar	to practice; to play (a sport)

preparar	to prepare
recibir	to receive
regresar	to return
tomar	to drink; to take
trabajar	to work
viajar	to travel
vender	to sell
ver	to see
vivir	to live

Algunos deportes	Some sports
el baloncesto/ el básquetbol	basketball
el béisbol	baseball
el fútbol	soccer
el fútbol americano	football
la natación	swimming
el tenis	tennis

Adjetivos	Adjectives
difícil	difficult
fácil	easy

Los idiomas	Languages
el alemán	German
el chino	Chinese
el coreano	Korean
el español	Spanish
el francés	French
el inglés	English
el italiano	Italian
el japonés	Japanese
el portugués	Portuguese
el ruso	Russian

Otras palabras y expresiones	Other words and expressions
¿Qué te gusta hacer?	What do you (inf.) like to do?
Me gusta (+ infinitive)	I like (+ infinitive)
Te gusta (+ infinitive)	You (inf.) like (+ infinitive)

Telling time	See page 44.
Interrogative words	See page 50.

Implementation of *Vocabulario.*
Help students better assimilate vocabulary through images, role-plays, and review games. Some examples of the latter that will work successfully with these word sets include word associations (e.g., a search for synonyms and/or antonyms), spelling races at the board, Pictionary, and charades. By interacting with others and using words in meaningful ways, vocabulary acquisition is greatly enhanced.

RECURSOS

Testing Program
Tests A and B
Modules
2-1 to 2-35

Warm-up for *Capítulo 3*.
As you plan this chapter, be sure to recycle content from the first two chapters. For example, spot review material by asking students to say at what time they have their classes, to name different activities they do or do not do, and to give information that they have learned about Spain.

3   ¿Qué estudias?

OBJETIVOS COMUNICATIVOS

Frida Kahlo empezó su carrera artística como terapia después de sufrir un horrible accidente. Aunque recibió poca atención durante su vida, hoy en día se le considera una de las mejores (*best*) pintoras del mundo hispano. Fue la esposa del gran muralista mexicano, Diego Rivera.

Implementation of *Refrán*.
Act this out by using gestures when you say: *El/La profesor/a enseña. Pero no enseña **qué** pensar. El/La profesor/a enseña **a** pensar.* Point to your head and repeat the refrán, *«La educación es para enseñar **a** pensar».* Wag your finger in negation: *«La educación no es para enseñar **qué** pensar».* Have students repeat and emphasize the difference between the two sentences. Then ask one student to explain.

¡México lindo!

«La educación no es para enseñar qué pensar, sino a pensar.»*

Carlos Santana, el gran artista de música de rock, nació en Autlán de Navarro, México. En el año 2000, ganó cuatro Grammys.

*__Refran:__ "Education serves not to teach what to think, but rather to think."

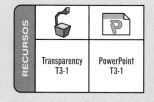

RECURSOS		
	Transparency T3-1	PowerPoint T3-1

PRIMERA PARTE

¡Así lo decimos! Vocabulario

CD 1,
Track 16

3-1 to
3-2

¡Así es la vida! ¿Qué materias vas a tomar?

En el laboratorio de lenguas de la Universidad Autónoma de México…

Carmen: Pedro, mira el horario de clases de este semestre.

Pedro: Sí, ¿qué materias tienes tú?

Carmen: Mi horario es bastante complicado. Tengo cinco materias: español, química, historia, inglés y cálculo.

Pedro: ¡Estás loca! Yo tengo que tomar cuatro materias este semestre… ¡Y eso ya es mucho!

Carmen: ¿Tienes hambre? Yo sí. ¿Vamos a comer algo?

Pedro: Ahora no. No tenemos tiempo. Tenemos que asistir a la clase de biología.

Carmen: ¡Es verdad! ¿Qué hora es?

Pedro: Ya son las nueve. La clase es en cinco minutos.

Carmen: ¡Tienes razón! ¡Vamos! Y todavía tengo que comprar un libro para mi clase de química.

Las materias académicas y la vida estudiantil

CD 1,
Track 17

3-3 to
3-7

Horario de clases
Semestre de otoño de 2007

Álgebra 101	12:00-1:00	lunes, miércoles y viernes
Antropología 252	9:00-10:00	lunes, miércoles y viernes
Cálculo 300	18:30-21:30	martes
Geología 120	9:30-11:00	martes y jueves
Literatura 310	11:00-12:00	lunes, miércoles y viernes
Música 111	9:30-11:00	martes y jueves
Psicología 101	18:30-21:30	jueves
Química 300	10:00-11:00	lunes, miércoles y viernes
Laboratorio	14:00-17:00	jueves
Sociología 160	8:00-9:00	lunes, martes, miércoles, jueves y viernes

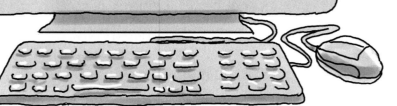

la chica   el chico

la computadora

Más materias académicas	More academic subjects
la administración de empresas	business administration
la arquitectura	architecture
el arte	art
la biología	biology
las ciencias políticas	political science
las ciencias sociales	social science
las comunicaciones	communications
la contabilidad	accounting
el derecho	law
el diseño	design
la educación física	physical education
la estadística	statistics
la filosofía	philosophy
las finanzas	finance
la física	physics
la geografía	geography
la historia	history
la informática/la computación	computer science
la ingeniería	engineering
la ingeniería eléctrica	electrical engineering
las matemáticas	mathematics
la medicina	medicine
la pedagogía	teaching
la veterinaria	veterinary science

Sustantivos	Nouns
el horario (de clases)	(class) schedule
el semestre	semester
el trimestre	trimester

Adjetivos	Adjectives
complicado/a	complicated
exigente	challenging; demanding

Adverbios	Adverbs
bastante	quite; fairly
después de	after
solamente	only

Wrap-up for 3-1.
A student may tally class results on the board or on a transparency. *¿Cuántos estudiantes toman biología?*

Expansion of 3-1.
Ask students to write two to three sentences comparing and contrasting their schedules in pairs. Then have them share their work with the class. *Julia y yo estudiamos biología y español este semestre. Yo también estudio cálculo y química, pero Julia no. Ella estudia biología y sociología.*

Expansion of 3-2.
Have students show some of their own textbooks and school supplies. Have the class guess what subjects the students study.

Additional Activity for
¡Así lo decimos!
Associate the names of famous people or characters with their fields of work. Read the following examples and have students answer as a class. Then ask students to think of additional names to say aloud to the class. *Margaret Mead (antropología), Einstein (física), Mozart (música), Freud (psicología), Shakespeare (literatura), Dr. Jekyll (química).*

Additional Activity for
¡Así lo decimos!
En la universidad. What field of study would you pursue if you were interested in the following things?

MODELO: novelas y poemas
             filosofía y letras

1. __b__ los niños *(children)*
2. __f__ deportes
3. __h__ los experimentos químicos
4. __e__ los mapas
5. __d__ las ventas *(sales)* y el comercio
6. __g__ las computadoras
7. __a__ los estudios internacionales
8. __c__ las personas de otros países

   a. ciencias políticas
   b. pedagogía
   c. idiomas
   d. administración de empresas
   e. geografía
   f. educación física
   g. informática
   h. ciencias físicas

EXPANSIÓN	**More on structure and usage**

Todo is used in many expressions in Spanish, with the equivalent *every* and *all* in English.

todo (pron.)	*everything, all*
todo/a (adj.)	*all (of)*
todo el día	*all day*
todo el mundo	*everyone, everybody*
todas las noches	*every night*
todos/as	*all*
todos los días	*every day*
Todos asisten a **todas** sus clases **todos** los días.	*Everyone attends all of their classes every day.*

Aplicación

3-1 Y tú, ¿qué estudias? Check off the subjects you have this term. Compare your list with another student.

Modelo: *Estudio…*
          ☑ biología, ☑ cálculo, ☑ español y ☑ química.

☐ administración de empresas	☐ chino	☐ inglés
☐ alemán	☐ derecho	☐ japonés
☐ álgebra	☐ educación física	☐ literatura
☐ antropología	☐ español	☐ matemáticas
☐ árabe	☐ filosofía y letras	☐ medicina
☐ arte	☐ física	☐ música
☐ biología	☐ francés	☐ pedagogía
☐ cálculo	☐ geografía	☐ portugués
☐ ciencias políticas	☐ geología	☐ psicología
☐ ciencias sociales	☐ historia	☐ química
☐ comunicaciones	☐ informática	☐ ruso
☐ coreano	☐ ingeniería	☐ sociología

3-2 Tengo. Match what you have and what you study, based on the item.

MODELO: un libro de Milton Friedman
          Tengo un libro de Milton Friedman. Estudio economía.

TENGO:
1. __f__ una novela
2. __c__ un mapa
3. __d__ un libro de los aztecas
4. __h__ un piano
5. __b__ un microscopio
6. __e__ una computadora
7. __a__ un diccionario bilingüe
8. __g__ una calculadora

ESTUDIO:
a. español
b. biología
c. geografía
d. historia
e. informática
f. literatura
g. matemáticas
h. música

3-3 Campus Querétaro. *El Instituto Tecnológico de Estudios Superiores de Monterrey (El Tecnológico de Monterrey), popularly known as El Tec, has campuses all over Mexico, each with a particular academic strength. Here you have a brief description of the Campus Querétaro. Read the selection and then answer the questions that follow.*

TECNOLÓGICO DE MONTERREY.

El Tec de Monterrey, Campus Querétaro, empezó a construirse el 14 de agosto de 1974.

Las clases comenzaron en agosto de 1975 con 344 alumnos: 174 en preparatoria y 170 en profesional. Hoy en día, cuenta con unos 3.000 estudiantes.

Las carreras profesionales que se ofrecieron en un principio fueron:

- Ingeniería en Agronomía
- Ingeniería de Sistemas Computacionales
- Licenciatura en Administración de Empresas

Actualmente (*Currently*) el Campus Querétaro tiene 17 carreras completas además de la preparatoria. Algunas de las carreras que se ofrecen son:

- Arquitectura
- Veterinaria
- Ingeniería Industrial y de Sistemas
- Ingeniería en Mecánica y Administración
- Ingeniería en Agronomía
- Licenciatura en Administración de Empresas
- Licenciatura en Ciencias de Comunicación
- Licenciatura en Contabilidad y Finanzas
- Licenciatura en Diseño Industrial

1. ¿Cuántos años tiene (*How old is*) el Campus Querétaro?
   Answers will vary.
2. ¿Cuántos estudiantes había (*were there*) en el primer año?
   344
3. Si te gusta el arte y el diseño (*design*), ¿qué carrera(s) estudias?
   arquitectura o diseño industrial
4. Si te gusta el comercio, ¿qué estudias?
   administración de empresas
5. Si te gustan los animales, ¿qué estudias?
   veterinaria
6. En tu opinión, ¿cuál es la especialidad académica del Tec?
   ingeniería y tecnología

Expansion of 3-3.
Following is a list of the 29 campuses of higher education in the ITESM system. Have students work together in small groups to locate these places on a map of Mexico. Then perhaps have them state which campus they would choose to attend within the system and say why. Campuses: *Aguascalientes, Apodaca, Chiapas, Chihuahua, Ciudad de México, Ciudad Juárez, Colima, Cuernavaca, Estado de México, Guadalajara, Guaymas, Hidalgo, Irapuato, Laguna, León, Mazatlán, Monterrey, Morelia, Puebla, Querétaro, Saltillo, San Luis Potosí, Santa Fe, Sinaloa, Sonora Norte, Tampico, Toluca, Veracruz, Zacatecas.*

Additional Activity for ¡Así lo decimos!

Tu experiencia. Guess what fields of study or sport the following people take based on their comments. *Answers will vary.*

MODELO: E1: *Trabajo mucho.*
E2: *Estudias ciencias (idiomas).*

1. Hablo mucho en esta lengua. (*Estudias inglés.*)
2. Practico mucho en el gimnasio. (*Practicas baloncesto.*)
3. Me gusta la pintura. (*Estudias arte.*)
4. Tengo muchas novelas. (*Estudias literatura*).
5. Tengo muchos mapas. (*Estudias geografía.*)
6. La computadora es muy importante. (*Estudias informática.*)
7. Tengo un microscopio. (*Estudias ciencias.*)
8. Deseo administrar una industria grande. (*Estudias administración de empresas.*)
9. Tengo una calculadora. (*Estudias matemáticas.*)
10. Me gusta trabajar con los niños. (*Estudias pedagogía.*)

Warm-up for 3-4.

Encourage students to predict each other's schedules. *¿Qué materias necesita tomar un estudiante de negocios internacionales?* Prepare a list on the board and compare with the text.

Expansion of 3-4.

Prepare questions about classes. *¿Es posible tomar la clase de derecho privado y la de psicología avanzada? ¿Por qué? ¿Cuál es la materia más difícil/interesante/aburrida de la lista?*

Audioscript for 3-5.

Alberto: Hola, Carmen. ¿Qué tal?
Carmen: Eh… bastante bien. Pero tengo prisa porque tengo clase en cinco minutos.
Alberto: ¿Qué clase?
Carmen: Matemáticas. La materia es difícil y el profesor es muy exigente. ¿Qué vas a hacer ahora?
Alberto: Tengo que estudiar para un examen de química. El examen es esta tarde a las cuatro y media. Tengo que llegar temprano porque voy a hablar con el profesor. ¿Vas a la fiesta de Chema esta noche?
Carmen: Sí, voy. ¿Vas tú también?
Alberto: No, no voy. Tengo que trabajar.
Carmen: Bueno, es tarde. Voy a clase. Adiós.

3-4 Materias. Here is a schedule of classes for students in international business at *El Tec*. Ask each other what you are going to study and when each class meets.

MODELO: E1: ¿Qué vas a estudiar?
        E2: *Administración de empresas.*
        E1: ¿Cuándo?
        E2: *Los lunes y los miércoles a las ocho y media.*

Curso	Días	Hora
Administración de empresas	lunes y miércoles	8:30–10:00
Análisis de información	lunes y miércoles	10:30–12:00
Contabilidad financiera I	viernes	16:00–19:00
Derecho privado	lunes y miércoles	8:30–10:00
Japonés II	martes y jueves	15:00–17:00
Derecho público	viernes	16:00–19:00
Matemáticas II	lunes y miércoles	10:30–12:00
Psicología avanzada	lunes y miércoles	8:30–10:00
Estadística administrativa	martes y jueves	15:00–17:00
Principios de microeconomía	martes y jueves	15:00–17:00
Recursos humanos	lunes y miércoles	8:30–10:00
Negocios internacionales	martes y jueves	15:00–17:00
Principios de macroeconomía	lunes y miércoles	8:30–10:00

3-5 El horario de Alberto y Carmen. Listen to Alberto and Carmen talk about their schedules on your **¡Arriba!** audio program or as read by your instructor. Then underline the statements that apply to each of them.

CD 1, Track 18

1. Estudia matemáticas.	Alberto	<u>Carmen</u>
2. Estudia química.	<u>Alberto</u>	Carmen
3. Tiene examen hoy.	<u>Alberto</u>	Carmen
4. Tiene que hablar con el profesor.	<u>Alberto</u>	Carmen
5. Trabaja esta noche.	<u>Alberto</u>	Carmen
6. Va a una fiesta esta noche.	Alberto	<u>Carmen</u>
7. Tiene una clase difícil.	Alberto	<u>Carmen</u>
8. Tiene un profesor exigente.	Alberto	<u>Carmen</u>

3-6 ¿Cuántas? In a group of three to four students, ask what each other is studying this semester and at what times the classes meet. Which class is the most common among you? What time is the most popular? Which class is the most difficult? Use these questions to guide you and complete the chart below.

1. ¿Qué estudias este semestre (trimestre)?
2. ¿A qué hora es la clase?
3. ¿Es difícil o fácil?

Nombre	Materia	Hora	Fácil	Difícil

¡Así lo hacemos! Estructuras

3-8 to
3-12

1. The numbers 101–3,000,000

101	ciento uno/a	800	ochocientos/as
200	doscientos/as	900	novecientos/as
300	trescientos/as	1.000	mil
400	cuatrocientos/as	4.000	cuatro mil
500	quinientos/as	100.000	cien mil
600	seiscientos/as	1.000.000	un millón (de)
700	setecientos/as	3.000.000	tres millones

> Quinientos, seiscientos, setecientos, ochocientos, novecientos, ¡mil!

- **Ciento** is used in compound numbers between 100 and 200.
  ciento diez, ciento treinta y cuatro, etcétera

- When 200–900 modify a noun, they agree in gender with it.
  cuatrocient**os** libros   quinient**as** sillas   doscient**as** universidades

- **Mil** is never used with **un** and is never used in the plural for counting.
  mil, dos mil, tres mil, etcétera

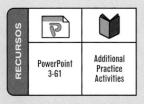
RECURSOS

PowerPoint 3-G1

Additional Practice Activities

- The plural of **millón** is **millones,** and when followed by a noun, both take the preposition **de.**

    dos millones de dólares

- In Spain and in most of Latin America, thousands are marked by a period and decimals by a comma.

UNITED STATES/CANADA	SPAIN/LATIN AMERICA
$1,000	$1.000
$2.50	$2,50
$10,450.35	$10.450,35
2,341,500	2.341.500

Aplicación

3-7 ¿En qué año? Match the following dates with historical events. Then give another important event and its date.

MODELO: 1776

    mil setecientos setenta y seis; la independencia de los Estados Unidos

1. _g_ 1492   a. los Juegos Olímpicos en China
2. _a_ 2008   b. la Guerra Civil española
3. _d_ 2000   c. la Gran Depresión
4. _c_ 1929   d. el nuevo milenio
5. _f_ 1861   e. la conquista de México por Cortés
6. _b_ 1936   f. la Guerra Civil norteamericana
7. _e_ 1521   g. la llegada (*arrival*) de Cristóbal Colón a Santo Domingo
8. _¿?_ ¿...?   h. ¿...?

3-8 ¿Qué número es? Write the numerals that are represented below.

MODELO: doscientos cuarenta y nueve

    249

1. quinientos noventa y dos   _592_
2. diez mil setecientos once   _10.711_
3. un millón seiscientos treinta y tres mil doscientos nueve   _1.633.209_
4. novecientos mil ciento veintiuno   _900.121_
5. dos millones ochocientos mil ochocientos ochenta y ocho   _2.800.888_
6. ciento cuarenta y cinco   _145_

 3-9A Inventario. Take turns dictating your inventory numbers to each other in Spanish. Which items do you have in common? **¡Ojo!** (*Watch out!*) Watch for agreement. Student B, see **Appendix 1,** page A3.

MODELO: 747 mesas

    setecientas cuarenta y siete mesas

1. 200 diccionarios   5. 1.526 libros
2. 5.002 escritorios   6. 2.700.000 calculadoras
3. 816 pizarras   7. 111.000 sillas
4. 62 mapas   8. 672 computadoras

3-10 Una empresa nueva. Together you have a budget of *un millón de pesos* to equip an office. Decide which items you must have, but do not go over budget.

> **MODELO:** E1: *Necesitamos comprar dos escritorios ejecutivos por veinte mil pesos.*
> E2: *No, necesitamos comprar uno ejecutivo y uno pequeño por once mil pesos.*

PRESUPUESTO (*BUDGET*) $1.000.000 (Pesos)

escritorio ejecutivo	$10.000	escritorio pequeño	$1.000
carro económico	$120.000	carro lujoso	$320.000
silla de plástico	$250	sillón	$3.000
computadora	$15.000	papel, bolígrafos	$1.000
fotocopiadora	$10.000	estante (*bookshelf*)	$1.200
mesa pequeña	$800	mesa grande	$2.500
fax	$1.500	miscelánea	¿…?

2. Possessive adjectives

3-13 to 3-17

Mi clase es bastante grande.

Sí, pero tu profesor es excelente.

Subject pronoun	Singular	Plural	
yo	**mi**	**mis**	*my*
tú	**tu**	**tus**	*your* (inf.)
él, ella, Ud.	**su**	**sus**	*your* (form.), *his, her*
nosotros/as	**nuestro/a**	**nuestros/as**	*our*
vosotros/as	**vuestro/a**	**vuestros/as**	*your* (inf.)
ellos/as, Uds.	**su**	**sus**	*your* (form.), *their*

■ Possessive adjectives agree in number with the nouns they modify. Note that **nuestro/a** and **vuestro/a** are the only possessive adjectives that show both gender and number agreement.

PRIMERA PARTE

Warm-up for *Possessive adjectives.*
Ask students in class for random items one at a time: *una calculadora, un teléfono móvil, un café, una tarjeta de crédito.* Move around the class asking to whom each item belongs. *Necesito 5 dólares. ¿Quién tiene 5 dólares? Gracias.* (take $) *Clase, ¿es mi dinero? ¿De quién es? ¿No es de* (name of other student)?

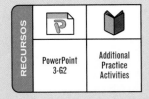

RECURSOS

PowerPoint 3-G2	Additional Practice Activities

Warm-up for 3-11.
Preview reading with scanning questions for students. *¿Cómo se llama? ¿Dónde estudia? ¿Cuándo trabaja?*

■ In Spanish, possessive adjectives are always placed before the noun they modify.

> **Mis** clases son grandes.   *My classes are big.*
> **Nuestros** amigos llegan a las ocho.   *Our friends arrive at eight o'clock.*

■ In Spanish, the construction **de** + *noun* can also be used to indicate possession. It is equivalent to the English *apostrophe s*.

> El libro **de Raúl** es interesante.   *Raúl's book is interesting.*
> La hermana **de Laura** estudia derecho.   *Laura's sister studies law.*

■ When the preposition **de** is followed by the definite article **el**, it contracts to **del: de + el = del.**[1]

> Los libros **del** profesor son difíciles.   *The professor's books are difficult.*
> No es mi cuaderno, es **de él.**   *It's not my notebook, it's his.*

EXPANSIÓN	**More on structure and usage**

Su and *sus*

The possessive adjectives **su** and **sus** can have different meanings (*your, his, her, their*). The context in which they are used indicates who the possessor is.

> María lee **su** libro.   *María reads her book.*
> Ramón y José hablan con **sus** amigos.   *Ramón and José speak with their friends.*

When the identity of the possessor is not clear, the construction **de** + *noun* or **de** + *prepositional pronoun* can be used for clarification.

> **¿De quién** es el libro?   *Whose book is it?*
> Es **su** libro. Es el libro **de Paco.**   *It's his book. It's Paco's book.*
> ¿Son **sus** amigas?   *Are they her friends?*
> Sí, son las amigas **de ella.**   *Yes, they're her friends.*

With the exception of first and second person singular (**yo** and **tú**), prepositional and subject pronouns are the same: **de él, de usted, de nosotros/as, de ellos/as.** The prepositional pronouns for **yo** and **tú** are **mí** and **ti.** The preposition **con** has special forms with **yo** and **tú: conmigo** and **contigo.**

Aplicación

3-11 José Antonio. Read about a Mexican student named José Antonio. Underline all of the possessive adjectives.

Soy José Antonio O'Farrill, estudiante del Tec de Monterrey. <u>Mi</u> carrera es ingeniería eléctrica. Tengo clases por la mañana y trabajo por la tarde. Vivo en un apartamento cerca de la universidad, pero voy a <u>mi</u> casa los fines de semana. <u>Mi</u> familia vive en Guanajuato. <u>Mis</u> clases más difíciles son informática y estadística. El profesor de estadística tiene <u>su</u> doctorado de una universidad norteamericana. Este año voy a ser estudiante de intercambio *(foreign exchange student)* en el Canadá, donde voy a estudiar francés, también. <u>Mi</u> novia *(girlfriend)* es de Quebec.

---

[1]The preposition **de** does not contract with the subject pronoun **él.**

3-12 Habla José Antonio. Now complete the questions for José Antonio with logical possessive adjectives. Then respond to the questions as if you were José Antonio.

MODELO: ¿Cuál es _tu_ número de teléfono?
           Mi número de teléfono es el 555-2550.

1. ¿Cuál es _____ carrera en la universidad? tu carrera; Mi carrera es ingeniería eléctrica.

2. ¿Cuáles son _____ cursos más difíciles? tus cursus; Mis cursos más difíciles son la informática y la estadística.

3. ¿Dónde vive _____ familia? tu familia; Mi familia vive en Guanajuato.

4. ¿De dónde tiene _____ doctorado _____ profesor de estadística? su doctorado, tu profesor; Mi profesor tiene su doctorado de una universidad norteamericana.

5. ¿De dónde es _____ novia? tu novia; Mi novia es de Quebec.

 3-13 ¿Cómo es? Take turns telling each other what the following things and people are like.

MODELO: clase
           E1: _¿Cómo es tu clase de inglés?_
           E2: _Mi clase es buena. ¿Cómo es tu clase de matemáticas?_

1. amigos   5. profesor/a de…
2. apartamento   6. familia
3. libros   7. trabajo
4. universidad   8. horario

 3-14 ¿Dónde? Take turns asking where each other's class takes place and what the professor is like. Use the following questions as a guide.

1. ¿Dónde es tu clase de…?
2. ¿Cómo es tu profesor/a de…?

3. Other expressions with _tener_

3-18 to
3-20

¡Maribel tiene miedo!

You have used **tener** to show possession and to say you _have to (do something)_.

Tengo muchos amigos.   _I have many friends._
Tienes que asistir a clase.   _You have to attend class._

RECURSOS

| PowerPoint 3-G3 | Additional Practice Activities | Transparency T3-3 | PowerPoint T3-3 |

Expansion of 3-12.
Personalize for your students. Ask them José Antonio's questions. Then ask students similar questions about their courses.

Additional Activity for _Possessive adjectives_.
¿De quién es? Have students build sentences to indicate to whom or to what the following items belong. Tell them to use their imagination.

MODELO: calculadora
           La calculadora es del profesor de matemáticas.
           cuadernos
           Los cuadernos son de la profesora de español.

sillas	profesor de historia mexicana
ventanas	el/la doctor/a…
cafetería	el/la señor/a…
examen	la librería
diccionario	el/la profesor/a de…
mapas	la universidad
horario de clases	la clase de…
libros de historia	el/la rector/a (_the president_)
¿…?	¿…?

Warm-up for 3-13.
After reviewing the model with students, solicit a plural model from them also and write the question and a response on the board. _¿Cómo son tus amigos de la universidad? Mis amigos son muy simpáticos._

Expansion of 3-13.
Have students take turns asking each other questions about items in the activity and in the classroom. _¿De qué color es tu mochila? Mi mochila es azul. ¿Cómo son las sillas de la biblioteca?_ 1. tus cuadernos 2. nuestra mesa 3. el bolígrafo de… 4. tus lápices 5. nuestras sillas 6. el libro del/de la profesor/a 7. mi escritorio 8. el mapa de la clase

■ There are other common expressions that use **tener** where English uses the verb *to be*. Note that many of these refer to things we might feel (hunger, thirst, cold, etc.).

¿**Tienes** hambre?	*Are you hungry?*
No, pero **tengo** frío.	*No, but I'm cold.*
Tenemos prisa.	*We're in a hurry.*

■ Use the verb **tener** also to express age.

tener... años	*to be... years old*
¿Cuántos años **tienes**?	*How old are you?*

tener calor   tener hambre   tener miedo   tener cuidado   tener razón

tener frío   tener sed   tener sueño   tener prisa   no tener razón

Aplicación

3-15 En el camerino (*dressing room*) de Carlos Santana. Read the conversation between Carlos Santana and his agent and underline all of the expressions with **tener.**

Agente: El concierto es en media hora. ¿Necesita algo?

Santana: Sí, <u>tengo mucha sed</u>. Pero si tomo agua, <u>tengo frío</u>.

Agente: ¿Por qué no toma café?

Santana: ¡Porque luego <u>tengo calor</u>! Y si tomo café descafeinado, <u>tengo sueño</u> durante el concierto.

Agente: <u>Tengo una idea</u>. Ud. debe tomar un poco de té ahora y comer algo para <u>tener energía</u> durante el concierto.

Santana: Tomo un poquito de té ahora, pero no como porque <u>tengo prisa</u>. <u>Tengo que vestirme</u> (*get dressed*).

Agente: <u>Tiene razón</u>. Vamos a comer después del concierto. ¡A las once de la noche vamos a <u>tener mucha hambre</u>!

3-16 ¿Qué tiene Santana? Answer the questions using an expression with **tener.**

1. ¿Qué tiene Santana?
   Santana tiene sed.

2. ¿Qué no toma? ¿Por qué?
   No toma agua porque después tiene frío y no toma café porque después tiene calor.

3. ¿Por qué tiene prisa?
   Tiene prisa porque tiene que vestirse.

4. ¿Quién tiene razón?
   Santana tiene razón.

5. ¿Cuándo van a tener hambre?
   Van a tener hambre después del concierto, a las once de la noche.

3-17 ¿Y tú...? Match these statements to say when you feel the following. If none of the choices are appropriate, supply a new one.

1. <u>e</u> Tengo frío...   a. en el desierto.
2. <u>b</u> Tengo calor...   b. en el verano.
3. <u>g</u> Tengo hambre...   c. en un examen.
4. <u>a</u> Tengo sed...   d. a las dos de la mañana.
5. <u>h</u> Tengo prisa...   e. en el invierno.
6. <u>c</u> Tengo cuidado...   f. en una película (*movie*) de horror.
7. <u>d</u> Tengo sueño...   g. en un buen restaurante.
8. <u>f</u> Tengo miedo...   h. cuando tengo que llegar a tiempo (*on time*).

Expansion of 3-17.
Use personalized questions to have students expand on each statement. *¿Qué tomas cuando tienes frío? ¿Qué tomas cuando tienes calor? ¿Qué comes cuando tienes hambre? ¿Qué tomas cuando tienes sed? ¿Siempre tienes razón? ¿Es importante tener cuidado en clase? ¿Qué tomas cuando tienes sueño? ¿Es natural tener miedo a veces? ¿Es bueno tener prisa en un examen?*

3-18 ¿Cuántos años tienen? You may be familiar with these famous Mexicans. Take turns saying how old they are, as if they were all still alive.

¿Cuántos años tiene Vicente Fox?

MODELO: Vicente Fox, ex-presidente de México (1942)
Tiene… años.

1. Frida Kahlo, pintora (1907)
2. Diego Rivera, muralista, esposo de Frida (1886)
3. Alfonso Cuarón, director de cine, *Y tu mamá también* (1961)
4. Carlos Santana, músico (1947)
5. Salma Hayek, actriz (1966)
6. Carlos Contreras, deportista de NASCAR (1970)
7. Laura Esquivel, novelista, *Como agua para chocolate* (1950)
8. Alejandro González Iñárritu, director de cine, *Amores perros* (1963)

 ¿Cuánto sabes tú? *Can you…*

3-21 to
3-24

☐ talk about your classes; say what you are studying; ask other students about their classes?

☐ talk about to whom things belong, using possessive adjectives? **(¿De quién es el libro? No es mi libro, es de Antonio.)**

☐ talk about how you feel using expressions with **tener**? **(Tengo hambre cuando…)**

RECURSOS

In-class
Communicative
Projects

Comparaciones

Las universidades hispánicas

3-19 En tu experiencia. ¿Cuántos estudiantes hay en una clase típica en tu universidad? ¿En una clase de idiomas? ¿Cuántas clases hay por semana? ¿Es muy importante el examen final? ¿Participan mucho los estudiantes en tus clases?

Read this article to find out more about the system in many Hispanic universities.

Generalmente, las clases en las universidades hispánicas ocurren en un ambiente más formal que las clases en las universidades de los EE.UU. y del Canadá. En muchas universidades hispanas...

■ las clases son mucho más grandes. Hay entre 50 y 200 estudiantes en cada clase.

■ muchas de las clases son conferencias (*lectures*) dictadas por profesores y hay poco tiempo para intercambio entre profesores y estudiantes.

■ muchos profesores no tienen horas de oficina.

■ las clases son uno o dos días a la semana.

■ la nota (*grade*) final es el resultado de un examen final.

Sin embargo (*nevertheless*), universidades como El Tec de Monterrey tienen instalaciones (*physical facilities*) muy modernas para los estudiantes y clases más pequeñas.

 3-20 En tu opinión. Read the following statements and take turns expressing your opinion about them.

1. ¡Ni modo! No estoy de acuerdo. (*No way! I disagree.*)
2. No es probable.
3. No sé. (*I don't know.*)
4. Es posible.
5. Estoy completamente de acuerdo.

a. Las clases grandes son más aburridas.
   1   2   3   4   5
b. Los profesores buenos son informales.
   1   2   3   4   5
c. Me gusta tener varios exámenes en un semestre.
   1   2   3   4   5
d. Me gusta hablar en clase.
   1   2   3   4   5
e. Me gusta el sistema norteamericano.
   1   2   3   4   5

Implementation of *Comparaciones*. Despite the larger class size, it is common for students in many Mexican universities to participate in collaborative group work, similar to assignments in U.S. and Canadian universities. Ask students whether they prefer lectures or small group work in their classes. Use this reading as an introduction to *¡Así es la vida!*

Warm-up for ¡Así es la vida!
Ask students questions previewing information in the conversation. *¿Dónde compramos un diccionario? ¿Dónde está la librería de nuestra universidad? ¿Quién es Frida Kahlo?*

Implementation of ¡Así es la vida!
First have students look over the drawing of the campus, and explain the meaning of any terms necessary, such as perhaps *facultad*. Then have students scan the dialogue for the names of buildings and places and underline them. Read the dialogue aloud to them and clarify any additional words as needed. Finally, have students read the dialogue in pairs, and then ask for volunteers to read it aloud to the class.

Expansion of ¡Así es la vida!
Ask students questions to confirm comprehension. *¿Quiénes hablan? ¿Dónde están? ¿Adónde debe ir Carmen? ¿Qué necesita comprar? ¿Adónde tiene que ir Pedro? ¿Qué necesita hacer Pedro? ¿Por qué está nervioso Pedro? ¿Cuál es la especialidad de Marisa? ¿Cuándo asiste a clases Marisa?*

SEGUNDA PARTE

¡Así lo decimos! Vocabulario

CD 1,
Track 19

3-25 to
3-26

¡Así es la vida! ¿Dónde está la librería?

El campus de la Universidad Autónoma de México es muy grande y tiene muchos edificios. Carmen y Pedro hablan después de clase.

Pedro: Carmen, ¿qué vas a hacer después del almuerzo (*lunch*)?

Carmen: Pues, debo ir a la librería para comprar un diccionario de inglés-español.

Pedro: ¿Dónde está la librería? Tengo que ir esta tarde.

Carmen: Mira el mapa. Está enfrente de la Facultad de Medicina. ¿Por qué no vamos juntos ahora?

Pedro: No, gracias, Carmen. Tengo que ir a la biblioteca, ¿sabes dónde está?

Carmen: Mira, está al lado de la librería.

Pedro: Es que necesito terminar de escribir una biografía sobre Frida Kahlo. Estoy nervioso, porque su vida es muy complicada y tiene muchas pinturas.

Carmen: Debes llamar a Marisa. Ella lee mucho y su especialidad es el arte mexicano.

Pedro: ¿Dónde vive Marisa?

Carmen: Cerca de aquí, con sus padres en Coyoacán, pero sólo asiste a clase los martes y jueves.

Pedro: Gracias. Y también tengo que ir al estadio, ¿sabes dónde está?...

90 • noventa

| | | | | | | Los edificios de la universidad | | | | | | | | | | | | | | | | | | | | | | | | | | | | | | | | | | | | |

CD 1,
Track 20

3-27 to
3-30

la biblioteca

la cafetería

la cancha de tenis

la Facultad de Arte

la Facultad de Ciencias

la Facultad de Medicina

el gimnasio

el estadio

la librería

el museo

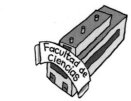
el observatorio

el teatro

Implementation of ¡Así lo decimos!
Here students will identify places in the university. To reinforce the meaning of the place, associate typical activities with each, for example, *Comemos en la cafetería; estudiamos en...*

Expansion of ¡Así lo decimos!
Ask where particular university buildings are in relation to your classroom. Then ask students what activities they associate with those university locations.

Más edificios	More buildings
el auditorio	auditorium
el centro estudiantil	student union
la Facultad de Derecho	School of Law
la Facultad de Filosofía y Letras	School of Humanities
la Facultad de Ingeniería	School of Engineering
la Facultad de Matemáticas	School of Mathematics
el laboratorio de lenguas	language laboratory
la rectoría	President's office

Adverbios	Adverbs
siempre	always
sólo	only

Expresiones	Expressions
pues	well

¿Dónde está?	Where is...?
al lado (de)	next to
a la derecha de	on the right
a la izquierda de	on the left
cerca (de)	nearby (close to)
delante de	in front of
detrás de	behind
enfrente (de)	facing; across from
entre	between
lejos (de)	far (from)

Verbos	Verbs
estar	to be
hacer	to do; to make
ir	to go

noventa y uno • **91**

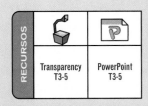

CD 1, Track 21

3-31 to 3-32

LETRAS Y SONIDOS

Syllabification in Spanish

In Spanish, a syllable is a unit of timing for rhythm. Every syllable contains one vowel, which may be accompanied by glides and/or consonants.[1] Consonants combine with vowels to form syllables as follows.

1. Spanish prefers open syllables, or ones that end in a vowel. Thus, a single consonant (including *ch, ll, rr*) always attaches to the vowel that follows.

   se-ño-ri-ta   po-e-ma   mu-cha-cho   bo-ca-di-llo   pi-za-rra

2. Two consonants also attach to the vowel that follows, given that they consist of a strong consonant (*p, b, t, d, c, g, f*) followed by *r* or *l*.

   a-brir   pro-ble-ma   no-so-tros   pa-dre   bo-lí-gra-fo

   If they do not form this combination, two consonants are separated, creating a closed syllable.

   tar-de   de-por-te   blan-co   Car-los   es-tu-dian-te

3. In groups of three consonants, the last two attach to the vowel that follows, given that they consist of a strong consonant (*p, b, t, d, c, g, f*) followed by *r* or *l*.

   com-pli-ca-do   hom-bre   es-cri-to-rio   in-glés

   If the last two consonants do not form this combination, only the last one attaches to the vowel that follows.

   pers-pec-ti-va   ins-ta-lar   cons-tan-te   sols-ti-cio

4. In groups of four consonants, the last two always attach to the vowel that follows.

   ins-truc-tor   abs-trac-to

---

[1]Syllables with glides are discussed in **Capítulo 2.**

Aplicación

3-21 ¿Dónde está...? Give the location of the following buildings using the map on page 90.

MODELO: _____ la cancha de tenis
Está cerca del estadio.

LUGARES

1. __d__ el estadio
2. __e__ el observatorio
3. __g__ la cafetería
4. __f__ la Facultad de Arte
5. __a__ la Facultad de Ciencias
6. __c__ la librería
7. __b__ el museo
8. __h__ la biblioteca

DIRECCIONES

a. Está al lado del gimnasio.

b. Está entre el observatorio y la Facultad de Arte.

c. Está al lado de la biblioteca.

d. Está al lado de la cancha de tenis.

e. Está a la izquierda del museo.

f. Está al lado de la Facultad de Medicina.

g. Está a la derecha de la Facultad de Medicina.

h. Está a la izquierda de la librería.

CD 1, Track 22

3-22 En la cola (*Standing in line*). Listen to your **¡Arriba!** audio program or to your instructor to hear a description of where the people are standing in line. Place the numeral in front of the name of each person.

__3__ Marcela
__4__ Mercedes
__1__ Pepe
__2__ Adrián
__5__ Paula

3-23 ¿Dónde están? ¿Quiénes son? Where or who are the people in the following drawings?

MODELO:

El profesor Romero está en un laboratorio de...
la Facultad de Ciencias.

1. Lisa está en una clase de...
medicina/anatomía

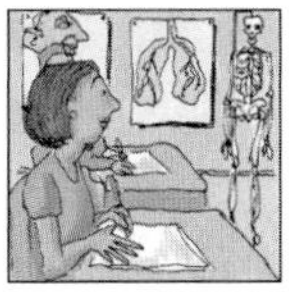

2. Arcadio está en...
el laboratorio de lenguas

3. Ana y Germán están en...
una clase de arte

4. Catalina y Jacobo están en...
la librería

5. Gabriela Estrada es profesora de...
derecho

SEGUNDA PARTE

Audioscript for 3-22.

1. Está entre Marcela y Paula. (*Pepe*)
2. Está lejos de la taquilla. (*Adrián*)
3. Está enfrente de la taquilla. (*Marcela*)
4. Está al lado de Adrián. (*Mercedes*)
5. Está delante de Mercedes. (*Paula*)

3-24 La Universidad Nacional Autónoma de México. Read about the most important university in Mexico. Indicate whether the statements are **cierto (C)** or **falso (F)** based on the following text.

La comunidad de la UNAM se compone de estudiantes, profesores, otro personal de apoyo (*support*) y egresados (*alumni*). En total, la población activa es más de 300.000 personas; 137.000 de ellas son estudiantes subgraduados. El recinto de la Universidad es enorme. Tiene aproximadamente 1.700.000 metros cuadrados con 997 edificios, y casi todos son edificios académicos.

La infraestructura de la Universidad también es importante. Hay 143 bibliotecas con más de 4.000.000 de libros; 19 librerías; 28 clínicas, dos jardines botánicos, dos observatorios, una super-computadora, además de más de 15.000 computadoras personales. Tiene también gran riqueza cultural con muchos edificios históricos importantes, grandes murales, esculturas y pinturas. Además, tiene salones para concierto, teatros, acuarios y museos. Para los que practican deportes, hay dos estadios, siete piscinas y otras áreas para hacer 39 deportes diferentes. Finalmente, la UNAM tiene 24 comedores, 35 cafeterías y tres supermercados.

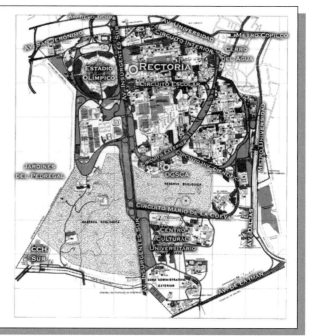

1. __C__ La UNAM es una universidad importante de México.
2. __C__ Muchos estudiantes mexicanos asisten a la UNAM.
3. __f__ Si tienes hambre, no es posible comer en la universidad.
4. __C__ Hay muchos eventos culturales: conciertos, obras de teatro, etc.
5. __f__ Es difícil practicar deportes en la UNAM.
6. __f__ La tecnología es bastante anticuada.
7. __f__ Es difícil hacer investigación porque hay pocos libros en las bibliotecas.
8. __¿?__ La UNAM es más grande que mi universidad.

 3-25 Tu universidad. Draw and label a map of your university in Spanish. Include at least five important buildings. Then tell a classmate where the buildings are located in relation to each other.

MODELO: *La biblioteca está cerca del estadio.*

3-26A Las materias, la hora, el lugar. Take turns asking and answering questions in order to complete the missing information on your class schedules. Student B, see **Appendix 1,** page A3.

MODELO: E1: *¿A qué hora es la clase de…?*
          E2: *¿Qué clase es a la/s…?*
          E1: *¿Dónde es la clase de…?*
          E2: *¿Quién es el/la profesor/a de…?*

Hora	Clase	Lugar	Profesor/a
	cálculo		María Gómez García
	diseño	Facultad de Arte	Ramón Sánchez Guillón
10:00	biología		Julia Gómez Salazar
12:00			
	física		Carlos Santos Pérez

Implementation of *The present tense of* ir *and* hacer.
Contextualize these new verbs by presenting a typical day for you or someone the students will know. Then ask students to respond whether certain activities are part of a typical day. Have students write and then share their own typical days, compared with those of someone else they know.

¡Así lo hacemos! Estructuras

3-33 to 3-41

4. The present tense of *ir* (to go) and *hacer* (to do; to make)

ir *(to go)*		
Singular		**Plural**
yo	**voy**	nosotros/as	**vamos**
tú	**vas**	vosotros/as	**vais**
él, ella, Ud.	**va**	ellos/as, Uds.	**van**

hacer *(to do; to make)*		
Singular		**Plural**
yo	**hago**	nosotros/as	**hacemos**
tú	**haces**	vosotros/as	**hacéis**
él, ella, Ud.	**hace**	ellos/as, Uds.	**hacen**

- The Spanish verbs **ir** and **hacer** are irregular. **Hacer** is irregular only in the first-person singular: **hago.**

  Hago la tarea por las noches.   *I do homework at night.*

- **Ir** is always followed by the preposition **a.** When the definite article **el** follows the preposition **a,** they contract to **al: a + el = al.**

  Luis y Ernesto **van al** centro   *Luis and Ernesto are going to the*
  estudiantil.   *student union.*

- The construction **ir a** + *infinitive* is used in Spanish to express future action. It is equivalent to the English construction *to be going to + infinitive.*

  ¿Qué **vas a hacer** esta noche?   *What are you going to do tonight?*
  Voy a estudiar en la biblioteca.   *I'm going to study in the library.*

- When you are asked a question using **hacer,** you usually respond with another verb.

  Ricardo, ¿qué **haces** aquí?   *Ricardo, what are you doing here?*
  Busco un libro para mi clase.   *I'm looking for a book for my class.*

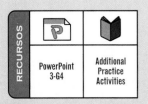

RECURSOS

| PowerPoint 3-64 | Additional Practice Activities |

Aplicación

3-27 La familia de Santana. Read the following newspaper article about what Santana and his family are going to do. Underline all forms of the verb **ir.**

LAS NOTICIAS

Después de ganar los cuatro Grammys, Carlos Santana anuncia que va a dedicar su tiempo a su familia y a sus obras de caridad (*charity*). Su esposa Deborah (desde 1974) y sus tres hijos, Salvador, Stella y Angélica, van a vivir en su casa en Santa Ana, California. Santana y su esposa van a pasar mucho tiempo trabajando en su Fundación Milagro que ayuda a mejorar la educación, la salud y la vivienda (*housing*) de los niños pobres del mundo. Toda la familia va a trabajar también con Buster Brown, la empresa que fabrica zapatos (*shoes*) que llevan el nombre del artista. Buster Brown va a vender los zapatos "Carlos" en Macy's y otros almacenes importantes. Santana va a donar sus ganancias a la Fundación Milagro. Deborah también tiene mucho talento. Este año ella va a hacer su autobiografía.

NOTICIAS

3-28 Preguntas para Santana. Now write questions based on the previous article. You can begin the questions as indicated.

MODELO: *¿Quién va a escribir su autobiografía?*

1. ¿Dónde…?
2. ¿Cuándo…?
3. ¿Qué…?
4. ¿Quiénes…?
5. ¿Por qué…?
6. ¿Cómo…?

3-29 ¿Qué hacen? Guess what the following people are doing according to where they are and what they have.

MODELO: (el) sándwich
En la cafetería, la señora *hace los sándwiches.*

(los) ejercicios   (la) lección   (la) tarea   (el) trabajo

1. En la biblioteca, yo __hago la tarea__.
2. En clase, nosotros __estudiamos la lección__.
3. En el gimnasio, tú __haces los ejercicios__.
4. En la oficina, los secretarios __hacen el trabajo__.

3-30 Planes para ver un concierto. Make plans to see a concert. Use the following questions to guide you.

MODELO: ¿Adónde van?
Vamos a Colombia a ver a Shakira.

1. ¿Con quiénes van?
2. ¿Adónde van?
3. ¿Por cuánto tiempo van?
4. ¿A qué hora van?
5. ¿Qué van a hacer?
6. ¿Qué no van a hacer?
7. ¿Qué van a comprar?
8. ¿Cuándo van a regresar?

5. The present tense of *estar* (to be)

3-42 to 3-46

The English verb *to be* has two equivalents in Spanish, **ser** and **estar.** You have already learned the verb **ser** in **Capítulo 1,** and you have used some forms of **estar** to say how you feel, to ask how someone else feels, and to say where things and places are. The chart shows the present tense forms of **estar.**

estar (*to be*)			
yo	**estoy**	nosotros/as	**estamos**
tú	**estás**	vosotros/as	**estáis**
él, ella, Ud.	**está**	ellos/as, Uds.	**están**

> ¿Cómo está Ud. hoy, señora?
>
> Estoy muy enferma.

- **Estar** is used to indicate the location of specific objects, people, and places.

  Ana Rosa y Carmen **están** en la cafetería. — *Ana Rosa and Carmen are in the cafeteria.*

  La cafetería **está** en el centro estudiantil. — *The cafeteria is in the student union.*

- **Estar** is also used to express a condition or state, such as how someone is feeling.

  ¡Hola, Luis! ¿Cómo **estás**? — *Hi, Luis! How are you?*

  Hola, Sara. **Estoy** cansado. — *Hi, Sara. I'm tired.*

  Elena **está** enferma. — *Elena is sick.*

- Adjectives that describe physical, mental, and emotional conditions are used with **estar.**

aburrido/a	bored	enfermo/a	sick
cansado/a	tired	**enojado/a**	angry
casado/a (con)	married (to)	**ocupado/a**	busy
contento/a	happy	**preocupado/a**	worried
enamorado/a (de)	in love (with)	**triste**	sad

Carlos y Deborah Santana **están casados.** — *Carlos and Deborah Santana are married.*

El profesor Martínez **está divorciado.** — *Professor Martínez is divorced.*

Alicia **está enamorada** del novio de Úrsula. — *Alicia is in love with Úrsula's boyfriend.*

Note on *The present tense of* estar.
We do not include the progressive here because it is used less in Spanish than in English and students often confuse it with the future. For communicative purposes, the simple present is sufficient at this stage.

Note on *Adjective chart*.
Enojado/a = enfadado/a (in Spain).

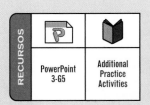

RECURSOS

PowerPoint 3-G5

Additional Practice Activities

Expansion of 3-31.

Bring in several copies or books of Kahlo's paintings to class. Divide students into small groups and ask them to prepare descriptions or questions and answers about each painting.

Additional activity for *estar*.

¿Dónde están? Say where the following people are, based on the information given. Choose from the following places.

el banco	la clase
la biblioteca	el laboratorio de lenguas
la cafetería	el museo
la casa	el parque

MODELO: Nosotras compramos libros y cuadernos para la clase.
Estamos en la librería.

1. Javier busca un libro y Alicia y Rebeca estudian en una mesa.
2. Comes el almuerzo y hablas con amigos.
3. Veo la televisión y bebo un refresco.
4. Ignacio camina con el perro (*dog*) y Estela corre cinco millas (*miles*).
5. Yolanda escribe un cheque por cuatro mil pesos.
6. Los estudiantes escuchan a la profesora.
7. Vemos esculturas de un artista famoso.
8. Escucho diálogos en español del manual de actividades.

La casa de Frida Kahlo

Aplicación

3-31 Frida y Diego. Read the description of Frida Kahlo and Diego Rivera in 1950 and underline the uses of **estar**.

Frida y Diego están casados y viven en la Ciudad de México. Su casa está en la colonia (*neighborhood*) de Coyoacán, un barrio bonito que está cerca de la UNAM. La casa está pintada de azul, el color favorito de Frida. En este momento, Frida está en su estudio donde pinta uno de sus cuadros famosos, con colores muy vivos, frutas y animales. Diego no está, porque está en California. Frida está triste y enferma. Extraña (*she misses*) mucho a Diego.

3-32 ¿Cómo está Frida? Answer the following questions based on what you read in activity **3-31**.

1. ¿Dónde está la casa de Frida y Diego?
   En la colonia Coyoacán.
2. ¿De qué color está pintada la casa?
   De azul.
3. ¿Qué hace Frida ahora?
   Pinta.
4. ¿Por qué no está con Diego?
   Porque está en California.
5. ¿Cómo está Frida? ¿Por qué?
   Está enferma y triste porque extraña a Diego.

Source: Frida (Frieda) Kahlo, "Frieda and Diego Rivera," 1931, oil on canvas, 39 3/8 in. x 31 in. (100.01 cm x 78.74 cm). Ben Blackwell/San Francisco Museum of Art. © 2003 Banco de Mexico. Diego Rivera & Frida Kahlo Museums Trust. Estate of Frida Kahlo.

3-33 Una conversación telefónica. Complete the telephone conversation between Frida and her agent, Marcelo, with the correct forms of the verb **estar**.

Marcelo: ¿Bueno?

Frida: Marcelo, habla Frida. ¿Cómo (1) _estás_ (tú)?

Marcelo: Muy bien, ¿y tú?

Frida: Yo (2) _estoy_ bastante bien, gracias. ¡Oye!, ¿dónde (3) _estás_ (tú) ahora?

Marcelo: (4) _Estoy_ en mi oficina.

Frida: ¿(5) _Están_ Diego y su asistente?

Marcelo: No, ellos (6) _están_ en el Palacio del Gobierno.

Frida: Y ¿qué hacen allí? ¿(7) _Están_ ocupados con algo?

Marcelo: No, (8) _están_ aburridos. Diego (9) _está_ cansado de pintar.

Frida: Bueno, (10) _estoy_ en mi estudio. Ahora voy al Palacio del Gobierno a buscar a Diego.

Marcelo: (11) _Está_ bien. Hablamos después. Hasta luego.

3-34 En la cafetería. Describe how these people in the drawing feel and why. Work together to write a conversation between two of the people and then write a description of another person in the drawing. Use **estar** with adjectives and expressions with **tener**.

MODELO: *Pedro está enfermo. Tiene mucho frío y necesita regresar a casa.*

| enojado/a | enfermo/a | contento/a | ocupado/a |
| cansado/a | nervioso/a | enamorado/a | preocupado/a |

3-35 ¿Cómo estás? Imagine that you are in the following situations. Say how you feel using the verb **estar** and the appropriate adjectives.

MODELO: en una fiesta
        Estoy contento/a.

| aburrido/a | contento/a | enojado/a | nervioso/a | enfermo/a |
| cansado/a | enamorado/a de | ocupado/a | triste | preocupado/a |

1. a la medianoche
2. en clase
3. después de un examen
4. cuando hay mucho trabajo
5. en el hospital
6. con una persona especial
7. con una persona importante
8. en una ciudad grande
9. en el gimnasio
10. lejos de mi familia

 3-36 Lo siento, no está aquí. Take turns inventing excuses for why a friend can't come to the telephone.

MODELO: E1: *Hola, ¿está Carlos?*
        E2: *Lo siento, Carlos está ocupado ahora. Está con su padre.*

 3-37A ¿Dónde estoy? Take turns acting out your situations while your partner tries to guess where you are. Student B, see **Appendix 1,** page A3.

MODELO: E1: (act out reading a book) *¿Dónde estoy?*
        E2: *Estás en la biblioteca.*

1. (eating)
2. (listening to headphones)
3. (watching a ball game)
4. (walking)
5. ¿...?

Warm-up for 3-34.
Ask students about the drawing before reading instructions. *¿Qué estación es? ¿Qué hora es? ¿Quién lee un libro? ¿Cómo es Manuela? ¿Es rubia? ¿Cuántos años tiene? ¿Quién escucha a Gloria? ¿Cómo es?*

Warm-up for 3-34.
Perhaps provide additional models on the board or a transparency. For example, offer a model of a conversation (i.e., a dialogue) as well as an additional character description. e.g., *Juanito está preocupado. Tiene miedo porque su mamá no está.* Some possible descriptions from students might include: *Manuela lee un libro, pero está cansada porque tiene mucho trabajo que hacer. Está muy ocupada. Gloria está enojada con Rubén, porque Rubén cree que siempre tiene razón. Rubén está enojado con Gloria también. Tiene cuidado con sus palabras, pero no es muy simpático en general. Esteban está enamorado de una chica morena y guapa. Esteban habla de la chica y Luis escucha. Luis está contento, pero también está un poco aburrido de la conversación. Todos tienen hambre y sed.*

Expansion of 3-35.
Develop questions based on student responses. *¿Qué hacen Uds. a la medianoche? ¿Adónde van a la medianoche los viernes? ¿Por qué?*

6. Summary of uses of *ser* and *estar*

3-47 to 3-52

Ser is used

Bob es de California.

- with the preposition **de** to indicate origin, possession, and to tell what material something is made of.

Frida y Carlos **son** de México.	*Frida and Carlos are from Mexico.*
Las pinturas **son** de Diego.	*The paintings are Diego's.*
La mesa **es** de plástico.	*The table is (made of) plastic.*

- with adjectives to express characteristics of the subject, such as size, color, shape, religion, and nationality.

Tomás **es** alto y delgado.	*Tomás is tall and thin.*
Los jóvenes **son** católicos.	*The young men are Catholic.*
Somos mexicanos.	*We are Mexican.*

- with the subject of a sentence when followed by a noun or noun phrase that restates the subject.

Mi hermana **es** abogada.	*My sister is a lawyer.*
Leo y Ligia **son** mis padres.	*Leo and Ligia are my parents.*

- to express dates, days of the week, months, and seasons of the year.

Es primavera.	*It's spring.*
Es el 10 de octubre.	*It's October 10th.*

- to express time.

Son las cinco de la tarde.	*It's five o'clock in the afternoon.*
Es la una de la mañana.	*It's one in the morning.*

- with the preposition **para** to tell for whom or for what something is intended or to express a deadline.

¿**Para** quién **es** esa calculadora?	*For whom is that calculator?*
La composición **es para** el viernes.	*The composition is for (is due) Friday.*

- with impersonal expressions.

Es importante ir al laboratorio.	*It's important to go to the laboratory.*
Es fascinante estudiar la cultura hispana.	*It's fascinating to study Hispanic culture.*

- to indicate where and when events take place.

La fiesta **es** en mi casa.	*The party is at my house.*
El concierto **es** a las ocho.	*The concert is at eight.*

Estar is used

El museo está allí a la derecha.

- to indicate the location of persons and objects.

La librería **está** cerca.	*The bookstore is nearby.*
Guadalajara **está** en México.	*Guadalajara is in Mexico.*

- with adjectives to describe the state or condition of the subject.

Las chicas **están** contentas.	*The girls are happy.*
Pedro **está** enfermo.	*Pedro is sick.*

- with descriptive adjectives (or adjectives normally used with **ser**) to indicate that something is exceptional or unusual. This structure is often used this way when complimenting someone, and in English is sometimes expressed with *look*.

Carlitos, tienes ocho años; ¡**estás** muy grande!	*Carlitos, you're eight years old; you are (look) so big!*
Señora Rubiales, usted **está** muy elegante esta noche.	*Mrs. Rubiales, you are (look) especially elegant tonight.*

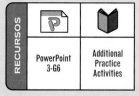

EXPANSIÓN   **More on structure and usage**

Changes in meaning with *ser* and *estar*

Some adjectives have different meanings depending on whether they are used with **ser** or **estar**.

ADJECTIVE	WITH *SER*	WITH *ESTAR*
aburrido/a	*to be boring*	*to be bored*
bonito/a	*to be pretty*	*to look pretty*
feo/a	*to be ugly*	*to look ugly*
guapo/a	*to be handsome*	*to look handsome*
listo/a	*to be clever*	*to be ready*
malo/a	*to be bad, evil*	*to be ill*
verde	*to be green (color)*	*to be green (not ripe)*
vivo/a	*to be smart, cunning*	*to be alive*

Remember: To locate an entity or event modified by an indefinite article, or a quantifier (such as **mucho, poco,** or a number), use **hay.**

Esta noche **hay** una fiesta en mi casa.	*There's a party at my house tonight.*
Hay más de 42.000.000 de hispanos en los EE. UU.	*There are more than 42,000,000 Hispanics in the U.S.*
Hay muchos jóvenes en la discoteca.	*There are many young people at the disco.*

Aplicación

3-38 La familia de la Mora. Read the description of the de la Mora family and underline all the uses of **ser** and **estar**.

La familia de la Mora es una familia mexicana que vive en Guadalajara. Guadalajara está cerca de la costa Pacífica de México. Guillermo, el papá, es muy trabajador. Olga Marta, la mamá, es de la Ciudad de México y es muy simpática. Ellos tienen tres hijos: Billy, Martita y Érica. Billy es muy responsable. Ahora está en Alemania donde estudia ingeniería. Martita es muy inteligente. Ahora está en la capital donde visita a sus abuelos. Érica es muy alta y delgada y además, es muy trabajadora, como su papá. Ella está en la biblioteca porque necesita hacer su tarea. Esta noche la familia está muy contenta porque va a tener una fiesta para el aniversario de Guillermo y Olga Marta. Es importante invitar a toda la familia y a todos los amigos.

La familia de la Mora

3-39 Preguntas para la familia de la Mora. Write questions that you could ask the de la Mora family.

MODELO: *¿Dónde está Guadalajara?*

1. ¿Cómo…?
2. ¿Por qué…?
3. ¿Cuándo…?
4. ¿Quién…?
5. ¿Dónde…?
6. ¿Qué…?

Expansion of 3-38.

Draw a family tree on the board based on the paragraph. Ask questions, e.g., *¿Cómo se llaman los padres? ¿De dónde es la familia? ¿Dónde está Guadalajara? ¿Dónde está Billy ahora? ¿Cómo es? ¿Dónde está Martita ahora? ¿Cómo es? ¿Dónde está Érica ahora? ¿Cómo es? ¿Por qué está contenta esta noche la familia?*

Expansion of 3-39.

Have students ask each other and answer their questions in pairs.

3-40 En mi casa esta noche. Complete Ana's description of her family and what is happening tonight using the correct forms of **ser** or **estar,** or the verb **hay.**

Mi familia (1) __es__ grande, (2) __hay__ quince personas. Mi casa (3) __es__ pequeña. (4) __Está__ en la calle (*street*) Florida que (5) __está__ en el centro de la ciudad. Esta noche (6) __hay__ una fiesta en mi casa. La fiesta (7) __es__ a las ocho de la noche. Mis tíos siempre llegan temprano y ahora (8) __están__ en la sala con mi mamá. Mi tío Alfredo (9) __es__ alto y guapo. (10) __Es__ dentista. Mi tía Julia (11) __es__ baja y simpática. Ella (12) __es__ psicóloga. Mis hermanos (13) __están__ en el patio con mi papá, pero mi hermano, Rafa, no, porque (14) __está__ enfermo. Rafa (15) __está__ en cama (*bed*). (16) __Son__ las ocho y quince de la noche y (17) __hay__ muchas personas en mi casa. Carlos (18) __es__ el chico alto y guapo; Saúl (19) __es__ el joven bajo y fuerte (*strong*). (20) __Son__ argentinos, de Buenos Aires, la capital. ¡Bienvenidos, amigos! (21) __Hay__ música, refrescos y comida. ¡Todo (22) __es__ para nosotros!

3-41 Te toca a ti. Now write a short paragraph about someone you know. Include the following information.

¿Quién es?	¿Dónde está en este momento?
¿De dónde es?	¿Qué va a hacer ahora?
¿Cómo es?	¿Por qué?

 3-42 Entrevístense. Write out six questions you can ask a classmate using **ser, estar,** or **hay.** Then take turns asking each other your questions.

> **MODELO:**   E1: *¿Cómo eres?*
>   E2: *Soy alto y guapo.*
>   E1: *¿De dónde eres?*
>   E2: *Soy de Ohio.*

3-43A Dibujos (*Drawings*). Take turns describing a person using the following information while your classmate tries to draw the person described. Then compare your drawings with the descriptions. Student B, see **Appendix 1,** page A3.

> **MODELO:**   chica: dieciocho años, alta, bonita, triste, oficina
>   E1: *Es una chica. Tiene dieciocho años. Es alta y bonita. Está triste y está en la oficina.*
>   E2: *Es un hombre…*

1. hombre, viejo, bajo, enojado, librería
2. chico, siete años, pequeño, feo, miedo, clase
3. chica, veinticuatro años, gorda, tímida, nerviosa, rectoría

---

 ¿Cuánto sabes tú? *Can you…*

 3-53 to 3-56

☐ talk about yourself using the verb **ser** to say where you are from, your profession, and what you are like, and the verb **estar** to say how you feel and where places are located?

☐ ask others about themselves?

☐ ask and answer questions about what you are doing (**¿Qué haces?**)?

☐ ask and answer questions about where you are going (**¿Adónde vas?**) and make plans (**¿Vamos a…?**)?

Observaciones

Episode 3

3-57 to 3-60

¡Pura vida! Episodio 3

In this episode you'll learn more about Patricio and his ambitions.

Antes de ver el video

3-44 Nuestra Tierra. Patricio and Silvia decide to meet at *Nuestra Tierra*, a restaurant in San José. Read the following review, then judge the statements that follow as **cierto** (true) or **falso** (false). Correct any false statements.

> ¡Qué lugar más divertido! Este restaurante ofrece "cocina local típica" y tiene una atmósfera atractiva para complementar la comida. A primera vista es un lugar rústico, sin embargo hay un señor que toca la guitarra y camareros que sirven la comida de una manera cordial. Como decoración hay cebollas (*onions*) que cuelgan del techo (*hang from the ceiling*), y cestas de legumbres (*vegetables*) frescas.
>
> En este restaurante se puede comer bien y barato, y tomar la deliciosa cerveza *Imperial*. Sirven platos típicos costarricenses y es un gran lugar para empezar la noche. Está abierto (*open*) veinticuatro horas todos los días y está ubicado en la Calle 15 con la Avenida 2, de San José.

Nuestra Tierra

1. __F__ *Nuestra Tierra* es un restaurante de comida francesa. Sirven comida costarricense.
2. __F__ Los camareros son impacientes. Son cordiales.
3. __F__ Es un lugar muy elegante. Es un lugar rústico.
4. __C__ Se sirve la cerveza *Imperial*.
5. __F__ Está cerrado (*closed*) los lunes. Está abierto todos los días.

A ver el video

3-45 Los otros personajes. Watch the third episode of *¡Pura vida!* where you will hear Silvia use the word *manzana* and Patricio will correct her using the word *cuadra*. Can you guess what the word means? Then, complete the following sentences by matching the phrases below.

Silvia

Patricio

Hermés

1. __d__ Silvia está cerca de…
2. __b__ El restaurante está…
3. __a__ Patricio desea estudiar…
4. __f__ Es necesario tomar un examen…
5. __c__ Patricio solicita…
6. __e__ Uno de los requisitos para Patricio es ser…

a. en una universidad norteamericana.
b. bastante lejos.
c. una beca *Fulbright*.
d. la Avenida Central.
e. colombiano.
f. de inglés.

Después de ver el video

3-46 Cómo llegar a Nuestra Tierra. Connect with your **¡Arriba!** web site to see a map of downtown San José. Find *la Avenida Central* and see if you can find the corner where *Nuestra Tierra* is located. How many blocks would you have to walk?

ciento tres • **103**

Warm-up for 3-45.

Besides the two different words for "city block" mentioned in this episode, i.e., *manzana* and *cuadra*, Patricio also notes Silvia's use of the word *patatas* instead of *papas*. On the board, write *Iberian Spanish: manzana, patatas,* and *Latin American Spanish: cuadra, papas,* noting that just as in British versus American English, there are various lexical differences between these two general varieties of Spanish. Ask students to listen for these words in this episode and to take note of any additional dialectal differences that they may perceive in this and/or subsequent episodes.

Expansion of 3-46.

Choose other significant locations in San José to have students locate on the map. If you have Internet access in your classroom or can provide a printed version of the map on a transparency or on paper, have paired students give directions to one another on how to go from some given point A to point B in the city.

RECURSOS

IRM
Video Script

NUESTRO MUNDO

Panoramas

¡México lindo!

Vistas culturales

3-61 to 3-63

3-47 ¿Ya sabes…? How many of the following can you name?

1. la capital de México
   México D.F.

2. un producto de México
   artesanía

3. una antigua civilización
   los mayas, los aztecas, etc.

4. los colores de la bandera mexicana
   blanco, rojo y verde

5. una playa que atrae a muchos turistas
   Cozumel, Cancún, Puerto Vallarta, etc.

Las figuras de madera son hechas a mano por artesanos de Oaxaca. Representan animales y seres fantásticos.

México es famoso por su artesanía. Si visitas la antigua ciudad colonial de Taxco, vas a ver su rica tradición de platería (*silver*).

La vida marina y el agua cristalina azul verdosa atrae a muchos turistas a la isla de Cozumel.

Para muchas personas, los mariachis con sus guitarras, bajos y trompetas representan la música folklórica mexicana. Aunque los mariachis tienen origen en el siglo XVII, todavía son populares en las fiestas y las bodas. Si vives en Guadalajara, parte de la celebración de tu cumpleaños probablemente va a ser una serenata con *Las mañanitas*, una canción popular mexicana.

Muchas universidades mexicanas como el Tec de Monterrey tienen programas de intercambio con los Estados Unidos, el Canadá, Europa y Asia. Los principiantes (*beginners*) toman clases de lengua y civilización. Los más avanzados generalmente toman clases de ingeniería, comercio y economía.

Las maquiladoras situadas cerca de la frontera de los EE.UU. ensamblan los componentes de automóviles y aparatos electrónicos. Aunque las maquiladoras son tan importantes para la economía mexicana como para la norteamericana, los trabajadores mexicanos reciben sueldos (*wages*) muy inferiores a los sueldos de los norteamericanos.

Implementation of *Panoramas*.

Point out various reading comprehension strategies to help students process the material in the *Panoramas* section of each chapter. First, encourage students to look for cognates as they read the captions. For an immediate confidence boost, have them identify the English equivalents for *famoso* and *tradición* in the first caption of this page. Second, encourage students to connect the language to the photographs. For example, have them identify the expression for *old colonial city* in the same caption. Third, whether the reading is assigned for home or in class, tell students to underline words that interfere with their understanding of the text. Review these words with them or ask them to consult the glossary or a Spanish-English dictionary before proceeding to the activities. (Students may need a few pointers on how to use a bilingual dictionary.) Fourth, point out that it is not necessary to understand every word in a text to capture its global meaning. Thus, tell students not to get distracted or overwhelmed by an occasional unknown word. For further practice with reading comprehension, have students carry out the *Páginas* section of each chapter, as well.

Expansion of *Panoramas*.

Ask students comprehension questions based on the information in the captions. Perhaps write the questions on the board or a transparency for visual support, defining key words as necessary and pointing to the pertinent photograph for each question. The language of the questions reflects the language used in the captions, so encourage students to pay attention to all of these clues to meaning. e.g., *¿Dónde hacen las figuras de madera? ¿Dónde está Oaxaca? ¿Qué artesanía es famosa en Taxco? ¿Qué instrumentos usan los mariachis? ¿En qué celebraciones tocan su música? ¿Por qué van muchos turistas a la isla de Cozumel? ¿Qué clases toman en las universidades mexicanas los estudiantes de intercambio de otros países? ¿Cómo son los sueldos de los trabajadores mexicanos en las maquiladoras?*

ciento cinco • **105**

Wrap-up for 3-50.
Have students bring a copy of their chosen image to class and share their work in groups of three or four students. Have them assess similarities and differences among themselves in regard to the descriptions and their own personal tastes. Then have a few volunteers share their work with the class.

3-48 ¿Dónde? Identify a place on the map of Mexico where you might find the following.

1. playas
2. ruinas arqueológicas
3. música folklórica
4. la casa de Frida Kahlo y Diego Rivera
5. coral
6. figuras de madera (*wood*)

3-49 ¿Cómo es México? Complete each statement logically.

1. México es nuestro vecino del…
   a. norte.   b.) sur.   c. este.
2. La isla de Cozumel es popular entre…
   a. los artistas.   b.) los turistas.   c. los diplomáticos.
3. Los mariachis se originaron en…
   a.) la ciudad de Guadalajara.
   b. la frontera con los Estados Unidos.
   c. la costa del Caribe.
4. Los mariachis cantan…
   a. jazz y rock.   b.) música folklórica.   c. música espiritual.
5. Los trabajadores de las maquiladoras son…
   a. aztecas.   b. estadounidenses.   c.) mexicanos.
6. Frida Kahlo…
   a. vive en la capital.   b.) es famosa por sus pinturas.   c. es actriz.
7. En cada región de México hay…
   a.) artesanía.   b. maquiladoras.   c. pirámides.
8. En muchas universidades mexicanas hay…
   a. programas de televisión.
   b. programas de música folklórica.
   c.) estudiantes de intercambio.

3-50 Investigar. Connect with your **¡Arriba!** web site to see more images by Frida Kahlo and Diego Rivera. Choose one picture or mural that you like and write a brief description. Use these questions as a guide.

1. ¿Cómo se llama la pintura? ¿Quién es el artista?
2. ¿Hay personas? ¿Cuántas? ¿Cómo son?
3. ¿Hay objetos? ¿Qué son?
4. ¿Hay animales? ¿Cómo son?
5. ¿Qué colores predominan?
6. ¿Te gusta la pintura?

Ritmos

"La Bamba" (Mariachi Vargas de Tecalitlán, México)

This song, which was made popular in the United States by the Mexican American pop singer Ritchie Valens, is an example of *mariachi* music, which has its roots in the Mexican state of Jalisco and is influenced by Spanish, African, and native traditions. *Mariachi* music, which is played primarily by string instruments such as guitars and violins, can be characterized by enthusiastic and "catchy" rhythms and lyrics, whether the theme is one of sadness and heartbreak or one of a playful and lighthearted nature. Lyrics to traditional songs may also vary, as performers improvise; this is the case with the version of "La Bamba" by Mariachi Vargas de Tecalitlán.

Antes de escuchar

3-51 La letra. Work in pairs to find the meaning of one of the following lines of the lyrics to "La Bamba" and then share your findings with your classmates.

1. … para cantar la bamba se necesita una poca de gracia…
2. … yo no soy marinero, por ti seré…
3. … cuando canto la bamba yo estoy contento…
4. … yo no soy marinero, soy capitán…
5. … que bonita es la bamba en la madrugada cuando todos la bailan…

3-52 A conversar. Use the following questions as a guide to discuss the song.

1. ¿Cuál es/son el/los tema/s de la canción?
2. ¿Qué opinión tienes de la letra (*lyrics*)?
3. ¿Qué palabras asocian tus compañeros y tú con la canción?

A escuchar

3-53 La canción. As you listen to "La Bamba" complete the following sentences with the correct form of **ser** or **estar** based on what you already know about the song and on what you hear and read in the lyrics.

1. "La Bamba" __es__ una canción mariachi y __es__ de origen mexicano.
2. Richie Valens __es__ el artista que escribió (*wrote*) esta canción *pop*.
3. Cuando cantan, los narradores de "La Bamba" __están__ muy felices y emocionados.
4. Dos instrumentos típicos en la música mariachi __son__ la guitarra y el violín.

RECURSOS

Ritmos
Track 3

Note on *Ritmos*.
Students are likely to be familiar with *mariachi* music. According to legend, but probably untrue, the name originated from the time of the French occupation of Mexico beginning in 1861. The marriage ceremony between two French aristocrats was about to begin when the father of the bride discovered the French musicians he had contracted had not appeared. He went running down the street shouting *marriage* in French. A group of Mexican folk musicians with typical instruments responded to the cry with *sí, mariachi*, and thus began the tradition of mariachis performing at weddings and other festivities in Mexico. Maximilian, the emperor of Mexico installed by Napoleon, was executed in 1867, thus ending French rule.

Lyrics to *La Bamba*.
Para cantar la bamba
Para cantar la bamba se necesita
una poca de gracia
una poca de gracia, y otra cosita
Ay arriba y arriba,
arriba y arriba y arriba iré.
Yo no soy marinero,
yo no soy marinero, por ti seré,
por ti seré, por ti seré.
Cuando canto la bamba,
cuando canto la bamba yo estoy contento
porque yo me acompaño
porque yo me acompaño con mi
    instrumento
arriba y arriba.
Arriba y arriba, arriba iré.
Yo no soy marinero,
Yo no soy marinero, soy capitán,
soy capitán, soy capitán.
Qué bonita es la bamba,
qué bonita es la bamba en la madrugada
cuando todos la bailan,
cuando todos la bailan en la ramada [sic]
ay arriba y arriba.
Ay arriba y arriba, que arriba irán.
Yo no soy marinero,
Yo no soy marinero, soy capitán,
soy capitán, soy capitán.
Ay te pido y te pido,
ay te pido y te pido de compasión
que se acabe la bamba.
Que se acabe la bamba
y venga otro son
Arriba y arriba,
arriba y arriba y arriba iré.
Yo no soy marinero,
yo no soy marinero, por ti seré,
por ti seré, por ti seré.
Bamba, bamba, bamba, bamba…

Implementation of 3-51 and 3-52.
Have each group of students write their findings on the board in the order their line appears in the song. Using the questions as a guide, have students discuss possible themes of the song and their personal reactions to the lyrics. Question 3 in **3-52** can be used to have a competition among students, i.e., to see who can come up with the most words.

Después de escuchar

3-54 Expresiones. The Spanish word *arriba*, which is the title of this textbook and which can be found in *La Bamba*, means "up" or "upward." It is also an exclamation — *¡Arriba!* — and when used this way can mean "All right!" or "Let's go!" Look at the following Mexican exclamations and try to match them to their English meanings. Then, with a partner, practice saying them aloud with the correct Spanish pronunciation and intonation.

1. __c__ ¡Ándale!   a. *What a surprise!*
2. __a__ ¡Híjole!   b. *Disgusting!*
3. __d__ ¡Está padrísimo!   c. *Let's go!*
4. __e__ ¡Qué chido!   d. *Fantastic!*
5. __b__ ¡Guácala!   e. *How nice!*

Páginas

 El Museo de Antropología de México

3-65

Antes de leer

3-55 Una hipótesis. Use the text format, title, and other visual clues or background knowledge to get an idea of what the text is about. As you read, test your hypothesis to see if your initial guesses were correct. Sometimes, you will have to revise your hypothesis as you read.

3-56 Formular una hipótesis. Answer these questions before reading to formulate a hypothesis about its content.

1. ¿Dónde?   2. ¿Quiénes?   3. ¿Cuándo?

A leer

3-57 El museo. Read the following text to discover more about this world-famous museum.

Implementation of 3-57.

As students read to themselves, have them underline any information pertinent to the topics and hypotheses formulated in 3-56. Clarify any difficult words for students as needed. Finally, have students assess their hypotheses based on the information in the text and reformulate any of their statements as needed. Ask volunteers to share their revised sentences with the class.

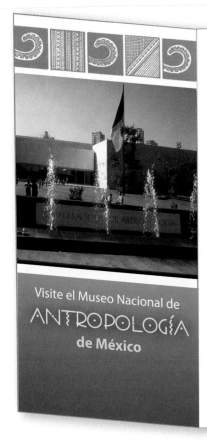

Visite el Museo Nacional de
ANTROPOLOGÍA
de México

El Museo Nacional de Antropología del Distrito Federal de México fue inaugurado en 1964 para albergar *(house)* lo más representativo de los avances de la época en la investigación antropológica sobre el mundo prehispánico y sus descendientes, los pueblos indígenas de México.

La Sala de los mayas en el museo contiene una importante colección de piezas *(pieces, items)* de las ancestrales comunidades mayas, que nos permiten apreciar diferentes etapas *(stages)* y escenarios de su historia y su visión del mundo. En la sala hay testimonios de la vida diaria *(daily)*, de sus costumbres y tradiciones en torno a *(pertaining to)* la guerra *(war)*, al comercio y a su pensamiento *(thought)* religioso con prácticas rituales.

Los mayas desarrollaron una brillante cultura, construyendo grandes centros cívico-ceremoniales con pirámides y bellas obras *(works)* de arte.

De martes a domingo de 9:00 a 19:00 hrs.
El lunes permanece cerrado.

ADMISIÓN:

$45.00 M.N., de martes a sábado

Exentos de pago de 9:00 a 17:00 hrs:

• Niños menores de 13 años

• Estudiantes y profesores con credencial vigente *(in force; in effect)*

• Adultos mayores de 60 años

• Jubilados *(retired persons)*, pensionados y discapacitados *(disabled)*

• Pasantes *(teachers)* e investigadores *(researchers)* que cuenten con el permiso del INAH (Instituto Nacional de Antropología e Historia)

• Todos los visitantes están exentos de pago los domingos de 9:00 a 17:00 hrs.

Source: Ceremonial procession—detail of musicians. From Mayan Fresco Series found at Bonampak. (East wall, room 1). Museo Nacional de Antropologia, Mexico City, D.F., Mexico. © SEF/Art Resource, NY.

Después de leer

3-58 ¿Comprendiste? Complete each statement logically.

1. El museo está en…
   a. Teotihuacán.   b. México, D.F.   c. Cancún.

2. La colección maya incluye…
   a. figuras de guerreros.
   b. pinturas de los años 1950.
   c. animales prehistóricos.

3. La colección refleja…
   a. la vida religiosa.
   b. las fiestas del pueblo.
   c. el uso de animales domésticos.

4. Si no quieres pagar, lo visitas el…
   a. sábado.   b. domingo.   c. lunes.

5. Los martes no paga(n)…
   a. nadie (*no one*).   b. las mujeres.   c. los adultos mayores de 60 años.

 3-59 El Museo de Antropología. Connect with your **¡Arriba!** web site to visit this renowned museum in Mexico City. Look for the following information.

1. tres salas permanentes
2. una exposición temporal
3. una pieza interesante

 3-60 En mi opinión. Compare your opinions with a classmate's by responding to the following statements.

Sí, seguramente…	Sí, probablemente…	No…

1. Voy a visitar México algún día.
2. Voy a visitar el Museo de Antropología.
3. Voy a visitar las pirámides.
4. Me gusta la arqueología.
5. Me gusta el arte.

Taller

3-66 to
3-67

3-61 Una carta personal.

Monterrey, 14 de octubre de 2007

Querida Raquel:

Hoy es 14 de octubre y estoy aquí en la biblioteca del Tec...

Un abrazo de...

Antes de escribir

■ Respond to these questions before writing a letter to a friend or family member about your student experience.

¿Cuál es la fecha de hoy?   ¿Cómo son los profesores?

¿Dónde estás?   ¿Con quién asistes a tus clases?

¿Te gusta la universidad?   ¿Dónde comes?

¿Qué estudias este semestre   ¿Adónde vas por la noche?
   (trimestre/año)?
                                   ¿Dónde haces tu tarea?
¿A qué hora son tus clases?
                                   ¿Qué vas a hacer mañana?
¿Recibes buenas notas (*grades*)?
                                   ¿...?

A escribir

■ Use the letter format above, beginning with the place, date, and a greeting.

■ Incorporate your answers to the previous questions in the letter. Connect your ideas with words such as **y, pero,** and **porque.**

■ Ask your addressee for a reply to your letter.

■ Close the letter with a farewell: **Un abrazo de...**

Implementation of *Taller.*
Have students look over the model given at the beginning of **3-61** and identify the parts of a personal letter written in Spanish (i.e., the place where the letter is authored, the date, the salutation or greeting, the body of the letter, and the closing or farewell). The *Antes de escribir* section can then be done in class in pairs or individually. Remind students of their audience, that is, the person who will read and respond to their letter. Have students carry out the *A escribir* section as homework to bring to class on the next class day.

Implementation of *Taller*.

Have students carry out the *Revisar* step either at home or in class. Ask students to exchange their letters and make any grammatical corrections to their partner's work during class, so that you can be present to answer any questions, give guidance, etc. Students can respond to the letter of their partner either in class or as homework. The *Entregar* section, where students rewrite their first drafts, is best carried out as homework. Perhaps give them more than one day of homework to rewrite their own letters and respond to their partners' letters, which will be turned in together. In sum, the peer revision process suggested here will require more than one day to implement successfully.

Después de escribir

■ **Revisar.** Review the following elements of your letter:

☐ use of **ir, hacer,** and other **-er** and **-ir** verbs

☐ use of **ser** and **estar**

☐ agreement of subjects and verbs

☐ agreement of nouns and adjectives

☐ correct spelling, including accents

■ **Intercambiar**

Exchange your letter with a classmate's; make grammatical corrections and content suggestions. Then, respond to the letter.

■ **Entregar**

Rewrite your original letter, incorporating your classmate's suggestions. Then, turn in your revised letter and the response from your classmate to your instructor.

Vocabulario

PRIMERA PARTE

Las materias	(Academic) Subjects
la administración de empresas	business administration
el álgebra	algebra
la antropología	anthropology
la arquitectura	architecture
el arte	art
la biología	biology
el cálculo	calculus
las ciencias políticas	political science
las ciencias sociales	social science
las comunicaciones	communications
la contabilidad	accounting
el derecho	law
el diseño	design
la educación física	physical education
la estadística	statistics
la filosofía	philosophy
las finanzas	finance
la física	physics
la geografía	geography
la geología	geology

la historia	history
la informática/ la computación	computer science
la ingeniería	engineering
la ingeniería eléctrica	electrical engineering
la literatura	literature
las matemáticas	mathematics
la medicina	medicine
la música	music
la pedagogía	teaching
la psicología	psychology
la química	chemistry
la sociología	sociology
la veterinaria	veterinary science

Sustantivos	Nouns
el chico/la chica	boy/girl
la computadora	computer
el horario (de clases)	(class) schedule
el semestre	semester
el trimestre	trimester

Adverbios	Adverbs
bastante	quite; fairly
después de	after
solamente	only

Adjetivos	Adjectives
complicado/a	complicated
exigente	challenging; demanding

SEGUNDA PARTE

Los edificios de la universidad	University buildings
el auditorio	auditorium
la biblioteca	library
la cafetería	cafeteria
la cancha de tenis	tennis court
el centro estudiantil	student union
el estadio	stadium
la Facultad de Arte	School of Art
la Facultad de Ciencias	School of Science
la Facultad de Derecho	School of Law
la Facultad de Filosofía y Letras	School of Humanities
la Facultad de Ingeniería	School of Engineering
la Facultad de Matemáticas	School of Mathematics

la Facultad de Medicina	School of Medicine
el gimnasio	gymnasium
el laboratorio de lenguas	language laboratory
la librería	bookstore
el museo	museum
el observatorio	observatory
la rectoría	President's office
el teatro	theatre

¿Dónde está?	Where is...?
cerca (de)	nearby (close to)
delante (de)	in front of
detrás (de)	behind
a la derecha	to (on) the right (of)
enfrente (de)	facing; across from
entre	between
a la izquierda (de)	to (on) the left (of)
al lado (de)	next to
lejos (de)	far (from)

Adverbios	Adverbs
siempre	always
sólo	only

Expresiones	Expressions
pues	well

Verbos	Verbs
estar	to be
hacer	to do; to make
ir	to go

Expressions with todo/a/os/as	See page 78.
Numbers 101–3,000,000	See page 81.
Possessive adjectives	See page 83.
Expressions with tener	See page 85.

Implementation of Vocabulario.
Help students better assimilate vocabulary through images, maps, class schedules, role-plays, and review games. Some examples of the latter that will work successfully with these word sets include word associations (e.g., categorizing courses and disciplines within schools or colleges, identifying related courses, etc.), spelling races at the board, and Pictionary (since many of the words are nouns). By interacting with others and using words in meaningful ways, vocabulary acquisition is greatly enhanced.

RECURSOS

Testing Program
Tests A and B
Modules
3-01 to 3-35

Warm-up for *Capítulo 4*.

Take 5–10 minutes to warm up and review information from the previous chapter by having students take turns dictating numbers and dates to one other. Ask students what they do in various buildings on campus, where they are going after class, and where buildings are located.

Warm-up for *Capítulo 4*.

Use verb conjugations presented in Chapter 3 to introduce the main topic of Chapter 4, i.e., *la familia*. For example, ask for a show of hands and/or individual responses for the following questions: *¿Quién en la clase tiene una familia grande? ¿Quién tiene una familia pequeña? ¿Qué otros adjetivos describen bien a sus familias? ¿Son extrovertidas, aburridas, simpáticas… etc.? ¿Qué actividades hacen Uds. con sus familias? ¿Qué actividades no hacen? ¿Adónde van de vacaciones con sus familias?* etc.

4 ¿Cómo es tu familia?

OBJETIVOS COMUNICATIVOS

PRIMERA PARTE

¡Así lo decimos! Vocabulario	Miembros de la familia
¡Así lo hacemos! Estructuras	The present tense of stem-changing verbs: **e → ie, e → i, o → ue**
	Direct objects, the personal **a,** and direct object pronouns
	The present tense of **poner, salir,** and **traer**
Comparaciones	La familia hispana

- Talking about your family
- Expressing desires and preferences
- Planning activities

SEGUNDA PARTE

¡Así lo decimos! Vocabulario	El ocio
¡Así lo hacemos! Estructuras	Demonstrative adjectives and pronouns
	Saber and **conocer**
Observaciones	¡Pura vida! Episodio 4

- Extending invitations
- Making spatial references
- Discussing things you know

NUESTRO MUNDO

Panoramas	La América Central I: Guatemala, El Salvador, Honduras
Ritmos	"Marimba con punta" (Los Profesionales, Honduras)
Páginas	"Querida Dolores"
Taller	Una invitación

Rigoberta Menchú recibió el Premio Nobel por su lucha por los derechos humanos de los indígenas de Guatemala.

La América Central I: Guatemala, El Salvador, Honduras

Implementation of *Refrán*.
Act out this saying by stretching your hands to indicate a tall person, then lower your head to show respect. Repeat the *refrán* with *mujer*, as well.

Implementation of *El mapa*.
Have students look at the map (or refer them to the inside cover for a larger version). Ask questions such as the following, either orally or in writing on the board or a transparency: *De los tres países centroamericanos que vamos a estudiar en el Capítulo 4, ¿cuál es el más pequeño? ¿Cuál tiene frontera con Nicaragua? ¿Y con México? ¿Qué país empieza con la letra hache?* etc.

«Al hombre mayor, dale honor.»*

*Refrán: Respect your elders.

La civilización maya era (*was*) una de las más avanzadas de las Américas.

ciento quince • **115**

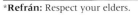

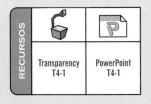

RECURSOS

| Transparency T4-1 | PowerPoint T4-1 |

PRIMERA PARTE

¡Así lo decimos! Vocabulario

CD 1,
Track 23

4-1 to
4-2

¡Así es la vida! Un correo electrónico

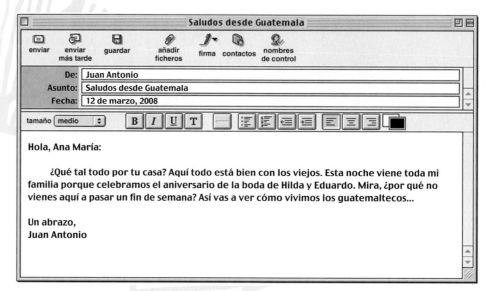

Saludos desde Guatemala

enviar   enviar más tarde   guardar   añadir ficheros   firma   contactos   nombres de control

De: Juan Antonio
Asunto: Saludos desde Guatemala
Fecha: 12 de marzo, 2008

tamaño medio   B I U T

Hola, Ana María:

    ¿Qué tal todo por tu casa? Aquí todo está bien con los viejos. Esta noche viene toda mi familia porque celebramos el aniversario de la boda de Hilda y Eduardo. Mira, ¿por qué no vienes aquí a pasar un fin de semana? Así vas a ver cómo vivimos los guatemaltecos...

Un abrazo,
Juan Antonio

CD 1,
Track 24

4-3 to
4-6

Miembros de la familia

la abuela

el abuelo

Eduardo, el esposo de Hilda

la hermana, Hilda

el hermano

Juan Antonio

la madre

el padre

la prima

la tía

el tío

Otros miembros de la familia	Other family members
el/la cuñado/a	brother-in-law/sister-in-law
el/la hermanastro/a	stepbrother/stepsister
el/la hijo/a	son/daughter
la madrastra	stepmother
el/la nieto/a	grandson/granddaughter
el/la novio/a	boyfriend/girlfriend; groom/bride
la nuera	daughter-in-law
el padrastro	stepfather
el/la sobrino/a	nephew/niece
el/la suegro/a	father-in-law/mother-in-law
el yerno	son-in-law

Verbos	Verbs
almorzar (ue)	to have lunch
costar (ue)	to cost
dormir (ue)	to sleep
empezar (ie)	to begin
encontrar (ue)	to find
entender (ie)	to understand
jugar a (ue)	to play
pasar	to spend (time)

pensar (ie)	to think
pedir (i)	to ask for; to request
perder (ie)	to lose
poder (ue)	to be able; can
poner	to put; to place
preferir (ie)	to prefer
querer (ie)	to want; to love
recordar (ue)	to remember
repetir (i)	to repeat
salir	to leave; to go out
servir (i)	to serve
soñar (ue) (con)	to dream (about)
traer	to bring
venir (ie)	to come
volver (ue)	to return

Adjetivos	Adjectives
casado/a	married
divorciado/a	divorced
mayor	older
menor	younger
soltero/a	single; unmarried
unido/a	close; close-knit

ciento diecisiete • **117**

RECURSOS

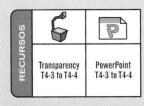

| Transparency T4-3 to T4-4 | PowerPoint T4-3 to T4-4 |

Implementation of *Miembros de la familia*.

Introduce this vocabulary by talking about your "famous" family made up of celebrities that students will know. Alternatively, draw your real family tree on the board, perhaps even bring in photographs, and use it as a further example of the new vocabulary in context. Students will be more willing to share real information about their own families if you first model this yourself.

Additional Activity for *Miembros de la familia*.

Have students create a real or fictitious family tree by using simple lines and symbols or by bringing in photographs of their family or from a celebrity magazine. They can describe their family to another class member, who will either report the information to the class or write a summary of the information, e.g., *En la familia de… hay cinco personas: sus padres, su hermana, su hermanastro y él.* As the second class member reports, begin to ask the rest of the class to compare reports, e.g., *¿Cómo son similares las familias de… y…? ¿Cómo son diferentes?*

Additional Activity for *Adjetivos*.

¿Quiénes son? Identify people or families that meet the following descriptions. Perhaps make up additional ones for others to answer.

MODELO: una persona mayor
Mi abuelo Jon es mayor.

1. una familia unida
2. un chico gracioso
3. un hombre soltero
4. una persona rica
5. una persona menor
6. una persona alegre

Additional Activity for *¡Así lo decimos!*

¿Cómo es tu familia? With a classmate, take turns asking and answering questions about your families.

MODELO: E1: *¿Viven tus abuelos con tu familia?*
E2: *Sí, viven con nosotros. ¿Y tus abuelos?*
E1: *No, mis abuelos no viven con nosotros.*

1. ¿Viven tus abuelos con tu familia?
2. ¿Dónde vive tu familia?
3. ¿Cuántos hermanos o hermanas tienes?
4. ¿Trabajan o estudian tus hermanos?
5. ¿Cuántos primos tienes?
6. ¿Viven cerca tus primos?
7. ¿…?

Additional Activity for *Verbos*.

Have students play charades with these actions and have other class members guess the infinitive forms.

CAPÍTULO 4

Expansion of 4-1.

Have students quiz each other with additional family members.

Expansion of 4-2.

Have students create a wedding invitation for themselves or for a couple they know. Make a list of the guests and their relationship to the couple.

Expansion of 4-2.

Ask students to elaborate with more information about the photo, e.g., *¿Es una familia tradicional? ¿Cuántas personas hay en la familia? ¿Por qué sacan la foto? ¿Cuántos años tiene…? ¿Qué les gusta hacer a los primos?*

Expansion of 4-2.

La familia de Eduardo. Look at the photo and take turns pointing out the following people in Eduardo's family.

1. su padre
2. sus sobrinos
3. su hermano
4. su hermana
5. sus primos
6. su abuela

Additional Activity for ¡Así lo decimos!

El censo. Imagine that you work for the Census Bureau. Ask a classmate for the information that you need to complete your job.

1. ¿Cuántas personas hay en su familia?
2. ¿Cómo se llaman?
3. ¿Cuántos años tienen?
4. ¿Cuál es su relación con usted?

Additional Activity for ¡Así lo decimos!

Have students imagine that they are grandparents bragging about their families. Write the following words on the board or a transparency and have students take turns forming sentences. Tell them to pay attention to agreement in verbs and adjectives, including the possessive adjectives. E.g., *nieto/Tito/paciente →Nuestro nieto Tito es muy paciente.* 1. nieta/Isabel/inteligente 2. hija/Rosaura/bueno 3. hijo/Humberto/alegre 4. nietos/Joaquín y José/guapo 5. sobrinas/Ramona y Julia/simpático 6. nieta/Andrea/trabajador 7. hijas/Gloria y Susana/bonito 8. sobrino/José Miguel/responsable

Aplicación

4-1 ¿Quién es mayor? Look at the drawing of Juan Antonio's family and decide who is older and who is younger.

MODELO: el padre de Hilda, o el esposo de ella
El padre es mayor. El esposo es menor.

1. la hermana de Juan Antonio, o su abuela La abuela es mayor; la hermana es menor.
2. la madre de Juan Antonio, o su abuelo El abuelo es mayor; la madre es menor.
3. el hermanito de Juan Antonio, o su cuñado El cuñado es mayor; el hermanito es menor.
4. la prima de Juan Antonio, o su hermano La prima es mayor; su hermano es menor.
5. el tío de Juan Antonio, o la sobrina de su madre El tío es mayor; la sobrina es menor.

4-2 La boda (wedding) de Hilda y Eduardo. Answer the following questions based on the wedding invitation.

1. ¿Quiénes son los novios?
   Hilda Teresa y Eduardo Antonio.
2. ¿Cómo se llama el padre del novio?
   José Luis Sosa Loret de Mola.
3. ¿Cómo se llama la madre?
   María Elena Fernández de Sosa.
4. ¿Quiénes son los padres de la novia?
   Joaquín Beléndez Buenahora e Hilda Ferrero Bravo.
5. ¿Cuál es el nombre completo de Hilda antes de casarse (getting married)?[1]
   Hilda Teresa Beléndez Ferrero.
6. ¿Cuál es el nombre completo de Hilda después de casarse?
   Hilda Teresa Beléndez de Sosa.
7. ¿Dónde es la ceremonia?
   En la Iglesia San Jorge, Guatemala.
8. ¿En qué fecha y a qué hora es la ceremonia?
   El 26 de mayo de 2007 a las tres de la tarde.

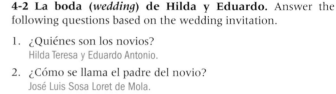

*Joaquín Beléndez Buenahora
Hilda Ferrero Bravo
y
José Luis Sosa Loret de Mola
María Elena Fernández de Sosa
tienen el honor de invitarle
al matrimonio de sus hijos
Hilda Teresa y
Eduardo Antonio
el viernes veintiséis de mayo
de dos mil siete
a las tres de la tarde
Misa Nupcial en
Iglesia San Jorge
Guatemala, Guatemala*

[1]See **Comparaciones: Nombres, apellidos y apodos** in **Capítulo 2** for information on Hispanic last names.

4-3 Entre familia. Listen to Eduardo describe his family. As he talks, complete Eduardo's family tree, writing in the names of the three generations of family members that he discusses.

4-4 ¿Quién es quién? Take another look at the family tree you completed in **4-3** and give the relationships for each of these people.

MODELO: *Eduardo es el hijo de José Luis… (etc.)*

4-5 Tu árbol genealógico. Draw your family tree, or an imaginary one. Then tell your partner about the family based on the tree.

Answers for 4-4.

Answers will vary. Some possible answers are:

1. Eduardo es el hijo de José Luis y de María Elena, el hermano de Gloria, el nieto de Carlos.
2. María Elena es la esposa de José Luis, la madre de Eduardo, la hija de Carmen.
3. Carlos es el abuelo de Eduardo, el esposo de Carmen, el padre de María Elena.
4. Gloria es la hermana de Eduardo, la nieta de Carlos y de Carmen, la hija de José Luis y de María Elena.
5. José Luis es el padre de Eduardo, el esposo de María Elena, el yerno de Carlos.

Carlos   Carmen

José Luis   María Elena

Eduardo   Gloria   Roberto

¡Así lo hacemos! Estructuras

1. The present tense of stem-changing verbs: $e \rightarrow ie, e \rightarrow i, o \rightarrow ue$

4-7 to 4-15

You have already learned how to form regular **-ar, -er,** and **-ir** verbs and a few irregular verbs. This group of verbs, including **querer,** requires a change in the stem vowel[1] of the present indicative forms, except **nosotros/as** and **vosotros/as.**

¿Quiere un sándwich de pollo?

No señor, prefiero una hamburguesa.

querer (to want; to love)			
yo	qu**ie**ro	nosotros/as	queremos
tú	qu**ie**res	vosotros/as	queréis
él, ella, Ud.	qu**ie**re	ellos/as, Uds.	qu**ie**ren

El cambio e → ie

empezar	*to begin*
entender	*to understand*
pensar *(+ infinitive)*	*to think; to plan (to do something)*
perder	*to lose*
preferir	*to prefer*

Te **quiero,** mi amor. — *I love you, my love.*
Pensamos mucho en nuestro abuelo. — *We think about our grandfather a lot.*
Pienso ver una película esta noche. — *I plan to see a movie tonight.*
¿A qué hora **empieza** la función? — *At what time does the show start?*

[1] In these forms the stem contains the stressed syllable.

■ Some common **e → ie** verbs, such as **tener** and **venir** (*to come*), have an additional irregularity in the first person singular.

	tener	venir
yo	**tengo**	**vengo**
tú	tienes	vienes
él, ella, Ud.	tiene	viene
nosotros/as	tenemos	venimos
vosotros/as	tenéis	venís
ellos/as, Uds.	tienen	vienen

Tengo que pasar por mi novia a las ocho.
I have to stop by for my girlfriend at eight.
Si Ester y Rubén **vienen** el viernes, yo **vengo** también.
If Ester and Rubén come Friday, I'll come too.

El cambio e → i

Another stem-changing pattern changes the stressed **e** of the stem to **i** in all forms except the first- and second-person informal plural.

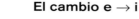

pedir (*to ask for; to request*)			
yo	p**i**do	nosotros/as	pedimos
tú	p**i**des	vosotros/as	pedís
él, ella, Ud.	p**i**de	ellos/as, Uds.	p**i**den

■ All **e → i** stem-changing verbs have the **-ir** ending. The following are some other common **e → i** verbs.

repetir — *to repeat; to have a second helping*
servir — *to serve*

La instructora **repite** las oraciones sólo una vez.
The instructor repeats the sentences only one time.
¿**Servimos** la sopa primero?
Do we serve the soup first?

El cambio o → ue

volver (*to return; to come back*)			
yo	v**ue**lvo	nosotros/as	volvemos
tú	v**ue**lves	vosotros/as	volvéis
él, ella, Ud.	v**ue**lve	ellos/as, Uds.	v**ue**lven

■ Another category of stem-changing verbs is one in which the stressed **o** changes to **ue**. As with **e → ie** and **e → i,** there is no stem change in the **nosotros/as** and **vosotros/as** forms.

Expansion of 4-6.

Personalize questions for the class, e.g., *¿A qué hora empieza la clase de español? ¿Prefieres agua o un refresco cuando tienes sed? ¿Cuándo vuelves a la residencia estudiantil hoy? Necesito hablar contigo; ¿cuándo vienes a mi despacho?*

■ Other commonly used **o → ue** stem-changing verbs are:

almorzar	*to have lunch*
costar[1]	*to cost*
dormir	*to sleep*
encontrar	*to find*
jugar[2] **a**	*to play*
poder	*to be able; can*
recordar	*to remember*
soñar (con)	*to dream (about)*

Mañana **juego** al tenis con mi tía.	*Tomorrow I'm playing tennis with my aunt.*
Almorzamos con mis abuelos todos los domingos.	*We have lunch with my grandparents every Sunday.*
¿Sueñas con ser rico algún día?	*Do you dream about being rich one day?*
No **recuerdo** a mi tía muy bien.	*I don't remember my aunt very well.*

Aplicación

4-6 ¿Quién dice qué? At family functions people often seem to all be talking at once. Match the questions and statements on the left with logical rejoinders on the right.

1. __c__ Oye, Pancho, ¿cuándo vuelves a casa esta noche?

2. __a__ Sarita, ¿quieres agua *(water)* o un refresco *(soft drink)*?

3. __g__ Tomás, ¿a qué hora vienes mañana?

4. __h__ Abuelita, ¿puedes jugar con los niños?

5. __b__ Papá, ¿vas a dormir todo el día?

6. __d__ Toño, son las ocho y media. ¿Cuándo empieza la fiesta?

7. __e__ Pedro, ¿quiénes juegan en la serie mundial?

8. __f__ Tía, ¿quién sirve los refrescos?

a. Prefiero café, por favor.

b. Es que no duermo bien por la noche.

c. Vuelvo antes de la medianoche.

d. Empieza a las nueve y media.

e. Seguramente los Astros de Houston.

f. Yo sirvo el café; tu tío sirve la limonada.

g. Vengo a las cinco y media.

h. Ahora, no. Juego con ellos más tarde.

---

[1]**Costar** is conjugated only in the third person of singular and plural.

[2]**Jugar** follows the same pattern as **o → ue** verbs, but the change is **u → ue.**

4-7 Una entrevista con Rigoberta Menchú. Rigoberta Menchú received the Nobel Peace Prize in 1992 for her work with the indigenous peoples of Guatemala. Read the interview with her and underline all of the stem-changing verbs.

Reportera: Señora, usted es famosa por su trabajo con los indígenas de Guatemala. ¿Qué piensa hacer ahora?

Rigoberta: Pienso trabajar por los derechos humanos para todos los guatemaltecos.

Reportera: ¿Viene a Washington este año?

Rigoberta: No, pero sirvo en un comité de las Naciones Unidas. Por eso, pienso ir a Nueva York.

Reportera: ¿Recuerda bien la ceremonia de los Premios Nobel?

Rigoberta: Sí, recuerdo muy bien la ceremonia, pero no puedo recordar los nombres de toda la gente. Algún día voy a volver a Estocolmo para visitar los museos también.

Reportera: ¿Con qué sueña usted, señora?

Rigoberta: Sueño con la paz en el mundo.

4-8 ¿Comprendes? Answer the following questions based on the interview.

1. ¿Por qué es famosa Rigoberta Menchú?
   Es famosa por su trabajo con los indígenas.

2. ¿Qué piensa hacer este año?
   Piensa ir a Nueva York.

3. ¿Por qué va a Nueva York?
   Sirve en un comité de las Naciones Unidas.

4. ¿Qué no recuerda bien de su tiempo en Estocolmo?
   No puede recordar los nombres de toda la gente.

5. ¿Por qué quiere volver a Estocolmo?
   Quiere volver para visitar los museos.

6. ¿Con qué sueña ahora?
   Sueña con la paz en el mundo.

4-9 Ana María y Juan Antonio hacen planes. Juan Antonio has invited his friend, Ana María, to visit him in Guatemala. Complete her explanation with a logical verb from the list. (In some cases you have a choice of more than one verb.)

cuestan	juego	piensa	pierdo	queremos
entiende	pensamos	prefiero	puede	quiere

Juan Antonio y yo (1) __queremos__ hacer planes para el viernes. Nosotros (2) __pensamos__ ir al cine. Juan Antonio (3) __quiere__ ver una película (*movie*) de acción pero para mí no son interesantes. Yo (4) __prefiero__ las películas francesas, pero Juan Antonio no (5) __entiende__ francés. Su madre (6) __piensa__ que debemos jugar al tenis. Juan Antonio (7) __puede__ jugar al tenis, pero yo no (8) __juego__ muy bien. A Juan Antonio le gusta jugar conmigo porque yo siempre (9) __pierdo__. También hay un concierto el viernes, pero los boletos (*tickets*) (10) __cuestan__ mucho. ¡Es mejor pasar el viernes en casa con la familia!

 4-10 ¿Y tu familia? Use the following information to form at least six sentences in Spanish that describe your activities and those of your friends and family. Add other words as necessary.

MODELO: *Almuerzo con mis amigos en la cafetería.*

yo	**almorzar**	temprano (tarde)
tú	pedir	**cafetería**
mis padres	pensar	fútbol (tenis, béisbol…)
mi abuelo/a	dormir	casa (restaurante…)
tú y yo	soñar (con)	estudiar mucho
mi hermano/a	jugar (al)	cantar (bailar…)
mi mejor amigo/a	recordar	dinero (novio/a)
mis primos	volver (a)	planes para…
mis tíos	querer	todos los días (mañana…)
¿…?	poder	mucho (poco)

 4-11A El/La curioso/a. Take turns asking each other about your family. Use the following questions to get started. Be sure to conjugate the verbs in italics. Student B, please see **Appendix 1,** page A4.

TUS PREGUNTAS

1. ¿Cuándo almuerzas con la familia?
2. ¿Prefieren ustedes comer en casa o en un restaurante?
3. ¿Qué sirven en una cena especial?
4. Después de una cena especial, ¿duermen o ven la televisión?
5. ¿Dónde prefieres vivir, en casa con tu familia o en un apartamento? ¿Por qué?

POSIBLES RESPUESTAS A LAS PREGUNTAS DE TU COMPAÑERO/A

Todos nosotros *dormir* la siesta.

Servir la comida a las seis.

Pensar ir al cine con ellos.

No, *poder* ver siempre mis programas favoritos.

Volver a las…

Implementation of 4-10.
This activity may be turned into a race. Set an egg timer or bring a bell to class. The pair/group with the most correctly written sentences wins.

Additional Activity for *The present tense of stem-changing verbs.*

La fiesta de cumpleaños. You are organizing a surprise birthday party for a relative. Pair up to discuss your plans and take turns responding to these questions.

MODELO: E1: ¿Quién tiene un cumpleaños (*has a birthday*)?
E2: Mi abuelo tiene un cumpleaños.

1. ¿Cuántos años tiene?
2. ¿Qué día piensas hacer la fiesta?
3. ¿Qué parientes van a estar en la fiesta?
4. ¿A cuántos amigos quieres invitar?
5. ¿A qué hora comienza la fiesta?
6. ¿Cuánto cuestan las bebidas y la comida que piensas servir?
7. ¿Qué música prefieres para la fiesta?
8. ¿Qué juegos (*games*) podemos tener para los niños?

Additional Activity for *The present tense of stem-changing verbs.*

¡Sean creativos! Write a story, poem, dialogue, or rap verse using the following verbs from the list. Be prepared to present it orally to the class.

almorzar	encontrar	perder	servir
costar	jugar	poder	soñar
dormir	pedir	preferir	volver
empezar	pensar	recordar	

Warm-up for 4-12.
Begin with a general discussion of the movie preferences of the class or in general. For example, ask students for their views on the following generalizations. *Los estereotipos… ¿Es un estereotipo? ¿Cierto o falso? _____ 1. Las mujeres prefieren las películas sentimentales. _____ 2. Los jóvenes prefieren las películas humorísticas. _____ 3. Los mayores de cincuenta años quieren ver películas de misterio. _____ 4. Los hombres siempre ven las películas de acción. _____ 5. Las parejas quieren ver las películas románticas.*

Warm-up for 4-12.
Brainstorm with students for questions about preferences. Write the questions on the board for students to use during their group discussions, e.g., *¿Qué película quieres ver tú? ¿Por qué? ¿Qué prefieren ver ustedes?*

Expansion of 4-12.
Have students do research on the web to explore additional films made by these directors and actors.

4-12 Festival de cine. Take a look at the movies that will be shown during a Latin film festival and decide which of the movies are most popular among your group and why. Below are some of the types of movies.

MODELO: *Quiero ver* Volver *porque prefiero las películas sentimentales.*

PELÍCULAS…   de acción

sentimentales

románticas

de misterio

trágicas

humorísticas

del director español Almodóvar

realistas

peruanas/argentinas/españolas

En el cine

Volver (2006, España) *****

Género: Comedia dramática, sentimental
Director: Pedro Almodóvar
Interpretación: Penélope Cruz, Carmen Maura…

Se basa en la vida y los recuerdos del director sobre su madre y del lugar donde se crió.

Ojos que no ven (2005, Perú) ***

Género: Drama, misterio, suspenso
Director: Francisco José Lombardi
Interpretación: Daniel Hendler

Tiene lugar durante la presidencia de Alberto Fujimori. La política es el contexto en el que se narran historias sobre las personas afectadas por la descomposición moral que inundó la sociedad peruana.

Doble juego (2004, Perú) ****

Género: Comedia dramática
Director: Alberto Durant
Interpretación: Fabrizio Aguilar

Un cineasta *(filmmaker)* es víctima de un doble juego *(scam)*…

El destino no tiene favoritos (2003 Perú) ***

Género: Comedia romántica
Director: Álvaro Velarde
Interpretación: Angélica María Cepeda Jiménez

Ana es una mujer rica que permite que se filme una telenovela en su casa. Ella, junto con todos los que trabajan en su casa, quiere ser parte de la acción.

El fondo del mar (2003, Argentina) ****

Género: Drama psicológico *(thriller)*
Director: Damián Szifrón
Interpretación: Daniel Hendler

1967 – En un país imaginario de América Latina, que vive bajo la dictadura del General Abalorio, Arcibel Alegría, un joven de veintiséis años, sospecha que su novia tiene otro…

2. Direct objects, the personal *a*, and direct object pronouns

4-16 to 4-24

Los complementos directos

■ A direct object is the noun that generally follows, and receives the action of, the verb. The direct object is identified by asking *whom* or *what* about the verb. Note that the direct object can either be an inanimate object (**un carro**) or a person (**su amigo Luis**).

Pablo va a comprar **un carro**.	*Pablo is going to buy a car.*
Anita llama **a su amigo Luis**.	*Anita calls her friend Luis.*

La *a* personal

■ When the direct object is a definite person or persons, an **a** precedes the noun in Spanish. This is known as the personal **a**. However, the personal **a** is omitted after the verb **tener** when it means *to have* or *possess*.

Quiero mucho **a** mi papá.	*I love my father a lot.*
Julia y Ricardo tienen un hijo.	*Julia and Ricardo have a son.*

■ The personal **a** is not used with a direct object that is an unspecified or indefinite person.

Ana quiere un novio inteligente.	*Ana wants an intelligent boyfriend.*

■ The preposition **a** followed by the definite article **el** contracts to form **al.**

Alicia visita **al** médico.	*Alicia visits the doctor.*

■ When the interrogative **quién(es)** requests information about the direct object, the personal **a** precedes it.

¿**A** quién llama Elisa?	*Whom is Elisa calling?*

■ The personal **a** is required before every specific human direct object in a series.

Visito **a** Emilio y **a** Lola.	*I visit Emilio and Lola.*

Los pronombres de complemento directo

A direct object noun is often replaced by a direct object pronoun. The chart below shows the forms of the direct object pronouns.

> La quiero mucho.

	Singular		Plural
me	*me*	**nos**	*us*
te	*you* (inf.)	**os**	*you* (inf.)
lo	*him, you, it* (masc.)	**los**	*you, them* (masc.)
la	*her, you, it* (fem.)	**las**	*you, them* (fem.)

■ Direct object pronouns are generally placed directly before the conjugated verb. If the sentence is negative, the direct object pronoun goes between **no** and the verb.

¿**Me** esperas?	*Will you wait for me?*
No, no **te** espero.	*No, I won't wait for you.*

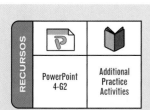

Before presenting the direct object pronouns, review with students the form, meaning, and function of other paradigms learned thus far: 1) subject pronouns, 2) definite articles, 3) indefinite articles, 4) possessive adjectives. This is important, since students may begin to confuse *tú/tu/te, él/el/lo, ella/la/la, nosotros/nos,* etc. (See the *Letras y sonidos* section of this chapter for information on written accent marks in words such as *él* versus *el.*) Write each paradigm on the board and then add the set of direct object pronouns, asking students to observe and comment on similarities and differences, e.g., *la/los/las* are both definite articles (meaning "the") and direct object pronouns (meaning "her/you/it" and "them/you"). Provide examples, e.g., *la pizarra, La veo.* You may want to clarify the following regarding function: subject pronouns substitute for nouns in subject position (*Juan → él*) and answer the question "Who + verb?" (Who calls? → Juan/él); articles and possessive adjectives go before nouns; direct object pronouns substitute for nouns in direct object position (*a Juan → lo*) and answer the question "Verb + whom?" (Calls whom? → a Juan/lo).

Implementation of *Direct objects* and *direct object pronouns*.

Ask for random items from your students (e.g., money, cell phone, ball, hat, sunglasses) or prepare a box of items before class (e.g., chocolate, a slip of paper with +2 points that a student can use on an assignment or quiz). Pull out the items for students and ask if they want them. Students are to answer using a direct object pronoun. If a student answers with simply a "yes," you may respond: *Lo siento, no lo puedes tener.* Some possible questions include: *¿Quieres el dinero? ¿Quieres la tarjeta de crédito de…? Los puntos… ¿los quieres? Las gafas de sol de… ¿las quieres?*

Implementation of *Direct objects* and the *personal a*.

Present several examples of direct objects in context to model the use of the *personal a*. Write sample sentences on the board in two separate columns, one for inanimate direct objects and one for specified people as direct objects, underlining the *personal a*, e.g., *¿Qué vemos en una fiesta? Vemos la comida; vemos los refrescos; vemos las flores, las mesas y las sillas. ¿__A__ quién(es) vemos en una fiesta? Vemos __a__ nuestros amigos; vemos __a__ los invitados y __a__ los músicos.* Then ask: *¿Cuál es la diferencia entre estos dos grupos de oraciones?*

■ Third-person direct object pronouns agree in gender and number with the noun they replace.

> Quiero **el dinero.** → **Lo** quiero.
>
> Necesitamos **los cuadernos.** → **Los** necesitamos.
>
> Llamo **a Mirta.** → **La** llamo.
>
> Buscamos **a las chicas.** → **Las** buscamos.

■ Direct object pronouns are commonly used in conversation when the object is established or known. When the conversation involves first and second persons (*me, we, you*), remember to make the proper transitions.

> ¿Dónde ves **a Jorge** y **a Sarita?**   *Where do you see Jorge and Sarita?*
> **Los** veo en clase.   *I see them in class.*
> ¿Visitas **a tu abuela** con frecuencia?   *Do you visit your grandmother often?*
> Sí, **la** visito mucho.   *Yes, I visit her a lot.*

In constructions that use the infinitive, direct object pronouns may either precede the conjugated verb or be attached to the infinitive.

> Adolfo va a llamar **a Ana.**   *Adolfo is going to call Ana.*
> Adolfo va a llamar**la.** ⎫
> Adolfo **la** va a llamar. ⎭   *Adolfo is going to call her.*

■ In negative sentences, the direct object pronoun is placed between **no** and the conjugated verb. The object pronoun may also be attached to the infinitive in negative sentences.

> Adolfo no **la** va a llamar. ⎫
> Adolfo no va a llamar**la.** ⎭   *Adolfo is not going to call her.*

Aplicación

4-13 Planes para hacer un viaje a Centroamérica. Match each question with the corresponding response.

1. __d__ ¿Dónde compramos los boletos (*tickets*)?

2. __e__ ¿Tienes mi pasaporte?

3. __b__ ¿A qué hora te busco en el aeropuerto?

4. __f__ ¿Vamos a visitar el Museo Popol Vuh?

5. __c__ ¿Es necesario cambiar dinero?

6. __a__ ¿Quieres invitar a tu hermana también?

a. Sí, ¿quieres llamarla para ver si puede ir?

b. Me puedes buscar a las siete de la mañana.

c. Sí, lo podemos cambiar en el aeropuerto.

d. Los podemos comprar en una agencia de viajes (*travel agency*).

e. No, no lo tengo.

f. Sí, vamos a visitarlo el primer día.

4-14 Una visita al Museo Popol Vuh. This museum houses an impressive collection of art and artifacts. Read about the museum and underline all direct objects.

El Museo Popol Vuh reúne <u>una de las mejores colecciones</u> de arte prehispánico y colonial de Guatemala. La colección incluye <u>obras maestras</u> del arte maya elaboradas en cerámica, piedra (*stone*) y otros materiales. Además, posee <u>un notable conjunto</u> (*group*) de obras de platería e imaginería (*statuary*) colonial.

El museo está en el Campus Central de la Universidad Francisco Marroquín, en la Ciudad de Guatemala. Este museo ofrece <u>una oportunidad</u> sin igual para apreciar la historia y cultura de Guatemala.

Dirección: Avenida La Reforma, 8-60, Zona 9, 6to Piso.
Horario: de lunes a sábado de 9:00 a 16:30 hrs.

4-15 ¿Cómo es el museo? Now answer the following questions based on what you have read about the museum in **4-14.**

1. ¿Dónde está el museo?
   Está en la ciudad de Guatemala.

2. ¿Qué colecciones tiene?
   Tiene una colección de arte maya y colonial.

3. ¿Por qué es importante?
   Es importante porque representa la historia y cultura de Guatemala.

4. ¿Cuándo está abierto?
   Está abierto de lunes a sábado, de 9.00 a 16.30 hrs.

5. ¿Lo quieres visitar algún (*some*) día?
   Answers will vary.

4-16 En la universidad Francisco Marroquín. Read the conversation between Ana and Carlos, and write the personal **a** (or **al**) wherever necessary.

Ana: Oye, Carlos. ¿(1) __A__ quién ves todos los días?

Carlos: Yo siempre veo (2) __a__ Tomás en la universidad. Tomamos (3) _____ café todas las tardes.

Ana: ¿Ven (4) __a__ muchos amigos allí?

Carlos: Sí, claro. Siempre vemos (5) __a__ Mercedes y (6) __a__ Gustavo. A veces (*Sometimes*) sus compañeros de cuarto toman (7) _____ un refresco con nosotros también.

Ana: ¿Son interesantes sus compañeros de cuarto?

Carlos: Tomás y Gustavo tienen (8) _____ un compañero de cuarto muy simpático y la compañera de cuarto de Mercedes es muy sociable. Esta noche todos, menos Gustavo, vamos a ver (9) _____ una película muy buena. Gustavo no puede ir porque él tiene que visitar (10) __al__ padre de su novia.

Ana: ¿Invitas (11) __a__ mi amigo Héctor también?

Carlos: ¡Claro que sí!

4-17 Carlos en Tegucigalpa. Complete the exchanges between Carlos and his tour guide in Honduras. Use a direct object pronoun in each answer.

MODELO: GUÍA: ¿Tiene usted su pasaporte?
CARLOS: *Sí, lo tengo.*

Guía: ¿Estudia usted arquitectura colonial? Es muy bonita.
Carlos: 1. Sí, la estudio.

Guía: ¿Quiere usted ver los bailes folklóricos?
Carlos: 2. Sí, quiero verlos./Los quiero ver.

Guía: ¿Tiene usted su cámara?
Carlos: 3. Sí, la tengo.

Guía: ¿Ve usted el daño (*damage*) del huracán?
Carlos: 4. Sí, lo veo.

Guía: ¿Desea visitar las ruinas arqueológicas?
Carlos: 5. Sí, deseo visitarlas./Las deseo visitar.

Guía: ¿Cuándo quiere visitar las montañas?
Carlos: 6. Quiero visitarlas mañana./Las quiero visitar mañana.

Guía: ¿Me llama usted esta noche?
Carlos: 7. Sí, lo llamo.

La Iglesia de Nuestra Señora de Los Dolores, Tegucigalpa, Honduras.

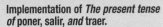
Implementation of *The present tense of* poner, salir, *and* traer.

Write the following irregular *yo* forms on the board: *tengo, vengo, hago, pongo, salgo, traigo.* Ask students what all of the forms have in common, i.e, they all end in *-go.* Perhaps tell students that these verbs all are "go-go" verbs, as a way to remember and mentally categorize them.

 4-18A Una entrevista para *Prensa Libre. Prensa Libre* is an independent newspaper from Guatemala. Role-play a reporter to ask your partner—a member of a famous family—questions about the following activities. Your partner will also ask you questions. Student B, please see **Appendix 1,** page A4.

MODELO: E1: *¿Practica usted fútbol?*
E2: *No, no lo practico. Y usted, ¿escribe artículos en inglés también?*
E1: *Sí, los escribo. (No, no los escribo.)*

ACTIVIDADES

leer el periódico todos los días

llamar a su esposo/a todas las noches

preferir la comida guatemalteca

querer mucho a sus hijos

recibir dinero del gobierno

tener muchos parientes en otros países

visitar al presidente de Guatemala

¿…?

3. The present tense of *poner, salir,* and *traer*

4-25 to
4-29

¿Traes la comida ahora?

Sí, la pongo en la mesa en un momento.

You have already learned some Spanish verbs that are irregular only in the first-person singular form of the present indicative tense **(hacer → hago; ver → veo).** With these verbs, all other forms follow the regular conjugation patterns.

	poner *(to put; to place)*	salir *(to leave; to go out)*	traer *(to bring)*
yo	**pongo**	**salgo**	**traigo**
tú	pones	sales	traes
él, ella, Ud.	pone	sale	trae
nosotros/as	ponemos	salimos	traemos
vosotros/as	ponéis	salís	traéis
ellos/as, Uds.	ponen	salen	traen

Si **traes** tu libro, te ayudo con la tarea.

Siempre **salgo** a las ocho y veo a mis amigos allí.

If you bring your book, I'll help you with your homework.

I always go out at eight and see my friends there.

RECURSOS

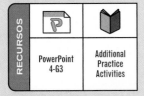

PowerPoint
4-G3

Additional
Practice
Activities

EXPANSIÓN	**More on structure and usage**

Salir

Each of the following expressions with **salir** has its own meaning.

salir de: *to leave a place; to leave on a trip*

| **Salgo de** casa a las siete. | *I leave home at seven.* |
| **Salimos de** viaje esta noche. | *We leave on a trip tonight.* |

salir para: *to leave for (a place); to depart*

| Mañana **salen para** Tegucigalpa. | *Tomorrow they leave for Tegucigalpa.* |
| ¿**Sales para** las montañas ahora? | *Are you leaving for the mountains now?* |

salir con: *to go out with; to date*

| Diana **sale con** Lorenzo. | *Diana goes out with Lorenzo.* |
| Lucía **sale con** sus amigas esta tarde. | *Lucía is going out with her friends this afternoon.* |

salir a (+ infinitive): *to go out (to do something)*

| **Salen a** cenar los sábados. | *They go out to have dinner on Saturdays.* |
| ¿**Sales a** caminar por la mañana? | *Do you go out walking in the morning?* |

Aplicación

4-19 Eduardo e Hilda van a San Salvador. Complete the following paragraph using the correct form of a logical verb from the list below.

pone	salgo	salir	traigo
pongo	salimos	trae	veo

Esta tarde mi esposo Eduardo y yo (1) ___salimos___ para la capital de El Salvador. Antes de (2) ___salir___, (yo) (3) ___pongo___ la guía turística en mi maleta (*suitcase*). Después, (4) ___veo___ las noticias en la televisión para ver el pronóstico meteorológico para la capital. En mi oficina, mi secretaria me (5) ___trae___ el itinerario para el viaje. Ella (6) ___pone___ todos mis papeles en el maletín (*briefcase*). Ahora todo está en orden para el viaje. Mi esposo y yo vamos al aeropuerto dos horas antes del vuelo (*flight*). Desafortunadamente, cuando quiero pagar al taxista, veo que no (7) ___traigo___ dinero. Afortunadamente, mi esposo tiene dinero, y yo después (8) ___salgo___ a buscar un cajero automático.

4-20 En una fiesta familiar. Combine subjects and complements to say what people will do to get ready for the family gathering tonight.

MODELO: *Nosotros ponemos la casa en orden.*

yo	salir a comprar refrescos
nosotros/as	poner la mesa
mis tíos	traer comida
tú	salir a invitar a todos
nuestros padres	**poner la casa en orden**
mi abuela	hacer los sándwiches
mi primo	traer música
mi amigo	salir a buscar más sillas
¿...?	ver que todo está listo para la fiesta

Additional Activity for *Expansión*.
Have students complete the following paragraph with *salir* and the appropriate preposition. *Mi hermano Rafa ____ ____ una muchacha muy simpática que se llama Cecilia. Una vez a la semana, ellos ____ ____ la casa de nuestros padres. Todos ____ ____ comer a un restaurante en el centro. Después, ____ ____ el parque donde juegan al dominó.*

Additional Activity for *The present tense of poner, salir, and traer.*
Prepare the following dialogue on the board or a transparency. Choose an extrovert in the class to talk about. Complete the dialogue with the students. Ask them: *¿Qué tienen en común estos verbos?* You may even illustrate with stick people.

E1: ¿Adónde *sales* el viernes?
E2: *Salgo* al bar/a la discoteca (put in local name).

E1: ¿Qué traes al bar?
E2: ____ mi dinero.

E1: ¿Dónde pones el dinero cuando bailas?
E2: Lo ____ en el bolsillo.

E1: ¿Vienes a mi casa antes de ir al bar?
E2: Sí, ____ a tu casa y luego pasamos por (name).

E1: Nos vemos a las diez, entonces.
E2: Sí, te ____ a las diez y media.

E1: ¿Qué dices?
E2: ____... a las diez.

Tegucigalpa
18 de agosto de 2007

Querida Hilda:
Como todos los sábados, tu padre y yo salimos con los señores Ramírez para visitar a tus abuelos en Copán. Tu tía Carlota prepara un pícnic y yo compro los platos y los refrescos. Tu papá lo pone todo en el coche. Salimos de casa a las ocho de la mañana y volvemos a las seis de la tarde. Como siempre, veo que tenemos muchos refrescos, pero poca comida. Por eso, por la noche todos salimos a un restaurante. Creo (I think) que hoy va a ser un día muy lindo.

Un beso y un abrazo,
-Mamá

4-21 Una carta de Mamá. Read the letter that Hilda received from her mother and respond to the questions that follow.

1. ¿Dónde viven los padres de Hilda?
   Viven en Tegucigalpa.

2. ¿Dónde viven sus abuelos?
   Viven en Copán.

3. ¿Adónde van esa noche?
   Van a un restaurante.

4. ¿Cómo va a ser el día?
   Va a ser muy lindo.

 4-22 ¿Con quién sale...? Take turns asking each other who the following people are dating; you can also add some names. Take note of the responses. Then ask for additional information, such as where they are going, what time they are leaving, and why they are going.

MODELO: Tom Cruise
E1: *¿Con quién sale Tom ahora?*
E2: *Sale con Katie Holmes.*
E1: *¿Adónde van?*
E2: *Van a Miami.*
E1: *¿A qué hora salen? ¿Por qué van?*
E2: *Salen a la medianoche. Van porque quieren hablar con los padres de Katie.*

tú	Juan González	el presidente de Guatemala
John Leguizamo	Alexis Bledel	Wilmer Valderrama
Jamie-Lynn Sigler	ustedes	su esposo/a
nosotros	Rigoberta Menchú	el ministro de cultura de Colombia
Batman	George López	la esposa del presidente de Honduras

4-23 Planes. Take turns finding out about each other's plans.

MODELO: ¿A qué hora salir/tú para...?
E1: *¿A qué hora sales para la casa de tu familia?*
E2: *Salgo para su casa a las diez de la mañana.*

1. ¿A qué hora salir/tú para...?
2. ¿Con quiénes ir/tú a...?
3. ¿Quién hacer...?
4. ¿Dónde poner/tú...?
5. ¿Quién traer...?
6. ¿Qué ver/tú...?

¿Cuánto sabes tú? *Can you...*

4-30 to 4-33

- ☐ talk about your family?
- ☐ ask others about their families?
- ☐ say what you want to do and make plans?
- ☐ talk about activities that you and others do using a variety of verbs?
- ☐ ask and respond to questions using direct objects and direct object pronouns?

Comparaciones

Note on *Comparaciones*.
It is a common misconception that Hispanic families have many children. Spain, for example, has the lowest birthrate in the world, with only 1.15 children per woman. Several cultural and economic factors may explain the fall in birthrates. As women have entered the labor force in greater numbers over the past 25 years, they have delayed the average age at which they marry and, consequently, the age at which they start having children. As countries in Latin America become more industrialized, the birthrates in those countries will likely fall, as well.

La familia hispana

4-24 En tu experiencia. ¿A quiénes consideras parte de tu núcleo familiar? ¿Cuántos miembros de tu familia viven en tu casa? ¿Dónde viven los otros miembros de tu familia? Y tú, ¿vives en una residencia estudiantil, en tu casa o en un apartamento? ¿Por qué? En las familias que conoces (*you know*), ¿quién cuida a los niños cuando los padres no están en casa? ¿Quién ayuda a los padres con los quehaceres (*chores*) de la casa? Lee el siguiente (*following*) artículo con esta pregunta en mente: ¿En qué consiste el concepto de familia para muchas personas del mundo hispano?

En los Estados Unidos, el núcleo familiar generalmente incluye sólo a los padres y a los hijos. Pero, el concepto hispano de familia puede incluir también a los abuelos, a los tíos y a los primos. Los miembros de una familia hispana suelen (*tend to*) vivir juntos más tiempo que los miembros de una familia estadounidense o canadiense. Los hijos solteros (*single*) generalmente viven en casa, aun (*even*) cuando trabajan o asisten a la universidad, pero esto está cambiando (*is changing*). En muchas casas hispanas, los padres, los hijos y un abuelo, tío o primo viven juntos. Las familias son muy unidas y forman un sistema de apoyo (*support*). Por ejemplo, un abuelo o abuela puede cuidar a los niños de la casa mientras los padres trabajan. Un tío soltero o una tía viuda (*widowed*) puede ayudar en la casa y formar parte de la familia y el hogar (*home*). Aunque (*Although*) la situación cambia poco a poco, los miembros de la familia que viven fuera de casa (*outside the home*) en muchos casos viven cerca —en la misma ciudad y a menudo (*often*) en el mismo barrio.

 4-25 En tu opinión. Take turns reacting to each of the following statements.

MODELO: Me gusta vivir en casa de mis padres.
Estoy de acuerdo (I agree). / *No estoy de acuerdo.* / *No sé* (I don't know).

1. Para mí, el núcleo familiar consiste en los padres, los hijos y los abuelos y toda la familia política (*in-laws*).
2. Me gusta vivir cerca de mi familia.
3. Es bueno tener muchos hijos.
4. Tengo una buena relación con mis primos.
5. Los suegros deben vivir lejos de los recién casados (*newlyweds*).
6. Me gusta ir de fiesta con mis padres.
7. Me gusta la idea de vivir con abuelos, tíos y primos.
8. Me gusta vivir en casa de mis padres.

Implementation of ¡Así es la vida!

In this *Segunda parte*, students will practice the function of inviting someone to do something with them. Encourage them to practice ways of inviting, as well as ways of declining an invitation. For this mini-dialogue, first read aloud the lines to students. Then clarify any necessary vocabulary and have them practice the conversation in pairs. Next, have students underline the segments that involve making an invitation, e.g., *te llamo para ver si quieres…, ¿Vamos?* Then ask, *¿Qué opinan Uds.? ¿Está muy emocionada Laura sobre la invitación de Raúl? ¿Cuál es la base de tu opinión? ¿Piensan Uds. que Laura va a aceptar o rechazar la invitación?*

Expansion of ¡Así es la vida!

Use the following questions to check comprehension. *¿Quiénes son las dos personas? ¿Qué hacen? ¿Por qué llama Raúl? ¿Cómo se llama la película? ¿A qué hora es? En tu opinión, ¿acepta Laura la invitación? Si es el caso, ¿quién paga las entradas al cine?*

Expansion of ¡Así es la vida!

Have students work in pairs to write an ending to the mini-dialogue that reflects their opinion about Laura's desire to go out with Raúl. Direct students to the pertinent expressions on the following page for guidance. Then ask pairs of volunteers to read or act out their endings in front of the class. Perhaps take a tally on the board of the number of students who think Laura accepts the invitation versus declines it.

Additional Activity for ¡Así es la vida!

Describe as many activities in the drawing as you can.

MODELO: *Una orquesta toca música.*

SEGUNDA PARTE

¡Así lo decimos! Vocabulario

CD 1,
Track 26

4-34 to
4-35

¡Así es la vida! Una invitación

Laura: Aló.

Raúl: Sí, con Laura, por favor.

Laura: Habla Laura.

Raúl: Laura, es Raúl. ¿Cómo estás?… Pues, te llamo para ver si quieres ir al cine esta noche.

Laura: ¿Sabes qué película ponen?

Raúl: Sí, en el Cine Rialto ponen una película con John Leguizamo, *Tlatelolco: México 68*. Es a las siete. ¿Vamos?

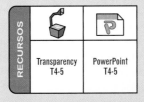

RECURSOS | Transparency T4-5 | PowerPoint T4-5

CD 1,
Track 27

4-36 to
4-38

El ocio

el café al aire libre

el cine

la orquesta

el parque

el teatro

Expansion of *Verbos* and *Palabras relacionadas.*

Ask students the following questions: *¿Qué actividades prefieren hacer los novios? ¿los amigos? ¿los mayores de sesenta y cinco años? ¿los padres? ¿los hermanos? ¿y tú?*

Palabras relacionadas	Related words
el centro	downtown
el concierto	concert
la entrada	admission ticket
la función	show
el partido	game
la película	movie

Verbos	Verbs
conocer	to know (someone); to be familiar with (something)
pasear	to take a walk
poner una película	to show a movie
saber	to know (how to do) something

Hacer una invitación	Extending invitations
¿Quieres ir a...?	Do you want to go to...?
¿Te gustaría (+ inf.)...?	Would you like (+ inf.)...?
¿Vamos a...?	Should we go...?

Aceptar una invitación	Accepting invitations
De acuerdo.	Fine with me; Okay.
Me encantaría.	I would love to.
Paso por ti.	I'll come by for you.
Sí, claro.	Yes, of course.
¡Vamos!	Let's go!

Rechazar una invitación	Rejecting invitations
Estoy muy ocupado/a.	I'm very busy.
Gracias, pero no puedo...	Thanks, but I can't...
Lo siento, tengo que...	I'm sorry, I have to...

ciento treinta y tres • **133**

Implementation of ¡Así lo decimos!

These activities progress from simple recognition of people and events to the much more complex functions of inviting, refusing, or accepting invitations, and making plans to do something together. Encourage students to make plans that make sense in their situation, whether it is to attend a game, go to a party, or see a movie.

Implementation of 4-26.

Have students correct any false statements as they complete the activity. E.g., *No es una película colombiana; es una película mexicana. La película no es a las siete y media; es a las siete (en punto).*

Audioscript 4-28.

Marilú: Hola, José. Habla Marilú... ¿Qué tal?

José: Marilú, ¡qué sorpresa! ¿Qué pasa?

Marilú: Pues, quiero invitarte a comer en mi casa mañana. ¿Quieres?

José: ¿Con tu familia? ¡Me encantaría! ¿A qué hora?

Marilú: A las siete. Y después vamos al cine a ver esa película nueva de Almodóvar. ¿Está bien?

José: Perfecto. Como es viernes y no hay clases el sábado, podemos ir a bailar después.

Marilú: ¡Buena idea! Te veo mañana, mi amor.

José: Hasta luego, cariño.

Una Cordial Invitación

Te invito a ...

EXPANSIÓN	More on structure and usage

En el teléfono

Aló
Bueno (Mexico) } *Hello* (answering the telephone)
Diga (Spain)

Aplicación

4-26 Una invitación. State whether each statement is **Cierto** or **Falso** or **No se sabe,** based on the conversation between Laura and Raúl in **¡Así es la vida!** Correct any false statements.

1. ___cierto___ Raúl invita a Laura al cine.
2. ___cierto___ Raúl sabe qué película ponen.
3. ___falso___ Es una película colombiana.
4. ___falso___ La película es a las siete y media.
5. ___no se sabe___ Laura pasa por la casa de Raúl.

4-27 Otras actividades. Complete this paragraph stating what each person does by completing the sentences with logical words or expressions from **¡Así lo decimos!**

Raúl y Laura van al (1) ___cine___ para ver una película. Caminan por (2) ___el parque___ y van al cine, donde tienen que comprar (3) ___las entradas___. Después toman refrescos en un café (4) ___al aire libre___. La música que toca la (5) ___orquesta___ es maravillosa. El día siguiente, Laura invita a Raúl a ir a un (6) ___partido___ de béisbol.

4-28 Marilú invita a José. Listen as Marilú and José talk on the telephone. Then complete each statement based on their conversation.

CD 1, Track 28

1. Marilú invita a José a ___b___.
   a. bailar   b. comer   c. pasear por el parque
2. José acepta la invitación para ___b___.
   a. esta noche   b. mañana   c. las tres de la tarde
3. Los chicos también van a ver ___b___.
   a. un partido   b. una película   c. un programa de televisión
4. Es evidente que los chicos son ___b___.
   a. hermanos   b. novios   c. amigos
5. Marilú y José no tienen que estudiar porque ___a___.
   a. mañana no hay clases   b. su clase es fácil   c. no hay tarea para mañana

4-29 Ahora tú. Take turns inviting each other to do something together. Ask what day, where, what time, etc. Follow the model and complete the following phrases in your conversation.

MODELO: E1: —*Oye, _____. ¿Quieres ir _____?*
E2: —*No sé. ¿A qué hora?*
E1: —*A la/s...*

4-30A ¡Estoy aburrido/a! Tell a classmate that you are bored so that he/she will invite you to do something. Accept the invitation, or reject it, making excuses. Student B, please see **Appendix 1,** page A4.

MODELO:　E1: *Estoy aburrido/a.*
　　　　　E2: *¿Quieres ir a bailar?*
　　　　　E1: *Me encantaría. ¡Vamos! / Gracias, pero no puedo. No tengo dinero.*

ALGUNAS EXCUSAS

estar cansado/a	no tener carro	no tener dinero
tener novio/a	no tener tiempo	tener mucho trabajo

4-31 El fin de semana. Make plans for this weekend. Use the questions below as a guide for your conversation. Prepare a summary for the class.

MODELO:　*Vamos a un partido de fútbol el sábado a la una de la tarde. Después vamos a pasear por el centro y ver a nuestros amigos. Los invitamos a tomar un refresco en el Café Luna. Luego, volvemos a casa en autobús. Llegamos a casa a las siete y media.*

¿Adónde quieren ir?	¿Qué necesitan?	¿Con quiénes van?
¿Qué quieren hacer?	¿Qué día?	¿Quién paga?
¿Cómo es?	¿A qué hora empieza?	¿A qué hora vuelven a casa?

Wrap-up for 4-31.
Have the class judge the most boring and the most interesting plans. Alternatively, and likewise to motivate listening, have students point out similarities and differences among the summaries, e.g., *Ellos van a ver una película, y nosotros también.*

4-32 Una película histórica. Read the following movie plot summary and take turns answering the questions.

1. ¿Cómo se llama la película?
   Tlatelolco: México 68

2. ¿En qué parte del mundo se produce?
   México

3. ¿De dónde es el periodista?
   Es de los EE.UU.

4. ¿Por qué está en México?
   Porque escribe sobre las Olimpiadas.

5. ¿Quiénes son los actores?
   John Leguizamo y Vanessa Bauche

6. ¿Quieres verla? ¿Por qué?
   Answers will vary.

Tlatelolco: México 68

Género:　　　　Drama
Directores:　　Everardo Valerio Gout, Leopoldo Gout
Interpretación:　**John Leguizamo, Vanessa Bauche**
Resumen:　　Un periodista estadounidense que

　　　cubre las Olimpiadas del Verano de 1968 en la Ciudad de México se involucra *(gets involved)* en los actos estudiantiles que llevaron a la masacre por el gobierno de centenares de estudiantes en el campus de Tlatelolco.

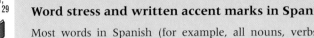

CD 1, Track 29

4-39 to 4-40

LETRAS Y SONIDOS

Word stress and written accent marks in Spanish

Most words in Spanish (for example, all nouns, verbs, adjectives, and adverbs) carry word stress, where one syllable in the word is given special emphasis. It is important to hear and say word stress with accuracy, since it can affect meaning in Spanish, as it does in English: (Eng.) *sub*-ject (noun) versus *sub-ject* (verb); (Sp.) *pa-pa* ("potato") versus *pa-pá* ("dad"). In Spanish, word stress always falls on one of the last three syllables of the word: *tra-ba-ja-dor, in-te-li-gen-te, sim-pá-ti-co*. In some cases, word stress is indicated in writing with an accent mark, or *acento (ortográfico)*, according to the following rules.

1. Usually, words ending in a consonant (except *n* or *s*) are stressed on the *last syllable*.
   a-*brir*   ins-truc-*tor*   es-pa-*ñol*   re-*loj*   us-*ted*   ac-*triz*
   Exceptions to this rule require a written accent mark.
   Víc-tor   *ú*-til   di-*fí*-cil   *fút*-bol   *lá*-piz   *sánd*-wich

2. Usually, words ending in a vowel or the consonants *n* or *s* are stressed on the *second to last syllable*.
   bo-*ni*-ta   tra-*ba*-jo   tra-*ba*-jan   *jo*-ven   tra-*ba*-jas   no-*so*-tros
   Exceptions to this rule require a written accent mark.
   es-*tá*   a-*quí*   es-*tán*   lec-*ción*   es-*tás*   in-*glés*

3. Words with stress on the *third to last syllable* always require a written accent mark.
   nú-me-ro   *mú*-si-ca   bo-*lí*-gra-fo   *jó*-ve-nes   *miér*-co-les

4. Some words are identical in spelling but different in emphasis and meaning. In such cases, words with emphasis are marked with a written accent to differentiate them from the versions without emphasis which have a different meaning.
   él = he   *tú* = you   *mí* = (to) me   *¿Qué?* = What?   *¿Có-mo?* = How?
   el = the   *tu* = your   *mi* = my   *que* = that   *co-mo* = how, as, like

5. A written accent mark also is used with an *i* or *u* to indicate hiatus (i.e., when these letters, adjacent to another vowel, represent a separate syllable).
   dí-a   *grú*-a   pa-*ís*   Ra-*úl*

¡Así lo hacemos! Estructuras

 4. Demonstrative adjectives and pronouns

4-41 to
4-46

Demonstrative adjectives

	Singular	Plural		Related adverbs
masculine	**este**	**estos**	*this/these (close to me)*	aquí *(here)*
feminine	**esta**	**estas**		
masculine	**ese**	**esos**	*that/those (close to you)*	allí *(there)*
feminine	**esa**	**esas**		
masculine	**aquel**	**aquellos**	*that/those (over there; away from both of us)*	allá *(over there)*
feminine	**aquella**	**aquellas**		

■ Demonstrative adjectives point out people and objects and the relative position and distance between the speaker and the object or person modified.

■ Demonstrative adjectives are usually placed before the modified noun and agree with it in number and gender.

> ¿De quién son **esos** refrescos?   *To whom do those soft drinks belong?*

■ Note that the **ese/esos** and **aquel/aquellos** forms, as well as their feminine counterparts, are equivalent to the English *that/those*. In normal, day-to-day usage, these forms are interchangeable, but the **aquel** forms are preferred to point out objects and people that are relatively farther away than others.

> Yo voy a comprar **esa** guitarra y   *I am going to buy that guitar and*
> **aquel** trombón.   *that trombone (over there).*

■ Demonstrative adjectives are usually repeated before each noun in a series.

> **Esta** película y **estos** actores son   *This movie and these actors are my*
> mis favoritos.   *favorites.*

Demonstrative pronouns

	Singular	Plural	
masculine	**éste**	**éstos**	*this one/these ones (close to me)*
feminine	**ésta**	**éstas**	
masculine	**ése**	**ésos**	*that one/those ones (close to you)*
feminine	**ésa**	**ésas**	
masculine	**aquél**	**aquéllos**	*that/those (over there; away from*
feminine	**aquélla**	**aquéllas**	*both of us)*

■ Note that when you omit the noun, the adjective becomes a pronoun and carries a written accent.

> ¿Ves a **ese** hombre alto y   *Do you see that tall, mysterious*
> misterioso?   *man?*
> ¿Cuál? ¿**Ése** o **aquél**?   *Which one? That one (closer) or*
>   *that one (farther away)?*

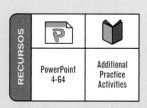

SEGUNDA PARTE

Implementation of *Demonstrative adjectives and pronouns.*
Students will already recognize the neuter demonstratives from your questions, such as *¿Qué es esto?* or *¿Qué es eso?* Build on what they already know by following up with *¿Qué es aquello?* and pointing to something farther away. Move from the neuter to the masculine and feminine singular and plural forms when you identify specific objects, people, etc.

Implementation of *Demonstrative adjectives and pronouns.*
Bring in or ask students for three of any one item: backpacks, pens, large photographs of different cars, large images of famous actors, etc. Stand among your group of students in the center of the room. Place the items at different distances: one just outside the classroom door, one on the blackboard shelf, and one next to you in the group. Ask students their preferences, e.g., *¿Qué mochila prefieres? ¿ésta, ésa o aquélla?*

■ The neuter forms **esto, eso,** and **aquello** do not take a written accent nor do they have plural forms. They are used to point out ideas, actions, or concepts, or to refer to unspecified objects or things.

Aquello no me gusta.	*I don't like that.*
No dije **eso.**	*I didn't say that.*
Esto está mal.	*This is wrong.*

■ These forms are also used to ask for a definition of something.

¿Qué es **eso**?	*What's that?*
Es un teatro.	*It's a theater.*
¿Qué es **esto**?	*What's this?*
Es una fiesta.	*It's a party.*

Aplicación

4-33 De compras en la librería. Read the conversation between Ana and the clerk and underline the demonstrative adjectives and pronouns.

Ana:	¿Qué es esto? ¿Una enciclopedia?
Dependiente:	Sí, señorita. Ésta es la mejor que tenemos. ¿La quiere ver?
Ana:	No, prefiero ver aquélla que está cerca de la puerta.
Dependiente:	¿Aquélla? Es muy cara.
Ana:	Ah, pues entonces voy a comprar estos cuadernos de aquí, en este estante (*bookshelf*). ¿Cuánto cuestan?
Dependiente:	¿Ésos? Son baratos, pero no son muy bonitos. Quizás (*Perhaps*) usted quiere comprar unos más atractivos con el logo de la universidad, ¿no?
Ana:	Bueno, tengo que comprar una calculadora. Quiero ésa que tiene usted.
Dependiente:	Lo siento, no puede comprar ésta, porque es mía.

4-34 ¿Dónde están? Now draw the objects mentioned in activity **4-33** where you would expect to find them in the illustration.

4-35 En un mercado en Tegucigalpa. Use demonstrative adjectives and pronouns to complete the conversation between Carlos, the vendor, and Amanda, the customer. Note that the currency used in Honduras is the *lempira*. ($1.00 US = 19 HNL)

Carlos:	Buenas tardes, señorita. ¿Qué desea?
Amanda:	Ummm… No sé. Quiero un suéter (*sweater*)… ¿Es de buena calidad (1) ____ese____ suéter morado que tiene usted? ¿O es mejor (2) ____éste____ de color azul que tengo yo?
Carlos:	¡Todos (3) ____estos____ suéteres son buenos! ¿Quiere usted probarse (*try on*) (4) ____éste____ de aquí?
Amanda:	No, no es para mí. Es para mi amiga. ¿Cuánto cuesta?
Carlos:	Para usted, 190 lempiras.
Amanda:	¡Es mucho! A ver… Las camisas (*shirts*) de colores de allá. Quiero ver una de (5) ____aquéllas____ grandes.
Carlos:	Sí, las camisas son de primera calidad.

Amanda: Y, ¿cuánto cuesta (6) ___esta___ camisa pequeña que tengo aquí?

Carlos: (7) ___Ésa___ que tiene usted allí… 170 lempiras.

Amanda: ¡Uf! Es mucho también. ¿Qué tal si le doy 300 lempiras por todo (8) ___esto___ que tengo aquí?

Carlos: ¡Ay, señorita! Pero, ¡la calidad, los colores…! Pero bueno, como usted es tan amable, le puedo dejar todo (9) ___eso___ que tiene allí en 320 lempiras.

Amanda: Perfecto. ¡Muchas gracias!

 4-36 ¿Qué vas a comprar? Imagine that one of you is a vendor and the other a customer in the same market in Tegucigalpa. Use the drawing in activity **4-35** to ask and respond to questions about the merchandise.

MODELO: E1: *¿Vas a comprar esa camisa rosada?*
E2: *No, voy a comprar aquel suéter marrón.*

 4-37 ¿Qué es esto? Take turns asking each other to identify classroom objects.

MODELO: E1: (point to table) *¿Qué es esto?*
E2: *Es una mesa. ¿Y esto?*
E1: *Es…*

 4-38 Tu familia. Bring in a photo of your family or make a drawing of an imaginary family. Take turns asking about each of the family members.

MODELO: E1: *¿Quién es esa señora?*
E2: *Ésta es mi madre. Es alta y delgada. Tiene… años.*

5. *Saber* and *conocer*

4-47 to
4-51

¡Ellos saben bailar muy bien!

María, conoces a Pablo, ¿verdad?

Although the verbs **saber** and **conocer** can both mean *to know*, they are not interchangeable.

	saber (*to know*)	conocer (*to know*)
yo	**sé**	**conozco**
tú	**sabes**	**conoces**
él, ella, Ud.	**sabe**	**conoce**
nosotros/as	**sabemos**	**conocemos**
vosotros/as	**sabéis**	**conocéis**
ellos/as, Uds.	**saben**	**conocen**

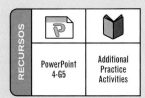
Additional Activity for *Demonstrative adjectives and pronouns.*

If you want, bring in one treat for every student in your class. They should be varied and create number and gender differences as nouns in Spanish, e.g., *el chicle, los caramelos, la chocolatina, las mentas.* Have students form a circle and pass one treat out to each. Then begin the game, with the following models written on the board (where other words are to be substituted for the underlined ones): *Quiero esta chocolatina.* versus *No quiero esta chocolatina; prefiero aquel chicle.* (In the latter case, the student points across the room to what another student has displayed on his/her desk, and you switch the treats). The game proceeds for one round, and then you randomly choose a starting point for a second round, which goes in the opposite direction. This game provides for much practice in a real context with stakes involved!

Pre-activity Preparation for 4-38.

Bring some magazine photos of celebrity families to class, in case students forget, or students can draw pictures of their families.

Implementation of *Saber and conocer.*

Suggest these mnemonic devices for the verbs *conocer* and *saber. Conocer* sounds like "acquaint." *Saber* sounds like "scholarly" (savant, a knower).

Implementation of *Saber and conocer.*

Bring in several related photos of famous people (Enrique Iglesias and his father; the Bush family; Shakira and her boyfriend; Tom Cruise, Katie Holmes, Penélope Cruz, and Nicole Kidman). Ask students what they know about them. *¿Saben ustedes quién es? ¿Saben ustedes quién es su ex-esposa? ¿Conoce la ex-esposa a su novia/nueva esposa? ¿Conoce a Tom Cruise alguien de nuestra clase?*

●STUDY TIPS

Un resumen de *saber* y *conocer*

Saber
- knowing a fact, skill
- knowing how to do something
- knowing information
- may be followed by an infinitive

Conocer
- knowing people
- knowing a place
- meeting someone for the first time
- may *not* be followed by an infinitive

■ The verb **saber** means *to know a fact* or to have knowledge or information about someone or something.

¿**Sabes** dónde está el cine?	*Do you know where the movie theater is?*
No **sé.**	*I don't know.*

■ With an infinitive, the verb **saber** means *to know how to do something.*

La tía Berta **sabe** bailar tango.	*Aunt Berta knows how to dance the tango.*

■ **Conocer** means *to be acquainted* or *to be familiar* with a person, thing, or place.

Tina **conoce** a mis abuelos.	*Tina knows my grandparents.*
Conozco San Salvador.	*I know (am acquainted with) San Salvador.*

■ Use the personal **a** with **conocer** to express that *you know a specific person.*

La profesora **conoce a** mis tíos.	*The professor knows my uncles.*

Aplicación

4-39 Una chica extraordinaria. Read the article about Julia Catalina Flores and answer the questions based on the reading.

Julia Catalina Flores: la charanguista más joven de Progreso

Julia Catalina Flores Ramírez sabe tocar la guitarra y desde la edad de 6 años toca en la banda de su papá. (Foto de Suyapa Carias)

¿Conoces a Julia? Pues si la ves en el grupo de su padre, vas a saber que es una chica extraordinaria. Aunque es pequeña y tímida, es una experta tocando el *charango,* un instrumento similar a la guitarra. Es de una madera hondureña muy rara y especial. Ella dice que conoce su charango como a un miembro de su familia.

Julia vive en el pueblo de El Progreso en el norte de Honduras. Cuando las personas la escuchan tocar, están maravilladas por su talento. Ella quiere tocar con su familia y hacer feliz a la gente. Ya sabe tocar más de 200 canciones. Si la quieres escuchar, el grupo cobra unas 25 lempiras por canción. Pero tienes que viajar a Honduras, porque ella es muy joven para salir de viaje como música profesional.

1. ¿Dónde vive Julia?
   Vive en El Progreso, Honduras.

2. ¿Cómo es?
   Es pequeña y tímida.

3. ¿Qué sabe hacer?
   Sabe tocar el charango.

4. ¿Cuántas canciones sabe?
   Sabe más de 200 canciones.

5. ¿La puedes escuchar en tu ciudad?
   No, porque es joven.

6. ¿Quieres conocerla algún día? ¿Por qué?
   Answers will vary.

4-40 Una amiga. Complete the following conversation between Marcela and Carmiña with the correct form of **saber** or **conocer**.

MODELO: Yo _conozco_ a Julia Catalina Flores.

Marcela: ¿(1) (tú) ____Conoces____ a Julia también?

Carmiña: No, yo no la (2) ___conozco___ personalmente pero (3) ____sé____ que ella es hondureña.

Marcela: Todos (4) ___saben___ que ella toca muy bien el charango, ese instrumento musical similar a la guitarra.

Carmiña: Ramona (5) ___sabe___ que Julia vive en El Progreso.

Marcela: Sí, es verdad. Su familia es muy famosa. Julio y Ramona (6) ___conocen___ a sus padres, pero no (7) ___saben___ dónde viven.

Carmiña: Roberto quiere invitarla a una fiesta, pero no (8) ___sabe___ si puede ir. ¿(9) (tú) ___Conoces___ a sus padres?

Marcela: Sí, (10) ___conozco___ a los padres, pero no (11) ___sé___ su número de teléfono.

Carmiña: ¿(12) (tú) ___Sabes___ cuántos años tiene Julia?

Marcela: No (13) ___sé___. Pero (14) ___sé___ que es muy joven.

4-41A Entrevista. Read the following profile and answer your partner's questions using that information. Then ask your partner the questions below. Write down his/her answers. Student B, please see **Appendix 1,** page A5.

MODELO: E1: *¿Conoces alguna* (any) *persona famosa?*
          E2: *Sí, conozco a Ricky Martin. Soy amigo/a de él.*

> Soy intérprete personal del presidente de Honduras.
> Juego muy bien al tenis.
> Viajo mucho a El Salvador y a Honduras y muy poco a los EE.UU.
> Soy amigo/a del actor colombiano John Leguizamo.
> Hablo inglés y francés también.
> Estudio la política y los gobiernos de Centroamérica.

1. ¿Sabes hablar otros idiomas?
2. ¿Conoces las ruinas de Tikal?
3. ¿Qué instrumento sabes tocar?
4. ¿Sabes jugar bien al béisbol?
5. ¿Conoces alguna persona famosa de Costa Rica?
6. ¿Qué ciudades centroamericanas conoces?

Expansion of 4-41A/B.

As an in-class writing assignment or as homework, and following the same format of a series of sentences, have students write a personal profile that they consider to be ideal or extraordinary. Then, have students switch papers with a partner in class, who on a separate piece of paper will write four to six questions about the information using *saber* and *conocer*. The paired students then interview each other using their questions. Encourage students to use their imagination in answering. Finally, ask for volunteers to share some of their questions and corresponding answers with the class.

CAPÍTULO 4

Warm-up for 4-42.

Before having students carry out this activity, ask them to quickly jot down the pertinent infinitive, *saber* or *conocer*, for each box, and then review their answers with them. This will help the activity proceed smoothly. Note with students that some topics can be used with either verb, depending on meaning, e.g., *saber cuál es la capital de Honduras* versus *conocer la capital de Honduras*. Most of the topics, however, require one of the verbs exclusively, e.g., *conocer una ciudad interesante, saber cantar en español.*

Additional Activity for *Saber and conocer.*

Lo que sé. Individually, make a list of five things you know or know how to do and then another list of five people and places you know. Later, compare your lists to find out what you have in common.

Modelo: Sé jugar al tenis.
Conozco al presidente de IBM.

 4-42 ¿Quién? Ask as many classmates as possible questions regarding the following. Write the name of each person on the chart, noting his/her answer (as **sí** or **no**).

MODELO: la fecha
E1: *¿Sabes la fecha de hoy?*
E2: *Sí, la sé. Es el 15 de noviembre.*

la fecha de hoy	el número de teléfono del/de la profesor/a	un restaurante salvadoreño	una persona hispana
_____	_____	_____	_____
un restaurante español	una persona de Centroamérica	cuándo hay examen	dónde vive el presidente de Guatemala
_____	_____	_____	_____
cantar en español	jugar al béisbol	la capital de Honduras	preparar café
_____	_____	_____	_____
bailar bien	una ciudad interesante	un actor	mi nombre
_____	_____	_____	_____

4-52 to 4-55

¿Cuánto sabes tú? *Can you…*

☐ invite a friend to do something with you?

☐ point out objects that are near, farther away, and very far away by using demonstrative adjectives and pronouns?

☐ talk about people and places you know, information you know, and things you know how to do by using **saber** and **conocer**?

RECURSOS

In-class Communicative Projects

Observaciones

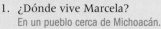

¡Pura vida! Episodio 4

Episode 4

4-56 to 4-59

In this episode you'll learn more about Felipe's family and an upcoming wedding.

Antes de ver el video

4-43 Una boda. Marcela explains how weddings are celebrated in her town in Mexico. Read her description and answer the questions that follow in Spanish.

> En mi pueblo, cerca de Michoacán, una boda es un evento de tres días o más. Primero, hay fiestas familiares con amigos en las que los novios reciben regalos (*gifts*) para su nuevo hogar (*home*). La boda es muy solemne; generalmente se celebra en una iglesia con una misa (*mass*). Después hay una gran fiesta con música de mariachis, baile y grandes cantidades de comida. Se sirven tamales, mole y muchas cosas más. ¡Y claro, una torta (*cake*)! Esta fiesta dura hasta la madrugada (*dawn*) cuando todos desayunan juntos. Las bodas en México son fiestas alegres (*happy*) en las que todos disfrutan (*enjoy*) mucho.

1. ¿Dónde vive Marcela?
   En un pueblo cerca de Michoacán.
2. ¿Cuántos días dura una boda en su pueblo?
   Tres días o más.
3. ¿Qué pasa después de la ceremonia en la iglesia?
   Hay una gran fiesta con música de mariachis, baile y mucha comida.

Los mariachis tocan en una boda mexicana.

A ver el video

4-44 Hay una boda. Watch the fourth episode of *¡Pura vida!* You will hear Felipe and Marcela discuss an upcoming wedding. Complete the statements that follow.

Felipe recibe un traje (*suit*).

Marcela

Felipe

1. La boda es el ___jueves___.
2. Claudia es la ___hermana___ de Felipe.
3. Marcela tiene una ___hermanastra___, la hija de la segunda esposa de su papá.
4. En Madrid, Felipe tiene muchos ___primos___.
5. Elvira es la ___novia (amiga)___ de Felipe.

Después de ver el video

www

4-45 Los mariachis. Connect with your **¡Arriba!** web site to see more photos of mariachis and to hear their music. What instruments do you hear?

ciento cuarenta y tres • **143**

RECURSOS

IRM Video Script

Expansion of 4-43.

Ask some additional comprehension questions, e.g., *¿Qué tipo de regalos reciben los novios en las fiestas antes de la boda? ¿Cómo es la boda? ¿Qué tipos de comida se sirven en la fiesta después de la boda? ¿Qué hay en la madrugada? ¿Qué semejanzas y diferencias hay entre una boda en México y una boda en los Estados Unidos?* etc.

Warm-up for 4-44.

Tell students to look over the fill-in-the-blank comprehension items before viewing the video. Point out that no word bank is provided for them; thus, they may want to jot down pertinent facts as they watch, either during a first or a second viewing.

Warm-up for 4-44.

This episode of *¡Pura vida!* works nicely as a springboard for integrating theatre into the classroom. Play the beginning of the episode in class. During an early moment of tension between Marcela and Felipe, stop the video and have students predict what will happen next. The students can compose brief dialogues to act out in front of the class. After viewing the skits, play the scene and see which group's skit most closely approximates the video storyline. Students can view the remainder of the episode and complete the comprehension activity as homework. As the video series continues to develop, integrate this viewing technique with additional episodes, as students get to know the characters with increasing depth.

Implementation of *Panoramas*.
The three countries depicted on these pages are among those that have suffered the most strife and hardship in Latin America. Some of your students may have studied the political or economic history of the region. Draw on their knowledge to round out your discussion.

Expansion of 4-46.
Ask students additional comprehension questions based on the map, e.g., *¿Qué océano está al oeste de los tres países? ¿Qué mar está al este? ¿Hay ríos y lagos en estos países? ¿Cuáles? ¿Qué país está al sur de Honduras? ¿Hablan español en Belice?* etc.

NUESTRO MUNDO

Panoramas

Vistas culturales

4-60 to 4-62

La América Central I: Guatemala, El Salvador, Honduras

4-46 ¿Ya sabes...? How many of the following can you name or answer?

1. las capitales de estos tres países
   la Ciudad de Guatemala, San Salvador, Tegucigalpa

2. el país que tiene frontera con México
   Guatemala

3. un producto agrícola
   el café

4. el país más pequeño de los tres
   El Salvador

5. una civilización antigua
   la maya (los mayas)

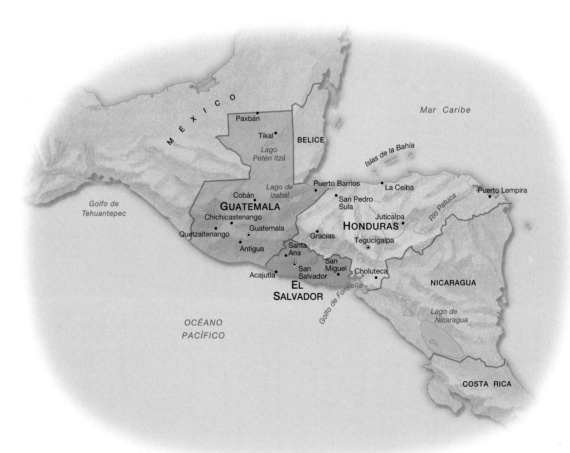

RECURSOS

Transparency T4-6	PowerPoint T4-6

Estos niños indígenas llevan ropa que refleja las antiguas tradiciones artesanales de los tejidos (*woven goods*) guatemaltecos. Los tejidos son también muy populares entre los turistas.

La economía de estos países depende mucho de la agricultura. El café, un producto importante en toda la región, es especialmente susceptible a los cambios climáticos, como (*like*) los huracanes.

En el interior de El Salvador, el ecoturismo es una buena manera de conocer el país. En Cerro Verde, por ejemplo, puedes observar una gran variedad de flora y fauna, además del volcán El Izalco. El volcán está activo desde 1722, y en la época de la colonización, los indígenas lo denominaron "el infierno de los españoles".

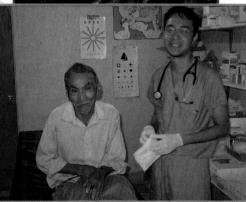

El terreno selvático (*jungle*) y montañoso de gran parte de Centroamérica dificulta la implementación de servicios de salud (*health*). Sin embargo, los gobiernos centroamericanos y las organizaciones internacionales como "Hombre a hombro" (*Shoulder to Shoulder*) hacen grandes esfuerzos para hacer llegar los avances de la medicina.

Después de muchos años de graves problemas militares, políticos y económicos, los países centroamericanos están en un período de paz, con gobiernos democráticos. Este mural conmemora el cese de fuego (*cease-fire*) de 1992 en El Salvador.

La ciudad de Tikal es la más grande y antigua de las ruinas mayas excavadas hasta ahora. Además de algunas de las impresionantes edificaciones de la arquitectura maya, el turista puede admirar el sistema de canales para usar el agua de lluvia (*rain*) que consumían los 40.000 indígenas mayas que vivían allí.

Implementation of *Panoramas*.
Point out various reading comprehension strategies to help students process the material in the *Panoramas* section of each chapter. First, encourage students to look for cognates as they read the captions. For an immediate confidence boost, have them identify the English equivalents for the following words in the very first caption of this section: *indígenas, refleja, tradiciones, populares, turistas*. Second, encourage students to connect the language to the photographs. For example, have them identify the expression for *Mayan ruins* in the last caption. Third, whether the reading is assigned for home or in-class, tell students to underline words that interfere with their understanding of the text. Review these words with them or ask them to consult the glossary or a Spanish-English dictionary before proceeding to the activities. (Students may need a few pointers on how to use a bilingual dictionary.) Fourth, point out that it is not necessary to understand every word in a text to capture its global meaning. Thus, tell students not to get distracted or overwhelmed by an occasional unknown word. For further practice with reading comprehension, have students carry out the *Páginas* section of each chapter, as well.

Expansion of *Panoramas*.
Ask students comprehension questions based on the information in the captions, e.g., *¿De qué colores son los tejidos que llevan los niños? ¿Con qué producto trabaja la señora? ¿Bebes tú mucho café? ¿En qué año empieza a ser activo el volcán El Izalco? ¿Te gusta caminar en las montañas? ¿Cómo es el doctor? ¿Cómo es el señor al lado del doctor? ¿De qué colores es el mural? ¿Qué representa? ¿Te gusta? ¿Por qué es importante la ciudad de Tikal? ¿Cuántas personas vivían allí en el pasado?* etc.

Additional Activity for *Panoramas*.
Look at the map of Central America and indicate where the following are located.

MODELO: Copán
Copán está en Honduras, cerca de la frontera de Guatemala.

al este de…   al norte de…
al oeste de…   en el centro
en la costa del golfo de México
en la costa del Caribe   al sur de…
en la costa del Pacífico   en las montañas

1. Belice
2. San Salvador
3. Tegucigalpa
4. Tikal
5. La Ciudad de Guatemala
6. Quezaltenango

145

Expansion of 4-49.

Encourage students to bring in images of their chosen country to use as a selling point. As a wrap-up, have a few volunteers share their descriptions and images with the class.

4-47 ¿Cómo son? Complete these statements based on the previous information.

1. Los tres países tienen…
   - a. industria.
   - b. desiertos.
   - (c.) costas.

2. La artesanía incluye…
   - a. la platería.
   - (b.) los tejidos multicolores.
   - c. los suéteres.

3. Tikal es…
   - (a.) una ruina arqueológica.
   - b. una maquiladora.
   - c. un centro comercial.

4. El sistema del gobierno de los tres países es…
   - a. una dictadura.
   - b. comunista.
   - (c.) democrático.

5. Una de las industrias más importantes es…
   - a. la minería.
   - b. los automóviles.
   - (c.) la agricultura.

6. Uno de los desafíos (*challenges*) más grandes para los gobiernos es…
   - (a.) llevar los servicios de salud a la gente.
   - b. establecer una democracia.
   - c. excavar los sitios arqueológicos.

7. Muchas ruinas de la antigua civilización de los mayas se encuentran en…
   - a. El Salvador.
   - b. Honduras.
   - (c.) Guatemala.

8. De los tres países, El Salvador es el más…
   - (a.) pequeño.
   - b. rico.
   - c. montañoso.

 4-48 Investigar. Connect with your **¡Arriba!** web site to see more images of one of these countries. Choose one and respond to the following questions.

1. ¿Qué es?
2. ¿Dónde está?
3. ¿Cómo es?
4. ¿Lo/La quieres visitar o ver algún día? ¿Por qué?

 4-49 Debes conocer… Take turns describing the country that you researched in **4-48** and try to convince each other that it is a good place to visit. Include the cost of airfare and hotel. Decide which country you would both like to visit.

MODELO: *Debes conocer… porque tiene… El vuelo en avión cuesta… y el hotel cuesta…*

Ritmos

"Marimba con punta" (Los profesionales, Honduras)

4-63

"Marimba con punta" combines the marimba, a xylophone-like instrument derived from West Africa, with *punta rock*, a regional dance music that is popular in Central America. Originally, *punta* music was played at wakes by the Garifunas, descendants of West African people.

La marimba tiene su origen en África.

Antes de escuchar

4-50 Bailar punta. Complete the following sentences that refer to the song by conjugating the verbs in parentheses. Then rewrite the sentences using the appropriate direct object pronouns.

MODELO: Todo el mundo _____ (poder) bailar punta.
          Todo el mundo __puede__ bailar punta.
          Todo el mundo ___la___ puede bailar.

1. También yo _____ (querer) bailar punta…quiero, la quiero bailar

2. …pero mis amigos y yo no _____ (saber) bailar punta. sabemos, la sabemos

3. Los cantantes (*singers*) _____ (repetir) el coro muchas veces. repiten, lo repiten

4. Uds. _____ (preferir) esta música porque es muy alegre y rápida. prefieren, la prefieren

5. ¿_____ (tú) (entender) las palabras de la canción? entiendes, las entiendes

Note on *Ritmos*.
The east coast of Central America enjoys the cultural blending of indigenous, Spanish, and African heritages. This is evident in its music.

Lyrics to *Marimba con punta*.

Chorus:
Ritmo punta lo bailas tú,
ritmo punta lo bailo yo.
Ritmo punta lo cantas tú,
ritmo punta lo canto yo.

Ritmo punta lo bailas tú,
ritmo punta lo bailo yo.
Ritmo punta lo cantas tú,
ritmo punta lo canto yo.

Éste es un ritmo sabroso,
que el mundo lo baila ya.
Éste es un ritmo sabroso,
que el mundo entero lo baila ya.

Lo bailan los cocineros,
ricos y pobres, ¡qué rico está!
Bailamos flacos, gorditos,
altos, bajitos, ¡oye mamá!

Chorus
¡El poder musical de Honduras!

Chorus
Todos en este verano,
se apresuran a bailar.
Todos en este verano,
se apresuran a bailar.

Las chicas que hay en la playa,
con los muchachos, la gozarán.
Otros lo bailan en casa,
en discotecas, en cualquier lugar.

Chorus

RECURSOS
Ritmos
Track 4

Note on *Diminutives*.

The rules for forming diminutives in Spanish grammar are very complex, and there are dialectal differences as regards the suffixes preferred (e.g., *-ito/a* versus *-ico/a*, the latter of which is common in Costa Rica and in southwestern Spain [Murcia]). In general, however, there are consistent parameters that apply, based on both the final sound and the syllable structure of the word. Some of these rules are as follows: 1) words ending in the vowels *o* or *a* usually add *-ito/a* to the root (e.g., *bajo/a*, with root *baj-*, results in *bajito/a*); 2) words ending in the vowel *e* usually add *-ecito/a* to the root (e.g., *pobre*, with root *pobr-*, results in *pobrecito/a*); 3) polysyllabic words (i.e., words having more than one syllable) that end in the consonants *l*, *s*, or *z* usually add *-ito/a* to the root (e.g., *fácil*, also the root, results in *facilito/a*); and 4) polysyllabic words ending in the consonants *n* or *r* usually add *-cito/a* to the root (e.g., *canción* results in *cancioncita*; *calor* results in *calorcito*). The meanings contributed by these suffixes likewise can be complex. For our purposes, it will suffice simply to say that usually, diminutive suffixes communicate small size and/or affection and compassion.

Expansion of 4-51.

Point out the **c → qu** spelling change in adjectives like **flaco → flaquito.**

Wrap-up for 4-52.

Have students share their work in groups of 3 students. Have them assess similarities and differences among them as regards their answers. Ask students to write their diminutives on the board, and review the lists with them for accuracy. Then, in order to place the forms in meaningful contexts, have a few volunteers share their complete sentences with the class.

Expansion of 4-52.

Encourage students to experiment and have fun with additional diminutives. Write the following sentences on the board or a transparency, with the target nouns underlined. Have students write the diminutive equivalents and then take turns saying the revised sentences in pairs. Encourage them to think of additional sentences and examples. E.g., *1. Vivo en una casa. (casita) 2. Tengo un hermano. (hermanito) 3. Él tiene un perro. (perrito) 4. Mi abuela vive con nosotros también. (abuelita) 5. Esta noche vamos a tener una fiesta. (fiestita;* also *fiestecita,* due to the diphthong in the stressed syllable of the root *fiest-)* etc.

A escuchar

4-51 Los amantes de punta rock. What types of people do you think like *punta rock* music? Supply the missing adjectives for the following stanza with the correct word from the list as you listen to the song.

Note: In **Capítulo 2** you learned about diminutives with names (**-ito/-ita**). Diminutives can also be used with adjectives like those listed below: **bajitos** and **gorditos.**

bajitos	altos	gorditos	ricos	pobres

Marimba con punta
Éste es un ritmo sabroso,
que el mundo lo baila ya.
Éste es un ritmo sabroso,
que el mundo entero lo baila ya.

Lo bailan los cocineros,
_____ricos_____ y _____pobres_____, ¡qué rico está!
Bailamos flacos, _____gorditos_____,
_____altos_____, _____bajitos_____, ¡oye mamá!

Después de escuchar

4-52 Mis amiguitos. What diminutives would you use to describe your family members? Your friends? Using the adjectives in activity **4-51** and others that you know, write five complete sentences describing them.

Páginas

4-64

"Querida Dolores"

Antes de leer

4-53 Pistas extratextuales (*Extra-textual clues*). The publication in which you find an article often gives away its content. Think of what you expect from the financial or sports pages of the newspaper, a handwritten letter on perfumed paper, or a traffic citation left on your windshield. The following selection comes from a bilingual magazine called *Latina*. Think about these clues before you read the selection.

1. ¿Quiénes crees que leen *Latina*?
2. En tu opinión, ¿cuáles de estas secciones **no** aparecen en *Latina*?

   moda (*fashion*)   deportes   cocina (*cuisine*)   horóscopo

A leer

4-54 Los consejos (*advice*) sentimentales. Read the following letters from *Latina*.

Querida Dolores:

Soy un hombre de 27 años y hace unos siete años que tengo una relación con una mujer. Tenemos dos hijos pero no estamos casados. No he deseado (*I haven't wanted*) dar ese paso porque mis sentimientos han cambiado en los últimos dos años y no estoy seguro de que la amo suficientemente para casarme con ella. Discutimos todo el tiempo y raramente cocina o limpia. Nos llevamos bien (*we get along*) mientras no le mencione ninguna de esas cosas. No quiero dejarla porque no quiero herirla (*hurt her*) o a mis hijos. ¿Qué crees que debo hacer?

—Frustrado.

Querido Frustrado:

Mi hijo, si quieres una sirvienta, pon un anuncio en la sección de clasificados de tu periódico local. Si quieres una esposa, comparte los quehaceres (*chores*) de la casa y no asumas que cocinar (*to cook*) y limpiar (*to clean*) es el deber de las mujeres. Eso pasó de moda con el hula hoop.

—Y no discutan más, D.

Después de leer

4-55 ¿Comprendiste? Complete the following statements logically according to what you have read.

1. El hombre que escribe la carta está…

   a. contento. (b.) desilusionado. c. casado.

2. Él y su novia…

   a. están separados. b. están divorciados. (c.) viven juntos.

3. Él cree que los quehaceres de la casa son para…

   (a.) las mujeres. b. los hombres. c. los niños mayores.

4. Ella…

   a. es de la misma opinión.

   (b.) no está de acuerdo.

   c. lo deja (*leaves*) por otro.

5. Dolores responde que en una relación…

   a. la mujer debe tener sirvienta para ayudarla.

   b. el hombre es el rey de la casa.

   (c.) tanto los hombres como las mujeres cooperan.

 4-56 En su opinión. Work together to express your opinion about these family issues. Use the following statements in your discussion.

| Estoy de acuerdo. | No opino. | No estoy de acuerdo. |

1. El hombre y la mujer deben compartir (*share*) los quehaceres de la casa.
2. Si la mujer trabaja fuera de la casa, necesita tener ayuda doméstica.
3. La mujer que no trabaja fuera de la casa no necesita ayuda de su pareja (*partner*).
4. Los hijos y las hijas deben ayudar con los quehaceres de la casa.
5. En una familia, la mujer generalmente trabaja más.
6. En mi casa, yo soy la persona que trabaja más.

Taller

4-65 to
4-67

4-57 Una invitación. In this activity, you will write a short letter to invite a friend to spend the weekend with you. Follow the steps below and also see the *Ampliación* chart for useful expressions in your letter.

> *Tegucigalpa, 30 de mayo de 2007*
>
> Querida Pilar:
>
> Hola, ¿cómo estás? Estoy aquí en Tegucigalpa para pasar las vacaciones con mi familia. Conoces a mi amigo, Pancho, ¿verdad? Pues, el 27 de junio es su cumpleaños y quiero invitarte a cenar a mi casa...

Antes de escribir

■ Make a list based on the following information.

- ☐ lugar, fecha
- ☐ saludo
- ☐ presentación
- ☐ algunas actividades
- ☐ ¿Con quiénes?
- ☐ ¿Cuándo?
- ☐ ¿Por qué?
- ☐ despedida
- ☐ ¿Por cuánto tiempo?

Implementation of *Taller.*
Students may wish to address their letter to a classmate, a famous person, or someone they have read about in this chapter. Have them begin their letter in class so that you can check the opening mechanics, and then have them complete it as homework. As an alternative, the class can begin writing as a full-class activity and then write their own variations as homework.

Expansion of 4-57.
For additional practice with personalized letter-writing, this exercise (i.e., where students exchange letters and respond to the letter of their partner) can be continued indefinitely. One option is for the same paired students to continue their correspondence with one another, perhaps even by e-mail, with you as the instructor copied to each exchange of messages. A second option is for each original letter to be given to a new partner for response. The two responses obtained by the original author then can be compared, for instance. Many variations are possible here.

A escribir

- **Saludo.** Use the format of the sample letter on page 151, beginning with the place, date, and greeting.

- **Carta.** Incorporate the information from your list above. Use words such as **y, pero,** and **porque** to link your ideas.

- **Respuesta.** Ask for a reply to your letter.

- **Despedida.** Close the letter with a farewell (e.g., **Un abrazo de…,** or **Con todo cariño…,**)

AMPLIACIÓN	
Saludos	**Greetings**
Mi(s) querido/a(s) amigo/a(s):	*My dear friend(s),*
Queridísima familia:	*Dearest family,*
Querido/a(s)…:	*Dear…,*
Despedidas	**Closings**
Responde pronto,	*Respond soon,*
Un abrazo (de),	*A hug (from),*
Un beso (de),	*A kiss (from),*
Cariñosamente,	*Love, Affectionately,*
Con todo (el) cariño,	*With all my love,*

Después de escribir

- **Revisar.** Review the following elements in your letter:
  - ☐ use of stem-changing verbs, **poner, salir,** and **traer**
  - ☐ use of **saber** and **conocer** and the personal **a**
  - ☐ use of direct objects and direct object pronouns
  - ☐ use of demonstratives (**este, ese, aquel,** etc.)
  - ☐ correct spelling, including accents

- **Intercambiar**
  Exchange your letter with a classmate's; make grammatical corrections and content suggestions. Then respond to the letter.

- **Entregar**
  Rewrite your original letter, incorporating your classmate's suggestions. Then turn in your original letter and the response from your classmate to your instructor.

Vocabulario

PRIMERA PARTE

Miembros de la familia	Family members
el/la abuelo/a	grandfather/grandmother
el/la cuñado/a	brother-in-law/sister-in-law
el/la esposo/a	husband/wife
el/la hermanastro/a	stepbrother/stepsister
el/la hermano/a	brother/sister
el/la hijo/a	son/daughter
la madrastra	stepmother
la madre	mother
el/la nieto/a	grandson/granddaughter
el/la novio/a	boyfriend/girlfriend; groom/bride
la nuera	daughter-in-law
el padrastro	stepfather
el padre	father
el/la primo/a	cousin
el/la sobrino/a	nephew/niece
el/la suegro/a	father-in-law/mother-in-law
el/la tío/a	uncle/aunt
el yerno	son-in-law

Verbos	Verbs
almorzar (ue)	to have lunch
costar (ue)	to cost
dormir (ue)	to sleep
empezar (ie)	to begin
encontrar (ue)	to find
entender (ie)	to understand
jugar a (ue)	to play
pasar	to spend (time)
pensar (ie)	to think
pedir (i)	to ask for; to request
perder (ie)	to lose
poder (ue)	to be able; can
poner	to put; to place
preferir (ie)	to prefer
querer (ie)	to want; to love
recordar (ue)	to remember
repetir (i)	to repeat
salir	to leave; to go out
servir (i)	to serve
soñar (ue) (con)	to dream (about)
traer	to bring
venir (ie)	to come
volver (ue)	to return

Adjetivos	Adjectives
casado/a	married
divorciado/a	divorced
mayor	older
menor	younger
soltero/a	single; unmarried
unido/a	close; close-knit

Implementation of *Vocabulario*.

Help students better assimilate vocabulary through images of people and places, family trees, role-plays, and review games. Some examples of the latter that will work successfully with these word sets include word associations (e.g., identifying antonyms (like *casado/a* versus *divorciado/a*), family terms related by gender (like *yerno / nuera*) or by generation (like *abuelo/a* versus *nieto/a*, *padres* versus *hijos/as*, etc.), spelling races at the board, charades (since there are many verbs), and Pictionary (since there are many nouns). By interacting with others and using words in meaningful ways, vocabulary acquisition is greatly enhanced.

SEGUNDA PARTE

El ocio	Leisure time
el café al aire libre	outdoor café
el centro	downtown
el cine	movie theatre
el concierto	concert
la entrada	admission ticket
la función	show
la orquesta	orchestra
el parque	park
el partido	game
la película	movie
el teatro	theatre

Verbos	Verbs
conocer	to know (someone); to be familiar with (something)
poner una película	to show a movie
pasear	to take a walk
saber	to know (how to do) something

Hacer una invitación	Extending invitations
¿Quieres ir a...?	Do you want to go to...?
¿Te gustaría (+ inf.)...?	Would you like (+ inf.)...?
¿Vamos a...?	Should we go...?

Aceptar una invitación	Accepting invitations
De acuerdo.	Fine with me; Okay.
Me encantaría.	I would love to.
Paso por ti.	I'll come by for you.
Sí, claro.	Yes, of course.
¡Vamos!	Let's go!

Rechazar una invitación	Rejecting invitations
Estoy muy ocupado/a.	I'm very busy.
Gracias, pero no puedo...	Thanks, but I can't...
Lo siento, tengo que...	I'm sorry, I have to...

Direct object pronouns	See page 125.
Demonstrative adjectives and pronouns	See page 137.

RECURSOS

Testing Program Tests A and B Modules 4-1 to 4-31

Note on *Capítulo 5*.
Beginning in *Capítulo 5*, direction lines will appear in Spanish. Help students learn to read and understand these by having them explain the activities in English after reading the directions silently. Alternatively, to avoid the use of English, after going over the direction lines and model with students for a particular activity in Spanish, do the first few items of the activity with them to confirm comprehension.

5 ¿Cómo pasas el día?

OBJETIVOS COMUNICATIVOS

PRIMERA PARTE

¡Así lo decimos! Vocabulario	Las actividades diarias
¡Así lo hacemos! Estructuras	Reflexive constructions: pronouns and verbs
	Comparisons of equality and inequality
Comparaciones	El ecoturismo en Costa Rica

- Describing your daily routine and habits
- Expressing needs related to personal care
- Expressing emotional states
- Comparing objects and people

SEGUNDA PARTE

¡Así lo decimos! Vocabulario	Los quehaceres domésticos
¡Así lo hacemos! Estructuras	The superlative
	The present progressive
Observaciones	¡Pura vida! Episodio 5

- Talking about what you do around the house
- Describing people or things using superlatives
- Describing what is happening at the moment

NUESTRO MUNDO

Panoramas	La América Central II: Costa Rica, Nicaragua, Panamá
Ritmos	"Ligia Elena" (Rubén Blades, Panamá)
Páginas	Playa Cacao
Taller	Vendo casa

RECURSOS

IRM
Lesson Plan

Uno de los cantantes más famosos de salsa es Rubén Blades. No sólo se le conoce por su música y por ser un buen actor, sino también por su activismo social y político.

La América Central II: Costa Rica, Nicaragua, Panamá

«Un lugar para cada cosa y cada cosa en su lugar.» *

ESTADOS UNIDOS

OCÉANO ATLÁNTICO

Golfo de México

MÉXICO

REPÚBLICA DOMINICANA

CUBA

PUERTO RICO

Bahía de Campeche

HONDURAS

Mar Caribe

GUATEMALA

NICARAGUA

EL SALVADOR

PANAMÁ

COSTA RICA

OCÉANO PACÍFICO

AMÉRICA DEL SUR

Río de California

*__Refrán:__ A place for everything and everything in its place.

Al mono aullador (*howler*) se le conoce por sus gritos. La especie vive en los árboles altos de los bosques de la América Central.

ciento cincuenta y cinco • **155**

Implementation of *Refrán*.
Act out this proverb by putting objects where they belong (such as pens and pencils in a pencil holder or case, chalk and eraser on the chalkboard ledge, personal belongings in a backpack, purse, or wallet, etc.). Have students guess the meaning and then repeat it until they can do it from memory.

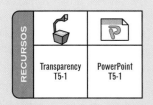

RECURSOS

| Transparency T5-1 | PowerPoint T5-1 |

PRIMERA PARTE

¡Así lo decimos! Vocabulario

CD 1,
Track 30

5-1 to
5-2

¡Así es la vida! El arreglo personal

Los vecinos (*neighbors*) de la Calle Ricardo Arias en la Ciudad de Panamá.

Son las siete de la mañana y cada vecino tiene que prepararse para este nuevo día.

Antonio, el vecino del cuarto piso, tiene que afeitarse. Janet, la vecina del tercer piso, necesita levantarse para ir a la universidad. Cristina, la vecina del primero, tiene que vestirse y Eduardo, del primero también, debe secarse el pelo porque tiene que salir inmediatamente.

¡Ya empieza otro día!

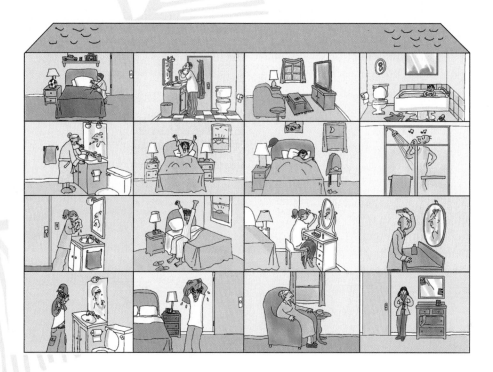

Las actividades diarias

CD 1,
Track 31

5-3 to
5-8

acostarse (ue)

afeitarse

bañarse

cepillarse (los dientes)

despertarse (ie)

dormirse (ue, u)

ducharse

lavarse (la cara)

levantarse

maquillarse

peinarse

quitarse (la camisa)

secarse (el pelo)

sentarse (ie)

vestirse (i, i)

Algunas partes del cuerpo	*Some parts of the body*
la cara	face
los dientes	teeth
la mano	hand
la nariz	nose
el ojo	eye
el pelo	hair

Algunas emociones	*Some emotions*
ponerse contento/a	to become happy
furioso/a	angry
impaciente	impatient
nervioso/a	nervous
triste	sad
reírse (i, i)	to laugh
sentirse (ie, i)	to feel

Artículos de uso personal	*Personal care items*
el cepillo (de dientes)	(tooth) brush
el champú	shampoo
la crema (de afeitar)	(shaving) cream
el desodorante	deodorant
el espejo	mirror
el jabón	soap
el lápiz labial	lipstick
la loción (de afeitar)	(shaving) lotion
el maquillaje	makeup
la máquina de afeitar	electric razor
la navaja de afeitar	razor
el peine	comb
el secador	hair dryer

ciento cincuenta y siete • **157**

Note on *Artículos de uso personal*.
You may want to point out alternative terms for some items: *la navaja de afeitar = la cuchilla, el lápiz labial = el pintalabios, el secador = la secadora.*

Implementation of *¡Así lo decimos!*
Use a few of these verbs in context to talk about your own routine. Limit their use to the infinitive form, e.g., *Necesito ducharme…, Tengo que secarme el pelo…,* etc., because the formal presentation of reflexive constructions has not yet been made.

Implementation of *¡Así lo decimos!*
Use the following questions to personalize the *arreglo personal* vocabulary. *¿Qué aspectos del arreglo personal haces todos los días? ¿Qué no haces nunca? ¿Qué haces de vez en cuando?*
Use the following questions to personalize the *artículos de uso personal* vocabulary. *¿Qué artículos de uso personal tienes en tu baño? ¿Qué traes en tu bolsa o tu bolsillo? Cuando viajas, ¿qué llevas? ¿Qué artículos no usas nunca?*

Expansion of *¡Así lo decimos!*
Throughout the chapter, provide students ample opportunity to connect meaning to the reflexive verbs. For example, write each reflexive verb in its infinitive form on a note card, and use the cards to play charades as a class or within groups of five to six students (in which case, various sets of note cards are required). Each student randomly chooses a card from a pile and acts out the verb for the others to guess. Subsequent to the formal presentation of reflexive constructions in the chapter, show transparencies of the actions as shown in the text, or bring in additional images from magazines or the Internet (perhaps mounted on construction paper). Engage in brief, whole-class conversation about the images, e.g., *¿Qué hace esta persona? Sí, esta persona se levanta… ¿Quién en la clase se levanta temprano? Sí, Lisa, … ¿A qué hora te levantas? ¿Quién se levanta muy tarde?… Ahora, ¿qué hace el hombre en esta imagen?,* etc. Later in the chapter, when the present progressive is presented, use these same activities to further merge the practice of vocabulary and grammar. In other words, have students respond using the present progressive during charades (e.g., *¡Estás duchándote!*) and/or during conversation about the images (e.g., *¿Qué está haciendo este señor? Sí, se está vistiendo, o está vistiéndose…,* etc.).

Aplicación

5-1 ¿Quién es quién? Identifica la persona de **¡Así es la vida!** que probablemente dice lo siguiente.

Antonio (**A**)   Janet (**J**)   Cristina (**C**)   Eduardo (**E**)

1. __E__ Prefiero secarme el pelo antes de salir.
2. __J__ Necesito levantarme.
3. __A__ Todos los días me afeito.
4. __C__ Tengo que vestirme.

5-2 ¿Qué asocias con...? Escribe asociaciones con las siguientes actividades.

MODELO: afeitarse
la cara, la crema de afeitar, la máquina de afeitar, la navaja, etcétera.

1. bañarse
2. mirarse
3. secarse
4. peinarse
5. despertarse
6. cepillarse
7. sentarse
8. levantarse
9. ponerse impaciente
10. ponerse nervioso/a

 5-3 El arreglo personal. Conéctate con la página web de **¡Arriba!** y busca uno
WWW de los productos siguientes. Descríbelo e incluye su precio. ¿Es para hombres o mujeres? ¿Te parece un producto bueno? ¿Quieres comprarlo? ¿Por qué?

MODELO: *La crema Toja Sensible es una crema de afeitar para hombres.*
La compro porque no es cara.

| crema de afeitar | máquina de afeitar | maquillaje |
| loción | jabón | secador |

5-4 Los señores Rodríguez. Escucha la descripción de la rutina diaria de la
CD 1, familia Rodríguez. Indica a quién/es se refiere cada oración a continuación: al
Track 32 señor Rodríguez, a la señora Rodríguez o a los dos.

LA ACTIVIDAD	EL SEÑOR	LA SEÑORA
1. Se levanta temprano todos los días.		X
2. Trabaja en una oficina.		X
3. Se baña por la mañana.		X
4. Se afeita.	X	
5. Toma café en el desayuno.	X	X
6. Almuerza con otras personas.		X
7. Hace ejercicio después de comer.	X	
8. Prepara la cena.	X	

5-5A El monstruo *(Monster).* Túrnense *(Take turns)* para describir un monstruo mientras su compañero/a lo dibuja *(draw).* Incluyan características físicas. Luego comparen sus descripciones con sus dibujos. Estudiante B, por favor ve al **Apéndice 1,** página A5.

MODELO: El monstruo tiene cuatro ojos, dos dientes, una nariz...

El monstruo tiene...

- tres ojos pequeños
- dos dientes grandes
- no tiene pelo
- dos narices

PRIMERA PARTE

Implementation of *Reflexive constructions.*
Create additional contexts to contrast reflexive and non-reflexive verbs. *Todos los días me levanto a las seis y media. Después levanto a mi esposo/a. Me baño y me cepillo los dientes. Después baño a mi hijo y lo visto. Me preparo un café y le preparo el desayuno a mi familia, etc.*

Implementation of *Reflexive constructions.*
To present the reflexive verb forms, you may want to draw on your celebrity friends to compare your lifestyle with theirs. For example, *Rubén Blades y yo: Yo me levanto a las seis, pero Rubén se levanta a las diez. Yo me ducho con agua fría, pero Rubén se ducha con agua caliente. Rubén y yo nos vestimos rápidamente...* Then follow up with comprehension check questions, for example, *¿Quién se levanta primero? ¿Quién se ducha con agua caliente? ¿Quién se viste rápidamente?* etc.

Note on *Reflexive constructions.*
Progressive constructions, which will be presented in the *Segunda parte* of this chapter, permit these same two options: the attachment of pronouns to the end of the present participle or their placement before the conjugated verb.

¡Así lo hacemos! Estructuras

1. Reflexive constructions: pronouns and verbs

5-9 to 5-19

A reflexive construction is one in which the subject is both the performer and the receiver of the action expressed by the verb.

- The drawing on the left depicts a reflexive action (Isabel is combing her own hair); the drawing on the right depicts a nonreflexive action (Isabel is combing her sister's hair).

Isabel **se peina.**
Isabel combs her hair.

Isabel **peina** a su hermana.
Isabel combs her sister's hair.

Los pronombres reflexivos

- Reflexive constructions require reflexive pronouns.

Subject pronouns	Reflexive pronouns	Verb (*lavarse*)
yo	**me** *(myself)*	**lavo**
tú	**te** *(yourself)*	**lavas**
él, ella, Ud.	**se** *(himself, herself, yourself)*	**lava**
nosotros/as	**nos** *(ourselves)*	**lavamos**
vosotros/as	**os** *(yourselves)*	**laváis**
ellos/as, Uds.	**se** *(themselves, yourselves)*	**lavan**

- Reflexive pronouns have the same forms as direct object pronouns, except for the third-person singular and plural. The reflexive pronoun of the third-person singular and plural is **se.**

  Paco **se** baña.   *Paco bathes.*
  Los niños **se** levantan temprano.   *The children get up early.*

- As with object pronouns, reflexive pronouns are placed immediately before the conjugated verb. In Spanish the definite article, not the possessive adjective, is used to refer to parts of the body and articles of clothing.

  Me lavo las manos.   *I wash my hands.*
  Pedro **se** pone el sombrero.   *Pedro puts on his hat.*

- With infinitives, reflexive pronouns are either attached to the infinitive or placed in front of the conjugated verb.

  Sofía **va a maquillarse** ahora.   }   *Sofía is going to put her makeup on*
  Sofía **se va a maquillar** ahora.   *now.*

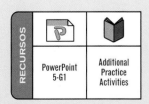

RECURSOS

PowerPoint 5-G1 | Additional Practice Activities

■ In English, reflexive pronouns are frequently omitted, but in Spanish, reflexive pronouns are required in all reflexive constructions.

Pepe **se afeita** antes de acostarse.	*Pepe shaves before going to bed.*
Marina siempre **se baña** a las ocho.	*Marina always bathes at eight.*

Los verbos reflexivos

■ Verbs that describe personal care and daily habits carry a reflexive pronoun if the same person performs and receives the action.

Me voy a acostar temprano.	*I'm going to bed early.*
Mis hermanos se despiertan tarde todas las mañanas.	*My brothers wake up late every morning.*

■ Such verbs can also be used nonreflexively when someone other than the subject receives the action.

Elena **acuesta** a su hija menor.	*Elena puts her youngest daughter to bed.*
¿**Despiertas** a tu abuela?	*Do you wake up your grandmother?*

■ In Spanish, verbs that express feelings, moods, and conditions are often used with reflexive pronouns. A reflexive pronoun is usually not required in English. Instead, verbs such as *to get, to become,* or nonreflexive verbs, are used.

alegrarse (de)	*to become happy*
divertirse (ie, i)	*to have fun*
enamorarse (de)	*to fall in love (with)*
enfermarse	*to become sick*
enojarse (con)	*to get angry*
olvidarse (de)	*to forget*

Me alegro de ganar.	*I am happy to win.*
Siempre **nos divertimos** en la fiesta.	*We always have fun at the party.*
Luis **va a enamorarse de** Ana.	*Luis is going to fall in love with Ana.*
Jorge **se enoja** si pierde.	*Jorge gets angry if he loses.*
Me olvido de todo cuando la veo.	*I forget everything when I see her.*

■ Some verbs have different meanings when used with a reflexive pronoun.

NONREFLEXIVE		**REFLEXIVE**	
acostar (ue)	*to put to bed*	**acostarse (ue)**	*to go to bed*
dormir (ue, u)	*to sleep*	**dormirse (ue, u)**	*to fall asleep*
enfermar	*to make sick*	**enfermarse**	*to become sick*
ir	*to go*	**irse**	*to go away; to leave*
levantar	*to lift*	**levantarse**	*to get up*
llamar	*to call*	**llamarse**	*to be called*
poner	*to put; to set*	**ponerse**	*to put on*
quitar	*to remove*	**quitarse**	*to take off*
vestir (i, i)	*to dress*	**vestirse (i, i)**	*to get dressed*

Las construcciones recíprocas

■ The plural reflexive pronouns **nos, os,** and **se** may be used with verbs that take direct objects to express reciprocal actions. The verbs can be reflexive or nonreflexive verbs, and these actions are conveyed in English by *each other* or *one another.*

Nos queremos mucho.	*We love each other a lot.*
Los novios **se ven** todos los días.	*The sweethearts see one another every day.*

Aplicación

5-6 Mariano Rivera, un panameño en Nueva York. Lee el siguiente párrafo y subraya *(underline)* los verbos reflexivos.

Mariano Rivera es un jugador de los Yankees de Nueva York y lleva años en Manhattan. Su vida es muy activa. Tiene que <u>levantarse</u> temprano porque tiene que practicar béisbol todos los días para estar en buenas condiciones físicas. Después de practicar, <u>se sienta</u> en su estudio para ver la televisión. Por la tarde, <u>se divierte</u> con sus amigos en un café y <u>se pone</u> muy contento cuando tocan música latina. Por la noche, después de hacer ejercicio en un gimnasio, <u>se baña</u> y <u>se acuesta</u> temprano, pues al día siguiente tiene que <u>despertarse</u> a las seis de la mañana porque tiene un juego en Boston esa noche.

5-7 ¿Cómo es su día? Contesta *(Answer)* las preguntas sobre la rutina diaria de Mariano Rivera.

1. ¿Dónde vive? Vive en Nueva York.
2. Generalmente, ¿se levanta tarde o temprano? ¿Por qué? Se levanta temprano porque tiene que practicar béisbol todos los días.
3. ¿Qué hace en su estudio? Ve la televisión.
4. ¿Cómo se siente cuando está con sus amigos? Se siente contento.
5. ¿Qué hace antes de acostarse? Hace ejercicio y se baña.
6. ¿Cómo es su día en tu opinión? ¿Interesante? ¿Difícil? ¿Divertido? ¿Por qué? Answers will vary.

5-8 ¿En qué orden lo haces? Pon *(Put)* estas actividades en orden lógico según tu rutina diaria.

_____ me duermo	_____ me peino
_____ me lavo	_____ me cepillo los dientes
_____ me afeito	_____ me despierto
_____ me acuesto	_____ me lavo la cara

El leopardo y su cachorro se aman mucho.

5-9 Parejas famosas. Explica qué tienen en común las siguientes personas.

MODELO: Romeo y Julieta
           Romeo y Julieta se quieren mucho.

ALGUNAS PAREJAS		ALGUNAS RELACIONES
Charlie Brown y Snoopy		quererse
Antonio y Cleopatra		llamarse
Antonio Banderas y Melanie Griffith		escribirse
los republicanos y los demócratas		verse
los perros *(dogs)* y los gatos *(cats)*	(no)	besarse
Marc Anthony y Jennifer López		odiarse
Tú y yo		encontrarse
¿…?		tolerarse

 5-10 ¿Qué tienen en común? Háganse *(Ask each other)* las siguientes preguntas para comparar sus horarios. Luego, hagan un resumen de lo que tienen en común.

MODELO: despertarse
           E1: *¿A qué hora te despiertas?*
           E2: *Me despierto a las seis. ¿Y tú?*

Actividad	La hora que lo hago yo	La hora que lo hace mi compañero/a
dormirse		
levantarse		
bañarse		
vestirse		
acostarse		

5-11 Las emociones y las reacciones. Túrnense para hacerse preguntas sobre cómo se sienten en las siguientes situaciones.

MODELO: llegas tarde a clase
           E1: *¿Qué pasa cuando llegas tarde a clase?*
           E2: *Me pongo nervioso/a.*

sacas una "A" en un examen   pierdes tu libro de texto
conoces a una persona importante   el/la profesor/a llega tarde para un examen

5-12 Una relación especial. Túrnense para hacerse preguntas sobre relaciones especiales que tienen con algunas personas. Puede ser con un/a novio/a, un/a amigo/a o un familiar.

MODELO: E1: *¿Se conocen bien?*
           E2: *Sí, nos conocemos bastante bien.*

1. ¿Con qué frecuencia se ven?
2. ¿Dónde se encuentran generalmente?
3. ¿Cuántas veces al día se llaman por teléfono?
4. ¿Qué se dicen cuando se ven?
5. ¿Se quieren mucho?
6. ¿Cuándo se dan regalos?
7. ¿Se entienden bien?
8. ¿Se respetan mucho?

2. Comparisons of equality and inequality

5-20 to 5-26

Comparaciones de igualdad

■ In Spanish, you may make comparisons of equality with adjectives (e.g., *as good as*) and adverbs (e.g., *as quickly as*) by using the following construction.

¡Tengo tantos globos como tú!

tan + *adjective/adverb* + **como**

Joaquín es **tan** amable **como** Roberto.

Joaquín is as nice as Roberto.

María habla **tan** despacio **como** su hermana.

María speaks as slowly as her sister.

■ Make comparisons of equality with nouns (*e.g., as much money as; as many friends as*) by using the following construction. Note that **tanto** is an adjective and agrees in gender and number with the noun or pronoun it modifies.

tanto/a(s) + *noun* + **como**

Marta tiene **tantos** amigos **como** ustedes.

Marta has as many friends as you.

Tú tienes **tanta** paciencia **como** Eugenio.

You have as much patience as Eugenio.

■ Make comparisons of equality with verbs (e.g., *works as much as*) by using the following construction.

verb + **tanto como**

Mis hermanos se enamoran **tanto como** tú.

My brothers fall in love as much as you.

Comparaciones de desigualdad

■ A comparison of inequality expresses *more than* or *less than*. Use this construction with adjectives, adverbs, or nouns.

Tengo más dinero que tú.

más/menos + *adjective/adverb/noun* + **que**

adjective
Mercedes es **menos** responsable **que** Claudio.

Mercedes is less responsible than Claudio.

adverb
Yo me visto **más** rápidamente **que** tú.

I get dressed faster than you.

noun
Esta casa tiene **menos** cuartos **que** la otra.

This house has fewer rooms than the other.

Warm-up for *Comparisons of equality and inequality.*

Distribute pairs and trios of various items on desks before class. Ask students questions comparing who has what. *Mike tiene dos bolígrafos. ¿Quién tiene tantos bolígrafos como Mike? ¿Qué tienes, Melissa? Melissa tiene ocho centavos. ¿Quién tiene tantos centavos como Melissa?* etc.

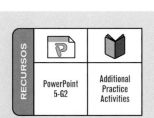

RECURSOS

PowerPoint 5-G2

Additional Practice Activities

Implementation of *Comparisons of equality and inequality.*

Use two famous people to compare, e.g., Antonio Banderas and Jimmy Smits. Ideally, bring in magazine or Internet images of both individuals. Write various sentences on the board and then elicit additional examples from students, e.g., *Jimmy es más alto que Antonio. Antonio es tan atractivo como Jimmy. Antonio habla más rápidamente que Jimmy. Jimmy es tan simpático como Antonio,* etc. Write the examples in two different columns, one for comparisons of equality and the other for those of inequality.

Note on *Comparisons of equality and inequality.*

Point out that certain negative expressions are used with comparisons to express the following: *más que nada* (more than anything), *más que nunca* (more than ever), *mejor que nunca* (better than ever). *Me gusta el chocolate más que nada* (I like chocolate better than anything). *Hay más gente que nunca en ese restaurante* (There are more people than ever in that restaurant).

■ Make comparisons of inequality with verbs using the following construction.

> *verb* + **más/menos** + **que**

Estudio **más que** tú.	*I study more than you (do).*

■ With numerical expressions, use **de** instead of **que**.

Tengo **más de** cinco buenos amigos.	*I have more than five good friends.*

Summary of comparisons of equality and inequality

Equal comparisons

nouns:	**tanto/a(s)** + *noun* + **como** + *noun or pronoun*
adjectives/adverbs:	**tan** + *adj./adv.* + **como** + *noun or pronoun*
verbs:	*verb* + **tanto como** + *noun or pronoun*

Unequal comparisons

adj./adv./noun:	**más/menos** + *adj./adv./noun* + **que** + *noun or pronoun*
verbs:	*verb* + **más/menos** + **que**
with numbers:	**más/menos** + **de** + *number*

EXPANSIÓN — More on structure and usage

Los adjetivos comparativos irregulares

Some Spanish adjectives have both regular and irregular comparative forms:

ADJECTIVE	REGULAR FORM	IRREGULAR FORM	
bueno/a	más bueno/a	mejor	*better*
malo/a	más malo/a	peor	*worse*
viejo/a	más viejo/a	mayor	*older*
joven	más joven	menor	*younger*

The irregular forms **mejor** and **peor** are more commonly used than the regular forms.

Esta casa es **mejor** que ésa.	*This house is better than that one.*
Rafael es **peor** que Luis.	*Rafael is worse than Luis.*

Mayor, **menor**, and **más joven** are commonly used with people; **más viejo** may be used with inanimate objects.

Manuel es **menor** que Berta y yo soy **mayor** que Manuel.	*Manuel is younger than Berta and I am older than Manuel.*
San José, Costa Rica, es **más vieja** que Alajuela.	*San José, Costa Rica, is older than Alajuela.*

Aplicación

5-13 Dos chismosas (*gossips*). Subraya las comparaciones de igualdad y de desigualdad en el diálogo entre dos personas chismosas en una fiesta.

Carlota: Creo que el champú que usa Marilú no es <u>tan bueno como</u> el que uso yo.

Ángela: Es verdad que su pelo no es <u>tan bonito como</u> el tuyo (*yours*).

Carlota: ¿Crees que ella es <u>tan rica como</u> dice?

Ángela: No, pero creo que es <u>más rica que</u> nosotras. Sin embargo, es <u>menos rica que</u> su esposo.

Carlota: Pero su esposo no tiene <u>tantos coches como</u> tú.

Ángela: Es verdad, pero mis coches son <u>menos lujosos que</u> los de su esposo.

Carlota: ¿Y quién crees que es <u>mayor</u>? ¿Tú o Marilú?

Ángela: ¡Qué barbaridad! Yo soy mucho <u>menor que</u> ella. Ella tiene <u>más de</u> cincuenta años. Yo tengo <u>menos de</u> cuarenta.

Carlota: Bueno, estoy aburrida. Vamos a casa. No me gusta la comida aquí. En casa la comida es <u>mejor que</u> la que hacen aquí.

Ángela: Tienes razón. ¡Esta comida es <u>peor que</u> la nuestra! ¡Vamos!

Carlota: Buenas noches, Marilú. Esta fiesta es perfecta. ¡La comida está deliciosa!

5-14 Ahora tú. Haz *(Make)* comparaciones para describir a estas personas y cosas en la fiesta de Marilú.

MODELO: Ángela
Ángela es tan chismosa como Carlota.

1. el pelo El pelo de Carlota es más bonito que el pelo de Marilú.

2. el champú El champú de Marilú es peor que el de Carlota.

3. Marilú
Marilú es más rica que Ángela y Carlota, pero no es tan rica como su esposo.

4. los coches Los coches del esposo son más lujosos que los de Ángela.

5. la comida
La comida de Marilú es peor que la de Ángela.

6. Ángela y tú *Answers will vary.*

5-15 Los Óscars. Imagínense que son reporteros/as para la ceremonia de los Óscars en Hollywood y ven llegar a las estrellas *(stars)*. Comparen a las estrellas cuando salen de su carro.

Penélope Cruz   Salma Hayek

MODELO: E1: *Salma Hayek es más alta que Penélope Cruz.*
E2: *Sí, pero Penélope es más guapa que Salma.*

1. Gael García Bernal y Cameron Díaz

2. Ricky Martin y John Travolta

3. Jennifer López y Gloria Estefan

4. Enrique Iglesias y Julio Iglesias (su padre)

5. Benjamín Bratt y Jimmy Smits

6. ¿… y …?

PRIMERA PARTE

Note on 5-15.
1. García Bernal and Díaz = actors **2.** Martin = singer and Travolta = actor **3.** López and Estefan = singers **4.** Enrique and Julio Iglesias = singers **5.** Bratt and Smits = actors.

Wrap-up for 5-15.
When students report their sentences back to the class, ask them to share their reactions and opinions openly with one another, e.g., *No estoy de acuerdo. Penélope Cruz es más guapa que Salma Hayek.* You can ask students for a show of hands when there seems to be much difference of opinion.

5-16A En la agencia de bienes raíces *(real estate).* Eres un agente de bienes raíces y tienes que vender *(sell)* dos casas: una, grande y lujosa, y la otra, pequeña y en malas condiciones. Compara las dos casas y usa estos criterios para vendérselas a tu compañero/a. Estudiante B, por favor ve al **Apéndice 1,** página A5.

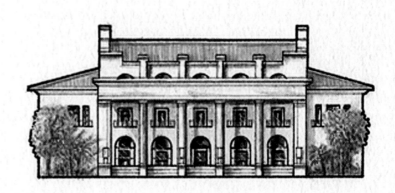

- grande
- bonito/a
- en buenas condiciones

- en un barrio bueno
- número de dormitorios
- …

¿Cuánto sabes tú? *Can you…*

5-27 to 5-30

- ☐ describe your daily routine and habits using reflexive verbs such as **me levanto, me visto,** and **me duermo**?
- ☐ talk about your personal care habits, including articles such as **maquillaje** or **crema de afeitar** that you use or do not use?
- ☐ express emotional changes using verbs such as **ponerse**?
- ☐ compare objects and people using **más** or **menos… que** or **tan… como** with adjectives, adverbs, nouns, and verbs?

RECURSOS

In-class Communicative Projects

Comparaciones

El ecoturismo en Costa Rica

5-17 En tu experiencia. ¿Hay organizaciones en tu país que se dedican a preservar el medio ambiente (*environment*)? ¿En qué lugares es popular hacer ecoturismo? Para ti, ¿qué diferencias hay entre el turismo y el ecoturismo? ¿Te interesa la naturaleza? ¿Por qué?

Costa Rica es el país centroamericano que más se preocupa de su ecología. El Ministerio de Recursos Naturales colabora con la *Nature Conservancy* y la *Costa Rica-USA Foundation* para establecer programas de conservación en los que voluntarios ayudan a proteger la flora y fauna de los parques nacionales y a limpiar la basura de las playas de las costas de la nación. Además, una comisión nacional de limpieza incluye las ciudades y parques de muchas comunidades de la costa.

La flora y la fauna de Costa Rica han convertido (*have turned*) a este país en uno de los favoritos de los ecoturistas del mundo. Todos los años decenas de miles de turistas visitan sus parques nacionales. Algunos de estos parques aceptan voluntarios por períodos de dos meses, y cientos de turistas trabajan en la construcción de senderos (*trails*) o la investigación sobre la riqueza de la flora y la fauna de este país. En Costa Rica los ecoturistas tienen la oportunidad de ver parte de las 850 variedades de pájaros (*birds*), 35.000 variedades de insectos, entre ellas 3.000 clases de mariposas (*butterflies*), 150 variedades de reptiles y ranas (*frogs*) y 10.000 especies de plantas, entre las cuales hay 1.200 variedades de orquídeas.

 5-18 En su opinión. Lean las siguientes oraciones y túrnense para expresar y anotar sus opiniones.

> 1. ¡Ni modo! No estoy de acuerdo.
> 2. No es probable.
> 3. No opino.
> 4. Es posible.
> 5. Estoy completamente de acuerdo.

a. Cuando voy de vacaciones, me levanto temprano.

   1   2   3   4   5

b. Me gusta el ecoturismo.

   1   2   3   4   5

c. Prefiero ir donde hay mucha gente.

   1   2   3   4   5

d. No es importante ducharme todos los días cuando estoy de vacaciones.

   1   2   3   4   5

e. Me gusta ir de camping.

   1   2   3   4   5

Implementation of *Comparaciones*.

Have students look at the photos and make statements about what they see. Have them scan the reading to find out this information: *¿Qué?, ¿Dónde?, ¿Quiénes?, ¿Cuántos?,* and *¿Por qué?* Discuss *En tu experiencia* and the content of the reading as a whole class; assign *En su opinión* as a small group activity. Ask groups to recap what they have learned.

Expansion of *Comparaciones*.

To learn more about conservation in Costa Rica, explore various topics on the Internet, including terms and organizations mentioned in the reading (e.g., *ecoturismo,* etc.).

SEGUNDA PARTE

¡Así lo decimos! Vocabulario

CD 1,
Track 33

5-31 to
5-32

¡Así es la vida! Vamos a limpiar

Cristina, una de las vecinas de la Calle Ricardo Arias, tiene dos hijas desastrosas que siempre dejan todo por el piso. Ahora Cristina está enojada y les escribe una nota a sus hijas:

> **Rosa:** Tienes que lavar los platos, lavar y secar la ropa, barrer el piso y sacar la basura.
>
> **Paloma:** Tú también debes ayudar. Tienes que ordenar la sala, pasar la aspiradora y sacudir el polvo de los muebles.

¡Qué desastre!

Los quehaceres domésticos

CD 1, Track 34

5-33 to 5-39

ACCESORIOS Y MUEBLES	QUEHACERES	ACCESORIOS Y MUEBLES	QUEHACERES	ACCESORIOS Y MUEBLES	QUEHACERES

pasar la aspiradora

la aspiradora

lavar la ropa

la lavadora

sacudir el polvo de los muebles

los muebles

sacar la basura

el basurero

lavar los platos

el lavaplatos

planchar

la plancha

barrer el piso

la escoba

poner la mesa/ quitar la mesa

la mesa

secar la ropa

la secadora

Más muebles y accesorios	More furniture and accessories
la cama	bed
la cómoda	dresser
el cuadro	painting
el estante	bookcase
la lámpara	lamp
la mesa de noche	nightstand
el sillón	armchair; overstuffed chair
el sofá	sofa; couch

Las partes de una casa	Parts of a house
el baño	bathroom
la casa	house
la cocina	kitchen
el comedor	dining room
el cuarto	room; bedroom
el dormitorio	bedroom
el garaje	garage
el jardín	garden
el pasillo	hallway
el patio	patio; backyard
el piso	floor
la sala	living room
la terraza	terrace

Los quehaceres domésticos	Household chores
barrer el piso	to sweep the floor
hacer la cama	to make the bed
lavar los platos	to wash dishes
lavar la ropa	to wash clothes
limpiar/ordenar la casa	to clean the house
pasar la aspiradora	to vacuum
planchar	to iron
poner la mesa	to set the table
quitar la mesa	to clear the table
sacar la basura	to take out the garbage
sacudir el polvo (de los muebles)	to dust (the furniture)
secar la ropa	to dry clothes

Note on *Vocabulario*.
Variations for *el estante: el librero/la estantería.*

Implementation of *¡Así lo decimos!*
Many of the parts of the home are cognates with English, but the pronunciation is quite different. Review these words in Spanish and have students repeat them aloud. Refer to the *Letras y sonidos* sections, including the one in the present chapter, for further practice on pronunciation.

Implementation of *¡Así lo decimos!*
Have students answer the following questions about *los quehaceres domésticos* individually and then tabulate their responses to see if there are any patterns in your class. Write each of the questions on the board as the header of a column and write their responses in infinitive form below each one: *¿Cuáles de estos quehaceres domésticos haces con regularidad? ¿Cuáles no haces nunca? ¿Cuáles detestas?* Have students draw any conclusions with you.

Implementation of *¡Así lo decimos!*
The activities in this section begin as receptive and progress to more productive. Encourage students to personalize the vocabulary so that it describes their own experiences, in this case, their homes. Use questions such as the following to do so: *¿Cómo es tu casa o apartamento? ¿Cuáles de estas partes tiene? ¿Qué partes no tiene? ¿Qué necesitas para estar cómodo/a en tu casa? ¿Qué quieres tener en tu casa algún día? ¿Qué no necesitas nunca?*

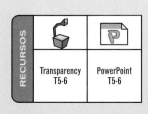

RECURSOS

Transparency T5-6

PowerPoint T5-6

169

EXPANSIÓN   **More on structure and usage**

Preposiciones de lugar

To describe the location of a person or an object, use the following prepositions:

arriba de	*above*
contra	*against*
debajo de	*under; below*
dentro de	*within; inside of*
sobre	*on*

CD 1, Track 35

5-40 to 5-41

LETRAS Y SONIDOS

The consonants "h, ch" in Spanish

In Spanish, the letter *h* is silent. In other words, it is a letter for which there is no corresponding sound.

<u>h</u>o-la   <u>h</u>a-cer   <u>h</u>om-bre   <u>h</u>er-mo-sa   que-<u>h</u>a-ce-res

In the sequence *ch*, however, the letters *c* and *h* combine to create one single sound *ch*, which is pronounced the same as in English *church*.

mu-<u>ch</u>o   no-<u>ch</u>e   plan-<u>ch</u>a   cu-<u>ch</u>i-lla   mu-<u>ch</u>a-<u>ch</u>o

Aplicación

5-19 En casa de Cristina. Completa las siguientes frases lógicamente.

MODELO: ＿＿＿ Paloma tiene que pasar… *la aspiradora.*

1. <u> d </u> Paloma necesita ordenar…   a. la basura.
2. <u> a </u> Rosa tiene que sacar…   b. el piso.
3. <u> f </u> Paloma debe sacudir…   c. los platos.
4. <u> b </u> Rosa necesita barrer…   d. la sala.
5. <u> c </u> Rosa tiene que lavar…   e. los quehaceres.
6. <u> e </u> Cristina escribe una lista de…   f. el polvo de los muebles.

5-20 ¡Emparejar! ¿Dónde encuentras las siguientes cosas?

MODELO: _____ el coche
El coche está en el garaje.

1. __e__ la bicicleta
2. __c__ el sofá
3. __d__ la ropa (clothing)
4. __f__ la cama
5. __b__ el lavaplatos
6. __a__ la mesa y las sillas

a. el comedor
b. la cocina
c. la sala
d. la cómoda
e. el garaje
f. el dormitorio

5-21 ¿Quién lo hace en tu casa? Túrnense para decir quién hace estos quehaceres en su casa.

MODELO: lavar los platos
Mi hermano los lava.

1. pasar la aspiradora
2. hacer las compras
3. sacudir el polvo de los muebles
4. poner la mesa
5. sacar la basura
6. hacer las camas
7. lavar la ropa
8. ordenar la casa

EXPANSIÓN　**More on structure and usage**

The noun *vez*

The noun **vez** is used in several adverbial expressions.

a veces	*sometimes; at times*
de vez en cuando	*from time to time*
dos (tres, cuatro...)	*two (three, four...)*
veces (a la semana)	*times (per week)*
otra vez	*again*
una vez	*one time; once*

Pasa la aspiradora **dos veces** a la semana.	*He vacuums two times a week.*
Limpio el garaje **de vez en cuando.**	*I clean the garage once in a while.*

SEGUNDA PARTE

Additional Activity for *Vocabulario de la casa.*

¿Qué asocias con...? Túrnense para decir qué asocian con las siguientes cosas.

MODELO: la ropa
lavar, la lavadora, secar, la secadora, planchar, la plancha

1. la comida
2. el dormitorio
3. el estéreo
4. el patio

Warm-up for 5-21 and *Expansión.*

Encourage students to expand on their answers in 5-21 by adding an adverbial expression with the noun *vez*, presented in the box titled *Expansión*. Before having students begin the activity, review with them the various adverbial expressions in the box. Call attention to the spelling change in the singular (*vez*) versus plural (*veces*) form of the noun. Then review the pronunciation of the expressions and present the examples. Expand the model given for 5-21 by adding one of the expressions on the board, e.g., *Mi hermano los lava a veces.*

Warm-up for 5-21.

Encourage students to replace the direct object in each expression with a direct object pronoun, as shown in the model. Perhaps review the first few items with them to provide additional models, e.g., 1. *Yo la paso (de vez en cuando).* 2. *Mi madre las hace (una vez a la semana). ¿Y en tu casa?*

Audioscript for 5-22.

¡Señoras y señores! Hoy, veinte de mayo es su día. En la tienda San Serapio tenemos todo para la casa y todo está en liquidación. Pero sólo por hoy pueden aprovechar estas magníficas ofertas. Pueden comprar una silla de plástico por sólo diecinueve dólares. ¡Y hay más! Una aspiradora modelo princesa ¡por sólo doscientos cincuenta dólares! ¡Sí! ¡Doscientos cincuenta dólares! O, si quieren, tenemos un basurero grande por diecinueve dólares y noventa y cinco centavos. ¡Diecinueve dólares y noventa y cinco centavos! También tenemos un hermoso sofá amarillo por setecientos cincuenta dólares. [pause] ¿Necesitan un lavaplatos? ¡Aquí lo tenemos para usted! Tenemos un lavaplatos modelo de lujo por sólo cuatrocientos treinta dólares, ¡una verdadera ganga, señores—cuatrocientos treinta dólares! Para la ropa pueden comprar una combinación lavadora, secadora color blanco por mil cien dólares. ¡Sí! Una combinación lavadora/secadora por mil cien dólares. ¿Para planchar la ropa? ¡Una plancha de vapor por sólo treinta y un dólares! ¿Ustedes quieren más? Pues aquí tienen una lámpara para iluminar su sala por sólo veinticuatro dólares y una mesa de noche por treinta y nueve dólares y noventa y nueve centavos. O mejor, pueden ver todos los productos para su casa hoy, señores, en nuestra tienda. ¡Ésta es una gran oportunidad de tener una casa moderna, limpia y bonita!

Note on 5-23.

Currency converters are available online.

Additional Activity for *Vocabulario de la casa*.

🌐 **Se vende casa.** Conéctate con la
www página web de *¡Arriba!* y busca una casa o un apartamento que se vende en Costa Rica, Panamá o Nicaragua. Escribe esta información.

Su ubicación (*location*): _____

El número de habitaciones: _____

Los metros cuadrados (o pies cuadrados):
_____

El número de baños: _____

¿Tiene algo especial? _____

El precio: _____

5-22 ¡Todo lo que necesita para la casa! Escucha el siguiente anuncio de radio sobre los productos para la casa. Escribe el nombre y el precio de cada producto debajo del dibujo correspondiente.

CD 1,
Track 36

MODELO: Una silla:
$19

1.

una aspiradora: $250

5.

un sofá: $750

2.

una secadora/lavadora: $1.100

6.

un basurero: $19,95

3.

una lámpara: $24

7.

una plancha: $31

4.

una mesa de noche: $39,99

8.
un lavaplatos: $430

5-23 En tu casa. Ustedes tienen un presupuesto (*budget*) de 600 balboas panameños ($1.00 US = 1,00 PAB). Decidan cuáles de los productos de la actividad **5-22** van a comprar y expliquen por qué.

5-24 División de trabajo. Imagínense que son compañeros/as de casa y necesitan ponerse de acuerdo (*to agree*) sobre los quehaceres domésticos de la casa. Hablen de cómo van a dividir el trabajo.

MODELO: poner la mesa
E1: *¿Quieres poner la mesa?*
E2: *Está bien. Pongo la mesa si tú preparas la cena.*
E3: *Yo prefiero preparar la cena.*

limpiar la cocina	lavar la ropa	planchar la ropa
ordenar el baño	lavar los platos	sacar la basura
comprar la comida	ordenar la sala	sacudir el polvo de los muebles
hacer las camas	pasar la aspiradora	secar la ropa

¡Así lo hacemos! Estructuras

3. The superlative

- A superlative statement expresses the highest or lowest degree of a quality, for example, the most, the greatest, the least, or the worst. To express the superlative in Spanish, the definite article is used with **más** or **menos**. Note that the preposition **de** is the equivalent of *in* or *of* after a superlative.

> *definite article* + **más** or **menos** + *adjective* + **de**

Antonio es **el más alto de** mis hermanos. — *Antonio is the tallest of my brothers.*

Este jabón es **el menos caro de** todos. — *This soap is the least expensive of all.*

- When a noun is used with the superlative, the article precedes the noun in Spanish.

Mi lápiz labial es **el** lápiz labial **más** caro que venden aquí. — *My lipstick is the most expensive lipstick they sell here.*

La casa de Carlos es **la** casa **más** popular **del** barrio. — *Carlos' house is the most popular in the neighborhood.*

- Adjectives and adverbs that have irregular forms in the comparative use the same irregular forms in the superlative.

Juan es el **mejor de** mis amigos. — *Juan is the best of my friends.*

La tía Isabel es **la mayor de** mis tías. — *Aunt Isabel is the oldest of my aunts.*

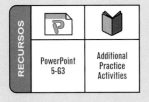

Warm-up for *The superlative*.

Show examples of superlative people, places, and things: e.g., *el hombre más fuerte del mundo, la mujer más inteligente de Washington, la ciudad más bella del país, el actor más talentoso de Hollywood, la mejor universidad del estado, los estudiantes más trabajadores de la universidad,* etc.

Implementation of *The superlative*.

When you present the superlatives, draw once again on your celebrity friends. Avoid using individual students in your class to demonstrate the superlatives, as this may embarrass them. You can always say, however, *Es la mejor clase de todas.*

Implementation of *The superlative*.

Draw four stick people on the board or on a transparency and write a Spanish name above each one. Make the height of the figures vary. Instead of stick torsos, draw circles of varying size. Then draw a square in one hand of each person and assign the grades of A, B, C+, and F. Then ask students the following questions, rephrasing each answer with the correct gender of the figure when necessary. *¿Quién es el más alto del grupo? ¿Quién es el menos alto del grupo? ¿Quién es el más trabajador o inteligente? ¿Quién es el menos trabajador o inteligente? ¿Quién es el más gordo?* etc.

Left margin notes

Wrap-up for

Have students [...]
expressions o[...]
analysis, beca[...]
difficult to pro[...]
students to id[...]
gender of the [...]
used as well a[...]
they refer. For[...]
más largo, the[...]
gender is mas[...]
the noun *cana*[...]

Note on *The present progressive*.

Remind students that *-ando/-iendo* forms also permit these same two options: the attachment of a pronoun to the end of the present participle or placement before the conjugated verb. Point out that of the pronouns they have learned thus far, these placement options apply to direct object pronouns, reflexive pronouns, and reciprocal pronouns.

Note on *The present progressive*.

Point out that the present progressive form does not relay the meaning of the habitual present. Note also that certain verbs rarely appear in the progressive, such as *ir* and stative verbs (*tener, ser*).

Implementation of *The present progressive*.

Bring in images of people engaged in various activities that can be described with familiar verbs. Include a variety of *-ar, -er,* and *-ir* verbs. First, have students give the infinitive form of the verb that they associate with the image. Then, use the present progressive in a complete sentence to describe the image and have students repeat the verb phrase.

Implementation of *The present progressive*.

Prepare slips of paper with activities, e.g., *hablar por teléfono, comer una hamburguesa*. Have two students stand up and simultaneously act out their given activity. Ask the class to identify which student does what: *¿Quién está hablando por teléfono, Mike o Lisa? ¿Quién está leyendo un libro, Steve o Mary?* etc.

Right column

5-29 Entre todos. Aquí tienen series de tres cosas o lugares. Túrnense para compararlas, siempre diciendo (*saying*) cuál es el superlativo, en su opinión.

MODELO: Miami – Buenos Aires – Ciudad de Panamá (norteño)
Miami es la ciudad más norteña de las tres.

1. el Canal de Panamá – el Canal de Suez – el Canal de Erie (largo)
El Canal de Erie es el más largo de los tres. (Panamá: 51 millas; Suez: 101; Erie: 363)

2. la Ciudad de Panamá – San José, Costa Rica – Managua (sureño)
La Ciudad de Panamá es la más sureña de las tres.

3. la Ciudad de Panamá – San José, Costa Rica – Managua (grande)
Managua es la más grande de las tres. (Ciudad de Panamá: menos de un millón; San José: 1.200.000; Managua: casi dos millones)

4. Penélope Cruz – Daisy Fuentes – Mariah Carey (mayor)
Daisy es la mayor de las tres. (Penélope: 1974; Daisy: 1966; Mariah: 1970)

5. Andy García – Benjamín Bratt – Rubén Blades (conocido: *well-known*)
Answers will vary.

6. la civilización de los aztecas – la civilización de los mayas – la civilización de los navajos (civilización antigua) La civilización maya es la más antigua de las tres.

4. The present progressive

5-45 to
5-48

Están hablándose por teléfono.

■ The present progressive tense describes an action that is in progress at the time the statement is made. It is formed by using the present indicative of **estar** as an auxiliary verb and the present participle (the **-ando/-iendo** form) of the main verb. The present participle is invariable regardless of the subject. It never changes its ending. Only **estar** is conjugated when using the present progressive forms.

Present progressive of *hablar*			
yo	**estoy hablando**	nosotros/as	**estamos hablando**
tú	**estás hablando**	vosotros/as	**estáis hablando**
él, ella, Ud.	**está hablando**	ellos/as, Uds.	**están hablando**

■ To form the present participle of regular **-ar** verbs, add **-ando** to the verb stem:

habla~~r~~ + -ando → **hablando**

Los niños **están bailando** en la sala.   *The children are dancing in the living room.*

■ To form the present participle of **-er** and **-ir** verbs, add **-iendo** to the verb stem:

com~~er~~ + -iendo → **comiendo**   escrib~~ir~~ + -iendo → **escribiendo**

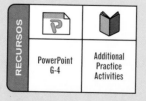

RECURSOS   PowerPoint G-4   Additional Practice Activities

El profesor **se está poniendo** impaciente.   *The professor is becoming impatient.*

Estoy escribiendo la composición.   *I'm writing the composition.*

■ **Leer** has an irregular present participle. The **i** from **-iendo** changes to **y**.

$$\text{le}\cancel{r} + \text{-iendo} \to \textbf{leyendo}$$

■ **-ir** verbs with a stem change will also have a change in the participle. This change will be indicated when you first encounter the infinitive.

dormir (ue, u)	*to sleep*	→	**durmiendo**	*sleeping*
pedir (i, i)	*to ask for*	→	**pidiendo**	*asking for*
servir (i, i)	*to serve*	→	**sirviendo**	*serving*

■ Reflexive pronouns can either precede **estar** or be attached to the participle. Add an accent when the reflexive pronoun is attached to the participle.

Carlos se está vistiendo.
Carlos está vistiéndose.   } *Carlos is getting dressed.*

Aplicación

5-30 ¿Qué estamos haciendo? Empareja el lugar donde estamos con lo que estamos haciendo.

MODELO: _____ Estamos en el laboratorio de ciencias.
Estamos estudiando para un examen de biología.

1. __f__ Estamos en un café.
2. __a__ Estamos en el sofá.
3. __h__ Estamos en el parque.
4. __b__ Estamos en un concierto.
5. __c__ Estamos en clase.
6. __d__ Estamos en un partido.
7. __e__ Estamos en la biblioteca.
8. __g__ Estamos en casa a la medianoche.

a. Estamos viendo la televisión.
b. Estamos escuchando música.
c. Estamos escribiendo apuntes en un cuaderno.
d. Estamos jugando al tenis.
e. Estamos leyendo un libro.
f. Estamos tomando un refresco.
g. Estamos durmiendo.
h. Estamos haciendo un pícnic.

5-31 ¡Imagínate! Escribe lo que imaginas que estas personas están haciendo ahora. Completa las oraciones lógicamente.

MODELO: el presidente de México
El presidente de México está visitando Monterrey.

1. Chef Emeril
2. Joaquín Phoenix
3. Derek Jeter
4. Katie Holmes y Tom Cruise
5. Pedro Almodóvar
6. Carlos Fuentes (autor)
7. Ricky Martin y Shakira
8. el vicepresidente de los EE.UU.

asistir a una fiesta
cantar
dormir
escribir una novela
hablar con…
hacer una película
jugar al béisbol
preparar una comida francesa

Expansion of 5-30.

Use the matched expressions as a springboard for a game of charades (i.e., acting) or Pictionary (i.e., drawing). For charades, have pairs of students choose an activity from the list to act out in front of the class. Be sure to have the viewers respond using the corresponding *Uds.* (or *vosotros/as*) form, e.g., *¡Están (estáis) jugando al tenis!* For Pictionary, have students form teams consisting of two people who alternate the roles of drawing and guessing and who compete against another team with the same roles. One person from each team draws the same predetermined action or concept, which the other member races to guess before the competitor does. The fastest guess earns one point, and play continues with team members switching roles for the next round.

Wrap-up for 5-31.

To increase interest in listening to the responses of others during the report-back segment of this activity, ask students to suppress the names of the famous people when presenting their imagined activities to the class, and have others guess the subject(s).

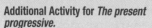
 5-32 Lo siento, no está aquí. Túrnense para inventar excusas para explicar por qué un amigo no puede hablar por teléfono.

MODELO: E1: *Hola, ¿está Carlos?*
E2: *Lo siento, Carlos está ocupado ahora. Está limpiando el apartamento.*

 5-33A ¿Qué estoy haciendo? Mientras (*While*) actúas una de las siguientes situaciones, tu pareja trata de adivinar (*guess*) lo que estás haciendo. Túrnense para actuar y adivinar. Estudiante B, por favor ve al **Apéndice 1,** página A6.

MODELO: afeitarse
E1: (act out "shaving") *¿Qué estoy haciendo?*
E2: *Estás afeitándote.*

1. cepillarse los dientes
2. maquillarse
3. bañarse
4. mirarse en el espejo

¿Cuánto sabes tú? *¿Can you…*

5-49 to 5-52

☐ talk about what you do around the house using verbs like **limpiar, ordenar,** and **sacudir**?

☐ describe your house, its rooms, and some of its furniture?

☐ describe people and things as the best, worst, tallest, etc.?

☐ say what people are doing at the moment (**Estoy lavándome el pelo.**)?

Observaciones

¡Pura vida! Episodio 5

isode 5

En este episodio hay conflicto entre Hermés y Marcela.

5-53 to
5-56

Antes de ver el video

5-34 Los quehaceres de la casa. En muchas familias de clase media es común tener la ayuda de alguien *(someone)* en la casa. Lee la situación de la familia de Silvia y contesta brevemente las siguientes preguntas en español.

Vivimos en Madrid. Como *(Since)* mi padre y mi madre trabajan fuera *(outside)* de casa, tenemos una señora que nos ayuda con los quehaceres. Se llama Ana y viene todos los lunes, miércoles y viernes. Pasa tres o cuatro horas lavando la ropa, ordenando la casa, lavando los platos y limpiando los pisos. Algunas veces, también va al mercado y hace las compras para la cena, pero mi mamá siempre prepara la comida. Con frecuencia, tenemos visita *(guests)* los viernes por la noche: mis abuelos y mis tíos o algunos amigos de la oficina de mis padres. En esas ocasiones, Ana prepara algo especial, como una paella o una torta. Después, el sábado por la mañana tenemos que lavar los platos.

Una casa de apartamentos en Madrid.

1. ¿Dónde vive la familia de Silvia? En Madrid.
2. ¿Por qué necesitan a la señora que les ayuda a mantener la casa? Porque el padre y la madre trabajan fuera de la casa.
3. ¿Cuáles son los quehaceres de Ana? Tiene que lavar la ropa, ordenar la casa, lavar los platos y limpiar los pisos. Algunas veces, va al mercado y hace las compras para la cena.
4. ¿Quién normalmente prepara la cena? Su mamá.

A ver el video

5-35 Hay conflicto en casa. Mira el quinto episodio de *¡Pura vida!* para identificar el conflicto entre Marcela y Hermés. Luego, empareja *(pair)* las frases para formar oraciones lógicas.

Marcela

Marcela y Hermés

La lista de quehaceres.

1. __d__ Hermés trabaja…
2. __a__ A Marcela le molestan…
3. __b__ Hermés dice que siempre…
4. __e__ Marcela dice que ella siempre…
5. __c__ Según Silvia, cada uno…

a. los papeles que están en el piso.
b. saca la basura.
c. plancha su ropa y hace su cama.
d. lavando platos en un restaurante.
e. limpia el baño.

Después de ver el video

5-36 Servicio de limpieza. Conéctate con la página web de **¡Arriba!** para buscar servicio doméstico. Escoge uno que te guste y anota los servicios y el costo, si se incluye.

WWW

ciento setenta y nueve • **179**

Warm-up for 5-34.
The pre-viewing activity in some of the episodes addresses some aspect of a character's life that adds information about his/her culture, personal history, interests, and/or motives. Such activities also help remind students of the characters in the series in general. Have students say as much as they can recall about central characters from previous episodes. Then have them read the short selection silently and answer the comprehension questions in class.

Expansion of 5-34.
Write a few personalized questions on the board for students to discuss in small groups, e.g., *¿Cómo se dividen los quehaceres en tu casa o apartamento? ¿Pagan por los servicios de limpieza de otra persona en tu casa o apartamento? ¿Por qué sí o por qué no?* Point out that it is not uncommon for middle and upper class families in Spanish-speaking countries to employ a maid, whereas in the United States, this has been a practice mainly of the upper class, although in recent years it has become more common to hire outside cleaning services.

Warm-up for Panoramas.
Here we have glimpses of three Central American countries. Ask students to recall what they learned about Guatemala, Honduras, and El Salvador in the last chapter. Locate the three new countries and compare all of them in size.

Note on Panoramas.
Some of your students may be aware of the results of elections in Central America. You may discuss the topic with them if you wish.

Expansion of 5-37.
Ask students additional comprehension questions based on the map, e.g., *¿Qué océano está al sur de Panamá? ¿Qué mar está al norte? ¿Qué país está al oeste de Panamá? ¿Qué país y continente están al este de Panamá? ¿Tiene Panamá algunas islas? ¿Cómo se llaman y dónde están? ¿Qué observas de la forma de este país? ¿Qué ríos y lagos tiene Nicaragua? ¿Qué país está al norte de Nicaragua? De los tres países estudiados en este capítulo, ¿cuál es el más pequeño? ¿Dónde está la ciudad de Golfito?*

Panoramas

 Vistas culturales

La América Central II: Costa Rica, Nicaragua, Panamá

5-37 ¿Ya sabes...? Trata *(Try)* de identificar lo siguiente.

5-57 to 5-58

1. las capitales de Costa Rica, Nicaragua y Panamá
   San José, Managua, Ciudad de Panamá
2. un huracán que causó *(caused)* daño *(damage)* en gran parte de Centroamérica El huracán Mitch
3. el nombre de la presidenta de Nicaragua famosa por promover la paz *(peace)*
   Violeta Chamorro
4. un animal en peligro de extinción
   la iguana verde o el guacamayo escarlata

> La rana, entre otros animales exóticos, sirve de modelo para los diseños de oro de los indígenas precolombinos de Centroamérica.

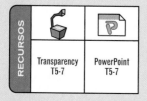

RECURSOS | Transparency T5-7 | PowerPoint T5-7

Los desastres naturales son parte de la vida de Centroamérica. Hay volcanes activos, terremotos (*earthquakes*) y huracanes. En el huracán Mitch de 1998, uno de los desastres naturales más destructivos del siglo xx, más de 10.000 personas murieron (*died*) en Centroamérica. Gran parte de la infraestructura, la agricultura y la economía también se perdió (*was lost*) en el huracán.

Implementation of *Panoramas*.
Some vocabulary words may seem difficult to students. Encourage them to connect the language to the photographs in order to increase reading comprehension. For example, have them identify the word for *frog* in the text below the photograph. Whether the reading is assigned for home or in-class, have students underline words that interfere with their understanding of the text. Review these words with them or ask them to consult a Spanish-English dictionary before proceeding to the activities. Also point out, however, that it is not necessary to understand every word in a text to capture its global meaning.

Expansion of *Panoramas*.
Ask students comprehension questions based on the information in the captions, e.g., *¿Qué desastres naturales son comunes en Centroamérica? ¿Cuántas personas murieron en el huracán Mitch en 1998? ¿Qué características tienen las ranas en las selvas costarricenses? ¿Quién es Violeta Chamorro? ¿En qué trabaja? ¿Qué animales están en peligro de extinción en Costa Rica? ¿Dónde viven los indios Kuna? ¿Qué es una mola? ¿Qué tipo de sociedad es la de los Kuna?*

Hay una gran variedad de ranas en las selvas costarricenses. Algunas segregan (*secrete*) líquidos venenosos (*poisonous*); otras, alucinógenos.

Violeta Chamorro, presidenta de Nicaragua, 1990–96, trabajó para restaurar la estabilidad política y económica del país. Ahora encabeza *La Fundación Violeta Chamorro*, cuya misión es promover la paz, la democracia, la libertad de expresión y la disminución de la pobreza.

La Fundación Pro-Iguana Verde de Costa Rica se dedica a la protección de los animales en peligro de extinción, como la iguana verde y el guacamayo escarlata.

Los indios Kuna, que habitan las islas de San Blas cerca de la costa de Panamá, se conocen por sus bellas molas, textiles que representan la flora y la fauna de la región. Las mujeres usan faldas y blusas de vívidos colores, decoradas en el pecho (*chest*) y la espalda (*back*). La sociedad de los Kuna es un matriarcado; la mujer hereda los bienes de su familia y cuando se casa, su esposo va a vivir en la casa de ella.

5-38 ¿Cierto o falso? Corrige las oraciones falsas.

Es activa en la conservación 1. <u>Falso</u> *La Fundación Pro-Iguana Verde* es activa en la conservación del medio
de los animales en peligro de extinción. ambiente (*environment*) en Costa Rica.

2. <u>Cierto</u> El huracán Mitch causó daños (*damages*) en gran parte de Centroamérica.

Es panameña. 3. <u>Falso</u> La mola es un ejemplo de artesanía nicaragüense.

Fue la presidenta de Nicaragua. 4. <u>Falso</u> Violeta Chamorro fue la esposa del presidente de Nicaragua.

5. <u>Cierto</u> El guacamayo escarlata es un animal en peligro de extinción.

6. <u>Cierto</u> Algunas de las ranas centroamericanas son venenosas.

Es territorio panameño. 7. <u>Falso</u> El Canal de Panamá es territorio norteamericano.

Es un matriarcado. 8. <u>Falso</u> La sociedad Kuna es un patriarcado.

5-39 ¿Dónde? Identifica en el mapa de Centroamérica de este libro, en la página 180, dónde hay las siguientes cosas.

1. playas
2. artesanía
3. comercio marítimo

4. volcanes
5. mucha lluvia
6. cultivo de café

 5-40 El mapa. Revisen el mapa de Centroamérica e identifiquen en qué país se encuentran estos sitios, ciudades y países.

MODELO: La Isla de Coiba
La Isla de Coiba está en el Océano Pacífico.

al este de…	en la costa del golfo de México
al norte de…	en la costa del Pacífico
al oeste de…	en el centro
al sur de…	en la península de…
en la costa del Caribe	en la frontera

1. el Lago de Nicaragua
   Está al oeste de Nicaragua.
2. el Canal de Panamá
   Está en el centro de Panamá.
3. Colombia
   Colombia está al sur de Panamá.
4. San José
   Está en el centro de Costa Rica.
5. el Río Coco
   Está en la frontera entre Honduras y Nicaragua.
6. el Golfo de Panamá
   Está al sur de Panamá.

 5-41 Investigar. Conéctate con la página web de **¡Arriba!** y contesta una de estas preguntas.

1. ¿Cuál es la misión de *La Fundación Violeta Chamorro*?
2. ¿Cuáles son algunos de los animales que vas a ver en una visita a Costa Rica?
3. Busca una mola que te gusta y descríbela.
4. ¿Cuáles son algunas de las canciones exitosas (*hits*) de Rubén Blades?
5. ¿Qué hace *La Fundación Pro-Iguana Verde* para proteger los animales en peligro de extinción?

Ritmos

"Ligia Elena" (Rubén Blades, Panamá)

Uno de los temas de esta canción es el amor prohibido. Es un amor entre dos jóvenes de raza y de clase social distintas: Ligia Elena, que es de la alta sociedad, y un trompetista, que es de la vecindad *(neighborhood)*. Ella es blanca y él es afrohispano. Los padres de Ligia Elena están escandalizados por el amor entre su hija y el trompetista.

Ligia Elena la cándida niña de la sociedad,
se ha fugado con un trompetista de la vecindad.
El padre la busca afanosamente,
lo está comentando toda la gente,
y la madre pregunta angustiada ¿en dónde estará?

[...]
Se han mudado a un cuarto chiquito con muy pocos muebles,
y allí viven contentos y llenos de felicidad.
Mientras tristes los padres preguntan, ¿en dónde fallamos?
Ligia Elena con su trompetista amándose está.

Dulcemente se escurren los días en aquel cuartito,
mientras que en las mansiones lujosas de la sociedad,
otras niñas que saben del cuento, al dormir preguntan:
"ay señor, y mi trompetista, ¿cuándo llegará?".

[...]
Ligia Elena está contenta y su familia está asfixiá'.[1]
Ligia Elena está contenta y su familia está asfixiá'.

Antes de escuchar

5-42 Comparaciones. Usando comparaciones de igualdad y de desigualdad, indica tus opiniones sobre los siguientes elementos relacionados con los temas de la canción.

MODELO: El amor es **más** importante **que** el dinero.

el amor	las clases sociales
las relaciones familiares	la amistad
el dinero	la felicidad
el color de la piel *(skin)*	la independencia
las profesiones	el lujo *(luxury)*

 5-43 Opiniones. Ahora intercambia *(exchange)* tus comparaciones con las de un/a compañero/a de clase para ver si está de acuerdo *(agrees)* contigo.

[1]asfixiada

RECURSOS
Ritmos
Track 5

Note on *Ritmos*.
Rubén Blades is best known for his music that brings to the fore social problems, such as drug addiction, war, and environmental disaster. He currently participates in the "Here We Live" campaign, which works for the universal right to clean air and clean water. The campaign involves more than 50 cases and the work of Earthjustice's International Program. Earthjustice donates its legal services to hundreds of grassroots organizations and to communities dealing with toxic pollution in their own backyards.

Lyrics to *Ligia Elena*.

Ligia Elena la cándida niña de la sociedad,
se ha fugado con un trompetista de la vecindad.
El padre la busca afanosamente,
lo está comentando toda la gente,
y la madre pregunta angustiada
¿en dónde estará?

De nada sirvieron regaños, ni viajes, ni monjas,
ni las promesas de amor que le hicieran los niños de bien.
Fue tan buena la nota que dio aquel humilde trompeta,
que entre acordes de cariño eterno se fue ella con él.

Se han mudado a un cuarto chiquito con muy pocos muebles,
y allí viven contentos y llenos de felicidad.
Mientras tristes los padres preguntan, ¿en dónde fallamos?
Ligia Elena con su trompetista amándose está.

Dulcemente se escurren los días en aquel cuartito,
mientras que en las mansiones lujosas de la sociedad,
otras niñas que saben del cuento, al dormir preguntan:
"ay señor, y mi trompetista, ¿cuándo llegará?".

CORO:
Ligia Elena está contenta y su familia está asfixiá'.
Ligia Elena está contenta y su familia está asfixiá'.

Se escapó con un trompetista de la vecindad.
Se llevaron la niña de ojo de papá.
"¿En dónde fallamos?" pregunta mamá.
Se ha colado un niche en la blanca sociedad.

Pudo más el amor que el dinero, señor.
¡Qué buena la nota que dio aquel trompeta!
Eso del racismo, *brother*, no está en na'.
Deja que la agarremos jura el papá.

Ligia Elena está llena de felicidad.

PARTE HABLADA:
Mira doña Gertrudis, le digo que estoy,
pero es que, mire...
A mí lo que más me...
A mí lo que más me...
A mí lo que más me choca es que esa malagradecida...
yo pensaba que me iba a dar un nietecito,
con los cabellos rubios, y los ojos rubios,
y los dientes rubios,
así como Troy Donahue y viene y se marcha...
con ese tuza...
ay... ay no...
¡Ay... esta juventud!

Implementation of *Páginas*.
This reading is a web page to sell a house. Have students complete the pre-reading activities in class and the reading and comprehension activities as homework. They should also prepare some reasons why they would, or would not, buy the house that they can share in class the next day.

A escuchar

5-44 Acciones. Mientras escuchas "Ligia Elena" completa las siguientes oraciones con el presente progresivo para indicar lo que están haciendo las diferentes personas. Luego completa cada oración con tus propias palabras.

MODELO: Rubén Blades / estar / cantar / _____.
Rubén Blades *está cantando* "Ligia Elena".

1. Ligia Elena / estar / hablar _____. está hablando...

2. El trompetista / estar / tocar _____. está tocando...

3. Los padres de Ligia Elena / estar / llorar _____. están llorando...

4. Los estudiantes y yo / estar / tratar de _____. estamos tratando de...

5. Tú / estar / leer _____. estás leyendo...

Después de escuchar

5-45 ¿Cómo se sienten? Usa la construcción reflexiva para formar oraciones que describan cómo Ligia Elena, sus padres u otros pueden sentirse sobre un amor prohibido. Usa los sujetos y verbos siguientes.

Ligia Elena	ponerse (+ adjetivo)	cuando…
los padres	alegrarse	si…
el novio	enamorarse	
yo	enojarse	
mis amigos	divertirse	
la familia	aburrirse	

 5-46 Pensamientos. Ahora, habla con tus compañeros/as de clase sobre Rubén Blades y su música, y completen las oraciones según sus opiniones.

Cuando pensamos en…

1. …los temas de "Ligia Elena", nosotros/as _____.

2. …la música salsa, nosotros/as _____.

3. …el activismo político de Rubén Blades y de otros, nosotros/as _____.

 ## Páginas

 ### Playa Cacao

5-60

Antes de leer

5-47 Lo que ya sabes. Lo que ya sabes de algo (*something*) juega un papel (*role*) importante para entender lo que lees. Por ejemplo, en la construcción de una casa, los materiales dependen del clima y de otros factores como el gusto (*taste*), la situación económica, etc. Antes de leer la descripción de la casa que aparece a continuación, piensa en tus preferencias para comprar una casa.

Para mí, la casa debe...

_____ tener muchos dormitorios

_____ respetar el medio ambiente (*environment*)

_____ estar cerca de buenas escuelas

_____ estar en un barrio seguro (*safe*)

_____ tener una cocina bien equipada

_____ costar más (menos) de $150.000

_____ otros requisitos (*requirements*)

A leer

5-48 Esta casa. Mientras lees la descripción de esta casa, compárala con tu casa ideal. ¿Qué tiene la casa que te gusta? ¿Qué tiene la casa que no te gusta?

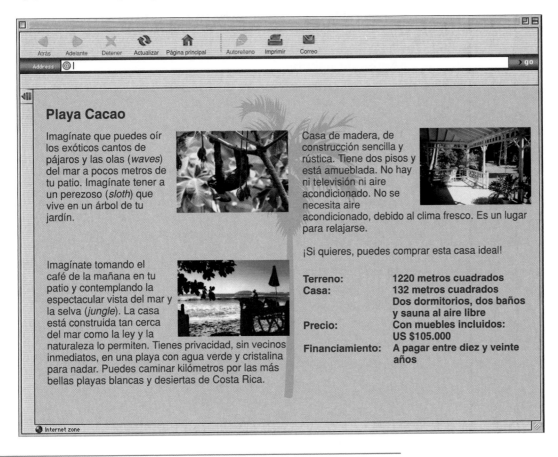

Playa Cacao

Imagínate que puedes oír los exóticos cantos de pájaros y las olas (*waves*) del mar a pocos metros de tu patio. Imagínate tener a un perezoso (*sloth*) que vive en un árbol de tu jardín.

Imagínate tomando el café de la mañana en tu patio y contemplando la espectacular vista del mar y la selva (*jungle*). La casa está construida tan cerca del mar como la ley y la naturaleza lo permiten. Tienes privacidad, sin vecinos inmediatos, en una playa con agua verde y cristalina para nadar. Puedes caminar kilómetros por las más bellas playas blancas y desiertas de Costa Rica.

Casa de madera, de construcción sencilla y rústica. Tiene dos pisos y está amueblada. No hay ni televisión ni aire acondicionado. No se necesita aire acondicionado, debido al clima fresco. Es un lugar para relajarse.

¡Si quieres, puedes comprar esta casa ideal!

Terreno:	**1220 metros cuadrados**
Casa:	**132 metros cuadrados**
	Dos dormitorios, dos baños y sauna al aire libre
Precio:	**Con muebles incluidos: US $105.000**
Financiamiento:	**A pagar entre diez y veinte años**

Después de leer

5-49 ¿Comprendiste? Resume (*Summarize*) las características de la casa que aparece en la página web.

1. Ubicación (*Location*)   Costa Rica

2. Número de dormitorios   2

3. Accesorios incluidos   sauna al aire libre, muebles

4. Número de pisos   2

5. Número de baños   2

6. ¿A/C?   no

7. Precio (*Price*)   US $105.000

8. ¿Vista (*View*)?   al mar

Implementation of 5-48.
Encourage students to connect the language to the photographs in order to increase reading comprehension. Whether the reading is assigned for home or in-class, have students underline words that interfere with their understanding of the text. Review these words with them or ask them to consult a Spanish-English dictionary before proceeding to the activities. Also point out, however, that it is not necessary to understand every word in a text to capture its global meaning.

5-50 ¿Compras esta casa? Hablen sobre si piensan comprar o no esta casa y por qué.

> **MODELO:** E1: *Compro esta casa porque…*
> E2: *Pues, yo no la compro porque…*

 Taller

5-61 to
5-62

5-51 Vendo casa. En esta actividad vas a diseñar (*design*) un anuncio o página web para vender una casa como la que aparece en **Páginas**.

Antes de escribir

- Comienza con una lista para dar más información sobre tu casa:
  - ☐ su ubicación (ciudad, país, cerca de…)
  - ☐ los metros cuadrados
  - ☐ los dormitorios y su descripción
  - ☐ los accesorios incluidos
  - ☐ los accesorios extras (*additional*): patio, piscina (*pool*), vista, cancha de tenis, etcétera
  - ☐ las actividades que uno puede hacer en la casa o en la comunidad
  - ☐ el precio
  - ☐ las fotos o dibujos para ilustrar la casa

A escribir

- **Descripción.** Ahora escribe dos párrafos para describir la casa. Recuerda, deseas venderla.

Después de escribir

- **Revisar.** Revisa la descripción para verificar los siguientes puntos:
  - ☐ el uso correcto de los verbos reflexivos
  - ☐ el uso de comparativos y superlativos
  - ☐ el uso del presente progresivo
  - ☐ la ortografía, incluidos los acentos
- **Intercambiar**
  Intercambia tu anuncio con el de un/a compañero/a y comenten sobre el diseño de cada anuncio y si es efectivo.
- **Entregar**
  Revisa tu anuncio, incorporando (*incorporating*) las sugerencias de tu compañero/a. Después, dale el anuncio y las respuestas de tu compañero/a a tu profesor/a.

Vocabulario

Implementation of *Vocabulario*.
Help students better assimilate vocabulary through review games, such as charades, Pictionary, word associations, verb conjugation races at the board, spelling races at the board, etc. By interacting with others and using words in meaningful ways, vocabulary acquisition is greatly enhanced.

PRIMERA PARTE

Las actividades diarias	*Daily activities*
acostarse (ue)	to go to bed
afeitarse	to shave
bañarse	to bathe
cepillarse	to brush
despertarse (ie)	to wake up
dormirse (ue, u)	to fall asleep
ducharse	to take a shower
lavarse	to wash
levantarse	to get up; to stand up
maquillarse	to apply makeup
peinarse	to comb
quitarse	to take off
secarse	to dry off
sentarse (ie)	to sit down
vestirse (i, i)	to get dressed

Algunas emociones	*Some emotions*
ponerse contento/a	to become happy
furioso/a	angry
impaciente	impatient
nervioso/a	nervous
triste	sad
reírse (i, i)	to laugh
sentirse (ie, i)	to feel

Algunas partes del cuerpo	*Some parts of the body*
la cara	face
los dientes	teeth
la mano	hand
la nariz	nose
el ojo	eye
el pelo	hair

Artículos de uso personal	*Personal care items*
el cepillo (de dientes)	(tooth) brush
el champú	shampoo
la crema (de afeitar)	(shaving) cream
el desodorante	deodorant
el espejo	mirror
el jabón	soap
el lápiz labial	lipstick
la loción (de afeitar)	(shaving) lotion
el maquillaje	makeup
la máquina de afeitar	electric razor
la navaja de afeitar	razor blade
el peine	comb
el secador	hair dryer

SEGUNDA PARTE

Los accesorios y los muebles	*Furniture and accessories*
la aspiradora	vacuum cleaner
el basurero	garbage can
la cama	bed
la cómoda	dresser
el cuadro	painting
la escoba	broom
el estante	bookcase
la lámpara	lamp
la lavadora	washing machine
el lavaplatos	dishwasher
la mesa	table
la mesa de noche	nightstand
los muebles	furniture
la plancha	iron
la secadora	dryer
el sillón	armchair; overstuffed chair
el sofá	sofa; couch

Los quehaceres domésticos	*Household chores*
barrer el piso	to sweep the floor
hacer la cama	to make the bed
lavar los platos	to wash dishes
lavar la ropa	to wash clothes
limpiar/ordenar la casa	to clean the house
pasar la aspiradora	to vacuum
planchar	to iron
poner la mesa	to set the table
quitar la mesa	to clear the table
sacar la basura	to take out the garbage
sacudir el polvo (de los muebles)	to dust (the furniture)
secar la ropa	to dry clothes

Las partes de una casa	*Parts of a house*
el baño	bathroom
la casa	house
la cocina	kitchen
el comedor	dining room
el cuarto	room; bedroom
el dormitorio	bedroom
el garaje	garage
el jardín	garden
el pasillo	hallway
el patio	patio; backyard
el piso	floor
la sala	living room
la terraza	terrace

Reflexive pronouns	See page 159.
Comparisons of equality and inequality	See page 163.
The superlative	See page 173.

RECURSOS

Testing Program Tests A and B Modules 5-1 to 5-32

187

Warm-up for *Capítulo 6*.
Review the previous chapter by having students present their *Taller* to the class. A transition to the present chapter is to ask where students prepare and eat their meals at home. In this chapter, they will learn the names of different foods and how to order a meal in a restaurant.

6 ¡Buen provecho!

OBJETIVOS COMUNICATIVOS

- Discussing food, eating preferences, and ordering meals
- Talking about things and expressing to whom or for whom
- Expressing likes and dislikes

- Discussing cooking and recipes
- Talking about events in the past

RECURSOS

IRM
Lesson Plan

Ajos y col (1984) es una naturaleza muerta (*still life*) por el pintor chileno Claudio Bravo.

Source: Claudio Bravo, "Ajos y Col," 1984, oil on canvas, 52.1 x 65.2 cm. © Claudio Bravo, courtesy, Marlborough Gallery, New York

Chile: un país de contrastes

Implementation of *Refrán*.

Act out "Enjoy, eat, and drink," and have students guess the meaning. Equivalent in English: *Eat, drink, and be merry, for tomorrow you may die!*

Note on *Images*.

Following is a partial list of works by Isabel Allende. As a point of departure for basic discussion about the author, and as a cultural introduction to Chile, ask students if they have read any of her works or seen the movie based on her novel by the same name (i.e., *The House of the Spirits*, 1993, starring Meryl Streep, Glenn Close, Jeremy Irons, Winona Ryder, and Antonio Banderas). Ask, for example, *¿Conocen Uds. las novelas de Isabel Allende? ¿Cuáles? ¿Qué piensan de sus obras? ¿Les gustan o no? ¿Por qué?* etc.

La casa de los espíritus / The House of the Spirits (published in Spain in 1982)

De amor y de sombra / Of Love and Shadows (Spain 1984)

Eva Luna (Spain 1987)

Cuentos de Eva Luna / The Stories of Eva Luna (Spain 1989)

El plan infinito / The Infinite Plan (Spain 1991)

Paula (Spain 1994; English translation 1995)

Afrodita: Cuentos, recetas y otros afrodisiacos / Aphrodite: A Memoir of the Senses (Spain 1997)

Hija de la fortuna / Daughter of Fortune (Spain 1999)

Retrato en sepia / Portrait in Sepia (Spain 2001)

La ciudad de las bestias / City of the Beasts (Spain 2002)

«**Disfruta, come y bebe, que la vida es breve.**»*

*Refrán: Enjoy, eat, and drink, for life is short.

Isabel Allende es una de las escritoras latinoamericanas contemporáneas más conocidas.

ciento ochenta y nueve • **189**

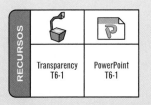

RECURSOS	Transparency T6-1	PowerPoint T6-1

Warm-up for ¡Así es la vida!

Before going over the dialogue, have students review the vocabulary on the next page either as homework before class or during a few minutes in class. Tell them to connect the drawings to the words and also look over the meaning of words in the lists. Perhaps point out also that the first vowels in parentheses following some of the *Verbos* are explained in *Capítulo 4*, whereas any second vowels in parentheses are addressed later in the present chapter.

Implementation of ¡Así es la vida!

Have students follow along in the text as you read the dialogue aloud to them, changing the intonation of your voice to distinguish Arturo from Marta. Clarify any unknown terms for them as necessary. Then have students read the dialogue in pairs. Finally, ask for a few volunteers to read it aloud to the class. As a variation, allow students to read their parts making substitutions for the foods. For example, one could say *Sí, mira este bistec, ¿lo quieres probar?*, and their partner would have to follow suit with *Sí, me encanta el bistec* or *No, no me gusta el bistec, pero voy a probar el pollo.*

Expansion of ¡Así es la vida!

Ask questions to confirm comprehension. E.g., *¿Dónde están Arturo y Marta? ¿Cómo es el bufé? ¿A Arturo y a Marta les gustan los camarones? ¿Qué quiere beber Marta? ¿Qué va a beber Arturo? En general, ¿están contentos o frustrados con su experiencia en este restaurante?*

Expansion of ¡Así es la vida!

Have students imagine that they are either Marta or Arturo in the drawing. Ask them to make a list of the foods that they would put on their plates, as well as a list of the foods that they would not choose. Then ask them to compare their choices with a partner and be prepared to share a few summary comments with the class. Write questions on the board or a transparency to guide their interactions, e.g., *¿Qué vas a comer del bufé? ¿Por qué? ¿Qué no vas a comer? ¿Por qué? ¿Qué prefieres beber? ¿Cuál es tu plato favorito del bufé? ¿Qué comidas y/o bebidas vas a repetir (have for seconds)?* etc. Also provide a few model summary responses, e.g., *Carol y yo vamos a comer la ensalada, la langosta y el arroz. Para el postre, Carol va a tomar la fruta, ¡pero yo voy a comer la torta de chocolate!*

¡Así lo decimos! Vocabulario

CD 2,
Track 1

6-1 to
6-2

¡Así es la vida! ¡Buen provecho!

Arturo: ¡Este bufé es fantástico! ¡Todo es realmente exquisito!

Marta: Sí, mira estos camarones a la parrilla, ¿los quieres probar?

Arturo: Sí, me encantan los camarones.

Marta: ¿Tienen bebidas? No las veo.

Arturo: Sí, aquí. ¿Qué quieres?

Marta: Una limonada, por favor.

Arturo: Ah, pues yo voy a tomar una copa de vino tinto.

Marta: ¿Sabes si además del bufé tienen alguna especialidad de la casa?

Arturo: No sé pero mira, ahí viene el camarero con un menú. Enseguida se lo pregunto…

RECURSOS

Transparency
T6-2

PowerPoint
T6-2

||||||| Las comidas y las bebidas |||||||||||||||||||||||||||||||||||||||||||

CD 2, Track 2

el arroz   el bistec   el café   los camarones   la ensalada   los frijoles   el helado

la langosta   la leche   el maíz   las manzanas   el pan   las papas   el pescado

el pollo   el queso   la sopa   la torta de chocolate   las uvas   el vino

Más comidas y bebidas	More foods and beverages
el agua (mineral)	(mineral) water
el azúcar	sugar
la banana	banana
el bocadillo/el sándwich	sandwich
las carnes	meats
la cerveza	beer
el flan	custard dessert
las frutas	fruits
las galletas	cookies
la hamburguesa	hamburger
los huevos	eggs
el jamón	ham
el jugo[1] (de naranja)	(orange) juice
la lechuga	lettuce
la limonada	lemonade
la mantequilla	butter
los mariscos	seafood
la naranja	orange
el pastel	cake; pie
el pavo	turkey
el pimiento	pepper
el refresco	soft drink
la sal	salt
la tarta de limón	lemon pie
el té	tea
el tomate	tomato
la toronja[2]	grapefruit
las verduras	vegetables
el yogur	yogurt
las zanahorias	carrots

Las comidas	Meals
el almuerzo	lunch
la cena	dinner
el desayuno	breakfast
la merienda	snack

En un restaurante	In a restaurant
el bufé	buffet
el/la camarero/a	waiter/waitress
el/la cliente	client; customer
la cuenta	bill
la especialidad de la casa	house specialty
el menú	menu
la propina	tip
el/la vegetariano/a	vegetarian

Expresiones	Expressions
¡Buen provecho!	Enjoy your meal!
¿Desean algo de tomar/comer?	Would you like something to drink/eat?
Enseguida	Right away

Adjetivos	Adjectives
caliente	hot
frío/a	cold
picante	hot (spicy)
rico/a[3]	delicious

Verbos	Verbs
almorzar (ue)	to have lunch
cenar	to have dinner
dar	to give
decir	to say
desayunar	to have breakfast

[1] **el zumo** en España

[2] **el pomelo** en España

[3] Used with **estar, rico/a** means *to taste delicious*. Used with **ser**, it means *wealthy*.

ciento noventa y uno • **191**

PRIMERA PARTE

Note on *Expresiones*.
Enseguida may also be spelled **En seguida**.

Implementation of ¡Así lo decimos!
Have students indicate and explain the word or expression that does not belong in each group, e.g., *la lechuga, la zanahoria, la limonada, el pimiento: La limonada, porque es una bebida. La lechuga, la zanahoria y el pimiento son verduras.* 1. *el flan, la naranja, la banana, la toronja.* 2. *el refresco, el té, la mantequilla, el agua mineral.* 3. *el pastel, la cerveza, las galletas, la tarta de limón.* 4. *el jamón, el pavo, la hamburguesa, el azúcar.* 5. *el jugo de naranja, la limonada, el yogur, el agua.*

Additional Activity for ¡Así lo decimos!
Prepare the following menus on the board or a transparency. A. *Primer plato: sopa de tomate; Segundo plato: sándwich de jamón y queso con papas fritas; Postre: galletas; Bebida: refresco.* B. *Primer plato: cóctel de camarones; Segundo plato: espárragos con mayonesa; Tercer plato: bistec con arroz; Postre: tarta de limón; Bebida: vino tinto.* C. *Primer plato: ensalada de lechuga y tomate; Segundo plato: pollo asado con papas y zanahorias; Postre: flan; Bebida: agua mineral.* Have students read the menus silently. Be sure to review with students the meaning of any unknown words. Then ask which menu they prefer in the following situations: 1. *Preparas la cena para tu familia.* 2. *Acabas de hacer ejercicio y tienes mucha hambre.* 3. *Es tu cumpleaños.* 4. *Quieres celebrar un aniversario especial.* 5. *Vas a comer en casa de tus abuelos.* 6. *No tienes mucho dinero.* 7. *Vas a cenar con un/a amigo/a antes de ir al cine.* 8. *Eres vegetariano/a.*

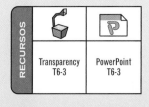

RECURSOS

Transparency T6-3	PowerPoint T6-3

Expansion of 6-2.

Have students choose two or three additional words from *¡Así lo decimos! Vocabulario* and write their own brief definitions, working either individually or in pairs. Students then take turns reading their definitions aloud to the class while the others guess the words. This activity provides additional practice with writing, pronunciation, and especially listening comprehension, since students are motivated to pay close attention during guessing games.

Audioscript for 6-3.

Marta: ¡Me muero de hambre, Arturo! Son las ocho de la noche. ¿Por qué no vamos a comer algo?

Arturo: Está bien. ¿Qué tal si vamos al Café El Náufrago en la Avenida Allende?

Marta: De acuerdo. Tengo muchísima hambre y allí sirven mariscos, ensaladas, sopas,… de todo.

Arturo: Es verdad. ¡Y si tú pagas, voy a comer también!

Marta: Bueno, tengo 10.000 pesos. ¿Qué deseas?

Arturo: Mmm… Quiero una ensalada de tomate y cebolla, agua mineral y, para postre, una ensalada de frutas.

Marta: Pues ¡yo tengo mucha hambre! Voy a pedir una ensalada mixta, un filete de pescado, té y helado de limón.

Arturo: Y pan. El pan del Café El Náufrago es fenomenal.

Marta: De acuerdo. Y pan.

Wrap-up for 6-4.

Encourage students to draw conclusions from their conversations by asking questions, e.g., *Ustedes dos, ¿tienen gustos similares o diferentes en cuanto a (regarding) la comida? ¿Desayunan los dos? ¿Cuál de los dos come más/menos? ¿Qué prefieren comer para la merienda?* etc.

Aplicación

6-1 Arturo y Marta. Indica a quién se refiere cada una de las descripciones a continuación.

1. __A__ Le encantan los camarones.
2. __A__ Toma vino con la comida.
3. __M__ Prefiere tomar limonada.
4. __M__ Quiere saber si hay alguna especialidad de la casa.

6-2 ¿Qué es? Empareja la comida con su descripción.

MODELO: Es verde. Forma parte de una ensalada.
la lechuga

1. __c__ Es una fruta amarilla.   a. el jamón
2. __f__ Se comen con el arroz.   b. el tomate
3. __a__ Es una carne rosada.   c. la banana
4. __h__ Es un postre con muchas calorías.   d. las uvas
5. __e__ Es una bebida con cafeína.   e. el té
6. __b__ Es rojo y se usa mucho en la salsa italiana.   f. los frijoles
7. __g__ Es un postre frío hecho con crema, huevos y   g. el helado
   azúcar.   h. la torta de chocolate
8. __d__ Se comen y también se usan para hacer vino.

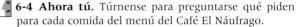

6-3 ¡Buen provecho! Indica en la cuenta la comida y la bebida que piden Marta y Arturo en el Café El Náufrago con Arturo (**A**) o Marta (**M**). Marta: filete de pescado, ensalada mixta, pan, helado de limón, té; Arturo: ensalada de frutas, agua mineral, ensalada de tomate y cebolla, pan

6-4 Ahora tú. Túrnense para preguntarse qué piden para cada comida del menú del Café El Náufrago.

MODELO: la cena
E1: *¿Qué pides para la cena?*
E2: *Pido una ensalada.*
E1: *¿Es todo?*

1. la cena   3. la merienda
2. el desayuno   4. el almuerzo

PESCADOS Y MARISCOS

Café El Náufrago

Avenida Allende 489 • Tel. 311-1539 • Valparaíso

FECHA __/__/__ MESERO/A _____ MESA ____

TOTAL

VINO	TINTO	BLANCO
REFRESCO	AGUA MINERAL	CERVEZA
JUGO DE MANZANA	DE NARANJA	
DE TORONJA		
CAMARONES		
ATÚN		
FILETE DE PESCADO		
CALAMARES		
SALMÓN		
B. DE CHORIZO		
ENSALADA MIXTA		
PAPAS FRITAS	TOMATE Y CEBOLLA	
PAN	PAPA AL HORNO	
HELADO DE LIMÓN	DE CHOCOLATE	
FLAN		
ENSALADA DE FRUTAS		
CAFÉ	TÉ	
CUENTA TOTAL		
(IVA INCLUIDO)		

6-5 La comida, ¿qué prefieres? En un grupo de tres personas, pregunten qué prefieren comer. Indiquen cuántos de ustedes prefieren lo siguiente.

MODELO: **desayunar** todos los días
  E1: *¿Desayunas todos los días? Yo, sí.*
  E2: *No, sólo cuando tengo tiempo.*
  E3: *Sí, siempre desayuno.*

PREFERENCIAS	**NÚMERO DE PERSONAS EN SU GRUPO QUE DICEN QUE SÍ**
desayunar todos los días	3
cenar a las diez de la noche	____
ser vegetariano/a	____
comer la langosta	____
tomar café con la comida	____
ser alérgico/a a los mariscos	____
almorzar en la universidad	____
preferir la leche en vez de los refrescos	____

 6-6 Mi pirámide. En 2005 se introdujo una nueva pirámide de la alimentación. Aquí tienen los resultados para una mujer de veinticinco años. Túrnense para decir si comen más o menos de lo que deben comer de cada grupo, según (*according to*) la pirámide.

MODELO: E1: *Según la pirámide debo comer dos tazas de frutas todos los días. Creo que como más de cuatro.*
  E2: *Pues, yo también como muchas frutas…*

Warm-up for 6-5.
Review with students the *yo, tú,* and *nosotros/as* forms of irregular *ser* and the stem-changer *preferir.* Do this, for instance, by writing the infinitives on the board and eliciting the conjugations from students, writing their responses on the board for visual support. Then provide the following expressions for student reference: *me gusta, te gusta, nos gusta (la langosta, el chocolate).* Tell students that the verb *gustar* will be covered in greater depth later in the present chapter.

6-7 Tu pirámide. Conéctate con la página web de **¡Arriba!** para hacer un www análisis de los alimentos que necesitas. Completa el siguiente cuadro según los resultados.

Edad:	
Sexo:	
Número de calorías diarias:	
Cantidad de productos lácteos:	
Cantidad de aceites:	
Cantidad de carnes y frijoles:	
Límite diario de grasas sólidas y azúcares:	

 6-8 ¿Qué compramos para la cena? Refiéranse a la pirámide de la alimentación en la actividad **6-6** y decidan qué van a comprar para la cena. Tengan en cuenta (*Keep in mind*) las siguientes consideraciones.

1. Uno/a de ustedes es vegetariano/a.
2. Uno/a de ustedes está a dieta.
3. Uno/a de ustedes es deportista (*athlete*).
4. Uno/a de ustedes está muy ocupado/a.

6-9A Cocina Concha. Esta "cocina" (restaurante informal) es una de las muchas que se encuentran por la costa chilena, donde las especialidades son pescados y mariscos. Imagínate que tú eres el cliente. Tienes 27.000 pesos (US $30) para la cena. Decide qué vas a pedir. Estudiante B, por favor ve al **Apéndice 1,** página A6.

Puerto Montt: un paraíso visual y culinario

COCINA CONCHA

Pescados y mariscos
Calidad garantizada
(56) (65) (266795)
Angelmó - Puerto Montt - Chile

almejas (*clams*)	2500 pesos
almeja a la parmesana	3000 pesos
camarones	2500 pesos
cangrejo (*crab*)	6000 pesos
corvina (*sea bass*)	4000 pesos
ostras (*oysters*)	5000 pesos
salmón frío	5000 pesos
salmón ahumado (*smoked*)	6000 pesos
salmón a la mantequilla	5500 pesos
salmón a la plancha (*grilled*)	5500 pesos
sopa marinera	3000 pesos
langosta	6000 pesos
vino tinto chileno (botella)	4000 pesos
vino blanco chileno (botella)	3500 pesos
cerveza	1000 pesos
agua mineral	1000 pesos
té	500 pesos
café	750 pesos

¿Cómo se llega?
De la estación de autobuses en Puerto Montt, tome un taxi o un colectivo a Angelmó. Allí va a ver un edificio de dos plantas. Suba al segundo piso y busque la Cocina Concha.

¡Así lo hacemos! Estructuras

1. The verbs *decir* and *dar*, indirect objects, and indirect object pronouns

6-9 to 6-16

Decir y dar

■ **Decir** is an **e → i** stem-changing verb with an irregular first-person singular form (like **tener** and **venir**).

decir *(to say)*			
yo	di**g**o	nosotros/as	decimos
tú	dices	vosotros/as	decís
él, ella, Ud.	dice	ellos/as, Uds.	dicen

Te doy mi pelota si me das tu sándwich.

¿Qué dices?

■ **Dar** has an irregular first-person singular form like **ser** and **estar**.

dar *(to give)*			
yo	d**o**y	nosotros/as	damos
tú	das	vosotros/as	dais
él, ella, Ud.	da	ellos/as, Uds.	dan

■ The verbs **decir** and **dar** often require indirect object pronouns.

Los pronombres de complementos indirectos

An indirect object indicates to or for whom an action is carried out. In Spanish the indirect object pronoun is also used to indicate from whom something is bought, borrowed, or taken away.

¿Me puede mostrar los modelos más económicos?

Indirect object pronouns			
Singular		**Plural**	
me	*(to) me*	**nos**	*(to) us*
te	*(to) you*	**os**	*(to) you* (fam. Sp.)
le	*(to) him, her, you* (for.)	**les**	*(to) them, to you*

■ The forms of the indirect object pronouns are identical to the direct object pronouns, except for the third-person singular and plural forms.

■ Indirect object pronouns agree only in number with the noun to which they refer. There is no gender agreement.

Le lavo los platos.	*I'll wash the dishes for her.*
¿**Me** preparas arroz para la cena?	*Can you prepare rice for dinner for me?*

■ Indirect object pronouns usually precede the conjugated verb.

Te compramos el almuerzo.	*We'll buy you lunch.*

■ In negative sentences the indirect object pronoun is placed between **no** and the conjugated verb.

No **le** doy mi receta.	*I won't give him my recipe.*

RECURSOS

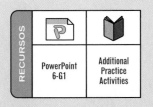

PowerPoint 6-G1

Additional Practice Activities

Warm-up for *The verbs* decir *and* dar, *indirect objects, and indirect object pronouns.*

Students have been using the expressions *me gusta* and *te gusta* to express likes and dislikes. In the following sections, you will formally present indirect object pronouns and verbs that use them, including those similar to *gustar*. Warm up the presentation by talking about yourself and why you feel lucky to have so many generous and kind friends who are constantly giving you gifts and saying nice things to you. Of course, your friends are also celebrities that you have used as models in the past, for example, *Hoy es mi cumpleaños. Mi amigo Denzel Washington me dice: "¡Feliz cumpleaños!"*

Implementation of *The verbs* decir *and* dar, *indirect objects, and indirect object pronouns.*

Bring in a few mini chocolate bars or ask a student for some coins or cash. Prepare the board or a transparency before class with the following information. Then, ask the questions using your students' names.

¿Somos generosos? [name,] *tienes todo el chocolate/dinero.*

¿Le das un chocolate a…?	*Sí/No, (no) le doy un chocolate a…*
¿Les das un chocolate a… y a…?	*Sí/No, (no) les doy un chocolate a… y a…*
¿Nos das un chocolate a mí y a…?	*Sí/No, (no) les/os doy un chocolate a Uds./vosotros/as.*

Implementation of *Indirect objects and indirect object pronouns.*

Review with students the form, meaning, and function of the following three paradigms: 1) subject pronouns, 2) direct object pronouns, 3) indirect object pronouns. Write each paradigm on the board, and ask students to observe and comment on similarities and differences, e.g., the direct and indirect object pronouns differ in form only in the third person; *nosotros/vosotros* are subject pronouns (meaning "we"/"you all"), whereas *nos/os* are object pronouns (meaning "us"/"you all" or "to/for us"/"to/for you all"), etc. Provide examples, e.g., *Nosotros servimos platos muy ricos. Los clientes nos visitan con frecuencia.* You may want to expand on function, offering the following examples and information: *Juan ama a Luisa. Juan le da dinero a su hijo. Juan le da dinero a esa organización.* Subject pronouns substitute for nouns in subject position and answer the question "Who + verb?" (Who loves/gives? → *Juan/él).* Direct object pronouns substitute for nouns in direct object position and answer the question "Verb + whom/what?" (Loves whom? → *a Luisa/la*; Gives what? → *dinero/lo).* Indirect object pronouns substitute for nouns in the indirect object position and answer the question "Verb + to/for whom/what?" (Gives to whom? → *a su hijo/le*; Gives to what? → *a esa organización/le).* Clarify that the "a" in *Juan ama a Luisa* is the *personal "a"* that carries no meaning and simply marks a direct object that is a person, whereas the "a" in *Juan le da dinero a su hijo* carries the meaning "to/for."

Additional Activity for *Indirect objects and indirect object pronouns.*

Write a series of sentences on the board that include the sequence: *subject + verb + direct object + indirect object.* Do not yet include any indirect object pronouns, but put an asterisk before each sentence to show that each is not yet complete, e.g., **El camarero sirve las bebidas a los clientes. *Ana prepara el desayuno a sus hijos. *Yo digo la hora al profesor. *Pepe da el agua al perro.* etc. Have students underline the subject and write "S" below it and then do the same for the verb ("V"), the direct object ("DO"), and the indirect object ("IO"). Next, have students determine the pronoun corresponding to each indirect object and ask them to rewrite the sentences with correct IO pronoun placement. Point out that, unlike with a direct object, an indirect object can remain, even though an indirect object pronoun must be there to represent it: *El camarero les sirve las bebidas a los clientes.* versus *El camarero les sirve las bebidas.* For higher difficulty, have students substitute in a pronoun for each subject, as well. At this point, do not ask students to substitute in for both objects simultaneously. This grammar point will be covered in *Capítulo 7.*

■ In constructions with an infinitive, the indirect object pronouns may either precede the conjugated verb or be attached to the infinitive.

Mamá **nos** quiere enseñar a cocinar. } *Mom wants to teach us how to cook.*
Mamá quiere enseñar**nos** a cocinar. }

■ The familiar plural form, **os** (**vosotros**), is used in Spain.

EXPANSIÓN	**More on structure and usage**

Redundant indirect objects

When the indirect object refers to a specific person or group of people and is included in the sentence, the corresponding indirect object pronoun is also included. These are called redundant or repetitive indirect object pronouns. They have no English equivalent and are only used with third person nouns. Thus **le** or **les** are the only redundant indirect object pronouns.

Le damos las galletas **a Julia.**   *We give the cookies to Julia.*
Les lavo los platos **a mis amigos.**   *I wash the dishes for my friends.*

Use of prepositional pronouns for emphasis

To emphasize or clarify an indirect object, you can also use the corresponding prepositional pronouns with a prepositional phrase beginning with **a.**

me… a mí	nos… a nosotros/as
te… a ti	os… a vosotros/as
le… a él, a ella, a Ud.	les… a ellos/as, a Uds.

La niña **le** dice su nombre **a él.**   *The girl tells him her name.*
La profesora **me** da los papeles **a mí.**   *The professor gives the papers to me.*

Aplicación

6-10 Michelle Bachelet. La presidenta de Chile tiene muchos planes para el futuro de este país. Lee el párrafo sobre ella y subraya todos los pronombres de complementos indirectos.

Michelle Bachelet fue electa presidenta de Chile en 2006.

Al tomar la presidencia de Chile, Michelle Bachelet les va a explicar a los ciudadanos sus metas (*goals*) para el futuro. Primero, aunque sólo un 34% de las mujeres en Chile trabaja fuera de la casa, piensa nombrar a mujeres para muchos de los puestos (*positions*) de ministros en su gabinete (*cabinet*). Les va a dar responsabilidad de formar nuevas leyes para el bienestar de la nación. También, les asegura (*assures*) a todos que su gobierno va a respetar a todos los chilenos, hombres y mujeres. Les manifiesta que va a bajar la tasa de desempleo (*unemployment rate*), mejorar el sistema de seguro social y trabajar para mejorar el sistema de salud (*health*).

6-11 Michelle Bachelet en Santiago. Contesta las preguntas, basándote en la actividad **6-10.**

1. ¿Cuál es la nacionalidad de Michelle Bachelet?
   Es chilena.

2. ¿Cuáles son algunas de sus promesas?
   Promete bajar la tasa de desempleo; mejorar los sistemas de seguro social y de salud e incluir a mujeres en su gabinete.

3. ¿En qué año fue electa presidenta?
   2006.

4. En tu opinión, ¿cuál es su meta más importante?
   Answers will vary.

6-12 Más cosas que promete Bachelet. Ahora, escribe en los espacios en blanco los pronombres de complemento indirecto para describir lo que va a hacer Michelle Bachelet como presidenta.

1. __Les__ va a subir los salarios a los trabajadores.
2. __Le__ va a explicar a su hija que necesita cambiar de escuela.
3. __Les__ va a escribir cartas a sus amigos invitándolos a la inauguración.
4. Decide que va a dar __les__ a sus padres su apartamento.
5. __Le__ enseña la oficina a su asesor (*advisor*).
6. __Le__ va a prometer al público dar conferencias de prensa (*press*) todas las semanas.

6-13 Ahora tú. Imagínate que te vas a Chile por un año. Contesta las siguientes preguntas sobre lo que va a pasar durante tu ausencia.

1. ¿Quién te va a cuidar la casa?
2. ¿Quiénes te van a escribir correos electrónicos?
3. ¿A quién le vas a vender tu coche?
4. ¿Quiénes te desean un buen viaje?

6-14 ¿Qué te hace la familia? Hablen de lo que su familia les hace a ustedes y comparen las cosas que tienen en común.

MODELO: *Mi padre me prepara la comida, pero no me lava los platos.*

6-15 Algo especial. Hablen de lo que ustedes dan o dicen en las siguientes situaciones.

MODELO: a tu hermano en su cumpleaños
             Le digo: "Feliz cumpleaños" y le doy un beso.

1. a tu madre el Día de las Madres
2. a tu padre el Día de los Padres
3. a tu esposo/a o novio/a el día de su aniversario
4. a tu profesor/a al final del curso
5. a un/a turista en la calle

Warm-up for 6-12.
Before having students complete this activity, ask them to identify and underline the indirect object in each sentence, e.g., *a los trabajadores, a su hija, a sus amigos,* etc. This will minimize confusion with the selection of appropriate pronouns.

Warm-up for 6-13.
Before having students complete this activity, ask them to identify and underline the indirect object pronoun in each sentence. Go over the first question with them to model how the pronoun will change in the response, e.g., *Mi madre me cuida la casa.* Also, review the meaning of any new words, e.g., *cuidar, coche* as a synonym of *carro, viaje.*

Implementation of 6-14.
Ask students to converse freely first and then write down two aspects that they have in common to share with the class during follow-up. You might ask them to write down two aspects that they do not have in common, as well. Defining an explicit goal in this way gives students further direction and helps them stay on task.

Implementation of 6-15.
This activity provides much room for creativity and most likely will result in a variety of interesting/humorous responses. Have students work alone or in pairs first to write down their ideas. Then have them come together in groups of three individuals or two pairs to share their responses. As a wrap-up, go over each situation with the class, asking for volunteers to share a few responses.

Implementation of *Gustar* and *similar verbs*.

Be sure to vary the syntax in some examples so that the subject precedes the verb and explain to students that both sentence order options (i.e., S + IO + V versus IO + V + S) are possible, e.g., *Las casas sucias me molestan; El cuadro le fascina; El restaurante nos parece caro; Me encantan los pasteles.*

2. *Gustar* and similar verbs

6-17 to 6-22

The verb **gustar** is used to express preferences, likes, and dislikes. **Gustar** literally means *to be pleasing*, and the verb is used with an indirect object pronoun.

No me gusta desayunar.	*I don't like to eat breakfast. (Eating breakfast is not pleasing to me.)*
No **le gustan** los restaurantes caros.	*He doesn't like expensive restaurants. (Expensive restaurants are not pleasing to him.)*

- The subject of the verb **gustar** is whatever is pleasing to someone. Because we generally use **gustar** to indicate that something (singular) or some things (plural) are pleasing, **gustar** is most often conjugated in the third-person singular or third-person plural forms, **gusta** and **gustan.** The indirect object pronoun indicates who is being pleased.

Nos gusta la torta de chocolate.	*We like chocolate cake.*
No me gustan los frijoles.	*I don't like beans.*

- To express the idea that one likes to do something, **gustar** is followed by an infinitive. In such cases the third-person singular of **gustar** is used, even when you use more than one infinitive.

Me gusta preparar la cena y lavar los platos.	*I like to prepare dinner and wash the dishes.*

- Some other verbs like **gustar** are listed below. Note that the equivalent expressions in English are not direct translations.

aburrir	*to bore; to tire*	**interesar**	*to be interesting*
encantar	*to like very much; to be extremely pleasing*	**molestar**	*to be a bother; to annoy*
faltar	*to be lacking; absent*	**parecer**	*to seem*
fascinar	*to be fascinating*	**quedar**	*to be left; remaining*

Me molestan las cocinas sucias.	*I am annoyed by dirty kitchens.*
Nos parece caro este vino.	*This wine seems expensive to us.*

- Remember, you can use the prepositional phrase beginning with **a** to emphasize or clarify the indirect object pronoun.

A mí me fascina la cocina, pero **a ella** le parece pequeña.	*I am fascinated by the kitchen, but it seems small to her.*

Aplicación

6-16 A los pingüinos... Lee el siguiente párrafo sobre los pingüinos de la Patagonia chilena y subraya los verbos como **gustar** (**V**), su sujeto (**S**) y su complemento indirecto (**I**).

MODELO: *A mí me interesan los animales marinos.*
            I   V   S

A muchas personas les fascinan los pingüinos que habitan las costas del sur de Chile. Son casi como pequeños seres humanos en la manera en que cuidan a sus bebés. A los pingüinos, también les gusta observar a la gente y no le tienen miedo. Para comer, les encantan los calamares y otros mariscos que pescan del mar. Los pingüinos son protegidos estrictamente por los parques nacionales de Chile y está prohibido darles comida. A mí, me parecen animales preciosos, pero no me interesa tener uno como mascota (*pet*). Prefiero verlos libres.

RECURSOS

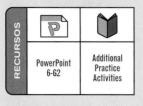

PowerPoint 6-G2

Additional Practice Activities

6-17 ¿Qué les gusta? Ahora, contesta las siguientes preguntas, basándote en la actividad **6-16**.

1. ¿Dónde viven los pingüinos?
   Viven en las costas del sur de Chile.

2. ¿Qué les gusta hacer?
   Les gusta observar a la gente.

3. ¿Qué les encanta comer?
   Les encantan los camarones y otros mariscos.

4. ¿Por qué nos fascinan?
   Answers will vary. Example: Porque son casi como pequeños seres humanos.

5. ¿A ti te interesa tener uno como mascota?
   Answers will vary.

6-18 Me interesa(n). Me gusta(n). Me molesta(n). Completa el cuadro con las cosas y actividades de la lista que te interesan, te gustan o te molestan. Incluye unas frases originales.

limpiar la cocina	los restaurantes de cuatro tenedores *(forks)*	una cocina lujosa *(fancy)*	los cafés sencillos
preparar comida complicada	tomar vino con la cena	los vinos chilenos	cocinar
los restaurantes de cocina… (mexicana, china…)	los cocineros egoístas	bailar	las novelas de Isabel Allende

MODELO:

INTERESAR	GUSTAR	MOLESTAR
Me interesan las matemáticas.	*Me gusta bailar.*	*Me molestan los insectos.*

 6-19 ¿Y a ti? Túrnense para preguntarse sobre sus intereses y gustos de la actividad **6-18**.

MODELO: E1: *¿Qué te interesa?*
           E2: *Me interesan las novelas de Isabel Allende.*

Warm-up for 6-18.
Before having students begin this activity, review the meaning of any words in the list as necessary. Also, point out that there are three different columns for their responses, according to the meanings of the verbs *interesar, gustar,* and *molestar.*

Implementation of 6-18.
Encourage students to answer with any additional things and activities, according to their true personal preferences.

Implementation of 6-19.
After students complete 6-18 individually, have them converse in pairs (or, alternatively, in groups of three) to compare and contrast their responses. You may want to specify a goal for this interaction, such as finding two similarities and two differences, or discovering two new tidbits about their classmate(s). Ask the students to be ready to share some conclusions with the class.

6-20 Una carta de la Patagonia. Usa los pronombres de complemento indirecto y los verbos correspondientes de la lista para completar la carta. *Answers will vary.*

encantar	fascinar	gustar	interesar	molestar	parecer	quedar

El lobo marino habita la costa de Chile.

Querida Isabel:

Te escribo para contarte sobre mi viaje a la Patagonia. Es una región bellísima de Chile que incluye montañas y costas y una gran variedad de animales. Nuestro guía Antonio es muy simpático y nos explica sobre la región. (1.) (a nosotros) __Nos parece__ que él conoce bien la flora y la fauna de la región. (2.) (a mí) __Me fascinan__ las plantas y los animales, pero a Carlos y Ana (3.) __les interesan__ especialmente los lobos marinos (*sea lions*) que llegan todos los años para criar a sus hijos. Están protegidos en toda la costa de Chile, y a muchas personas (4.) __les encanta__ observarlos durante este tiempo. (5.) (A mí) No __me gusta__ mucho la playa porque hace mucho viento para nadar, pero (6.) __me gusta__ observar la vida marina. Todos los días (7.) __me encanta__ salir temprano para ver los pelícanos y otros pájaros que viven en la costa.

Bueno, Isabel, si (8.) (a ti) __te interesa__ la naturaleza, (9.) (a ti) __te__ va a __fascinar__ la Patagonia.

Un abrazo,

Eduardo

 6-21 Su opinión. Conversen sobre sus opiniones acerca de los restaurantes.

MODELO: las cafeterías estudiantiles
E1: ¿Te gustan las cafeterías estudiantiles?
E2: ¡Sí, me encantan porque son económicas!

1. los restaurantes lujosos (*fancy*)   3. los mariscos
2. los platos picantes   4. las frutas tropicales

 6-22 ¿A quién? Entrevístense para saber las opiniones de sus compañeros/as.

MODELO: E1: ¿Te gusta tomar café?
E2: Sí, me gusta. / No, no me gusta.

comer pasteles	comer en restaurantes	comer mariscos
_____	_____	_____
comer frutas	comer en la cafetería	dejarle propina al/a la camarero/a
_____	_____	_____
ser vegetariano	tomar café	comer una merienda todos los días
_____	_____	_____

 ¿Cuánto sabes tú? *Can you…*

6-23 to 6-26

☐ role-play a restaurant scene with a waiter and client; order and/or comment on a meal?
☐ talk about what you like to eat (**Me gusta…**) and order a meal (**¿Me trae…?**)?
☐ say and give things to people by using the verbs **decir** and **dar** with indirect object pronouns?
☐ express and ask about likes and dislikes with verbs such as **gustar, interesar, molestar,** and **parecer**?

RECURSOS
In-class Communicative Projects

Comparaciones

La compra de la comida y la cocina chilena

6-23 En tu experiencia. ¿Cuántas veces vas al supermercado por semana? ¿Compras comidas fáciles de preparar? ¿Compras en tiendas especializadas o en un supermercado grande? ¿Conoces un mercado donde todo está muy fresco (*fresh*)? ¿Tu familia prepara una comida especial en los días festivos?

Aquí tienes una descripción de la rica y variada comida del mundo hispano y, en particular, de la de Chile. Compárala con la comida que comes en tu casa.

La comida tiene un papel muy importante en el mundo hispano. Se puede decir que para los hispanos la comida desempeña (*serves*) una función social crucial. Se dice que en los países hispanos se vive para comer, no se come para vivir.

Aunque los supermercados ya son muy populares, todavía es común ir al mercado dos o tres veces por semana para asegurarse (*to be sure*) de que los productos son frescos. El mercado típico es un edificio enorme y abierto, con tiendas (*shops*) pequeñas donde se vende todo tipo de comestibles (*food*). En el mercado hay tiendas especiales como carnicerías, pescaderías y fruterías. En cada barrio también hay una panadería, una pastelería y una heladería.

Los mercados y las comidas típicas de cada región varían y dependen mucho de los productos disponibles en esa región. La cocina de Chile refleja la variedad topográfica del país. Debido a su enorme costa, en Chile se come mucho marisco y pescado; también carnes diferentes, frutas frescas y verduras. Hay dos especialidades populares: la parrillada, que consiste en distintos tipos de carne, morcilla (*blood sausage*) e intestinos asados a la parrilla; y el curanto, que es un estofado (*stew*) de pescado, marisco, pollo, cerdo, carnero (*lamb*), carne y papas. Además, el vino chileno es de gran calidad.

La abundancia de pescados y mariscos en Chile los hace una parte importante de su cocina.

Note on *Comparaciones*.
The names and availability of foods vary widely across the Hispanic world, which makes it important not to overgeneralize. For example, students may be surprised to learn that *salsa picante* is not a staple in every cuisine. Also, in the United States and Canada, farmers' markets are becoming increasingly popular as consumers become concerned with eating fresh and organic foods.

 6-24 En tu opinión. Conversen sobre sus gustos culinarios.

	MI OPINIÓN	LA OPINIÓN DE MI COMPAÑERO/A
1. La especialidad de nuestra región…	_____	_____
2. El restaurante más popular…	_____	_____
3. Nuestro restaurante favorito…	_____	_____
4. Nuestro plato favorito…	_____	_____
5. Un plato que detestamos…	_____	_____

SEGUNDA PARTE

¡Así lo decimos! Vocabulario

¡Así es la vida! «La tía Julia cocina»

Buenas noches, queridos televidentes. Ayer les enseñé a hacer una paella, un exquisito plato de arroz, mariscos, pollo y otros ingredientes. ¿Prepararon anoche este delicioso plato? ¿Se lo sirvieron a la familia? ¿Les gustó? Bueno, hoy en el programa de **«La tía Julia cocina»** vamos a presentarles otro plato fenomenal: el arroz con pollo…

Para prepararlo, además de los ingredientes, el arroz y el pollo, necesitan una cazuela o una sartén. Este delicioso plato se cocina en la estufa… ¡pero no en el horno!

¡Ahora, todos a la cocina!

| | | | | | En la cocina | | | | | | | | | | | | | | | | | | | | | | | | | | | | | | | | | | | | | | | | | | |

la cafetera   la cazuela   el congelador   la estufa   el horno

el microondas   el recipiente   el refrigerador   la sartén   la tostadora

Expansion of ¡Así lo decimos!

Be prepared to provide any additional vocabulary on the board as needed and requested by students, e.g., *el tazón* (bowl), *la espátula, el cuchillo, la cuchara, el tenedor*, etc.

Implementation of ¡Así lo decimos!

Many of the recipes in this lesson use common ingredients and are simple to prepare. Most likely, not all of your students cook regularly, but they probably have some of these items in their homes. Tell them the ones you could not live without, then ask them to do the same, e.g., *¿Cuál es el aparato más indispensable? ¿Cuál es el utensilio más indispensable?*

Implementation of ¡Así lo decimos!

Have students match the ingredient with the action. 1. *el agua (calentar/hervir)* 2. *la naranja (pelar)* 3. *la sopa (calentar)* 4. *la sal (echar)* 5. *el pan (tostar)* 6. *el pollo (freír)* 7. *la salsa de tomate (echar)* 8. *la banana (pelar)*.

Verbos	**Verbs**
añadir	*to add*
calentar (ie)	*to heat*
cocinar	*to cook*
cortar	*to cut*
echar	*to add; to throw in*
freír (i, i)	*to fry*
guardar	*to save; to keep*
hervir (ie, i)	*to boil*
hornear	*to bake*
mezclar	*to mix*
pelar	*to peel*
tapar	*to cover*
tostar (ue)	*to toast*

Otras palabras y expresiones	**Other words and expressions**
a fuego alto	*on high heat*
mediano	*medium heat*
bajo	*low heat*
la receta	*recipe*

Las medidas	**Measurements**
la cucharada	*tablespoon*
la cucharadita	*teaspoon*
el kilo	*kilogram (equivalent to 2.2 pounds)*
el litro	*liter*
el pedazo	*piece*
la pizca	*pinch (of salt, pepper, etc.)*
la taza	*cup*

Expresiones adverbiales	**Adverbial expressions**
anoche	*last night*
anteayer	*the day before yesterday*
ayer	*yesterday*
el año (lunes, martes, etcétera) pasado	*last year (Monday, Tuesday, etc.)*
el mes pasado	*last month*
la semana pasada	*last week*

doscientos tres • **203**

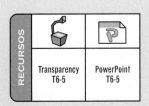

RECURSOS

| Transparency T6-5 | PowerPoint T6-5 |

CAPÍTULO 6

Additional Activity for *Letras y sonidos.*

The letter *s.* Write the following words on the board (or choose only a subset of them). First, review with students their meaning. Then, ask them to underline the letter *s* in each one. Remind students that in all varieties of Spanish, the letter *s* sounds similar to the *s* in English *sip*. Then have students listen and repeat after you pronounce each word.

1. sal	6. es-pa-ñol
2. sie-te	7. en-sa-la-da
3. sá-ba-do	8. pes-ca-do
4. pa-sa-do	9. de-sa-yu-no
5. vi-si-tar	10. pre-si-den-ta

Additional Activity for *Letras y sonidos.*

The letter *z,* **and** *c* **before** *e, i.* Write the following words on the board (or choose only a subset of them). First, review with students their meaning. Then, ask them to underline the letter *z,* as well as *ce* and *ci,* in each one. Have students listen and repeat after you pronounce each word, according to the Spanish of Latin America (*s* as in *sip*) or Spain (*th* as in *thanks*). You may want to do the activity twice, demonstrating both pronunciations to help students anticipate all general varieties of the language.

1. ce-na	11. pe-da-zo
2. a-rroz	12. al-mor-zar
3. cin-co	13. re-ce-ta
4. piz-ca	14. cer-ve-za
5. on-ce	15. ce-pi-llo
6. de-cir	16. te-rra-za
7. na-riz	17. ca-tor-ce
8. diez	18. prin-ci-pal
9. a-zú-car	19. de-li-cio-so
10. man-za-na	20. za-na-ho-ria

CD 2, Track 6

6-33 to 6-36

LETRAS Y SONIDOS

The sequences "s, z, ce, ci" in Spanish

Generally in Spanish, the letters *s* and *z,* as well as *c* before the vowels *e* and *i,* all correspond to the same sound: the *s* sound in English *sip*. Be careful to avoid the *z* sound in English *zip*, especially where the letter *s* appears between vowels (e.g., *vi-si-tar, pre-si-den-ta*) or where the letter *z* begins or ends a word (e.g., *za-na-ho-ria, diez*).

   sal   *de-sa-yu-no*   *a-zú-car*   *ce-na*   *ha-cer*   *de-cir*

In most parts of Spain, only the letter *s* sounds like the *s* in English *sip*. The other letters treated here (i.e., the letter *z,* as well as *c* before *e* and *i*) are pronounced like the *th* sound in English *thanks*. Keep these differences in mind as you refine your listening skills. Follow the pronunciation of these letters that is consistent with the variety of Spanish that you want to speak, Latin American or Peninsular.

Aplicación

6-25 ¿Qué necesitas para...? Indica un utensilio o aparato que necesitas para hacer lo siguiente.

MODELO: congelar el helado
el congelador

1. __c__ freír el pescado	a. la cazuela
2. __a__ calentar la sopa	b. la cafetera
3. __g__ enfriar (*to cool*) el jugo	c. la sartén
4. __f__ tostar el pan	d. el recipiente
5. __d__ guardar el azúcar	e. el horno
6. __b__ preparar el café	f. la tostadora
7. __e__ hornear el pastel	g. el refrigerador

6-26 ¿Qué hacen? Describe lo que hacen las personas en cada dibujo con expresiones de ¡**Así lo decimos!**

MODELO:

Mario

Mario pone el pollo en el horno.

1.

3.

Dolores
Dolores corta las zanahorias.

5.

Estela
Estela fríe un bistec en la sartén.

4.

Diego
Diego pone los platos en el lavaplatos.

6.

Pilar
Pilar saca la leche del refrigerador (pone la leche en...).

Escucha la preparación del flan, un postre
. Indica con una cruz (**X**) los ingredientes,
lia utiliza para preparar esta receta.

SILIOS	ACCIONES
cucharada	_____ añadir
cucharadita	_____ cortar
licuadora (*blender*)	_____ echar
molde	_X_ hornear
recipiente	_X_ mezclar
sartén	_X_ calentar
taza	_X_ servir

SEGUNDA PARTE

**Additional Activity for
¡Así lo decimos!**

¿Qué necesitas? Túrnense para hacer una lista de todo lo que necesitan para preparar estas comidas y bebidas.

Modelo: café
Necesitamos una cafetera, leche, azúcar, una taza, agua y café.

1. té   5. torta de chocolate
2. huevos fritos   6. papas fritas
3. pollo frito   7. pan tostado
4. papas al horno   8. hamburguesas

Warm-up for 6-27.
Before completing this activity, review with students the meaning of any unknown words in the list as necessary.

Audioscript for 6-27.
Para empezar la preparación de este postre exquisito, se debe mezclar bien en una licuadora los siguientes ingredientes: una lata de leche condensada, una lata de leche evaporada, tres huevos y una cucharadita de vainilla. Se pone todo aparte mientras se prepara el caramelo. Se pone media taza de azúcar blanco en una sartén de hierro. Se calienta hasta que se derrita. Se vierte el caramelo derretido en un molde de *Pyrex* para cubrir el fondo y los lados del molde. Se vierte la mezcla de leche y huevos sobre el caramelo. En un recipiente más grande, se pone agua para cubrir el fondo y se coloca el molde de *Pyrex* dentro del recipiente grande. Se hornea el flan por una hora a fuego mediano (350 grados Fahrenheit). Se saca del agua y se deja enfriar antes de verterlo en un plato con el caramelo encima. Se sirve frío. ¡Buen provecho!

6-28 Una receta tuya. Túrnense para hacer una lista de los ingredientes, utensilios y acciones para una receta popular y para tratar de adivinar para qué plato es la receta.

MODELO: E1: *Necesitas tres limones, un litro de agua, media taza de azúcar, hielo, etcétera.*
E2: *Es una receta para hacer limonada.*

6-29 ¿Qué dicen? Túrnense para explicar o responder a estas situaciones.

MODELO: E1: *La sopa no tiene sabor.*
E2: *La sopa necesita más condimentos. Voy a echarle cebolla, ajo y una pizca de sal.*

1. La carne no tiene sabor.
2. El café tiene un sabor muy malo.
3. Quieres una hamburguesa especial.
4. Siempre preparas un desayuno muy original.
5. La leche está cortada (*sour*).
6. La mesa está llena de platos y utensilios sucios.

 6-30A El arroz con leche. El arroz con leche es un postre muy conocido en todo el mundo hispano. Imagínate que tienes la receta y tu compañero/a tiene algunos de los ingredientes. Decidan qué ingredientes necesitan comprar. Estudiante B, por favor ve al **Apéndice 1,** página A7.

MODELO: E1: *Necesitamos una taza de arroz.*
E2: *No tenemos arroz. Tenemos que comprarlo.*

Ingredientes:	Preparación
1 taza de arroz	• Poner* el arroz en una cazuela antiadherente (*nonstick*) y añadir
2 litros de leche	agua fría hasta que lo cubra, junto con una pizquita de sal. Poner al
9 cucharadas de azúcar	fuego y, cuando empiece a hervir, darle diez minutos, o hasta que se
corteza (*peel*) de 1 limón	consuma el agua.
1 palito (*stick*) de canela (*cinnamon*)	• Echar en la cazuela leche hasta que cubra el arroz y bajar el fuego
canela molida (*ground*)	al mínimo. Añadir el limón y el palito de canela, y mover todo
pizca de sal	constantemente mientras el arroz se va poniendo cremoso.
	• Si no se pone cremoso, seguir cocinando a fuego muy lento,
	añadiendo de vez en cuando un poco de leche, según se vaya
	consumiendo. Hay que mover todo a menudo. La operación dura
	unas dos horas. Cuando ya esté incorporada toda la leche, añadir el
	azúcar, dar unas vueltas más para que se mezcle bien y retirar del
	fuego la cazuela. Servir el arroz con leche frío, en recipientes
	individuales, espolvoreados (*sprinkled*) con canela.

*A common use of the infinitive in Spanish is to convey a command.

¡Así lo hacemos! Estructuras

3. The preterit of regular verbs

6-37 to 6-43

So far you have learned to use verbs in the present indicative tense. In this chapter you will learn about the preterit, one of two simple past tenses in Spanish. In **Capítulo 8** you will be introduced to the imperfect, which is also used to refer to events in the past.

¿Les gustó la paella?

Preterit of regular *-ar, -er,* and *-ir* verbs			
	-ar	**-er**	**-ir**
	tomar	**comer**	**vivir**
yo	tom**é**	com**í**	viv**í**
tú	tom**aste**	com**iste**	viv**iste**
él, ella, Ud.	tom**ó**	com**ió**	viv**ió**
nosotros/as	tom**amos**	com**imos**	viv**imos**
vosotros/as	tom**asteis**	com**isteis**	viv**isteis**
ellos/as, Uds.	tom**aron**	com**ieron**	viv**ieron**

■ The preterit tense is used to report actions completed at a given point in the past and to narrate past events.

    Gasté mucho dinero en comida.   *I spent a lot of money on food.*
    Ayer **comimos** en la cafetería   *Yesterday we ate at the university*
      de la universidad.   *cafeteria.*

■ The preterit forms for **nosotros** of **-ar** and **-ir** verbs are identical to the corresponding present tense forms. The situation or context of the sentence will clarify the meaning.

    Siempre **hablamos** de recetas   *We always talk about cooking recipes.*
      de cocina.
    La semana pasada **hablamos** de   *Last week we talked about your*
      tu receta de pollo.   *chicken recipe.*
    Vivimos aquí ahora.   *We live here now.*
    Vivimos allí el año pasado.   *We lived there last year.*

■ Always use an accent mark in the final vowel for the first- and third-person singular forms of regular verbs, unless the verb is only one syllable.

    Compré aceite de oliva.   *I bought olive oil.*
    Ana Luisa **añadió** una pizca de sal.   *Ana Luisa added a pinch of salt.*
    Vi una receta interesante en ese   *I saw an interesting recipe in that*
      libro.   *book.*

SEGUNDA PARTE

Warm-up for *The preterit of regular verbs.*
Review word stress in preparation for the preterit tense. This topic is covered in the *Letras y sonidos* section of Chapter 4. For additional practice, write the following words on the board or a transparency, pronounce them, and have students indicate where to put the accent marks: *sueter (suéter), razon (razón), jovenes (jóvenes), jamon (jamón), esparragos (espárragos), examenes (exámenes), simpatico (simpático), Mexico (México), Paris (París), esta (está), estas (estás).* Then, in two columns on the board or a transparency, set up a context about what you did yesterday and how it affects today. Have students compare yesterday to today, focusing on the form and meaning of the conjugated verbs. (1) *Ayer fue… y cené con amigos. Comí langosta. Elena me compró una botella de vino. La bebió conmigo. Nosotros pasamos horas charlando. Decidimos ir a la discoteca.* (2) *Hoy es… y tengo que estudiar. Ceno en casa. Como Ramen Noodles. Elena no me compra nada. Ella bebe agua y toma aspirinas. Paso horas estudiando. Mis amigos y yo no salimos.*

Implementation of *The preterit of regular verbs.*
You have probably already used the preterit of some verbs with your class. Students may have recognized that you were referring to past actions because of an adverb. Present this section by comparing what you are going to prepare for dinner tonight with what you prepared for dinner last night. Compare what you are going to eat tonight with what you ate last night. Finally, compare what time you are going to go out tonight with the time you went out last night. Ask students what *preparé, comí,* and *salí* have in common.
    Remember to contextualize and personalize all of the verbs in this chapter and encourage students to create their own contexts, as well.

EXPANSIÓN   More on structure and usage

Los verbos que terminan en -*car*, -*gar* y -*zar*

Verbs that end in -**car**, -**gar**, and -**zar** have the following spelling changes in the first-person singular of the preterit. All other forms of these verbs are conjugated regularly.

c → qu	buscar	yo **busqué**
g → gu	llegar	yo **llegué**
z → c	almorzar	yo **almorcé**

Bus**qu**é el programa en la tele.	*I looked for the program on the TV.*
Lle**gu**é muy contento ayer.	*I arrived very happy yesterday.*
Almor**c**é poco hoy.	*I had little for lunch today.*

The following verbs follow this pattern as well.

jugar (a)	*to play*	**pagar**	*to pay*
empezar	*to begin*	**practicar**	*to practice*
explicar	*to explain*	**tocar**	*to touch; to play a musical instrument*

Aplicación

6-31 Una entrevista con Isabel Allende. Lee la siguiente entrevista con esta famosa escritora chilena y subraya los verbos en el pretérito.

Entrevistador: Señora Allende, ¿cuándo empezó a escribir?

Isabel: A la edad de trece años. Escribí un cuento para mi tío, Salvador.[1]

Entrevistador: ¿Y a su tío le gustó el cuento?

Isabel: Sí, mucho. Escribí sobre mi familia. Tengo algunos familiares más interesantes que algunos de ficción. Después, empecé a escribir cuentos cortos, como los de mi colección *Eva Luna*. Son cuentos fantásticos, pero siempre basados en Chile.

Entrevistador: Usted publicó varios libros en español y luego recibió una sorpresa. ¿Qué pasó?

Isabel: Bueno, me llamó Billy August, el director de cine norteamericano, y me invitó a hacer una película basada en mi novela, *La casa de los espíritus*.[2] Contrató a varios de mis actores favoritos: Meryl Streep, Jeremy Irons y Antonio Banderas, entre otros. Esto fue (*was*) en 1993.

Entrevistador: ¿Cuál es su obra favorita?

Isabel: La verdad, es *Paula*. La escribí después de la muerte de mi querida hija, Paula. Fue una experiencia muy difícil para mí, pero también la más satisfactoria porque volví a recordar los momentos más importantes de su vida.

---

[1]Salvador Allende, presidente de Chile hasta que fue asesinado en 1973.
[2]*The House of the Spirits*

6-32 Las experiencias de Isabel. Contesta las siguientes preguntas, basándote en la entrevista anterior.

1. ¿Cuándo empezó a escribir cuentos?
   Empezó a escribir a los trece años.

2. ¿Quién leyó su primer cuento?
   Lo leyó su tío Salvador.

3. ¿De qué escribió?
   Escribió sobre su familia.

4. ¿Quién la llamó para hacer una película?
   La llamó Billy August.

5. ¿Conoces esa película?
   Answers will vary.

6. ¿Cuál es el tema de *Paula*? ¿Crees que es una historia alegre o triste?
   Es la muerte de su hija y los momentos más importantes de su vida. Answers will vary.

6-33 En tu cocina. Usa estos verbos y otros que aprendiste en el vocabulario para hablar de la última receta que preparaste.

Primero compré…	Cociné…	Eché…
En casa lavé…	Pelé…	Serví…

6-34 Me gustó. / No me gustó. Túrnense para decir si les gustó o no lo siguiente en un restaurante.

MODELO: los camarones
   E1: *¿Te gustaron los camarones a la parrilla?*
   E2: *Sí, me gustaron. / ¡No, no me gustaron nada!*

1. el vino chileno
2. las verduras
3. las ensaladas
4. las tortas
5. las papas fritas
6. la fruta
7. el café con leche
8. el jugo
9. la sopa
10. el pan
11. el pescado
12. el pollo asado

6-35 Este fin de semana. Describe en un párrafo lo que hiciste (*you did*) durante el fin de semana. Usa verbos de la lista y expresiones como **y, pero, cuando** y **aunque** para unir tus ideas.

MODELO: estudiar
   Estudié el sábado todo el día, pero salí con mis amigos el sábado por la noche.

cocinar	comprar	estudiar	llamar	preparar	trabajar
comer	escribir	leer	mirar	salir	ver

6-36A Charadas. Túrnense para representar éstas y otras acciones en el pasado para ver si el/la otro/a compañero/a puede adivinar la acción. Estudiante B, por favor ve al **Apéndice 1,** página A7.

MODELO: E1: (Act out! *Corté el pan.*)
   E2: *Cortaste el pan.*

Comí langosta.	Preparé sopa.
Cocinamos papas fritas.	Encontré una mosca (*fly*) en la sopa.
Mezclaste huevos y sal para la tortilla.	¿…?

Implementation of 6-33.
First, have students complete this activity individually as a writing exercise, preferably as homework. Then, have them share their narratives in pairs or small groups during the next class session. To motivate listening, you may want to turn the activity into a guessing game, where others guess the recipe after hearing the student's description of the process.

Implementation of 6-34.
Tell students to answer according to their most recent restaurant experiences, or ask them simply to use their imaginations.

Wrap-up for 6-35.
To hold students accountable for listening to one another, ask a few comprehension questions after each student presents his/her paragraph. Ask questions about a single narrative or challenge students to compare different narratives: e.g., *¿Qué hizo John este fin de semana? Kelly salió con su novio. ¿Quién más salió?*

Additional Activity for *The preterit of regular verbs*.
Un restaurante inolvidable. Usa el pretérito de los verbos correspondientes de la lista para completar el párrafo.

buscar encontrar lavar llegar seleccionar
comer gustar   llamar salir tomar

El sábado pasado encontré un restaurante que me (1) _____ mucho. Nosotros (2) _____ el nombre del restaurante en la guía telefónica. Yo (3) _____ para hacer una reservación. Nosotros salimos a las siete de la noche y (4) _____ al restaurante a las siete y media. La comida estuvo (*was*) muy buena. Yo comí un bistec y mis amigos (5) _____ arroz con pollo. Todos nosotros (6) _____ agua mineral y, después, café. Para el postre, yo (7) _____ una tarta de frutas. Cuando era (*was*) hora de salir, abrí mi bolsa (*bag*) y (8) _____ mi tarjeta de crédito, pero no la encontré. Por eso, yo (9) _____ los platos por tres horas y (10) _____ del restaurante a las dos de la mañana.

Answers:
1. gustó 2. encontramos 3. llamé
4. llegamos 5. comieron 6. tomamos
7. seleccioné 8. busqué 9. lavé 10. salí

6-37 Te creo; no te creo. Escribe tres oraciones ciertas y tres oraciones falsas. Luego reta (*challenge*) a un/a compañero/a para decidir si lo que dices es cierto o falso.

MODELO: E1: *Una vez conocí a Isabel Allende.*
E2: *¿Cuándo?*
E1: *En 2005.*
E2: *Te creo. / No te creo.*

| besar (a) | comprar | llevar | trabajar (en) | visitar |
| comer | conocer (a) | salir con | ver | vivir |

4. Verbs with irregular forms in the preterit (I)

6-44 to 6-49

El pretérito de los verbos con cambio radical, e → i, o → u

¿Qué plato pidió?

Prefirió el arroz con pollo.

	pedir (*to ask for*)	**dormir** (*to sleep*)
yo	pedí	dormí
tú	pediste	dormiste
él, ella, Ud.	pidió	durmió
nosotros/as	pedimos	dormimos
vosotros/as	pedisteis	dormisteis
ellos/as, Uds.	pidieron	durmieron

■ Stem-changing **-ir** verbs in the present also have stem changes in the preterit. The changes are **e → i** and **o → u** and occur only in the third-person singular and plural.

pedir (i, i)	*to ask for*	**seguir (i, i)**	*to follow; to continue*
preferir (ie, i)	*to prefer*	**sentir (ie, i)**	*to feel; to be sorry for*
repetir (i, i)	*to repeat*	**servir (i, i)**	*to serve*

La camarera **repitió** las especialidades del día.

The waitress repeated the house specialties of the day.

Los chicos **durmieron** diez horas anoche.

The kids slept ten hours last night.

Verbos que cambian la "i" en "y" en la tercera persona del singular y del plural

	creer (*to believe*)	**oír** (*to hear*)
yo	creí	oí
tú	creíste	oíste
él, ella, Ud.	**creyó**	**oyó**
nosotros/as	creímos	oímos
vosotros/as	creísteis	oísteis
ellos/as, Uds.	**creyeron**	**oyeron**

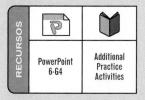

RECURSOS

PowerPoint 6-G4

Additional Practice Activities

■ For verbs that end in **-er** and **-ir** preceded by a vowel (for example, **creer,** **leer,** and **oír**) change the **i → y** in the third-person singular and plural. All forms of these verbs are accented in all persons, except the third-person plural.

Note on 6-38.
Jumbo may be pronounced "Yumbo" and is comparable to stores such as Wal-Mart or Super Target in the United States.

Mamá no te **creyó** esta mañana.　　*Mother didn't believe you this morning.*

Leyeron la receta con cuidado.　　*They read the recipe carefully.*
¿Oíste que hay un restaurante chileno en Chicago?　　*Did you hear that there is a Chilean restaurant in Chicago?*

Aplicación

6-38 Jumbo. Hoy en día, muchas personas compran en un supermercado o en un hipermercado en vez de ir siempre a las tiendas pequeñas. Jumbo es un ejemplo de un hipermercado enorme en Santiago de Chile. Lee acerca de Concha y su ayudante cuando hicieron sus compras esta semana. Luego, completa las siguientes oraciones.

La semana pasada mi ayudante *(assistant)* y yo decidimos hacer las compras en el súper Jumbo que se abrió recientemente en el Unicentro de Santiago. Cuando llegamos al súper, encontramos una sección grande de frutas y verduras, otras de carnes y pescados, y finalmente toda clase de bebidas. Pero, no sólo compramos comida, sino también artículos para la cocina. ¡Qué tentación! Cuando encontré el departamento de aparatos domésticos, compré una cazuela grande. Mi ayudante compró una sartén de hierro. Después comimos una merienda en el restaurante que tienen en el súper. Mi ayudante pidió pastel de limón y yo pedí pastel de manzana. La camarera nos sirvió café con el pastel. Mi ayudante compró un libro de recetas españolas y las leímos en el restaurante. Cuando regresamos a nuestro estudio, me senté a la mesa a leer, pero me dormí enseguida.

1. En Jumbo, Concha y su ayudante ___compraron___ muchas cosas.
2. Concha y su ayudante ___encontraron___ una sección de frutas y verduras.
3. El ayudante ___compró___ una sartén.
4. Los dos ___pidieron___ pastel y ___tomaron___ café.
5. Los dos ___leyeron___ el libro de recetas.
6. Concha se ___sentó___ a la mesa y ___empezó___ a leer, pero se ___durmió___.

6-39 ¿Y tú? Contesta las preguntas sobre tu última visita a un hipermercado.

1. ¿A qué hora saliste para el hipermercado?
2. ¿Qué viste?
3. ¿Qué encontraste?
4. ¿Qué compraste?
5. ¿A qué hora volviste a casa?

Wrap-up for 6-42A/B.

Ask for volunteers to share some of their responses with the class, providing as much detail as possible. For example, additional details for the activity's model could include, *Sirvió carne, papas, ensalada y flan.* Encourage students to provide such detail by asking questions that expand on their initial statements.

Expansion of 6-42A/B.

Ask students in pairs to create a list of additional situations and corresponding activities. Each pair then trades their work with another pair, which uses it as a basis for additional questions and answers. In other words, each pair generates new content for another pair to use as a second phase of the activity.

6-40 ¿Qué pasó en Jumbo? Combina elementos de cada columna y forma oraciones para explicar lo que pasó en Jumbo ayer.

MODELO: *Concha pidió leche para su café.*

1. nosotros	oír…
2. los niños	preferir…
3. nuestros amigos	pedir…
4. yo	leer…
5. el ayudante	repetir…
6. tú	sentir…

 6-41 Verdadero o falso. Túrnense para contar anécdotas personales que pueden ser verdaderas o falsas.

MODELO: E1: *Una vez pedí camarones con helado.*
E2: *No te creo. No los pediste.*

Una vez…
1. (servir)…
2. (oír)…
3. (pedir)…
4. (preferir)…
5. (leer)…

A B

6-42A ¿Qué pasó? Pregúntale a tu compañero/a qué pasó en las siguientes situaciones. Estudiante B, por favor ve al **Apéndice 1,** página A7.

MODELO: en la fiesta familiar
E1: *¿Qué pasó en la fiesta familiar?*
E2: *Mi mamá sirvió nuestra comida favorita.*

SITUACIONES	**ALGUNAS ACTIVIDADES**
1. en la cafetería estudiantil	1. caerse la comida
2. en una película que viste	2. no haber pescado
3. en clase ayer	3. robar los cuadros

 ¿Cuánto sabes tú? *Can you…*

☐ put the instructions for preparing a simple recipe in logical order?

6-50 to 6-53

☐ describe what is needed to prepare a recipe? (**Hay que comprar cebollas, cortarlas, freírlas… etc.**)

☐ use a variety of verbs to say what happened and what you did yesterday or once in the past? (**Ayer comí en un restaurante chileno; una vez oí música mexicana.**)

RECURSOS

In-class Communicative Projects

Observaciones

 ¡Pura vida! Episodio 6

En este episodio hay una sorpresa (*surprise*) en la comida.

Antes de ver el video

6-43 Las empanadas. Cada país tiene sus especialidades culinarias; en la Argentina, entre otras, son las empanadas. Lee la receta siguiente y haz una lista de los ingredientes.

> En la Argentina, la empanada es una de las entradas (*appetizers*) más populares en un restaurante, en un pícnic o como merienda. Se prepara con masa de harina (*flour*) rellena de una mezcla de carne, huevos, aceitunas (*olives*), cebollas y pasas (*raisins*). Se sirve con una salsa que se llama chimichurri. La chimichurri es una mezcla de aceite de oliva, jugo de limón, perejil (*parsley*), ajo, cebolleta (*shallots*), orégano y una pizca de sal y pimienta.

Empanadas argentinas

A ver el video

6-44 Hay una sorpresa en la comida. Mira el sexto episodio de *¡Pura vida!* para identificar la sorpresa que hay en la comida. Luego, completa las oraciones siguientes con palabras lógicas según el video.

El pícnic

La comida

¡Felipe se quedó sin propina!

| postre | tacos de pollo | serpiente | tortilla de patatas |

1. Silvia preparó una _____, un plato español. tortilla de patatas
2. Marcela compró unos _tacos de pollo_ en un restaurante mexicano.
3. Hermés preparó un _____postre_____: arroz con leche de coco.
4. Las empanadas de Felipe llevan un ingrediente sorpresa: carne de _____serpiente_____.

Después de ver el video

 6-45 Los otros platos. Conéctate con la página web de **¡Arriba!** para buscar recetas para los otros platos del pícnic. Escoge una que te guste e indica los ingredientes que ya tienes en casa y los que tienes que comprar para poder preparar el plato.

Implementation of *Observaciones*.
Have students read the selection and answer the reading comprehension questions as an in-class activity. Assign the video, viewing comprehension questions, and web activity for homework. In the next class period, review the video and have students share the results of their web research.

Expansion of 6-43.
Ask students a few personalized follow-up questions, e.g., *¿Tienen ganas de probar las empanadas? ¿Y la salsa chimichurri? ¿Por qué sí o por qué no? ¿Les gustan los ingredientes que incluyen?*

Expansion of 6-45.
Prepare a few of these dishes to bring to class for students to taste and/or ask for student volunteers to prepare the dishes to share with the class.

doscientos trece • **213**

RECURSOS
IRM
Video Script

NUESTRO MUNDO

Panoramas

 Chile: un país de contrastes

Vistas culturales **6-46 ¿Ya sabes...?** Trata de identificar, describir y/o explicar lo siguiente.

6-58 to 6-59

1. la capital de Chile Santiago
2. una cordillera de montañas importantes los Andes
3. ciudades en Chile y en Indiana, EE.UU., cuyo nombre significa *Valley of Paradise* Valparaíso
4. un producto agrícola chileno el vino
5. los países en su frontera la Argentina, el Perú y Bolivia
6. una industria importante la industria pesquera

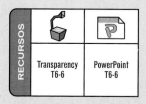

RECURSOS

Transparency T6-6

PowerPoint T6-6

214

El clima templado del valle central es ideal para el cultivo de frutas y verduras, muchas de las cuales se exportan a los EE.UU. y al Canadá durante el invierno norteamericano. El vino chileno es uno de los mejores del mundo.

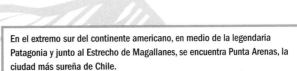

Por sus 10.000 kms. de costas, la industria pesquera es sumamente importante en Chile. La gran variedad de pescados y mariscos de este país no sólo se sirve y se disfruta en los restaurantes chilenos, sino también se exporta a todo el mundo.

Desde junio hasta octubre se puede disfrutar de los deportes de invierno en los Andes chilenos. El Parque Nacional Vicente Pérez Rosales, dominado por el volcán Osorno, es un lugar popular para hacer excursiones y esquiar.

En el extremo sur del continente americano, en medio de la legendaria Patagonia y junto al Estrecho de Magallanes, se encuentra Punta Arenas, la ciudad más sureña de Chile.

Se dice que el desierto de Atacama, en el norte de Chile, es el más seco del mundo. Aunque carece de (*it lacks*) vida, la región es rica en minerales, y es aquí donde se mina el nitrato de sodio para la producción de fertilizantes y explosivos. La minería de otros minerales, especialmente la del cobre (*copper*), es importante también.

El mapa. Consulten el mapa de Chile y túrnense para indicar dónde se encuentran estas ciudades y lugares.

al este de	al sur de	en la costa del
al norte de	en el centro	Pacífico
al oeste de		en las montañas

Modelo: Santiago
           Santiago es la capital de Chile. Está en el centro del país, entre la costa y las montañas.

1. Punta Arenas
2. Puerto Montt
3. el Estrecho de Magallanes
4. Valparaíso
5. Arica
6. Atacama
7. Osorno
8. Tierra del Fuego

6-47 ¿Cierto o falso? Indica si las siguientes oraciones son ciertas o falsas y si son falsas, explica por qué.

1. En el norte de Chile hay muchos minerales.
   Cierto.
2. Punta Arenas se encuentra en el extremo sur del país.
   Cierto.
3. En el Parque Nacional Vicente Pérez Rosales puedes nadar en el lago.
   Falso. Puedes esquiar y hacer excursiones.
4. Una industria importante es la minería.
   Cierto.
5. Isabel Allende es pintora.
   Falso. Es escritora.

6-48 ¿Dónde? Identifica un lugar o unos lugares en el mapa donde puedes encontrar las siguientes cosas.

1. industria pesquera en la costa
2. desierto en el norte
3. producción de vino en el valle central
4. deportes invernales en las montañas
5. pingüinos en la Patagonia, en el sur
6. parques nacionales en las montañas
7. volcanes en los Andes
8. temperatura baja en Patagonia, en el sur

 6-49 Recomendaciones. Háganles recomendaciones a personas que van a viajar a Chile. Recomiéndenles lugares para visitar según sus intereses.

MODELO: Quiero estudiar mineralogía.
           ¿Por qué no vas al desierto Atacama? Allí hay minas de cobre y de otros minerales.

1. Quiero estudiar ecología.
2. Me gusta escalar (*hike*) montañas.
3. Quiero observar los pingüinos.
4. Estudio agricultura.
5. Me gustan los mariscos.

6-50 Investigar. Conéctate con la página web de **¡Arriba!** y busca una receta auténtica chilena. Indica los ingredientes y los pasos para prepararla. ¿Quieres probarla? ¿Qué ingredientes no tienes en tu cocina?

Ritmos

6-60

"Tren al sur" (Los prisioneros, Chile)

Esta canción del grupo chileno Los prisioneros, que cuenta de un viaje al sur, también puede ser una alegoría de los cambios que se producen en la vida.

Antes de escuchar

6-51 Los símbolos. "Tren al sur" es un ejemplo de como la letra de una canción se puede considerar poesía. Antes de escuchar la canción, empareja los elementos para ver qué simbolizan o personifican.

1. __c__ el sur
2. __d__ el tren
3. __b__ el corazón (*heart*)
4. __a__ el olor (*smell*) de las flores y los animales

a. la libertad
b. la felicidad
c. el paraíso
d. la muerte

A escuchar

6-52 Tren al sur. Ahora escucha la canción y, mientras la escuchas, completa las estrofas (*stanzas*) con las palabras que faltan.

feliz	ferrocarril	alegrías	tierras
olor	contento	mañana	sur

Tren al sur
Siete y media de la (1) ___mañana___
mi asiento toca la ventana
estación central segundo carro
del (2) ___ferrocarril___ que me llevará al (3) ___sur___.

Ya estos fierros (hierros) van andando
y mi corazón está saltando
porque me llevan a las (4) ___tierras___
donde al fin podré de nuevo
respirar adentro y hondo (5) ___alegrías___ del corazón.
Y no me digas pobre por ir viajando así
no ves que estoy (6) ___contento___
no ves que estoy (7) ___feliz___.

Doce y media de la mañana el (8) ___olor___ se mete en la ventana.
Son flores y animales
que me dicen bienvenido al sur
[…]

Warm-up for *Ritmos*.
You may wish to have a short discussion on how symbols, metaphors, and personification are used in daily life, as well as in poetry.

Lyrics to *Tren al sur*.
Siete y media de la mañana
mi asiento toca la ventana
estación central segundo carro
del ferrocarril que me llevará al sur.

Y ya estos fierros van andando
y mi corazón está saltando
porque me llevan a las tierras
donde al fin podré de nuevo
respirar adentro y hondo alegrías del corazón
respirar adentro y hondo alegrías del corazón.

CORO:
Y no me digas pobre por ir viajando así
no ves que estoy contento
no ves que estoy feliz.

Doce y media de la mañana
el olor se mete en la ventana.
Son flores y mil animales
que me dicen bienvenido al sur.

Yo recuerdo a mi papito,
y no me importa estar solito
porque me llevan a las tierras
donde al fin podré de nuevo
respirar adentro y hondo alegrías del corazón
respirar adentro y hondo alegrías del corazón.

CORO
Viajando en este tren
en este tren al sur.

RECURSOS

Ritmos
Track 6

Después de escuchar

 6-53 Significados. En grupos de tres lean cuidadosamente la letra de "Tren al sur" y conversen sobre el significado de la canción.

 **Páginas**

 "El Santiago" (Reseña periodística)
6-61

Chile se conoce por su rica gastronomía.

Antes de leer

6-54 ¿Por qué lees? Cuando lees una reseña (*review*) de un restaurante, ¿qué detalles buscas? Haz una lista de la información que esperas sacar del artículo a continuación. *Answers will vary.*

Expansion of *Páginas*.

You can find other restaurant reviews in Spanish on the Internet. Bring in an additional review for comparison or ask students to look for a review as homework.

A leer

6-55 Compara. Ahora busca la información que escribiste en la actividad **6-54** para ver si la tiene el artículo. ¿Qué información falta?

El Mercurio

Gastronomía

El Santiago
12 de diciembre de 2007

El ambiente de El Santiago te invita a cenar.

Restaurante de cocina chilena en el centro de la ciudad, cerca de los teatros y la ópera. La carta incluye algunos arroces, pastas y carnes, pero se especializa en pescados y mariscos con unas ofertas únicas. Sus especialidades incluyen el ceviche (pescado crudo "cocido" en jugo de limón); las tapas (tortilla española, queso, calamares), la corvina (*sea bass*) fresca preparada al gusto y los mejores vinos chilenos. De entrada, hay varios pescados a la parrilla de $7.000 a $8.000. Recomendamos la corvina. De postres, hay sorbetes ($2.200), un rico pastel vasco con almendras ($2.900) y una torta de chocolate ($3.700).

Todas las noches a partir de las 9:00, Los Chavales (grupo musical del norte de Chile) tocan música andina. El lugar es hermoso con varios patios y pequeñas mesas alrededor de una fuente (*fountain*) en medio. Las pequeñas luces que decoran los árboles y las plantas contribuyen al ambiente (*atmosphere*) romántico. El servicio es bueno, aunque no excepcional (esperamos media hora para recibir nuestras tapas), pero el ambiente y la música compensaron la demora (*delay*). Cuando por fin nos llegó la comida, valió la pena esperar (*it was worth waiting for*). La cuenta para dos personas, que incluyó tapas, comida, una botella de vino tinto, postre y propina, llegó a $35.000. Les recomendamos este lindo restaurante para una ocasión especial, o para una cena después del teatro. Se aceptan reservaciones.

José M. Infante 55, teléfono 3653458 y 3376872, Santiago.

—Mariana Escobar

Después de leer

6-56 Detalles. Completa el cuadro con los detalles de esta reseña.

1. ¿Dónde se encuentra?	en Santiago
2. ¿Cuáles son algunas de las especialidades?	pescado y mariscos
3. ¿Qué comes si no te gusta el pescado?	pasta y arroz
4. ¿Cómo es el ambiente?	romántico
5. ¿Los platos son caros o económicos?	relativamente económicos
6. ¿Qué tipo de música hay?	música andina de los Chavales
7. ¿Recomienda el reseñador el restaurante?	sí

 6-57 El menú. Trabajen juntos para escribir un menú con precios para El Santiago. Incluyan estas categorías y su precio.

Primer plato – Segundo plato – Ensaladas – Postres – Bebidas

 6-58 ¡Vamos a comer! Decidan qué van a comer de su menú y cuánto les va a costar. ¿Es una comida cara o económica?

MODELO: E1: *Para el primer plato, voy a pedir ceviche…*
          E2: *Pues, yo voy a pedir camarones.*

Taller

6-62 to 6-63

6-59 Una reseña *(review)* **de un restaurante.** Puedes encontrar reseñas de restaurantes en el periódico, en una revista culinaria o en la Red. La reseña te ayuda a decidir si te interesa visitar el restaurante. Vuelve a leer la reseña en la página 219 para ver la información que se incluye.

Antes de escribir

- Piensa en el nombre de un restaurante, dónde se encuentra y por qué lo recomiendas.
- Contesta las siguientes preguntas para organizar tus ideas:
  - ☐ ¿Cuántos tenedores tiene (de 1: muy económico a 5: muy caro y elegante)?
  - ☐ ¿Dónde está?
  - ☐ ¿Tiene una cocina en especial?
  - ☐ ¿Cuáles son sus especialidades?
  - ☐ ¿Cómo es su ambiente (formal, informal)?
  - ☐ ¿Tiene música?
  - ☐ ¿Cómo es el servicio?
  - ☐ ¿Qué comiste cuando lo visitaste?
  - ☐ ¿Qué te gustó o no te gustó?
  - ☐ ¿Cuánto costó?
  - ☐ ¿Aceptan reservaciones?
  - ☐ ¿Cuál es tu recomendación?

A escribir

- Organiza tus respuestas en un párrafo, siguiendo *(following)* el modelo anterior.

Después de escribir

- **Revisar.** Revisa tu reseña para verificar los siguientes puntos:
  - ☐ el uso del pretérito
  - ☐ la concordancia de adjetivos y sustantivos
  - ☐ alguna frase superlativa (es el restaurante más/menos… de…)
  - ☐ la ortografía *(spelling)*
- **Intercambiar**

  Intercambia tu reseña con la de un/a compañero/a. Mientras leen las reseñas, hagan comentarios y sugerencias sobre el contenido, la estructura y la gramática.
- **Entregar**

  Pasa tu reseña a limpio, incorporando las sugerencias de tu compañero/a. Después, entrégasela a tu profesor/a.

Vocabulario

PRIMERA PARTE

Las comidas	Meals
el almuerzo	lunch
la cena	dinner
el desayuno	breakfast
la merienda	snack

Las comidas y las bebidas	Foods and beverages
el agua (mineral)	(mineral) water
el arroz	rice
el azúcar	sugar
la banana	banana
el bistec	steak
el bocadillo/ el sándwich	sandwich
el café	coffee
las carnes	meats
los camarones	shrimp
la cerveza	beer
la ensalada	salad
el flan	custard dessert
los frijoles	beans
las frutas	fruits
las galletas	cookies
la hamburguesa	hamburger
el helado	ice cream
los huevos	eggs
el jamón	ham
el jugo (de naranja)	(orange) juice
la langosta	lobster

la leche	milk
la lechuga	lettuce
la limonada	lemonade
el maíz	corn
la mantequilla	butter
la manzana	apple
los mariscos	seafood
la naranja	orange
el pan	bread
las papas	potatoes
el pastel	cake; pie
el pavo	turkey
el pescado	fish
el pimiento	pepper
el pollo	chicken
el queso	cheese
el refresco	soft drink
la sal	salt
la sopa	soup
la tarta de limón	lemon pie
el té	tea
el tomate	tomato
la toronja	grapefruit
la torta de chocolate	chocolate cake
las uvas	grapes
las verduras	vegetables
el vino	wine
el yogur	yogurt
las zanahorias	carrots

En un restaurante	In a restaurant
el bufé	buffet
el/la camarero/a	waiter/waitress
el/la cliente	client; customer
la cuenta	bill
la especialidad de la casa	house specialty
el menú	menu
la propina	tip
el/la vegetariano/a	vegetarian

Expresiones	Expressions
¡Buen provecho!	Enjoy your meal!
¿Desean algo de tomar/comer?	Would you like something to drink/eat?
Enseguida	Right away

Adjetivos	Adjectives
caliente	hot
frío/a	cold
picante	hot (spicy)
rico/a	delicious

Verbos	Verbs
almorzar (ue)	to have lunch
cenar	to have dinner
dar	to give
decir	to say
desayunar	to have breakfast

SEGUNDA PARTE

Aparatos en la cocina	Kitchen appliances
la cafetera	coffee maker
la cazuela	stewpot; casserole dish; saucepan
el congelador	freezer
la estufa	stove
el horno	oven
el microondas	microwave
el recipiente	container
el refrigerador	refrigerator
la sartén	skillet; frying pan
la tostadora	toaster

Verbos	Verbs
añadir	to add
calentar (ie)	to heat
cocinar	to cook
cortar	to cut
echar	to add; to throw in
freír (i, i)	to fry
guardar	to save; to keep
hervir (ie, i)	to boil
hornear	to bake
mezclar	to mix
pelar	to peel
tapar	to cover
tostar (ue)	to toast

Otras palabras y expresiones	Other words and expressions
a fuego alto	on high heat
mediano	medium heat
bajo	low heat
la receta	recipe

Las medidas	Measurements
la cucharada	tablespoon
la cucharadita	teaspoon
el kilo	kilogram (equivalent to 2.2 pounds)
el litro	liter
el pedazo	piece
la pizca	pinch
la taza	cup

Expresiones adverbiales	Adverbial expressions
anoche	last night
anteayer	the day before yesterday
ayer	yesterday
el año (lunes, martes, etc.) pasado	last (Monday, Tuesday, etc.) year
el mes pasado	last month
la semana pasada	last week

Indirect object pronouns	See page 195.
Gustar and similar verbs	See page 198.

Implementation of *Vocabulario*.
Help students better assimilate vocabulary through images and realia (e.g., food, objects from the kitchen, etc.), role-plays or dialogues from a restaurant, and review games. Some examples of the latter that will work successfully with these word sets include word associations (e.g., identifying members of categories such as *las frutas, los aparatos,* etc.; matching verbs with their associated objects, e.g., *hervir el agua, freír los huevos, pelar las papas,* etc.), spelling races at the board, charades (e.g., acting out the preparation of a recipe to guess), and Pictionary (since there are many nouns). By interacting with others and using words in meaningful ways, vocabulary acquisition is greatly enhanced.

RECURSOS
Testing Program Tests A and B Modules 6-1 to 6-32

221

Warm-up for *Capítulo 7*.
Review material from *Capítulo 6* by asking students what they ate for lunch or dinner yesterday, who prepared their meal, and who served it to them. The present chapter is about pastimes and leisure activities. As a transition from eating to playing, you might begin with *Ayer comí en un restaurante cubano donde pedí frijoles negros y arroz blanco. Después decidí salir con mis amigos a ver una película. Vamos a ver qué deciden hacer estos amigos en su día libre…*

7 ¡A divertirnos!

OBJETIVOS COMUNICATIVOS

PRIMERA PARTE

¡Así lo decimos! Vocabulario	El tiempo libre
¡Así lo hacemos! Estructuras	Irregular verbs in the preterit (II)
	Indefinite and negative expressions
Comparaciones	La vida social de los hispanos

- Talking about activities you like to do in your free time
- Making plans to do something
- Talking about indefinite people and things, and people and things that do not exist

SEGUNDA PARTE

¡Así lo decimos! Vocabulario	Los deportes
¡Así lo hacemos! Estructuras	Irregular verbs in the preterit (III)
	Double object pronouns
Observaciones	¡Pura vida! Episodio 7

- Talking about different sports
- Reporting past events and activities
- Taking shortcuts in conversation

NUESTRO MUNDO

Panoramas	Las islas hispánicas del Caribe
Ritmos	"El pregonero" (Tito Nieves, Puerto Rico)
Páginas	"Sensemayá" (Nicolás Guillén, Cuba)
Taller	Una entrada en tu diario

RECURSOS

IRM
Lesson Plan

Celia Cruz nació en Cuba, y desde su infancia la música tropical corrió por sus venas. Durante su vida, recibió muchos honores, entre ellos uno del Museo Smithsonian, que tiene en su colección un vestido (*dress*) y unos zapatos (*shoes*) suyos.

Las islas hispánicas del Caribe

«Dime con quién andas y te diré quién eres.»*

Merengue del artista dominicano Jamie González Colson detalla (*depicts*) los colores y el ritmo de este baile popular de las islas caribeñas.

Source: Jaime Colson, Merengue, 1937. Courtesy of Museo Bellapart, Dominican Republic.

*****Refrán:** Tell me who you are with and I'll tell you who you are. (*You are known by the company you keep.*)

doscientos veintitrés • **223**

PRIMERA PARTE

Implementation of *Refrán*.

Explain by saying: *Hay un chico que se llama Pepe. Básicamente es una buena persona, pero todos sus amigos son criminales. Cuando la gente piensa en Pepe, piensa también en sus amigos malos. Por eso, creen que Pepe también es mala persona. No es justo, pero es lo que pasa. Dime con quién andas, y te diré (*I will tell you*) quién eres. ¿Cómo se dice este refrán en inglés? ¿Están de acuerdo?*

Note on *Images*.

Celia Cruz (1925–2003) was born in Cuba and began singing and dancing at a very early age. (It is fabled that she earned the money to buy her first pair of shoes by singing to tourists. Whether or not this is true, as a successful artist she was known for her cute little strappy sandals and special toeless stockings made just for her.) She emigrated to the United States in the aftermath of the Cuban revolution and never returned to Cuba, except to perform once at the Guantánamo Bay Naval Base (located on the southeastern end of the island and controlled by the U.S. Navy for over a century). Her album titled *Regalo del Alma*, released after her death in 2003, won a posthumous award at *Los Premios Lo Nuestro* as the best salsa release of the year.

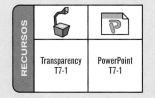

RECURSOS	Transparency T7-1	PowerPoint T7-1

223

PRIMERA PARTE

¡Así lo decimos! Vocabulario

CD 2,
Track 8

7-1 to
7-2

¡Así es la vida! El fin de semana

Ricardo: Oye, ¿por qué no vamos al partido de básquetbol?

Susana: No sé. Con este sol tan rico… es un día perfecto para ir a la playa. ¿No crees?

Ricardo: ¡Estupenda idea! ¡Vamos a Luquillo[1] a nadar en el mar y después a hacer un pícnic!

Susana: ¡Perfecto! Voy a llamar a Elena y a Guillermo para ver si también quieren ir.

[1]Luquillo es una de las playas más lindas de Puerto Rico.

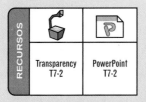

RECURSOS

| Transparency T7-2 | PowerPoint T7-2 |

CD 2,
Track 9

7-3 to
7-8

| | El tiempo libre |

la bolsa

la heladera

el hielo

la sombrilla

la toalla

el traje de baño

Los pasatiempos	Pastimes
dar un paseo	to go out; to take a walk
hacer un pícnic	to have a picnic
ir a un concierto	to go to a concert
una discoteca	a nightclub
un partido	a game
leer una novela	to read a novel
un periódico	a newspaper
nadar en el mar	to swim in the ocean
una piscina	a swimming pool
ver una película	to watch a movie
la televisión	television

¿Qué tiempo hace?	What is the weather like?
está nublado	it's cloudy
hace...	it's...
buen/mal tiempo	good/bad weather
(mucho) calor	(very) hot
(mucho) fresco	(very) cool
(mucho) frío	(very) cold
(mucha) humedad	(very) humid
(mucho) sol	(very) sunny
(mucho) viento	(very) windy
hay (mucha) contaminación	there's (a lot of) pollution/smog
llover (ue)	to rain
nevar (ie)	to snow

Opiniones y sugerencias	Opinions and suggestions
Es un día perfecto para...	It's a perfect day for...
¡Oye!	Listen!
¿Qué tal si...?	What if...?

Reacciones	Reactions
¡Estupendo!	Terrific!
¡Fabuloso!	Fabulous!; Great!
¡Fantástico!	Fantastic!
¡Magnífico!	Great!; Wonderful!
Me da igual.	It's all the same to me.
No te preocupes.	Don't worry.
¡Qué mala suerte!	What bad luck!

doscientos veinticinco • **225**

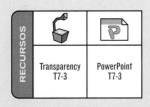
RECURSOS | Transparency T7-3 | PowerPoint T7-3

Aplicación

7-1 ¿Qué hacer? Algunos amigos están haciendo planes para el fin de semana. Completa las oraciones con la expresión adecuada de la lista.

MODELO: No quiero quemarme (*get burned*) en el sol.
　　　　　¿Hay sombrillas en la playa?

1. Queremos ir a escuchar música. Vamos a __d__.
2. Hace buen tiempo. ¿Por qué no vamos al parque, llevamos sándwiches y hacemos __f__?
3. Hoy hace sol. Vamos a dar __a__ por el parque.
4. Los refrescos están en __h__.
5. El sábado va a hacer mucho calor. ¿Por qué no vamos a nadar en __b__?
6. El domingo hay __e__ de básquetbol en el gimnasio.
7. ¡Qué feo! Hace muy mal tiempo: está nublado y hay __g__.
8. Si hace mal tiempo, es un día perfecto para __c__.

a. un paseo
b. el mar
c. ver una película
d. un concierto
e. un partido
f. un pícnic
g. contaminación
h. la heladera

7-2 ¿Dónde...? Mira este mapa meteorológico y escribe dónde hace el tiempo descrito a continuación.

MODELO: Hay chubascos (*showers*).
　　　　　Hay chubascos en las Islas Vírgenes.

1. Está nublado. En las Bahamas y Cuba.
2. Está lloviendo.[1] En Trinidad y Tobago y al sur de las Islas Vírgenes.
3. Hace viento. Al sur de Cuba y norte de Antigua.
4. Hace mucho sol. En Ponce, Pinar del Río y Martinica.
5. Está nevando.[2] No está nevando en el Caribe.

---

[1]Present participle of **llover (ue):** *raining.*
[2]Present participle of **nevar (ie):** *snowing.*

CD 2, Track 10

7-3 El pronóstico (*forecast*) del tiempo. Escucha el pronóstico del tiempo que se da en la radio para esta semana. Luego, completa la siguiente información.

Ciudad: <u>San Juan</u>

Siglas (*call letters*) de la emisora de radio: <u>QRST</u>

Fecha: <u>8 de agosto del año 2007</u>

Estación del año: <u>Verano</u>

Tiempo de ayer: <u>Hizo buen tiempo</u> (25°).

Pronóstico para hoy: <u>La temperatura sube a 32° con mucha humedad.</u>

Pronóstico para mañana: <u>Mucho calor y sol</u>

Una actividad que puedes hacer mañana: <u>Ir a la playa y nadar</u>

7-4 El clima. Explica los dibujos, diciendo quién es, dónde está, qué tiempo hace y qué tiene.

MODELO:

Ésta es Marta. Vive en Saskatchewan donde hace mucho frío en invierno. Está nevando y Marta tiene mucho frío.

1.

2.

3.

4.

7-5 ¿Qué te gusta hacer cuando...? Túrnense para contestar las siguientes preguntas.

MODELO: E1: *¿Qué te gusta hacer cuando nieva?*
            E2: *Me gusta esquiar.*

ALGUNAS ACTIVIDADES

dar un paseo / una fiesta	ir a un partido /a un concierto
dormir una siesta	leer una novela / el periódico
esquiar en la nieve / en el agua	nadar en la piscina / en el mar
hacer un pícnic	tomar el sol (*sunbathe*) / un refresco
invitar a los amigos	ver una película / la televisión

¿QUÉ TE GUSTA HACER CUANDO...

1. hace calor, pero no tienes aire acondicionado?
2. llueve?
3. hace frío en la playa?
4. hace mucho viento?
5. hace mucho sol?
6. hace buen tiempo, pero tienes que trabajar?

Audioscript for 7-3.

¡Buenos días, San Juan! La emisora QRST les está llegando desde la capital de la bella isla de Puerto Rico hoy, 8 de agosto del año 2007, y hace un calor tremendo. Ayer, si recuerdan bien, hizo buen tiempo con una temperatura de 25 grados centígrados, y con una brisa suave. Hoy, en cambio, la temperatura va a subir a 32 grados centígrados y con mucha humedad, lo que es bastante normal para el verano en el Caribe. Y mañana, igual: mucho calor y mucho sol. Por eso, si no tienen que trabajar mañana, es un día perfecto para ir a la playa, donde pueden nadar en las aguas cristalinas y frescas de nuestra bella isla.

Expansion of 7-3.

In pairs, have students draft, in Spanish, a brief radio weather forecast for your area. Ask them to name a local radio station and describe the conditions for today as well as predict those for tomorrow. They can follow the items listed in 7-3 as a guide. Then have volunteers read their forecasts to the class, imitating the voice of a broadcaster. You may want to turn this activity into a competition, where the class votes on the best broadcast.

Wrap-up for 7-4.

Turn the report-back session for this activity into a listening comprehension exercise. After students have finished writing, ask a volunteer to choose an image without saying its corresponding number. The volunteer reads his/her description while the class listens and then guesses the number of the image described.

Warm-up for 7-6.

First, brainstorm questions together as a class or set a time limit for pairs to do so. Collect questions on the board or a transparency. Then, have new pairs carry out the activity.

Warm-up for 7-8A.

Provide a full model of a conversation for this activity. Take on the role of *Estudiante 1* and ask one of your best students to be *Estudiante 2*. Begin with the invitation and develop the situation together in front of the class. *¿Quieres ir al concierto? ¡Estupendo! Empieza a las ocho. ¿Salimos para el estadio a las seis y media?…*

 7-6 Una entrada (*An admission ticket*). Aquí tienes una entrada para una función en Puerto Rico. Túrnense para hacer y contestar preguntas sobre la función. Luego decidan si quieren asistir.

MODELO: E1: *¿Dónde es la función?*
          E2: *Es en el Auditorio Santa Cruz.*

 7-7 Un clima ideal. Escribe cinco oraciones completas para describir un lugar que para ti tiene un clima ideal. Luego, descríbeselo al resto de la clase. Entre todos, escojan el lugar favorito.

 7-8A Una invitación. Recibiste dos boletos gratis (*free*) para asistir a un concierto de Ricky Martin. Invita a tu compañero/a a ir contigo. Él/Ella va a hacerte preguntas sobre el concierto. Estudiante B, por favor ve al **Apéndice 1**, página A7.

MODELO: E1: *¿A qué hora empieza el concierto?*
          E2: *El concierto empieza a las ocho.*

¡Así lo hacemos! Estructuras

1. Irregular verbs in the preterit (II)

7-9 to
7-13

Irregular preterit forms					
	ser/ir	**estar**	**tener**	**dar**	**ver**
yo	fui	estuve	tuve	di	vi
tú	fuiste	estuviste	tuviste	diste	viste
él, ella, Ud.	fue	estuvo	tuvo	dio	vio
nosotros/as	fuimos	estuvimos	tuvimos	dimos	vimos
vosotros/as	fuisteis	estuvisteis	tuvisteis	disteis	visteis
ellos/as, Uds.	fueron	estuvieron	tuvieron	dieron	vieron

■ The verbs **ser** and **ir** have the same forms in the preterit. The context of the sentence or the situation will clarify the meaning.

¿Sabes?, nuestros abuelos también **fueron** jóvenes. — *You know, our grandparents were also young.*

Fuimos a dar un paseo al centro. — *We went downtown for a walk.*

■ Note that **estar** and **tener** have the same irregularities in the preterit.

Estuve en la feria internacional. — *I was at the international fair.*

Gloria **tuvo** que irse temprano del partido. — *Gloria had to leave the game early.*

■ **Dar** and **ver** use the same endings as regular **-er** and **-ir** verbs. However, the first and third persons have only one syllable and do not require an accent mark.

Víctor me **dio** una película excelente. — *Víctor gave me an excellent movie.*

Los **vi** entrar al teatro. — *I saw them enter the theater.*

Implementation of
Irregular verbs in the preterit (II).
You have probably used the preterit of the verb *ir* with your class. Now they will learn the preterit of other common irregular verbs. Put the following context on the board or a transparency and have students read it and then identify the infinitive corresponding to each preterit verb form. *Ayer tuve una buena idea. Di un paseo por el parque. Fui con un amigo. Estuvimos en el parque por más de una hora. Vimos unas flores y unas plantas muy bonitas. Después volvimos a casa. Fue un día muy agradable.*

Implementation of
Irregular verbs in the preterit (II).
Present a short narrative of what you did yesterday on the board or a transparency. Review it with students and then have them create their own narratives by substituting the underlined words with their own ideas. *Ayer* **fui** *a* <u>la discoteca</u> *con* <u>unos amigos</u>. **Estuve** *allí por* <u>tres horas</u>. **Tuve** *mucha suerte porque* **vi** *a mucha gente famosa, como a* <u>Juan Luis Guerra, el famoso salsero dominicano</u>. *Me* **dio** <u>su autógrafo</u>.

Implementation of
Irregular verbs in the preterit (II).
On the board or a transparency, write the activity title: *¿Dónde estuvimos ayer mis amigos y yo?* Underneath it, prepare two columns with the following headers:
1. Actividad, 2. Lugar. Write the sentences that follow in (1) and (2) under the appropriate header in random order, writing a blank space where each underlined form of *estar* appears. First have students match up the activities and places. Then ask them to fill in the blank spaces with appropriate forms of *estar*, based on the subjects given in the activity column. (1) *Fui a ver una película. Elena tuvo un examen. Juan y Jorge vieron un elefante. Le di unas flores al músico. Fuimos a la sala para sentarnos en el sofá.* (2) *Estuve en el cine. Estuvo en clase. Estuvieron en el zoológico. Estuve en un concierto. Estuvimos en una fiesta.*

Warm-up for 7-10.
Point out to students that Juan Luis Guerra is a popular singer/songwriter from the Dominican Republic. He bills with his band as *Juan Luis Guerra y 4:40*. Ask students to predict the characteristics of his music according to the González Colson print at the beginning of the chapter.

Additional Activity for
Irregular verbs in the preterit (II).

En la discoteca. Combina elementos de cada columna para formar oraciones completas en el pretérito.

MODELO: *Mis amigos y yo fuimos al club en bicicleta.*

yo
nuestros amigos
los músicos
la orquesta
mis amigos y yo
el camarero
mis profesores
tú

estar allí cinco horas
darle su tarjeta al
    camarero
ir al baño
ir al club en bicicleta
tener que pagar la cuenta
estar bailando por horas
darnos las bebidas
ser muy bueno/a

Additional Activity for
Irregular verbs in the preterit (II).

Have students tell about a bad day and all the things that went wrong. For example, *Hizo mal tiempo; llegué tarde a clase…* Write the following verbs on the board as options: *abrazar, dar, jugar, salir, almorzar, empezar, llegar, ser, andar, estar, pagar, tener, buscar, ir, practicar, tocar.*

Aplicación

7-9 Una fiesta puertorriqueña. Empareja las preguntas con la respuesta más lógica.

1. __f__ ¿Dónde fue la fiesta?
2. __a__ ¿Quiénes estuvieron?
3. __d__ ¿Tuviste que salir temprano?
4. __e__ ¿Quién fue con Graciela?
5. __c__ ¿Vieron alguna película?
6. __b__ ¿Le diste algo al anfitrión (*host*)?

a. Todos nuestros amigos.
b. Sí, una botella de vino.
c. Sí, una de Almodóvar.
d. No, no salí hasta las dos.
e. Su novio, Carlos.
f. En casa de Ramón y Silvia.

7-10 Un concierto de Juan Luis Guerra. Completa el párrafo con la forma correcta del pretérito del verbo entre paréntesis.

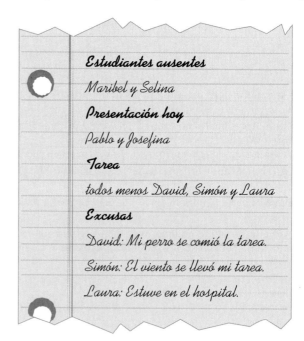

Ayer yo (1. ir) ___fui___ a un concierto de Juan Luis Guerra, el famoso cantante dominicano. Mis amigos y yo (2. llegar) ___llegamos___ allí a las siete. Un agente nos (3. atender) ___atendió___ y nos (4. preguntar) ___preguntó___: "¿Cuántas entradas quieren?" Yo le (5. contestar) ___contesté___: "Queremos cuatro, por favor." Él nos (6. dar) ___dio___ los boletos y (7. nosotros: subir) ___subimos___ al balcón. (8. Estar) ___Estuvimos___ en la octava fila del entresuelo (*mezzanine*). ¡Yo no (9. ver) ___vi___ nada! Pero sí (10. oír) ___oí___ bien la música y (11. sentir) ___sentí___ la emoción de un concierto en vivo. (12. Ser) ___Fue___ una experiencia estupenda y todos nosotros lo (13. pasar) ___pasamos___ bien.

 7-11A Chismes (*Gossip*). Alguien encontró unos apuntes del/de la profesor/a sobre la clase de ayer. Hagan y contesten las preguntas sobre lo que ocurrió, basándose en los apuntes. Estudiante B, por favor ve al **Apéndice 1**, página A7.

A B

Estudiantes ausentes

Maribel y Selina

Presentación hoy

Pablo y Josefina

Tarea

todos menos David, Simón y Laura

Excusas

David: Mi perro se comió la tarea.

Simón: El viento se llevó mi tarea.

Laura: Estuve en el hospital.

7-12 ¿Quién...? Hazle una pregunta diferente a cada persona sobre lo que hizo la semana pasada y escribe el nombre de la persona que contesta cada pregunta.

MODELO: jugar al béisbol
E1: *¿Jugaste al béisbol?*
E2: *Sí, jugué al béisbol el lunes. (No, no jugué al béisbol.)*

dar un paseo	empezar un trabajo importante	ir a un partido
ver una película	ir a una discoteca	estar en clase
darle un regalo a tu mamá	tener problemas con el coche	jugar al tenis
tener que trabajar mucho	llegar tarde a clase	estar enfermo/a

2. Indefinite and negative expressions

7-14 to
7-18

Sí. Y nunca vamos a ver el mar más tranquilo.

No hay nadie en la playa hoy.

Afirmativo		**Negativo**	
algo	*something; anything*	**nada**	*nothing; not anything*
alguien	*someone; anyone*	**nadie**	*nobody; no one*
algún, alguno/a(s)	*any; some*	**ningún, ninguno/a(s)**	*none; not any*
siempre	*always*	**nunca, jamás**	*never*
también	*also; too*	**tampoco**	*neither; not either*
o... o	*either... or*	**ni... ni**	*neither... nor*

■ In Spanish, verbs are affirmative unless they are made negative through the use of **no** or a negative expression. There can be more than one negative expression (a double or triple negative) in a single sentence in Spanish. When **no** is used in a sentence, a second negative (e.g., **nada, nadie, ningún**) can either immediately follow the verb or be placed at the end of the sentence.

No fuimos **nunca** a la playa con Lourdes.
We never went to the beach with Lourdes.

No le dimos los sándwiches a **nadie.**
We did not give the sandwiches to anyone.

Warm-up for 7-12.

Quickly review with students the *yo* and *tú* forms of the verbs used in this activity: *dar, ver, ir, tener, estar, empezar, jugar, llegar.* Do this, for example, by eliciting the conjugations from them and writing their responses on the board for visual support.

Wrap-up for 7-12.

Ask the class to share their responses with you using the third person. *¿Quién fue a una discoteca?* Let information accumulate and then ask students to summarize, which will motivate them to pay close attention. *Beth, ¿qué hicieron Mike y Jeff?*

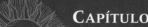

CAPÍTULO 7 | **232** • doscientos treinta y dos | **Capítulo 7** ¡A divertirnos!

Note on *algún/ningún*.

See the *Letras y sonidos* section of Chapter 4 for a review of the rules on written accent marks in Spanish.

Implementation of *Indefinite and negative expressions*.

Present the following context to students and ask them to underline all of the negative expressions. *El primero de enero en la clase de español, no hay ni estudiantes ni profesores. No hay ninguna palabra en la pizarra. No hay nadie en los pasillos. No hay nada en los escritorios. Todos están en casa viendo los partidos de fútbol americano en la televisión.*

Additional Activity for *Indefinite and negative expressions*.

Try playing the game "Around the World." A pair stands together while a third classmate says an indefinite or negative expression (e.g., *nunca*). The first person in the pair to say/shout the opposite term (i.e., *siempre*) wins a point and continues to play by forming a new pair with the next classmate. The loser sits down. See who can accumulate the most points!

■ When the negative expression precedes the verb, **no** is omitted.

Nunca fuimos a la playa con Lourdes.	*We never went to the beach with Lourdes.*
A **nadie** le dimos los sándwiches.	*We didn't give the sandwiches to anyone.*

■ The expressions **nadie** and **alguien** refer only to persons and require the personal **a** when they appear as direct objects of the verb.

No vi **a nadie** en el agua.	*I didn't see anyone in the water.*
¿Viste **a alguien** especial anoche en la discoteca?	*Did you see someone special last night at the club?*

■ The adjectives **alguno** and **ninguno** drop the **-o** before a masculine singular noun in the same way the number **uno** shortens to **un.** Note the use of a written accent when the **-o** is dropped.

Ningún amigo vino al partido.	*No friend came to the game.*
¿Te gusta **algún** tipo de refresco?	*Do you like any type of refreshment?*

■ **Ninguno** is almost always used in the singular, not the plural form. The exception would be when used with inherent plural nouns such as things that come in pairs.

¿Quedan **algunas** entradas?	*Are there any tickets left?*
No, no me queda **ninguna** entrada.	*No, there aren't any tickets left.*
¿Encontraste mis gafas?	*Did you find my glasses?*
No, no encontré **ningunas** gafas.	*No, I didn't find any glasses.*

■ Once a sentence is negative, all other indefinite words are also negative.

Lucía **no** conoce a **nadie** en la fiesta **tampoco.**	*Lucía doesn't know anybody at the party either.*
No voy a traer **ni** refrescos **ni** sándwiches para **nadie.**	*I am bringing neither refreshments nor sandwiches for anyone.*

Aplicación

7-13 Una entrevista con Celia Cruz.[1] Subraya todas las expresiones indefinidas y negativas en esta entrevista con Celia.

Celia Cruz con el percusionista Tito Puente

Entrevistadora: Señora Cruz, es un placer conocerla y poder hablar con usted hoy. ¿Desea <u>algo</u> de beber? ¿Una botella de agua? ¿<u>Algún</u> refresco?

Celia: No, gracias. No quiero <u>nada</u> por ahora.

Entrevistadora: Bueno. Usted <u>siempre</u> tiene tanta energía. ¿No se cansa (*get tired*) <u>nunca</u>?

Celia: Pues, sí. <u>Algunas</u> veces cuando viajo mucho. Pero mi esposo <u>siempre</u> me acompaña, y eso ayuda.

[1]Celia Cruz murió el 16 de julio de 2003, después de esta entrevista.

Entrevistadora: Usted es famosa como la "reina" (*queen*) de la música salsa. Baila, canta... ¿Toca <u>algún</u> instrumento musical también?

Celia: No, no toco <u>ninguno</u>, pero soy amante de los tambores. Adoro la música de Tito Puente, el gran percusionista (*drummer*) y "rey del mambo" quien murió en 2000. Su muerte fue una gran tragedia para todos.

Entrevistadora: Es verdad. Bueno, señora Cruz, no le voy a preguntar cuántos años tiene, pero ¿nos puede decir cuando empezó su carrera?

Celia: Sí, empecé mis estudios formales de música en 1947.

Entrevistadora: ¿Y cuando piensa jubilarse (*retire*)?

Celia: <u>¡Nunca!</u>

7-14 ¿Qué sabes de Celia? Contesta las siguientes preguntas basadas en la entrevista anterior.

1. ¿Qué bebida toma Celia en la entrevista?
   No toma nada.

2. ¿Cuándo se cansa?
   Se cansa algunas veces cuando viaja.

3. ¿Cuándo está sola en sus viajes?
   Nunca está sola.

4. ¿Qué instrumento toca?
   No toca ningún instrumento.

5. ¿Qué tragedia ocurrió en el año 2000?
   Murió Tito Puente.

6. ¿Cuándo dice que va a jubilarse?
   Nunca.

7-15 Celia Cruz, Tito Puente y Juan Luis Guerra. Conéctate con la página web de **¡Arriba!** y busca información sobre uno de estos artistas. Luego, contesta estas preguntas.

1. ¿Dónde y en qué año nació?
2. ¿Por qué es famoso/a?
3. Escucha una selección de su música. ¿Cómo es?
4. ¿Quieres escuchar más? ¿Por qué?

Warm-up for 7-16.

Instruct students to check only one box per row according to their partner's responses. Encourage them to vary their verb forms, e.g., *me/te gusta(n), me/te interesa(n), me/te fascina(n),* etc. Perhaps also quickly review the first and second person singular present tense forms of the infinitives used in the activity, all of which are irregular: *dar, ir salir, ver, hacer.*

7-16 Una entrevista. Túrnense para preguntarse sobre sus gustos. Usen las expresiones **siempre, algunas veces, casi nunca** y **nunca.**

MODELO: ver películas de ciencia ficción
E1: *¿Te gusta ver películas de ciencia ficción?*
E2: *¡Siempre! Soy muy aficionado/a a las películas de ciencia ficción.*

ALGUNAS ACTIVIDADES				
¿Te gusta...	Siempre	Algunas veces	Casi nunca	Nunca
dar paseos en el invierno?				
ir a un partido los sábados?				
ir a una discoteca con los amigos?				
salir con los amigos los viernes?				
ver películas extranjeras (*foreign*)?				
hacer un pícnic en el verano?				
ir a conciertos de música rock?				
¿...?				

7-17 En resumen. Resume *(Summarize)* la información de la entrevista de la actividad **7-16.** Incluye las opiniones de tu compañero/a y las tuyas, también. ¿Son muy diferentes?

 ¿Cuánto sabes tú? *Can you...*

- ☐ talk about activities you like to do?
- ☐ make plans to do something this weekend using expressions such as **¿Qué tal si...?** and **¿Qué piensas hacer...?**
- ☐ talk about some activities you completed in the past using a variety of verbs, including **dar, estar,** and **ir?**
- ☐ ask and respond to questions using negative expressions such as **nadie** and **nunca** and with expressions like **alguien** and **siempre?**

7-19 to
7-22

RECURSOS

In-class
Communicative
Projects

La vida social de los hispanos

7-18 En tu experiencia. ¿Con quién te gusta hacer actividades recreativas? ¿Con tus padres? ¿Con tus hermanos? ¿Con tus amigos? ¿Qué haces para pasar el tiempo? A continuación vas a leer sobre los pasatiempos de muchos jóvenes hispanos. Compáralos con los tuyos.

A los hispanohablantes, como a la mayoría de las personas, les gusta disfrutar de la vida y dedicar mucho tiempo a las actividades recreativas. Generalmente, estas actividades son de tipo social y ocurren por la noche: visitar a la familia y a los amigos íntimos; salir en grupo al cine, al teatro, a un concierto, a dar un paseo; ir a un partido de fútbol, béisbol o básquetbol; o simplemente quedarse (*to stay*) en casa para ver la televisión o para jugar juegos de mesa como canasta o ajedrez (*chess*) con la familia. Durante el fin de semana muchas familias de clase media pasan el día en el club social, donde los padres y los hijos se reúnen (*get together*) con sus respectivos amigos para participar en actividades deportivas o para jugar juegos de azar (*games of chance*). En el club social los jóvenes conocen a sus futuros novios/as, y como los padres de ambos (*the two of them*) generalmente se conocen, son aceptados más fácilmente en el círculo familiar. Varias veces al año en el club hay fiestas a las que también van juntos los padres y los hijos.

¿Te gusta jugar canasta?

7-19 En tu opinión. Pon estas actividades en orden de interés (1 = me interesa más; 10 = me interesa menos) y compara tu lista con la de un/a compañero/a. Si hay diferencias de gustos, expliquen por qué.

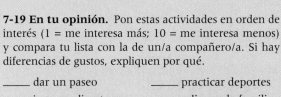
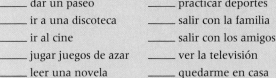

_____ dar un paseo	_____ practicar deportes
_____ ir a una discoteca	_____ salir con la familia
_____ ir al cine	_____ salir con los amigos
_____ jugar juegos de azar	_____ ver la televisión
_____ leer una novela	_____ quedarme en casa

Note on *Comparaciones*.
The term *ocio* means leisure or free time in English. Its opposite is *negocio* or work. In the Spanish culture, it is very important to have *ocio* to enjoy life.

Expansion of *Comparaciones*.
Ask the following questions to check comprehension. *¿Cómo son las actividades recreativas a las que los hispanos dedican una gran cantidad de tiempo? ¿Cuándo participan en estas actividades? ¿Qué hacen los hispanos para divertirse? ¿Con quiénes participan en las actividades recreativas?*

Expansion of *Comparaciones*.
Various *guías del ocio* are available online. Assign as homework the task of exploring one of these sites and have students report back to the class two to three activities of interest to them. Alternatively, print out information from the site to take to class and have students work in small groups to plan an ideal weekend together. You may want to have the class vote on the most interesting plan.

SEGUNDA PARTE

¡Así lo decimos! Vocabulario

 CD 2, Track 11

7-23 to 7-24

¡Así es la vida! Actividades deportivas

En el Estadio Francisco Montaner de Ponce, Puerto Rico

Muchas personas practican deportes en este famoso lugar de Ponce. Aquí se puede practicar el atletismo, la gimnasia y se puede correr todos los días. También, se puede jugar al tenis y al vólibol. Algunas personas practican el boxeo, un deporte un poco violento, y todos los sábados se puede asistir a un partido de fútbol americano.

Al igual que en los Estados Unidos, muchas personas practican deportes para mantenerse en forma.

RECURSOS

Transparency T7-4	PowerPoint T7-4

CD 2,
Track 12

7-25 to
7-29

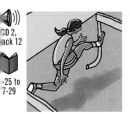

el atletismo

el boxeo

el ciclismo

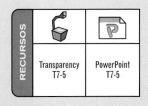

la gimnasia

el hockey

el vólibol

Más deportes¹	More sports
el esquí	skiing
el esquí acuático	water skiing
el golf	golf
el patinaje	skating

Términos deportivos	Sports terms
el/la aficionado/a	fan
el árbitro	referee
el/la campeón/campeona	champion; winner
el/la entrenador/a	coach; trainer
el equipo	team; equipment
la temporada	season

Actividades deportivas	Sporting activities
animar	to encourage; to cheer
batear	to bat
correr	to run
empatar	to tie (the score)
esquiar	to ski
ganar	to win
gritar	to shout
hacer ejercicio	to exercise
levantar pesas	to lift weights
patear	to kick
patinar	to skate

¹See *Capítulo 2* to review other sports.

Note on ¡Así lo decimos!
Point out that, in many Spanish-speaking countries, whistling is the equivalent of booing in the United States and Canada.

Implementation of ¡Así lo decimos!
Personalize the vocabulary with questions such as the following: *¿En qué estación se practica X (nombre de deporte) en la Universidad de…? ¿Qué deportes/equipos de nuestra universidad tienen mucho éxito o fama? ¿Quiénes son los atletas/deportistas/ jugadores más conocidos de nuestra universidad? ¿A qué eventos deportivos en el campus asisten Uds. con regularidad? ¿Hay algún/alguna atleta universitario/a en nuestra clase de español? ¿Participan Uds. en algún deporte intramural? ¿Quiénes en la clase hacen ejercicio en el/los gimnasio(s) universitario(s) con regularidad? ¿Qué actividades hacen allí?*

Implementation of ¡Así lo decimos!
There are many other sports figures (fictitious or real, from Latin America, Spain, the United States, or other parts of the world) whom you can bring into the conversation, based on the interests of your students. Bring in (or have students bring in) pictures of various sports celebrities from magazines or the Internet (mounted on construction paper, for instance) and ask questions such as: *¿Cómo se llama esta persona? ¿Qué deporte practica?/¿A qué deporte juega? ¿Durante qué temporada lo practica? ¿Es atleta profesional o amateur? ¿De dónde es? ¿Para qué equipo/país juega? ¿Te cae bien o mal? ¿Por qué?* etc.

doscientos treinta y siete • **237**

RECURSOS		
	Transparency T7-5	PowerPoint T7-5

CD 2,
Track 13

7-30 to
7-31

LETRAS Y SONIDOS

The sequences "ca, co, cu, que, qui, k" in Spanish

As explained in **Chapter 6,** in Spanish the letter *c* before the vowels *e* and *i* sounds like the *s* in English *sip* (in Latin America) or the *th* in English *thanks* (in Spain). When before the vowels *a*, *o*, and *u*, however, the letter *c* sounds like the *c* in English *scan* in all varieties of Spanish. Avoid the *c* sound made in English *can*, however, where a strong puff of air is expelled from the mouth after the sound. The combinations *que* and *qui* in Spanish, as well as the letter *k*, likewise correspond to the *c* sound in *scan*.

<u>ca</u>-lor   <u>co</u>-mi-da   <u>cu</u>-bo   <u>que</u>-rer   <u>qui</u>-tar-se   <u>ki</u>-lo

Be careful not to pronounce the *u* in the sequences *que* and *qui* as a glide. For example, the first syllable in Spanish *qui-tar-se* sounds like English *key*, not *queen*. In sum, the sequences *ca, co, cu, que, qui, k* sound like the *c* in English s*can* in all varieties of Spanish.

Aplicación

7-20 Los deportistas. Generalmente identificamos a la persona que participa en un deporte con el sufijo *(suffix)* **-ista.** Otro sufijo posible es **-dor/a.** Una persona que practica deportes es **deportista** o **jugador/a.** Empareja a los siguientes deportistas con su deporte.

1. __e__ baloncestista/basquetbolista   a. el ciclismo
2. __f__ nadador/a   b. el patinaje
3. __h__ beisbolista   c. el boxeo
4. __i__ esquiador/a   d. el fútbol
5. __a__ ciclista   e. el baloncesto
6. __d__ futbolista   f. la natación
7. __c__ boxeador/a   g. el tenis
8. __j__ gimnasta   h. el béisbol
9. __g__ tenista   i. el esquí
10. __b__ patinador/a   j. la gimnasia

7-21 Tany y Eduardo Pérez (padre e hijo). Lee sobre estos dos beisbolistas y contesta las preguntas siguientes.

Se considera a Atanasio "Tany" Pérez uno de los mejores beisbolistas latinos del mundo. Nació en Cuba y a la edad de diecisiete años firmó con los Reds de Cincinnati. Cuando salió de Cuba, le dieron su visa y $250 para hacer el viaje. Pasó su primer invierno en Geneva, Nueva York, en 1960, donde hacía tanto frío que quería volver a Cuba. Sin embargo, se quedó y aprendió a hablar inglés para comprender a los árbitros y a los otros jugadores y para pedir comida en los restaurantes. Conoció a su querida esposa Pituka durante su entrenamiento en Puerto Rico. Se casaron y tuvieron dos hijos, Eduardo y Orlando. En 1975, Tany ayudó a los Reds a ganar la Serie Mundial. Desde el año 2000, está en el *National Baseball Hall of Fame.* Ahora Tany es entrenador de los Marlins y su hijo Eduardo jugó para los Cardenales de St. Louis y Tampa Bay, pero ahora juega para los Indios de Cleveland. Padre e hijo son amantes del béisbol.

1. ¿Qué deporte juega Tany?
   Juega al béisbol.

2. ¿Dónde nació?
   Nació en Cuba.

3. ¿A qué edad salió de su país?
   Salió a la edad de diecisiete años.

4. ¿Por qué aprendió a hablar inglés?
   Lo aprendió para comprender a los árbitros y a los otros jugadores y para pedir comida.

5. ¿Qué le pasó en 2000?
   Fue nombrado al *National Baseball Hall of Fame*.

6. ¿Qué tienen en común Tany y su hijo, Eduardo?
   Los dos son jugadores de béisbol./Los dos aman el béisbol.

 7-22 Los deportes. Escucha a Raquel y a Tomás mientras hablan de sus intereses en los deportes. Indica qué frases le corresponden a cada uno. Si una frase no le corresponde a ninguno, marca **ninguno.**

CD 2,
Track 14

	Raquel	Tomás	Ninguno
jugar al béisbol		X	
ver los partidos de fútbol			X
jugar al tenis	X		
practicar gimnasia			X
practicar atletismo	X		
ver el boxeo			X
ser campeón/campeona			X
ser entrenador/a	X		
esquiar en invierno			X
ver la natación en los Juegos Olímpicos		X	

 7-23 ¿Qué les interesa? Completen estas oraciones y luego comparen sus intereses. ¿Qué tienen en común?

1. Soy aficionado/a al/a la…

2. Mi equipo favorito son los/las…

3. Me gusta practicar…

4. No me gusta practicar / jugar al…

 7-24 Un partido. Túrnense para contestar las preguntas sobre el anuncio. Luego, decidan si quieren asistir al partido.

1. ¿Qué pasa hoy?
   Hay un partido de la Copa Mundial.

2. ¿A qué hora es?
   Es a las siete.

3. ¿De dónde son los equipos?
   Son de Alemania y Colombia.

4. ¿Dónde van a jugar los equipos?
   Juegan en el Estadio Olímpico de Berlín.

5. ¿Quieren ir?
   Answers will vary.

Copa Mundial de Fútbol, 2006

HOY

ALEMANIA VS. COLOMBIA

Hora: 7:00 PM
Lugar: Estadio Olímpico de Berlín
Boletos: $125

SEGUNDA PARTE

Audioscript for 7-22.

Raquel: Soy Raquel Reyes y vivo en Santo Domingo, la capital. En el verano juego al tenis. Lo practico casi todos los días. No soy campeona todavía, pero soy muy buena. El clima aquí es ideal para practicar deportes al aire libre. Por eso, en diciembre, me gusta practicar atletismo. También practico esquí acuático. En mi país hay muchos deportes acuáticos. Soy entrenadora del equipo de esquí aquí en la capital.

Tomás: Soy Tomás Guerrero y vivo en San Juan, Puerto Rico. Soy aficionado al béisbol. Lo practico y también me encanta ver los partidos en la televisión. Mi equipo de béisbol es bastante bueno este año, lo que me anima mucho. ¡Me fascina el juego! No me gusta ver el boxeo porque es muy violento, pero me gusta la natación. Siempre veo las competiciones de natación en los Juegos Olímpicos.

Warm-up for *Additional Activity.*

If you plan to use the Additional Activity titled *Excusas,* you may want to precede it with the Additional Activity titled *¿Qué necesitas para practicar estos deportes?,* since the latter activity introduces some of the words used in it, i.e., *guantes, balón, raqueta, bicicleta.* Alternatively, simply present and write these four words on the board before beginning *Excusas.*

Additional Activity for
¡Así lo decimos!

Excusas. Emilio detesta hacer ejercicio, pero le gustan los deportes. Usa el vocabulario de ¡Así lo decimos! para completar su conversación con Ana.

Ana: Emilio, ¿por qué no practicas deportes?

Emilio: Bueno…, el (1) ____ es emocionante, pero tienes que correr mucho. Me gusta el béisbol, pero no me gusta (2) ____ la pelota. El (3) ____ es violento y tienes que ser muy fuerte. Además, los (4) ____ son caros. El hockey me gusta, pero no sé (5) ____ bien. El fútbol es interesante, pero no sé (6) ____ el (7) ____.

Ana: Si no te gustan los deportes violentos o de (8) ____, ¿por qué no practicas algo como el tenis o el (9) ____?

Emilio: No tengo (10) ____ y no me gusta la nieve.

Ana: ¿Y el (11) ____?

Emilio: Pues, es estupendo, pero no nado bien y siempre tengo mucho miedo. No tengo (12) ____ para practicar ciclismo. Y la (13) ____ es difícil para mí porque no soy ágil.

Ana: ¿Y el golf?

Emilio: Es necesario practicarlo mucho y no me gusta (14) ____ todos los días.

Answers:

1. atletismo 2. batear 3. boxeo 4. guantes
5. patinar 6. patear 7. balón 8. equipo
9. esquí 10. raqueta 11. esquí acuático
12. bicicleta 13. gimnasia 14. jugar

7-25A Consejos. Explíquense cómo se sienten y pidan consejos sobre lo que deben hacer. Pueden aceptar o rechazar (*reject*) los consejos, pero es necesario dar excusas si no los aceptan. Estudiante B, por favor ve al **Apéndice 1,** página A8.

MODELO: E1: *Estoy aburrido/a. ¿Qué hago?*
E2: *¿Por qué no das un paseo?*
E1: *No quiero. No me gusta salir de noche.*
E2: *Bueno, yo voy contigo. ¿Está bien?*

Situaciones	Sugerencias	Reacciones
Estás enfermo/a.	ir a un partido	¡Fabuloso!
Estás cansado/a.	salir con tus amigos	No me gusta(an)...
Necesitas aire fresco.	dar un paseo	¡Ideal!
Tienes mucho trabajo.	jugar al golf	¡Qué buena idea!
No tienes nada que hacer.	trabajar en el jardín	Me da igual.
	hacer las tareas	¡Qué mala idea!
	ir a la playa	No quiero porque...
	jugar al tenis	Tienes razón.
	leer una novela	No puedo porque...
	¿...?	¡Vamos!

7-26 En mi tiempo libre. Escribe un párrafo de por lo menos cinco oraciones. Explica cómo te gusta pasar el tiempo libre. Usa algunas de las siguientes palabras para conectar tus ideas.

pero	porque	cuando	si	y	aunque

MODELO: *Me gusta pasar tiempo con mi amigo Roberto porque él es mi mejor amigo. A Roberto le fascina el tenis, pero él no lo practica mucho. Prefiere verlo en la televisión. Cuando estoy con él, nos gusta ver a Venus y a Serena Williams porque son muy buenas. Mi pasión es el golf, pero no lo juego muy bien.*

¡Así lo hacemos! Estructuras

3. Irregular verbs in the preterit (III)

¿Dónde pusiste el balón?

SEGUNDA PARTE

Implementation of
Irregular verbs in the preterit (III).
More irregular verbs! Instead of telling students that they will have to memorize all of these forms, emphasize the patterns that occur in the paradigms (i.e., within the group *poder, poner, saber;* with *venir, hacer, querer,* and with *decir, traer*). Use the verbs in contexts that make sense to students and encourage them to create their own meaningful contexts as well.

Implementation of
Irregular verbs in the preterit (III).
Put the following context on a transparency. Have students first underline the preterit verb forms and then identify the corresponding infinitives. Ask what most of the forms have in common, i.e., word stress on the second-to-last syllable instead of the final one. ***Tito Puente y yo.*** *Cuando <u>conocí</u> a Tito Puente por primera vez, <u>supe</u> que era una persona especial. Cuando <u>vino</u> a la reunión, <u>trajo</u> su tambor y lo <u>puso</u> en la mesa. Cuando me <u>vio</u>, me <u>dijo</u>: "Mucho gusto" y yo le <u>dije</u>: "Igualmente".*

	poder	**poner**	**saber**	**venir**	**hacer**	**querer**	**decir**	**traer**
				Irregular preterit forms				
yo	**pu**de	**pus**e	**sup**e	**vin**e	**hic**e	**quis**e	**dij**e	**traj**e
tú	**pud**iste	**pus**iste	**sup**iste	**vin**iste	**hic**iste	**quis**iste	**dij**iste	**traj**iste
él, ella, Ud.	**pud**o	**pus**o	**sup**o	**vin**o	**hiz**o	**quis**o	**dij**o	**traj**o
nosotros/as	**pud**imos	**pus**imos	**sup**imos	**vin**imos	**hic**imos	**quis**imos	**dij**imos	**traj**imos
vosotros/as	**pud**isteis	**pus**isteis	**sup**isteis	**vin**isteis	**hic**isteis	**quis**isteis	**dij**isteis	**traj**isteis
ellos/as, Uds.	**pud**ieron	**pus**ieron	**sup**ieron	**vin**ieron	**hic**ieron	**quis**ieron	**dij**eron	**traj**eron

■ The preterit forms of **poder, poner,** and **saber** have a **u** in the stem.

Pude ir a la piscina.　　　　　　*I was able to go to the pool.*
¿Por qué **pusiste** la toalla allí?　*Why did you put the towel there?*
Supimos quién ganó enseguida.　*We found out (learned about) who won right away.*

■ The preterit of **venir, hacer,** and **querer** have an **i** in the stem.

¿**Vino** Julio al partido ayer?　　*Did Julio come to the game yesterday?*
¿Dónde **hicieron** los uniformes?　*Where did they make the uniforms?*
Quise patear el balón, pero no　*I wanted to kick the soccer ball, but it*
　fue posible.　　　　　　　　　　　*wasn't possible.*

■ The preterit form of **hay** (from the verb **haber**) is **hubo** for both singular and plural.

Ayer **hubo** un partido de fútbol　*Yesterday there was a soccer game in*
　en el estadio.　　　　　　　　　　*the stadium.*
Hubo más de 50.000 espectadores.　*There were more than 50,000 spectators.*

■ Since the stem of the preterit forms of **decir** and **traer** ends in **j,** the third-person plural form of these verbs ends in **-eron,** not **-ieron.**

Los beisbolistas di**jeron** cosas　*The ballplayers said good things about*
　buenas del entrenador.　　　　　*the trainer.*
Tra**jeron** los esquís al comienzo　*They brought their skis at the*
　de la temporada.　　　　　　　　*beginning of the season.*

RECURSOS

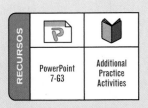

PowerPoint 7-G3　|　Additional Practice Activities

241

EXPANSIÓN	More on structure and usage

Significados especiales en el pretérito

Certain Spanish verbs have different connotations when used in the preterit.

	PRESENT	PRETERIT
conocer	*to know*	*to meet someone (the beginning of knowing)*
poder	*to be able (have the ability)*	*to manage (to do something)*
no poder	*to not be able (without necessarily trying)*	*to fail (after trying) (to do something)*
(no) querer	*to (not) want*	*to try (to refuse)*
saber	*to know*	*to find out, to learn*

Mario conoció a una tenista muy buena.

Mario met a very good tennis player.

Supo que el boxeador está muy grave.

He found out that the boxer is in very serious condition.

No quisimos aprender gimnasia con uno de los mejores entrenadores.

We refused to learn gymnastics with one of the best trainers.

Aplicación

LA PRENSA
20-02-2006

Marc Anthony y Jennifer López llegan a Puerto Rico

Las superestrellas de la música *pop* Marc Anthony y Jennifer López, quienes se casaron en 2004, llegaron a San Juan esta semana para filmar escenas de su nueva película sobre la vida del salsero legendario Héctor Lavoe.

Marc Anthony y Jennifer, las co-estrellas de *El Cantante*, decidieron rodar *(shoot)* escenas en el histórico Viejo San Juan y también en la ciudad de Ponce, dijo su publicista. Estuvieron trabajando aquí en el proyecto hasta el 2 de febrero.

El Cantante se basa en la vida de Lavoe, quien ayudó a conocer la música de salsa a los Estados Unidos. Lavoe, cuyo apellido original era *(used to be)* Pérez, recibió el apodo de "la voz" por su lindo canto. Su apellido "Lavoe" se derivó de este apodo. Marc Anthony y Lavoe se conocieron cuando Lavoe estaba *(was)* todavía en el apogeo *(height)* de su carrera musical. Murió en 1993 a la edad de cuarenta y tres años debido a complicaciones del SIDA *(AIDS)*.

7-27 Dos superestrellas están en Puerto Rico. Aquí tienes un artículo publicado en Puerto Rico. Subraya todos los verbos en el pretérito y escribe su infinitivo. *se casaron* = casarse, *llegaron* = llegar, *decidieron* = decidir, *dijo* = decir, *estuvieron* = estar, *se fueron* = irse, *murió* = morir, *ayudó* = ayudar, *recibió* = recibir, *derivó* = derivar, *se conocieron* = conocerse, *murió* = morir

7-28 ¿Por qué estuvieron en Puerto Rico? Contesta las preguntas, basándote en el artículo.

1. ¿Quiénes estuvieron en Puerto Rico? ¿Por qué son "superestrellas"? Marc Anthony y Jennifer López. Ella es actriz/cantante y él es cantante.

2. ¿Qué hicieron allí?
   Estuvieron trabajando en la película, *El Cantante*.

3. ¿Dónde rodaron las escenas de la película?
   Rodaron escenas en Viejo San Juan y en Ponce.

4. ¿Por qué es famoso Héctor Lavoe?
   Él ayudó a conocer la salsa a los Estados Unidos.

5. ¿Cuándo y de qué murió?
   Murió en 1993 debido a complicaciones del SIDA.

6. ¿Cómo recibió su apodo y qué ocurrió con su apellido? Recibió su apodo de "la voz" por su lindo canto y su apellido se derivó del apodo.

7-29 Un concierto memorable. Completa la entrada en el diario de Encarnación, usando el pretérito de los verbos entre paréntesis. 1. tuvimos 2. pude 3. fue 4. salimos 5. llegamos 6. empezó 7. pudimos 8. fue 9. di 10. salió 11. aplaudió 12. hizo 13. bailamos 14. decidió 15. anduvimos 16. recordamos

Warm-up for 7-29.

Have students scan the infinitives shown in parentheses and underline those that have irregular forms in the preterit. Remind them of the irregular verbs from group II given in the *Primera parte* of this chapter: *ser/ir*, *tener*, *dar*. Point out that *andar* is irregular in the preterit also and patterns with *tener* and *estar* in its forms: *anduve, anduviste, anduvo, anduvimos, anduvisteis, anduvieron.* (Although some speakers have begun to regularize this verb and say *andé, andaste, andó*, etc., these forms are still considered somewhat marginal.) Write these irregular forms on the board for visual support.

Querido diario:

     Anoche Manolo y yo (1. tener) _____ mucha suerte porque yo (2. poder) _____ comprar boletos para un concierto de Millie Corretjer. Como sabes, ella es puertorriqueña y una superestrella de música pop latina. El concierto (3. ser) _____ en el estadio de Mayagüez. Nosotros (4. salir) _____ de la casa a las 7:30 y (5. llegar) _____ al estadio a las 8:00 en punto. El concierto no (6. empezar) _____ hasta las 9:00, pero así Manolo y yo (7. poder) _____ encontrar unos buenos asientos para el espectáculo. Al entrar en el estadio, Manolo (8. ir) _____ a comprar un programa y yo le (9. dar) _____ dinero para comprarme uno también. Cuando Millie (10. salir) _____ al escenario, todo el mundo (11. aplaudir) _____ . Durante todo el concierto (12. hacer) _____ mucho calor en el estadio. Todos nosotros (13. bailar) _____ hasta la medianoche cuando Millie por fin (14. decidir) _____ dejar de cantar. Después, nosotros (15. andar) _____ a casa y (16. recordar) _____ la emoción de esa noche bajo las estrellas con Millie Corretjer.

     Bueno, esto es todo por hoy. La semana que viene vamos a un concierto de rock.

7-30 Pero ayer... Completa las oraciones, indicando por qué ayer fue un día excepcional. Usa pronombres de objetos directo cuando sea apropiado.

MODELO: Siempre hago ejercicios antes de salir para la clase, pero ayer...
Siempre hago ejercicios antes de salir para la clase, pero ayer no los hice.

1. Siempre puedo hablar con el entrenador, pero ayer...
   no pude hablar con él.
2. Todas las mañanas estamos en el estadio, pero ayer...
   no estuvimos en el estadio.
3. Todos los días mis padres quieren asistir a los partidos, pero ayer...
   no quisieron asistir.
4. Todas las tardes los deportistas hacen gimnasia, pero ayer...
   no la hicieron.
5. Generalmente, los aficionados se ponen contentos, pero ayer...
   no se pusieron contentos.
6. Casi nunca sé quién gana el partido, pero ayer...
   supe quién lo ganó.

4. Double object pronouns

7-37 to
7-41

¿Me prestas tu raqueta?

¡Claro! Te la presto.

Indirect object pronouns	Direct object pronouns
me	me
te	te
le → se	lo/la
nos	nos
os	os
les → se	los/las

■ When both a direct and an indirect object pronoun are used together in a sentence, they are usually placed before the verb, and the indirect object pronoun precedes the direct object pronoun.

> Julián, ¿**me** traes **la película**? — *Julián, will you bring me the movie?*
> **Te la** traigo en un momento. — *I'll bring it to you in a moment.*

■ The indirect object pronouns **le** (*to you, to her, to him*) and **les** (*to you, to them*) change to **se** when they appear with the direct object pronouns **lo, los, la, las.** Rely on the context of the previous statement to clarify the meaning of **se.**

> El entrenador **les** trae **el balón** a los jugadores. — *The coach is bringing the ball to the players.*
> El entrenador **se lo** trae. — *The coach is bringing it to them.*

■ As with single object pronouns, the double object pronouns may be attached to the infinitive. In that case, the order of the pronouns is maintained, and an accent mark is added to the stressed vowel of the verb.

> Carlos, ¿puedes **traerme la bolsa**? — *Carlos, can you bring me the bag?*
> En un segundo voy a **traértela.** — *I'll bring it to you in a second.*

●STUDY TIPS

Para aprender a usar los pronombres de complemento directo e indirecto juntos

Double object pronouns may appear confusing at first because of the number of combinations and positions that are possible in Spanish sentences. Here are a few strategies to help you with this structure.

1. Review the use of pronouns and do the practice activities to reinforce your knowledge of this structure.

2. Also review the use of indirect objects and indirect object pronouns.

3. Learning to use double object pronouns is principally a matter of combining the two pronouns in the right order.

4. Getting used to the way these pronouns sound together will help you make them become second nature to you. Practice repeating out loud phrases such as the ones below. Increase your pronunciation speed as you become more comfortable with verbalizing the double object pronouns.

me lo da	te lo doy	se los da
me las traes	te los traigo	se las traemos
se lo llevo	se las llevamos	se la llevas

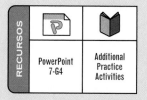

Aplicación

7-31 Antes de la carrera (race). Daniela va a competir en una carrera de ciclismo. Lee el diálogo entre Daniela y su entrenador, y subraya los pronombres de complemento directo (**D**) e indirecto (**I**). Indica cuál es cuál.

MODELO:　Necesito guantes. ¿A quién <u>se</u> <u>los</u> pido?
　　　　　　　　　　　　　　　　 I　 D

Daniela:　Sebastián, ¿<u>me</u> pasas la botella de agua, por favor?

Entrenador:　Enseguida <u>te la</u> doy, Daniela. ¿Dónde <u>te la</u> pongo?
　　　　　　　　　　　　　　I　D　　　　　　　　　　I　D

Daniela:　<u>La</u> quiero en mi mochila, Sebastián. Después, ¿<u>me</u> buscas las
　　　　　　　 D　　　　　　　　　　　　　　　　　　　　　 I
　　　　　　　barras de proteína?

Entrenador:　¿Dónde <u>las</u> busco?
　　　　　　　　　　　　 D

Daniela:　Creo que están en el coche. Seguramente mi mamá <u>las</u> tiene.
　　　　　　　　　　　　　　　　　　　　　　　　　　　　　　 D
　　　　　　　Debes pedír<u>selas</u> a ella. ¿Tienes mis gafas de sol?
　　　　　　　　　　　 I　D

Entrenador:　<u>Las</u> voy a buscar ahora. ¿<u>Te las</u> traigo?
　　　　　　　　 D　　　　　　　　　　 I　D

Daniela:　Sí, debes ponér<u>melas</u> en la cabeza. Y ahora, ¿<u>me</u> compras un
　　　　　　　　　　　　　I　D　　　　　　　　　　　　　 I
　　　　　　　jugo de naranja?

Entrenador:　Buena idea, Daniela. <u>Te lo</u> compro ahora mismo.
　　　　　　　　　　　　　　　　 I　D

7-32 ¿Quién lo hace? Ahora, contesta las preguntas, basándote en el diálogo anterior. Usa pronombres de complemento directo e indirecto en tus respuestas cuando sea necesario.

1. ¿Quién tiene la botella de agua?
   La tiene Sebastián.

2. ¿A quién se la da?
   Se la da a Daniela.

3. ¿Dónde se la pone?
   Se la pone en su mochila.

4. ¿Qué más necesita Daniela?
   Necesita barras de proteína.

5. ¿Por qué crees que las quiere?
   Answers will vary. Porque tiene hambre. Porque necesita energía.

6. ¿Qué desea tomar antes de la carrera?
   Desea tomar un jugo de naranja.

7-33 De viaje en la República Dominicana. Haz el papel de turista en la República Dominicana y responde a las preguntas del guía (*guide*), usando los pronombres de complemento indirecto y directo.

MODELO:　**GUÍA:** ¿Quiere ver el autobús que tomamos mañana?
　　　　　　 TÚ: Sí, ¿*me lo* enseña ahora?

1. **GUÍA:**　¿Quiere ver el restaurante donde vamos a cenar?
   TÚ:　—Sí, ¿<u>me lo</u> enseña ahora?

2. **GUÍA:**　¿Quiere leer el periódico de ayer?
   TÚ:　—Sí, ¿<u>me lo</u> trae ahora?

3. **GUÍA:**　¿Le traigo la información turística?
   TÚ:　—No, no es necesario traér <u>mela</u>.

4. **GUÍA:**　¿Quiere ver el primer hospital del Nuevo Mundo?
   TÚ:　—¡Sí! ¿<u>Me lo</u> muestra ahora?

SEGUNDA PARTE

Warm-up for 7-32.
Before having students complete this activity, ask them to identify and underline the direct object in each sentence and jot down the corresponding direct object pronoun, e.g., *el restaurante* → *lo*, *el periódico* → *lo*, *la información* → *la*, etc. This will minimize confusion with the selection of appropriate pronouns and the subsequent combination of an IO pronoun with the DO pronoun.

Additional Activity for
Double object pronouns.
Write a series of sentences on the board that include the sequence: subject + IO pronoun + verb + direct object (+ indirect object), e.g., *El camarero no les sirve las bebidas a los jóvenes. Paula le escribe muchos correos electrónicos a su novio. Yo siempre te digo la verdad. Su madre le lava la ropa. Mis abuelos me dan dinero.*, etc. Have students underline the subject and write "S" below it and then do the same for the indirect object pronoun ("IOP"), the verb ("V"), the direct object ("DO"), and when expressed, the indirect object ("IO"). Next, have students determine the pronoun corresponding to each direct object and ask them to rewrite the sentences with correct IO pronoun + DO pronoun placement and with any necessary adjustments to the IO pronoun, e.g., *El camarero no se las sirve (a los jóvenes).* or (*El camarero no se las sirve.*), etc. For higher difficulty, have students substitute in a pronoun for each subject, as well, or simply eliminate the expressed subject from each sentence, e.g., *Él no se las sirve, No se las sirve.*

Warm-up for 7-35.
Before having students complete this activity, review the meaning of the items in the word bank and point out the four verbs. Elicit a few more model sentences from students and write them on the board for visual support, e.g., *Consejero, nos trae los bocadillos, por favor. Nos pide los esquís, por favor.* etc.

5. **GUÍA:** ¿Le traigo el refresco?

    TÚ: —No, no tengo sed. No tiene que traér <u>melo</u>.

6. **GUÍA:** ¿Le enseño el Parque Nacional del Este?

    TÚ: —¡Claro! ¿<u>Me lo</u> enseña mañana?

7. **GUÍA:** ¿Le doy una propina al camarero?

    TÚ: —Buena idea. Debe dár <u>sela</u> ahora.

8. **GUÍA:** ¿Les preparo un cóctel a ustedes?

    TÚ: —No, gracias. No es necesario preparár <u>noslo</u>.

 7-34A ¿Tienes? Imagínate que estás muy enfermo/a y tu compañero/a va a traerte unas cosas que necesitas. Pregúntale si tiene las siguientes cosas. Si las tiene, pregúntale si puede traértelas. Si no las tiene, pregúntale si puede comprártelas. Luego, consúltense para hacer una lista de las cosas que tu compañero/a necesita comprar. Estudiante B, por favor ve al **Apéndice 1,** página A8.

    MODELO: E1: *¿Tienes naranjas?*
                E2: *Sí, tengo naranjas. / No, no tengo naranjas.*
                E1: *¿Me las traes? / ¿Me compras unas naranjas?*
                E2: *Sí, te las traigo. / Sí, te las compro.*

1. sopa de pollo   3. té   5. pan   7. jugo de naranja
2. jugo de tomate   4. manzanas   6. galletas   8. sopa de tomate

 7-35 En el campamento de verano. Hagan los papeles de consejero/a *(advisor)* y campistas en un campamento de verano y pídanle varias cosas al/a la consejero/a. El/La consejero/a debe contestar, usando dos pronombres de complemento directo e indirecto. Pueden usar las sugerencias a continuación.

    MODELO: E1: *Consejero, nos trae el bate, por favor.*
                E2: *Sí, se lo traigo enseguida…*

el hielo	las toallas	dar
la bolsa	los guantes	pedir
los sándwiches	las raquetas	preparar
los esquís	el chocolate	traer

☑ **¿Cuánto sabes tú?** *Can you…*

□ talk about different sports you like to participate in and watch?

□ talk about some activities you completed in the past using a variety of verbs, including **poder, poner, saber, venir, hacer, querer, decir,** and **traer**?

□ use **saber** and **conocer** in the preterit to express *found out* and *met*?

□ recognize the referents for direct and indirect object pronouns and respond to a question such as **¿Me traes el bate?** using two object pronouns (**Sí, te lo traigo.**)?

7-42 to
7-45

Observaciones

¡Pura vida! Episodio 7

En este episodio los amigos hablan de los deportes.

Antes de ver el video

7-36 Un evento histórico. En el mundo hispano el fútbol es el juego que más atrae a los fanáticos. Lee la descripción de los últimos minutos de un partido importante y contesta las siguientes preguntas.

Una rivalidad histórica

> El último partido de la Copa América 2004 tuvo lugar en el Estadio Nacional del Perú en Lima. En un final dramático, que tuvo goles en los últimos minutos, la Argentina y el Brasil empataron dos a dos. Un gol de Adriano Leite Ribeiro, en el último minuto del partido, forzó la decisión de la Copa América a la definición por penales. Desde los doce pasos, Julio César le detuvo el penal a Andrés D'Alessandro y Gabriel Heinze desvió (*deflected*) el suyo, y el Brasil se quedó con la 41ª edición de la Copa América. Ahora la Argentina tiene que esperar hasta 2008 para participar en la próxima Copa América en Venezuela.

1. ¿Dónde fue la competencia? Fue en Lima.
2. ¿En qué año fue? Fue en 2004.
3. ¿Qué equipo ganó? Ganó el Brasil.

A ver el video

7-37 Los deportes. Mira el séptimo episodio de ¡Pura vida! para emparejar los intereses y las características de cada personaje según el video.

Marcela

Felipe

Silvia

F: Felipe   **H:** Hermés   **M:** Marcela   **S:** Silvia

1. __M__ Le encanta surfear.
2. __F__ Está triste porque perdió su equipo favorito.
3. __H__ Sale mucho al cine, a conciertos, a bailar y más.
4. __S__ Prefiere el boxeo al fútbol.
5. __S__ Su hermana tenía un novio futbolista.

Después de ver el video

7-38 ESPN Deportes. Conéctate con la página web de **¡Arriba!** para buscar una noticia deportiva que te interese. Escribe un párrafo en que incluyas esta información:

- el evento
- dónde tuvo lugar
- los personajes
- el resultado

doscientos cuarenta y siete • **247**

RECURSOS
IRM
Video Script

Implementation of *Observaciones*. Complete the pre-viewing activity in class with students. The subsequent viewing activity covers pertinent information about the plot and/or characters and may add information about their interests and motives. First have students say as much as they remember about central characters from previous episodes. They can view the video and respond to the comprehension questions as homework. In class, they can work in pairs to complete the follow-up activity.

Warm-up for *Panoramas*.
The cultural focus throughout this lesson has been the Caribbean. Have students return to the art in the chapter opener and describe these works before continuing with *Panoramas*.

Note on *Panoramas*.
These images depict the beauty and charm of the Caribbean nations. Some of your students may also be familiar with Caribbean history: periods of colonization, independence, and quest for democracy. Note that the role of the United States in the Caribbean during the past one hundred years has not always been without controversy.

Expansion of 7-39.
Ask students additional comprehension questions based on the map, e.g., *¿Cuál de los tres países caribeños de habla hispana está más cerca de los Estados Unidos? ¿Cuál es la capital de Cuba? ¿Cuál es la capital de la República Dominicana? ¿Qué océano está al norte de las islas? ¿Dónde está Guantánamo? ¿Por qué es importante para los Estados Unidos esa bahía (bay)?*

Additional Activity for *Panoramas*.
El mapa. Explica dónde queda cada lugar, en relación con el otro lugar mencionado.
Modelo: Haití y la República Dominicana
Haití está al oeste de la República Dominicana. La República Dominicana está al este de Haití.

al este de...   cerca de...   al sur de...
a... millas de   al oeste de...   lejos de...
al norte de...   entre...

1. Cuba y la Florida
2. Puerto Rico y la Hispaniola
3. Guantánamo y la Habana
4. Las Islas Vírgenes y Puerto Rico
5. Nueva York y Puerto Rico
6. El Estrecho de la Florida y los EE.UU.

Answers:
Answers may vary. **1.** Cuba está al sur de la Florida. **2.** Puerto Rico está al este de la Española. **3.** La Habana está al oeste de Guantánamo. **4.** Puerto Rico está cerca de las Islas Vírgenes. **5.** Nueva York está lejos de Puerto Rico. **6.** El Estrecho de la Florida está al sur de los EE.UU.

NUESTRO MUNDO

Panoramas

 Las islas hispánicas del Caribe

Vistas culturales

7-39 ¿Ya sabes...? Trata de identificar, describir y/o explicar lo siguiente.

7-50 to 7-51

1. las dos naciones de la isla de la Española (*Hispaniola*)
   la República Dominicana y Haití

2. el nombre del explorador europeo de Cuba en 1492
   Cristóbal Colón

3. la capital de Puerto Rico
   San Juan

4. un atractivo turístico de todas las islas del Caribe
   las playas

5. la relación política entre Puerto Rico y los Estados Unidos
   estado libre asociado

Puerto Rico es un estado libre asociado (*commonwealth*) de los Estados Unidos. Las relaciones entre Puerto Rico y los EE.UU. no han sido siempre cordiales. Hay algunos puertorriqueños que prefieren que Puerto Rico sea estado de los EE.UU. y otros que quieren que sea un país independiente.

La fortaleza de El Morro rodeó la antigua ciudad de San Juan, Puerto Rico, para protegerla de las invasiones de los piratas de países extranjeros.

Las aguas cristalinas, el sol, el agua tibia y sus bellas playas atraen a miles de turistas a la República Dominicana todos los años.

En la República Dominicana hay grandes depósitos de ámbar, una resina petrificada de color amarillo que se usa para hacer joyas. Es común encontrar pequeños insectos atrapados en el ámbar. Sin embargo, es muy raro encontrar un escorpión como el de esta pieza que tiene ¡veinticinco millones de años!

La isla de Cuba, la más grande de las Antillas, es un paraíso visual y cultural. Su rica historia se refleja en su gente, su arquitectura, su música y su arte.

Si quieres ir de un lado al otro de La Habana, ¿por qué no vas en "coco-taxi"? Es una manera rápida y económica de viajar.

Se siente el ritmo afrocaribeño en la música de la República Dominicana. ¿Sabes por qué este baile se llama "merengue" (*meringue*)?

Implementation of *Panoramas*.

Point out various reading comprehension strategies to help students process the material in the *Panoramas* section of each chapter. First, encourage students to look for cognates as they read the captions. For example, have them identify the English equivalents for the following words in the very first caption of this section: *estado, asociado, relaciones, cordiales, independiente.* Second, encourage students to connect the language to the photographs. For example, have them identify the expressions for amber, petrified resin, and scorpion in the middle left caption. Third, whether the reading is assigned for home or in-class, tell students to underline words that interfere with their understanding of the text. Review these words with them or ask them to consult the glossary or a Spanish-English dictionary before proceeding to the activities. Fourth, point out that it is not necessary to understand every word in a text to capture its global meaning. Thus, tell students not to get distracted or overwhelmed by an occasional unknown word. For further practice with reading comprehension, have students carry out the *Páginas* section of each chapter, as well.

Expansion of *Panoramas*.

Ask students comprehension questions based on the information in the captions, e.g., *¿Cuáles son las tres posturas/opiniones que existen en Puerto Rico sobre su propio estatus político? ¿Cuál fue la función de El Morro en San Juan? ¿Qué es el ámbar? ¿En qué país hay grandes depósitos de ámbar? ¿Cuántos años tiene la pieza en la foto? ¿Qué características tienen las playas del Caribe? ¿Cuál es la isla más grande de las Antillas? ¿Dónde hay "coco-taxis" y qué son? ¿Cómo es el ritmo de la música caribeña?*

Note on *Panoramas*.

In 2003, the U.S. Navy ceased using Vieques for target practice, thus ending 60 years of bombarding the island that is home to 9,000 Puerto Ricans.

Expansion of 7-43.

Have students create an *anuncio* for travelers to the Caribbean. *¿Qué hace uno durante un viaje al Caribe? Sí/No _____ Es necesario llevar suéteres. _____ Es necesario llevar traje de baño.* Ahora, piensen Uds. en otras actividades típicas.

Additional Activity for *Panoramas*.

Use and expand upon the following context to practice the preterit. Set up as a communicative activity for pairs. Student A and student B alternate questions with answers.

Contexto: Una llamada telefónica

A: *Tu mejor amigo/a del colegio te llama por teléfono. Él/Ella fue al Caribe y quiere hablar de su viaje.*

B: *Hablas con tu mejor amigo/a del colegio. Uds. no asisten a la misma universidad. Fuiste al Caribe y tu amigo/a no viajó contigo.*

Conversación:

A: *¿Por qué no me llamar? Hace dos semanas que no hablamos. / ¿No tener clase? / ¿Adónde ir? / ¿Qué hacer? / ¿Sacar fotos con la cámara que te dar tu madre? / ¿Por qué no me decir antes? / ¿Qué me traer? / No me decir nada antes del viaje; tampoco me traer nada. Creer que estoy enojada/o.*

B: *Lo siento pero no llamar porque estar de viaje. / Nosotros tener unas semanas de vacaciones. / Yo ir al Caribe. / Ir a la playa y escuchar merengue en los clubes. / Sí, poder sacar unas fotos maravillosas. / No te decir antes porque no saber del viaje hasta el último momento. / Siempre vamos a ser amigos/as.*

Es de Cuba.
Afrocaribeñas.
Por sus playas.
Es una resina petrificada de color amarillo que se usa para hacer joyas.
Es un estado libre asociado.

7-40 ¿Cierto o falso? Indica si las siguientes oraciones son ciertas o falsas. Si son falsas, explica por qué.

1. _Cierto_ Cuba es la isla más grande de las Antillas.
2. _Cierto_ Cuba tiene una herencia africana y española.
3. _Falso_ El coco-taxi es un modo de transporte en Puerto Rico.
4. _Falso_ El merengue es un baile popular que tiene raíces (*roots*) francesas.
5. _Falso_ Muchos turistas son atraídos a las islas del Caribe por sus montañas.
6. _Falso_ El ámbar es una joya semipreciosa.
7. _Cierto_ Puerto Rico fue víctima de invasiones de piratas.
8. _Falso_ Puerto Rico es un estado de los Estados Unidos.

 7-41 Asociaciones. Conversen sobre lo que asocian con las islas hispanas del Caribe. Pueden incluir sus ideas y opiniones en las siguientes categorías.

MODELO: la política
Puerto Rico: un estado libre asociado de los EE.UU. Cuba:...

1. la política
2. el clima
3. la música
4. la composición racial
5. la economía

 7-42 Recomendaciones. Túrnense para pedir y hacer recomendaciones, según sus intereses.

MODELO: E1: *Quiero escuchar música afrocaribeña.*
E2: *Debes visitar la República Dominicana. Allí puedes bailar merengue.*

1. Quiero comprar ámbar.
2. Quiero ir a la isla más bella de las Antillas.
3. Quiero conocer la isla donde no necesito llevar pasaporte.
4. Deseo hablar francés.

 7-43 Un viaje a... En un grupo de tres o cuatro estudiantes, hagan planes para una excursión a una isla caribeña. Escriban una lista de todo lo que deben hacer antes de salir de viaje.

MODELO: *Primero, tenemos que sacar el pasaporte.*

 7-44 Más información. Conéctate con la página web de **¡Arriba!** para ver más imágenes de las islas del Caribe. Escoge (*Choose*) una y describe un punto de interés.

Ritmos

"El pregonero" (Tito Nieves, Puerto Rico)

7-52

En esta canción Tito Nieves _____ el trabajo del pregonero, un _____ modernos, no existe. En los _____ ban (*used to go*) de pueblo en _____ s, particularmente frutas y _____

_____ ofas de la canción y con un/a _____ cionan en la canción. Hay _____ ngo

_____ que cómpreme un poco _____

_____ ven y cómpreme un poco _____ go un mango y el coco

_____ le mi vida aprovecha la _____ ta sabrosa de mi pueblo. _____ mi vida no me digas no _____ que cómpreme un poco (*se repite*). _____ a fresca _____ traigo la naranja madura, _____ a de bacalao pa' la fritura.

7-46 ¿Cómo te parece la canción? Mientras escuchas indica con **R** (ritmo) y con **L** (letra) qué palabras y expresiones caracterizan estos dos elementos de la canción en tu opinión.

_____ triste   _____ bueno para bailar   _____ divertido

_____ alegre   _____ nostálgico   _____ interesante

_____ rápido   _____ serio   _____ melancólico

Note on *Ritmos*.
Tito Nieves became one of the leading *salseros* of the 1980s and 90s and was widely known as the "Pavarotti of salsa" because of his clear and powerful voice. His hit song "I'll Always Love You" was the first salsa song in English to hit the top of the charts in Puerto Rico, as well as some markets in the United States. Many of his albums have gone gold or platinum. He had a strong impact on the mainstream market with his album recorded entirely in English, "I Like It Like That" (1997). The song, which bears the same name as the album, hit the top of the dance music charts.

Lyrics to *El Pregonero*.

Yo soy el pregonero
que pasa por las mañanas;
vendiendo la fruta fresca,
guindando de la vara.

Ay, casera
llevo la piña fresca,
la naranja madura;
llevo la caña dulce
y el coco seco, cáscara dura.

Casera, cómpreme un poco,
que lo que llevo
está sabroso.
Yo no la voy a engañar,
es fruta bien natural.

Casera, así que cómpreme un poco.
Casera, así que cómpreme un poco.

Llevo recao pa' la olla,
culantro del bueno;
el alcoholado lo que cura
la enfermedad del abuelo.
Hasta una caña para pescar,
si quieres pescar, casera.

Casera, así que cómpreme un poco (se repite).
Ay, casera, ven y cómpreme un poco
aquí te traigo un mango y el coco sabroso;
ay, casera de mi vida aprovecha la ocasión
le traigo fruta sabrosa de mi pueblo.
Caserita de mi vida no me digas no casera,
así que cómpreme un poco (se repite).
Llevo la piña fresca
también te traigo la naranja madura,
tengo la cola de bacalao pa' la fritura.

Casera, casera, casera, casera.
Mi vara tiene de todo, caserita.
Ay, caserita de mi vida no me digas no.

De Ponce le traigo la quenepa.
de Mayagüez el mango,
para rebajar la toronja,
refresco de tamarindo.
Ven y cómpreme caserita,
porque yo soy pregonero.
Del río traigo pomarrosas,
del cañaveral caña dulce;
de mi bella playa coco seco,
para ponerla dura la guayaba.
Para la desilusión corazones
De mi guineal guineitos.

RECURSOS

Ritmos
Track 7

Note on *Ritmos.*

Although not grammatically correct, these are the exacts words from the song. You may want to point out the inconsistencies between the formal and informal registers to your students.

Note on *Ritmos.*

Point out to students the different words for banana: *guineo, banana, plátano.* Other products mentioned in the song: *recao* and *culantro* are two types of coriander, a spice used in Caribbean cooking; *el alcoholado* is rubbing alcohol; *la caña* is also a fishing pole; *la quenepa* is a Caribbean fruit with a green skin and a soft pulpy inside that has a sweet and sour flavor; *la pomarrosa* is a rose apple.

Note on *Salsa dancing.*

The salsa is an eight-count dance. There are a number of ways to dance to salsa music, and the following describes an alternative sequencing of the steps that are presented in the diagram. This alternative could be considered a more accurate way of dancing salsa within the formal world of ballroom dancing. The male partner begins by stepping forward and back with his left foot (which entails four counts, including a rest on one beat). He then steps backward and forward with his right foot (the second four counts, including a rest on one beat). The female partner's steps need to mirror those of the male in order for them to be in unison and not collide. Thus, the female partner begins by stepping backward and forward with her right foot (four counts), and then proceeds to step forward and back with her left foot (the second four counts). The salsa entails using Cuban hip motion (as do various other Caribbean dances, such as the *guaracha*, the *bachata*, and the *rumba*), which comes from successively bending and straightening the knees upon stepping, causing the hips to sway.

La salsa es popular entre gente de todas las edades.

7-47 ¡Vamos a bailar salsa! "El pregonero" es un ejemplo de música **salsa,** un estilo musical muy popular en las islas hispánicas del Caribe. La salsa tiene un ritmo alegre y muy bailable. No importa si el tema de una canción de salsa es feliz o serio, a todos les gusta bailar salsa. Mira el diagrama de los pasos de salsa y con los compañeros de clase trata de seguirlos con la música.

Salsa

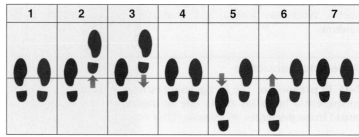

el medio

izquierda   derecha
(left)   (right)

1. *Both feet in middle*
2. *Right foot forward; left foot in middle*
3. *Step in place with left foot, then move right foot back to middle*
4. *Both feet in middle*
5. *Left foot back; right foot in middle*
6. *Step in place with right foot, then move left foot back to middle*
7. *Both feet in middle*

Después de escuchar

7-48 ¿Cuántos verbos puedes usar? Usa los verbos de la lista en el pretérito y escribe un breve párrafo sobre un día imaginario en la vida de un pregonero como el de la canción.

MODELO: *El pregonero **fue** al pueblo y **anduvo** por muchas horas.*

ser	ir	dar	ver	tener	estar
poner	poder	saber	venir	hacer	querer

Páginas

"Sensemayá" (Nicolás Guillén, Cuba)

7-53

Nicolás Guillén (1902–1989) nació en Camagüey, Cuba. Este gran escritor mulato (mezcla de africano y español) dedicó su vida a la poesía. Su poesía se caracteriza por su ritmo y belleza, y también por su contenido sociocultural. En su obra, Guillén escribe sobre la experiencia afrocubana, mientras que denuncia la discriminación racial que sufren los negros y los mulatos. Guillén perteneció desde joven al partido Socialista Popular (comunista) y defendió la revolución cubana hasta su muerte en 1989. A continuación tienes el poema "Sensemayá", uno de los más populares por su musicalidad. El poema expresa la creencia afrocubana de que todo ser, aun la culebra (*snake*) tiene un alma (*soul*).

Antes de leer

7-49 ¿Qué representa? Decidan qué representa la culebra para ustedes. Aquí tienen algunas posibilidades.

_____ lo malo	_____ lo peligroso	_____ lo exótico
_____ lo bueno	_____ lo misterioso	_____ lo sensual

Expansion of 7-49.

¿Qué representa la culebra? Hablen de lo que la culebra puede representar en este poema, tanto física como simbólicamente. ¿Cómo reaccionan Uds. cuando ven una culebra?

A leer

7-50 El ritmo de la música. Este poema tiene un ritmo y un sonido que se parecen a un instrumento musical. Mientras lo lees, decide qué instrumento oyes.

_____ una flauta	_____ un piano	_____ un violín
_____ un tambor	_____ una guitarra	_____ un arpa

Note on _Páginas_.

The African influence on the poetry and music of the Caribbean is one of its most salient characteristics. In addition to the performers and writers mentioned in this chapter, students may be interested in researching others, such as the Puerto Rican poet Luis Palés Matos.

"Sensemayá"

¡Mayombe-bombe-mayombé!

¡Mayombe-bombe-mayombé!

¡Mayombe-bombe-mayombé!

La culebra tiene los ojos de vidrio (_glass_);

la culebra viene, y se enreda (_twists around_) en un palo;

con sus ojos de vidrio, en un palo,

con sus ojos de vidrio.

La culebra camina sin patas (_paws_);

la culebra se esconde en la yerba (_grass_)

caminando se esconde en la yerba,

caminando sin patas.

¡Mayombe-bombe-mayombé!

¡Mayombe-bombe-mayombé!

¡Mayombe-bombe-mayombé!

Tú le das con el hacha (_hatchet_), y se muere:

¡dale ya!

¡No le des con el pie (_foot_), que te muerde (_bites_)

no le des con el pie, que se va!

Sensemayá, la culebra,

sensemayá.

Sensemayá, con sus ojos,

sensemayá.

Sensemayá, con su lengua (_tongue_),

sensemayá.

¡Sensemayá, con su boca,

sensemayá!

La culebra muerta no puede correr;

la culebra muerta no puede silbar (_to hiss_);

no puede caminar,

no puede correr.

La culebra muerta no puede beber;

no puede respirar,

no puede morder.

¡Mayombe-bombe-mayombé!

Sensemayá, la culebra…

¡Mayombe-bombe-mayombé!

Sensemayá, no se mueve…

¡Mayombe-bombe-mayombé!

Sensemayá, la culebra…

¡Mayombe-bombe-mayombé!

¡Sensemayá, se murió (_died_)!

Expansion of 7-51.
This activity can be used as a composition assignment. After writing their paragraphs, have students exchange their work for peer evaluation. After making corrections and revisions, select some students to read their work aloud to the class.

Warm-up for *Taller*.
Help students brainstorm what they will write in their diary by doing the *Antes de escribir* section as a whole class or small group activity. Remind them that when they organize their diary, it should flow to represent their thoughts. Remind them also to use the expressions given in *A escribir* for added cohesion and review the meaning of these expressions with them.

Expansion of *Taller*.
Have students maintain an e-journal with you. When you respond, comment on the content rather than on the form of the message, in order to encourage further expression.

Después de leer

7-51 La culebra. Haz una lista de las oraciones del poema que describen a la culebra y di qué cualidades personales te sugieren.

MODELO: *Tiene ojos de vidrio. Tiene una personalidad fría.*

7-52 La música de la poesía. Este poema es un buen ejemplo de la musicalidad de la obra de muchos escritores afrocaribeños. Léelo en voz alta para sentir mejor el ritmo de sus palabras.

 **Taller**

 7-53 Una entrada en tu diario. Cuando escribes en tu diario, relatas algo interesante, curioso o significativo que te ha pasado (*has happened to you*) ese día (por eso se llama **diario**). Contesta las preguntas a continuación para escribir una entrada.

7-54 to 7-55

Antes de escribir

■ Piensa en lo que hiciste hoy. Escribe una lista de frases para indicar brevemente tus acciones, por ejemplo: **asistir a clase, ver a mis amigos, hablar por teléfono con…,** etc.

■ Pon tus acciones en orden cronológico.

A escribir

■ Comienza tu entrada con una oración para resumir tu día, por ejemplo:

*9 de febrero de 2005
Diario, hoy fue un día extraordinario…*

■ Escribe sobre cuatro o cinco actividades que hiciste o acontecimientos que ocurrieron.

■ Utiliza expresiones de entrada y transición, como **primero, segundo, entonces, después, por eso, aunque,** etc.

■ Cierra tu entrada con una oración de despedida.

Después de escribir

■ **Revisar.** Revisa tu entrada para ver si fluye bien. Luego revisa la mecánica.
  □ ¿Has incluido una variedad de vocabulario?
  □ ¿Has conjugado bien los verbos en el pretérito?
  □ ¿Has verificado la ortografía y la concordancia?

■ **Intercambiar**
  Intercambia tu entrada con la de un/a compañero/a. Mientras leen las entradas, hagan comentarios y sugerencias sobre el contenido, la estructura y la gramática.

■ **Entregar**
  Pasa tu entrada a limpio, incorporando las sugerencias de tu compañero/a. Después, entrégasela a tu profesor/a.

Vocabulario

PRIMERA PARTE

En la playa	At the beach
la bolsa	big bag
la heladera	cooler
el hielo	ice
la sombrilla	umbrella
la toalla	towel
el traje de baño	swimsuit

Los pasatiempos	Pastimes
dar un paseo	to go out; to take a walk
hacer un pícnic	to have a picnic
ir a un concierto	to go to a concert
ir a una discoteca	to go to a nightclub
ir a un partido	to go to a game
leer una novela	to read a novel
leer un periódico	to read a newspaper
nadar en el mar	to swim in the ocean
nadar en una piscina	to swim in a pool
ver una película	to watch a movie
ver la televisión	to watch television

¿Qué tiempo hace?	What is the weather like?
está nublado	it's cloudy
hace...	it's...
buen/mal tiempo	good/bad weather
(mucho) calor	(very) hot
(mucho) fresco	(very) cool
(mucho) frío	(very) cold
(mucha) humedad	(very) humid
(mucho) sol	(very) sunny
(mucho) viento	(very) windy
hay (mucha) contaminación	there's (a lot of) pollution/smog
llover (ue)	to rain
nevar (ie)	to snow

Opiniones y sugerencias	Opinions and suggestions
Es un día perfecto para...	It's a perfect day for...
¡Oye!	Listen!
¿Qué tal si...?	What if...?

Reacciones	Reactions
¡Estupendo!	Terrific!
¡Fabuloso!	Fabulous; Great!
¡Fantástico!	Fantastic!
¡Magnífico!	Great; Wonderful!
Me da igual.	It's all the same to me.
No te preocupes.	Don't worry.
¡Qué mala suerte!	What bad luck!

SEGUNDA PARTE

Los deportes	Sports
el atletismo	track and field
el boxeo	boxing
el ciclismo	cycling
el esquí	skiing
el esquí acuático	water skiing
la gimnasia	gymnastics
el golf	golf
el hockey	hockey
el patinaje	skating
el vólibol	volleyball

Términos deportivos	Sports terms
el/la aficionado/a	fan
el árbitro	referee
el/la campeón/ campeona	champion; winner
el/la entrenador/a	coach; trainer
el equipo	team; equipment
la temporada	season

Actividades deportivas	Sporting activities
animar	to encourage; to cheer
batear	to bat
correr	to run
empatar	to tie (the score)
esquiar	to ski
ganar	to win
gritar	to shout
hacer ejercicio	to exercise
levantar pesas	to lift weights
patear	to kick
patinar	to skate

Indefinite and negative expressions	See page 231.
Double object pronouns	See page 244.

Implementation of *Vocabulario.*
Help students better assimilate vocabulary through images and realia, role-plays or dialogues, and review games. Some examples of the latter that will work successfully with these word sets include word associations (e.g., matching pastimes with related objects and weather conditions, matching sports with their associated verbs, etc.), spelling races at the board, charades (e.g., acting out pastimes, weather conditions, and sports activities), and Pictionary (since there are many nouns). By interacting with others and using words in meaningful ways, vocabulary acquisition is greatly enhanced.

RECURSOS

Testing Program
Tests A and B
Modules
7-1 to 7-30

255

8 ¿En qué puedo servirle?

OBJETIVOS COMUNICATIVOS

- Shopping at a department store
- Talking about what used to happen and what you used to do in the past
- Describing a scene in the past

- Reading and responding to advertisements
- Describing a product
- Contrasting what happened in the past with something else that was going on
- Making general statements about what people do

El ecuatoriano Oswaldo Guayasamín fue uno de los pintores latinoamericanos más importantes del siglo XX. Muchas de sus obras tienen un tema social.

Source: Fundacion Guayasamin

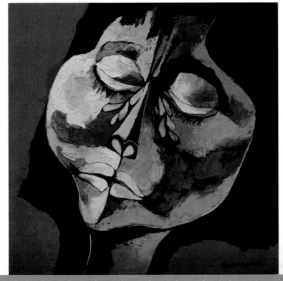

El reino inca: el Perú y el Ecuador

«**Quien compra ha de tener cien ojos; a quien vende le basta uno solo.**»*

Implementation of *Refrán*.
On the board, write the verbs *comprar* and *vender* in one column and the expressions *Muchos ojos son mejores* and *Un ojo es suficiente* in a second column. Have students match the ideas according to the meaning of the *refrán*. Ask students if they agree and to explain why or why not. Also try to elicit an equivalent saying from English, such as "Buyer, beware!"

Note on *Images*.
It is remarkable that Machu Picchu first was brought to the attention of the world in 1911. The Spanish invaders at the time of the conquest, and during centuries of subsequent colonial rule, never discovered the city; neither did anyone ever lead them to it. This suggests that the site had long since been abandoned and forgotten, except by indigenous people of the region. Hiram Bingham, a Yale historian, traveled to South America originally to research the liberator Simón Bolívar. With the help of a local guide, Bingham became the first outsider to visit the site.

*****Refrán:** He who buys needs a thousand eyes. He who sells needs only one.

Machu Picchu, la misteriosa ciudad de los incas, estuvo "perdida" hasta que la descubrió un arqueólogo en 1910.

doscientos cincuenta y siete • **257**

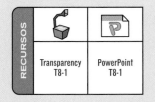

| RECURSOS | Transparency T8-1 | PowerPoint T8-1 |

PRIMERA PARTE

¡Así lo decimos! Vocabulario

¡Así es la vida! De compras

CD 2, Track 15

8-1 to 8-2

En el centro comercial "El progreso II" en Lima, Perú

Son las diez de la mañana y empiezan a llegar los clientes.

Dependienta: Buenos días. ¿En qué puedo servirle?

Manuel: Quiero ver las chaquetas y las camisas que están en rebaja.

Dependienta: Muy bien, por aquí por favor, en la sección de caballeros. Las chaquetas están muy bien de precio y las camisas son una verdadera ganga. ¿Qué talla usa?

Manuel: Creo que es la 39. ¿Puedo probarme ésa?

Dependienta: Sí, claro. Allí está el probador.

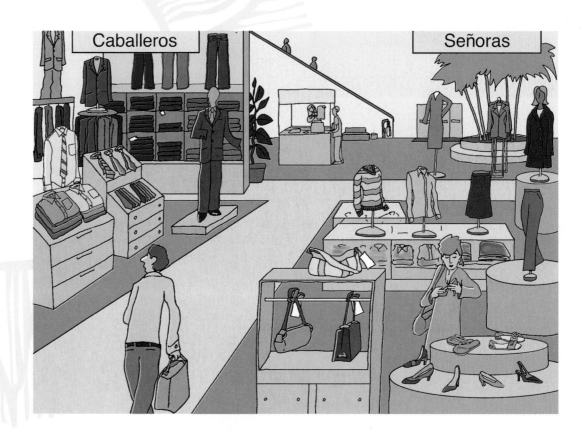

Las compras y la ropa

CD 2, Track 16

8-3 to 8-8

el abrigo

la blusa

el bolso

la camisa

la chaqueta

las corbatas

la falda

los pantalones

el saco

las sandalias

el suéter

el traje

los vaqueros[1]

el vestido

los zapatos

Lugares donde vamos a comprar	Places where we shop
el almacén	department store
el centro comercial	shopping center; mall
la tienda	store; shop

En una tienda	At a store
la caja	cash register
la calidad	quality
el/la cliente	customer
el/la dependiente/a	clerk
el descuento	discount
la ganga	bargain; good deal
el piso	floor
el precio	price
el probador	fitting room
la rebaja	sale
el recibo	receipt
la tarjeta de crédito	credit card
el/la vendedor/a	salesperson
la venta-liquidación	clearance sale

Materiales	Fabrics
el algodón	cotton
el cuero	leather
la lana	wool
la seda	silk

Verbos	Verbs
costar (ue)	to cost
llevar	to wear
pagar (en efectivo)	to pay (cash)
probarse (ue)[2]	to try on
regatear	to bargain; haggle over

Descripciones	Descriptions
de cuadros	plaid
de manga corta/larga	short-/long-sleeved
de moda	in style
de rayas	striped
sin manga	sleeveless

Expresiones para comprar	Shopping expressions
¿En qué puedo servirle(s)?	How may I help you? (for.)
Está en rebaja.	It's on sale.
Le queda muy bien.	It fits you very well. (for.)
¿Qué número calza?	What (shoe) size do you wear? (for.)
¿Qué talla usa?	What's your size? (for.)
Calzo el número...	I wear a (shoe) size...
Me queda estrecho/a (grande).	It's too tight (big).
¿Qué tal me queda?	How does it fit me?

[1]La palabra **vaqueros** se utiliza en España. En Puerto Rico, se llaman **mahones** y en muchos otros países hispanos se llaman **jeans** como en inglés.

[2]In general, **probar** means *to try*. In **Capítulo 6** you learned **probar** in the context of food: *to try* or *to taste food*. In the reflexive construction, **probarse** is used to express *to try something on oneself*, usually referring to clothing.

Note on ¡Así lo decimos!
Students usually like to talk about fashion, even if it is casual. The activities to come provide them with many opportunities to practice the new vocabulary, express their opinions about fashion, and role-play a shopping excursion.

Note on ¡Así lo decimos!
Once students have practiced talking about what they wear and on what occasion, they will e-shop at Hispanic Internet sites. There they will probably find many of the same brands available in the U.S. and Canada, but they also may notice a similarity in style among young people in many countries.

Implementation of ¡Así lo decimos!
Bring in images from magazines, newspapers, the Internet, etc. (preferably mounted on construction paper) and use them to introduce the vocabulary for clothing, fabrics, and descriptions. Hold up each image and ask questions; then review some of the images at the end or on another day. For example, ¿Qué lleva este señor? Él lleva una camisa, una corbata y una chaqueta. ¿De qué color es su camisa? Y la corbata, ¿cómo es? ¿Tiene rayas o cuadros? Brian, ¿te gusta la corbata de este señor? ¿Qué tipo de corbata prefieres? Y la señora en esta imagen, ¿qué ropa usa? etc.

Implementation of ¡Así lo decimos!
Use the following questions to personalize additional vocabulary items. ¿Dónde compras artículos de alta calidad? ¿Dónde compras artículos de bajo precio? ¿Cuándo encuentras muchas gangas en los almacenes? ¿Te gusta ir de compras cuando hay muchas venta-liquidaciones? ¿Cuál es tu almacén (centro comercial) favorito? ¿Qué le compras a un buen amigo para su cumpleaños? ¿Y a tu madre? ¿Qué tela prefieres para las camisas? ¿Y para las blusas? ¿Y para los pantalones?

Expansion of ¡Así lo decimos!
Variations for llevar (to wear): traer, llevar puesto/a, usar. Point out that in Spain, planta is used to refer to floors in commercial buildings and piso to floors in apartment buildings. A piso also refers to an apartment itself in Spain, e.g., Vivo en un piso en el Paseo de Gracia.

doscientos cincuenta y nueve • 259

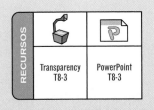

	Transparency T8-3	PowerPoint T8-3
RECURSOS		

Aplicación

8-1 ¿Dónde están? Si ves a estas personas vestidas de la manera descrita (*described*) a continuación, ¿dónde están?

1. __d__ El Sr. Domínguez lleva un traje azul oscuro, una camisa blanca, una corbata de seda y una billetera (*wallet*) con dinero.

2. __e__ Raúl lleva pantalones cortos, una camiseta y unos tenis.

3. __b__ Maripaz lleva un vestido blanco largo de seda y un velo.

4. __c__ Manolito lleva un traje de baño y sandalias.

5. __a__ Carmen lleva vaqueros, un suéter de rayas, una chaqueta de cuero y patines.

6. __f__ El Sr. Cisneros lleva muchas bolsas llenas de ropa y la tarjeta de crédito en su billetera.

a. un partido de hockey
b. una boda
c. una playa
d. un banco
e. un partido de tenis
f. un almacén

 8-2 En el almacén. Escucha la conversación entre Manuel y la dependienta del almacén Saga Falabella. Primero, indica los artículos que Manuel decide comprar; luego, escucha otra vez para escribir el precio de cada artículo. Recuerda que en el Perú usan nuevos soles.

CD 2, Track 17

SÍ	NO	ARTÍCULO	PRECIO
1. ☒	☐	calcetines	17 nuevos soles
2. ☒	☐	camisa	80 nuevos soles
3. ☐	☒	billetera	_____
4. ☒	☐	corbata	50 nuevos soles
5. ☐	☒	pantalones	_____
6. ☐	☒	chaqueta	_____
7. ☐	☒	suéter	_____
8. ☒	☐	traje	600 nuevos soles

8-3 Los amigos de Samuel. Los amigos de Samuel se visten de una manera muy rara (*strange*). Describe qué ropa llevan. **Elena:** traje de baño y sandalias; **Luis:** tenis, traje, corbata y sombrero; **Manolo:** camiseta, pantalones cortos, abrigo y botas.

Elena   Luis   Manolo

8-4 En un almacén. Contesta las siguientes preguntas, basándote en el dibujo.

1. ¿Qué está comprando la señora?
   Está comprando un vestido.
2. ¿De qué forma paga?, ¿con tarjeta de crédito o en efectivo?
   Paga con tarjeta de crédito.
3. ¿Quién está en la caja?
   La dependienta.
4. ¿Qué miran las dos jóvenes?
   Miran camisas que están en rebaja.
5. ¿Qué ropa llevan?
   Llevan minifalda y camiseta.

 8-5A ¿Tienes? Tienes un recibo para varios artículos, pero falta parte de la información. Túrnense para llenar su recibo con la información que falta. Estudiante B, por favor ve al **Apéndice 1,** página A9.

MODELO: E1: *¿Cuánto cuesta la blusa de manga corta?*
         E2: *Cuesta 50 nuevos soles. ¿De qué talla es?*
         E1: *Es una…*

Falabella		00917
		12 diciembre de 2008
Artículo	Talla	Precio (nuevos soles)
blusa de manga corta	36	NS 50
camiseta de _____	40	NS 20
pantalones de lana		NS 75
blusa de seda	38	
chaqueta de cuero		NS 200
_____ de cuero	39	NS 39
falda de algodón	38	

8-6 ¿Están de moda o no? Conversen sobre la ropa que Uds. consideran que está de moda y la que no está de moda. ¿Tienen la misma opinión?

MODELO: E1: *Los vaqueros y los tenis están de moda. Las camisetas sin manga no están de moda.*
         E2: *No estoy de acuerdo. Yo creo que las camisetas sin manga sí están de moda.*

8-7 ¿Qué llevas cuando…? Pregúntense qué ropa llevan en diferentes ocasiones.

> **MODELO:** E1: *¿Qué llevas cuando tienes examen?*
> E2: *Llevo vaqueros y una camiseta.*
> E1: *Pues, yo llevo…*

OCASIÓN	ROPA
1. asistes a un concierto	_____
2. te invitan a la casa del rector de tu universidad	_____
3. visitas Alaska en enero	_____
4. vas a nadar	_____
5. invitas a tus compañeros a una fiesta en tu casa	_____
6. practicas un deporte	_____
7. trabajas como camarero/a	_____
8. vas de vacaciones a Macchu Pichu	_____

 8-8 ¿Quién es? Describe la ropa que lleva otra persona de la clase para ver si tus compañeros/as pueden adivinar quién es.

> **MODELO:** *Lleva una camisa azul de manga larga. Tiene pantalones negros. Tiene zapatos marrones. ¡Está muy elegante! ¿Quién es?*

 8-9 En la tienda. Hagan el papel de dependiente/a y el de clientes en una tienda elegante.

> **MODELO:** DEPENDIENTE/A: *Buenas tardes. ¿En qué puedo servirle?*
> CLIENTE1: *Quiero ver…*
> CLIENTE2: *¿Me puede mostrar…?*

¡Así lo hacemos! Estructuras

1. The imperfect tense of regular and irregular verbs

8-9 to 8-16

El imperfecto de verbos regulares

CAMINÁBAMOS, SUBÍAMOS CERROS Y NOS SENTÍAMOS LOS DUEÑOS DEL MUNDO.
JEEP.

You have already studied the preterit tense in **Capítulos 6** and **7.** Here you will be introduced to the imperfect, the other simple past tense in Spanish.

■ The imperfect tense of regular verbs is formed as follows.

	hablar	comer	escribir
yo	habl**aba**	com**ía**	escrib**ía**
tú	habl**abas**	com**ías**	escrib**ías**
él, ella, Ud.	habl**aba**	com**ía**	escrib**ía**
nosotros/as	habl**ábamos**	com**íamos**	escrib**íamos**
vosotros/as	habl**abais**	com**íais**	escrib**íais**
ellos/as, Uds.	habl**aban**	com**ían**	escrib**ían**

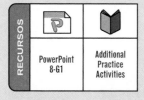

- With **-ar** verbs, only the first-person plural form has a written accent mark. The imperfect endings for **-er** and **-ir** verbs are identical, and all forms have a written accent mark.

- The Spanish imperfect has three common English equivalents: the simple past, the past progressive, and the *used to* + infinitive construction.

Rosario **trabajaba** en la tienda. }
Rosario worked at the store.
Rosario was working at the store.
Rosario used to work at the store.

- Use the imperfect to describe repeated, habitual, or continuous actions in the past with no reference to the beginning or ending.

Cuando yo **viajaba** al Ecuador, **volaba** en Zaeta.	*When I traveled to Ecuador, I would fly on Zaeta.*
Susana y Mauricio **leían** la guía todos los días.	*Susana and Mauricio read the guidebook every day.*
Mauricio **pensaba** todo el tiempo en el viaje.	*Mauricio was thinking about the trip all the time.*
Comíamos en el restaurante cerca del centro comercial.	*We used to eat at the restaurant close to the mall.*

- Use the imperfect to describe an event or action in progress when another event or action takes place (in the preterit) or is occurring (in the imperfect).

Estaban en la tienda cuando **llegaron** sus amigas.	*They were in the store when their friends arrived.*
Mientras Rosario **hablaba** con Clara, Mauricio **miraba** los suéteres.	*While Rosario was talking with Clara, Mauricio was looking at the sweaters.*

- The imperfect is used to describe characteristics or states of being (health, emotions, etc.) in the past when no particular beginning or ending is implied in the statement.

Mi abuela **era** muy activa.	*My grandmother was very active.*
Tenía mucha energía.	*She had a lot of energy.*
Mis padres **estaban** muy contentos en Quito.	*My parents were very happy in Quito.*

Verbos irregulares en el imperfecto

There are only three verbs that are irregular in the imperfect tense.

	ir	**ser**	**ver**
yo	iba	era	veía
tú	ibas	eras	veías
él, ella, Ud.	iba	era	veía
nosotros/as	íbamos	éramos	veíamos
vosotros/as	ibais	erais	veíais
ellos/as, Uds.	iban	eran	veían

Cuando yo era joven, veía a mis abuelos todas las semanas. Vivían cerca y yo iba en bicicleta a visitarlos.

- Only the first-person plural forms of **ir** and **ser** have a written accent mark; all forms of **ver** require a written accent.

Note on 8-10.

Inca is a noun or an adjective. *Incaico/a* is an adjective. This book uses *inca* for the noun as well as for the adjective. As with all nationalities in Spanish, this word is not capitalized, except for at the beginning of a sentence or when it describes the kingdom itself, as in *el reino inca*.

Expansion of 8-10.

🌐 **Más imágenes del reino inca.**

www Conéctate a la Red para ver más imágenes de Sacsahuamán, Cuzco y Machu Picchu. Escribe de tres a cinco frases sobre aspectos interesantes o llamativos.

Aplicación

8-10 El reino inca. Aquí tienes una descripción de la gran civilización inca, la más importante de Sudamérica, que incluía lo que hoy es el Perú y el Ecuador. Subraya los verbos en el imperfecto e identifica el infinitivo.

Muchas personas consideran Sacsahuamán como un tesoro arquitectónico.

Cuando los españoles llegaron a Sudamérica, se encontraron con el reino inca, una civilización indígena muy avanzada.

El reino inca se <u>extendía</u> desde la región cercana a la línea ecuatorial y a lo largo de la costa del Pacífico, hasta lo que hoy es el norte de Chile. Por el este se <u>extendía</u> a través de los Andes hasta partes de la Argentina y Bolivia. Aquel inmenso imperio <u>se llamaba</u> Tahuantinsuyu en quechua, la lengua de los incas. Su nombre <u>quería</u> decir "las cuatro partes", que <u>representaban</u> los cuatro puntos cardinales: norte, sur, este y oeste. En su capital, Cuzco, ahora una ciudad importante del Perú, los incas construyeron edificios de enormes bloques de piedras que <u>se encajaban</u> (*fitted*) tan perfectamente que no <u>era</u> posible insertar un cuchillo (*knife*) entre ellos. Aunque la arquitectura de los edificios <u>era</u> de aspecto severo, éstos <u>estaban</u> adornados con planchas (*sheets*) y ornamentos de oro. Los incas <u>llamaban</u> a este metal "las lágrimas (*tears*) del sol". (A la plata <u>se le llamaba</u> "las lágrimas de la luna".) En el interior de los templos <u>brillaban</u> esos metales preciosos.

Los incas construyeron un impresionante sistema de regadío (*irrigation*) y terrazas escalonadas (*stair step*) en las faldas de las montañas para cultivar verduras.

8-11 ¿Cómo era el reino inca? Contesta ahora las siguientes preguntas, basándote en la actividad **8-10**.

1. ¿Cómo era el reino inca?
   Era muy avanzado.

2. ¿Qué países de hoy formaban parte del reino?
   El Ecuador, el Perú, Chile, la Argentina y Bolivia.

3. ¿Qué idioma hablaban?
   Hablaban quechua.

4. ¿Cuál era su capital?
   Era Cuzco.

5. ¿Qué decoraciones usaban en sus edificios?
   Usaban planchas de oro.

6. ¿Qué significaba el oro para ellos?
   Significaba "lágrimas del sol".

7. ¿Qué significaba la plata para ellos?
   Significaba "lágrimas de la luna".

8-12 La manera de vestirse. Las mujeres de la foto de la actividad **8-10** se visten de una manera típica de los indígenas del Perú. Describe su ropa, indicando lo que llevaban en la foto. Después usa la imaginación y describe cómo crees que era un día típico para ellas y qué hacían antes de tomar esta foto.

MODELO: *Todas las mujeres llevaban…*

8-13 En el mercado de Otavalo. El mercado del pueblo de Otavalo, Ecuador, es famoso por sus artesanías, su comida típica y los turistas que lo visitan. Usa el imperfecto de los verbos entre paréntesis para completar la entrada que escribió Manuel en su diario cuando él y su hermana Victoria lo visitaron.

Se puede comprar de todo en el mercado de Otavalo.

El pueblo de Otavalo está situado a tres horas de Quito. Ese día, (1. hacer) _____hacía_____ mucho calor y el cielo (2. estar) _____estaba_____ despejado (*cloudless*). El taxista se (3. llamar) _____llamaba_____ Ramón y (4. ser) _____era_____ muy simpático. Otavalo (5. parecer) _____parecía_____ una ciudad impresionante. (6. Haber) _____Había_____ gente por todas partes vendiendo verduras, pollos, todo tipo de comida, ropa, etcétera. No (7. poder) _____podía/podíamos_____ creer el espectáculo tan agradable de colores y olores (*smells*). En uno de los puestos, algunas mujeres (8. comprar) _____compraban_____ pulseras (*bracelets*); en otro, un hombre (9. vender) _____vendía_____ camisas de algodón. Muchas personas (10. comprar) _____compraban_____ verduras: cebollas, ajos, etc. En un lugar (11. preparar) _____preparaban_____ un cochinillo (*young pig*) a la parrilla. Por todas partes los clientes y los vendedores (12. regatear) _____regateaban_____ el precio de sus cosas. Cuando por fin dejamos Otavalo, (13. ser) _____eran_____ las dos de la tarde, la hora del almuerzo. (14. Estar) _____Estábamos_____ exhaustos, pero contentos.

8-14 ¿Comprendiste? Contesta las siguientes preguntas, basándote en la actividad **8-13.**

1. ¿En qué país está Otavalo?
   Está en Ecuador.

2. ¿Qué tiempo hacía ese día?
   Hacía calor.

3. ¿Qué se vendía en el mercado?
   Se vendían verduras, pollos, comida y ropa.

4. ¿Qué comida había?
   Había cebollas, ajos y cochinillo.

5. ¿Cómo se sentían Manuel y Victoria al final del día?
   Se sentían exhaustos y contentos.

6. ¿Qué crees que compraron en el mercado?
   Answers will vary.

PRIMERA PARTE

Warm-up for 8-13.
Have students scan the infinitives shown in parentheses and underline those that have irregular forms in the imperfect. Remind them that most verbs are regular in the imperfect.

Warm-up for 8-14.
Ask students to underline the verb in each question and note its conjugation in the present, preterit, or imperfect. Point out that the verbs in the present (Q1) and the imperfect (Q2–Q5) ask for a description, while the verb in the preterit (Q6) is a completed event. Use these examples as a preview for the contrast between the preterit and the imperfect.

Additional Activity for *The imperfect of regular and irregular verbs.*
Prepare the following description of Eloísa Vizcaíno and have students complete it with imperfect forms of the verbs from the list.
   Verbos: cantar, dormir, estar, estudiar, hacer, ir, jugar, leer, querer, ser, tener, tocar, trabajar, ver, vivir, haber.
   Cuando yo (1) _____ joven, mi familia (2) _____ en Cartagena, una ciudad en la costa. Nuestra casa (3) _____ cerca de una escuela, y mis hermanos y yo siempre (4) _____ a la escuela todas las mañanas. En la escuela yo (5) _____ muchas amigas y siempre (6) _____ contenta. Nuestra casa (7) _____ grande y vieja. (8) _____ un sólo piso y muchos dormitorios. Mi hermana Berta y yo (9) _____ en uno, y mis hermanos Hugo y Juanito en otro. Mis hermanos (10) _____ mayores que nosotras y (11) _____ tener más espacio y silencio. Hugo (12) _____ en un almacén y Juanito (13) _____ en la universidad. Berta y yo (14) _____ muy alto y (15) _____ mucho ruido. Por eso, (16) _____ en el jardín cuando no (17) _____ mal tiempo. Todas las noches yo (18) _____ la televisión, (19) _____ una novela o (20) _____ la guitarra.

Answers:
1. era **2.** vivía **3.** estaba **4.** íbamos **5.** tenía **6.** estaba **7.** era **8.** Había **9.** dormíamos **10.** eran **11.** querían **12.** trabajaba **13.** estudiaba **14.** cantábamos **15.** hacíamos **16.** jugábamos **17.** hacía **18.** veía **19.** leía **20.** tocaba

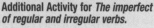

Additional Activity for *The imperfect of regular and irregular verbs.*

¿Dónde estabas? Túrnense para describir y adivinar (*guess*) dónde estaban sin decir el nombre del lugar (*place*).

Modelo: E1: *Eran las dos de la mañana. Yo estaba dormido.*
E2: *Estabas en tu dormitorio.*

Algunos lugares

en la playa	en una piscina
en un estadio	en la biblioteca
en un almacén	en el teatro
en clase	en Otavalo
en Machu Picchu	¿en...?

Implementation of *Ordinal numbers.*

Have students identify others in the class according to where they sit. *¿Cómo se llama la primera persona en la primera fila? ¿Quién es la quinta persona en la segunda fila?* etc.

  8-15A ¿Qué pasaba? Pregúntale a tu compañero/a qué pasaba en las siguientes situaciones. Estudiante B, por favor ve al **Apéndice 1,** página A9.

MODELO: a la medianoche en la última fiesta que asististe
E1: *¿Qué pasaba a la medianoche en la fiesta?*
E2: *Todos bailaban.*

1. al mediodía en el centro estudiantil
2. anoche en tu cuarto
3. a las diez y media en clase ayer
4. en el almacén la última vez que fuiste
5. ayer en la cena
6. en el mercado de Otavalo

2. Ordinal numbers

8-17 to 8-19

primero/a	*first*	**sexto/a**	*sixth*
segundo/a	*second*	**séptimo/a**	*seventh*
tercero/a	*third*	**octavo/a**	*eighth*
cuarto/a	*fourth*	**noveno/a**	*ninth*
quinto/a	*fifth*	**décimo/a**	*tenth*

- Ordinal numbers in Spanish agree in gender and number with the noun they modify.

  Clarita compró el **segundo** vestido.   *Clarita bought the second dress.*
  Éstas son las **primeras** rebajas del año.   *These are the first sales of the year.*

- **Primero** and **tercero** are shortened to **primer** and **tercer** before masculine singular nouns.

  La tienda está en el **tercer** piso.   *The store is on the third floor.*
  Es el **primer** mostrador a la izquierda.   *It's the first counter to the left.*

- In Spanish, ordinal numbers are rarely used after **décimo.** The cardinal numbers are used instead and follow the noun.

  La oficina del gerente está en el piso **doce.**   *The manager's office is on the twelfth floor.*

RECURSOS

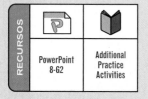

PowerPoint 8-G2	Additional Practice Activities

Aplicación

8-16 El almacén La Gran Vía. Usa la guía siguiente para completar las siguientes oraciones.

MODELO: Si quieres comprarle una blusa a tu mamá, la vas a buscar en el
segundo piso.

	Almacén La Gran Vía
1er piso	Ropa de hombres
	Calzado (zapatos, botas, sandalias…)
	Caja
2do piso	Ropa de mujer
	Oficinas de administración
3er piso	Ropa infantil
	Prendas deportivas
4to piso	Restaurante
	Cambio de moneda
5to piso	Supermercado

1. Si tienes hambre, puedes ir al ___4to piso___.
2. Si necesitas ropa para un bebé, vas al ___3er piso___.
3. Si buscas zapatos, los compras en el ___1er piso___.
4. Si necesitas comprarle una corbata a tu tío, la vas a encontrar en el
   ___1er piso___.
5. Si necesitas aceite de oliva (_olive oil_), lo puedes comprar en el ___5to piso___.

8-17 Su orden de importancia. Individualmente, pongan los siguientes artículos en orden de importancia en este momento (de primero a décimo). Luego comparen sus resultados.

MODELO: _Primero, necesito comprar una camisa de manga larga, porque todas mis camisas son viejas. Segundo, . . ._

MI LISTA	**LA LISTA DE MI COMPAÑERO/A**
_____ una corbata de seda	_____
_____ unos zapatos de tacón (_high heels_)	_____
_____ una camiseta de algodón	_____
_____ una falda de lana	_____
_____ un par de tenis	_____
_____ un traje de rayas	_____
_____ un abrigo de lana	_____
_____ unos vaqueros	_____
_____ unas sandalias	_____
_____ ¿…?	_____

PRIMERA PARTE

Note on 8-16.
Point out to students that ordinal numbers in Spanish, as in English, can be abbreviated, as shown in 8-16. In English, "first" is 1st, with the last two letters minimized and raised, "second" is 2nd, "third" is 3rd, etc. In Spanish, the same applies. Thus, _primer_ is _1er_ and _primero_ is _1º_, _segundo_ is _2º_, _tercer_ is _3er_, _tercero_ is _3º_, _cuarto_ is _4º_, _quinto_ is _5º_, etc., all of which appear with minimized, raised letters. When a feminine form is abbreviated, usually only the final "a" of the word is maintained, e.g., _primera_ is _1ª_, _segunda_ is _2ª_, _tercera_ is _3ª_, etc.

Expansion of 8-16.
Change the word _piso_ in this activity to _planta_ to give students practice with the feminine forms of the ordinal numbers. On the board, write _1ª planta, 2ª planta, 3ª planta, 4ª planta, 5ª planta,_ and have students change their answers accordingly, using the full forms of the words instead of the abbreviations.

Warm-up for 8-17.
Ask students why the full form _primero_ is used in the model. Remind them that the shortened forms _primer_ and _tercer_ are used only before a masculine singular noun, whereas when no noun appears, the full forms are needed. Then review the meaning of any items in the list, according to student need.

Note on 8-18.

Saga Falabella is a large department store comparable to Macy's in the United States or Eaton's in Canada. The chain has locations in Peru, Chile, and Argentina.

 8-18 En la oficina de información. Uno/a de ustedes trabaja en Información de Saga Falabella. Los otros le piden información. Sigan el modelo a continuación.

MODELO: E1: *Señor/a (Señorita), ¿dónde está la zapatería?*
E2: *Está en el sexto piso.*
E1: *Gracias, ¿y la caja?*

saga falabella
AV. PASEO DE LA REPÚBLICA 3220
URB. JARDÍN — SAN ISIDRO
TEL: (1) 4420500

Sótano **Tejidos** Boutique, Sedas, Lanas **Supermercado** Alimentación, Limpieza **Imagen y Sonido** Computadoras, Estéreos, Radio, VCR

1.er PISO **Complementos de moda** Perfumería y Cosméticos, Joyería, Bolsas, Medias, Relojería, Sombreros, Turismo, Fotografía

5to PISO **Agencia de Viajes, Señoras** Boutiques Internacionales, Futura Mamá, Tallas Especiales, Complementos de Moda

2.do PISO **Hogar** Artesanía, Cerámica, Cristalería, Accesorios Automóvil, Porcelanas, Platería, Regalos, Electrodomésticos, Muebles de Cocina

6to PISO **Juventud** Tienda Vaquera, **Deportes** Prendas deportivas, Zapatería, Marcas Internacionales

3.er PISO **Niños/as** cuatro a diez años, **Chicos** 11–14 años, **Bebés, Zapatería** Señoras, Caballeros y Niños

7mo PISO **Muebles y Decoración** Dormitorios, Salones, Lámparas

4to PISO **Confección Caballeros** Ropa Interior, Artículos de Viajes, Complementos de Moda, Tallas Especiales, Sastrería

8vo PISO **Restaurante, Cambio de Moneda Extranjera, Caja**

1. ropa para mujer
2. las corbatas de seda
3. artículos deportivos
4. tallas especiales
5. ropa para bebé
6. los probadores
7. suéteres para niños
8. el restaurante
9. comida
10. agencia de viajes
11. ropa para hombres
12. ¿…?

 ¿Cuánto sabes tú? *Can you…*

☐ describe what you and others are wearing?

☐ talk about what you wear on different occasions?

☐ use the imperfect tense to describe a scene in the past?

☐ use the imperfect tense to talk about what you used to do in the past?

☐ use ordinal numbers to put things in physical order (**primer piso**) or order of importance (**primero, segundo**)?

8-20 to 8-23

RECURSOS

In-class Communicative Projects

Comparaciones

Note on *Comparaciones*.
Many people think that the differences between the hours and days of operation of some Hispanic businesses as compared to Anglo businesses underscore the importance of *ocio*, as opposed to *negocio*, in Hispanic culture. Remind students of these concepts, pointed out previously in the *Comparaciones* section of *Capítulo 7*.

De compras

8-19 En tu experiencia. En los EE.UU. y el Canadá, ¿es típico cerrar las tiendas a la hora de almorzar? ¿Por qué? ¿Cuántos días de vacaciones tienen los empleados en las tiendas norteamericanas? ¿Se cierran las tiendas durante las vacaciones? ¿Por qué? A continuación hay un artículo sobre los almacenes y las tiendas de muchos países del mundo hispano. Mientras lees, piensa en las diferencias que existen según tu experiencia.

Las tiendas y los bancos en los países hispanos no tienen los mismos horarios que los de las tiendas y los bancos en los EE.UU. Generalmente, están abiertos menos horas que los de (*those of*) los EE.UU. o el Canadá. En las ciudades principales del Ecuador y el Perú, las tiendas tienen horarios más amplios, pero en las ciudades pequeñas, por ejemplo, las tiendas abren generalmente a las nueve o diez de la mañana y cierran a las dos de la tarde durante dos o tres horas para el almuerzo. Vuelven a abrir a las cinco de la tarde y cierran a las ocho o nueve de la noche. Las tiendas están abiertas de lunes a viernes y los sábados por la mañana. Casi todas las ciudades y los pueblos tienen mercados al aire libre en los que se puede regatear el precio de un artículo. También es posible regatear con los vendedores ambulantes (*street vendors*).

En muchos otros países hispanos los empleados tienen derecho (*the right*) a un mes de vacaciones al año. La mayoría de los empleados prefiere tomar las vacaciones durante el verano y algunos dueños (*owners*) deciden cerrar sus comercios durante ese mes y tomar sus vacaciones al mismo (*the same*) tiempo que sus empleados. El turista que va a estos países en los meses de verano puede encontrar algunas tiendas y restaurantes cerrados.

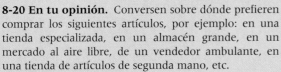 **8-20 En tu opinión.** Conversen sobre dónde prefieren comprar los siguientes artículos, por ejemplo: en una tienda especializada, en un almacén grande, en un mercado al aire libre, de un vendedor ambulante, en una tienda de artículos de segunda mano, etc.

EL ARTÍCULO	PREFIERO COMPRARLO EN...
1. unos vaqueros	_____
2. unos tenis	_____
3. un traje de baño	_____
4. una camisa de manga larga	_____
5. unos zapatos de cuero	_____
6. un traje para el trabajo	_____
7. unos calcetines deportivos	_____
8. una gorra (*hat*) de mi equipo preferido	_____

SEGUNDA PARTE

¡Así lo decimos! Vocabulario

CD 2, Track 18

8-24 to 8-25

¡Así es la vida! ¿Qué hiciste hoy?

Lucía: Oye Victoria, llamé tres veces a tu casa, pero no contestó nadie. ¿Qué hiciste hoy? ¿Adónde fuiste?

Victoria: Iba a pasar el día en la biblioteca porque tenía un trabajo que terminar, pero sabía que el almacén se cerraba temprano y decidí ir de compras. Quería comprar una cadena de plata para mi mamá, y estuve en la joyería toda la mañana. Luego fui a la farmacia a comprar unas cosas y eran las dos cuando volví a casa.

En la joyería

En la farmacia

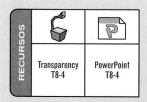

RECURSOS | Transparency T8-4 | PowerPoint T8-4

| | | | | | | **Tiendas y artículos personales** | | | | | | | | | | | | | | | | | | | | | | | | | | | | | | | | | | |

CD 2,
Track 19

8-26 to
8-28

el anillo (de oro)

los aretes (de diamantes)

la cadena (de plata)

el collar (de perlas)

la pulsera

el reloj de pulsera

la colonia

el desodorante

el maquillaje

la pasta de dientes

el perfume

el talco

Más tiendas	More shops
la florería[1]	flower shop
la heladería	ice cream shop
la papelería	stationery shop
la perfumería	perfume shop
la zapatería	shoe store

Verbos	Verbs
devolver (ue)	to return (something)
gastar	to spend
hacer juego (con)	to match; to go well with
valer	to be worth; to cost

[1]la floristería en España

doscientos setenta y uno • **271**

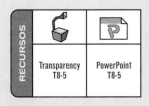

Implementation of ¡Así lo decimos!

Bring in images from magazines, newspapers, the Internet, etc. (preferably mounted on construction paper) and use them to introduce the vocabulary for jewelry and articles for personal hygiene. (Alternatively, bring in realia for as many words as possible and supplement the items with images, as needed.) Hold up each image or item and ask questions; then review some of them at the end or on another day. For example, ¿Qué es esto? ¿Cuánto cuesta más o menos? ¿Es un producto caro o barato? ¿Cuál es tu marca favorita de este producto? ¿Quién en la clase se pone colonia/perfume? ¿A quién le gusta maquillarse? ¿A quién no le gusta? ¿Es de oro o de plata el anillo en esta imagen? etc.

Implementation of ¡Así lo decimos!

Ask students to look over the list of stores for a pattern in the words. Point out that the ending -ería in Spanish refers to a shop that specializes in the product expressed in the base word, e.g., flor / flor-ist-a → flor-ería / flor-ist-ería; helad-o → helad-ería; papel → papel-ería; perfum-e → perfum-ería; zapat-o → zapat-ería. Perhaps elicit from students additional words for stores that they may know that also show this pattern, or provide additional examples yourself, especially if these are related to food items covered in Capítulo 6. You may even want to list products on the board and have students derive the words themselves. Some possibilities include: frut-a → frut-ería; pastel → pastel-ería; churr-o → churr-ería; poll-o → poll-ería; tequil-a → tequil-ería; cervez-a → cervec-ería. A few more difficult examples are: carn-e / carn-ic-er-o → carn-ic-er-ía; pan / pan-ad-er-o → pan-ad-er-ía.

Note on ¡Así lo decimos!

Note that some of the words, i.e., flor-ist-ería, carn-ic-er-ía, pan-ad-er-ía, are more complex and favor an analysis where the direct base is the person who sells or makes the product, rather than simply the product itself. Most words for stores, however, permit two possible analyses, one where -ería is added to the product as the direct base (i.e., zapat-o → zapat-ería), and another where -ía is added to the seller or maker of the product as the direct base (i.e., zapat-o → zapat-er-o → zapat-er-ía) (i.e., -er-ía are viewed as separate suffixes). The former analysis is the most common one followed because it is more simple and straightforward, even though it does not account best for all cases.

Additional Activity for *Letras y sonidos.*

Write the following words on the board (or choose only a subset of them). First, review with students their meaning. Then, ask students to underline the sequences *j, ge, gi, x* in each one. Have students listen and repeat after you pronounce each word.

1. ca-ja
2. jue-go
3. gim-na-sia
4. ja-bón
5. ál-ge-bra
6. re-loj
7. re-ba-ja
8. ge-ne-ro-so
9. es-pe-jo
10. Mé-xi-co
11. ju-dí-as
12. bio-lo-gí-a
13. e[ks]-tra
14. na-ran-ja
15. in-ge-nie-rí-a
16. pa-ti-na-je
17. in-te-li-gen-te
18. ge-o-lo-gí-a
19. con-ge-la-dor
20. e-jer-ci-cio
21. e[k-s]i-gen-te
22. fri-jo-les
23. xi-ló-fo-no
24. so-cio-lo-gí-a
25. re-fri-ge-ra-dor
26. ma-qui-lla-je

Warm-up for 8-21.

If you have not yet done so, ask students to look for a pattern in the words for stores. Point out that the ending *-ería* in Spanish refers to a shop that specializes in the product expressed in the base word. Some words in this activity that have not yet been analyzed explicitly in a teacher note include *joy-a → joy-ería; libr-o → libr-ería.* See the teacher note included in the *¡Así lo decimos!* section for an analysis of the remaining words.

Note on 8-21.

In most Hispanic countries, you can purchase various prescription drugs over the counter if you know the name and dosage.

Expansion of 8-21.

Use associations to practice vocabulary. Write some additional shop names on the board (e.g., *sastrería, carnicería, frutería, pastelería*) and ask questions such as the following. *¿Adónde voy si necesito...? ¿...arreglar las botas? ¿...comprar medicinas? ¿...arreglar un saco? ¿...comprar colonia? ¿...comprarle un collar de plata a mi madre? ¿...comprar bolígrafos y papel? ¿...comprar los libros para esta clase? ¿...comprar carne? ¿...comprarle un pastel de cumpleaños a mi mejor amigo/a? ¿...comprar naranjas?* etc.

CD 2, Track 20

8-29 to 8-30

LETRAS Y SONIDOS

The sequences "j, ge, gi, x" in Spanish

In Spanish, the letter *j*, as well as *g* before the vowels *e* and *i*, all correspond to the same sound: the *h* sound in English *hip* (although in Spain, the corresponding sound is harder and occurs in the back of the throat, where the *k* sound in English *keep* is made).

jo-ya   tra-je   re-loj   ge-ne-ro-so   gim-na-sio

In some Spanish words, the letter *x* also has the *h* sound, for example, in *México* and *Xavier*. In most cases, however, the letter *x* creates two sounds, *k* and *s*, as in English *extra*: *exigente* (e[k-s]i-gen-te) and *extra* (e[ks]-tra). In a few words, the letter *x* even corresponds to the *s* sound in English *sip*, as in the musical instrument *xilófono*.

Aplicación

8-21 Las tiendas especializadas. Aquí tienes unas tiendas especializadas. Emparéjalas con las cosas que venden.

1. __d__ la farmacia
2. __a__ la joyería
3. __g__ la perfumería
4. __e__ la florería
5. __h__ la zapatería
6. __c__ la librería
7. __f__ la papelería
8. __b__ la heladería

a. un collar de esmeraldas
b. un helado
c. una novela
d. la penicilina
e. las rosas
f. las invitaciones
g. la colonia
h. unas sandalias

8-22 ¡Yo también fui de compras! Lucía también fue de compras ayer. Escucha e indica las tiendas que visitó, los artículos que compró y los que devolvió.

Tiendas	Compró	Devolvió
__X__ el almacén	_____ una agenda	_____
__X__ la farmacia	_____ una blusa	_____
_____ la joyería	__X__ unas sandalias	_____
_____ la papelería	_____ una camisa	_____
__X__ la perfumería	__X__ talco	_____
__X__ la librería	_____ desodorante	_____
_____ el supermercado	__X__ un té especial	_____
__X__ la zapatería	_____ un frasco de colonia	_____
__X__ la tienda pequeña	_____ una torta de queso	_____
_____ la heladería	__X__ una falda	__X__
_____ la florería	__X__ un libro de Guayasamín	_____
_____ la panadería (*bakery*)	_____ un reloj	_____

¿Qué compró en la florería?

 8-23 ¿En qué tiendas compras? Conversen sobre dónde hacen las compras y por qué.

MODELO: *Me gusta comprar helado en la heladería* La Creme *que está en mi ciudad porque tiene veintiún sabores deliciosos.*

SEGUNDA PARTE

Audioscript for 8-22.

L: Bueno, Victoria, yo también fui de compras ayer. Primero, fui a la farmacia Sánchez donde compré un té especial para mi abuela porque está enferma. Después, fui a la sección de ropa para mujer en el almacén Saga, donde busqué una blusa negra de seda para la fiesta de Gustavo este fin de semana, pero no la encontré.

V: ¿No viste las nuevas blusas que tienen? ¡Hay unas blusas preciosas!

L: Sí, pero están muy caras. No compré nada allí. Después, fui a una tienda pequeña y encontré una falda maravillosa.

V: Ay, ¡qué bien!

L: No, porque no me la probé en la tienda y cuando me la probé en casa me quedaba estrecha. Anoche la devolví. Pero después de comprar la falda, fui a la librería Gómez donde compré un libro de pinturas del artista ecuatoriano Guayasamín. Lo compré para el cumpleaños de mi mamá este viernes. Es un libro muy bueno, pero me costó mucho.

V: ¿Cuánto pagaste?

L: Muchísimo... ¡quinientos nuevos soles! Pero es para mami... Entonces fui a la zapatería Suárez donde me compré un par de sandalias. Son italianas ¡y preciosas! Finalmente, en la perfumería Santos compré talco. Es un talco nuevo muy caro. Me costó más de 34 nuevos soles.

V: ¡Gastaste una fortuna, Lucía!

L: Sí, y ahora ¡estoy más cansada que nunca! ¡La verdad es que no me gusta ir de compras!

Additional Activity for
¡Así lo decimos!

Fui de compras. Conversen sobre la última vez que fueron de compras. Cuéntense adónde fueron, qué hicieron, qué compraron, etc. Pueden usar las expresiones siguientes.

busqué	encontré	salí
compré	gasté	vi
devolví	pagué	volví

MODELO: *Salí de mi casa por la mañana...*

Centro Comercial Largo Mar en Miraflores, Lima, Perú

 8-24 ¿Hacen juego? Decidan si estos artículos hacen juego. Si no, cámbienlos.

> **MODELO:** traje de baño y zapatos de cuero
> *No hacen juego. Es mejor llevar sandalias con un traje de baño.*

1. una camisa de cuadros y pantalones de rayas
2. un vestido de seda y botas de cuero
3. un collar de oro y aretes de plata
4. sandalias y calcetines
5. vaqueros y tenis
6. ¿…?

8-25 De compras en Lima. Conéctate con la página web de **¡Arriba!** y busca información acerca de una tienda especializada. Escoge (*Choose*) un artículo que te interese y contesta estas preguntas.

1. ¿Cuál es el artículo?   2. ¿Cómo es?   3. ¿Dónde se vende?

¡Así lo hacemos! Estructuras

3. Preterit versus imperfect

8-31 to
8-37

In Spanish, the use of the preterit and the imperfect reflects the way the speaker views the action or event being expressed. The uses of these two tenses are compared on the following page.

The Preterit...

1. narrates actions or events in the past that the speaker views as completed or finished.

   Victoria y Lucía **hablaron** | *Victoria and Lucía talked on the phone*
   por teléfono por dos horas. | *for two hours.*

2. expresses the beginning or end of a past event or action.

   El zapatero **llegó** a las tres y cinco. | *The shoemaker arrived at 3:05.*
   La película **terminó** a las ocho de | *The movie ended at 8:00 P.M.*
   la noche.

3. narrates completed events that occured in a series.

   Carlos **entró** en la farmacia, **vio** a su | *Carlos entered the pharmacy, saw his*
   ex-novia y **salió** inmediatamente. | *ex-girlfriend, and left immediately.*

4. expresses changes in mental, physical, and emotional conditions or states in the past.

   Alejandra **se puso** furiosa cuando | *Alejandra became furious when she*
   vio el cuarto en desorden. | *saw the messy room.*
   Estuve nerviosa durante la | *I was nervous during the interview*
   entrevista. | *(but now I'm not).*

5. describes weather and scenes as events or within specific time parameters.

   Ayer **fue** un día horrible. **Llovió** e | *Yesterday was a horrible day. It rained*
   hizo mucho viento. | *and was very windy.*

The Imperfect...

1. describes what was happening in the past, usually in relation to another event or at a given time, with no reference to the beginning or end of an action.

   Rosa **hablaba** mientras **miraba** las | *Rosa was talking while she was*
   compras. | *looking at her purchases.*

2. expresses habitual actions or events in the past.

   Pedro **comía** en ese restaurante | *Pedro used to eat at that restaurant*
   todos los sábados. | *every Saturday.*
   Ana **iba** de compras todo el tiempo. | *Ana used to go shopping all the time.*

3. expresses time in the past.

   Eran las once de la noche. | *It was 11:00 in the evening.*

4. expresses mental, physical, and emotional conditions or states in the past.

   Alicia **estaba** contenta durante el | *Alicia was happy during the concert.*
   concierto.
   Nos **sentíamos** mal después de | *We felt sick after eating there.*
   comer allí.

5. sets the scene (weather, activities in progress, etc.) for other actions and events that take place.

   Hacía muy mal tiempo y **llovía.** Yo | *The weather was bad and it was*
   leía en mi cuarto y **esperaba** | *raining. I was reading in my room*
   la llamada. | *and waiting for the call.*

■ The preterit and the imperfect tenses are often used together. In the following examples, the imperfect describes what was happening or in progress when another action (in the preterit) interrupted and took place.

   Conversábamos con el | *We were talking with the clerk when*
   dependiente cuando Lourdes | *Lourdes entered the jewelry store.*
   entró en la joyería.
   Las chicas **salían** de la tienda | *The girls were leaving the store when*
   cuando Jorge las **vio.** | *Jorge saw them.*

SEGUNDA PARTE

Implementation of
Preterit versus imperfect.
Prepare the following context on the board or a transparency and ask students to complete the blanks. Then emphasize the use of the imperfect to describe and set the scene of the narration (i.e., *Hacía, estaba, cantaban, estaban*), and the use of the preterit to express the beginning of an action or state (i.e., *Empezó, apareció, nos pusimos*) as well as a completed action viewed as a whole (its beginning, duration, and end all together) (i.e., *Llovió, Fuimos, nadamos*).
De vacaciones en la Isla Margarita. *Era un día ideal. _____ (hacer) sol y el agua _____ (estar) tibia* (warm). *Los pájaros _____ (cantar) y todos _____ (estar) contentos. De repente apareció una tormenta. _____ (Empezar) a llover. _____ (Llover) por dos días. Por fin, _____ (aparecer) el sol de nuevo y nosotros nos _____ (poner) contentos. _____ (ir) a la playa y _____ (nadar).*

Answers:
Hacía, estaba, cantaban, estaban/estábamos, Empezó, Llovió, apareció, pusimos, Fuimos, nadamos.

STUDY TIPS

Para distinguir entre el pretérito y el imperfecto

1. Analyze the context in which the verb will be used and ask yourself, does the verb describe the way things were or does it tell what happened? Use the imperfect to describe and the preterit to tell what happened.

   Era de noche cuando **volvieron** a casa.
   Era: describes → It was nighttime.
   volvieron: tells what happened → They returned.

2. In many instances, both tenses produce a grammatical sentence. Your choice will depend on the message you are communicating.

Así **fue.**	*That's how it happened.*
Así **era.**	*That's how it used to be.*
Ayer **fue** un día horrible.	*Yesterday was a horrible day. (This is the point; it's not background information.)*
Era un día horrible.	*It was a difficult day. (This is background information for the actions that will be narrated.)*

3. Here are some temporal expressions that are frequently (but not always) associated with the imperfect and preterit. Note that the ones that require imperfect generally imply repetition or habit and those that use the preterit refer to specific points in time.

IMPERFECT	PRETERIT
a menudo	anoche
con frecuencia	anteayer
de vez en cuando	ayer
muchas veces	esta mañana
frecuentemente	el fin de semana pasado
todos los lunes / martes / etcétera	el mes pasado
todas las semanas	el lunes / martes pasado, etc.
todos los días / meses	una vez
siempre (*when an event is repeated with no particular end point*)	siempre (*when an end point is obvious*)
mientras	

Aplicación

8-26 Guayasamín. Lee esta selección sobre el famoso artista ecuatoriano Oswaldo Guayasamín. Después haz una lista con los verbos en el pretérito y otra lista con los verbos en el imperfecto. P (Pretérito) = nació, graduó, Realizó, recibió, Tuvo, hizo, apoyó, estuvo, quiso, Murió, estuvo; I (Imperfecto) = era, tenía, era, sufría, estaba, consideraba

Guayasamín en su estudio

Oswaldo Guayasamín nació en Quito el 6 de julio de 1919. De niño, su familia era muy pobre. Se graduó de pintor y escultor en la Escuela de Bellas Artes de Quito. Realizó su primera exposición cuando tenía veintitrés años, en 1942. Durante su vida, recibió muchos premios (*prizes*) nacionales y varios internacionales. Tuvo una vida artística muy productiva: hizo cuadros, murales, esculturas y monumentos.

Guayasamín era un hombre de izquierdas que, a través de su vida, apoyó (*supported*) causas socialistas. Sin embargo, siempre estuvo en contra de todo tipo de violencia. Su obra humanista quiso reflejar la miseria que sufría la mayor parte de la humanidad.

Murió el 10 de marzo de 1999, a los setenta y nueve años. Hasta poco antes de su fallecimiento estuvo trabajando en la obra que él consideraba más importante: la denominada *La capilla* (chapel) *del hombre*.

8-27 ¿Era o fue? Ahora explica por qué se usa el pretérito versus el imperfecto en la biografía de Guayasamín en la actividad **8-26**.

MODELO: La familia de Oswaldo Guayasamín **era** muy pobre cuando él **nació**.
           ERA: *description in the past* (descripción en el pasado)
           NACIÓ: *completed event* (evento ocurrido)

8-28 ¿Comprendiste? Contesta las siguientes preguntas basadas en el texto sobre Guayasamín de la actividad **8-26**.

1. ¿Dónde y en qué año nació? Nació en Quito el 6 de julio de 1919.

2. ¿Cuántos años tenía cuando murió? Tenía 79 años.

3. ¿Qué honores recibió durante su vida? Recibió premios nacionales e internacionales.

4. ¿Qué quiso reflejar Guayasamín en su obra humanista? Quiso reflejar la miseria humana.

5. ¿En qué estuvo trabajando cuando murió? Trabajaba en *La capilla del hombre*.

8-29 Las obras de Guayasamín. Conéctate con la página web de **¡Arriba!** para ver otras obras de Guayasamín. Describe una de sus obras, contestando estas preguntas.

1. ¿Qué tipo de obra es?

2. ¿Qué colores predominan en la obra?

3. ¿Es una imagen triste o alegre? ¿Optimista o pesimista? ¿Por qué?

8-30 Una escena en el mercado. Completa el párrafo con la forma correcta del verbo entre paréntesis en el pretérito o el imperfecto, según el contexto.

En el mercado (1) ____había____ (haber) mucha actividad: un vendedor de fruta (2) ____vendía____ (vender) mangos y plátanos. Una artesana (3) ____mostraba____ (mostrar) sus tejidos (*weavings*) de alpaca. Muchos niños (4) ____jugaban____ (jugar) en la plaza. De repente, (5) ____llegaron____ (llegar) algunas nubes muy oscuras y el cielo se (6) ____puso____ (poner) muy gris. Luego (7) ____empezó____ (empezar) a llover y el viento (8) ____sopló____ (soplar) (*to blow*) violentamente. Cuando vino la lluvia, los niños (9) ____corrieron____ (correr) a casa. Los vendedores (10) ____cerraron____ (cerrar) su puesto (*stall*) y los artesanos (11) ____cubrieron____ (cubrir: *cover*) sus artículos. La tempestad (12) ____duró____ (durar) media hora y después, todo (13) ____continuó____ (continuar) como antes.

8-31 ¿Cómo era Otavalo? Imagínate que fuiste con unos amigos a Otavalo. Completa las oraciones para describir cómo era la ciudad y lo que pasó. Usa el imperfecto del verbo en la primera columna y el pretérito de otro verbo de la segunda columna.

MODELO: ser temprano cuando
           Era temprano cuando llegamos a Otavalo.

1. (nosotros/as) llegar cuando…

2. (nosotros/as) ver las camisas de algodón cuando…

3. ser las doce del día cuando…

4. (nosotros/as) caminar por el mercado cuando…

5. (Ana y yo) estar regateando en un puesto cuando…

6. ser tarde

decidir ver todos los puestos

venir a hablarnos la vendedora

empezar a llover

almorzar con un plato típico

irse de Otavalo y regresar a casa

ofrecernos un precio mucho mejor

Wrap-up for 8-29.
Have students share the results of their research, either in small groups or as a class. To provide visual support for their comments and ideas, bring in images of the artist's work or have students do so. Alternatively, if you have access to the web in your classroom, project the images directly from the *¡Arriba!* web site.

Additional Activity for *Preterit versus imperfect.*
Esta vez fue diferente. Esta vez fue diferente de todas las otras ocasiones. Completa el párrafo con la forma correcta de los verbos indicados en el pretérito o el imperfecto según convenga (*as needed*).

1. **ir:** Todos los días yo _____ a comprar fruta en la frutería Sánchez, pero ayer no _____.

2. **comprar:** Generalmente, Manuel y Victoria _____ en Saga Falabella, pero esta vez _____ en otro almacén.

3. **ver:** Nosotros siempre _____ las nuevas modas en la primavera, pero este año las _____ en el otoño.

4. **ser:** Otavalo siempre _____ el mercado preferido de los turistas, pero este año, por las lluvias, no lo _____.

5. **hacer:** Antes, tú _____ tus compras en la farmacia Gómez, pero ayer las _____ en la farmacia Hernández.

6. **decir:** Mis padres siempre _____ que es mejor ahorrar (*save*) que gastar, pero después de ganar la lotería, _____: "¿Para qué ahorrar más?"

Answers:
1. iba, fui 2. compraban, compraron
3. veíamos, vimos 4. era, fue 5. hacías, hiciste 6. decían, dijeron

Warm-up for 8-30.
Have students scan the verbs in parentheses and review their meaning as needed, e.g., *mostrar, soplar, cubrir, durar*. Be ready to clarify the meaning of any other words they may not know, also, e.g., *artesano/a, alpaca, oscuras, cielo, puestos, tempestad*.

Additional Activity for *Preterit versus imperfect.*

La última venta-liquidación. Túrnense para describir la última venta-liquidación de su tienda favorita. Incluyan esta información.

¿Qué día era?
¿Cuánta gente había?
¿Qué estaba en rebaja?
¿Cómo eran los precios?
¿Pudiste regatear?
¿Qué compraste?
¿Cuánto pagaste?
¿Fue una ganga (*bargain*)?

8-32 Queríamos. Túrnense para completar las oraciones, indicando lo que querían hacer y lo que hicieron según el contexto. Vean los modelos.

MODELOS: Iba a… esta noche pero…
Iba a ver a mi novio esta noche pero me llamó y me dijo que estaba cansado.
Quería… mientras…
Yo quería estudiar mientras escuchaba música.

1. Ayer venía a clase cuando…
2. Una vez el año pasado…
3. Cuando era más joven, frecuentemente…
4. Esta mañana iba a… pero…
5. Muchas veces en el pasado…
6. Ayer tenía ganas de… mientras…

ARTÍCULOS PERDIDOS

Nombre: _____

Teléfono: _____

Dirección: _____

Artículo(s) perdido(s): _____

Descripción: _____

Fecha: _____

8-33A Artículo perdido. Imagínate que eres agente de la oficina de artículos perdidos (*lost and found*) de un almacén y que tu compañero/a viene a buscar un artículo que perdió. Contesta las preguntas de tu compañero/a y hazle las preguntas a continuación para llenar el formulario. Estudiante B, por favor ve al **Apéndice 1,** página A9.

1. ¿Cómo se llama usted?
2. ¿Cuál es su número de teléfono?
3. ¿Cuál es su dirección?
4. ¿Qué perdió?
5. ¿Cómo era? (¿De qué color? ¿Qué talla? ¿Qué número? ¿De qué tela?)

Artículo encontrado (*Item found*)
Camisa

- Talla: 40
- Tela: Algodón
- Estilo: De cuadros azules y de manga larga con botones (*buttons*) azules

---

SE VENDE

Chaqueta de cuero en buenas condiciones
sólo 150 NS o la mejor oferta
Llame a Pedro 272-1787

---

4. Impersonal and passive *se*

8-38 to 8-42

El *se* impersonal

- The pronoun **se** may be used with the third-person singular form of a verb to express an idea without attributing the idea to anyone in particular. These expressions are equivalent to English sentences that have impersonal subjects such as *people, one, we, you,* and *they.*

Se dice que las mejores gangas están en los almacenes.	*People say that you find the best bargains in department stores.*
¿Se permite fumar en esta tienda?	*Can one (Can you) smoke in this shop?*
Se anuncia el resultado de la competición de *Project Runway.*	*They're annnouncing the results of the Project Runway competition.*

■ The third-person plural of the verb may be used alone to express these impersonal subjects.

> **Dicen** que Óscar de la Renta es un gran diseñador.
> *They say that Óscar de la Renta is a great designer.*

El *se* pasivo

■ The pronoun **se** may also be used with the third-person singular or plural form of the verb as a substitute for the passive voice in Spanish. In these expressions, the person who does the action is not identified because in most cases the speaker is making a general reference. Use **se** + the *third-person singular* when the noun acted upon is singular and **se** + the *third-person plural* when the noun is plural.

> **No se venden** entradas para el desfile de moda el domingo.
> *Tickets for the fashion show are not sold on Sundays.*
>
> **Se encontró** el anillo perdido en el probador.
> *The lost ring was found in the dressing room.*
>
> **Se compran** pelotas de golf usadas aquí.
> *Used golf balls are bought here.*

Aplicación

8-34 Un concierto al aire libre. Aquí tienes información sobre un concierto de música andina. Subraya el **se** impersonal y el **se** pasivo.

> Si usted quiere asistir a un concierto de música andina este fin de semana, le damos la bienvenida a este gran concierto. <u>Se dice</u> que este concierto es uno de los mejores del mundo. La taquilla donde <u>se venden</u> los boletos, <u>se abre</u> a las nueve de la mañana y <u>se cierra</u> a las ocho de la noche. Además <u>se ofrece</u> una gran variedad de precios. <u>Se recibe</u> un descuento si <u>se compran</u> más de cinco boletos. En el concierto <u>se oye</u> la música más típica del Perú y del Ecuador. Además, <u>se venden</u> programas con bellas fotos de los músicos. Después del concierto, <u>se puede</u> pasear por los jardines, tomar una copa de champán y conocer a algunos de los músicos.

8-35 ¿Cómo es el concierto? Contesta las siguientes preguntas, basándote en la actividad **8-34**.

1. ¿Qué se anuncia?
   Se anuncia un concierto.
2. ¿Cuáles son las horas cuando se puede comprar boletos?
   Se pueden comprar desde las nueve hasta las ocho.
3. ¿Cómo son los precios que se ofrecen?
   Se ofrecen precios variados.
4. ¿Qué tipo de música se oye?
   Se oye música andina.
5. ¿Qué más se puede comprar durante el concierto?
   Se pueden comprar programas.
6. ¿Qué se hace después del concierto?
   Se puede pasear, tomar una copa y conocer a los músicos.

SEGUNDA PARTE

Implementation of *Impersonal and passive* se.

Have students complete these sentences with the correct form of the verb *vender* in the passive *se*. *En el concierto se _____ boletos. En la sección de clasificados del periódico, se _____ coches y bicicletas. En la playa, se _____ refrescos. En la librería, se _____ mucho.* Then have them explain to you the difference between the first three sentences and the final one.

Additional Activity for *Impersonal and passive* se.

El cargabates (*batboy*). Hagan el papel de entrenador/a y cargabates para un equipo de béisbol. Háganse las preguntas a continuación y contéstenlas, usando el **se** impersonal o el **se** pasivo.

MODELO:
E1 (cargabates):
  ¿qué / necesitar / para batear?
  ¿Qué se necesita para batear?
E2 (entrenador/a):
  Se necesita un bate.
E1 (cargabates):
  ¿decir / que el otro equipo es muy bueno?
  ¿Se dice que el otro equipo es muy bueno?
E2 (entrenador/a):
  Sí, pero se dice que vamos a ganar.

1. ¿dónde / encontrar / las pelotas? (*se encuentran*)
2. ¿dónde / guardar / los uniformes? (*se guardan*)
3. ¿permitir salir a fumar (*to smoke*) en el estadio? (*se permite*)
4. ¿dónde / poner / las toallas limpias? (*se ponen*)
5. ¿cancelar / el partido cuando llueve? (*se cancela*)
6. ¿regalar / entradas para los partidos? (*se regalan*)

8-36 ¿Se permite...? Hablen sobre las siguientes actividades y si se hacen o se permiten en su universidad, ciudad o país. Pídanse detalles.

MODELO: permitir fumar en esta universidad
¿Se permite fumar en esta universidad? ¿Dónde? ¿Por qué? ¿Cuándo?

- permitir fumar en tu apartamento
- comer bien en tu casa
- poder pasear por la noche en esta ciudad sin tener que preocuparse
- decir que es buena la zona cerca de la ciudad
- permitir animales domésticos en tu apartamento

8-37A En una tienda de equipo deportivo. Eres el propietario/a *(owner)* de un nuevo negocio y has puesto *(placed)* un anuncio en el periódico. Tu compañero/a va a preguntarte de qué se trata el negocio. Estudiante B, por favor ve al **Apéndice 1,** página A10.

El Pie Volante

Almacén de zapatos de tenis

Se anuncian ventas especiales de toda clase de zapatos de tenis para hombres, mujeres y niños. Se ofrece todo en liquidación a precios excepcionales.

Se aceptan tarjetas de crédito.

¡No pierda esta oportunidad única de la temporada!

¿Cuánto sabes tú? *Can you...*

8-43 to 8-46

- ☐ talk about what you are wearing now and what you wear on other occasions?
- ☐ role-play a scene in a department store or a market?
- ☐ talk about activities you used to do in the past using the imperfect tense, such as **iba, veía, quería, compraba**?
- ☐ describe a scene in the past using the imperfect tense, such as **era, estaba, hacía**?
- ☐ narrate an event in the past where you set the scene (imperfect) and relate specific completed events (preterit)?
- ☐ talk about what people say and believe using the impersonal **se** (**se dice que..., se cree que...**)?
- ☐ talk about what is done using the passive **se** (**se venden libros en la librería, se necesita más dinero**)?

RECURSOS

In-class Communicative Projects

Observaciones

  ¡Pura vida! Episodio 8

episode 8

En este episodio Silvia y Marcela van de compras.

8-47 to 8-51

Antes de ver el video

8-38 El regateo (*bargaining*) en los mercados. Lee la explicación de cómo es el regateo en Latinoamérica y contesta las siguientes preguntas.

En Costa Rica existe la costumbre de regatear el precio de los productos que se venden en los mercados centrales: hamacas (*hammocks*), zapatos de cuero, platos de cerámica, sombreros, joyas, ropa y hasta verduras y comida. El regateo es especialmente intenso en las tiendas de artesanías (*crafts*), en las que se venden pequeñas carretas pintadas de colores vivos y otros objetos de madera (*wood*). Es importante no mostrar mucho interés en el producto que deseas comprar y ofrecer un precio bajo para negociar con el vendedor el precio del producto. El precio final depende de la habilidad de cada cliente.

En Costa Rica se pintan las carretas (*oxcarts*) de colores vivos.

1. ¿Qué se regatea en Costa Rica?
   El precio de los productos que se venden en los mercados centrales.
2. ¿Qué productos se regatean?
   Hamacas, zapatos de cuero, platos de cerámica, sombreros, joyas, ropa y hasta verduras y comida.
3. ¿Qué es importante hacer cuando se regatea?
   No mostrar mucho interés en el producto y ofrecer un precio bajo.

A ver el video

8-39 Las compras. Mira el octavo episodio de *¡Pura vida!* para identificar qué compran Silvia y Marcela y para quién lo compran, según el video.

El artículo	¿Lo compra?		¿Para quién?
un arco y una flecha	sí	<u>no</u>	
unos aretes	sí	<u>no</u>	
una pieza de madera	<u>sí</u>	no	Marcela
sandalias de cuero	sí	<u>no</u>	
una blusa	<u>sí</u>	no	Silvia

La vendedora

De compras

Marcela y Silvia

Después de ver el video

WWW
8-40 Los mercados. Conéctate con la página web de **¡Arriba!** para ver imágenes de mercados en el Ecuador y Costa Rica. Escribe un párrafo de por lo menos siete líneas en que describas los artículos que veas.

doscientos ochenta y uno • **281**

Implementation of *Observaciones*.
Use the pre-viewing activity as an advance organizer to give students an idea of what they will see in the episode. Complete the activity in class, while assigning the viewing and comprehension questions as homework. The review and follow-up activity can be done the following day in class.

Expansion of 8-38 or 8-39.
Bring in to class numerous small items/trinkets and/or invite students to do so. Stage a market by setting up desks in a row and dividing the class into two groups—a group of *vendedores* and a group of *clientes*. Write and review key expressions on the board to help students in their interactions. Then have the *clientes* circulate around, engaging in bargaining with the *vendedores* for the "purchase" of items. You can even provide fake money, for example, from a board game, or create fake *colones*. Perhaps have students switch roles for a second round. To conclude, have various volunteers recount their experiences to the class, stating what they bought and for how much money. The class can decide whether these students got a bargain or paid too much money for an item!

RECURSOS

IRM
Video Script

NUESTRO MUNDO

Panoramas

 El reino inca: el Perú y el Ecuador

Vistas culturales **8-41 ¿Ya sabes?** Trata de identificar o explicar lo siguiente.

8-52 to 8-53

1. la capital del Perú y la del Ecuador
   Lima, Quito

2. el científico inglés que hizo investigaciones en las Islas Galápagos
   Darwin

3. una civilización antigua de la América del Sur
   los incas

4. un producto agrícola importante del Ecuador
   la lana de la alpaca, la banana, la piña, las flores

5. los países en las fronteras del Perú y del Ecuador
   el Perú: Bolivia, Chile, Colombia, el Ecuador, el Brasil / el Ecuador: el Perú, Colombia

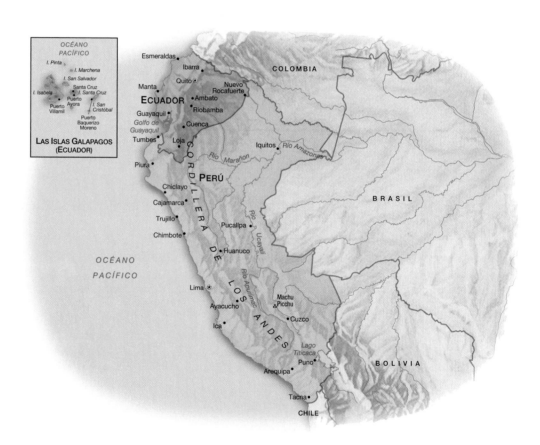

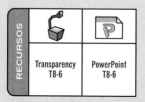

RECURSOS

| Transparency T8-6 | PowerPoint T8-6 |

Se conoce el archipiélago de las Islas Galápagos por su exquisita variedad de vida marítima y terrestre. Aquí también se encuentra el Centro de Investigación Charles Darwin, nombrado en honor del famoso científico inglés que visitó las islas y formuló allí su teoría sobre la evolución de las especies. Hoy en día, el gobierno ecuatoriano coopera con el movimiento ecológico para estudiar y proteger las especies únicas, como el galápago (*giant tortoise*), el booby con patas azules (*blue-footed booby*) y la iguana marina.

Según la leyenda, el Padre Sol (que se llamaba Inti Tayta) creó la civilización inca en el lago Titicaca. Los habitantes de esta región conservan sus antiguas tradiciones.

Los Andes, con sus altas montañas y activos volcanes, dominan el paisaje del Ecuador.

La alpaca es un precioso animal camélido (*of the camel family*) que vive en las altas sierras de Sudamérica. La alpaca era importante en la civilización inca. Se usaba su lana en las ceremonias religiosas y para hacer tejidos (*weavings*). La lana de la alpaca es más fuerte y mucho más calurosa que la de la oveja, y se produce en 22 colores naturales distintos.

Si quieres tener una experiencia inolvidable, debes seguir el Camino Inca por el Perú en un viaje de cuatro días. La mejor estación del año para hacer esta excursión es durante la temporada seca: de mayo a octubre. Antes de empezar la excursión, es importante acostumbrarte a la altura de 2.380 metros.

Implementation of *Panoramas.*

Point out various reading comprehension strategies to help students process the material in the *Panoramas* section of each chapter. First, encourage students to look for cognates as they read the captions. For instance, have them identify the English equivalents for the following words in the very first caption of this section: *exquisita, variedad, marítima, terrestre, investigación, científico, teoría, evolución, especies, movimiento, ecológico.* Second, encourage students to connect the language to the photographs. For example, have them identify the expression for *Inca Trail* in the last caption. Third, whether the reading is assigned for home or in-class, tell students to underline words that interfere with their understanding of the text. Review these words with them or ask them to consult the glossary or a Spanish–English dictionary before proceeding to the activities. (Students may need a few pointers on how to use a bilingual dictionary.) Fourth, point out that it is not necessary to understand every word in a text to capture its global meaning. Thus, tell students not to get distracted or overwhelmed by an occasional unknown word. For further practice with reading comprehension, have students carry out the *Páginas* section of each chapter, as well.

Additional Activity for *Panoramas.*

El mapa. Consulten el mapa de Sudamérica y túrnense para indicar dónde se encuentran las ciudades y los lugares a continuación.

al oeste de	al sur de
en el centro	en las montañas
al norte de	al este de
en la costa del Pacífico	

MODELO: Lima
Lima es la capital del Perú. Está en la costa del país.

Machu Picchu	las Islas Galápagos
Quito	el lago Titicaca
Guayaquil	Cuzco

doscientos ochenta y tres • **283**

8-42 ¿Qué es? Empareja las expresiones de la columna de la izquierda con las de la derecha.

1. __g__ la alpaca
2. __e__ el lago Titicaca
3. __d__ el Camino Inca
4. __h__ los Andes
5. __c__ Charles Darwin
6. __b__ el galápago
7. __a__ Inti Tayta
8. __f__ las Islas Galápagos

a. el Padre Sol de los incas
b. una tortuga gigantesca en peligro de extinción
c. el científico inglés conocido por su teoría de la evolución de las especies
d. un antiguo sendero (*trail*) por las montañas del Perú
e. lugar de la creación de la civilización inca
f. el archipiélago donde viven muchas especies únicas
g. un animal del altiplano que produce lana
h. dominan el paisaje del Ecuador

8-43 ¿Dónde? Identifica los lugares en el mapa, en la página 282, donde puedes encontrar las siguientes cosas.

1. industria pesquera (del pescado)
   la costa

2. investigación ecológica
   las Islas Galápagos

3. deportes invernales
   las montañas

4. la sede del gobierno
   las capitales

5. volcanes
   los Andes

 8-44 Recomendaciones. Háganles recomendaciones a estas personas que van a hacer un viaje al Perú y al Ecuador. Recomiéndenles lugares para visitar, según sus intereses.

MODELO: E1: Quiero estudiar civilizaciones antiguas.
E2: *¿Por qué no vas a Machu Picchu? Allí puedes estudiar el centro ceremonial de los incas.*

1. Quiero estudiar ecología.
2. Me gusta escalar montañas.
3. Estudio agricultura.
4. Me gustan los mariscos.
5. Quiero observar las alpacas.
6. Quiero observar las antiguas tradiciones.

 8-45 Más información. Conéctate con la página web de **¡Arriba!** para ver más imágenes del Ecuador y del Perú. Escoge una y descríbela. Aquí tienes algunas posibilidades.

- la música
- la comida
- la civilización inca

- los mercados
- las Islas Galápagos
- la agricultura

8-54

Ritmos

"Junto a ti" (Yawar, Perú)

Este grupo musical, conocido por todo el Perú y Bolivia, toma su nombre *Yawar* de una antigua tradición de los incas. Una vez al año, los descendientes de este gran pueblo suben los altos picos de los Andes para cazar *(hunt)* un cóndor. Lo atan *(tie)* a un toro durante la celebración de su independencia. El grupo Yawar se conoce por su original mezcla de ritmos andinos y contemporáneos, en los cuales predominan instrumentos como la zampoña *(panpipe)* y la quena (tipo de flauta).

Antes de escuchar

8-46 ¿Qué género? Al ver el título de la canción, escoge el género que crees que representa.

_____ rock _____ rap _____ clásica _X_ romance *(ballad)* _____ jazz

A escuchar

8-47 "Junto a ti". Mientras escuchas la canción, completa las oraciones con las palabras de la lista siguiente.

| amor | feliz | labios | llegar | río | nubes |

Busco siempre en tus (1.) ___labios___
un gesto y una sonrisa
que siembre en este instante
la palabra (2) ___amor___.
Juntos ayer crecimos
jugando cerca del (3) ___río___
y ya veo tus trenzas (tu pelo)
seguir al viento.
Siempre te tuve
cerca a las (4) ___nubes___
hoy volé junto a ti.
Cuando soñamos
(5) ___llegar___ a los cielos
soy (6) ___feliz___ junto a ti.

La quena y la zampoña se originaron en los pueblos indígenas de los Andes. Son los instrumentos típicos de toda la música andina.

 RECURSOS

Ritmos
Track 8

Note on *Ritmos*.
The indigenous heritage of Peru and Ecuador is especially evident in this music.

Lyrics to *Junto a ti*. (Yawar, Perú)
Busco siempre en tus labios
un gesto y una sonrisa
que siembre en este instante
la palabra amor.
Juntos ayer crecimos
jugando cerca del río
y ya veo tus trenzas
seguir al viento.
Siempre te tuve
cerca a las nubes
hoy volé junto a ti.
Cuando soñamos
llegar a los cielos
soy feliz junto a ti.
Busco siempre en tus labios
un gesto y una sonrisa
que siembre en este instante
la palabra amor.
Siempre te tuve
cerca a las nubes
hoy volé junto a ti.
Cuando soñamos
llegar a los cielos
soy feliz junto a ti.

Después de escuchar

8-48 Una excursión inolvidable. Usa el pretérito y el imperfecto para completar la siguiente carta de la persona que escribió la canción:

Amor:

Ayer cuando nosotros nos (1. encontrar) __encontramos__, me (2. poner) __puse__ muy contento. (3. Ser) __Era__ un lugar donde sólo (4. estar) __estábamos__ nosotros, el aire, el viento y el sol. Los pájaros (5. cantar) __cantaban__. El sol se (6. reflejar) __reflejaba__ en el agua y me (7. sentir) __sentía__ en paz. Miré tus ojos negros, tus trenzas lindas y tu sonrisa angelical y (8. saber) __supe__ en ese instante que te quería. (9. Ir) __Iba__ a declararte mi amor, pero me faltaron las palabras. Luego te levantaste y te (10. ir) __fuiste__. Ya no estoy junto a ti.

Tu admirador

 **Páginas**

 "Los rivales y el juez" (Ciro Alegría, Perú)

8-55

Ciro Alegría nació en Huamachuco, Perú, en 1909 y murió en 1967. Vivió muchos años entre los indígenas y sus obras dan vida y validez a sus tradiciones y a su folklore. "Los rivales y el juez" es una fábula.

Antes de leer

8-49 El género de la obra. Si sabes el género (_genre_), puedes anticipar el estilo. Sabiendo que ésta es una fábula, ¿qué te hace saber antes de leerla? ¿Cuáles de estas características se aplican a una fábula?

__X__ Tiene una lección.　　　　＿＿＿ Es algo que realmente pasó.

＿＿＿ Los personajes son dioses.　　__X__ Los personajes son animales generalmente.

NUESTRO MUNDO

8-50 ¿Quiénes son? Aquí tienes los personajes de esta fábula. Empareja el personaje con su descripción.

El sapo

La cigarra

La garza

1. __c__ el sapo
2. __a__ la cigarra
3. __b__ la garza

a. pequeña, negra, seis patas
b. alta, gris, elegante, pico largo
c. bajo, verde o pardo, cuatro patas, feo

8-51 Para pensar. Piensa en una fábula en inglés y da la información a continuación.

1. el nombre de un escritor de fábulas: _____
2. el nombre en inglés de una fábula famosa: _____
3. el nombre de un personaje ufano (*conceited*): _____

A leer

8-52 La historia. Lee la siguiente fábula para saber qué les pasó al sapo, a la cigarra y a la garza.

"Los rivales y el juez (*judge*)"

Un sapo estaba muy ufano (*conceited*) de su voz y toda la noche se la pasaba cantando: toc, toc, toc…

Y una cigarra estaba más ufana de su voz, y se pasaba toda la noche y también todo el día cantando: chirr, chirr, chirr…

Una vez se encontraron y el sapo le dijo: "Mi voz es mejor".

Y la cigarra contestó: "La mía es mejor".

Se armó una discusión que no tenía cuándo acabar (*had no end*).

El sapo decía que él cantaba toda la noche.

La cigarra decía que ella cantaba día y noche.

El sapo decía que su voz se oía a más distancia y la cigarra que su voz se oía siempre.

Expansion of *Páginas*.
You may want to have students act out this reading as a puppet show. Photocopy, enlarge, and color the images of the three characters from the textbook. Have students go through the motions of the characters, talking while making the sounds.

Warm-up for 8-55.
Write the names of various animals on the board in Spanish for students to reference. Be prepared to provide additional names as requested by students. You also may want to provide adjectives that describe animals for students to use in support of their opinions and reasons.

Animales salvajes: *el león, el elefante, la jirafa, el mono, el flamenco, el tucán.*

Animales domésticos: *el perro, el gato, el caballo, el cerdo, la vaca, el pollo, el pavo, la oveja.*

Se pusieron a cantar alternándose: toc, toc, toc...; chirr, chirr, chirr... y ninguno se convencía.

Y el sapo dijo: "Por aquí a la orilla (*bank*) de la laguna, se para (hay) una garza. Vamos a que haga de juez".

Y la cigarra dijo: "Vamos". Saltaron y saltaron hasta que vieron a la garza…

Y la cigarra gritó: "Garza, queremos únicamente que nos digas cuál de nosotros dos canta mejor".

La garza respondió: "Entonces acérquense (vengan cerca) para oírlos bien"…

El sapo se puso a cantar, indiferente a todo… y mientras tanto la garza se comió a la cigarra.

Cuando el sapo terminó, dijo la garza: "Ahora seguirá la discusión en mi buche (*belly*)", y también se lo comió. Y la garza, satisfecha de su acción, encogió una pata (*drew up a leg*) y siguió mirando tranquilamente el agua.

Después de leer

8-53 ¿En qué orden? Pon estos eventos en orden cronológico.

___6___ ¡La garza se los comió!

___1___ El sapo cantaba "toc, toc, toc".

___5___ La garza fue juez.

___3___ El sapo y la cigarra estaban ufanos.

___2___ La cigarra cantaba "chirr, chirr, chirr".

___4___ Toda la noche se oía "toc, chirr, toc, chirr, toc, chirr".

8-54 ¿Comprendiste? Contesta brevemente en español.

1. ¿Quiénes son los tres personajes de esta fábula?
   Son la garza, el sapo y la cigarra.

2. ¿Cuál de los personajes canta mejor?
   Cada uno piensa que canta mejor.

3. ¿Cuál es el más inteligente?
   La garza es la más inteligente de los tres.

4. En tu opinión, ¿cuál es la moraleja (*moral*) de esta fábula?
   Answers will vary.

5. Compara la moraleja de esta fábula con la de otra que conoces.
   Answers will vary.

 8-55 Sus animales favoritos. Hablen de los animales que les gustan y de los que no les gustan. Luego expliquen por qué.

Taller

Warm-up for *Taller.*
Have students brainstorm their ideas for their *fábula* in class. You may want them to write their tales in pairs or small groups.

8-56 Una fábula. En esta actividad vas a escribir una fábula. Recuerda que los personajes son animales y que hay una moraleja explícita o implícita.

8-56 to
8-57

MODELO: *En la alta sierra del Perú vivían una alpaca y un águila. La alpaca se creía la criatura más bella de todo el mundo. El águila también se creía muy, muy bella, aún más bella que la alpaca…*

Antes de escribir

■ **Descripción.** Escribe una breve descripción de dos o tres personajes. Incluye sus aspectos físicos y personales.

ALGUNOS ANIMALES

el águila	*eagle*	**el gato**	*cat*
la alpaca	*alpaca*	**la iguana**	*iguana*
la araña	*spider*	**el mapache**	*raccoon*
la ardilla	*squirrel*	**el pato**	*duck*
la culebra	*snake*	**el perro**	*dog*
el galápago	*giant tortoise*	**el zorro**	*fox*

Expansion of *Taller.*
Have pairs or small groups of students act out their fables for the class. Alternatively, have them tape-record their fables, including sound effects, and then play the recordings in class while they gesture and act along to the words to enhance the listening comprehension of others. You can have students vote for the best overall fable, or create categories for voting such as the funniest fable, the fable with the best lesson, etc.

A escribir

■ Escribe dos o tres oraciones para describir el lugar. Usa el imperfecto.

■ Escribe dos o tres oraciones para explicar el problema o el conflicto entre los personajes. Usa el imperfecto.

■ Escribe de dos a tres oraciones, describiendo su encuentro (*encounter*) y los resultados. Usa el pretérito.

■ Escribe la moraleja (*moral of the story*) para resumir la fábula. La moraleja empieza con esta frase: *(No) hay que…*

Después de escribir

■ **Revisar.** Revisa tu fábula para verificar los siguientes puntos:
   el uso del imperfecto (la escena)
   el uso del pretérito (los acontecimientos [*events*])
   la ortografía y la concordancia

■ **Intercambiar**
   Intercambia tu fábula con la fábula de otro/a compañero/a para hacer correcciones y sugerencias, y para comentar sobre el mensaje (*message*) de la fábula.

■ **Entregar**
   Pasa tu fábula a limpio, incorporando las sugerencias de tu compañero/a. Después, entrégasela a tu profesor/a.

Vocabulario

PRIMERA PARTE

La ropa y los accesorios	Clothing and accessories
el abrigo	coat
la blusa	blouse
el bolso	bag; purse
la camisa	shirt
la chaqueta	jacket
la corbata	tie
la falda	skirt
los pantalones	pants
el saco	blazer
las sandalias	sandals
el suéter	sweater
el traje	suit
los vaqueros	jeans
el vestido	dress
los zapatos	shoes

Lugares donde vamos a comprar	Places where we shop
el almacén	department store
el centro comercial	shopping center; mall
la tienda	store; shop

En una tienda	At a store
la caja	cash register
la calidad	quality
el/la cliente	customer
el/la dependiente/a	clerk
el descuento	discount
la ganga	bargain; good deal
el piso	floor
el precio	price
el probador	fitting room
la rebaja	sale
el recibo	receipt
la tarjeta de crédito	credit card
el/la vendedor/a	salesperson
la venta-liquidación	clearance sale

Materiales	Fabrics
el algodón	cotton
el cuero	leather
la lana	wool
la seda	silk

Verbos	Verbs
costar (ue)	to cost
llevar	to wear
pagar (en efectivo)	to pay (cash)
probarse (ue)	to try on
regatear	to bargain; haggle over

Descripciones	Descriptions
de cuadros	plaid
de manga corta/larga	short-/long-sleeved
de moda	in style
de rayas	striped
sin manga	sleeveless

Expresiones para comprar	Shopping expressions
¿En qué puedo servirle(s)?	How may I help you? (for.)
Está en rebaja.	It's on sale.
Le queda muy bien.	It fits you very well. (for.)
¿Qué número calza?	What (shoe) size do you wear? (for.)
¿Qué talla usa?	What's your size? (for.)
Calzo el número...	I wear a (shoe) size...
Me queda estrecho/a (grande).	It's too tight (big).
¿Qué tal me queda?	How does it fit me?

SEGUNDA PARTE

En la joyería	At the jewelry store
el anillo (de oro)	(gold) ring
los aretes (de diamantes)	(diamond) earrings
la cadena (de plata)	(silver) chain
el collar (de perlas)	(pearl) necklace
la pulsera	bracelet
el reloj de pulsera	wristwatch

En la farmacia	At the pharmacy
la colonia	cologne
el desodorante	deodorant
el maquillaje	makeup
la pasta de dientes	toothpaste
el perfume	perfume
el talco	talcum powder

Tiendas	Shops
la farmacia	pharmacy
la florería	flower shop
la heladería	ice cream shop
la joyería	jewelry store
la papelería	stationery shop
la perfumería	perfume shop
la zapatería	shoe store

Verbos	Verbs
devolver (ue)	to return (something)
gastar	to spend
hacer juego (con)	to match; to go well with
valer	to be worth; to cost

Ordinal numbers	See page 266.

Implementation of *Vocabulario.*
Help students better assimilate vocabulary through images and realia (e.g., articles of clothing from fashion magazines, jewelry, personal care items, etc.), role-plays or dialogues based on shopping, and review games. Some examples of the latter that will work successfully with these word sets include word associations (e.g., identifying articles of clothing for men, for women, for exercise, for a formal occasion, for warm weather, for cold weather, etc.; matching types of stores with the items they sell, e.g., *la papelería* → *el papel, los cuadernos, los bolígrafos, ...; la zapatería* → *las sandalias, los zapatos de cuero, los zapatos de tenis, los tacones, las botas, ...; la joyería* → *el anillo de oro, el collar de perlas, ...;* etc.), spelling races at the board, and Pictionary. By interacting with others and using words in meaningful ways, vocabulary acquisition is greatly enhanced.

RECURSOS

Testing Program
Tests A and B
Modules
8-1 to 8-32

9 Vamos de viaje

OBJETIVOS COMUNICATIVOS

- Requesting travel-related information
- Making travel arrangements

- Describing travel experiences
- Trying to influence another person
- Giving advice

Fernando Botero, pintor y escultor colombiano, es conocido por sus figuras voluptuosas. Esta pintura se llama *La familia presidencial*.

Los países caribeños de Sudamérica: Venezuela y Colombia

«Allá donde fueres, haz como vieres.»*

*Refrán: When in Rome, do as the Romans do. *(Wherever you go, do as you see.)*

Shakira ha ganado varios Grammys Latinos. Hoy día es mundialmente conocida por su talento como cantante y también por sus obras caritativas. En 2003, UNICEF la nombró Embajadora para el Bienestar Global por su importante ayuda a los niños necesitados.

doscientos noventa y tres • **293**

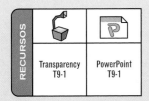

RECURSOS	Transparency T9-1	PowerPoint T9-1

PRIMERA PARTE

¡Así lo decimos! Vocabulario

CD 2,
Track 22

9-1 to
9-2

¡Así es la vida! De vacaciones

Susana y su novio, Mauricio, dos jóvenes universitarios venezolanos, se toman unas vacaciones a Colombia entre semestres. Ahora llegan al aeropuerto internacional de Caracas, Venezuela.

Susana: ¡Ah! ¡Toda una semana sin clases! ¡Qué maravilla!

Mauricio: Sí, la oferta que nos dio la agencia fue una ganga: pasaje de ida y vuelta, hospedaje, comidas y excursiones por tres días y dos noches a la Isla de San Andrés, que tiene una playa fabulosa. Además cinco días y cuatro noches en la maravillosa ciudad colonial de Cartagena de Indias. ¡Todo esto por sólo 800 dólares por persona!

Susana: ¿No te dije? La agencia López tiene las mejores ofertas de Venezuela.

294

CD 2,
Track 23

9-3 to
9-7

la asistente de vuelo

el avión

el inspector de aduanas

las maletas

el piloto

Más vocabulario del aeropuerto	More airport vocabulary
la aduana	customs
la demora	delay
la puerta de embarque	boarding gate
la sala de espera	waiting area
la sala de reclamación de equipaje	baggage claim area
la tarjeta de embarque	boarding pass
el vuelo	flight

En la agencia de viajes	At the travel agency
el/la agente de viajes	travel agent
el boleto	ticket
el folleto	brochure
el/la guía	tour guide
la guía turística	guide book
el hospedaje	lodging
el pasaje (de ida y vuelta)	(roundtrip) fare; ticket
la reserva	reservation
el/la viajero/a	traveler

En el avión	On the plane
la altura	altitude
el asiento de pasillo	aisle seat
de ventanilla	window seat
la clase turista	coach class

Verbos	Verbs
abordar	to board
aterrizar	to land
bajarse (de)	to get off (of); to get down (from)
despegar	to take off
facturar el equipaje	to check luggage
hacer cola	to stand in line
hacer la(s) maleta(s)	to pack the suitcase(s)
hacer un viaje	to take a trip
viajar por barco	to travel by ship
tren	train
carro	car
autobús	bus

Implementation of ¡Así lo decimos!

Use the following questions to introduce and personalize the vocabulary. ¿Dónde haces tus reservas para un viaje? ¿Compras una guía turística para conocer el lugar? ¿Cómo te sientes cuando hay una demora en salir? ¿Prefieres un asiento de ventanilla o de pasillo? ¿Prefieres facturar tu equipaje o llevarlo en la mano? ¿Qué pasa si pierdes tu tarjeta de embarque? ¿Qué hacen los asistentes de vuelo en el avión? Si vuelves de un viaje en el extranjero, ¿quién te revisa la maleta? ¿Qué productos se prohíbe traer por avión a los EE.UU.?

Implementation of ¡Así lo decimos!

To help students assimilate this somewhat technical vocabulary, have them form groups of four and play Pictionary. First, each group of four chooses the words for another group by writing one word on each of nine (or some other odd number that prevents a tie) blank strips of paper (quickly created by them or prepared by you ahead of time). This step provides further exposure to the vocabulary before play. Each group receives the strips from a different group to begin play. Each group of four divides into two teams that will race against each other. Team members take turns drawing (on paper at their desks) versus guessing. One drawer picks a word from the overturned pile of strips, shows it to the drawer from the other team, and the race begins, with each word worth one point. Each team with the most points at the end wins. You may want to bring in small treats as prizes for the winners. This game works well with any set of words naming complex objects or ideas.

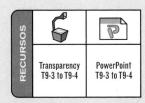

RECURSOS	Transparency T9-3 to T9-4	PowerPoint T9-3 to T9-4

Aplicación

9-1 En el aeropuerto. Indica si estas declaraciones son ciertas o falsas según la información de **¡Así es la vida!** y corrige las falsas.

1. Susana y Mauricio son agentes de viaje.
   Falso; Son estudiantes.

2. Tienen dos meses de vacaciones entre semestres.
   Falso; Tienen una semana.

3. En el aeropuerto hablan de una oferta para un viaje a Colombia.
   Cierto.

4. El viaje es muy caro.
   Falso; Es económico.

5. El viaje incluye todo menos pasaje en avión.
   Falso; Incluye todo.

9-2 ¿Adónde van Mauricio y Susana? Mira el siguiente mapa y traza la ruta entre Caracas, San Andrés y Cartagena de Indias. ¿Cuántos kilómetros hay en total? 1771 kms.

Cartagena de Indias – San Andrés: 827 kms.
Cartagena de Indias – Caracas: 944 kms.

9-3 Planes para un viaje. Tú también quieres ir a Colombia. Imagínate que vas a acompañar a Mauricio y a Susana. Pon en orden las siguientes acciones para poder hacer el viaje.

VOY A...

___1___ pedir dos semanas de vacaciones

___9___ bajarme del avión

___4___ comprar una guía turística y mapas

___10___ abrirle la maleta al aduanero

___7___ hacer cola para abordar el avión

___5___ hacer la maleta

___2___ hablar con un agente de viajes

___6___ pedir un taxi para el aeropuerto

___8___ darle la tarjeta de embarque al asistente de vuelo

___3___ hacer las reservas del avión

9-4 Un vuelo en avión. Parece que Susana y Mauricio se equivocaron de vuelo. Escucha el anuncio que ellos oyen en el avión. Indica la información correcta del vuelo.

CD 2,
Track 24

1. aerolínea: a. IBERIA   b. AVENSA   c. LACSA
2. número: a. 895   b. 985   c. 995
3. destino: a. San Juan   b. San José   c. San Andrés
4. comida: a. almuerzo   b. merienda   c. desayuno
5. película: a. cubana   b. venezolana   c. colombiana
6. temperatura: a. 30° C   b. 30° F   c. 32° C
7. hora de llegada: a. 2:30 A.M.   b. 3:30 P.M.   c. 2:30 P.M.

9-5A En el mostrador de AVIANCA. Hagan el papel (*role*) de agente de viajes y de viajero/a en el mostrador (*counter*) de la aerolínea AVIANCA (aerolínea colombiana). Incluyan la siguiente información. Estudiante B, por favor ve al **Apéndice 1,** página A10.

MODELO: (el saludo) *Buenas tardes. ¿En qué puedo ayudarle?*

**PREGUNTAS PARA
EL/LA VIAJERO/A**

el saludo

el destino

fecha de vencimiento (*expiration*)
   del pasaporte

su preferencia para sentarse

el equipaje

INFORMACIÓN

el número del vuelo = Av402

el número de la puerta de
   embarque = G26

la hora de salida = 17:30

9-6 Especiales de viaje desde Caracas. Lean el aviso de Viajes venezolanos y decidan adónde desean viajar. Incluyan la siguiente información.

1. el país (ciudad) que quieren visitar
2. el número de días de la excursión
3. el tipo de ropa que van a llevar
4. los precios y cuánto quieren gastar
5. algunas actividades que van a hacer

Audioscript for 9-4.

Señores pasajeros, buenas tardes y bienvenidos a bordo de AVENSA, la aerolínea nacional de Venezuela, donde "el tiempo pasa volando". Este es su vuelo número 985, con destino a San Juan, Puerto Rico. El vuelo de hoy va a durar tres horas y media, y va a ser un viaje tranquilo. En ruta, vamos a pasar por el Mar Caribe y les vamos a señalar algunos lugares de interés, como la Isla de Margarita. Durante el vuelo les vamos a servir almuerzo y cócteles a su gusto. Les ofrecemos también la película cubana *El club social Buena Vista*. En San Juan hace buen tiempo muy agradable con 85 grados Fahrenheit, es decir, más o menos 30 grados centígrados. La hora de llegada va a ser a las dos y media de la tarde, hora local. De nuevo la tripulación les agradece su decisión de volar con AVENSA.

**Additional Activity for
*¡Así lo decimos!***

¿Qué prefieres? Conversen entre ustedes sobre sus preferencias cuando viajan.

MODELO: aerolínea doméstica o extranjera
E1: *Cuando viajas, ¿qué
      prefieres, una aerolínea
      doméstica o una extranjera?*
E2: *Prefiero una doméstica.*
E1: *¿Cuál?*
E2: …

1. la comida en el avión o la comida del aeropuerto
2. viajar en primera clase o en clase turista
3. leer o trabajar durante el vuelo
4. ver una película o dormir
5. sentarte al lado del pasillo o al lado de la ventanilla
6. sentarte en la parte de detrás, en la del medio o en la parte del frente del avión

Pre-activity Preparation for 9-6.

Point out that the monetary unit used in Venezuela is the *bolívar*. Have students check the current rate of exchange on the Internet before coming to class and ask them to use the information to make decisions during the activity.

Note on *Por* or *para*.
Students have already heard and practiced several uses of *por* and *para* in class. It may help them to remember that *por* is used when there is a reason or cause for an action. *Para*, in contrast, is used when there is a goal in space or time. Also, there are various formulas that use *por*, many of which are presented here. The activities in this section encourage students to understand meaning in context in order to complete each activity.

Note on *Por* or *para*.
Point out that when expressing duration of time, *por* may be omitted: *Pienso estudiar en Caracas un semestre*, or *Pienso estudiar un semestre en Caracas*. Point out also that *durante* is a common substitute for *por* when expressing duration of time: *Pienso estudiar en Caracas durante un semestre*.

¡Así lo hacemos! Estructuras

1. *Por* or *para*

9-8 to 9-13

Although the prepositions **por** and **para** may both be translated as *for* in English, they are not interchangeable. Each word has a distinctly different use in Spanish, as outlined below.

Por...

■ expresses the time during which an action takes place or its duration (*during, for*).

Vamos al aeropuerto **por** la tarde.	*We are going to the airport during the afternoon.*
Pienso estudiar en Caracas **por** un semestre.	*I am planning to study in Caracas for a semester.*

■ expresses *because of, in exchange for,* or *on behalf of.*

Tuve que cancelar el vuelo **por** una emergencia.	*I had to cancel the flight because of an emergency.*
¿Quieres $10 **por** esa guía?	*Do you want $10 for that guidebook?*
¿Lo hiciste **por** mí?	*Did you do it for me?*

■ expresses the object/goal of an action or a person being sought after (*for*).

Venimos **por** usted a las dos.	*We'll come by for you at two.*
Los estudiantes fueron **por** el equipaje.	*The students went for their luggage.*

■ expresses motion (*through, by, along, around*).

Pasé **por** la agencia ayer.	*I went by the agency yesterday.*
Las chicas entraron **por** la puerta de embarque.	*The girls came in through the boarding gate.*

■ expresses the means by or manner in which an action is accomplished (*by, for*).

¿Mandaste los pasajes **por** correo aéreo?	*Did you send the tickets by airmail?*
Hicimos las reservaciones **por** teléfono.	*We made the reservations by telephone.*

■ **Estar por** + *infinitive* expresses readiness (*to be about to do something*).

Estoy **por** salir.	*I am about to leave.*
Estamos **por** visitar la tumba de Bolívar en el centro de Caracas.	*We are about to visit Bolívar's tomb in downtown Caracas.*

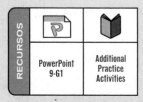

RECURSOS

PowerPoint 9-G1

Additional Practice Activities

■ is used in many common idiomatic expressions.

por ahora	*for now*
por aquí	*around here*
por Dios	*for God's sake*
por eso	*that's why*
por ejemplo	*for example*
por favor	*please*
por fin	*finally*
por lo general	*in general*
por supuesto	*of course*
por último	*finally*

Para...

■ expresses the purpose of an action (*in order to* + infinitive) or of an object (*for*).

Vamos a Colombia **para** conocer el país.	*We're going to Colombia in order to get to know the country.*
La cámara es **para** sacar fotos.	*The camera is for taking pictures.*

■ expresses destination (*a place or a recipient*).

Mañana salimos **para** Maracaibo.	*Tomorrow we're leaving for Maracaibo.*
Este pasaje es **para** ti.	*This ticket is for you.*

■ expresses work objective.

Ana estudia **para** piloto.	*Ana is studying to be a pilot.*

■ expresses time limits or specific deadlines (*by, for*).

Necesito el pasaporte **para** esta tarde.	*I need the passport for this afternoon.*
Pienso estar en Cartagena **para** las tres de la tarde.	*I plan to be in Cartagena by three in the afternoon.*

■ expresses comparison with others (*stated or implicit*).

Para diciembre, hace buen tiempo.	*For December, the weather is nice.*
Para ser tan joven, la agente da buenas recomendaciones.	*For being so young, the agent gives good recommendations.*

EXPANSIÓN   More on structure and usage

Para usar *por* y *para*

The uses of **por** and **para** have apparent similarities, which sometimes cause confusion. In some cases it may be helpful to link their uses to the questions **¿para qué?** (*for what purpose?*) and **¿por qué?** (*for what reason?*).

—**¿Por qué** viniste?	*Why (For what reason) did you come?*
—Vine porque necesitaba los boletos.	*I came because I needed the tickets.*
—**¿Para qué** viniste?	*For what purpose did you come?*
—Vine **para** pedirte un favor.	*I came (in order) to ask a favor of you.*

In many instances the use of either **por** or **para** will be grammatically correct, but the meaning will be different. Compare the following sentences.

Mario viaja **para** Cartagena.	*Mario is traveling to (toward) Cartagena.* (destination)
Mario viaja **por** Cartagena.	*Mario is traveling through (in) Cartagena.* (motion)

Expansion of *Por* or *para*.
Additional formulas or idiomatic expressions using *por* include the following:

por casualidad	coincidentally
por cierto	incidentally
por consiguiente	consequently
por desgracia	unfortunately
por escrito	in writing
por fortuna	luckily
por gusto	for pleasure
por la mañana	in the morning
por la noche	at night
por lo menos	at least
por la tarde	in the afternoon
por lo tanto	consequently, therefore
por lo visto	apparently
por otro lado	on the other hand
por poco	almost
por si acaso	just in case
por siempre	forever
por suerte	luckily
por todas partes	everywhere
por todo el mundo	all over the world

Aplicación

Fernando Botero delante de una de sus esculturas en la Quinta Avenida de Nueva York.

9-7 Una entrevista con Fernando Botero. Lee esta entrevista y subraya las preposiciones **por** y **para.** A continuación explica el uso de cada una.

MODELO: ¿Por qué no se quedó en Medellín?
reason or cause

Entrevistadora: Buenas tardes, señor Botero. Usted nació en Medellín pero después se mudó a Bogotá. ¿Por qué no se quedó en Medellín?

Botero: Me mudé por todas las oportunidades que se ofrecían en la capital. Mi primera exposición de pinturas fue en Bogotá cuando tenía veinte años. Después, gané varios premios y decidí ir a Europa.

Entrevistadora: ¿Y qué hizo allí?

Botero: Primero, viajé por Francia, España e Italia para conocer las grandes obras maestras de los museos europeos. Estudié por varios meses en cada lugar, y luego me fui para México.

Entrevistadora: ¿Y por qué fue a México?

Botero: Fui para conocer mejor el arte mexicano, y allí pinté varios cuadros. Luego, salí para Nueva York y en esa ciudad pinté mi *Mona Lisa, 12 años de edad,* que ahora está en el Museo de Arte Moderno.

Entrevistadora: Y, ahora ¿qué hace?

Botero: Me interesa el arte colonial y monumental, especialmente en la escultura. Vivo en París, Nueva York y Bogotá. Para mí, es una vida muy satisfactoria.

9-8 ¿Botero? Ahora contesta las preguntas siguientes basadas en la entrevista.

1. ¿Cuál es la nacionalidad de Botero?
   Colombiana.

2. ¿Por qué se mudó a Bogotá?
   Porque había muchas oportunidades.

3. ¿Qué hizo en Europa?
   Viajó y estudió.

4. Después, ¿adónde fue? ¿Por qué?
   Fue a México porque quería conocer mejor el arte mexicano.

5. ¿Dónde está uno de sus cuadros en los EE.UU.?
   Está en el Museo de Arte Moderno de Nueva York.

6. ¿Qué tipo de arte hace hoy en día?
   Hace arte/escultura colonial y monumental.

7. ¿Cómo encuentra su vida ahora?
   La encuentra muy satisfactoria.

8. ¿Cuál es tu opinión de su escultura?
   Answers will vary.

9-9 Planes para un viaje al Salto Ángel. Completa el párrafo con **por** o **para**.

En enero Carmen y yo decidimos hacer un viaje al Salto Ángel en Venezuela. Queríamos ir (1) _____para_____ Semana Santa, que es en la primavera. El día que hicimos los planes, yo pasé (2) _____por_____ Carmen y luego nosotras salimos (3) _____para_____ la agencia de viajes. Carmen y yo caminamos (4) _____por_____ el parque Central, (5) _____por_____ Times Square y, (6) _____por_____ fin, (7) _____por_____ Grand Central Station. En la agencia le dijimos a la directora que (8) _____para_____ nosotras la primavera era la mejor estación del año. (9) _____Por_____ eso, queríamos hacer el viaje en abril. Con la agente hicimos los planes. Íbamos a pescar (10) _____por_____ el río. Íbamos a hacer una excursión (11) _____por_____ el parque nacional. Íbamos a pasar quince días recorriendo (*traveling through*) toda la región. ¿Cuánto pagamos (12) _____por_____ un viaje tan bonito? ¡Sólo $850! ¡(13) _____Para_____ mí era una ganga!

La agente dijo: "Está bien. Estos boletos de avión son (14) _____para_____ ustedes (15) _____para_____ el viaje. Pero tienen que pasar (16) _____por_____ la librería (17) _____para_____ comprar una guía turística". También teníamos que ir al banco (18) _____para_____ comprar cheques de viajero. Y entonces, con todo listo, ¡sólo teníamos que esperar tres meses!

 9-10 Un viaje a un lugar interesante. Ustedes piensan visitar un lugar interesante este verano. Háganse preguntas para planear el viaje y después hagan un resumen de sus planes.

1. ¿Para qué hacemos el viaje?
2. ¿Salimos por la mañana o por la tarde?
3. ¿Cuánto dinero vamos a necesitar para el viaje?
4. ¿Por cuánto tiempo vamos?
5. ¿Es necesario cambiar dólares para pagar en ese lugar?

 9-11A ¡Explícate! Hablen sobre los viajes que van a hacer, usando las categorías del modelo. Luego, háganse las preguntas siguientes e intenta convencer (*convince*) al otro/a la otra para ir juntos. Estudiante B, por favor ve al **Apéndice 1,** página A10.

	Modelo	Tu compañero/a
Destino:	Washington, D.C.	
Ruta:	Pennsylvania	
Transporte:	motocicleta	
Fecha de llegada:	el 24 de mayo	
Duración del viaje:	cuatro días	
Propósito:	visitar a mi tía	

1. ¿A dónde vas?
2. ¿Cómo vas a llegar?
3. ¿Cómo vas a viajar, por tren, por carro, por…?
4. ¿Para cuándo es el viaje?
5. ¿Por cuánto tiempo vas?
6. ¿Para qué vas?

Additional Activity for *Por* or *para*.

Un día fantástico. Imagínate que unos amigos y tú acaban de volver de un viaje estupendo. Combina palabras de cada columna para formar oraciones completas en el pretérito.

MODELO: *Ángel salió para el aeropuerto.*

Melinda	salir		el aeropuerto
y yo	entrar		la puerta de
Ángel	pensar	por	salida a las
yo	llegar		ocho de la
Carlos	pasear	para	mañana
y Ana	caminar		tres horas
todos	estar		la sala de espera
tú	ir		las maletas
			los pasaportes

Additional Activity for *Por* or *para*.

Los viajes con la familia. Escribe un párrafo para contar cómo eran los viajes con tu familia cuando eras pequeño/a. Puedes inventar una historia, si quieres. Puedes usar las oraciones siguientes para escribir la historia.

MODELO: *Cuando era pequeño/a, hacíamos un viaje a San Antonio todos los veranos. No íbamos a la agencia de viajes, porque teníamos parientes en San Antonio…*

Cuando era pequeño/a, hacíamos viajes a… (No) Íbamos a la agencia para… Siempre hablábamos con el/la agente de viajes para… Mirábamos folletos de viajes para… Por supuesto,… Pero para nosotros,… Por fin,… Después de hacer los planes,…

Implementation of *Adverbs ending in* *-mente.*

On the board, write three columns titled *-o,* *-e,* and *C* (for consonant), and write the adjectives *lento, rápido, alegre, fácil* in the corresponding columns. Ask students what each adjective means in English. Start with the *-o* column, cross out the final vowel on these adjectives, change it to an *-a,* and then add the ending *-mente.* Then show that for the *-e* and *C* columns, *-mente* is simply added to the base form as is. Ask students what each adverb means in English. Then add other adjectives to each column and ask students to form the corresponding adverbs at their seats. Elicit each form from them and write it on the board for visual support. Finally, lend context to some of the adverbs by including them in sentences that are true for you. E.g., *Camino rápidamente.* (Act this out.) *Y tú, Sally, ¿cómo caminas, rápidamente o lentamente? ¿Y tú, Brian? ¿Quién más en la clase camina rápidamente?… Hago ejercicio alegremente.* (Act this out.) *¿Y tú…?, etc.*

2. Adverbs ending in *-mente*

9-14 to
9-17

In Spanish many adverbs are formed by adding **-mente** to the feminine singular form of the adjectives that end in **-o** or **-a.** Adjectives that have only one form simply add **-mente.** Note that the ending **-mente** is equivalent to the English ending *-ly.* Also note that if the adjective requires an accent mark, the accent remains on the adverb.

Se quieren enormemente.

lento	→	lentamente	rápido →	rápidamente
alegre	→	alegremente	fácil →	fácilmente

Teresa canceló el viaje **inmediatamente.**
Esteban habla **lentamente.**

Teresa canceled the trip immediately.
Esteban speaks slowly.

Aplicación

9-12 En el Museo del Oro de Bogotá. Lee el párrafo sobre una visita al Museo del Oro de Bogotá e identifica los adverbios que terminan en **-mente.** Después, escribe oraciones originales usando cinco de ellos.

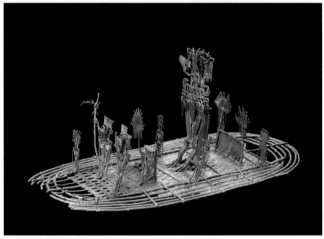

Según la leyenda, los muiscas cubrían (*used to cover*) de oro a su cacique (*chief*).

Source: Gold Museum–Banco de la República–Bogota–Columbia

Cuando Alida y José vivían en Bogotá, iban frecuentemente al Museo del Oro. Para llegar al museo normalmente pasaban por el parque, especialmente cuando hacía buen tiempo. A José siempre le gustaba caminar lentamente, pero Alida tenía más prisa y caminaba rápidamente. En el museo, José se sentaba en los bancos y tranquilamente leía todos los letreros (*signs*) sobre las piezas, pero Alida solamente sacaba fotos de ellas. Generalmente, después de visitar el museo, iban a una heladería donde se sentaban a tomar un refresco y conversar animadamente sobre la visita. Siempre lo pasaban maravillosamente bien.

RECURSOS   PowerPoint 9-G2   Additional Practice Activities

9-13 La visita al museo. Contesta ahora las siguientes preguntas sobre el texto que acabas de leer.

1. ¿Cuántas veces iban Alida y José al Museo del Oro?
   Iban frecuentemente.

2. ¿Cómo iban normalmente?
   Caminaban.

3. ¿Cómo caminaba José?
   Caminaba lentamente.

4. ¿Qué hacía José en el museo? ¿Y Alida?
   José se sentaba y leía los letreros (tranquilamente); Alida sacaba fotos.

5. ¿Qué hacían después de visitar el museo?
   Iban a una heladería.

9-14 El Museo del Oro. Conéctate con la página web de **¡Arriba!** y visita el Museo del Oro. Identifica un objeto que te parezca (*seems*):

MODELO: especialmente bello
           Los ídolos de los muiscas me parecen especialmente bellos.

1. enormemente importante
2. elegantemente diseñado (*designed*)
3. particularmente original
4. increíblemente detallado
5. especialmente bello

9-15A El robo en el museo. Cada uno/a de ustedes encontró un objeto del Museo del Oro. Túrnense para hacerse preguntas y ver qué objeto encontró cada uno. Contesten cada pregunta con un adverbio que termina en **-mente,** formado con un adjetivo de la lista. Estudiante B, por favor ve al **Apéndice 1,** página A11.

enorme	especial	increíble	inmediato
maravilloso	tranquilo	particular	fácil

1. ¿Cómo es?
2. ¿Cómo lo encontraste?
3. ¿Quién crees que robó el objeto?
4. ¿Qué valor crees que tiene?
5. ¿Qué vas a hacer con el objeto?

Una pintura

PRIMERA PARTE

Warm-up for 9-15A/B.
Before beginning this activity, ask students to look over the list of adjectives and make any necessary clarifications to meaning. On the board, write three columns titled *-o, -e,* and *C* (for consonant), and have students write the adjectives in the correct columns. Then ask them how the adverb ending in *-mente* is formed for each column of adjectives and implement the rule with the first adjective in each list to illustrate in writing. Then say the other adverbial forms aloud as a class. This warm-up may serve for subsequent activities in this section, as well.

Additional Activity for *Adverbs ending in* -mente.

 Semejanzas y diferencias. Háganse preguntas para completar el cuadro con los adverbios correspondientes. Luego comparen cómo hacen las actividades para ver qué tienen en común y cómo se diferencian.

MODELO: caminar a clase
E1: *¿Cómo caminas a clase?*
E2: *Camino a clase rápidamente.*
E1: *Pues, yo camino a clase lentamente.*
E2: *Mi compañero/a y yo caminamos a clase, pero él/ella camina lentamente, mientras que yo camino rápidamente.*

amable	difícil	rápido
animado	elegante	raro
ansioso	fácil	respetuoso
brutal	frecuente	tranquilo
cómodo	lento	
cuidadoso	maravilloso	

Actividad	Yo	Mi compañero/a
1. viajar		
2. esquiar		
3. hablar francés		
4. aprender cosas nuevas		
5. jugar con los amigos		
6. escribir cartas		
7. jugar al tenis		
8. hablar con la gente mayor		
9. salir con los amigos		
10. ¿...?		

 9-16 Charadas. Formen dos equipos para actuar y adivinar actividades con adverbios que terminan en **-mente.** A continuación tienen algunas actividades y algunos adjetivos.

MODELO: *Viajo frecuentemente a lugares interesantes.*

salir con	alegre	elegante
abordar	amable	fácil
comprar	animado/a	frecuente
escribir	ansioso/a	lento/a
salir de	brutal	maravilloso/a
viajar	cómodo/a	rápido/a
ver	cuidadoso/a	raro/a
trabajar	difícil	tranquilo/a

¿Cuánto sabes tú? *Can you...*

9-18 to 9-21

☐ make plans for a trip?
☐ role-play conversations in a travel agency and at an airport?
☐ talk about going to and through places distinguishing between **por** and **para**? (**Antes de salir para el aeropuerto, tenía que pasar por la agencia de viajes para pagar el pasaje.**)
☐ use a variety of adverbs to modify adjectives that describe people, places, things, and activities? (**Vancouver es increíblemente bella. Caminamos rápidamente por el museo.**)

Comparaciones

El turismo en los países hispanos

9-17 En tu experiencia. ¿Sabes cuál es la ciudad norteamericana más popular entre los visitantes hispanoamericanos a los EE.UU. y al Canadá? ¿Qué ciudades hispanas visitan más los norteamericanos? Aquí tienes información sobre los lugares más populares. A ver si tenías razón.

Millones de turistas, especialmente los estadounidenses de todas las regiones de los EE.UU., visitan países hispanos todos los años. Ciertos países son más populares que otros. Aquí tienes una pequeña descripción de los cuatro países más populares.

MÉXICO: Más de 16 millones de norteamericanos visitan México todos los años. Las ciudades preferidas son Acapulco, Cancún, Guadalajara y la Ciudad de México. Como México está cerca y tiene un clima cálido (*warm*) en las costas, es un sitio ideal para escaparse de las incomodidades del invierno. Tanto en las costas del Mar Caribe como en las del Pacífico, México tiene centros turísticos de gran belleza, dedicados casi exclusivamente a satisfacer a los turistas norteamericanos.

ESPAÑA: Más de un millón de norteamericanos visitan España todos los años. Las ciudades más populares son Madrid, Barcelona, Sevilla y Málaga. Durante los veranos, miles de estudiantes norteamericanos participan en programas de verano auspiciados (*sponsored*) por universidades españolas.

PUERTO RICO Y LA REPÚBLICA DOMINICANA: Por su ubicación en el Mar Caribe, estas dos islas reciben anualmente a cientos de miles de turistas de los EE.UU. Entre los atractivos principales de las islas están no sólo sus hermosos balnearios (*beach resorts*), sino también las ciudades coloniales de San Juan y Santo Domingo, consideradas las capitales más antiguas del Nuevo Mundo.

¿En qué país está esta ruta turística?

9-18 ¡Vamos a conversar! Pongan en orden de preferencia estos aspectos de sus vacaciones y comparen sus gustos. Luego, decidan qué país hispano prefieren visitar y por qué.

_____ hacer deportes	_____ ir al teatro
_____ hacer excursiones	_____ comer en restaurantes étnicos
_____ visitar museos	_____ estudiar en un programa de lengua y cultura
_____ estar cerca del agua	_____ visitar las zonas antiguas
_____ tomar el sol	_____ ¿...?

SEGUNDA PARTE

¡Así lo decimos! Vocabulario

CD 2, Track 25

9-22 to 9-23

¡Así es la vida! Un correo electrónico de Susana

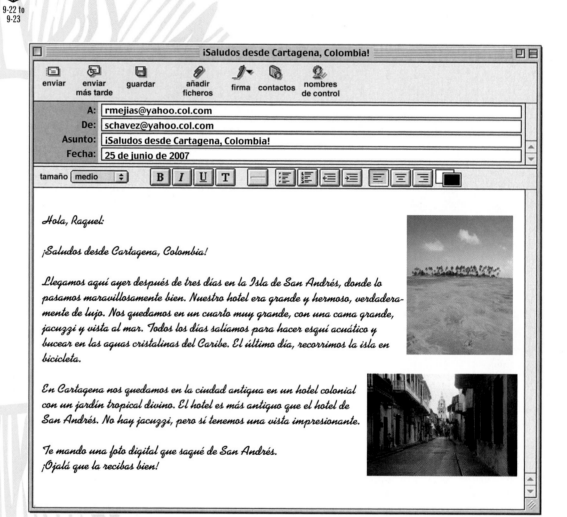

| | | | | | Los viajes

CD 2,
Track 26

9-24 to
9-26

el bosque

las flores

la isla

el lago

el mar

las montañas

el volcán

Accesorios para viajar	Travel accessories
la cámara	camera
la cámara de video	video camera
las gafas de sol	sunglasses
el mapa	map
el rollo de película	film
la tarjeta de memoria	memory card
la tarjeta postal	postcard

En el hotel	At the hotel
el cuarto doble[1]	double room
la estadía[2]	stay
el hostal	inn
el hotel (de lujo)	(luxury) hotel
la vista	view

Actividades típicas de los viajeros	Typical activities for travelers
bucear	to scuba dive
comprar recuerdos	to buy souvenirs
ir de excursión	to go on an outing; to tour
montar a caballo	to go horseback riding
en bicicleta	bicycle riding
pasarlo bien	to have a good time
mal	bad time
de maravilla	wonderful time
pescar	to fish
quedarse	to stay (somewhere)
recorrer	to go round; to travel through/across

Atracciones turísticas	Tourist attractions
la catedral	cathedral
el convento	convent
la estatua	statue
el monumento	monument
el salto de agua/la catarata	waterfall

[1] la habitación doble en España
[2] la estancia en España

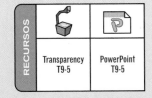

RECURSOS

| Transparency T9-5 | PowerPoint T9-5 |

Additional Activity for *Letras y sonidos.*

Hard *g* after a pause. Write the following words on the board (or choose only a subset of them). First, review with students their meaning. Then ask them to underline the sequences *ga, go, gu, gue, gui, gr, gl* in each one. Ask what context is common to all of the words and remind students that a hard *g* is required. Finally, have students listen and repeat after you pronounce each word.

1. ga-lle-ta
2. gus-tar
3. gui-ta-rra
4. gris
5. guí-a
6. golf
7. gue-rri-lla
8. Glo-ria
9. gor-do
10. gui-san-te

Additional Activity for *Letras y sonidos.*

Hard *g* after the letter *n*. Write the following words on the board (or choose only a subset of them). First, review with students their meaning. Then ask them to underline the sequences *ga, go, gu, gue, gui, gr, gl* in each one. Ask what context is common to all of the words and remind students that a hard *g* is required. Finally, have students listen and repeat after you pronounce each word.

1. ten-go
2. gan-ga
3. do-min-go
4. ven-go
5. nin-gu-no
6. man-ga
7. an-glo
8. bon-gó
9. lan-gos-ta
10. Hun-grí-a

Additional Activity for *Letras y sonidos.*

Soft *g*. Write the following words on the board (or choose only a subset of them). First, review with students their meaning. Then ask them to underline the sequences *ga, go, gu, gue, gui, gr, gl* in each one. Ask what context is common to all of the words (*g* between vowels and elsewhere) and remind students that a soft *g* is required. Finally, have students listen and repeat after you pronounce each word.

1. a-gos-to
2. des-pe-gar
3. al-gu-no
4. la-ga-lle-ta
5. al-go-dón
6. pa-gar
7. al-guien
8. ham-bur-gue-sa
9. el-golf
10. la-guí-a
11. mu-cho-gus-to
12. la-gue-rra

Additional Activity for *Letras y sonidos.*

Hard or soft *g* followed by the glide *u*. Write the following words on the board (or choose only a subset of them). First, review with students their meaning. Then ask them to underline the sequences *gua, guo, güe, güi* in each one. Ask them if the letter *u* in each sequence is silent or not. Then as a review, ask also what contexts are common to all of the words in 1–7 (where hard *g* is used) and 8–14 (where soft *g* is used). Finally, have students listen and repeat after you pronounce each word.

1. gua-po
2. un-gua-po
3. güe-ra
4. pin-güi-no
5. bi-lin-güe
6. len-gua
7. lin-güis-ta
8. el-gua-po
9. an-ti-guo
10. a-gua
11. la-güe-ra
12. i-gual
13. los-guan-tes
14. la-gua-ya-ba

CD 2, Track 27

9-27 to 9-28

LETRAS Y SONIDOS

The letter "g" in sequences other than "ge, gi" in Spanish

As explained in **Chapter 8,** in Spanish the letter *g* before the vowels *e* and *i* sounds like the *h* in English *hip* (although in Spain, the sound is somewhat harder). In all other sequences, however, such as *ga, go, gu, gue, gui, gr,* and *gl,* the letter *g* creates one of two sounds, depending on the context. After a pause or the letter *n,* the letter *g* sounds like the *g* in English *good.* In all other positions, especially between vowels, the sound is softer, similar to the *g* in English *sugar.*

Hard *g*:   *ga-lle-ta*   *gus-to*   *guí-a*   *gra-cias*   *ten-go*

Soft *g*:   *la-ga-lle-ta*   *mu-cho-gus-to*   *ha-go*   *ham-bur-gue-sa*

Note that the letter *u* in the sequences *gue* and *gui* is silent. For the letter *u* to create a glide sound in these sequences (as in, for instance, the name *Guido* in English), two dots (or *diéresis*) are written above it (e.g., *bi-lin-güe, pin-güi-no*). Furthermore, if the letter *u* is inserted with *ga* and *go,* a glide likewise is created (e.g., *a-gua, an-ti-guo*).

Aplicación

 www

9-19 El pronóstico del tiempo de San Andrés y Cartagena. Conéctate con la página web de **¡Arriba!** y busca el pronóstico del tiempo hoy en San Andrés y en Cartagena. Completa las frases a continuación.

1. Hoy en San Andrés el cielo está… Hace… La temperatura mínima es… La máxima es… Mañana va a…
2. Hoy en Cartagena…
3. Prefiero visitar… porque…

9-20 Una tarjeta postal desde Venezuela. Aquí tienes una tarjeta postal de la isla Margarita, cerca de la costa de Venezuela. Completa la tarjeta con las palabras siguientes.

excursión	mar	película	tarjeta
flores	pasamos	sol	vista

Queridos papás:

Ésta es una (1) __tarjeta__ con foto de la Isla Margarita desde nuestro hotel. Desde la ventana tenemos una (2) __vista__ impresionante del (3) __mar__ y la montaña. En el jardín hay unas (4) __flores__ preciosas. Tuvimos que comprar muchos rollos de (5) __película__ para nuestra cámara. Por la tarde, fuimos de (6) __excursión__ a varios lugares. Nadamos y buceamos en el agua azul verdosa del Caribe. Siempre vamos por la mañana para no tomar demasiado (7) __sol__. En fin, lo (8) __pasamos__ maravillosamente bien.

9-21 ¿Cómo reaccionan? Túrnense para contar cómo reaccionan o qué hacen cuando les pasa lo siguiente en un viaje.

MODELO: Hay una demora larga en la salida del vuelo.
   E1: *Cuando hay una demora, me pongo impaciente.*
   E2: *Pues, yo leo una novela o una revista.*

1. Llego tarde y pierdo el avión.
2. No hay agua caliente en el baño del hotel.
3. El hotel no tiene mi reserva.
4. Mi equipaje no llega conmigo.
5. No hay vista desde el cuarto del hotel.
6. La cama del hotel es incómoda *(uncomfortable)*.

CD 2, Track 28

9-22 El viaje de Carlota y Alex. Escucha a Carlota cuando ella le cuenta a su mamá de su viaje con Alex. Después completa las siguientes oraciones.

1. Regresaron del viaje…
   a. hoy.   (b.) ayer.   c. la semana pasada.
2. Fueron a…
   a. Colombia.   b. Chile.   (c.) Venezuela.
3. Estuvieron allí por…
   (a.) ocho días.   b. una semana.   c. un mes.
4. Una actividad que *no* hicieron allí fue…
   a. nadar.   (b.) montar a caballo.   c. escalar montañas.
5. Compraron…
   (a.) unos rollos de película.   b. unas fotos.   c. gafas para el sol.
6. Les impresionó especialmente…
   a. el volcán.   b. el museo de arte.   (c.) el salto.
7. Llegaron al Salto Ángel…
   a. por las montañas.   b. a caballo.   (c.) en helicóptero.
8. Carlota le dice a su mamá que un día todos van a
   (a.) visitar Venezuela.
   b. montar a caballo.
   c. un lugar más económico.

9-23 Sus gustos. Túrnense para comparar cómo prefieren pasar sus vacaciones. ¿Qué tienen en común y cómo se diferencian?

Actividad	Me gusta o no...		A mi compañero/a le gusta o no...	
	Sí	No	Sí	No
escalar montañas				
visitar museos				
bucear				
comprar recuerdos				
montar a caballo				
montar en bicicleta				
pescar				
nadar en el mar				
¿...?				

9-24 Vacaciones caribeñas. Lean el siguiente anuncio y luego háganse preguntas sobre la información.

MODELO: *¿Cómo se llama el lugar? ¿Sabes dónde está?*

9-25 Un folleto turístico de Venezuela. Lean la información que se incluye en el folleto sobre la cadena de saltos por el río Carrao en Venezuela. Ustedes tienen la oportunidad de viajar a este lugar. Hagan una lista de lo que van a llevar en su viaje y otra lista sobre lo que van a hacer allí.

¡Así lo hacemos! Estructuras

3. The Spanish subjunctive: An introduction

Until now, you have been using verb tenses (present, preterit, and imperfect) in the indicative mood. The indicative is used to express real, definite, or factual actions or states of being.

In this chapter you will learn about the subjunctive mood. It is used to express the hypothetical or subjective, such as a speaker's attitudes, wishes, feelings, emotions, or doubts. Unlike the indicative that states facts, the subjunctive describes reality subjectively.

Creo que Luis **va** a Cartagena.   *I believe that Luis is going to Cartagena.* (Certainty: indicative)

No creo que Luis **vaya** a San Andrés.   *I don't think that Luis is going to San Andrés.* (Uncertainty: subjunctive)

Quiero que pase por el Control de Agricultura.

ADUANA

Los verbos regulares del presente de subjuntivo

- The following chart shows the present subjunctive forms of regular verbs. Note that the endings of **-er** and **-ir** are identical.

	hablar	comer	vivir
yo	habl**e**	com**a**	viv**a**
tú	habl**es**	com**as**	viv**as**
él, ella, Ud.	habl**e**	com**a**	viv**a**
nosotros/as	habl**emos**	com**amos**	viv**amos**
vosotros/as	habl**éis**	com**áis**	viv**áis**
ellos/as, Uds.	habl**en**	com**an**	viv**an**

- Verbs that are irregular in the **yo** form of the present indicative will use the same spelling changes in the present subjunctive. These are not considered irregular in the subjunctive.

Infinitive	Present indicative First-person singular	Present subjunctive
decir	digo	diga, digas, diga, digamos, digáis, digan
hacer	hago	haga, hagas, haga, hagamos, hagáis, hagan
oír	oigo	oiga, oigas, oiga, oigamos, oigáis, oigan
poner	pongo	ponga, pongas, ponga, pongamos, pongáis, pongan
tener	tengo	tenga, tengas, tenga, tengamos, tengáis, tengan
traer	traigo	traiga, traigas, traiga, traigamos, traigáis, traigan
venir	vengo	venga, vengas, venga, vengamos, vengáis, vengan
ver	veo	vea, veas, vea, veamos, veáis, vean

RECURSOS

PowerPoint 9-G3

Additional Practice Activities

9-29 to 9-36

Implementation of *The Spanish subjunctive: An introduction.*

The subjunctive is probably unfamiliar to most students, but we do use this verb mood occasionally in English. Contrast, for example, "I insist that my students be in class on time," which implies a command, with "I insist that my students are in class on time," which implies a simple report. Assure students that there is logic in the use of the subjunctive in Spanish and that with exposure and practice it will become second nature to them. Always use the subjunctive in context and stress its meaning. Later, when students learn formal commands, the use of the subjunctive will seem even more logical to them.

Implementation of *The Spanish subjunctive: An introduction.*

Ask students if they recognize any of the forms and when they are used. Practice forming the present subjunctive by combining these subjects and verbs: *nosotros: caminar, beber, escribir, hacer, oír, traer / tú: sentirse, buscar, seguir, enfermarse, recetar, respirar / yo: conocer, llegar, pagar, comenzar, saber, dormir, sentarse / vosotros: acostarse, leer, levantarse, salir, ser, ir / ustedes: sacar, toser, tomar, poner, venir, estar / ella: correr, decir, dar, ver, tener.*

■ The following spelling changes occur in all forms of the present subjunctive with infinitives that end in **-car, -gar,** and **-zar.**

-car:	c → qu	buscar	busque, busques, busque, busquemos, busquéis, busquen
-gar:	g → gu	llegar	llegue, llegues, llegue, lleguemos, lleguéis, lleguen
-zar:	z → c	empezar	empiece, empieces, empiece, empecemos, empecéis, empiecen

■ The subjunctive forms of **-ar** and **-er** stem-changing verbs have the same pattern of the present indicative.

pensar (ie)		devolver (ue)	
piense	pensemos	devuelva	devolvamos
pienses	penséis	devuelvas	devolváis
piense	piensen	devuelva	devuelvan

■ **-Ir** stem-changing verbs reflect the stem changes of both the present indicative and the preterit. The preterit stem changes occur in the **nosotros/as** and **vosotros/as** forms, where unstressed **-e-** changes to **-i-,** and the unstressed **-o-** changes to **-u-.** The other persons follow the present-tense pattern.

sentir (ie, i)		pedir (i, i)		dormir (ue, u)	
sienta	sintamos	pida	pidamos	duerma	durmamos
sientas	sintáis	pidas	pidáis	duermas	durmáis
sienta	sientan	pida	pidan	duerma	duerman

Los verbos irregulares del presente de subjuntivo

■ The following verbs are irregular in the present subjunctive.

dar	estar	haber	ir	saber	ser
dé	esté	haya	vaya	sepa	sea
des	estés	hayas	vayas	sepas	seas
dé	esté	haya	vaya	sepa	sea
demos	estemos	hayamos	vayamos	sepamos	seamos
deis	estéis	hayáis	vayáis	sepáis	seáis
den	estén	hayan	vayan	sepan	sean

El subjuntivo en cláusulas nominativas

- A noun clause is a clause that is used as the direct object, subject of the verb, or object of a preposition.

    Necesito **un mapa de Colombia.** (noun—direct object)

    Necesito **que usted me dé un mapa de Colombia.** (noun clause—direct object)

- Noun clauses are also dependent clauses—they depend on the main clause for meaning and structure. The noun clause has its own subject and verb and, in Spanish, is often connected to the main clause with **que.**

Espero que llegues pronto.

Quiero que el guía **hable** despacio.	*I want the guide to speak slowly.*
Nadia desea que Paco **vaya** al río con nosotros.	*Nadia wishes that Paco go to the river with us.*
Esperamos que nuestro abuelo **vaya** a Cartagena.	*We hope (that) our grandfather will go to Cartagena.*
Juan quiere que yo **me quede** con él en la isla.	*Juan wants me to stay on the island with him.*

- The subjunctive is used in the dependent noun clause, and the action or state expressed has yet to occur and may not occur at all.[1]

- The English equivalents of the Spanish subjunctive are often different in structure, since the use of the English subjunctive has diminished. Note that in the first and fourth English examples, the infinitive is used (*to speak, to stay*), in the second, the English present subjunctive (*come*), and in the third, the future (*will go*).

Aplicación

9-26 Botero en el MOMA. Lee la conversación entre Fernando Botero y su agente en el Museo de Arte Moderno de Nueva York. Subraya los verbos en el subjuntivo e identifica el infinitivo.

MODELO: Quiero que me <u>traigan</u> un refresco. (traer)

Botero: ¡Oye, Ramón! Veo que no hay un salón especial para mis obras. Insisto en que <u>haya</u> un "Salón Botero" como es natural para todos los grandes artistas. (haber)

Agente: Tienes razón, Fernando. Voy a hablar con el gerente (*manager*) y decirle que <u>establezca</u> un salón con tu nombre. (establecer)

Botero: Perfecto. Y en ese salón, vamos a pedir que <u>traigan</u> sillones cómodos para los visitantes. (traer)

Agente: ¡Buena idea! Espero que <u>pongan</u> flores y refrescos también. (poner)

Botero: No, refrescos no. Es mejor que los visitantes <u>tomen</u> refrescos en la cafetería. Pero me gusta la idea de las flores. (tomar)

Agente: Y es importante que <u>esté</u> presente un guardia de seguridad y una persona experta en tu obra. (estar)

Botero: Espero que no <u>tengan</u> que pagarles extra. (tener)

Agente: No sé. ¿Quieres que <u>hable</u> con el gerente sobre eso, también? (hablar)

Botero: Sí, y deseo que me <u>dé</u> un contrato especial para esta exposición. (dar)

Agente: De acuerdo.

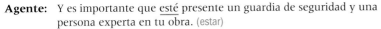

Naturaleza muerta con sopa verde

Source: Fernando Botero. "Nauturaleza muerta con sopa verde" (Still Life with Green Soup). 1972. © Fernando Botero, courtesy, Marlborough Gallery, New York.

---

[1]In the first example, *I want the guide to speak slowly,* but *I have no guarantees that he will.* By the same token, *Luis has no guarantee that Paco will go to the river with us, we cannot be sure that our grandfather will go to Cartagena,* and *many factors can interfere with Juan's desire for me to stay with him on the island.*

Expansion of 9-26.
Have students prepare a list of what they must do to attend the Botero exhibit.

Note on 9-29.

For additional information on Shakira, refer students to the photograph in the chapter opener, as well, and share with them the information provided there in a teacher's note.

Aplicación

9-29 Shakira. Shakira, la primera colombiana en ganar un Grammy Latino, es ahora una estrella internacional. Lee la entrada que hizo en su diario y haz una lista de qué esperan de ella las personas en su vida.

18 de septiembre de 2007

Querido diario:

¡Hoy fue el mejor día de mi vida! ¡Me nominaron para cinco Grammys y gané dos! Ahora, tengo que pensar en el futuro, pero tengo muchas decisiones que hacer. Mis padres quieren que vuelva a Colombia y que pase más tiempo con ellos. Mi agente sugiere que haga más grabaciones, que viaje por los Estados Unidos y el Canadá, y que vaya a Europa. Mis admiradores insisten en que dé más conciertos. Mis amigos colombianos esperan que dedique más tiempo a obras caritativas (charitable) en Colombia. Mi novio me pide que me case con él y que me convierta en ama de casa. ¿Y yo? ¿Qué quiero yo? Pues, deseo que todo el mundo viva en paz y, especialmente, que disfrute de la música. Ése es mi sueño, pero por ahora, soy feliz.

LISTA

1. Sus padres:
   Quieren que vuelva a Colombia y que pase más tiempo con ellos.

2. Su agente:
   Sugiere que haga más grabaciones, que viaje y que vaya a Europa.

3. Sus admiradores:
   Insisten en que dé más conciertos.

4. Sus amigos:
   Esperan que dedique más tiempo a obras caritativas.

5. Su novio:
   Le pide que se case con él y que se convierta en ama de casa.

6. Ella misma:
   Desea que el mundo viva en paz y que disfrute de la música.

7. ¿Tú?:
   Answers will vary.

 9-30 ¿Conoces la música de Shakira? Conéctate con la página web de **¡Arriba!** para ver más imágenes de Shakira y escuchar su música.

9-31 En la agencia de viajes. Completa los consejos que la agente de viajes les da a sus clientes, usando el subjuntivo de los verbos de la lista.

comprar	dejar	fumar	llegar	pedir
dar	dormir	ir	llevar	poner

—Sr. López, es necesario que usted (1) ___compre___ su pasaje con dos semanas de anticipación. Necesito que usted me (2) ___dé___ su número de tarjeta de crédito.

—Juan y Carlos, ustedes saben que ahora las aerolíneas no permiten que los pasajeros (3) ___fumen___ en el avión. Si quieren fumar, es mejor que (4) ___vayan___ al restaurante antes de abordar.

—Doña María, sugiero que usted (5) ___ponga___ las recetas (*prescriptions*) en su bolsa y que (6) ___lleve___ una copia de las recetas en la maleta.

—Lupe, es importante que (tú) (7) ___llegues___ con dos horas de anticipación antes de tu vuelo. Los agentes de seguridad insisten en que los pasajeros (8) ___dejen___ los objetos puntiagudos (*sharp*) en su casa.

—Señores Echevarría, les recomiendo que ustedes (9) ___duerman___ en el avión porque si no, van a estar muy cansados después de más de siete horas de viaje. Por eso, les sugiero que le (10) ___pidan___ café descafeinado al asistente de vuelo.

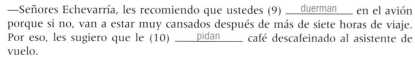

9-32 Un viaje al Salto Ángel. El Salto Ángel, en Venezuela, atrae a muchos turistas todos los años.

El salto tiene ese nombre, en honor al hombre que lo descubrió en 1937, el aventurero y aviador norteamericano Jimmy Angel. Sin embargo, los indígenas de la zona, ya conocían el salto desde antes, y lo llamaban Churún Merú. Completa los consejos que te da una agente de viajes con la forma correcta de uno de los verbos siguientes.

ayudar	entrar	pagar	comprar	ir	tener

Primero, le aconsejo que (1) ___tenga___ listo el pasaporte para poder visitar Venezuela. Segundo, le sugiero que (2) ___compre___ una buena guía turística. La puede comprar en cualquier (*any*) librería. Ahora, no se permite que los viajeros (3) ___entren___ al país con frutas u otros comestibles. Una vez en Venezuela, le recomiendo que (4) ___vaya___ al salto en helicóptero. Es un viaje inolvidable. También, le sugiero que (5) ___pague___ su viaje al Salto antes de salir del país porque muchas veces cuesta menos desde aquí. Si quiere que le (6) ___ayude___ con el viaje, lo hago con mucho gusto.

Impleme

These im:
the cultur
Colombia
in 9-38 t
have lear
scan the
not know
reading a
homewor
be compl

Expansi

Ask stude
questions
océano e.
país está
está al n
están al s
de monta
varios río
¿Cómo si
países? ¿
etc.

Note on

Students
political a
place in r
Venezuel
Revolutio
of the bri
American
coalition
leaders e
Hugo Chá
and held
assembly
governme
importan:
media, pi
presenta
students
president
relations

Warm-up for *Capítulo 10*.

Review the previous chapter by telling
students that you are looking for some
vacation ideas. Ask them to promote and
offer information about the destination
featured in their *folleto turístico*, written for
the *Taller* section. Alternatively, have them
promote some destination that they have
visited or want to visit themselves. E.g.,
*¿Adónde aconsejan Uds. que yo me vaya de
vacaciones? ¿Qué actividades recomiendan
que haga en tal lugar? ¿Qué sugieren que
no haga?* etc.

10 ¡Tu salud es lo primero!

OBJETIVOS COMUNICATIVOS

PRIMERA PARTE

¡Así lo decimos! Vocabulario	Las partes del cuerpo humano
¡Así lo hacemos! Estructuras	**Nosotros** commands
	Indirect commands
Comparaciones	El ejercicio y la dieta

- **Talking about your health and explaining what part of your body hurts**
- **Inviting others to do something**
- **Making suggestions indirectly**

SEGUNDA PARTE

¡Así lo decimos! Vocabulario	Los alimentos
¡Así lo hacemos! Estructuras	The subjunctive to express feelings and emotions
	The subjunctive to express doubt and denial
Observaciones	¡Pura vida! Episodio 10

- **Talking about how to stay fit**
- **Expressing emotions**
- **Giving your opinion about something**

NUESTRO MUNDO

Panoramas	Los países sin mar: Bolivia y el Paraguay
Ritmos	"Sol de primavera" (Inkuyo, Bolivia)
Páginas	"El ñandutí" (Leyenda paraguaya)
Taller	Un artículo sobre la salud

En el Paraguay, *el ñandutí* es una artesanía popular.

Los países sin mar:
Bolivia y el Paraguay

«**Comamos manzanas todo el año y la enfermedad sufrirá un desengaño.**»*

En la cultura aymara de Bolivia y del Perú, el dios creador se llamaba Viracocha. Cerca de la Paz, Bolivia, se encuentran los restos de la ciudad Tiahuanaco y su famosa Puerta del Sol, con una imagen del dios creador.

*****Refrán:** Let's eat apples all year long and illness will be deceived. (*An apple a day keeps the doctor away.*)

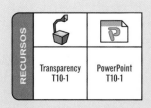

| RECURSOS | Transparency T10-1 | PowerPoint T10-1 |

329

Implementation of ¡Así es la vida!
As a transition from talking about travel to discussing health issues, say that you had hoped to go on a weekend trip with your friend don Rafael and his wife, doña Carmen, but he does not feel well. Explain, for example, *Don Rafael no se siente bien. Está enfermo. Es necesario que él consulte en seguida a un médico.* Read the dialogue aloud to the class, using the appropriate intonation to reflect the serious tone of Dra. Estrada and the complaining tone of don Rafael. Perhaps also use gestures as don Rafael complains of a sore throat, tight chest, and stomachache. Clarify meaning for students as needed, and then have them read the dialogue in pairs. Finally, ask for a few volunteers to read or act out the dialogue for the class.

Expansion of ¡Así es la vida!
Ask the following questions to confirm comprehension: *¿Qué partes del cuerpo le duelen a don Rafael? ¿Qué diagnóstico le da la doctora a don Rafael? ¿Qué tipo de medicina le receta? ¿Qué le pide don Rafael a la doctora? ¿Qué le pide la doctora a don Rafael? ¿Cuándo crees que don Rafael se va a sentir mejor: en una semana o en un mes?*

Expansion of ¡Así es la vida!
Have students look over the vocabulary on the following page and describe the problems shown by the two patients in the waiting room. E.g., *¿Qué le pasa a la señora sentada en la sala de espera? Sí, se lastimó, ¿verdad? Ahora le duele mucho la rodilla izquierda. Y el señor, ¿qué tiene? Sí, le duele la espalda. Sufre de dolores de espalda. ¿Qué recomiendan Uds. que hagan estas dos personas?* etc.

Additional Activity for ¡Así es la vida!
Indica si estas declaraciones son ciertas, falsas o si no se sabe. Corrige las falsas.

MODELO: Don Rafael se siente muy bien.
Falso. Se siente enfermo.

1. Don Rafael sufre de alta presión. *(No se sabe)*
2. La médica recomienda que don Rafael tome antibióticos. *(Cierto)*
3. Los antibióticos a veces molestan el estómago. *(Cierto)*
4. La doctora le receta un jarabe. *(No se sabe)*
5. A don Rafael le duele el pie. *(Falso: la garganta, el pecho y el estómago)*
6. Es necesario que don Rafael vaya al hospital. *(Falso: …que vuelva a casa y que guarde cama)*

PRIMERA PARTE

¡Así lo decimos! Vocabulario

¡Así es la vida! En el consultorio del médico

CD 2, Track 29

10-1 to 10-2

Dra. Estrada: Buenas tardes, don Rafael. ¿Cómo se siente? ¿Qué tiene? ¿Qué le duele hoy?

Don Rafael: Me duele mucho la garganta y me duelen también el pecho y el estómago.

Dra. Estrada: Vamos a ver… Pues, lo que usted tiene es una infección en la garganta. Empecemos con antibióticos.

Don Rafael: Bueno, pero espero que las pastillas no me molesten el estómago, ¿eh?

Dra. Estrada: No tiene que preocuparse. Ahora, quiero que vuelva a casa y que guarde cama. Le garantizo que se va a sentir mejor, pero si tiene cualquier problema, espero que me llame inmediatamente.

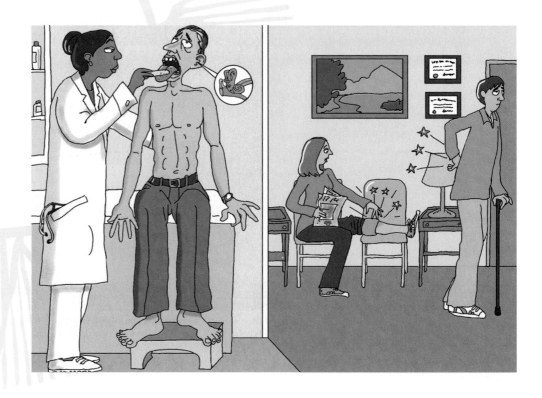

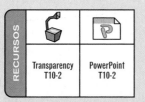

RECURSOS

Transparency T10-2

PowerPoint T10-2

Las partes del cuerpo humano

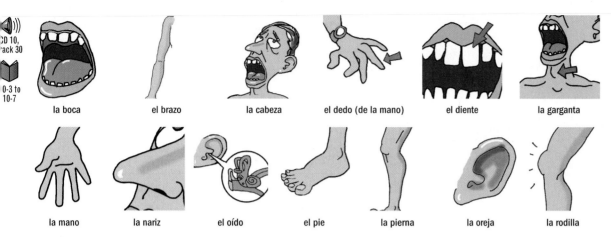

| la boca | el brazo | la cabeza | el dedo (de la mano) | el diente | la garganta |

| la mano | la nariz | el oído | el pie | la pierna | la oreja | la rodilla |

Más partes del cuerpo humano	More body parts
el corazón	heart
la espalda	back
el estómago	stomach
la lengua	tongue
el pecho	chest
los pulmones	lungs

Problemas de salud	Health problems
doler (ue)	to hurt
lastimarse	to hurt oneself
romperse (un hueso)	to break (a bone)
tener (ie) alergia(s) a	to be allergic to
tener (ie) (una) fiebre	to have a fever
(un) dolor de cabeza	a headache
(la) gripe	the flu
(una) infección	an infection
(un) resfriado	a cold
(una) tos	a cough
torcer (ue)	to twist
toser	to cough

Sugerencias y remedios médicos	Medical advice and remedies
dejar de fumar cigarrillos[1]	to quit smoking cigarettes
guardar cama	to stay in bed due to sickness
hacer una cita	to make an appointment
mejorarse	to get better; to get well
operar	to operate
recetar	to prescribe
respirar	to breathe
tomarse la presión[2]	to take one's blood pressure
la temperatura	temperature

Medicinas comunes	Common medicines
el antiácido	antacid
el antibiótico	antibiotic
la aspirina	aspirin
el calmante	tranquilizer
el jarabe	cough syrup
la pastilla	pill; lozenge

En el consultorio del médico	At the doctor's office
el diagnóstico	diagnosis
el dolor	pain; ache
la enfermedad	illness
el examen físico	checkup
la inyección	shot
el/la paciente	patient
la radiografía	X-ray
el síntoma	symptom

[1] **Dejar de** is followed by an infinitive in Spanish, whereas the present participle (-ing) is used after to quit in English. **Fumar** means to smoke.

[2] **tomarse la tensión** in Spain

trescientos treinta y uno • **331**

Implementation of ¡Así lo decimos!
Have students draw a picture following some odd description. Have them compare their drawings in pairs. Then present your own version on a transparency as a final comprehension check and review it with students. **Example:** *Esta criatura tiene dos cabezas. En la cara a la derecha tiene un ojo grande y redondo. En la cara izquierda tiene tres ojos pequeños cuadrados. Tiene el cuello largo y delgado. En la cara derecha tiene una boca pequeña con un diente. A la izquierda, tiene una boca grande con muchos dientes,* etc.

Implementation of ¡Así lo decimos!
Play "Simon says" as a Total Physical Response activity to help students acquire the vocabulary for body parts. Write the words on the board or a transparency for visual support. Have students stand in a semicircle in front of you. Before beginning play, review the vocabulary (in order from head to toe) by saying each word as you touch the corresponding part on your body. For example, say and repeat *la cabeza* various times with your hands on your head as students do the same and repeat after you. After reviewing all words, repeat and gesture them one last time in random order. Then say *Vamos a jugar "Simón dice"…* and write the title on the board to trigger prior knowledge of this well-known game. Begin play: *Simón dice tócate la cabeza… Simón dice tócate el pecho… Simón dice tócate la nariz… Tócate la pierna…,* etc. Students who delay in touching the corresponding body part after *Simón dice…,* or those who touch a body part when *Simón dice…* has not been stated at the start of a phrase, are out of the game and must sit down. Increase the speed of the commands as the game progresses. Play the game for a few rounds and possibly have small treats available for each winner (i.e., the last student still standing at the end of each round).

Implementation of ¡Así lo decimos!
In small groups or as a class, have students act out the symptoms given in the *Problemas de salud* section and have others try to guess what is wrong.

Implementation of ¡Así lo decimos!
Have students work in groups to talk about the following activities, issues, and situations, e.g., *fumar →¿Quiénes fuman? ¿Por qué? ¿Se debe permitir fumar en lugares públicos?* 1. *fumar* 2. *consultarle al médico cuando se siente mal* 3. *ser alérgico/a a…* 4. *no gustarle las radiografías* 5. *querer estudiar medicina* 6. *hacer ejercicio* 7. *enfermarse mucho* 8. *nunca tomar pastillas* 9. *sufrir de dolores de cabeza* 10. *preferir la medicina natural.*

Aplicación

10-1 Categorías. Clasifica las siguientes partes del cuerpo y añade una más al final.

Parte del cuerpo	Tienes uno	Tienes dos	Tienes más de dos	Órgano interno
el dedo			X	
el corazón	X			X
la nariz	X			
el ojo		X		
el pulmón		X		X
la oreja		X		
el brazo		X		
el estómago	X			X
la pierna		X		
el diente			X	
¿...?				

10-2 ¿Qué le pasa? Describe lo que les pasa a estas personas y da una posible causa de su problema. *Answers will vary.*

MODELO:

Alicia
A Alicia le duele el estómago porque comió dos hamburguesas.

1.
A Alberto le duele la cabeza porque está cansado.
Alberto

2.
Ana María tiene un resfriado y debe tomar vitamina C.
Ana María

3.
Samuel y Ricardo se rompieron la pierna cuando jugaban al fútbol.
Samuel y Ricardo

4.
Carlos se torció el tobillo cuando subió las escaleras.
Carlos

5.
Ramiro y Marta están vomitando y tienen diarrea porque tienen la gripe.
Ramiro y Marta

10-3 ¡Qué mal me siento! Escucha la conversación entre doña Carmen y su médico; anota sus síntomas, un diagnóstico lógico y el consejo del médico.

SÍNTOMA	DIAGNÓSTICO	CONSEJO
____ tos	____ alergias	____ tomar aspirina
____ fiebre	_X_ presiones del trabajo	_X_ descansar
_X_ dolor de cabeza	____ resfriado	____ comer sopa
_X_ dolor de estómago	____ gripe	_X_ comer mejor
____ dolor de garganta	____ úlceras	____ hacer ejercicio
____ dolor en un diente	_X_ mala dieta	____ tomar antibióticos

10-4 ¿Cuándo consultas al médico? Pregúntense si consultan al médico en las siguientes situaciones.

MODELO: Te duele la cabeza.
E1: *¿Consultas al médico si te duele la cabeza?*
E2: *No. Por lo general tomo dos aspirinas y me siento mejor. ¿Y tú?*

1. Tienes tos.
2. Tienes una fiebre alta.
3. Te duele la espalda.
4. Te rompes un hueso.
5. Necesitas un examen físico para el trabajo.
6. Tienes náuseas.
7. Te duele la garganta.
8. Tienes resfriado.

10-5A Consejos médicos. Habla con tu compañero/a para que te dé consejos sobre los siguientes síntomas. Estudiante B, por favor ve al **Apéndice 1,** página A12.

MODELO: E1: *Me duelen los pulmones.*
E2: *Debes dejar de fumar.*

SÍNTOMAS
1. Me duelen las piernas.
2. Creo que tengo fiebre.
3. No tengo energía.
4. No me siento bien.
5. Tengo un resfriado terrible.
6. Me duele el estómago.

CONSEJOS PARA EL/LA ESTUDIANTE B
1. comer carne
2. beber un refresco
3. tomar aspirinas
4. descansar mucho y no ir a clase
5. beber mucha cafeína
6. tomar jarabe

En muchos países hispanos es posible pedirle antibióticos directamente a un farmacéutico.

Audioscript for 10-3.
¡Ay, doctor! No sé qué tengo. Me siento muy mal. Me duelen la cabeza y el estómago… No, no tengo fiebre… No, no tengo tos, ni dolor de garganta… Bueno, la verdad es que estoy trabajando mucho, doctor. Trabajo doce horas al día en la oficina, después tengo que preparar la comida, limpiar la casa, cuidar a los niños. No tengo tiempo de preparar más que pizza y hamburguesas… ¿Usted cree que debo trabajar menos y comer mejor?… Tiene razón. Voy a seguir sus consejos: descansar más y comer comida saludable. Gracias, doctor. Adiós.

Warm-up for 10-5A/B.
Review the structure *deber + infinitive* shown in the model. Remind students that they may also use the verbs from *Capítulo 9* (e.g., in the section *The subjunctive to express volition*) to offer advice during this activity, but that these require the subjunctive mood in a dependent clause when its subject is different from that of the main clause. Write *Debes dejar de fumar* on the board, followed by additional model responses with other verbs, e.g., *Sugiero que dejes de fumar, Te recomiendo que dejes de fumar, Te prohíbo que fumes*, etc. Underline the forms conjugated in the subjunctive and ask students why they are as such.

Additional Activity for ¡Así lo decimos!
En la farmacia. Imagínense que uno/a de ustedes es un/a turista en el Paraguay y el/la otro/a es el/la farmacéutico/a. El/La turista está terriblemente resfriado/a y le pide consejos al/a la farmacéutico/a. Después de inventar una conversación, preséntenle su diálogo a la clase.

MODELO: E1: *Tengo un resfriado horrible.*
E2: *¿Tiene usted fiebre también?*

Note on *Nosotros* commands.
Both the *nosotros* commands presented in this section and the indirect commands presented in the next section use the subjunctive form of the verb. Stress the systematic nature of both forms and the meaning of commands.

Implementation of *Nosotros* commands.
Have students change the *vamos a + infinitive* structure to the *nosotros* command, or for recognition rather than production, divide the two structures and have students match them. Perhaps leave the last few blank and ask students to produce the command. Contextualize the phrases based on Activity 10-3. **Context:** *Cuando Carmen llega a casa después de su cita con el médico, habla con sus hijos sobre sus consejos.* **1.** *Vamos a ver al médico.* **2.** *Vamos a pedir una receta.* **3.** *Vamos a descansar más.* **4.** *Vamos a dormir ocho horas.* **5.** *Vamos a hacer más ejercicio.* **6.** *Vamos a dejar de fumar.* **7.** *Vamos a comer mejor.* **8.** *Vamos a reducir el estrés.* **Answers: 1.** *Veámoslo. / No lo veamos otra vez.* **2.** *Pidámosla. / No la pidamos.* **3.** *Descansemos.* **4.** *Durmamos.* **5.** *Hagámoslo.* **6.** *Dejemos de fumar.* **7.** *Comamos mejor.* **8.** *Reduzcámoslo.*

¡Así lo hacemos! Estructuras

 1. *Nosotros* commands

10-8 to
10-13

Consultemos un médico.

■ There are two ways to give a direct command to a group of persons that includes yourself: **vamos a** + *infinitive* or the **nosotros/as** form of the present subjunctive. As you know, **vamos a...** is also used to express a simple statement or to ask a question. The interpretation of *Let's...* results from intonation and context.

¿**Vamos a** llamar al médico?	*Shall we call the doctor?*
Sí, **vamos a** llamarlo.	*Yes, let's call him.*

■ With the present subjunctive form of **nosotros/as,** the command is clearly stated.

Hablemos con la enfermera.	*Let's talk with the nurse.*
No miremos la radiografía ahora.	*Let's not look at the X-ray now.*

■ As with all command forms, object pronouns are attached to the affirmative forms and precede the negative commands. In affirmative commands with an attached pronoun, an accent mark is added to maintain the original stress.

Busquemos al enfermero.	*Let's look for the nurse.*
Busquémoslo.	*Let's look for him.*
No molestemos a la paciente.	*Let's not bother the patient.*
No la molestemos.	*Let's not bother her.*

■ To express *Let's go*, use the indicative **vamos.** For the negative *Let's not go ...,* however, you must use the subjunctive form.

Vamos al hospital a visitar a Linda.	*Let's go to the hospital to visit Linda.*
No, no vayamos al hospital ahora.	*No, let's not go to the hospital now.*

■ When the pronoun **nos** is attached to the affirmative command of reflexive verbs, the final **-s** is deleted from the verb ending.

Vámonos.	*Let's leave.*
Levantémonos.	*Let's get up.*
Durmámonos.	*Let's fall asleep.*

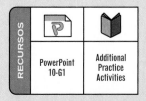

RECURSOS

PowerPoint
10-G1

Additional
Practice
Activities

Aplicación

10-6 Benjamín y Talisa. Benjamín Bratt y Talisa Soto se conocieron un poco antes de hacer la película *Piñero*, y un año después, se casaron. Lee la conversación entre los dos actores y subraya los mandatos con la forma de **nosotros**.

Benjamín: ¡Oye, Talisa! <u>Hagamos</u> otra película juntos.

Talisa: Buena idea, pero ¿una película seria o cómica?

Benjamín: Una seria. <u>Veamos</u> este guión (*script*) de León Ichaso que se llama *Piñero*. Se trata de un poeta de Nueva York que muere muy joven. Se dice que su poesía es la precursora del *rap*.

Talisa: Me parece interesante, pero <u>miremos</u> otros guiones menos serios. <u>Leamos</u>, por ejemplo, el guión para *Señorita Congeniality*.

Benjamín: ¡Ay, Talisa! ¡Ya es tarde! Sandra Bullock y yo vamos a hacer esa película.

Talisa: Bueno, <u>hagamos</u> *Piñero*. Después <u>vamos</u> a ver qué pasa.

Benjamín: De acuerdo, Talisa.

10-7 ¿Comprendiste? Ahora contesta las preguntas, basándote en la conversación anterior.

1. ¿Qué quieren hacer Benjamín y Talisa?
   Quieren hacer una película.

2. ¿Qué tipo de película le interesa más a Benjamín? ¿Y a Talisa?
   A él le interesa una película seria. A ella, una cómica.

3. ¿Quién es Piñero?
   Es un poeta cuya poesía es la precursora del *rap*.

4. ¿Por qué no van a colaborar en *Señorita Congeniality*?
   Porque Bratt va a hacer esa película con Sandra Bullock.

10-8 El doctor Chiringa. El doctor Chiringa es una persona que siempre se incluye en las órdenes que les da a las otras personas. Completa la conversación que tiene con sus pacientes Roberto y Tomás Cruz, usando los mandatos en la forma de **nosotros**.

Dr. Chiringa: Señores Cruz, tenemos que hacer algo por nuestra salud. No (1. cenar) <u>cenemos</u> tan tarde y no (2. acostarse) <u>nos acostemos</u> todos los días después de las doce de la noche.

Roberto: Sí, doctor, pero es que llegamos del trabajo muy tarde.

Dr. Chiringa: Sí, pero (3. tener) <u>tengamos</u> más cuidado, no (4. trabajar) <u>trabajemos</u> tanto. (5. Llegar) <u>Lleguemos</u> a casa más temprano; (6. descansar) <u>descansemos</u> más y (7. cuidarse) <u>cuidémonos</u> un poco más.

Tomás: Doctor, pero es que tenemos muchos problemas. Trabajamos en una panadería por la noche, y sólo tenemos tiempo para comer y dormir porque por la mañana tenemos otro trabajo en un restaurante.

Dr. Chiringa: Bueno, no (8. enfadarse) <u>nos enfademos</u>. (9. Seguir) <u>Sigamos</u> estos consejos y, si es posible, (10. cambiar) <u>cambiemos</u> de trabajo.

Roberto: No es fácil, doctor, siempre estamos buscando un trabajo mejor.

Dr. Chiringa: Sí, lo sé. Pero nuestra salud es lo primero.

Tomás: ¡De acuerdo, doctor!

Warm-up for 10-6.
Before having students begin this activity, ask them what they know about Benjamín Bratt and his work. In addition to his lead role on TV's *Law and Order*, for instance, he has been in the following films. Note that *Piñero* came out in 2001 and *Miss Congeniality* in 2000.

2007	*Love in the Time of Cholera*
2006	*Guerrilla*
2005	*Thumbsucker*
2005	*The Great Raid*
2004	*Catwoman*
2003	*The Woodsman*
2003	*The Ghost Riders*
2002	*Abandon*
2001	*Piñero*
2000	*Red Planet*
2000	*Traffic*
2000	*After the Storm*
2000	*Miss Congeniality*
2000	*The Next Best Thing*
2000	*The Final Hit*
1996	*Woman Undone*
1994	*Clear and Present Danger*
1993	*Demolition Man*

Expansion of 10-8.
Have students summarize the doctor's advice. E.g., *El médico les recomienda que no cenen muy tarde*, etc.

10-9 Los enfermeros. Imagínense que ustedes son enfermeros/as y trabajan para el equipo de rescate (*rescue*). Acaban de recibir una llamada del hospital pidiéndoles que atiendan a las víctimas de un accidente. Túrnense para completar la conversación con verbos en el presente y con mandatos con la forma de **nosotros.**

MODELO:　(ponerse) los uniformes
　　　　　　E1: ¿*Nos ponemos los uniformes?*
　　　　　　E2: ¡*Sí, pongámonoslos!*

1. (levantarse) rápidamente levantémonos
2. (vestirse) ahora mismo vistámonos
3. (poner) todo el equipo de emergencia en la ambulancia pongámoslo
4. (buscar) la ruta más rápida en el mapa busquémosla
5. (salir) en la ambulancia ahora mismo salgamos
6. (hacer) todo lo posible para ayudar a los heridos (*wounded*) hagámoslo
7. (llenar) el tanque de oxígeno llenémoslo
8. (volver) al hospital rápidamente volvamos

 10-10A　En la sala de urgencias. Imagínense que ustedes tienen que decidir qué deben hacer en situaciones urgentes. Un/a estudiante presenta unas situaciones. El otro/la otra responde con instrucciones lógicas de su lista, usando un mandato de **nosotros.** Túrnense, cambiando de papel. Estudiante B, por favor ve al **Apéndice 1,** página A12.

MODELO:　E1: *El niño tiene gripe.*
　　　　　　E2: *Démosle vitamina C.*

ACCIONES

buscarle un calmante	darle té con limón	recetarle pastillas
darle dos aspirinas	hacerle una radiografía	¿…?

SITUACIONES URGENTES

1. El paciente necesita oxígeno.
2. A la niña le duele el estómago.
3. El bebé está tosiendo mucho.
4. La señora tiene una infección en el brazo.
5. El Sr. Pérez tiene una fiebre muy alta.
6. ¿…?

2. Indirect commands

10-14 to
10-17

Commands may be expressed indirectly, either to the person with whom you are speaking or to express what a third party should do.

■ The basic format of an indirect command is as follows.

Que + *subjunctive verb* (+ *subject*)

Que **llames** al Dr. Estrada.	*Call Dr. Estrada.*
Que lo **haga** ella.	*Let (Have) her do it.*
Que no me **moleste** más el enfermero.	*Have the nurse not bother me anymore.*

■ This construction is also used to express your wishes for someone else.

¡Que no **te duela** la garganta mañana!	*I hope that your throat doesn't hurt you tomorrow!*

■ Object and reflexive pronouns always precede the verb. In a negative statement, **no** also precedes the verb.

¡Que **se** vayan!	*Let them leave!*
¡Que papá **no se** tome la presión después de comer!	*Don't let dad take his blood pressure after eating!*

■ When a subject is expressed, it generally follows the verb.

¡Que lo hagas **tú**!	*You do it!*
¿La inyección? Que se la ponga **la enfermera.**	*The shot? Let the nurse give it to him.*

Aplicación

10-11 Viracocha, el dios creador. Lee el monólogo de Viracocha y subraya todos sus deseos expresados con mandatos indirectos. Luego escribe el infinitivo del verbo.

MODELO: ¡Que <u>haya</u> luz!
haber

Hoy voy a crear el mundo y a sus habitantes. Que se <u>abran</u> las aguas y que <u>surjan</u> (*rise*) montañas además de los llanos (*plains*). Que <u>aparezcan</u> los pájaros en el aire, los animales en la tierra y toda clase de insectos. Que se <u>creen</u> el sol y la luna, el hombre y la mujer, y que ellos <u>procreen</u> niños. Que <u>salga</u> el sol, que <u>llueva</u> mucho y que <u>crezcan</u> los alimentos en abundancia. Que no <u>haya</u> guerra y que <u>reine</u> la paz por todo el mundo.

Observatorio, Tiahuanacu, Bolivia

Answers to 10-11.
abran (abrir), surjan (surgir), aparezcan (aparecer), creen (crear), procreen (procrear), salga (salir), llueva (llover), crezcan (crecer), haya (haber), reine (reinar)

Implementation of
Indirect commands.
Have students brainstorm some indirect commands based on their hopes for the week, e.g., *¡Que no tengamos prueba mañana! ¡Que no llueva para el partido de béisbol! ¡Que ganen los... la Serie Mundial!*, etc.

Expansion of *Indirect commands.*
You may wish to introduce the following common *despedidas: ¡Que te vaya bien! ¡Que estés bien! ¡Que me llames!*

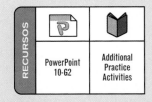

RECURSOS

PowerPoint
10-G2

Additional
Practice
Activities

Expansion of 10-13.
Ask students to think of someone very special to them and write down their name and relationship, e.g., *Tammy, mi mejor amiga.* Have them write three to five additional indirect commands expressing good wishes for this person, e.g., *Que se case con un buen hombre, Que viva por muchos años, Que seamos muy buenas amigas siempre,* etc.

10-12 ¿Qué desea el dios creador? Ahora, escribe cuatro de los deseos de Viracocha.

MODELO: Quiere que se abran las aguas.

10-13 ¿Y tú? Escribe cinco mandatos indirectos que representen tus deseos para el futuro.

MODELO: *Que tenga éxito en los exámenes.*

 10-14 Un viaje a Bolivia o al Paraguay. Hagan una lista de lo que necesitan para realizar un viaje a Bolivia o al Paraguay. Luego, expresen sus deseos con mandatos indirectos.

MODELO: dinero
E1: *Que la universidad nos dé una beca (scholarship).*
E2: *Que nuestros padres…*

 ¿Cuánto sabes tú? *Can you…*

□ talk about your health and how you feel using **me siento…**?

□ explain what part of your body hurts using **me duele(n)…**?

□ invite others to do something with you using **nosotros** commands such as **¡Veamos una película! ¡No nos durmamos en clase!**?

□ suggest indirectly that someone do something using indirect commands such as **Que lo haga Juan**?

□ wish something to happen using indirect commands such as **¡Qué esté bien mi mamá!**?

10-18 to
10-21

Comparaciones

El ejercicio y la dieta

10-15 En tu experiencia.

1. ¿Se preocupan mucho por mantenerse en forma tus amigos?

2. ¿Siguen ustedes una dieta especial?

3. Tus amigos y tú ¿caminan o hacen algún tipo de ejercicio? ¿Qué ejercicio?

4. Compara tu rutina con la de tus padres o la de tus abuelos. ¿Cuáles de ustedes son más activos?

5. ¿Cómo son las comidas más populares en los EE.UU.? ¿Cuáles son los postres preferidos en los EE.UU.? ¿Son comidas saludables (*healthy*)?

La preocupación por seguir una dieta saludable y por mantenerse en forma (*to stay in shape*) es un fenómeno reciente en los países hispanos. Muchos de los platos tradicionales de la cocina hispana tienen generosas cantidades de azúcar o un alto contenido de grasa animal, como la carne de cerdo y la carne de res. Afortunadamente, muchos hispanos preparan sus comidas con ingredientes naturales y frescos. En esto hay un gran contraste con los EE.UU., donde es muy frecuente que los alimentos se empaquen en fábricas (*factories*) y contengan conservantes (*preservatives*). Según los expertos, los alimentos naturales son mucho más saludables y su consumo resulta en menos casos de cáncer y otras enfermedades. Otro beneficio de la dieta hispana es el equilibrio de platos. Típicamente una comida incluye legumbres, algún tipo de arroz y distintas variedades de frijoles. El postre puede ser alguna fruta, y hoy en día los hispanos comen menos carne de res que antes. Un delicioso y saludable aspecto de la comida hispana es el uso de aceite de oliva, que no contiene colesterol.

En los restaurantes hispanos en los EE.UU. hay una gran variedad de comida y ésta se ha norteamericanizado para complacer el gusto de los clientes de este país. Por ejemplo, los restaurantes mexicanos ofrecen diferentes tipos de tacos y frijoles, pero raramente platos más elaborados como el mole poblano.

Los hispanos tienen la costumbre de caminar mucho todos los días, una actividad excelente para mantenerse en forma. Sin embargo, muchos hispanos no suelen tener un régimen de ejercicio ni se preocupan por mantenerse en forma como los norteamericanos. Esto va cambiando entre los jóvenes de las ciudades que hoy en día hacen footing (*jog*) por los parques o van a clases de ejercicio aeróbico en los gimnasios.

10-16 En tu opinión. Primero, hagan una lista de las ventajas y desventajas de cada sugerencia o de cada tratamiento. Luego, comparen su opinión sobre la utilidad de estos tratamientos.

MODELO: una copa de vino diaria para proteger el corazón

E1: *Creo que es una buena idea tomar una copa de vino todos los días para proteger el corazón. Me parece muy saludable.*

E2: *No estoy de acuerdo. No me gusta el vino y creo que la gente toma demasiado.*

1. la quiropráctica para aliviar el dolor de espalda

2. el té de hierbas para dar energía

3. la acupuntura para aliviar el dolor del tobillo

4. los calmantes para combatir el estrés

5. los antibióticos para el dolor de garganta

6. la aspirina para proteger el corazón

Implementation of *Comparaciones*.
Students are often very concerned with staying fit and healthy. Use yourself as a model to say what you and your celebrity friends do, or should do, to maintain a good level of fitness. Have students do Activity 10-15 as homework, and then do the reading and follow-up activity (10-16) the next day in class.

Expansion of *Comparaciones*.
Ask students the following questions to check comprehension. *¿Cómo son los ingredientes que usan los hispanos? ¿Contienen conservantes? ¿Son más saludables los alimentos naturales, o los que contienen conservantes? Identifica un postre típico. ¿Por qué es saludable el aceite de oliva? ¿Suelen tener un régimen de ejercicio los hispanos? ¿Quiénes están cambiando esto?*

SEGUNDA PARTE

¡Así lo decimos! Vocabulario

CD 2, Track 32

10-22 to 10-23

¡Así es la vida! Mejora tu salud

Bienvenidos a Hacienda La Fortuna
Spa-Hotel, Lago Títicaca, Bolivia

La Hacienda La Fortuna le ofrece un servicio único y personal. Nuestro spa-hotel tiene todo lo que pueda desear en un solo lugar con un ambiente de total relajamiento. Cuenta con 23 habitaciones de lujo con vistas espectaculares, así como jacuzzi y piscina con agua de manantiales (*spring*) termales.

PLANES
Adelgazamiento
• sauna, masajes, baños termales, yoga, caminatas • consulta médica • lodo (*mud*) medicinal • dieta de baja grasa • entrenador personal

Antiestrés
• masajes • baño con esencias botánicas • manicura, pedicura

Tratamiento para enfermedades crónicas
• acupuntura • reflexología • baño con barro (*mud*) • dieta de alta proteína y bajos carbohidratos • control de peso

Contamos con el ambiente perfecto para que sus vacaciones sean inolvidables y muy saludables. Nuestros paquetes le ofrecen planes de adelgazamiento, antiestrés, tratamiento para las enfermedades crónicas, clases de cocina y todo tipo de actividades para que usted pueda olvidarse del estrés. La variedad de servicios le deja crear su propia experiencia....

| | | | | | | Los alimentos | | | | | | | | | | | | | | | | | | | | | | | | | | | | | | | |

las bebidas alcohólicas

los carbohidratos

el colesterol

las grasas

los productos lácteos

las proteínas

Las enfermedades y el bienestar	Illnesses and well-being
la diabetes	diabetes
los ejercicios aeróbicos	aerobics
el estrés	stress
el peso	weight
el sobrepeso	excess weight; obesity

Tu línea y tu salud	Your weight and your health
adelgazar; bajar de peso	to lose weight
cuidar(se)	to take care (of oneself)
estar a dieta	to be on a diet
guardar la línea	to stay trim; to watch one's figure
hacer jogging/footing	to jog
mantenerse (ie) en forma	to stay in shape
padecer (zc) (de)	to suffer (from)
ponerse en forma	to get in shape
subir de peso	to gain weight

trescientos cuarenta y uno • **341**

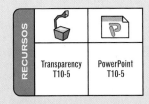

Implementation of ¡Así lo decimos!

Choose four to six vocabulary items and write them on the board as the headers of separate columns. Have students work in pairs and write down two or three concepts that they associate with each item. Various students then go to the board to record their ideas under each header. Review the lists as a class, clarifying meaning when necessary and seeing if students agree. Examples: **1.** *los ejercicios aeróbicos* → *adelgazar, ponerse en forma, el corazón, el oxígeno, el bienestar, la salud;* **2.** *subir de peso* → *el sobrepeso, la grasa, el colesterol, problemas de rodilla;* **3.** *la diabetes* → *una enfermedad, el azúcar, la bebida alcohólica, el sobrepeso, es necesario cuidarse, guardar la línea.* **4.** *levantar pesas* → *ponerse en forma, bajar el estrés, la proteína, el gimnasio, ponerse más fuerte;* etc.

Additional Activity for
Letras y sonidos.

The *r* as an obligatory flap. Write the following words on the board (or choose only a subset of them). First, review their meaning with students. Then ask them to underline the single *r* in each word. Ask what context is common to all of the words in 1–6 (*r* between vowels) and 7–12 (*r* in a cluster). Remind students that a flap is required in these contexts. Finally, have students listen and repeat after you pronounce each word.

1. a-ho-<u>r</u>a	**7.** p<u>r</u>o-ble-ma
2. ja-<u>r</u>a-be	**8.** p<u>r</u>e-sión
3. as-pi-<u>r</u>i-na	**9.** fie-b<u>r</u>e
4. o-pe-<u>r</u>ó	**10.** es-t<u>r</u>és
5. res-pi-<u>r</u>a-mos	**11.** g<u>r</u>i-pe
6. tem-pe-<u>r</u>a-tu-<u>r</u>a	**12.** res-f<u>r</u>ia-do

Additional Activity for
Letras y sonidos.

The *r* as a flap or trill. Write the following words on the board (or choose only a subset of them). First, review their meaning with students. Then ask them to underline the single *r* in each word. Ask what context is common to all of the words (*r* at the end of a syllable). Remind students that a flap or a trill is possible in this context. Finally, have students listen and repeat after you pronounce each word, first using a flap and then a trill.

1. go<u>r</u>-do	**6.** cue<u>r</u>-po
2. do-lo<u>r</u>	**7.** to<u>r</u>-cer
3. pa<u>r</u>-te	**8.** E<u>r</u>-nes-to
4. de-po<u>r</u>-te	**9.** gua<u>r</u>-da<u>r</u>
5. he<u>r</u>-ma-no	**10.** en-fe<u>r</u>-me-dad

Additional Activity for *Letras y sonidos.*

The *r* (flap) and *rr* (trill) in contrast. Write the following words on the board (or choose only a subset of them). Review with students the meaning contrasts involved. Then ask them to underline single *r* and double *rr*. Have students listen and repeat after you pronounce each word. Then, repeat the activity, saying only one of the words in each pair and asking students to identify which word you said (*la primera* or *la segunda*). Finally, have students carry out this same sound discrimination activity in pairs, alternating roles as speaker and listener.

1. pe-ro / pe-rro
2. ca-ro / ca-rro ("car"; "cart" in Spain)
3. pa-ra / pa-rra ("vine")
4. a-ho-ra / a-ho-rra ("s/he saves (money)")
5. pe-ra ("pear") / pe-rra ("dog," *f.*)
6. co-ro ("choir") / co-rro
7. ce-ro ("zero") / ce-rro ("hill")
8. co-ral ("coral," *n.*; "choral," *adj.*) / co-rral ("farmyard, corral")

Additional Activity for *Letras y sonidos.*

More practice with the *rr* (trill). Write the following words on the board (or choose only a subset of them). First, review their meaning with students. Then ask them to underline the *rr* in each one. Have students listen and repeat after you pronounce each word. Suggest to students that they continue to practice this challenging sound on their own outside of class.

1. ma-rrón   6. gui-ta-rra
2. cie-rra   7. bo-rra-dor
3. a-rri-ba   8. co-rrec-to
4. pi-za-rra   9. a-bu-rri-do
5. co-rre-mos   10. a-te-rri-za

Additional Activity for *Letras y sonidos.*

The *r* as an obligatory trill. Write the following words on the board (or choose only a subset of them). First, review with students their meaning. Then ask them to underline the single *r* in each word. Ask what context is common to all of the words in 1–5 (*r* at the beginning of a word) and 6–10 (*r* after *l*, *n*, or *s*). Remind students that a trill is required in these contexts. Finally, have students listen and repeat after you pronounce each word.

1. ro-jo   6. hon-ra
2. re-loj   7. En-ri-que
3. ru-bio   8. Is-ra-el
4. re-ce-ta   9. en-re-do
5. rom-pió   10. al-re-de-dor (the final *r* may be a trill or a flap)

LETRAS Y SONIDOS

The consonants "r, rr" in Spanish

In Spanish, there are two *r* sounds: a flap (or tap) and a trill. A flap involves one quick touch of the tongue tip against the alveolar ridge, located behind the upper front teeth. This sound is similar to the English flap made for the letters *tt* in *butter* and *dd* in *ladder*. A Spanish trill is a rapid series of two or more flaps, where the tongue vibrates from air passing through the mouth. English has no trill, but this sound is approximated when one imitates the sound of a galloping horse or a racecar revving up its engine, or when one says the phrase *edited it* quickly, since it contains four successive flaps.

The difference between a flap and a trill in Spanish is crucial between vowels, the only context where *r* and *rr* contrast meaning, e.g., *pe-ro* ("but") versus *pe-rro* ("dog"). A double *rr* always requires a trill sound.

    Trill for *rr*:   *pe-rro   pi-za-rra   a-bu-rri-do   a-te-rri-za-mos*

A single *r*, however, is sometimes a flap and sometimes a trill. It is a flap between vowels, in a consonant cluster after *p, b, t, d, c, g,* or *f,* or at the end of a syllable.

    Flap for *r*:   *pe-ro   o-pe-rar   es-trés   gra-sa   tor-cer*

A single *r* is a trill at the beginning of a word, or after *l, n,* or *s*. Also, a trill may be used at the end of a syllable instead of a flap.

    Trill for *r*:   *re-ce-ta   ra-dio-gra-fí-a   En-ri-que   Is-ra-el   tor-cer*

Aplicación

10-17 Un chequeo para la salud. Completa el cuestionario sobre la diabetes y decide si tienes riesgo.

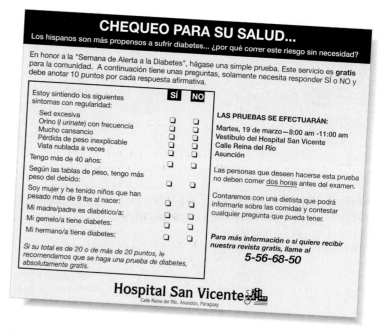

Expansion of 10-17.

El riesgo de padecer de diabetes. Para saber qué riesgo corres de sufrir de la diabetes tipo 2, marca las características que te describen.

☐ Tienes un familiar con diabetes.
☐ Tu familia es de ascendencia afroamericana, indioamericana, asiática, de las islas del Pacífico o hispanoamericana.
☐ Cuando naciste (*you were born*), pesabas más de nueve libras.
☐ Tienes tensión arterial de 140/90 o más.
☐ Tienes el colesterol HDL (colesterol "bueno") en 35 o menos, o los triglicéridos en 250 o más.
☐ Eres bastante inactivo/a. Haces ejercicio menos de tres veces a la semana.

10-18 ¿Qué pueden hacer? Conversen entre ustedes para identificar lo que pueden hacer para prevenir (prevent) la diabetes. Van a encontrar consejos si se conectan a la página web de **¡Arriba!**

> **MODELO:** *Es importante hacer ejercicio todos los días.*

10-19A Te recomiendo que... Un/a estudiante presenta los siguientes problemas mientras el otro/la otra ofrece recomendaciones. Túrnense, cambiando de papel. Pueden usar el verbo **recomiendo** con una cláusula nominativa en el subjuntivo. Estudiante B, por favor ve al **Apéndice 1,** página A12.

> **MODELO:** E1: *Estoy muy flaco/a.*
> E2: *Te recomiendo que comas tres comidas completas todos los días.*

PROBLEMAS	RECOMENDACIONES PARA EL ESTUDIANTE B
1. Quiero bajar de peso.	1. tomar leche
2. Necesito bajar mi nivel de azúcar.	2. (no) tomar bebidas alcohólicas
3. Fumo más de un paquete de cigarrillos todos los días.	3. tomar pastillas para el colesterol.
4. Mi hermano tiene dolor de cabeza.	4. tomar antiácidos
5. Mi tío padece de alzheimer.	5. tomar una bebida llena de vitaminas

10-20 Sus preocupaciones sobre la salud. Conversen entre ustedes para poner estas enfermedades y condiciones en orden de importancia para ustedes y para la sociedad.

> **MODELO:** E1: *¿Cuál de las enfermedades es más terrible para ti?*
> E2: *Para mí es el cáncer, para la sociedad es…*

	PARA MÍ	PARA MI COMPAÑERO/A	PARA LA SOCIEDAD
el cáncer	____	____	____
la diabetes	____	____	____
las enfermedades del corazón	____	____	____
el SIDA (AIDS)	____	____	____
las enfermedades del pulmón	____	____	____
la artritis	____	____	____
el alcoholismo	____	____	____
el SRAS (SARS)	____	____	____
¿otra…?	____	____	____

CD 2, Track 35

10-21 Una encuesta (poll) médica. Escucha y completa la siguiente encuesta telefónica. Después de completarla, compara tus respuestas con las de un/a compañero/a.

> **MODELO:** ¿Cuántos cigarrillos fuma usted al día?
> a. ni uno b. de cinco a diez c. más de un paquete
> *a. ni uno*

1. a. 0 mg	b. 300 mg	c. 600 mg
2. a. muchos	b. algunos	c. ni uno
3. a. mucho	b. un poco	c. nada
4. a. de oliva	b. de maíz	c. de animal
5. a. 80%	b. 50–60%	c. 30%
6. a. menos de una vez	b. dos o tres veces	c. todos los días

Audioscript for 10-21.

Buenos días. Represento la Asociación Americana de Diabetes. Si usted tiene tres minutos, me gustaría hacerle algunas preguntas sobre su dieta.

1. ¿Cuántos miligramos de colesterol consume usted al día?
a. ¿0 mg? b. ¿300 mg? c. ¿600 mg?

2. ¿Cuántos alimentos ricos en proteínas, no de origen animal, come usted, por ejemplo, avena, frijoles?
a. ¿muchos? b. ¿algunos? c. ¿ni uno?

3. ¿Cuánto le gustan a usted las comidas bajas en grasa, como los vegetales verdes y las papas?
a. ¿mucho? b. ¿un poco? c. ¿nada?

4. ¿Qué aceite usa usted más en sus comidas?
a. ¿de oliva? b. ¿de maíz? c. ¿de animal?

5. ¿Qué porcentaje de sus calorías son de carbohidratos como el pan y los cereales?
a. ¿80%? b. ¿50–60%? c. ¿30%?

6. ¿Cuántas veces a la semana toma usted bebidas alcohólicas?
a. ¿menos de una vez? b. ¿dos o tres veces? c. ¿todos los días?

Si sus respuestas son principalmente **a** y **b**, usted tiene poco riesgo de volverse diabético. Si usted respondió **c** a la mayoría de las preguntas, le recomendamos que consulte a su médico. Gracias por participar en esta encuesta. Adiós.

Note on *The subjunctive to express feelings and emotions.*

If the main clause has a verb or expression of emotion, this will affect the conjugation of the verb in the dependent clause. Whether the action of the dependent clause occurred or will occur, the subjunctive must be used. The subjunctive, in general, is used when the dependent clause is beyond our experience or control.

Implementation of *The subjunctive to express feelings and emotions.*

Have students complete the following context using verbs of emotion from the list. *En la casa de los Ramírez la señora _____ que su esposo esté enfermo. _____ que él no descanse y que no coma bien. _____ de que el médico lo vaya a ver esta tarde. _____ que el médico no le diga que es malo trabajar tanto. _____ de que su esposo decida tomar un mes de vacaciones.*

Possible answers:

lamenta, Siente, Está contenta, Espera, Se alegra

Implementation of *The subjunctive to express feelings and emotions.*

Point out to students that they have used *sentirse* and *enojarse* as reflexive verbs (*to feel* and *to become angry*). These verbs are used non-reflexively when a situation or someone else makes the subject sorry or angry. Provide examples such as the following on the board: *Me enojé con Juan. Me enoja que Juan no tome su medicina. Nos sentimos cansados después de la clase. Sentimos que tengas que trabajar tanto cuando estás enfermo.*

10-22 ¿Cómo se comparan? Ahora, conversen entre ustedes y decidan cuál goza de mejor salud, según los siguientes aspectos.

MODELO: comer comida rápida
Mi compañero/a come menos comida rápida que yo. Él/Ella goza de mejor salud que yo.

1. hacer ejercicio
2. comer poca grasa animal
3. mantenerse en forma
4. fumar
5. tomar mucha cafeína
6. tomar bebidas alcohólicas

¡Así lo hacemos! Estructuras

 ## 3. The subjunctive to express feelings and emotions

10-31 to 10-37 ■ The subjunctive is used in noun clauses after verbs that express emotions such as hope, fear, surprise, regret, pity, anger, joy, and sorrow.

Temo que tu hija tenga una infección de oído.

alegrarse (de)	*to be glad*
enojar	*to anger; to make angry*
esperar	*to hope*
estar contento/a (de)	*to be happy*
lamentar	*to regret*
molestar	*to bother*
sentir (ie, i)	*to regret*
sorprender (se)	*to surprise*
temer	*to fear*
tener (ie) miedo (de)	*to be afraid*

Talisa **lamenta** que Carlos **esté** enfermo.	*Talisa regrets that Carlos is sick.*
Espero que **hagas** más ejercicio esta semana.	*I hope that you exercise more this week.*
Juana **teme** que su madre **padezca** de diabetes.	*Juana fears that her mother will suffer from diabetes.*

■ As with the verbs of volition, verbs that express feelings and emotions require the subjunctive in the dependent clause if the subject is different from that of the main clause. If there is only one subject, the infinitive is used in the dependent clause.

Carlos **lamenta estar** enfermo.	*Carlos regrets being sick.*
Esperamos hacer más ejercicio esta semana.	*We hope to exercise more this week.*
Juana **teme padecer** de diabetes.	*Juana fears suffering from diabetes.*

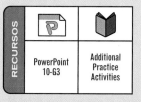

RECURSOS

PowerPoint 10-G3

Additional Practice Activities

El subjuntivo con *Ojalá*

■ The expression **¡Ojalá!** entered the Spanish language during the Arab occupation of Spain. It comes from an Arabic expression meaning *God (Allah) willing* and is used in Spanish as the equivalent of *I hope that.* **¡Ojalá!** may be used with or without **que** and is followed by the subjunctive.

<table>
<tr><td>**¡Ojalá (que) nos mantengamos** en forma!</td><td>*I hope that we stay in shape!*</td></tr>
<tr><td>**¡Ojalá (que) visites** el spa en Bolivia!</td><td>*I hope you visit the spa in Bolivia!*</td></tr>
</table>

Implementation of *The subjunctive to express feelings and emotions.*

Give students a list of your hopes for the coming year, and then preface them with *Ojalá. Este año voy a dejar de fumar. Ojalá deje de fumar. Voy a levantar pesas. Ojalá sea más fuerte.* Then have students write and comment on their own personal hopes as well.

Aplicación

10-23 Las grasas transformadas (*transfatty acids*). Aquí tienes un artículo sobre un cambio de reglamento para las etiquetas (*labels*) de la comida. Lee el artículo y subraya las formas del subjuntivo. Explica por qué se usa el subjuntivo en esos casos. incluya, incluyan, sea, lea, encuentre

Diario ABC de Asunción

lunes, 3 de enero de 2007

Las grasas nocivas en las etiquetas de los alimentos

Desde 2006, el gobierno de los EE.UU. insiste en que la descripción de todos los alimentos incluya la proporción exacta de las grasas transformadas, una de las principales causantes de la obstrucción arterial.

Las papas fritas, las galletas, el pollo frito, los pasteles y los donuts (o donas) son algunos de los alimentos más populares y deliciosos que incluyen grasas transformadas. Sin embargo, esas grasas son tan peligrosas para el corazón y las arterias como las grasas saturadas –y muchos médicos las consideran aún peor.

Las normas de la Agencia de Drogas y Alimentos (FDA) ahora piden que las etiquetas sobre nutrición de los alimentos empaquetados incluyan la cantidad de grasas transformadas, bajo de las grasas saturadas.

El secretario de Salud Michael O. Leavitt afirma: "Queremos que el consumidor sea más inteligente a la hora de adquirir alimentos. Deseamos que lea la etiqueta y encuentre alimentos no dañinos (*harmful*) al corazón". Añadió que 13 millones de norteamericanos sufren de problemas cardiacos y que las grasas transformadas agravan el mal.

10-24 ¿Comprendiste? Ahora, contesta las preguntas siguientes sobre el artículo.

1. ¿En qué insiste el gobierno de los EE.UU.? Insiste en que la etiqueta de alimentos incluya la proporción de las grasas transformadas.

2. ¿Qué tipo de comida contiene estas grasas? Las papas fritas, las galletas, el pollo frito, los pasteles y los donas contienen grasa.

3. ¿Por qué es bueno saber el contenido? Es bueno saberlo porque el consumidor puede encontrar alimentos no dañinos al corazón.

4. A partir de ahora, ¿vas a leer bien las etiquetas de las comidas? ¿Por qué? *Answers will vary.*

CAPÍTULO 10

Additional Activity for *The subjunctive to express feelings and emotions.*

La entrenadora personal. Marisol, una entrenadora personal de un gimnasio, escribe apuntes (*notes*) sobre sus clientes todos los días. Completa su entrada con expresiones lógicas según el contexto.

MODELO: *Espero* que Luis *haga* ejercicio todos los días.

—Mario llega al gimnasio a las ocho en punto. (1) _____ que él llegue temprano.

—Rosario nada muy bien pero me (2) _____ que no nade por lo menos cuatro días a la semana.

—Después de no hacer mucho ejercicio, Beto pesa más de 100 kilos. (3) _____ que él suba de peso. Mañana yo (4) _____ que Beto empiece una rutina de ejercicios aeróbicos.

—Alberto y Linda corren mucho. Me (5) _____ que ellos corran por las tardes cuando hace mucho calor. (6) ¡_____ que ellos tomen mucha agua!

—Yo (7) _____ que Aurelio no fume esta semana porque tiene tos.

—Diana no vino al gimnasio esta semana. Yo (8) _____ que ella no vuelva más.

Possible answers:
1. Me alegra **2.** enoja **3.** Me molesta **4.** espero **5.** sorprende **6.** Ojalá **7.** estoy contenta de **8.** lamento

Additional Activity for *The subjunctive to express feelings and emotions.*

 Los problemas más graves de esta década. Escribe una lista de los problemas más graves de esta década. Compara tu lista con la de tu compañero/a y comenten cada entrada.

MODELO: E1: *Creo que el SIDA (AIDS) es el problema más grave de esta década.*
E2: *Tienes razón. Temo que millones de personas padezcan del SIDA.*

10-25 ¡Ojalá! Vuelve a leer el artículo y ofrece tus opiniones y deseos, usando las siguientes expresiones.

MODELO: Lamento que...
haya grasas transformadas en mis comidas favoritas.

1. Siento que...
2. Espero que...
3. Temo que...
4. Ojalá que...

10-26 Un examen médico. Completa la conversación entre el médico y el paciente con la forma correcta del verbo entre paréntesis, usando el indicativo, el subjuntivo o dejando el infinitivo.

Paciente: Buenos días, doctor. Me siento muy mal.

Médico: A ver ¿qué le (1. doler) __duele__?

Paciente: No me duele nada pero yo (2. sentirse) __me siento__ mal.

Médico: Bueno, quiero escucharle el corazón. Deseo que (3. quitarse) __se quite__ la camisa y que (4. respirar) __respire__ profundamente.

Paciente: Espero que no (5. ser) __sea__ nada serio.

Médico: No, pero temo que su comida (6. contener) __contenga__ demasiado colesterol y grasas transformadas.

Paciente: Me sorprende que (7. decir) __diga__ eso. Soy vegetariano.

Médico: Mmmm... Me alegro de (8. saber) __saber__ eso. ¿Qué come para el desayuno?

Paciente: Donuts, galletas y queso.

Médico: Ah... ¡Ahora entiendo!

 10-27 ¡Mejoremos nuestra salud! Hablen de lo que esperan hacer para mejorar la salud durante los próximos meses y reaccionen a los comentarios que escuchen.

MODELO: E1: *Espero bajar tres kilos en un mes.*
E2: *Espero que hagas ejercicio todos los días.*

10-28 ¿Qué te molesta? Túrnense para hablar de cosas que les molestan. Pueden inventar cosas que realmente no les molesten.

MODELO: *Me molesta que la gente fume.*

4. The subjunctive to express doubt and denial

10-38 to
10-44

The subjunctive is used in noun clauses after expressions of doubt, uncertainty, or denial. The following verbs can express doubt and denial. Unlike the verbs that express volition and emotion, these verbs do not require a change in subject in the dependent clause in order to use the subjunctive.

Dudo que las grasas transformadas sean buenas para la salud.

Note on *The subjunctive to express doubt and denial.*

Some native speakers often do not distinguish between *dudar* and *no dudar* and use the subjunctive with both. A more common way of expressing *no dudar* is *creer.*

dudar	*to doubt*	**no creer**	*to not believe*
negar (ie)	*to deny*	**no estar seguro/a (de)**	*to not be sure (of)*
no pensar (ie)	*to not to think*		

Dudo que Camilo **padezca** de artritis.	*I doubt that Camilo suffers from arthritis.*
No creo que el médico **sepa** el diagnóstico.	*I don't believe that the doctor knows the diagnosis.*
No estamos seguros de que las grasas transformadas **sean** nocivas.	*We're not sure that transfatty acids are harmful.*
Mi padre **niega** que **tenga** un nivel alto de colesterol.	*My father denies that he has a high cholesterol level.*

■ When there is no doubt, uncertainty, or disbelief about an action or event, and when the subject appears certain of the facts, the indicative is used in the noun clause. For most expressions of doubt or uncertainty, the indicative will be used for the opposing expression (**dudar** versus **no dudar; no creer** versus **creer**).

No dudo que Camilo **padece** de artritis.	*I don't doubt that Camilo suffers from arthritis.*
Creo que el médico **sabe** el diagnóstico.	*I believe that the doctor knows the diagnosis.*
Estamos seguros de que las grasas transformadas **son** nocivas.	*We're sure that transfatty acids are harmful.*
Mi padre **no niega** que **tiene** un nivel muy alto de colesterol.	*My father does not deny that he has a very high cholesterol level.*

■ When the verb **creer** is used in a question, it can imply doubt in the mind of the speaker, thereby triggering the subjunctive in the dependent clause. If the speaker expresses no opinion or does not anticipate a negative response, the indicative is preferred.

¿**Crees** que el alcohol **dañe** el corazón?	*Do you believe (think) that alcohol damages the heart?* (speaker implies doubt)
¿**Crees** que el alcohol **daña** el corazón?	*Do you believe (think) that alcohol damages the heart?* (speaker has no opinion)

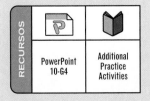

RECURSOS

PowerPoint
10-G4

Additional
Practice
Activities

El subjuntivo con *tal vez* y *quizá(s)*

■ The expressions **tal vez** and **quizá(s),** meaning *perhaps* or *maybe,* are followed by the subjunctive when the speaker wishes to convey uncertainty or doubt. Both expressions are used without **que.**

Tal vez funcione no comer tanta grasa.	*Perhaps not eating so much fat will work.*
Quizás el ejercicio me **alivie** la artritis.	*Maybe exercise will alleviate my arthritis.*

■ When **tal vez** or **quizá(s)** follows the verb, the indicative is used.

Vamos a fumar menos, **tal vez.**	*We're going to smoke less, perhaps.*
Bajo de peso, **quizás.**	*I'll lose weight, maybe.*

Aplicación

10-29 Una entrevista con Raquel Welch. Raquel (Tejada) Welch es de ascendencia inglesa y boliviana. Aunque nació en 1940, todavía se le considera una de las actrices más bellas del cine norteamericano. En esta conversación con la prensa (*press*), habla un poco sobre su carrera. Léela y subraya los verbos en el subjuntivo. Explica por qué se usa el subjuntivo en cada caso.

Raquel Welch y Héctor Elizondo en *Tortilla Soup.*

Periodista: Buenas tardes, señorita Welch. Ojalá que se <u>encuentre</u> bien.

Raquel: Perfectamente bien, gracias. Tal vez usted <u>quiera</u> hacerme algunas preguntas sobre mi carrera, ¿no?

Periodista: ¡Sin duda! Quizás usted <u>pueda</u> hablarme un poco sobre su película favorita.

Raquel: Pues, no creo que <u>pueda</u> limitarme a una sola, pero quizás usted <u>conozca</u> *Tortilla Soup.* Me gustó mucho porque es una comedia con un mensaje serio, y me divertí mucho.

Periodista: Usted también actuó en la televisión.

Raquel: Es verdad. Estoy segura de que mi parte en *American Family* en PBS es una de mis favoritas. Dudo que <u>se repita</u> tal oportunidad en el futuro.

Periodista: ¿Cómo se mantiene tan bien?

Raquel: Niego que <u>esté</u> en perfecta forma, pero es verdad que voy al gimnasio todos los días. Para mí, la buena salud es muy importante.

Periodista: Bueno, señorita Welch. Muchas gracias, y que <u>tenga</u> mucho éxito en el futuro.

Raquel: Gracias a usted.

10-30 La entrevista de Raquel Welch. Vuelve a leer la entrevista con Raquel Welch y contesta las siguientes preguntas.

1. ¿Quién es Raquel Welch?
   Es actriz.

2. ¿Por qué le gustó mucho la película *Tortilla Soup*?
   Le gustó porque es una comedia con un mensaje serio.

3. ¿Qué oportunidad tuvo en la televisión?
   Interpretó un papel en el programa *American Family*.

4. ¿Cuántos años tiene ahora?
   Current year − 1940 = ?

5. ¿Cómo se mantiene en forma?
   Va al gimnasio todos los días.

6. ¿Conoces algunas de sus películas? ¿Crees que tiene mucho talento?
   Answers will vary.

10-31 En el Spa-Hotel Hacienda La Fortuna. Imagínate que estás planeando una visita al Spa-Hotel Hacienda La Fortuna. Contesta las preguntas siguientes, usando expresiones de duda, negación y emoción.

MODELO: ¿Vas a bañarte en las aguas termales?
             Dudo que me bañe.

1. ¿Vas por más de una semana?
   Quizás… vaya

2. ¿Vas a seguir los consejos del entrenador personal?
   Creo que… los sigo

3. ¿Vas a hacer una excursión a los sitios arqueológicos?
   Estoy seguro/a de que… la hago

4. ¿Tienes una cita para hacerte la pedicura?
   Dudo que… la haga/la tenga

5. ¿Vas a seguir una dieta baja en grasas?
   No creo que… la siga

6. ¿Vas a caminar o hacer otro ejercicio?
   Niego que… camine/lo haga

7. ¿Me llevas contigo?
   Dudo que… te lleve

8. ¿Vas a divertirte mucho?
   Ojalá… me divierta

 10-32 Un spa para ti. Conéctate con la página web de **¡Arriba!** para visitar un spa. Completa las siguientes oraciones, dando tu opinión sobre el lugar.

MODELO: Creo que… *tienen planes muy interesantes.*

1. Dudo que…
2. Quizás…
3. No creo que…
4. Estoy seguro/a que…
5. Ojalá que…

Warm-up for 10-31, 10-32, or 10-33A/B.

Before having students begin these activities, review with them the expressions that require the subjunctive and those that do not. Create two columns on the board, one titled *Duda = el subjuntivo* and the other titled *Certeza = el indicativo.* Read off each expression and ask students where it belongs, e.g., *Duda → Quizás…, Dudo que…, No creo que…, Ojalá…* versus *Certeza → Creo que…, Estoy seguro/a de que…, No dudo que…,* etc.

Note on *Panoramas*.

Note on *Panoramas*.

Both Bolivia and Paraguay have had troubled economic and political histories. Bolivia, in particular, with no access to the sea, has experienced political instability. In the 25 years between 1964 and 1989, this country was governed by 19 presidents, most of whom were generals. Today, the per capita income is under $600. Despite extensive deposits of minerals and natural gas, efforts to build a pipeline to sell natural gas to other countries including the United States have been met with suspicion. Paraguay's economy is largely based on informal business such as microindustries and street vendors. The literacy rate for Paraguay is 94%; for Bolivia, it is 87%.

Expansion of 10-37.

Ask students additional comprehension questions based on the map, e.g., *¿Qué no tiene ni Bolivia ni el Paraguay que tienen todos los demás países de Sudamérica? ¿Qué país está al este de Bolivia y del Paraguay? ¿Qué país está al sur? ¿Qué cordillera de montañas pasa por Bolivia? ¿Qué define la frontera sureña del Paraguay?* etc.

NUESTRO MUNDO

Panoramas

Vistas culturales

Los países sin mar: Bolivia y el Paraguay

10-37 ¿Ya sabes...? Trata de identificar o explicar lo siguiente.

10-54 to 10-55

1. la capital de Bolivia y la del Paraguay
   La Paz y Asunción

2. la altura de La Paz
   3.510 metros

3. la importancia de Itaipú
   La producción de electricidad para el Paraguay y el Brasil

4. el país cuyos productos principales son minerales
   Bolivia

5. para qué se usa la *quena*
   Para tocar música andina

6. el país que tiene una cadena de misiones de los siglos XVII y XVIII
   El Paraguay

352 • trescientos cincuenta y dos

RECURSOS

| Transparency T10-6 | PowerPoint T10-6 |

El embalse (dam) de Itaipú en el río Paraná proporciona toda la electricidad que necesita el Paraguay y el 25% de la electricidad que usa el Brasil. La construcción del embalse les costó más de 20 mil millones de dólares a los dos países.

Durante los siglos XVII y XVIII, los jesuitas españoles construyeron una cadena de misiones en el Paraguay para educar y cristianizar a los indígenas. La Santísima Trinidad de Paraná se considera "la más grande y la mejor de todas las misiones". Ahora es parte del patrimonio mundial de las Naciones Unidas.

Bolivia tiene ricos depósitos de estaño (tin), plata, cinc y cobre (copper). Desgraciadamente, la vida de los mineros es sumamente dura.

La ropa de colores vívidos y los sombreros tipo bowler son típicos entre las mujeres indígenas de Bolivia. La Paz está a una altura de 3.510 metros.

La cría de ganado es importante para la gente que vive en el altiplano (high plateau) de Bolivia.

La quena es un instrumento importante para la música andina.

Note on *Panoramas.*

These images portray the cultural and economic variety of Bolivia and Paraguay. Bolivia, despite its mountainous region, also has a tropical lowland in the east, where many of the inhabitants are of African ancestry. The diverse population of Bolivia also includes Amerindian, Quechua, and Aymara peoples.

Implementation of *Panoramas.*

Point out various reading comprehension strategies to help students process the material in the *Panoramas* section of each chapter. First, encourage students to look for cognates as they read the captions. For instance, have them identify the English equivalents for the following words in the very first caption of this section: *electricidad, usa, construcción, costó, millones, dólares.* Second, encourage students to connect the language to the photographs. For example, have them identify the expression for *miners.* Third, whether the reading is assigned for home or in-class, tell students to underline words that interfere with their understanding of the text. Review these words with them or ask them to consult the glossary or a Spanish–English dictionary before proceeding to the activities. Fourth, point out that it is not necessary to understand every word in a text to capture its global meaning. Thus, tell students not to get distracted or overwhelmed by an occasional unknown word. For further practice with reading comprehension, have students carry out the *Páginas* section of each chapter, as well.

Expansion of *Panoramas.*

Ask students comprehension questions based on the information in the captions, e.g., *¿Qué porcentaje de la electricidad consumida en el Paraguay viene del embalse de Itaipú? ¿Qué porcentaje de la electricidad consumida en el Brasil viene del mismo embalse? ¿Cuánto costó el embalse? ¿Con qué fin construyeron los jesuitas españoles una cadena de misiones en el Paraguay? ¿De qué siglos son las misiones? ¿Qué tipos de depósitos se extraen en Bolivia? ¿Qué es la quena? ¿Qué tipo de ropa llevan las mujeres indígenas de Bolivia? ¿De qué vive mucha gente en el altiplano de Bolivia?* etc.

Note on *Ritmos*.
In contrast to Bolivian music with its wind instruments, Paraguayan music is often played on a small harp.

**Lyrics to "Sol de primavera"
(Inkuyo, Bolivia).**
Instrumental

10-38 ¿Cierto o falso? Indica si las siguientes oraciones son ciertas o falsas. Corrige las oraciones falsas.

1. La presa de Itaipú está en el río Amazonas.
   Falso. Está en el río Paraná.
2. La extracción de minerales es importante en el Paraguay.
   Falso. Es importante en Bolivia.
3. El clima del altiplano de Bolivia es bastante templado (*temperate*).
   Falso. Es frío.
4. Los jesuitas españoles exploraron y construyeron misiones por muchas partes del Paraguay.
   Cierto.
5. La *quena* es un instrumento musical típico de los Andes.
   Cierto.
6. El embalse de Itaipú le proporciona electricidad al Paraguay.
   Cierto.
7. El *bowler* es un sombrero típico de los paraguayos.
   Falso. Es de las bolivianas.
8. La vida de los mineros bolivianos es alegre.
   Falso. Es dura.

 10-39 Más sobre Bolivia y el Paraguay. Conéctate con la página web de **¡Arriba!** para ver más imágenes de Bolivia y el Paraguay. Escribe un párrafo para describir uno de los lugares. Incluye esta información.

- el lugar
- la escena (montañas, planos, agua, etcétera)
- la gente (si la hay)
- el clima

10-40 Guía turística. Prepara un folleto turístico para Bolivia o el Paraguay. Incluye sitios de interés, clima, cambio de moneda, costo de viaje, etcétera.

 # Ritmos

 ## "Sol de primavera" (Inkuyo, Bolivia)

10-56

Esta canción es representativa del ritmo *taquirari,* que se originó en el oriente de Bolivia y es el resultado de la mezcla de las culturas y tradiciones musicales indígenas y españolas. En las festividades, las mujeres llevan vestidos con colores brillantes y se adornan la cabeza con flores para bailar este tipo de música.

RECURSOS

Ritmos
Track 10

Antes de escuchar

 10-41 Preferencias musicales. Aunque muchas canciones de *taquirari* tratan del tema del amor, "Sol de primavera" es una canción instrumental que no tiene letra. En parejas hagan y contesten las siguientes preguntas.

1. ¿Qué estilos de música típicamente no tienen letra y son instrumentales?
2. ¿Cómo se llaman tus grupos y artistas musicales favoritos?
3. ¿Qué prefieres, música con letra o música instrumental?
4. ¿En qué ocasiones te gusta escuchar música con letra? ¿Y música instrumental? ¿Por qué?

A escuchar

10-42 Asociación libre. Ahora escucha la canción. ¿En qué piensas o qué te hace sentir "Sol de primavera"? Escribe por lo menos cinco palabras o expresiones en español que se te ocurren mientras escuchas la canción. Después compara tu lista con las de tus compañeros/as.

Después de escuchar

 10-43 Sentimientos. Léele a un/a compañero/a de clase lo que escribiste en la actividad **10-42.** Luego intercambia tu trabajo con él/ella y escribe oraciones completas, usando el presente de subjuntivo para responder a lo que escribió. Puedes usar los verbos de la lista y otros verbos para empezar tus oraciones. Luego, comparte tus sugerencias y reacciones con tu compañero/a.

> esperar   dudar   tal vez   ojalá   alegrarse de   sorprenderse   no creer

MODELO: E1: *Tal vez la música instrumental no **sea** interesante para ti.*
               E2: *No creo que la canción te **haga** pensar en la comida.*

10-44 Terapia musical. Se dice que la música nos afecta emocionalmente y que puede funcionar como terapia para las personas que padecen de una enfermedad o de un problema emocional o físico. En tu opinión, ¿qué tipos de música pueden ayudar a las siguientes personas? Responde a sus problemas, usando el presente de subjuntivo.

MODELO: E1: *Me duele la cabeza.*
               E2: *No creo que la música rock te **ayude** a sentirte mejor.*

1. Me duelen los músculos porque caminé mucho ayer.
2. Mis abuelos tienen la presión alta.
3. Mi madre tiene mucha tensión y estrés por su trabajo.
4. Quiero dejar de fumar, pero es difícil.

Additional Activity for *Ritmos.*

La música de Bolivia y el Paraguay. La música boliviana y la paraguaya son muy diferentes. El instrumento más relacionado con la música boliviana es la *quena*, mientras que para la paraguaya es el arpa (*harp*). Ve a Internet para escuchar ambos instrumentos. Después, en clase, di cuál prefieres y por qué.

Páginas

La tela de la araña es a la vez artística y funcional.

"El ñandutí" (Leyenda paraguaya)

10-57

Antes de leer

10-45 ¿Qué es una leyenda? Lee la introducción a continuación e indica si las siguientes afirmaciones son ciertas o falsas. Corrige las falsas.

Las leyendas como tradición oral son populares en todo el mundo hispano. Sirven para transmitir la historia, la cultura y los valores de una generación a la siguiente. Aunque la leyenda se basa en un evento histórico, se hace propiedad de la persona que la cuenta. Por eso, existen muchas versiones de la misma leyenda, y puede transformarse a través de los años hasta que haya poca relación entre la original y la actual. Lo mismo pasa con leyendas que tú conoces, por ejemplo, la de Pocahontas o la de Davy Crockett. A continuación tienes una leyenda paraguaya que se originó durante la colonia española. Representa una mezcla (*blending*) de la cultura indígena y la española. Explica el origen del encaje (*lace*) especial llamado *ñandutí*, una palabra guaraní. Esta versión la cuenta Aitor Bikandi-Mejías, un joven español.

1. Una leyenda tiene base histórica.
   Cierto. Transmite la historia.

2. "Pocahontas" es un ejemplo de una leyenda canadiense.
   Falso. Es estadounidense.

3. Las leyendas no tienen valor (*value*) cultural.
   Falso. Sí lo tienen.

4. La leyenda de "El ñandutí" se originó durante la época de los incas en Bolivia.
   Falso. Se originó durante la época colonial.

10-46 Anticipa. Ahora, escribe tres preguntas que quieres contestar con relación con esta leyenda.

MODELO: *¿Quiénes son los personajes?*

A leer

10-47 La leyenda. Lee ahora la siguiente leyenda hispana. A ver si puedes contestar las preguntas que escribiste en la actividad **10-46.**

"El ñandutí"

Antes de partir para América —en la época de la colonia—, Manuela, la esposa de un joven oficial del ejército español destinado al Paraguay, fue a decir adiós a su madre. El encuentro fue muy doloroso (*painful*), pues no sabían cuándo iban a verse en vida. Entre las muchas cosas que la madre le dio en aquella ocasión para su nuevo hogar (casa), había una de especial belleza: una mantilla de un encaje (*lace*) exquisito.

—Cuídala (*Take care of it*), porque es mi regalo para ti —le dijo su madre abrazándola—. Si así lo haces, vas a tener abundantes años de felicidad y prosperidad.

Manuela prometió cuidar de la mantilla, besó a su madre y se despidió de ella, tal vez para siempre. Ella y su marido abandonaron (salieron de) España al día siguiente.

Una vez en América, la joven pareja se estableció en el pueblecito de Itaguá. Vivían en una casa grande en el centro del pueblo. Poco después, empezó a vivir con ellos una muchacha guaraní, Ibotí. Ibotí ayudaba a Manuela con las tareas de la casa. Pronto nació entre ellas una amistad sincera y un cariño profundo. Se sentaban las dos en el patio por la tarde y Manuela le confesaba a Ibotí sus recuerdos de su casa en España. Le hablaba a Ibotí de su patria y de su madre. ¡Qué gran consuelo (*consolation*) era para ella poder hablarle a Ibotí!

En cierta ocasión, el marido de Manuela tuvo que irse del hogar, con motivo de una expedición militar. La casa ahora parecía más grande y vacía (sin gente). Como no tenía mucho que hacer, un día Manuela decidió revisar (inspeccionar) todo lo que había traído (*had brought*) de España. Ibotí participaba en esta labor. Muchas cosas hermosas salieron a la luz: tejidos (*weavings*), vestidos, manteles, cubiertos, candelabros, joyas. Entre tantos objetos bellos, el recuerdo más íntimo, era la mantilla de su mamá.

Sin embargo, por el tiempo la mantilla estaba amarilla y un poco gastada (*worn*). Manuela le pidió a Ibotí que la lavara con agua y jabón, recomendándole que fuera muy cuidadosa. La muchacha la lavó cuidadosamente; sin embargo, al sacarla del agua, vio que la mantilla estaba completamente deshecha (*unraveled*). Cuando Manuela supo lo ocurrido, sintió que una parte de su memoria se había perdido (*had been lost*) y lloró con angustia. Esa noche soñó que su mamá estaba muerta. Pasaron muchos días en que tampoco recibió noticias de su esposo. Ibotí trataba de animar (*to comfort*) a su señora. Era imposible.

Una noche, Ibotí soñó con el encaje de la mantilla. Se despertó agitada. —¡Voy a tejer (*weave*) una mantilla igual que la de la señora!—, se dijo esperanzada (*full of hope*).

Empezando esa misma noche, Ibotí se dedicó a tejer una nueva mantilla. Pero cada mañana estaba desilusionada. Nada de lo que hacía era como la mantilla original. Y Manuela estaba más y más triste, más y más enferma.

Una noche de hermosa luna, Ibotí salió al patio a calmar su pena (*sorrow*). Ya no sabía qué hacer. De pronto, por la luz de la luna vio la tela que una arañita (*small spider*) hacía. El corazón de la buena Ibotí palpitó violentamente. ¡Las líneas que aquella araña dibujaba eran como las de la mantilla de Manuela! Durante las siguientes semanas, todas las tardes Ibotí salía al patio y observaba la tela de la araña (*spider's web*). Tan pronto como llegaba la noche, corría a su habitación y se ponía a tejer la mantilla. Tejía y tejía, y no conocía el cansancio (*fatigue*). Por fin, una madrugada, poco antes del alba (*daybreak*), el trabajo estuvo completo.

Aquella mañana, cuando despertó Manuela, vio ante sus ojos una mantilla prácticamente idéntica a la que se había perdido. Creía estar soñando.

—¡Ibotí!, ¿qué es esto? —preguntó asombrada—. ¿De dónde ha salido esta mantilla?

—Es "ñandutí", tela de araña. La tejí yo misma —contestó Ibotí sonriendo.

Manuela recuperó gran parte de su alegría. Se sentía casi feliz. Y aquella misma tarde su felicidad fue completa, pues tuvo noticias de su querido esposo: estaba bien y pronto vendría a casa.

Ibotí, por su parte, encontró su camino. Siguió tejiendo y fabricó otras muchas mantillas maravillosas. También enseñó a hacerlas a las jóvenes guaraníes del lugar. Desde entonces, el pueblo de Itaguá es conocido por sus bellos tejidos de ñandutí, o "tela de araña".

Después de leer

10-48 ¿Quién lo habrá dicho? (*Who might have said...?*) Después de leer la narración, indica quién habrá dicho cada oración.

M: Manuela	**MA:** la mamá	**I:** Ibotí	**E:** el esposo

1. __M__ No quiero irme de España, pero tengo que seguir a mi esposo.
2. __I__ No se preocupe, señora, yo le lavo la mantilla.
3. __MA__ Aquí tienes una bella mantilla que te va a traer buena suerte.
4. __E__ Tengo que irme del pueblo por algunos días pero voy a volver pronto.
5. __MA__ ¡Espero que vuelvas pronto a España!
6. __M__ La mantilla me hace pensar en mi familia.
7. __I__ Voy a tejer como la araña.
8. __E__ Aquí tienes tu nueva casa. Ibotí va a ser tu compañera cuando no esté contigo.

10-49 ¿En qué orden? Pon las oraciones en el orden cronológico de la leyenda. Luego, termina la historia.

___4___ Le dijo: "Guárdala bien y siempre serás feliz".

___6___ Se hizo amiga de Ibotí, una joven guaraní que vivía en su casa.

___3___ Antes de irse de su casa, su mamá le dio una bella mantilla de encaje.

___1___ Una joven señorita vivía en España durante la época de la colonia.

___5___ En su nueva casa, Manuela se sentía muy sola.

___8___ Manuela e Ibotí decidieron lavar la mantilla que había traído (*had brought*) Manuela de España.

___2___ Se casó con un joven militar, quien la iba a llevar a las Américas.

___7___ Un día su esposo se fue en una expedición militar.

A ver si ahora puedes terminar la historia…

10-50 Valores. Las leyendas transmiten los valores de una sociedad. ¿Cuáles de éstos figuran en esta leyenda? Explica por qué.

1. la amistad
2. el amor
3. la diligencia (*industriousness*)
4. la fidelidad

 10-51 Entrevista. Divídanse en dos grupos. Un grupo representa a Manuela y el otro representa a Ibotí. Preparen preguntas para entrevistar al otro grupo, luego entrevístense.

MODELO: GRUPO 1: *Manuela, ¿por qué fue usted al Paraguay?*
           GRUPO 2: *Fui porque mi esposo consiguió un puesto en el Paraguay.*
           GRUPO 2: *Ibotí, ¿por qué quieres tejer una mantilla nueva?*
           GRUPO 1: *Porque siento que la señora Manuela esté triste.*

Additional Activity for *Páginas*.

Las artesanías regionales. Conversen entre ustedes para contestar estas preguntas.

1. ¿Tiene su región una artesanía popular entre los turistas?
2. Cuando viajan, ¿les gusta comprar artesanías, por ejemplo, objetos de madera, tejidos, manteles (*tablecloths*), cobijas (*blankets*), objetos de cerámica o de vidrio (*glass*), tallados (*carvings*) de piedra?
3. En su familia, ¿tiene alguien alguna destreza (*talent*) para la artesanía? ¿Quién es? ¿Qué hace?

Warm-up for *Taller*.

Have students brainstorm ideas and sources of information in class. Inform them that, as responsible journalists, they will need to document any sources of information that they find online or in other printed matter in their articles.

Implementation and Expansion of *Taller*.

Perhaps have students create their articles in the form of a poster to be exhibited in class. Encourage students to present the information in a succinct way, using large type and useful illustrations. Designate a day for a poster display session, where students circulate around the room, examining the posters and learning from one another. As the context involves real-life problems and solutions, students will be motivated to connect forms in the language with meaning to understand content. Perhaps have students vote for the best poster in different categories, such as most interesting and informative, and/or best design and presentation.

 # Taller

10-52 Un artículo sobre la salud. En la prensa popular es común encontrar artículos que dan consejos sobre la salud. En este taller vas a escribir un artículo al estilo de esta prensa.

10-58 to 10-59

MODELO: *Las enfermedades respiratorias*

Se dice que en el mundo más de 300.000.000 personas sufren de alguna enfermedad respiratoria como el asma. Para muchas de ellas, la causa es genética. Para otras, es ambiental, o una combinación de los dos factores. ¿Qué se puede hacer si se sufre de una enfermedad respiratoria?

Antes de escribir

- **Ideas.** Piensa en un problema o en una condición que quieres tratar, por ejemplo, la falta de ejercicio, el sobrepeso, los efectos del sol en la piel (*skin*), etcétera.

A escribir

- **El problema.** Escribe un párrafo en que expliques el problema. Indica a cuánta gente afecta y por qué es importante hacer algo para solucionarlo.

- **Estrategias.** Haz una lista de tres a cinco estrategias o consejos que ayuden al lector/a la lectora a seguir tus consejos.

- **Conclusión.** Concluye el artículo de una manera positiva, explicando cómo el lector/la lectora va a sentirse mejor si sigue tus consejos.

- **Ilustrar.** Agrega alguna foto o algún dibujo que ilustre el problema.

Después de escribir

- **Revisar.** Revisa tu artículo para verificar los siguientes puntos.
  - ☐ los diferentes usos del subjuntivo
  - ☐ el uso de mandatos en la forma de nosotros
  - ☐ la ortografía y la concordancia

- **Intercambiar**
  Intercambia tu artículo con el de un/a compañero/a para hacer correcciones y sugerencias, y para comentar sobre el contenido.

- **Entregar**
  Pasa tu artículo a limpio, incorporando las sugerencias de tu compañero/a. Después entrégaselo a tu profesor/a.

Vocabulario

PRIMERA PARTE

Las partes del cuerpo humano	*Parts of the human body*
la boca	mouth
el brazo	arm
la cabeza	head
el corazón	heart
el dedo	finger
el diente	tooth
los dientes	teeth
la espalda	back
el estómago	stomach
la garganta	throat
la lengua	tongue
la mano	hand
la nariz	nose
el oído	inner ear
la oreja	outer ear
el pecho	chest
el pie	foot
la pierna	leg
los pulmones	lungs
la rodilla	knee

Problemas de salud	*Health problems*
doler (ue)	to hurt
lastimarse	to hurt oneself
romperse (un hueso)	to break (a bone)
tener (ie) alergia(s) a	to be allergic to
tener (ie) (una) fiebre	to have a fever
... (un) dolor de cabeza	... a headache
... (la) gripe	... the flu
... (una) infección	... an infection
... (un) resfriado	... a cold
... (una) tos	... a cough
torcer (ue)	to twist
toser	to cough

Sugerencias y remedios médicos	*Medical advice and remedies*
dejar de fumar	to quit smoking cigarettes
guardar cama	to stay in bed
hacer una cita	to make an appointment
mejorarse	to get better; to get well
operar	to operate
recetar	to prescribe
respirar	to breathe
tomarse la presión	to take one's blood pressure
... la temperatura	... temperature

Medicinas comunes	*Common medicines*
el antiácido	antacid
el antibiótico	antibiotic
la aspirina	aspirin
el calmante	tranquilizer
el jarabe	cough syrup
la pastilla	pill; lozenge

En el consultorio del médico	*At the doctor's office*
el diagnóstico	diagnosis
el dolor	pain; ache
la enfermedad	illness
el examen físico	checkup
la inyección	shot
el/la paciente	patient
la radiografía	X-ray
el síntoma	symptom

Implementation of *Vocabulario*.
Help students better assimilate vocabulary through gestures and images, role-plays or dialogues (e.g., from an appointment with a doctor, dietitian, physical therapist, or trainer), and review games. Some examples of the latter that will work successfully with these word sets include word associations (e.g., identifying members of categories such as *las grasas, las partes de la cara*, etc.; matching health problems with their remedies), spelling races at the board, charades (e.g., acting out health problems to guess), and Pictionary (since there are many nouns). By interacting with others and using words in meaningful ways, vocabulary acquisition is greatly enhanced.

SEGUNDA PARTE

Los alimentos	*Foods*
las bebidas alcohólicas	alcoholic beverages
los carbohidratos	carbohydrates
el colesterol	cholesterol
las grasas	fats
los productos lácteos	dairy products
las proteínas	proteins

Las enfermedades y el bienestar	*Illnesses and well-being*
la diabetes	diabetes
los ejercicios aeróbicos	aerobics
el estrés	stress
el peso	weight
el sobrepeso	excess weight; obesity

Tu línea y tu salud	*Your weight and your health*
adelgazar; bajar de peso	to lose weight
cuidar(se)	to take care (of oneself)
estar a dieta	to be on a diet
guardar la línea	to stay trim; to watch one's figure
hacer jogging/ footing	to jog
mantenerse (ie) en forma	to stay in shape
padecer (zc) (de)	to suffer (from)
ponerse en forma	to get in shape
subir de peso	to gain weight

RECURSOS

Testing Program
Tests A and B
Modules
10-1 to 10-30

Warm-up for *Capítulo 11.*
Review the previous chapter by having students express advice on how to remain healthy using *nosotros* commands and indirect commands, e.g., *¡Durmamos ocho horas todas las noches!* Then introduce *Capítulo 11* by discussing one of your celebrity friends who is looking for work. *Tiene su título en ingeniería y busca un puesto en una empresa grande. Es importante que prepare su currículum vitae y que tenga una entrevista. ¿A quién debe enviar su carta de solicitud? ¿Y a qué tipo de empresa? ¿Y dónde (o en qué región del país/mundo) debe buscar?* etc.

11 ¿Para qué profesión te preparas?

OBJETIVOS COMUNICATIVOS

- Describing professions and occupations using work-related terms
- Talking about the advantages of different professions
- Persuading others and expressing your opinion

- Reading the want ads
- Writing a brief business letter
- Interviewing for a job
- Giving and following instructions and commands

Las cataratas de Iguazú son cuatro veces más grandes que las del Niágara. Sus 275 cascadas son el resultado de una erupción volcánica. Ahora las cataratas son parte del patrimonio de la humanidad de la UNESCO.

El virreinato de la Plata: la Argentina y el Uruguay

Implementation of *Refrán*.
Bring in three to five images of people working in blue- and white-collar jobs, or simply write the terms *oficios* and *profesiones* on the board as column titles with various options under each one, e.g., **oficios:** *basurero, peluquero, mecánico, cocinero,* etc.; **profesiones:** *dentista, arquitecto, ingeniero, veterinario,* etc. Quickly review the words with students, as most are cognates. Write the verbs *no deshonrar* and *dignificar* on the board and ask students for their English cognates. Read aloud the *refrán* and have students repeat it with you. Ask them to interpret its meaning, which essentially is that working in itself, no matter what the status of the job in society, gives purpose and therefore dignity. Elicit possible equivalents in English, such as perhaps: "I work therefore I am" or "Early to bed and early to rise makes a man healthy, wealthy, and wise" (in the sense that structuring one's life for work brings positive results and enhances it). Ask students if they agree that the act of working in itself is honorable and to explain their views.

«El trabajo no deshonra, dignifica.»*

Source: © Sophie Bassouls/CORBIS Sygma.

***Refrán:** Work doesn't bring you dishonor, but dignity.

Jorge Luis Borges (1899–1986), escritor y poeta argentino, fue perenne candidato al Premio Nobel de Literatura.

trescientos sesenta y tres • **363**

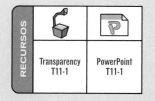

RECURSOS

| Transparency T11-1 | PowerPoint T11-1 |

PRIMERA PARTE

¡Así lo decimos! Vocabulario

CD 3, Track 1

11-1 to 11-2

¡Así es la vida! El mundo del trabajo

En el barrio de La Recoleta, en la ciudad de Buenos Aires, hay muchos negocios. En el edificio Gardel, todos están ya en sus trabajos. María, la dentista, tiene muchos pacientes hoy y Angelita, la peluquera, ya empezó a trabajar con su primera cliente. En este edificio se vende un local, el que dos personas, un ingeniero industrial y una psicóloga quieren comprar para abrir aquí su negocio.

¡Qué edificio tan ocupado!

Rafael Betancourt Rosas
Ingeniero industrial

Edificio Díaz de Solís, Gral. Rivera 32
Montevideo, Uruguay
Teléfono 283-1520
Fax 283-9831

Dra. Mercedes Fernández de Robles

Psicóloga clínica
Hospital del Instituto Nacional de la Salud
Paseo de la Reforma 345
México, Distrito Federal
Teléfonos 367-78-12
367-54-34

CD 3, Track 2

11-3 to 11-7

| | | | | | | Los oficios y las profesiones | | | | | | | | | | | | | | | | | | | | | | | | | | | | | | | | | | | | | | | | | | | | | | | | | |

la bombera

el cartero

el cocinero

la dentista

la electricista

el enfermero

el mecánico

la peluquera

Más oficios y profesiones	More occupations and professions
el/la analista de sistemas	systems analyst
el/la arquitecto/a	arquitect
el/la carpintero/a	carpenter
el/la contador/a[1]	accountant
el/la ingeniero/a	engineer
el/la intérprete	interpreter
el/la periodista	journalist
el/la plomero/a[2]	plumber
el/la psicólogo/a	psychologist
el/la secretario/a	secretary
el/la veterinario/a	veterinarian
el/la viajante	traveling salesperson

Términos y expresiones de trabajo	Work-related terms and expressions
las calificaciones	qualifications
el desempleo	unemployment
el entrenamiento	training
la formación	education
el horario de trabajo	work schedule
la meta	goal
el puesto	position (job)
las responsabilidades	responsibilities
el salario/el sueldo	salary; wages

Cargos	Positions
el/la coordinador/a	coordinator
el/la empleado/a	employee
el/la gerente	manager
el/la jefe/a	boss
el/la supervisor/a	supervisor

¡Manos a la obra!	Let's get to work!
apagar (fuegos/incendios)	to put out; extinguish (fires)
curar	to cure
diseñar	to design
estar en paro (sin trabajo)	to be out of work
reparar	to repair
repartir	to deliver; to distribute
trabajar a comisión	to work on commission

[1]**el/la contable** en España
[2]**el/la fontanero/a** en España

Implementation of *¡Así lo decimos!*

On the board, write verbs from the *¡Manos a la obra!* section of the vocabulary: *apagar, curar, diseñar, reparar, repartir, trabajar a comisión.* You may want to add other familiar verbs, such as: *comunicar, cortar, contar, escribir a máquina, limpiar.* Ask students to associate each verb with two to four trades or professions that involve the activity to a high degree. Review these orally as a class, or have students go to the board and list their ideas under each verb.

Implementation of *¡Así lo decimos!*

Have students categorize professions that require the following education: *dos años de escuela técnica, cuatro años de universidad, seis años de universidad, ocho años o más de universidad, un internado.* Write these categories on the board as titles and have various students go to the board to add ideas. Then as a class, assess the level of agreement among students.

Implementation of *¡Así lo decimos!*

The activities in this section lead students through the job selection and application process. Many of your students may already hold part-time jobs. Ask these students to talk about how they found their jobs and if they consider them to be *un oficio* or *una profesión* and why.

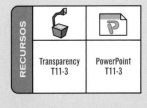

RECURSOS

Transparency T11-3 | PowerPoint T11-3

365

Aplicación

11-1 ¿A quién llamas? ¿A qué profesionales llamas en cada una de las siguientes situaciones? Empareja las descripciones con la profesión u oficio. Luego, explica tu selección.

MODELO: Tienes el pelo muy largo y necesitas un corte nuevo.
Llamo a mi peluquera. Siempre voy a "Supercorte" donde no tengo que pagar mucho.

1. __b__ No hay agua en el baño.
2. __d__ Quieres una entrevista para un artículo en el periódico (*newspaper*).
3. __e__ Necesitas resolver algunos problemas emocionales.
4. __j__ Tu carro hace un ruido (*noise*) extraño.
5. __h__ Tu perro está enfermo.
6. __a__ Quieres hacer unos muebles nuevos para tu casa.
7. __f__ Es hora de preparar los formularios para pagar los impuestos *(taxes)*.
8. __g__ Quieres diseñar una casa nueva.
9. __i__ No hay luz en tu sala.
10. __c__ No recibiste ninguna carta ni ningún otro correo (*mail*) esta semana.

a. carpintero/a
b. plomero/a
c. cartero/a
d. periodista
e. psicólogo/a
f. contador/a
g. arquitecto/a
h. veterinario/a
i. electricista
j. mecánico/a

11-2 ¿Qué es lo que hace? Identifica la profesión u oficio que corresponde a cada persona a continuación. Luego explica algunas de sus responsabilidades y características. *Answers will vary.*

MODELO:

Pilar es bombera. En su trabajo, apaga incendios. Su trabajo es difícil y emocionante.

Pilar

1.

Don Lucas es dentista. Ayuda a las personas que tienen dolor de muelas.

Don Lucas

2.

El señor Castillo es viajante. Pasa mucho tiempo en su coche.

el señor Castillo

3.

Rafael es peluquero. Es extrovertido y le gusta cortar el pelo.

Rafael

4.

Doña Maruja es enfermera. Le gusta poner inyecciones.

Doña Maruja

5.

La doctora Fernández es veterinaria. Le gustan los animales.

la doctora Fernández

11-3 Un aviso clasificado para el periódico. Contesta las preguntas a continuación, basándote en los siguientes avisos.

1. ¿Cuál/es de estos avisos tiene/n puestos para hombres y mujeres?
   el anuncio de la tienda de cocinas y baños

2. ¿Qué empresa necesita una persona que sepa cocinar?
   el restaurante argentino

3. ¿Cuál/es paga/n salario y comisión?
   el puesto de vendedor

4. ¿Cuál/es paga/n los gastos de viaje?
   el puesto de arquitecto técnico

5. ¿Cuál/es puesto/s está/están en el Uruguay?
   el puesto de arquitecto técnico, Casalinda

CASALINDA

EMPRESA DE ÁMBITO NACIONAL
QUE FABRICA CASAS MODULARES
PRECISA PARA SU DELEGACIÓN
EN MONTEVIDEO

ARQUITECTO TÉCNICO

• Con experiencia mínima de un año para incorporarse a empresa líder en el sector.

• Responsabilidades: realizar proyectos de producto, nuevos diseños de casas y promoción de productos.

• Cualidades necesarias: iniciativa, facilidad de trabajo con la gente, facilidad para convencer, capacidad de trabajo y espíritu competitivo.

• Salario mínimo inicial 52.000 pesos uruguayos al mes.

• Gastos de kilometraje y comida.

Interesados enviar C.V., con carta de presentación escrita a mano y fotografía reciente, al apartado de Correos 20-037, Montevideo.

LA TIENDA DE COCINAS Y BAÑOS
necesita
VENDEDORES
–ambos sexos–

SE REQUIERE:
• Experiencia en venta de servicios.
• Capacidad de trabajo y ganas de superación.

SE OFRECE:
• Integración en la primera empresa del sector.
• Incorporación inmediata.
• Ingresos superiores a 13.000 pesos argentinos, entre sueldo fijo y comisiones.

Para entrevista personal, llamar al teléfono
4978 0875.

Se necesita cocinero y ayudante para restaurante argentino. Preguntar por Julia. Tardes. (4153 2112)

 11-4 Más preguntas. Túrnense para retarse (*challenge each other*) con más preguntas basadas en los avisos de la actividad **11-3.**

 11-5 Las profesiones y los oficios. Escucha a las siguientes personas e indica la profesión u oficio que le interesa a cada una.

CD 3, Track 3

MODELO: Soy bilingüe. Me gusta trabajar en la computadora y contestar el teléfono.
secretario/a

a. analista de sistemas   c. cocinero/a   e. dentista   g. peluquero/a
b. arquitecto/a   d. contador/a   f. mecánico/a h. periodista

1. ___f___   5. ___g___
2. ___b___   6. ___a___
3. ___h___   7. ___e___
4. ___c___   8. ___d___

11-6 ¿En qué orden? Pongan individualmente las siguientes cosas en orden de importancia. Luego comparen la lista. Cuando no estén de acuerdo, explíquense su punto de vista.

MODELO: E1: _Quiero un trabajo que sea interesante porque no quiero estar aburrido/a._
E2: _Bueno, para mí el sueldo es lo más importante. Si gano suficiente, me divierto cuando no estoy trabajando._

_____ un trabajo interesante
_____ el sueldo
_____ la seguridad
_____ el/la jefe/a
_____ el seguro médico
_____ la independencia en el trabajo
_____ trabajar a sueldo fijo _(fixed)_

_____ la oportunidad de aprender más
_____ las responsabilidades
_____ los compañeros
_____ el horario de trabajo
_____ el número de días de vacaciones
_____ trabajar a comisión
_____ el número de empleados

 11-7 Ahora eres el/la jefe/a de personal. Escribe un aviso clasificado para el periódico para anunciar un puesto en tu compañía. Luego, muéstraselo a un/a compañero/a para ver si quiere solicitar el trabajo y por qué.

11-8 En la oficina de empleos. Imagínense que uno/a de ustedes es consejero/a en una oficina de empleos. El/La otro/a es un/a cliente/a que busca trabajo. Representen una escena en que incluyan la información a continuación.

MODELO: CONSEJERO/A: _¿Qué tipo de trabajo le interesa?_
CLIENTE/A: _Soy cocinero/a. Me interesa trabajar en un restaurante italiano._
CONSEJERO/A: _¿Por qué?_
CLIENTE/A: _Porque me encanta la comida italiana y sé preparar salsas muy buenas._

1. su nombre, sus estudios, sus intereses
2. si tiene trabajo ahora
3. el sueldo que busca
4. si quiere trabajar a comisión
5. el horario de trabajo que prefiere
6. si tiene carro

¡Así lo hacemos! Estructuras

1. The subjunctive with impersonal expressions

11-8 to 11-15

■ The subjunctive is used in noun clauses after impersonal expressions of necessity, doubt, frequency, probability, denial, opinion, pity, and uncertainty when the dependent clause has an expressed subject.

Es importante que estudies para ser médico.

Es bueno	_It's good_	**Es indispensable**	_It's indispensable_
Es común	_It's common_	**Es (una) lástima**	_It's a pity_
Es difícil	_It's difficult_	**Es malo**	_It's bad_
Es dudoso	_It's doubtful_	**Es mejor**	_It's better_
Es extraño	_It's strange_	**Es necesario**	_It's necessary_
Es fácil	_It's easy_	**Es posible**	_It's possible_
Es importante	_It's important_	**Es preciso**	_It's essential_
Es imposible	_It's impossible_	**Es probable**	_It's probable_
Es increíble	_It's incredible_	**Es urgente**	_It's urgent_

Es importante que ustedes
recomienden a la aspirante.

*It is important that you recommend
the applicant.*

Es imposible que el jefe **ascienda**
al secretario.

*It is impossible for the boss to promote
the secretary.*

■ The indicative is used when the impersonal expression conveys certainty or conviction on the part of the speaker. Some common impersonal expressions of certainty are:

Es verdad	*It's true*	**Es seguro**	*It's certain*
Es cierto	*It's true*	**Es obvio**	*It's obvious*
Es evidente	*It's evident*	**No es dudoso**	*It's not doubtful*

Es verdad que Carlota **es** muy
honrada.

It's true that Carlota is very honest.

Es evidente que el jefe no **está**
aquí.

It's evident that the boss is not here.

Es seguro que el electricista **viene**
a reparar el problema.

*It's certain that the electrician is
coming to repair the problem.*

■ Use the infinitive with impersonal expressions when there is no expressed subject in the dependent clause.

Es difícil conseguir trabajo.

It's hard to get work.

Es necesario apagar el fuego.

It's necessary to extinguish the fire.

Aplicación

11-9 Jorge Luis Borges y el Comité Nobel. Lee el discurso sobre los méritos de este autor argentino y subraya todas las expresiones impersonales. Luego explica por qué se usa el subjuntivo o el indicativo con cada expresión.

Miembros del Comité Nobel:

Estamos aquí hoy para hablar sobre los méritos del gran poeta y cuentista Jorge Luis Borges. <u>Es verdad que</u> es uno de los autores más importantes del mundo. <u>Es cierto que</u> se leen sus obras no sólo en español, sino también en muchos otros idiomas. Pero <u>es dudoso que</u> él reciba el honor de este comité que tanto merece. ¿Por qué año tras año ignoramos a esta figura? <u>Es posible que</u> haya otros autores este año que debemos considerar. <u>Es fácil decir que</u> podemos esperar otro año para premiar a Borges. Pero <u>es preciso que</u> lo honremos antes de su muerte. Por eso, colegas, insisto en que lo consideremos seriamente este año. No queremos esperar más. Su salud no es buena. Les repito que <u>es urgente que</u> este año reciba el Premio Nobel. Gracias por su atención.

11-10 Más sobre Jorge Luis Borges. Además de ser autor, Borges era bibliotecario. Su pasión eran los libros. Desafortunadamente, cuando ya era mayor, se quedó ciego (*blind*). Completa estas frases para expresar tu opinión sobre su condición.

MODELO: *Es probable que Borges necesite mucha ayuda.*

1. Es una lástima…

2. Es cierto…

3. Es necesario…

4. Es posible…

Additional Activity for *The subjunctive with impersonal expressions.*

Algunos consejos en el trabajo. Aquí tienes algunos consejos de un/a amigo/a para encontrar un empleo. Completa cada oración con el infinitivo o el subjuntivo del verbo entre paréntesis.

Es probable que nosotros (1. ir) ____ a ser candidatos al puesto. Primero, es importante (2. vestirse) ____ elegantemente. Es mejor (3. llegar) ____ temprano a la entrevista. Es una lástima que no (4. haber) ____ más de un solo puesto. Antes de la entrevista, es preciso que nosotros (5. hablar) ____ con la secretaria; es buena amiga y nos puede ayudar. Es imposible que Juan Antonio (6. conseguir) ____ el puesto porque es muy irresponsable. No es fácil (7. poder) ____ impresionar al director. Es extraño que Julita no (8. estar) ____ interesada en entrevistarse para este trabajo; ella es muy capaz. Es obvio que uno de nosotros (9. ser) ____ perfecto para este trabajo. Es mejor que ellos me lo (10. dar) ____ a mí, y no a ti, ¿verdad?

Answers:
1. vayamos **2.** vestirse **3.** llegar **4.** haya **5.** hablemos **6.** consiga **7.** poder **8.** esté **9.** es **10.** den

Note on 11-9.

Borges, like his father before him, suffered from glaucoma and became legally blind at an early age. His aging mother insisted that he marry so that he would have someone to take care of him after she passed away. The match was not a good one, and Borges moved back in with his mother until she died at the age of 99. Later, Borges traveled extensively all over the world, often accompanied by an assistant named María Kodama. On his death bed, Borges married Kodama, who thus gained absolute control of his works. Borges once said that he wrote neither for the intellectual elite nor for the masses, but rather for his friends.

11-11 En el despacho *(office)* **de la directora de personal.** Completa la siguiente conversación con la forma correcta del subjuntivo o indicativo de los verbos de la lista.

completar	contratar	hablar	saber	volver
conocer	dar	ir	tener	

Ligia Gómez: Buenos días. Soy Ligia Gómez y vengo a solicitar el puesto de analista de sistemas.

Sra. Méndez: Mucho gusto. Soy la señora Méndez, la directora de personal. Bueno, es importante que usted (1) __complete__ esta solicitud de empleo. ¿Es verdad que usted (2) __tiene__ experiencia de trabajo con computadoras?

Ligia Gómez: Sí, usted va a notar en mi *currículum vitae* que es evidente que (3) __sé__ mucho de informática. Tengo cuatro años de estudios universitarios y cuatro más en un banco internacional. Es posible que usted (4) __conozca__ a mi antiguo jefe, el señor Martínez.

Sra. Méndez: Sí, lo conozco bien. Es importante que yo (5) __hable__ con él sobre sus calificaciones. Es mejor que usted (6) __vuelva__ mañana. Es probable que nosotros la (7) __contratemos__

Ligia Gómez: Es magnífico que ustedes me (8) __den__ una oportunidad en su empresa. ¡Muchísimas gracias!

Sra. Méndez: ¡No hay de qué! Es seguro que el puesto le (9) __va__ a gustar.

 11-12 Tu opinión. Túrnense para expresar sus opiniones sobre el mercado de trabajo y sus oportunidades. Usen expresiones impersonales para expresar sus opiniones y respondan de una manera apropiada.

MODELO: E1: *Es importante que yo busque trabajo.*
E2: *Es verdad que tienes que trabajar.*

 11-13A Consejos. Túrnense para contarse sus problemas y darse consejos, usando expresiones impersonales. Estudiante B, por favor ve al **Apéndice 1,** página A13.

MODELO: un/a amigo/a enojado/a
E1: *Mi amigo/a está enojado/a conmigo.*
E2: *Es indispensable que lo/la llames y que ustedes hablen del problema.*

PROBLEMAS

padres exigentes	un carro viejo
una entrevista importante	un problema con su novio/a o esposo/a
un/a profesor/a difícil	¿...?

CONSEJOS

1. llamar al analista de sistemas	4. pedir un préstamo *(loan)* al banco
2. cambiar de trabajo	5. comprar otro
3. estudiar toda la noche	

¿Cuánto sabes tú? *Can you...*

☐ describe different professions and jobs?

☐ talk about the advantages of different professions and jobs?

☐ persuade others or express an opinion using impersonal expressions such as **Es importante que...** and **Es dudoso que...**?

11-16 to 11-19

Comparaciones

Los empleos y las relaciones personales

11-14 En tu experiencia. Contesta las siguientes preguntas dando tu opinión.

1. ¿Tienes un trabajo en este momento?
2. ¿Qué hiciste para conseguirlo?
3. ¿Fue importante para ti conocer a alguien en la empresa para conseguir tu puesto?
4. En tu opinión, ¿son más importantes las relaciones personales que la experiencia en el trabajo?

Las relaciones personales son muchas veces la clave (*key*) para obtener un puesto en los países hispanos. Éste es un factor más importante en el mundo hispano que en los EE.UU. o el Canadá, donde es mucho más frecuente obtener un puesto a través de agencias de empleos o de avisos clasificados.

Para obtener un trabajo, los hispanos típicamente acuden (*turn to*) a sus familiares o a sus amigos íntimos cuando saben que uno de ellos los puede ayudar. Los amigos íntimos o familiares se ayudan porque es parte de la ética (*ethics*) de la familia hispana, y a los amigos íntimos se les considera parte de la familia. Es costumbre que las personas que ocupan puestos importantes ayuden a los jóvenes que están dentro de su círculo de amistades. Una vez que los jóvenes hayan obtenido su puesto y estén establecidos, estos jóvenes van a tener que pagar el favor, haciendo algo similar por otros miembros de la familia.

11-15 En tu opinión. Conversen entre ustedes sobre los requisitos para estas profesiones y oficios. Pueden incluir requisitos personales y formales.

MODELO: veterinario

E1: *Para ser veterinario se requieren cuatro años de estudios en ciencias y cuatro años en la Facultad de Medicina Veterinaria.*

E2: *Además, debes querer trabajar con los animales. Y si son animales grandes, como los caballos, tienes que ser bien fuerte.*

1. trabajador/a social
2. pediatra
3. maestro/a
4. ingeniero/a eléctrico/a
5. plomero/a
6. bombero/a
7. analista de sistemas
8. psiquiatra

Expansion of *Comparaciones*.
To check comprehension, have students complete sentences with an appropriate impersonal expression. *¿Qué opinas? ¿Prefieres la situación de los jóvenes hispanos o la de los estadounidenses? ¿Piensas… que las agencias de empleo son menos importantes que las relaciones personales? ¿Prefieres… que los jóvenes acudan a sus familiares? ¿…que la ayuda familiar sea parte de la ética de la familia? ¿…que paguen el favor ayudando a otros miembros de la familia cuando estén establecidos?*

Expansion of *Comparaciones*.
Ask students to cite examples of those who have benefited from having a recognizable name or whose family has a tradition of success in a certain profession. The advantages of having personal connections are clear in many cultures; it is often a matter of who you know rather than what you know.

Note on *Comparaciones*.
El pluriempleo (i.e., having more than one job) is common in Latin America, and it is becoming more common in the United States and Canada as well. When the economy is poor, many people are forced to take several lower-paying, part-time jobs simply to make ends meet. In many Hispanic countries, the professions are not nearly as well compensated as in the United States and Canada.

SEGUNDA PARTE

¡Así lo decimos! Vocabulario

CD 3,
Track 4

11-20 to
11-21

¡Así es la vida! En busca de empleo

Sra. Posada: Pase, señor. Siéntese, por favor.

Juan López: Muchas gracias.

Sra. Posada: Acabo de examinar su *currículum vitae*. Para nosotros es bueno que tenga experiencia en contabilidad. Dígame, ¿por qué quiere trabajar en nuestra empresa?

Juan López: Porque es una empresa que realmente se interesa por el bienestar de sus empleados.

Sra. Posada: Muy bien. Me gusta su respuesta. Antes de que se vaya, voy a presentarle al jefe de personal. Si le ofrecemos el puesto, ¿cuándo puede comenzar a trabajar?

La búsqueda de empleo

CD 3,
Track 5

1-22 to
11-25

el aspirante

la carta de recomendación

el contrato

la directora

la solicitud de empleo

Más sobre la búsqueda de empleo	More on job searching
los anuncios/avisos clasificados	want ads
la carta de presentación	cover letter
el *currículum vitae*	resumé
el despacho	office
la empresa	company; firm
la entrevista	interview
el expediente	dossier
el formulario	form; application
la vacante	vacancy

Los beneficios	Benefits
el aumento	raise
la bonificación anual	yearly bonus
el plan de retiro	retirement plan
el seguro médico	health insurance

Verbos	Verbs
acabar de (+ *infinitive*)	to have just (done something)
ascender (ie)	to promote; to move up
contratar	to hire
dejar	to quit
despedir (i, i)	to fire
jubilarse/retirarse	to retire
rellenar[1]	to fill completely; to fill out

Adjetivos	Adjectives
capaz	capable
entusiasta	enthusiastic
honrado/a, honesto/a	honest
justo/a	just; fair

Una carta comercial	A business letter
Saludos	Salutations; greetings
Estimado/a señor/a:	Dear Sir/Madam:
Despedidas	Closings
Atentamente,	Sincerely yours,
Cordialmente,	Cordially yours,
Lo(s)/La(s) saludo/a atentamente,	Very truly yours,

---

[1]Also: **completar, llenar** *to fill out*

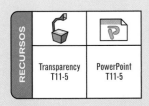
Expansion of *¡Así lo decimos!*
You may want to present cognates for some additional words, e.g. *la calificación, la evaluación, la referencia.*

Implementation of *¡Así lo decimos!*
On the board or a transparency, write in random order some expressions that describe the employment process and cycle, e.g., (here in logical order) *prepararse/ entrenarse, buscar vacantes, llenar solicitudes de empleo, pedir cartas de recomendación/referencia, entrevistarse, firmar un contrato, ascender, jubilarse/ retirarse.* Clarify meaning as needed. Ask students to put the expressions in logical order. Ask also if any variations are possible, such as ordering *prepararse/entrenarse* after *firmar un contrato* in addition to before *buscar vacantes,* or switching the order of *llenar solicitudes de empleo* and *pedir cartas de recomendación/referencia.* Finally, have students discuss or speculate about the job search experience, e.g., *lo positivo, lo negativo, lo más fácil, lo más difícil.*

Implementation of *¡Así lo decimos!*
On the board or a transparency, write the following possible aspects of a job: *un contrato fijo, un aumento de sueldo consistente, un buen horario de trabajo, un/a jefe/a honrado/a y justo/a, una ubicación ideal (en un pueblo versus en una ciudad, en cierto estado del país, etc.), una bonificación anual, un plan de retiro, un seguro médico.* Clarify meaning as needed. In pairs or small groups, have students discuss these job features and identify the two or three that are most important and the two or three that are least important to them as individuals. For closure, take a tally of their conclusions on the board.

Implementation of *¡Así lo decimos!*
Clarify grammatical aspects of the expressions in the section titled *La carta comercial,* e.g., the gender and number agreement of the adjectives in *Saludos* (such as *Estimadas señoras*), *Los* versus *Las saluda* in *Despedidas,* etc. Point out also the formality of these expressions for the purpose of professional letter writing, in contrast to the informal expressions taught in previous chapters (e.g., *Chs. 1, 3,* and *7*): *Hola Juan, Querida Raquel, Saludos de, Un abrazo de, Besos de, Hasta pronto,* etc.

Expansion of *¡Así lo decimos!*
There are many positive qualities that are important to job success, some of which are job specific and others of which are generic. Have students brainstorm qualities other than those listed in the *Adjetivos* section of the vocabulary so that they can use them later on when they write their letters of application.

373

Additional Activity for *Letras y sonidos.*

Hard bilabial *b, v* after a pause. Write the following words on the board (or choose only a subset of them). First, review with students their meaning. Then ask them to underline the letters *b, v* in each one. Ask what context is common to all of the words and remind students that a hard bilabial sound is required. Finally, have students listen and repeat after you pronounce each word.

1. bo-ca
2. bue-no
3. bra-zo
4. bús-que-da
5. be-ne-fi-cios
6. bo-ni-fi-ca-ción
7. ver
8. va-mos
9. vuel-ta
10. va-can-te
11. via-jan-te
12. ve-te-ri-na-rio

Additional Activity for *Letras y sonidos.*

Hard bilabial *b, v* after the letters *m, n*. Write the following words on the board (or choose only a subset of them). First, review with students their meaning. Then ask them to underline the letters *b, v* in each one. Ask what context is common to all of the words and remind students that a hard bilabial sound is required. Finally, have students listen and repeat after you pronounce each word.

1. un-bra-zo
2. ham-bre
3. un-bom-be-ro
4. som-bre-ro
5. em-bar-car
6. un-via-jan-te
7. en-viar
8. in-vier-no
9. con-ven-to
10. in-ves-ti-gar

Additional Activity for *Letras y sonidos.*

Soft bilabial *b, v*. Write the following words on the board (or choose only a subset of them). First, review with students their meaning. Then ask them to underline the letters *b, v* in each one. Ask what context is common to all of the words (*b, v* between vowels and elsewhere) and remind students that a soft bilabial sound is required. Have students listen and repeat after you pronounce each word.

1. la-bo-ca
2. el-bra-zo
3. tra-ba-jo
4. con-ta-ble
5. pro-ba-ble
6. so-bre-pe-so
7. u-na-bús-que-da
8. a-vión
9. re-ser-va
10. tu-vi-mos
11. cer-ve-za
12. u-na-vuel-ta
13. la-va-can-te
14. u-na-via-jan-te

CD 3,
Track 6

11-26 to
11-27

LETRAS Y SONIDOS

The consonants "b, v" in Spanish

In Spanish, the letters *b* and *v* sound identical. There is no distinction between them, as there is in English, where *b* involves a tight, bilabial closure between the lips, *v* involves contact between the lower lip and the upper front teeth, and contrasts in meaning exist, e.g., *base* versus *vase*. While *b* and *v* are identical in Spanish, two different sounds correspond to them, depending on the context. After a pause or the letters *m* or *n*, the sound for *b* and *v* is like the *b* in English *base*, where a tight closure between the lips momentarily stops the flow of air out of the mouth.

Hard bilabial: *bús-que-da   ve-te-ri-na-rio   bom-be-ro   con-ven-to*

In all other positions, especially between vowels, the sound for *b* and *v* is softer. There is a loose closure between the lips that allows air to flow through them. English has no sound similar to soft, bilabial *b* and *v* but this sound is approximated when one imitates the steady murmur of a motor boat in the distance.

Soft bilabial: *la-bús-que-da   el-ve-te-ri-na-rio   con-ta-ble   a-vión*

Aplicación

11-16 En busca de empleo. Empareja las siguientes definiciones con la expresión más lógica.

MODELO: Tienes que rellenar este formulario.
la solicitud de empleo

1. __g__ Tu último jefe escribió excelentes comentarios.

2. __d__ Rellenas tu solicitud de empleo y hablas con el jefe de personal en este lugar.

3. __c__ Firmas este documento. Los términos son por un año, pero el documento es renovable (*renewable*).

4. __a__ Incluyes los nombres y números de teléfono de personas que te van a recomendar favorablemente.

5. __b__ Este beneficio es importante si tienes hijos pequeños.

6. __h__ Esta persona necesita buenas calificaciones; debe ser entusiasta y capaz.

7. __f__ Después de trabajar bien por unos años en una empresa, tu sueldo cambia.

8. __e__ Debes indicar todas las cosas que sabes hacer y que son pertinentes al puesto que buscas.

a. las referencias
b. el seguro médico
c. el contrato
d. la oficina de empleo
e. las calificaciones
f. el aumento
g. la recomendación
h. el/la aspirante

11-17 ¿En qué orden? Indica el orden en que completas estos pasos para conseguir un puesto.

<u> 2 </u> llamar para hacer una cita con el/la jefe de personal

<u>10</u> volver a casa y esperar una llamada

<u> 1 </u> leer los avisos clasificados en el periódico

<u> 5 </u> rellenar la solicitud de empleo

<u> 4 </u> ir al despacho de personal

<u> 8 </u> hacer preguntas sobre los beneficios del trabajo

<u> 6 </u> tener la entrevista

<u> 7 </u> contestar las preguntas sobre mi formación y experiencia

<u> 3 </u> vestirme bien

<u> 9 </u> preguntar sobre el sueldo

Audioscript for 11-18.

Soy Alejandra Medina Ayala. El profesor López me recomendó esta empresa. Soy de Córdoba, Argentina. Mi dirección es Avenida la Pampa, número 33. Mi teléfono es 5358-1191. Nací el 11 de octubre de 1982. Mi meta es encontrar un puesto como contadora. Busco un sueldo mínimo de 2.500 pesos al mes. Estudié cinco años en la Universidad Nacional donde recibí un título. Después, trabajé un año con *Grimaldi*. Hablo inglés y portugués. Sé usar la computadora. Tengo como referencia al doctor Casares.

CD 3, Track 7

11-18 La solicitud de empleo. Imagínate que trabajas en una agencia de empleos y Alejandra es una clienta. Escucha a Alejandra mientras explica su formación y experiencia. Luego completa su solicitud de empleo. ¡Ojo! Alejandra no da toda la información necesaria.

Solicitud de empleo

Fecha: _____   Referido por: _____

Información personal

Apellidos: _____   Nombre: _____

Dirección: _____   Teléfono: _____

Fecha de nacimiento: _____

Empleo deseado

Puesto: _____   Fecha de comienzo: _____

¿Actualmente empleado/a? _____   Sueldo deseado: _____

¿Permiso para ponernos en contacto con jefe actual? _____

Educación

	Nombre de la institución	Lugar
Primaria:	_____	_____
Secundaria:	_____	_____
Universidad:	_____	_____
Idiomas:	_____	Otras habilidades: _____

Empleos anteriores

Fechas	Compañía	Puesto	Sueldo	Jefe

Referencias

Nombre		Teléfono

Answers to 11-18.

Referida por: *el profesor López*; Apellidos: *Medina Ayala*; Nombre: *Alejandra*; Dirección: *Avenida la Pampa, 33*; Teléfono: *5358-1191*; Fecha de nacimiento: *11-10-82*; Puesto: *Contadora*; Sueldo deseado: *2.500 pesos al mes*; Universidad: *Universidad Nacional*; Idiomas: *inglés, portugués*; Otras habilidades: *Sabe usar la computadora*; Compañía: *Grimaldi*; Nombre: *el doctor Casares*

11-19 Una llamada por teléfono. Escriban por lo menos cinco preguntas que les gustaría (*you would like*) hacerle a un/a jefe/a de personal, luego túrnense para hacer y responder las preguntas.

MODELO: *Buenos días. Soy… ¿Tiene usted vacantes en…?*

 11-20 ¿A qué empresa deseas solicitar? Conéctate con la página web de ¡**Arriba!** para ver una selección de empresas argentinas. Escoge una que te interese y contesta estas preguntas sobre tu selección.

1. ¿Cómo se llama la empresa?
2. ¿Dónde tiene su sede (*head office*)?
3. ¿Qué vende o produce?
4. ¿Por qué te parece interesante?
5. ¿Hay información para solicitar un puesto?

11-21 Una carta de recomendación. Escribe una carta de recomendación para una persona que conoces. Incluye tu relación con la persona, sus cualidades y tu evaluación de su futuro en el trabajo.

MODELO:

> *9 de agosto de 2007*
> *Vancouver, B.C.*
>
> *A quién le pueda interesar:*
>
> ***Asunto:*** *Eduardo Mazuecos Villar*
> *El señor Mazuecos es un empleado en esta oficina donde trabaja como asistente del director de personal. Es una persona muy entusiasta y honrada, trabaja bien con los otros empleados y . . .*
>
> *Atentamente,*
> *Ana María del Val*
> *Supervisora*
> *Editorial Pilar*

 11-22 Ensayar (*rehearse*) la entrevista. Representen al/a la aspirante y al/a la jefe/a de personal para dramatizar una búsqueda de empleo.

MODELO: E1: *Buenas tardes. Soy… Quiero solicitar el puesto de…*
E2: *Sí, señor/a. ¿Qué experiencia tiene usted?*

 11-23A La despedida. Eres el/la director/a de la sección de finanzas de tu empresa. Encuentras que hay una discrepancia en las cuentas (*accounts*) y sospechas (*suspect*) que uno/a de tus empleados no ha sido (*has been*) honrado/a. Explícale tus sospechas y despídelo/la con dos semanas de sueldo. Estudiante B, por favor ve al **Apéndice 1,** página A13.

LAS CUENTAS DE ABRIL

- COMPRAS: $100.000,00
- VENTAS: $345.000,00
- GASTOS: $200.000,00

¡Así lo hacemos! Estructuras

2. Formal commands

We use commands to give instructions or to ask people to do things. In Spanish, commands have different forms to distinguish between formal (**usted/ustedes**) and informal (**tú/vosotros**) address. **Formal commands** use subjunctive forms, with the implied meaning that the speaker is trying to influence the listener to do something.

Argentinos:
El futuro económico
depende de ustedes.
¡Trabajen y compren!

Infinitive	Subjunctive	Formal commands	
		Ud.	**Uds.**
hablar	hable	habl**e**	habl**en**
pensar	piense	piens**e**	piens**en**
comer	coma	com**a**	com**an**
saber	sepa	sep**a**	sep**an**
escribir	escriba	escrib**a**	escrib**an**
ir	vaya	vay**a**	vay**an**
pedir	pida	pid**a**	pid**an**

Hable con su gerente.	*Speak to your manager.*
Despida a ese empleado, Sr. Ruiz.	*Fire that employee, Mr. Ruiz.*
Salgan pronto de la oficina.	*Leave the office soon.*
Piensen antes de hablar.	*Think before speaking.*

■ Negative commands are formed by placing **no** in front of the command form.

No llegue tarde.	*Don't arrive late.*
No asciendan a todos los empleados.	*Don't promote all of the employees.*

■ Subject pronouns may be used with commands for emphasis or clarification. As a rule, they are placed after the verb.

Piense **usted.**	***You** think.*
No griten **ustedes** en el trabajo.	*Don't **you** shout at work.*

■ Object pronouns are attached to affirmative commands and precede negative commands. Affirmative commands with pronouns attached require a written accent.

¡Váyase de aquí!	*Leave here!*
Tráiganmelo, por favor.	*Bring it to me, please.*
No se levante, señorita.	*Don't get up, miss.*
No se lo den al jefe.	*Don't give it to the boss.*

11-28 to 11-34

SEGUNDA PARTE

Note on *Formal commands.*
After learning that indirect commands require the subjunctive, it should be easier for students to understand that formal commands likewise require the subjective. A difference between indirect and formal commands is that formal ones in the affirmative require pronouns to be attached to the end of the verb form.

Note on *Formal commands.*
Point out that the spelling changes are needed to maintain the original sound of the infinitive.

Implementation of *Formal commands.*
Read aloud to students a series of commands and have them say whether or not each one might be given by a Spanish instructor. E.g., *¡Vean mucho la televisión en inglés! ¡Estudien mucho para el examen mañana! ¡Escriban el ejercicio! ¡Duerman en clase! ¡No hablen durante el examen! ¡No lean bien la lección! ¡Lleguen a tiempo a clase! ¡Vayan al cine y no hagan la tarea!*

RECURSOS

PowerPoint 11-62

Additional Practice Activities

Note on 11-24.

In Guaraní, an indigenous language spoken in northern Argentina, southern Brazil, and Paraguay, the term *Iguazú* means "big waters." According to Guaraní legend, a jealous serpent god created Iguazú Falls by collapsing the riverbed in front of two fleeing lovers. The female lover plunged over the ensuing falls to become a rock at their base, while the male lover became a tree forever condemned to see, but never able to touch, his beloved. The magnificent Iguazú Falls are certainly the planet's greatest chain of cascades ever to plunge over an ancient lava flow. The *Parque Nacional*, with its awe-inspiring natural assets that include the surrounding subtropical rainforest, have earned recognition as a UNESCO World Heritage Site. The Spanish explorer Álvar Núñez Cabeza de Vaca in 1541 was the first European to see the falls.

Implementation of 11-25.

Refer students back to the verbs of volition in *Capítulo 9: aconsejar, pedir, desear, insistir en, permitir, decir, prohibir, querer, mandar, necesitar, recomendar, sugerir.*

Aplicación

11-24 Un viaje a las cataratas de Iguazú. El año pasado, Daniela visitó las cataratas de Iguazú. Ahora les recomienda a sus padres que también las visiten. Lee sus recomendaciones y subraya todos los mandatos formales.

Papá y mamá, tienen que visitar las cataratas de Iguazú. <u>Vayan</u> primero a Buenos Aires y desde allí <u>tomen</u> un vuelo a Foz Iguazú en el Brasil. <u>Hagan</u> una reserva en el hotel Das Cataratas. <u>Pidan</u> una habitación doble con vista a las cataratas. Si van en invierno (julio–agosto), <u>no se olviden</u> de llevar ropa de abrigo porque hace frío. Y <u>lleven</u> también una sombrilla porque hay mucha bruma (*mist*). En el hotel, <u>coman</u> en el restaurante, que es estupendo. Al día siguiente, <u>hagan</u> una gira en bicicleta. Los guías los van a llevar en minibús a la Argentina. En el parque del lado argentino, <u>alquilen</u> bicicletas y <u>paseen</u> por los bosques tropicales del parque. <u>Vean</u> las cataratas y también la linda flora y la fauna de la región. <u>Admiren</u>, por ejemplo, los tucanes de picos grandes. De regreso al hotel, <u>pasen</u> por el lado paraguayo. Allí tienen una zona franca (*duty-free zone*) donde pueden comprar todo tipo de artículos sin tener que pagar impuestos. Finalmente, <u>saquen</u> muchas fotos y <u>regresen</u> sanos y salvos a casa.

11-25 ¿Qué desea Daniela? Escribe una lista de seis sugerencias que les hace a sus padres. Usa el subjuntivo con verbos de voluntad.

MODELO: *Desea que sus padres vayan primero a Buenos Aires.*

11-26 Prohibido fumar. Es común ver anuncios con mandatos que usan el infinitivo o el "se impersonal" en vez del subjuntivo. Primero, empareja el mandato con el lugar donde aparece; luego, escribe un mandato formal.

MODELO: prohibido fumar
      en un teatro: ¡No fume!

1. __e__ prohibido estacionar (*to park*)
      no estacione

2. __d__ prohibido pisar la hierba
      (*to step on the grass*) no pise

3. __a__ prohibido traer comida o bebida
      no traiga

4. __g__ prohibido hablar alto no hable

5. __f__ no tocar música después de la
      medianoche no toque

6. __h__ prohibido tomar bebidas alcohólicas
      no tome

7. __b__ prohibido tocar (*to touch*)
      no toque

8. __c__ prohibido entrar después de empezar la función no entre

a. a un restaurante
   elegante

b. en un museo

c. en un teatro

d. en un parque

e. enfrente de una
   estación de policía

f. en una casa de
   apartamentos

g. en un convento

h. en un coche

¿Por qué fue necesario poner este aviso en la puerta de un garaje?

11-27 La carta para Eulalia. Túrnense para responder a la carta que recibió Eulalia. Usen por lo menos tres mandatos formales.

> *El Salvador, 2 de noviembre de 2007*
>
> ¡Necesito su ayuda! Acabo de dejar mi puesto como viajante porque no me gusta pasar tanto tiempo en el camino. Tengo título en administración de empresas y dos años de experiencia vendiendo productos para limpiar la casa, como detergentes y jabones. Soy una persona sociable. Me gusta conocer a gente nueva y ayudarla. Pero no sé qué tipo de trabajo buscar. Por favor, Eulalia, aconséjeme sobre lo que debo hacer.
>
> Un saludo cordial de,
> —Manolo

Note on 11-26.
Ponchar → "to puncture" (Mex.)

Expansion of 11-27.

Una carta tuya. Ahora escríbele una carta a Eulalia. Explícale tu situación y pídele consejo. Luego, cambia tu carta con la de un/a compañero/a para contestarla. Incluye lo siguiente:

el lugar y la fecha

el saludo

el problema

el consejo que pides

la despedida

la firma

Additional Activity for *Formal commands.*

Consejos para una entrevista. En grupos de tres, túrnense para darse consejos y prepararse para una entrevista. Usen los mandatos de *ustedes*.

MODELO: no llevar vaqueros
      No lleven vaqueros.

1. no hacer preguntas personales al/a la entrevistador/a
2. quitarse el sombrero
3. dar la mano
4. hablar con seguridad
5. mantenerse alertos/as
6. estar preparados/as
7. mostrar interés en el puesto
8. no pedir demasiado dinero

Answers:
1. no hagan **2.** quítense **3.** den **4.** hablen **5.** manténganse **6.** estén **7.** muestren **8.** no pidan

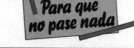

3. The subjunctive and the indicative with adverbial conjunctions

11-35 to 11-41

Conjunciones que siempre requieren el subjuntivo

■ Certain conjunctions are always followed by the subjunctive when they introduce a dependent clause because they express purpose, intent, condition, or anticipation. The use of these conjunctions presupposes that the action described in the dependent clause is uncertain or has not yet taken place. The following are some of these conjunctions.

a fin de que	*in order that*	**en caso de que**	*in case*
a menos (de) que	*unless*	**para que**	*in order that; so that*
antes (de) que	*before*	**sin que**	*without*
con tal (de) que	*provided (that)*		

Déle la recomendación **para que** la **lea.**	*Give him the recommendation so that he can read it.*
Carmen no va a aceptar el trabajo **a menos que** le **suban** el sueldo.	*Carmen is not going to accept the job unless they raise the salary.*
No me enojo **con tal que** el jefe me **dé** una bonificación.	*I will not get angry provided that the boss gives me a bonus.*
Lleve la evaluación **en caso** que la **necesitemos.**	*Take the evaluation in case we need it.*
Le recomiendo que visite el museo **antes de que** lo **cierren.**	*I recommend that you visit the museum before they close it.*

Conjunciones que siempre requieren el indicativo

■ A few conjunctions always use the indicative because they convey that the action in the subordinate clause is within our experience.

ahora que / ya que	*now that*
desde que	*since*
porque	*because*

Srta. Martínez, le ofrezco el trabajo **ahora que** la **necesito.**	*Miss Martínez, I'm offering you the job now that I need you.*
El plan de retiro es más atractivo **desde que incluimos** más incentivos.	*The retirement plan is more attractive since we included more incentives.*
El jefe le dio el trabajo a Pedro **porque** lo **impresionó** mucho.	*The boss gave the job to Pedro because he impressed him a lot.*

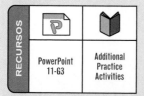

Conjunciones que se usan con el subjuntivo y el indicativo

■ The subjunctive is used after some conjunctions that introduce time clauses referring to an action that has not yet taken place. Since the action has yet to take place, we cannot speak with certainty about it. The main clause may be in the future tense, the present indicative (with future meaning), or the imperative (direct command).

cuando	*when*	hasta que	*until*
después (de) que	*after*	luego que	*as soon as*
donde	*where*	mientras que	*as long as*
en cuanto	*as soon as*	tan pronto como	*as soon as*

Vamos a entrevistarlos hasta que encontremos al mejor candidato.

José, hable con el gerente **cuando él llegue** a la oficina.	*José, talk to the manager when he arrives at the office.*
Le voy a explicar el plan de retiro **en cuanto llene** la solicitud de empleo.	*I'm going to explain the retirement plan to you as soon as you fill out the job application.*
No puedo hacer nada **mientras que no me den** la respuesta.	*I can't do anything as long as they don't give me the answer.*
No van a hablar con el empleado problemático **hasta que se vaya** su amigo.	*They won't talk to the problematic employee until his friend leaves.*
Cuando la supervisora **se jubile,** se va a sentir mejor.	*When the supervisor retires, she's going to feel better.*

■ However, if the action referred to in the time clause is habitual or has already taken place, the present or past indicative is used after these conjunctions because we can speak with certainty about things that have already occurred or that occur regularly.

Ana pregunta por el seguro médico **cuando tiene** una entrevista.	*Ana asks about the medical insurance whenever she has an interview.* (habit)
Isabel pidió un aumento **en cuanto** el jefe le **dio** la oportunidad.	*Isabel asked for a raise as soon as the boss gave her the opportunity.* (past)
Nunca despido a nadie **mientras que se lleva** bien con los otros empleados.	*I never fire anybody as long as he/she gets along with the other employees.* (habit)
Hablaron con la aspirante **hasta que se fue.**	*They talked with the candidate until she left.* (past)
Cuando voy a la agencia de empleo, me atienden enseguida.	*When I go to the employment agency, they assist me right away.* (habit)

■ When there is no change in subject, the following prepositions are used with the infinitive: **antes de, después de, para,** and **sin.**

Van a comprar un teléfono móvil **después de hablar con el** dependiente.	*They are going to buy a cellular phone after talking to the clerk.*
No puedes preparar un contrato **sin usar** una computadora.	*You can't prepare a contract without using a computer.*
Trabajo mucho en la empresa **para ascender** rápido.	*I work a lot at the firm in order to move up quickly.*

Implementation of *The subjunctive/indicative with adverbial conjunctions.*

Compare the following sentences on the board or a transparency. Have students circle the word *cuando* and underline the verb form that follows in each example. Have them identify the indicative versus subjunctive forms and then explain the difference in meaning (i.e., the indicative verbs express habitual actions while the subjunctive ones express future actions). *Todos los días enciendo mi computadora cuando llego a casa. Hoy también la voy a encender cuando llegue a casa. Normalmente me duermo cuando apago el televisor. Esta noche probablemente me voy a dormir cuando lo apague.*

Aunque

■ The conjunction **aunque** (*although, even though, even if*) is followed by the subjunctive when the speaker wishes to convey uncertainty. If the speaker wants to express certainty or refer to a completed event, the indicative is used.

Subjunctive

Aunque haga todo bien, no va a ascender fácilmente.

Even if she does everything right, she's not going to be promoted easily. (uncertainty)

Aunque no la **necesites,** compra la impresora.

Even though you don't need it, buy the printer. (uncertainty)

Indicative

Aunque hay poco trabajo, no me molesta.

Although there's little work, it doesn't bother me. (certainty)

Miraste los avisos clasificados, **aunque tenías** un buen empleo.

You looked at the classified ads even though you had a good job. (certainty)

Aplicación

11-28 El gaucho. El gaucho es una figura popular que se asocia con las pampas argentinas y uruguayas. Lee la descripción de su vida diaria y subraya todas las conjunciones subordinadas. Identifica si se usa el subjuntivo, el indicativo o el infinitivo y explica por qué.

Soy Juan Ramón Soldado y soy "gaucho" de profesión. Todos los días, antes de que salga el sol, me levanto, me visto y preparo mi yerba mate. Caliento el agua hasta que está por hervir. Luego la echo en una calabaza (*gourd*) con la yerba mate. Machaco (*I mash*) las hojas (*leaves*) en el agua caliente hasta que está lista. Es una bebida sabrosa y saludable (y además, ¡tiene mucha cafeína!). Después de tomar el mate, le doy agua y heno (*hay*) a Diablo, mi caballo. En la estancia (el rancho) donde trabajo, tenemos cinco mil ovejas (*sheep*) y hoy es el día para llevarlas al mercado. Le pongo la silla a mi caballo y la ajusto para que esté cómodo. Lo monto (*ride*) y me dirijo hacia las pampas donde encuentro las ovejas. Aunque puedo agarrar (*grab*) muchas de ellas, es imposible atraparlas a todas. Pero al final del día, mis compañeros y yo preparamos una parrillada (una barbacoa) y nos acostamos temprano a fin de que al día siguiente podamos levantarnos de nuevo antes del amanecer y volver a nuestro trabajo.

11-29 ¿Cuándo? ¿Qué? ¿Por qué? Vuelve a leer el párrafo sobre el gaucho y contesta las siguientes preguntas.

1. ¿Cuándo se levanta Juan Ramón?
   Se levanta temprano.

2. ¿Qué hace primero? ¿Qué hace después?
   Se viste y prepara su yerba mate.

3. ¿Qué necesita para preparar su yerba mate?
   Necesita agua, una calabaza y las hojas de la yerba mate.

4. ¿Por qué le gusta tomar yerba mate?
   Le gusta porque es sabrosa, saludable y tiene mucha cafeína.

5. ¿Cuántas ovejas hay en la estancia donde trabaja?
   Cinco mil ovejas.

6. ¿Qué hace al final del día?
   Prepara una parrillada con sus compañeros.

7. ¿Cuándo se acuesta?
   Se acuesta temprano.

11-30 En la oficina de Mundiplásticos. El director de una compañía que fabrica artículos de plástico espera piratear a algunos ingenieros de una empresa rival. Escoge la conjunción más lógica entre paréntesis.

Hoy es 17 de mayo, y (1. a^underline{unque}/sin que) no sé cómo voy a hacerlo, mi plan es piratear a cinco ingenieros de la empresa Plásticos, S.A. (2. para que/<u>tan pronto como</u>) pueda. He estudiado todos los documentos (3. <u>para</u>/sin) entender bien su organización. Quiero hablar con todos los empleados (4. en cuanto/<u>a menos que</u>) me lo impidan. Quiero invitarlos a mi fábrica (5. <u>a fin de que</u>/cuando) vean las máquinas modernas. ¡Estoy decidido! Voy a aumentar el número de empleados de mi empresa (6. <u>aunque</u>/cuando) me cueste una fortuna.

 11-31A Dos empresas. Eres el/la directora/a de la empresa Plásticos, S.A. y tu compañero/a es el/la directora/a de la empresa Mundiplásticos. Túrnense para hacer y contestar las siguientes preguntas con la información de tu empresa. Usen el subjuntivo o el indicativo con la lista de conjunciones, según sea necesario. Estudiante B, por favor ve al **Apéndice 1,** página A14.

cuando	tan pronto como	hasta (que)
para (que)	después de (que)	donde

PLÁSTICOS, S.A.

- ORGANIZACIÓN: 200 ingenieros/100 empleados
- EQUIPO: 10 máquinas nuevas
- PUESTOS NUEVOS: 3 ingenieros
- FECHA DE SOLICITUD: 30 de mayo
- DECISIÓN PARA: 1 de julio

PREGUNTAS:

1. ¿Cuándo vas a contratar más empleados?
2. ¿Cuántos empleados vas a contratar?
3. ¿Hasta cuándo vas a aceptar candidatos?
4. ¿Cuándo vas a tomar la decisión?

SEGUNDA PARTE

Additional Activity for *The subjunctive/indicative with adverbial conjunctions.*

¿Cuándo vas a...? Túrnense para entrevistarse sobre sus planes para el futuro.

MODELO: E1: *¿Cuándo vas a casarte?*
                     (cuando)
              E2: *Voy a casarme cuando tenga un trabajo estable.*

1. ¿Cuándo vas a terminar tus estudios? (tan pronto como)
2. ¿Cuándo vas a buscar trabajo? (después de que)
3. ¿Hasta cuándo vas a estudiar español? (hasta que)
4. ¿Cuándo vas a escribir tu *currículum vitae*? (en cuanto)
5. ¿Cuándo vas a visitar la Argentina y el Uruguay? (luego que)
6. ¿Cuándo vas a tomar yerba mate? (aunque)

Additional Activity for *The subjunctive/indicative with adverbial conjunctions.*

Estoy decidido/a. Escriban individualmente cinco resoluciones que tengan para el resto de este año. Luego, comparen sus oraciones para ver qué tienen en común. Empiecen la cláusula subordinada con *aunque*.

MODELO: Este año voy a… aunque…
Este año voy a escribirles cartas a mis padres aunque no quiera hacerlo.

11-32 En la oficina de empleo. Aquí tienes algunos consejos de la directora de empleo. Complétalos con la forma correcta del verbo entre paréntesis.

1. Te voy a enseñar los avisos clasificados para que (tú: ver) ____veas____ los nuevos empleos que publicamos hoy.

2. Ayer recibimos avisos nuevos después de que tú (salir) ____saliste____ de la oficina.

3. Voy a obtenerte una entrevista tan pronto como (yo: hablar) ____hable____ con el jefe de personal.

4. Debes hacer copias de tu *currículum vitae* antes de (ir) ____ir____ a la entrevista.

5. Vamos a ensayar (*rehearse*) tu entrevista para que (tú: sentirse) ____te sientas____ cómodo/a.

6. Aunque te (costar) ____cuesta/cueste____ más, debes ir a la entrevista en taxi en vez de ir en autobús.

7. Vas a conocer a la supervisora cuando te (ellos: enseñar) ____enseñen____ la línea de producción.

8. Vas a tener éxito porque (tener) ____tienes____ buena preparación y mucha experiencia.

 11-33 Excusas. Escríbanse un mensaje por correo electrónico en el que se expliquen cuándo van a cumplir sus obligaciones. Usen expresiones como **después de que, tan pronto como, hasta que, en cuanto, mientras que** y **aunque.** Luego, contesten el mensaje que reciban.

MODELO: *Querido Miguel:*
Te prometo que voy a terminar el trabajo para la clase de español en cuanto…

¿Cuánto sabes tú? *Can you…*

☐ get information from the want ads?

☐ write a brief business letter?

☐ interview for a job?

☐ give and follow instructions and commands?

☐ recognize when to use the subjunctive or indicative after conjunctions such as **cuando** and **para que**?

11-42 to 11-45

Observaciones

¡Pura vida! Episodio 11

En este episodio David le ofrece trabajo a Patricio.

Antes de ver el video

11-34 El pluriempleo. En Latinoamérica es muy común que la gente tenga más de un empleo. A continuación tienes un aviso que una persona puso en la Red informática para buscar trabajo. Lee el aviso y escríbele una carta para recomendarle el tipo de trabajo que debe buscar. Explica tus razones para darle la recomendación.

> **Busco pluriempleo**
>
> Tengo mucho tiempo libre durante la semana ya que sólo trabajo dos días. Busco pluriempleo en algo serio. Tengo experiencia como ayudante administrativo y ayudante clínico. Ahora, trabajo como operador de comunicaciones. Soy muy hábil con las manos. Tengo licencia de conducir y tengo un carro grande.

MODELO: *Le recomiendo que…*

Busco pluriempleo.

A ver el video

11-35 Las características del trabajo. Mira el episodio número once de *¡Pura vida!* para identificar las características del trabajo que David le ofrece a Patricio.

La oficina de CREFASI

David Ortiz-Smith

Patricio

Características	Sí	No
1. salario mínimo		X
2. bonificación anual	X	
3. oficina con ventana		X
4. plan de retiro	X	
5. seguro médico	X	
6. una beca universitaria		X
7. un mes de vacaciones al año		X
8. secretaria		X
9. supervisión de cinco empleados	X	
10. camioneta		X

Después de ver el video

11-36 Busco empleo. Conéctate con la página web de **¡Arriba!** para ver avisos clasificados. Escoge uno y escribe por lo menos cinco razones por las que te interesa el trabajo.

trescientos ochenta y cinco • **385**

Implementation of *Observaciones*.
Use the previewing activity as an advance organizer to give students an idea of what they will see in the episode. Complete the activity in class, while assigning the viewing and comprehension questions as homework. The review and follow-up activity can be done the following day in class.

Implementation of 11-34.
Have students complete this activity alone or in pairs (in the second case, provide the expression *Le recomendamos que…* on the board, as well). Then ask volunteers, or a representative from each pair, to write a few responses on the board for review as a class. The class chooses or votes on three or four of the best recommendations.

Expansion of 11-35.
Have students work in small groups to discuss a few personalized questions written on the board or a transparency, e.g., *¿Crees que Patricio debe aceptar el puesto de trabajo que le ofrece David? ¿Por qué sí o por qué no? ¿Cuáles de las características que aparecen en la lista son las más importantes para ti? ¿Cuáles son las menos importantes para ti?* etc.

RECURSOS

IRM
Video Script

NUESTRO MUNDO

Panoramas

Vistas culturales

11-50 to 11-51

El virreinato de la Plata: la Argentina y el Uruguay

11-37 ¿Ya sabes...? Trata de identificar o explicar lo siguiente.

1. la capital de la Argentina y la del Uruguay Buenos Aires y Montevideo
2. dónde trabajan los gauchos en las pampas
3. el deporte que apasiona a los uruguayos y a los argentinos el fútbol
4. el pico más alto de los Andes El pico Aconcagua
5. un baile popular argentino el tango

La Argentina y el Uruguay tienen mucha variedad topográfica y climática: la Patagonia, los Andes, las pampas, los bosques, los ríos, las cataratas y las costas.

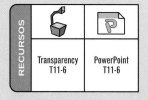

RECURSOS

| Transparency T11-6 | PowerPoint T11-6 |

Bariloche, Patagonia, tiene bellas vistas que atraen a turistas y a aficionados a los deportes de todo el mundo.

El gaucho que vive en las pampas de la Argentina y el Uruguay lleva una vida que parece romántica, pero en verdad es solitaria. La producción de carne es sumamente importante en los dos países. En la Argentina se consume más carne por persona que en cualquier otro país del mundo.

Tanto en el Uruguay como en la Argentina, el fútbol es una pasión nacional.

El tango, música y baile popular, se originó en las calles de Buenos Aires a fines del siglo XIX.

El pico Aconcagua es el más alto de los Andes.

Punta del Este, Uruguay, es un lugar muy apreciado por los turistas que gozan del sol y de sus bellas playas.

Implementation of *Panoramas*.

Point out various reading comprehension strategies to help students process the material in the *Panoramas* section of each chapter. First, encourage students to look for cognates as they read the captions. For instance, have them identify the English equivalents for the following words in the very first caption of this section: *atraen, turistas, deportes*. Second, encourage students to connect the language to the photographs. For example, have them identify the expression for *mountain peak* in one of the lower captions. Third, whether the reading is assigned for home or in-class, tell students to underline words that interfere with their understanding of the text. Review these words with them or ask them to consult the glossary or a Spanish–English dictionary before proceeding to the activities. Fourth, point out that it is not necessary to understand every word in a text to capture its global meaning. Thus, tell students not to get distracted or overwhelmed by an occasional unknown word. For further practice with reading comprehension, have students carry out the *Páginas* section of each chapter, as well.

Expansion of *Panoramas*.

Ask students comprehension questions based on the information in the captions, e.g., *¿Por qué van los turistas a Bariloche, Patagonia? ¿Cómo es la vida del gaucho? ¿Por qué es muy importante en la Argentina y en el Uruguay el trabajo del gaucho? ¿Qué deporte es muy popular en ambos países? ¿Cuándo y dónde se originó el tango? ¿Qué es el Aconcagua? ¿En qué país está Punta del Este? ¿Qué atractivos tiene el lugar?* etc.

11-38 Para buscar. ¿Ahora puedes identificar…?

1. el país que produce y consume más carne del mundo la Argentina
2. un atractivo del Uruguay las playas
3. un lugar popular entre los aficionados de deportes de invierno Bariloche
4. dónde se encuentran las pampas al suroeste de Buenos Aires
5. un *cowboy* argentino o uruguayo el gaucho
6. una ciudad argentina cosmopolita Buenos Aires

 11-39 El tango, música de la calle. Conéctate con la página web de **¡Arriba!** para obtener más información y escuchar música de tango.

■ Identifica los instrumentos que se usan en la selección.
■ ¿Cómo caracterizas el tango? ¿Alegre? ¿Melancólico? ¿Animado? ¿Romántico?
■ ¿Dónde se originó?

 11-40 La diversidad de la Argentina y el Uruguay. Conéctate con la página web de **¡Arriba!** para ver más imágenes de la Argentina y el Uruguay. Escoge una región: la Patagonia, las pampas, los Andes o la costa. Después descríbela según los siguientes criterios.

■ sitios de interés	■ deportes	■ gastronomía
■ productos	■ clima	■ artes

Ritmos

 "Todo cambia" (Mercedes Sosa, Argentina)

11-52

Esta canción es un ejemplo de la nueva canción latinoamericana, una forma artística musical en la cual el/la cantante expresa los sentimientos por su país y también sus opiniones políticas. La nueva canción no se interesa por lo comercial ni lo material, sino que muestra respeto por la cultura tradicional de la gente, especialmente la de los pobres y los trabajadores de un país.

Antes de escuchar

11-41 Los cambios de la vida. Haz una lista de las cosas que te gustaría cambiar en este mundo. Después intercambia tu lista con la de un/a compañero/a. ¿Qué tienen en común? ¿Qué les gustaría hacer de manera diferente? ¿Qué cambios no harían nunca?

A escuchar

11-42 La canción. Mientras escuchas "Todo cambia" completa los espacios en blanco de la letra con las palabras de la lista que indican qué cosas cambian y qué cosas no cambian según Mercedes Sosa.

amor	recuerdo	superficial	clima
todo	dolor	profundo	yo (la narradora)

Todo cambia

1. Cambia lo ___superficial___,
   cambia también lo ___profundo___,
   cambia el modo de pensar
   cambia ___todo___ en este mundo.
   Cambia el ___clima___ con los años
   cambia el pastor su rebaño,
   y así como todo cambia,
   que yo cambie no es extraño [...]

2. Cambia, todo cambia, cambia, todo cambia. [...]

3. Pero no cambia mi ___amor___,
   por más lejos que me encuentre.
   Ni el ___recuerdo___ ni el
   ___dolor___,
   de mi pueblo, de mi gente.

4. Y lo que cambió ayer
   tendrá que cambiar mañana.
   Así como cambio ___yo___
   en esta tierra lejana. [...]

Después de escuchar

11-43 Mi gente, mi país. Al escuchar las dos últimas estrofas de "Todo cambia" es evidente que Mercedes Sosa no quiere olvidar ni a su pueblo ni a su gente, aunque ella está lejos. Imagínate que tienes unos amigos o familiares lejos de tu familia o de tu país. Dales mandatos formales para que no se olviden de ti.

MODELO: *Piensen en mí, por favor.*

11-44 Reacciones. Ahora intercambia tu lista de mandatos con la de un/a compañero/a, y usa expresiones impersonales (con el subjuntivo, el indicativo o el infinitivo, según el caso) para parafrasear lo que escribió él/ella.

MODELO: *No se olviden de nosotros.*
Es importante que nuestros primos no se olviden de nosotros.

Páginas

11-53

"No hay que complicar la felicidad" (Marco Denevi, Argentina)

Marco Denevi (1922–1998) es uno de los cuentistas latinoamericanos más conocidos. Escribió varias novelas, incluyendo *Rosaura a las diez* (1955) y *Ceremonia secreta* (1960). Ésta última fue convertida en una película estadounidense con Mia Farrow de protagonista. Denevi es conocido por sus narrativas, minidramas y minicuentos, los cuales comentan verdades humanas y sociológicas.

En "No hay que complicar la felicidad", hay dos novios sin nombre que no están satisfechos con su felicidad. La conclusión es a la vez sorprendente (*surprising*) y misteriosa.

Lyrics to "Todo cambia" (Mercedes Sosa, Argentina).

Cambia lo superficial,
cambia también lo profundo,
cambia el modo de pensar
cambia todo en este mundo.
Cambia el clima con los años
cambia el pastor su rebaño,
y así como todo cambia,
que yo cambie no es extraño.

Cambia el más fino brillante
de mano en mano su brillo.
Cambia el nido el pajarillo,
cambia el sentir un amante.
Cambia el rumbo caminante
aunque esto le cause daño.
Y así como todo cambia
que yo cambie no es extraño.

Cambia, todo cambia
cambia, todo cambia.

Cambia el sol en su carrera,
cuando la noche subsiste.
Cambia la planta y se viste
de verde en la primavera.
Cambia el pelaje la fiera,
cambia el cabello el anciano.
Y así como todo cambia,
que yo cambie no es extraño.

Pero no cambia mi amor,
por más lejos que me encuentre.
Ni el recuerdo ni el dolor,
de mi pueblo, de mi gente.

Y lo que cambió ayer
tendrá que cambiar mañana.
Así como cambio yo
en esta tierra lejana.

Cambia, todo cambia
cambia, todo cambia.

Antes de leer

11-45 El poder de la imaginación. En la literatura, puede haber varios niveles de interpretación. Esto ocurre especialmente cuando es necesario imaginarnos los motivos de un personaje o adivinar (*guess*) el final de una historia. Muchas veces el autor nos deja con la sensación de ambigüedad o de misterio. Lee las primeras diez líneas de este minidrama y escribe tres preguntas que se te ocurran. Al final, vuelve a tus preguntas para ver si las puedes contestar.

MODELO: *¿Quién es Él?*

1. _____

2. _____

3. _____

11-46 A buscar. Busca esta información en la ilustración.

1. Aquí vemos a dos __c__.
   a. amigos   c. novios
   b. enemigos   d. hermanos

2. Están en __d__.
   a. una iglesia   c. una casa
   b. una clase   d. un parque

3. Según la ilustración, están muy __b__.
   a. impacientes   c. enojados
   b. enamorados   d. aburridos

11-47 Anticipación. En este drama los protagonistas realizan (*carry out*) acciones recíprocas. ¿Cuáles de estas acciones crees que se hacen?

_____ Se miran.

_____ Se besan.

_____ Se aman (quieren).

_____ Se gritan.

_____ Se detestan.

_____ Se matan (*kill each other*).

A leer

11-48 Una historia de... Lee ahora la siguiente historia de Marco Denevi.

"No hay que complicar la felicidad"

Un parque. Sentados bajo los árboles, Ella y Él se besan.

> **Él:** Te amo.
>
> **Ella:** Te amo.
>
> *Vuelven a besarse.*
>
> **Él:** Te amo.
>
> **Ella:** Te amo.
>
> *Vuelven a besarse.*
>
> **Él:** Te amo.
>
> **Ella:** Te amo.

Él se pone violentamente de pie.

Él: ¡Basta! (*Enough!*) ¿Siempre lo mismo? ¿Por qué, cuando te digo que te
amo no contestas que amas a otro?

Ella: ¿A qué otro?

Él: A nadie. Pero lo dices para que yo tenga celos (*jealousy*). Los celos
alimentan (*nourish; add spice*) el amor. Despojado de este estímulo, el
amor languidece (*languishes*). Nuestra felicidad es demasiado simple,
demasiado monótona. Hay que complicarla un poco. ¿Comprendes?

Ella: No quería confesártelo porque pensé que sufrirías (*you would suffer*). Pero
lo has adivinado (*you've guessed it*).

Él: ¿Qué es lo que adiviné?

Ella se levanta, se aleja (gets up, moves away) *unos pasos.*

Ella: Que amo a otro.

Él: Lo dices para complacerme (*please me*). Porque te lo pedí.

Ella: No. Amo a otro.

Él: ¿A qué otro?

Ella: No lo conoces.

Un silencio. Él tiene una expresión sombría (somber).

Él: Entonces, ¿es verdad?

Ella: (*Dulcemente*) Sí, es verdad. Está allí.

Él se pasea haciendo ademanes (gestures) *de furor.*

Él: Siento celos. No finjo (*I'm not faking*), créeme. Siento
celos. Me gustaría matar a ese otro.

Ella: (*Dulcemente*) Está allí.

Él: ¿Dónde?

Ella: Nos espía. También él es celoso.

Él: Iré en su busca (*I'll look for him*).

Ella: Cuidado. Quiere matarte.

Él: No le tengo miedo.

Él desaparece entre los árboles. Al quedar sola ella se ríe.

Ella: ¡Qué niños son los hombres! Para ellos hasta el amor es un juego.

Se oye el disparo de un revólver. Ella deja de reír.

Ella: Juan.

Silencio.

Ella: (*Más alto*) Juan.

Silencio.

Ella: (*Grita.*) ¡Juan!

*Silencio. Ella corre y desaparece entre los árboles. Después de unos instantes se oye el
grito desgarrador* (heartrending cry) *de ella.*

Ella: ¡Juan!

Silencio. Después desciende el telón (curtain).

Después de leer

11-49 La cronología. Pon en orden las siguientes acciones de la historia.

__5__ La novia no lo toma en serio (*doesn't take him seriously*).

__3__ La novia dice que ama a otro.

__6__ La novia grita.

__1__ Los novios se besan.

__2__ El novio quiere tener celos.

__4__ El novio desaparece.

11-50 ¿Comprendiste? Contesta brevemente en español las siguientes preguntas. *Answers will vary.*

1. Según él, ¿por qué es importante tener celos?
   Es importante porque los celos alimentan el amor.

2. ¿Tiene ella la misma opinión?
   No. Ella cree que es un niño.

3. ¿Por qué dice ella que tiene otro novio?
   Lo dice para complacer a su novio (o porque es la verdad).

4. ¿Qué busca él entre los árboles?
   Busca al amante que los espía.

5. ¿Qué hace ella cuando él sale de la escena?
   Se ríe.

6. ¿Qué se oye desde los árboles?
   Se oye un disparo.

7. ¿Qué se oye al final?
   Se oye el grito de ella.

11-51 Imagínate. Imagínate lo que pasa después. ¿Cuál de estos desenlaces (*conclusions*) te parece la más posible? ¿Por qué?

_____ Todo es una broma (*joke*) del novio.

_____ El segundo amante sale de los árboles. Besa a la novia.

_____ Un policía llega y detiene (*arrests*) a la novia.

_____ El novio mata al segundo amante por celos.

_____ ¿...?

11-52 Una carta para pedir consejos. Asume el punto de vista de uno de los personajes (Él, Ella o el otro) y escribe una carta para pedirle consejos a doña Eulalia.

MODELO: *lunes, el 30 de abril de 2007*
Querida doña Eulalia:
¡Necesito sus consejos! Mi novio, Juan,...

11-53 ¿Cuál es tu opinión? Hablen en español de las siguientes cuestiones de amor.

MODELO: A los hombres les gusta tener celos.
> E1: *Estoy de acuerdo. Los hombres son mucho más celosos que las mujeres.*
> E2: *No estoy de acuerdo. Soy hombre y no tengo celos de mi novia…*
> E3: *Bueno, depende de…*

> Sí, estoy de acuerdo porque…   No estoy seguro/a. Depende de…
> No estoy de acuerdo porque…

1. Los celos alimentan el amor.
2. El amor lo vence (*conquers*) todo.
3. Es bueno confesárselo todo a tu novio/a o esposo/a.
4. Los novios deben siempre complacerse (*please each other*).
5. En el amor, todos somos niños.
6. Es imposible ser feliz en el amor.

 # Taller

 11-54 Un *currículum vitae* y una carta de presentación para solicitar trabajo. En esta actividad, vas a escribir tu *currículum vitae* y una carta para solicitar un puesto.

11-54 to 11-56

MODELO:

> Manuel Martínez Gil
> 48 Calle Ocho
> Miami, FL 32819
> Tel. (305) 555-1950
>
> 27 de abril de 2007
> José Sánchez García
> Director de Recursos Humanos
> Microduro, S.A.
> Montevideo, Uruguay
>
> Estimado señor Sánchez García:
> En respuesta al anuncio publicado en el *New York Times* de fecha 25 de abril en el que solicitan programadores, me gustaría ser considerado como candidato. Como verá en el *currículum vitae* que adjunto, tengo cinco años de experiencia trabajando...
>
> Muy atentamente,
> *Manuel Martínez Gil*
> Manuel Martínez Gil
>
> Anexo: *Currículum vitae*

Warm-up for *Taller*.
This may be the students' first experience writing a *currículum vitae*. Suggest that they begin by organizing and writing out their skills and experience.

Implementation of *Taller*.
Have students note the information that they would most likely exclude if they were applying for a position in the United States or Canada.

Note on *Taller.*
Tell your students that in Spain, and in many Hispanic countries, it is common to include a photo with your resume when applying for a job.

Antes de escribir

- **El puesto.** Primero, inventa el puesto que vas a solicitar. ¿Qué tipo de empresa es? ¿Qué tipo de trabajo?

- **Tus datos personales y tu experiencia.** Escribe una lista de tus experiencias académicas y laborales con la fecha de cada una.

A escribir

- **El *currículum vitae*.** Escribe tu *currículum vitae* en una hoja de papel aparte. Usa la información a continuación como guía. La información que incluyas (especialmente las aficiones) debe reflejar de alguna manera el tipo de puesto que solicitas.

  DATOS PERSONALES

  (FOTO)

  Nombre y apellidos:
  Fecha de nacimiento:
  Lugar:
  Estado civil:
  Domicilio actual:
  Teléfono: Teléfono móvil:
  Correo electrónico:
  DATOS ACADÉMICOS (en orden cronológico inverso)
  (fechas)   (títulos)
  EXPERIENCIA PROFESIONAL (en orden cronológico inverso)
  (fechas)   (títulos)
  PUBLICACIONES, COLABORACIONES, HONORES (en orden cronológico inverso)
  IDIOMAS
  AFICIONES (por ejemplo, viajar, jugar al tenis, nadar)
  REFERENCIAS

- **La carta de presentación.** Incluye esta información:

Nombre	Presentación
Dirección	Trabajo que solicitas
Fecha	Breve resumen de tus calificaciones
Destinatario	Despedida formal
Saludo formal	Firma

Después de escribir

- **Revisar.** Revisa tu *currículum vitae* y la carta para verificar los siguientes puntos.
  - ☐ las expresiones impersonales
  - ☐ la ortografía y la concordancia

- **Intercambiar**
  Intercambia tu trabajo con el de un/a compañero/a para hacer correcciones y sugerencias y para comentar sobre el contenido.

- **Entregar**
  Pasa tu trabajo a limpio, incorporando los comentarios de tu compañero/a. Después, entrégaselo a tu profesor/a.

Vocabulario

Implementation of *Vocabulario.*

Help students better assimilate vocabulary through images, role-plays or dialogues (e.g., of a job interview, or of an information interview, where a professional is asked questions by someone exploring the same career), and review games. Some examples of the latter that will work successfully with these word sets include word associations (e.g., matching jobs with their associated tasks or activities), spelling races at the board, charades (e.g., acting out a job or profession), and Pictionary. By interacting with others and using words in meaningful ways, vocabulary acquisition is greatly enhanced.

PRIMERA PARTE

Oficios y profesiones	Occupations and professions
el/la analista de sistemas	systems analyst
el/la arquitecto/a	arquitect
el/la bombero/a	firefighter
el/la carpintero/a	carpenter
el/la cartero/a	mail carrier
el/la cocinero/a	chef
el/la contador/a	accountant
el/la dentista	dentist
el/la electricista	electrician
el/la enfermero/a	nurse
el/la ingeniero/a	engineer
el/la intérprete	interpreter
el/la mecánico/a	mechanic
el/la peluquero/a	hairstylist
el/la periodista	journalist
el/la plomero/a	plumber
el/la psicólogo/a	psychologist
el/la secretario/a	secretary
el/la veterinario/a	veterinarian
el/la viajante	traveling salesperson

Términos y expresiones de trabajo	Work-related terms and expressions
las calificaciones	qualifications
el desempleo	unemployment
el entrenamiento	training
la formación	education
el horario de trabajo	work schedule
la meta	goal
el puesto	position (job)
las responsabilidades	responsibilities
el salario/el sueldo	salary; wages

Cargos	Positions
el/la coordinador/a	coordinator
el/la empleado/a	employee
el/la gerente	manager
el/la jefe/a	boss
el/la supervisor/a	supervisor

¡Manos a la obra!	Let's get to work!
apagar (fuegos/ incendios)	to put out; extinguish (fires)
curar	to cure
diseñar	to design
estar en paro (sin trabajo)	to be out of work
reparar	to repair
repartir	to deliver; to distribute
trabajar a comisión	to work on commission

SEGUNDA PARTE

La búsqueda de empleo	Job searching
el/la aspirante	job candidate
los avisos clasificados	want ads
la carta de presentación	cover letter
la carta de recomendación	letter of recommendation
el contrato	contract
el *currículum vitae*	resumé
el despacho	office
el/la director/a	director
la empresa	company; firm
la entrevista	interview
el expediente	dossier
el formulario	form; application
la solicitud de empleo	job application
la vacante	vacancy

Los beneficios	Benefits
el aumento	raise
la bonificación anual	yearly bonus
el plan de retiro	retirement plan
el seguro médico	health insurance

Verbos	Verbs
acabar de (+ *infinitive*)	to have just (done something)
ascender (ie)	to promote; to move up
contratar	to hire
dejar	to quit
despedir (i, i)	to fire
jubilarse/retirarse	to retire
rellenar	to fill completely; to fill out

Adjetivos	Adjectives
capaz	capable
entusiasta	enthusiastic
honrado/a, honesto/a	honest
justo/a	just; fair

Una carta comercial	A business letter
Saludos	Salutations, greetings
Estimado/a señor/a:	Dear Sir/Madam:
Despedidas	Closings
Atentamente,	Sincerely yours,
Cordialmente,	Cordially yours,
Lo(s)/La(s) saluda atentamente,	Very truly yours,

RECURSOS

Testing Program Tests A and B Modules 11-1 to 11-30

Warm-up for *Capítulo 12*.
Review the previous chapter by having students give formal commands to help you in your job search, e.g., *Escriba su currículum vitae*. Then introduce *Capítulo 12* by having students complete this phrase: *La tecnología (no) es importante para mí porque...* Often students are more adept at technology than their instructors, so elicit student opinion about it frequently throughout this chapter.

12 El futuro es tuyo

OBJETIVOS COMUNICATIVOS

PRIMERA PARTE

¡Así lo decimos! Vocabulario	La computadora y otros aparatos electrónicos
¡Así lo hacemos! Estructuras	The past participle and the present perfect indicative
	The present perfect subjunctive
	The future and the future of probability
Comparaciones	La tecnología y el idioma

- Discussing technology
- Talking about what will happen and what has happened

SEGUNDA PARTE

¡Así lo decimos! Vocabulario	El medio ambiente
¡Así lo hacemos! Estructuras	The conditional and the conditional of probability
	Tú commands
Observaciones	¡Pura vida! Episodio 12

- Talking about the environment
- Talking about what could happen
- Giving and following instructions and commands

NUESTRO MUNDO

El cuadro *Paisajes humanos No. 95* de Melesio Casas representa a trabajadores mexicoamericanos en un campo estadounidense con el logotipo del sindicato (el águila) del *United Farm Workers* en el fondo.

Source: "Humanscape 65," Mel Casas, Acrylic, 72" x 96", Collection of Jim & Ann Harithas, New York, New York.

Los hispanos en los Estados Unidos

«Hay tres cosas que el ser humano necesita en su vida: alguien a quien amar, algo que hacer y una esperanza para el futuro.»*

En el año 2005 Antonio Villaraigosa fue electo alcalde de Los Ángeles, llegando a ser así, el primer alcalde hispano desde 1872. Ha prometido plantar un millón de árboles, construir un metro que llegue al mar y reformar el sistema escolar de la ciudad.

***Refrán:** There are three things that human beings need in their lives: someone to love, something to do, and hope for the future.

trescientos noventa y siete • **397**

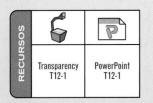

PRIMERA PARTE

¡Así lo decimos! Vocabulario

CD 3,
Track 8

12-1 to
12-2

¡Así es la vida! El impacto de la tecnología

Buenos días a todos. Bienvenidos al "Tercer encuentro sobre la tecnología". Como todos ustedes ya saben, la tecnología ha revolucionado el mundo en que vivimos así como sus carreras. En la universidad ustedes hacen todos sus diseños en computadora. Usan hojas electrónicas para mantener tablas de estadísticas. Asisten a reuniones internacionales a distancia por videoconferencias como ésta. Asimismo, escuchan conferencias en sus *iPods* y buscan los recursos de la biblioteca en la Red informática desde sus casas. ¿Y en el futuro? ¿Cómo será el futuro de la tecnología?...

| | | | | | | La computadora y otros aparatos electrónicos | | | | | | | | | | | | | | | | | | | | |

CD 3,
Track 9

12-3 to
12-7

la antena parabólica   la computadora portátil   el disco duro   el disquete   el DVD

el escáner   la fotocopiadora   la impresora   el lector de CD/DVD   la pantalla

el ratón   el teclado   el teléfono móvil/celular   la videograbadora

Otros aparatos electrónicos	*Other electrical appliances*
el cajero automático	*ATM machine*
el contestador automático	*answering machine*
el teléfono inalámbrico	*cordless phone*

Recursos en la computadora	*Resources on the computer*
el correo electrónico	*e-mail*
la hoja electrónica	*spreadsheet*
el hipervínculo/el enlace	*hyperlink*
el juego electrónico	*computer (electronic) game*
la Red informática	*Internet*
el sitio web/la página web	*web site/web page*

Verbos	*Verbs*
apagar	*to turn off*
archivar	*to file; to save*
borrar	*to erase*
encender (ie)	*to turn on*
fotocopiar	*to photocopy*
funcionar	*to function; to work*
grabar	*to record*
imprimir[1]	*to print*
instalar	*to install*
programar	*to program*

Adjetivos	*Adjectives*
electrónico/a	*electronic*
tecnológico/a	*technological*

Otras palabras y expresiones	*Other words and expressions*
el diseño	*design*
la marca	*brand*

---

[1]The past participle is **imprimido. He imprimido el documento.** With the verb **estar** the
part participle is irregular: **impreso. El documento está impreso** but **está imprimido** is
also acceptable. The form **impreso/a** functions as an adjective in general: **los documentos
impresos, la carta impresa,** etc.

Note on ¡Así lo decimos!
The activities in this section will help students learn vocabulary related to technology. Many of the terms, such as *el escáner*, are cognates in English. Others, such as *el ratón*, are literal translations and make as much sense in Spanish as in English. Encourage students to go online to visit web sites in Spanish, such as that of Hewlett Packard, which has a web page for every Spanish-speaking country. Here they will see how the latest technology is presented to that public.

Implementation of ¡Así lo decimos!
Personalize the expressions with questions such as the following: *De los aparatos electrónicos, ¿cuáles son los más esenciales para ti? ¿Cuáles son un lujo? ¿Cuáles están ya pasados de moda? ¿Tienes tu propia computadora? ¿Es portátil? ¿De qué marca es? ¿Qué marca de computadora prefieres? ¿Qué marca de teléfono móvil te gusta más? ¿Y qué tipo de servicio tienes o prefieres?* etc.

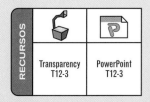

RECURSOS

| Transparency T12-3 | PowerPoint T12-3 |

399

Additional Activity for *¡Así lo decimos!*

¿Quién lo necesita y por qué? Di quiénes necesitan estas cosas y por qué.

MODELO: la hoja electrónica
La necesita un contador para llevar las cuentas en su trabajo.

1. el lector de DVD
2. la fotocopiadora
3. la impresora
4. el teléfono inalámbrico
5. la videograbadora
6. el escáner
7. el fax
8. el contestador automático
9. el cajero automático
10. el juego electrónico

Additional Activity for *¡Así lo decimos!*

Consejos. Túrnense para decir lo que necesita la otra persona para hacerle más fácil la vida.

MODELO: E1: *No puedo ver bien mi documento en la computadora.*
E2: *Necesitas una pantalla más grande.*

1. Quiero enviarle una foto a un amigo.
2. Tengo que buscar la bibliografía de un autor para la clase de inglés.
3. Quiero que llegue una carta de recomendación esta tarde.
4. Tengo que imprimir bien el trabajo para recibir una buena nota en esta clase.
5. Mi primo vive en España y es muy caro hablarle por teléfono.
6. Pierdo todas las llamadas telefónicas cuando no estoy en casa.
7. Me gusta hacer llamadas desde mi carro.
8. Tengo que pasar a limpio un trabajo para mañana.

Aplicación

12-1 ¿Para qué se usa? Empareja los aparatos con sus usos.

1. __f__ la videograbadora
2. __d__ el teléfono móvil
3. __h__ la antena parabólica
4. __a__ la computadora portátil
5. __g__ el cajero automático
6. __b__ la pantalla
7. __c__ la Red informática
8. __e__ el contestador automático

a. para tomar apuntes en clase
b. para ver un documento en la computadora
c. para buscar información
d. para hacer llamadas, estando fuera de casa
e. para recibir mensajes cuando no estás en casa
f. para grabar un programa de televisión
g. para sacar dinero en efectivo
h. para recibir programas internacionales

12-2 En la oficina. Completa la conversación con los verbos de la lista siguiente.

apagar	borrar	imprimir	programar
archivar	fotocopiar	instalar	

Sra. Molina: ¡Ay! Otro día más. Son las seis de la tarde. Voy a (1) __archivar__ estos documentos en un CD antes de irme. No quiero (2) __borrar__ ninguno porque todos son muy importantes.

Rafael: Sí, y además los debo (3) __fotocopiar__, pero la fotocopiadora no funciona. Necesitamos una copia. La impresora todavía funciona. Si usted quiere, los puedo (4) __imprimir__ en color.

Sra. Molina: Buena idea. ¿Mañana vas a (5) __instalar__ el *software* en mi computadora?

Rafael: Claro. Pero primero tengo que (6) __programar__ la computadora. Quiero que se apague automáticamente.

Sra. Molina: Bueno, eso es para otro día. No te olvides de (7) __apagar__ la computadora antes de irte esta noche.

Rafael: De acuerdo. ¡Buenas noches!

12-3 El *Gigabeat S.* Lee el anuncio y contesta las preguntas que siguen.

Video: Serie Gigabeat S de Toshiba

Uno de los productos alrededor del CES que más atención ha recibido es definitivamente el Gigabeat S de Toshiba.

- pantalla LCD de color
- resolución de 320 x 240
- 60gb disco duro capacidad para 15.500 canciones, fotos, videos, multimedia
- compatible con MP3, WMA y WAV
- puerto de USB
- pila recargable de 20 horas
- auriculares
- control remoto

1. ¿Cuál es la marca del aparato? La marca es Toshiba.

2. ¿Para qué sirve? Sirve para guardar canciones, fotos, videos, etc.

3. ¿Cuáles son sus características? Tiene una pantalla LCD de color, resolución de 320 x 240, etc.

4. ¿Qué tipo de persona busca un aparato como éste? Answers will vary.

5. ¿Te interesa este producto? ¿Por qué? Answers will vary.

12-4 Compre.com. Se puede encontrar cualquier aparato electrónico en Compre.com. Escucha la descripción de uno de ellos y completa las siguientes oraciones.

CD 3, Track 10

1. El anuncio es para un sistema de…
   - (a.) audio.
   - b. computadora personal.
   - c. videocámara digital.

2. No incluye…
   - a. lector de CD.
   - b. receptor.
   - (c.) televisor.

3. A la persona que compre este sistema, le gusta(n)…
   - a. la fotografía.
   - b. los juegos electrónicos.
   - (c.) la música.

4. Puedes comprar este sistema en…
   - a. seis meses.
   - (b.) un año.
   - c. un año y medio.

5. Se compra este sistema…
   - a. directamente de la fábrica.
   - (b.) en la Red informática.
   - c. en tiendas especializadas.

Audioscript for 12-4.

Aquí tiene el sistema de audio ideal para su casa. El "sistema en una caja" incluye amplificador, lector de CD/DVD, receptor y cinco altavoces para crear el sonido de teatro en su casa. ¿Le gusta la música clásica? Con este sistema va a escuchar todos los violines de una sinfonía. ¿Prefiere el jazz? Con este sistema, le va a parecer que Benny Goodman está en su sala tocando personalmente para usted una pieza suya. ¿Prefiere el rock? Ni hablar de los sonidos de tambor que salen de los cinco altavoces. Este sistema es para usted por sólo 900 (novecientos) dólares, a pagar en doce meses sin interés. ¡Sólo por 75 (setenta y cinco) dólares mensuales! Conéctese hoy mismo con *www.compre.com*, donde va a encontrar no sólo esta oferta especial, sino también una excelente variedad de sistemas a precios muy razonables.

CAPÍTULO 12

Implementation of 12-5.

Assign the web research as homework. The next day of class, have students read aloud their descriptions without mentioning the item described. Have the other students try to identify the item being described.

Expansion of 12-5.

¡Éste es el aparato para usted! Túrnense para describir los aparatos de la Actividad 12-5 y traten de vendérselos.

MODELO: *La videocámara digital Sony, modelo 455S, es el aparato para usted. Es pequeña, pesa menos de un kilo, tiene una pantalla con excelente resolución…*

Wrap-up for 12-6.

Have students summarize each other's experiences with technology during a report-back session. Ask the class to draw conclusions, such as whether their overall experiences with technology have been positive or negative, what the most common uses of technology are among the members of the class, what the least common uses of technology are among them, etc.

Implementation of 12-7A/B.

You may want to have students role-play this activity as a telephone interview.

Additional Activity for ¡Así lo decimos!

La tecnología para ustedes. Hablen de los equipos electrónicos en relación con su vida académica, profesional y personal.

1. ¿Cuál es el aparato más útil en cada aspecto de tu vida? ¿Por qué?
2. ¿Cuál es el aparato menos útil? ¿Por qué?
3. ¿Cuál es el aparato más divertido? ¿Por qué?
4. ¿Cuál es el aparato o el programa más frustrante? ¿Por qué?

 12-5 ¿Qué aparato quieres comprar? Conéctate con la página web de **¡Arriba!** y busca un aparato electrónico que te interese comprar. Contesta las siguientes preguntas para explicar por qué lo quieres comprar.

- ¿Qué tipo de aparato es?
- ¿Cuál es la marca?
- ¿Cuánto cuesta?
- ¿Cuáles son algunas de sus características?

 12-6 ¿Quién…? Hazles preguntas a tus compañeros/as para saber quién tiene más experiencia con la tecnología. Pregúntales qué pasó.

MODELO: perder un documento en la computadora
¿Alguna vez perdiste un documento en la computadora?

borrar un documento sin querer	usar la computadora para calcular los impuestos (*taxes*)	trabajar con una supercomputadora
programar una computadora	usar el escáner	participar en una videoconferencia
apagar la computadora sin archivar el documento	usar un *Gigabeat* o un *iPod*	comprar un aparato en un sitio web

 12-7A Una encuesta de Harris. Haz el papel de entrevistador/a para hacer esta encuesta de Harris. Empieza con esta presentación. Estudiante B, por favor ve al **Apéndice 1,** página A14.

MODELO: (Saludo) E1: *Buenos días. Con su permiso, me gustaría hacerle algunas preguntas sobre su forma de utilizar la tecnología…*
E2: *Bueno, no tengo mucho tiempo pero…*

Con su permiso, me gustaría hacerle algunas preguntas...

Saludo

	sí	no
1. si tiene computadora		
2. la frecuencia con que la usa	los fines de semana una hora o más al día a todas horas, todos los días ¿otro? _____	
3. los programas que usa con más frecuencia	una hoja electrónica el correo electrónico editar fotos juegos ¿otro? _____	
4. la memoria que tiene	512 K 1 gigabyte más de 1 gigabyte ¿otro? _____	
5. la pantalla que tiene	pequeña grande plana (*flat*)	
6. los problemas que tiene	un virus la falta de memoria es lenta ¿otro? _____	

¡Así lo hacemos! Estructuras

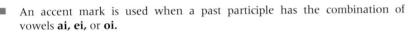

1. The past participle and the present perfect indicative

12-8 to 12-15

El participio pasado

The past participle is used in Spanish and English as an adjective or as part of the perfect tenses. In English, it is usually the *-ed* or *-en* form of the verb.

Hemos **archivado** los documentos.   *We have filed/saved the documents.*

Los programas están **instalados.**   *The programs are installed.*

- In Spanish the regular participle is formed by adding **-ado** to the stem of **-ar** verbs and **-ido** to the stem of **-er** and **-ir** verbs.

tomar	**comer**	**vivir**
tom**ado** (*taken*)	com**ido** (*eaten*)	viv**ido** (*lived*)

- An accent mark is used when a past participle has the combination of vowels **ai, ei,** or **oi.**

creer	**creído**	*believed*	oír	**oído**	*heard*
leer	**leído**	*read*	traer	**traído**	*brought*

- The following verbs have irregular past participles.

abrir	**abierto**	*opened*	ir	**ido**	*gone*
cubrir	**cubierto**	*covered*	morir	**muerto**	*dead*
decir	**dicho**	*said*	poner	**puesto**	*put*
descubrir	**descubierto**	*discovered*	romper	**roto**	*broken*
escribir	**escrito**	*written*	ver	**visto**	*seen*
hacer	**hecho**	*done; made*	volver	**vuelto**	*returned*

Note on *The past participle and the present perfect indicative.*

Although the present perfect has a direct parallel with English, in some Spanish dialects it is used as a simple past tense, similar to the *passé composé* in French.

Implementation of *The past participle and the present perfect indicative.*

Point out that, in some cases, the present perfect and the preterit are practically interchangeable: *He llegado hoy del Uruguay. = Llegué hoy del Uruguay.*

Expansion of *The past participle and the present perfect indicative.*

Point out that compound forms of these verbs are affected by the same irregularities: *componer → compuesto, devolver → devuelto,* etc.

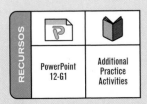

Implementation of *The past participle and the present perfect indicative.*

Remind students of the other forms of *haber* that they have learned or seen thus far: *hay, hubo, había,* etc.

Implementation of *The past participle and the present perfect indicative.*

On the board, a transparency, or a handout, prepare a series of sentences about things you have done during your lifetime, some of them true and some of them false. Read aloud the statements to the class, and tell students that they can ask you up to two or three questions about each one in order to determine its veracity. After the questioning phase, read off each statement again and reveal whether it is true or false. For the statements that are true, possibly bring in a photo of yourself engaged in the activity to share with the class. As an expansion, have students repeat this activity in small groups among themselves, each writing three or four sentences and asking questions about the statements of others. If you want them to include photos also, have them prepare the activity as homework and carry it out during the next day of class. *Examples: En los años que llevo (that I have lived) de mi vida, yo he… viajado a 10 países diferentes, visitado la Estatua de la Libertad, saltado de un avión, escrito varios poemas, tenido cinco hijos, ganado un campeonato de tenis, comido ancas de rana, visto la película Lo que el viento se llevó (Gone with the Wind) 12 veces,* etc.

Note on *The past participle and the present perfect indicative.*

The future tense also will be presented in the *Primera parte* of this chapter. You may want to point out that, historically, the future tense was derived from the stem of a verb + the present indicative form of the verb *haber* (minus the "h") attached to its end: *ir + (h)e = iré; ir + (h)as = irás,* etc.

El presente perfecto de indicativo

The present perfect in English and Spanish is considered a compound tense because its forms require two verbs. In English, the present perfect is formed with the present tense of the auxiliary verb *to have* + past participle. In Spanish, the present perfect is formed with the present tense of the auxiliary verb **haber** + past participle.

	haber	Past participle	*to have*		Past participle
yo	he		*I have*		
tú	has	**tomado**	*you have*		*taken*
él, ella, Ud.	ha	**comido**	*he, she has, you have*		*eaten*
nosotros/as	hemos	**vivido**	*we have*		*lived*
vosotros/as	habéis		*you (pl.) have*		
ellos/as, Uds.	han		*they, you (pl.) have*		

■ In general, the present perfect is used to refer to a past action or event that is perceived as having some bearing on the present.

¿Ya **has usado** la impresora? — *Have you already used the printer?*

Estoy buscando el cajero automático. ¿Lo **has visto**? — *I'm looking for the automatic teller. Have you seen it?*

■ The auxiliary verb **haber** agrees with the subject of the sentence. The past participle, however, is invariable when used in the perfect tense.

Mi jefe me **ha dado** un teléfono móvil muy bueno. — *My boss has given me a very good cellular telephone.*

Marisa **ha preparado** la hoja electrónica. — *Marisa has prepared the spreadsheet.*

■ The auxiliary verb **haber** and the past participle cannot be separated by another word. Object pronouns and negative words are always placed before **haber.**

No la he preparado. — *I haven't prepared it.*
¿La has abierto? — *Have you opened it?*

■ The verb **haber** is not interchangeable with **tener. Haber** means *to have* only when used as an auxiliary verb with the past participle. **Tener** means *to have* or *to own* in the sense of possession.

Julia **tiene** muchos amigos en esa empresa. — *Julia has many friends in that company.*

¿**Has tenido** experiencia en hacer diseños? — *Have you had experience in doing designs?*

Acabar de + *infinitive*

You can use the present tense of **acabar**[1] **de** + infinitive in order to describe an event that has just happened.

Acabamos de ver la videoconferencia. — *We have just seen the videoconference.*

Acaban de borrar el archivo. — *They have just erased the file.*

---

[1] **Acabar** means *to finish.*

El participio pasado usado como adjetivo

■ In both English and Spanish, the past participle may be used as an adjective to modify a noun. In Spanish, when the past participle is used as an adjective, it agrees in gender and number with the noun it modifies.

Vimos las conferencias **grabadas** por nuestro supervisor.	*We saw the conferences recorded by our supervisor.*
Hay muchos programas **escritos** en *Visual Basic*.	*There are many programs written in Visual Basic.*

■ The verb **estar** may be used with the past participle to describe a state or condition that is the result of a previous action. In this resultant condition, the past participle is an adjective and agrees in gender and number with the noun it modifies.

La carta **está impresa;** la secretaria la ha imprimido.	*The letter is printed; the secretary has printed it.*
El contestador automático **está roto;** lo rompió el estudiante que nos ayudaba.	*The answering machine is broken; the student who was helping us broke it.*

Aplicación

12-8 Sandra Cisneros. Lee el párrafo sobre la escritora chicana Sandra Cisneros, subraya los tiempos perfectos e identifica el infinitivo. Luego, expresa la misma acción en el pretérito.

MODELO: Ha tenido que cambiar muchas veces de casa.
Tener: Tuvo que cambiar muchas veces de casa.

Sandra Cisneros, de padres mexicanos, nació en 1954 en Chicago, pero ahora vive en San Antonio donde dice que se siente "en casa". En su juventud, tuvo muchas experiencias que <u>han influido</u> en sus cuentos. Por ejemplo, <u>ha tenido</u> que cambiar muchas veces de casa. <u>Ha tenido</u> que vivir en apartamentos y casas pequeñas con pocas comodidades modernas. <u>Ha ayudado</u> a su mamá con sus hermanos más pequeños. <u>Ha asistido</u> a escuelas donde todos los muchachos son de familias pobres y hay pocos recursos educativos. Sin embargo, <u>ha superado</u> las dificultades de su juventud y <u>ha ganado</u> mucha fama por sus colecciones de cuentos cortos como *La casa en Mango Street* y *El Arroyo de La Llorona* (*Woman Hollering Creek*) y por sus colecciones de poesía. Si <u>has leído</u> uno de sus cuentos, <u>has visto</u> su manera única de narrar. Además de recibir varios premios del *National Endowment for the Arts*, en 1996, fue honrada por *La Fundación MacArthur* con su *Genius Award*. En los últimos años, su casa de San Antonio se <u>ha vuelto</u> polémica (*controversial*) porque a los vecinos no les gusta la manera en que Sandra la <u>ha pintado</u>.

La casa de Sandra Cisneros en San Antonio

Answers to 12-8.

influir: influyeron, tener: tuvo (twice), ayudar: ayudó, asistir: asistió, superar: superó, ganar: ganó, leer: leíste, ver: viste, volverse: se volvió, pintar: pintó

Warm-up for 12-11.

Complete the first one or two items with students and write their responses on the board for visual support. Tell students to look to the following statement for clues on how to formulate the question that prompted it.

12-9 Más sobre Sandra Cisneros. Contesta ahora las preguntas sobre el texto que acabas de leer.

1. ¿Cuántos años tiene Sandra Cisneros?
   Current year – 1954 = ?

2. ¿Cuál es su nacionalidad?
   Es mexicoamericana, estadounidense y chicana.

3. ¿Dónde ha vivido?
   Ha vivido en Chicago y en San Antonio.

4. ¿Qué dificultades ha tenido en la escuela?
   Había pocos recursos educativos.

5. ¿Cómo ha ganado fama?
   Ha ganado fama por sus colecciones de cuentos cortos y de poesía.

6. ¿Por qué ha sido tan polémica su casa de San Antonio?
   A los vecinos no les gusta la manera en que Sandra la ha pintado.

 12-10 Preguntas para Sandra Cisneros. Escriban individualmente tres preguntas que les gustaría hacerle a Sandra Cisneros y túrnense para hacérselas y contestárselas. Usen el presente perfecto.

MODELO: E1: *Señorita Cisneros, ¿ha vivido en otras casas en San Antonio?*
           E2: *No. Ésta es mi primera casa en San Antonio.*

12-11 Elena Ochoa, primera astronauta latina. Completa la entrevista a Elena Ochoa con las preguntas que le hace la periodista. Usa el presente perfecto del verbo entre paréntesis en tu pregunta. *Answers will vary.*

MODELO: (viajar) *¿Ha viajado a la luna?*
           No, no conozco todavía la luna, pero algún día…

Periodista: ¿…? (vivir) ¿Dónde ha vivido usted?

Elena Ochoa: En varios lugares, pero he pasado más tiempo en San Diego.

Periodista: ¿…? (estudiar) ¿Qué ha estudiado?

Elena Ochoa: He estudiado mucha física, especialmente física óptica.

Periodista: ¿…? (tener) ¿Ha tenido muchas oportunidades?

Elena Ochoa: Sí, he tenido varias oportunidades para viajar en naves espaciales.

Periodista: ¿…? (impresionarle) ¿Qué le ha impresionado más?

Elena Ochoa: ¡La vista de la tierra!

Periodista: ¿…? (hablar) ¿Ha hablado con mucha gente?

Elena Ochoa: Sí, he pasado mucho tiempo en las escuelas hablando con los jóvenes sobre la importancia de completar su educación.

Periodista: Gracias, señorita Ochoa… (ser) Ha sido un placer.

Elena Ochoa: De nada. Para mí también.

12-12 La Calle Ocho. La Calle Ocho está en el centro de la Pequeña Habana en Miami. Completa la conversación entre dos turistas cubanas que están visitando esta calle. Usa la forma correcta del participio pasado.

abrir	dormir	perder	poner	vestir
cansar	hacer	pintar	preparar	

Rosa: Me gusta el aire fresco. Deja la ventana (1) ___abierta___.

Flor: Cómo no. Te la abro enseguida.

Rosa: ¡Dios mío! ¡Las llaves del carro están (2) ___perdidas___ otra vez!

Flor: No te preocupes. Creo que las tienes en tu bolso.

Rosa: ¿Qué te parece ese mural (3) ___pintado___ en la pared?

Flor: Es lindo, pero no muy original. Prefiero los murales de Los Ángeles.

Rosa: Tu nieta estaba muy bien (4) ___vestida___ ayer en la fiesta. Y su familia es preciosa.

Flor: Es verdad. Su hija es un encanto. No hay nada más tranquilo que un bebé (5) ___dormido___.

Rosa: Mira la guayabera[1] blanca que lleva ese señor. Esas camisas son típicas del trópico, pero las guayaberas (6) ___hechas___ en Panamá son más baratas.

Flor: Es verdad, pero prefiero las guayaberas de *La casa de las guayaberas*, que está aquí en la Calle Ocho porque son más elegantes.

Rosa: Mira, allí hay un restaurante cubano. ¿Entramos? Es la una y estoy (7) ___cansada___ de tanto caminar.

Flor: ¡Bueno! Las mesas ya están (8) ___puestas___ y la comida está (9) ___preparada___. Sentémonos a almorzar.

12-13 ¿Cómo te sentías cuando…? Imagínate que has estado varios días en Miami. Usa participios pasados para expresar cómo te sentías en estas situaciones.

MODELO: ¿Cómo te sentías cuando llegaste a Miami?
Me sentía emocionado/a.

(bien/mal) atender (*attended to*)	encantar	preparar
cansar	enojar	sorprender
decidir (a ir a…)	interesar	(bien/mal) vestir
desilusionar	preocupar	¿…?

¿Cómo te sentías…

1. cuando volviste del banco?
2. cuando perdiste tu billetera (*wallet*)?
3. después de ver un concierto de Gloria Estefan?
4. en la fiesta para tus amigos cubanos?
5. cuando te perdiste en la Pequeña Habana?
6. cuando cenaste en el restaurante cubano?

---

[1] Men's shirt typical of the Caribbean, usually long-sleeved and with four pockets in front.

CAPÍTULO 12

Additional Activity for *The past participle and the present perfect indicative.*

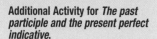 **¿Qué has hecho hasta ahora?**
Conversen entre ustedes sobre lo que han hecho hoy hasta ahora.

MODELO: E1: *He preparado la tarea para dos clases, he ido al laboratorio de lenguas y he hecho ejercicio. Y ustedes, ¿qué han hecho?*
E2: *No he hecho tanto. He…*
E3: *Pues, yo he hecho más que ustedes dos. He…*

Implementation of *The present perfect subjunctive.*

On the board, a transparency, or a handout, prepare a series of sentences about your wishes for others who have just experienced some event (a party, a birthday, a vacation, the purchase of a house or a new computer, etc.). Read aloud the sentences and ask students to underline the verb forms and say what the sentences have in common as regards meaning (i.e., the expression of good wishes for others) and structure (i.e., two clauses, one independent with the verb *esperar* and the other dependent with the verb conjugated in the present perfect subjunctive). **Examples:** *Espero que… lo hayas pasado bien en la fiesta, hayas tenido un feliz día de cumpleaños, hayas visto paisajes bonitos durante tu viaje, haya hecho buen tiempo en la playa, hayas conseguido buen precio en tu compra,* etc.

Implementation of *The present perfect subjunctive.*

After looking at the drawing, suggest other statements the father may make: *Espero que hayas estudiado algo. Dudo que hayas apagado la televisión ni por un minuto. ¿Es posible que hayas arreglado la computadora?*

12-14 Recuerdos. Túrnense para hablar de experiencias que han tenido y también de experiencias que no han tenido, pero que desean tener.

MODELO: ver películas
E1: *¿Qué películas has visto este año?*
E2: *Esta semana he visto* Volver, *una película de Almodóvar.*
E1: *¿Has visto muchas películas españolas?*

| comer… | escribir… | hacer… | leer… | trabajar… | visitar… |
| conocer… | estudiar… | ir… | salir… | ver… | volver… |

12-15 Diez preguntas. Formen dos o más grupos para tratar de adivinar lo que han hecho. Pueden hacerse diez preguntas que puedan contestarse con **sí** o **no,** hasta que adivinen la respuesta. Deben usar el presente perfecto de indicativo en sus preguntas y en sus respuestas.

MODELO: E1: *He hecho un viaje interesante.*
E2: *¿Has viajado a algún país de habla española?*
E1: *No, no he viajado a ningún país de habla española.*
E3: *¿Has visitado…?*

2. The present perfect subjunctive

12-16 to
12-20

Espero que hayas buscado trabajo hoy.

- The present perfect subjunctive is formed with the present subjunctive of the auxiliary verb **haber** + the past participle.

	Present subjunctive of *haber*	Past participle
yo	**haya**	tomado
tú	**hayas**	comido
él, ella, Ud.	**haya**	vivido
nosotros/as	**hayamos**	
vosotros/as	**hayáis**	
ellos/as, Uds.	**hayan**	

- The present perfect subjunctive, like the present subjunctive, is used when the main clause expresses a wish, emotion, doubt, denial, etc., pertaining to the subject of another clause. Generally, the verb in the main clause is in the present tense.

Dudamos que Antonio Villaraigosa **haya sido** nominado para gobernador.
We doubt that Antonio Villaraigosa has been nominated for governor.

Espero que el teléfono móvil **haya funcionado** bien.
I hope that the cellular phone has worked well.

RECURSOS

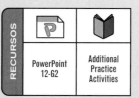

PowerPoint
12-G2

Additional
Practice
Activities

408

Aplicación

12-16 Un comité de búsqueda (*search*). La empresa Ecomundo fabrica (*manufactures*) productos para conservar el medio ambiente. Cuatro ejecutivos de la empresa conversan sobre los candidatos al puesto de ingeniero del medio ambiente que necesitan. Primero subraya los verbos en el presente perfecto y luego explica por qué se usa el indicativo o el subjuntivo.

MODELO: Espero que <u>hayamos recibido</u> suficientes solicitudes para el puesto.
Se usa el subjuntivo después de un verbo de emoción cuando hay un cambio de sujeto en los verbos.

Ramón: Aquí tienen todas las solicitudes que <u>han llegado</u> hasta hoy. Ojalá que <u>hayan solicitado</u> buenos candidatos.

Caridad: <u>Hemos recibido</u> más de 20 solicitudes. ¿Quiénes <u>han tenido</u> tiempo para leerlas todas?

Ramón: Yo las <u>he leído</u> todas, pero hay pocos que me <u>han impresionado</u> tanto como la que leí ayer por la tarde de Gabriela González.

Clemencia: Yo creo que Gabriela González es un buen ejemplo. Es una ingeniera que <u>ha sobresalido</u> (*excelled*) en sus estudios y <u>ha tenido</u> mucho éxito en su carrera. Pero ya tiene un buen trabajo y realmente dudo que ella <u>haya solicitado</u> este puesto en serio.

Urbano: Bueno, vamos a entrevistar a los cinco mejores candidatos, a menos que ustedes <u>hayan identificado</u> a otros.

Caridad: De acuerdo. Creo que los mejores ya <u>han presentado</u> su solicitud. Vamos a cerrar la búsqueda para identificar a los finalistas. ¿Les parece bien?

12-17 Gabriela decide solicitar el puesto. Aunque Gabriela ya tiene un buen puesto con otra empresa, ha decidido solicitar el puesto de ingeniero del medio ambiente. Esa noche, Gabriela le cuenta a su amigo sobre la entrevista con Ecomundo. Empareja las frases para completarlas de una manera lógica. *Answers will vary.*

MODELO: Gabriela: *Espero que les haya gustado mi currículum vitae.*

Saúl: No hay duda que…   he aprendido mucho en esta entrevista.
No hay duda que les has impresionado favorablemente.

Gabriela: Ojala que…   les has impresionado favorablemente.
Ojala que no hayan contratado a otro candidato.

Saúl: Es bueno que…   hayan pasado varios días.
Es bueno que hayas tenido mucha experiencia.

Gabriela: No los llamo hasta que…   no te hayan avisado de inmediato.
No los llamo hasta que hayan pasado varios días.

Saúl: Es una lástima que…   no hayan contratado a otro candidato.
Es una lástima que no te hayan avisado de inmediato.

Gabriela: Es cierto que…   hayas tenido mucha experiencia.
Es cierto que he aprendido mucho en esta entrevista.

Warm-up for 12-17.
Remind students that they must have a subject in the dependent clause that is different from that of the main clause, in order to conjugate the dependent verb and thus occasion the need to use the subjunctive (as opposed to maintaining an infinitive).

12-18 Gabriela González revive su experiencia. A continuación tienes la entrevista de Gabriela González con Ecomundo. Completa el diálogo con el presente perfecto de indicativo o subjuntivo del verbo entre paréntesis.

Ramón: Buenos días, señorita González. ¿Cómo (1. oír) ___ha oído___ usted acerca de esta empresa?

Gabriela: La empresa Ecomundo (2. recibir) ___ha recibido___ mucha atención estos días en la prensa y en otros medios de comunicación. Creo que su trabajo con los pingüinos en la Patagonia la (3. hacer) ___ha hecho___ muy popular.

Caridad: Es verdad que nosotros (4. tener) ___hemos tenido___ mucho éxito en el área de conservación de las especies. Y creo que usted (5. estudiar) ___ha estudiado___ sobre este tema también, ¿no?

Gabriela: Sí, espero que Uds. (6. recibir) ___hayan recibido___ mi *currículum vitae.* Allí explico que (7. trabajar) ___he trabajado___ varios años con Paz Verde.

Ramón: ¿Quiere ver nuestra planta y conocer a los demás ingenieros?

Gabriela: Me encantaría.

Caridad: Perfecto. Y después de que nosotros (8. ver) ___hayamos visto___ la planta, hablaremos de su contrato.

12-19 En su experiencia. Usen expresiones tales como: **es necesario, es bueno, es malo, es lógico** o **es excepcional,** para decir algo que hayan hecho antes de su primera entrevista para un trabajo. Items 1, 3 and 5 use the indicative.

MODELO: Es bueno que… (yo) *haya investigado sobre esa empresa.*

1. Es obvio que…
2. Es malo que…
3. Es cierto que…
4. Es necesario que…
5. Es verdad que…

3. The future and the future of probability

12-21 to 12-26 **El futuro**

Las nuevas microcomputadoras serán aún más pequeñas.

■ The Spanish future tense is formed with only one set of endings for the **-ar, -er,** and **-ir** verbs. For regular verbs, the endings are attached to the infinitive (do not drop the **-ar, -er,** or **-ir**). Note that all endings, except for the **nosotros/as** forms, have a written accent mark.

	tomar	**comer**	**vivir**
yo	tomar**é**	comer**é**	vivir**é**
tú	tomar**ás**	comer**ás**	vivir**ás**
él, ella, Ud.	tomar**á**	comer**á**	vivir**á**
nosotros/as	tomar**emos**	comer**emos**	vivir**emos**
vosotros/as	tomar**éis**	comer**éis**	vivir**éis**
ellos/as, Uds.	tomar**án**	comer**án**	vivir**án**

Mañana **hablaremos** con la programadora.

¿**Verás** el programa por satélite conmigo?

Tomorrow we will talk with the programmer.

Will you see the satellite program with me?

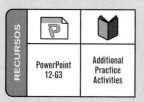

RECURSOS

PowerPoint 12-G3

Additional Practice Activities

■ As in English, the Spanish future tense expresses what will happen in the future. The English equivalent is *will* + verb.

Estudiaré informática en la universidad.	*I will study computer science at the university.*
Ustedes **comprarán** pronto otro disco duro.	*You will buy a new hard drive soon.*

■ Remember that the present tense is often used to express immediate future in Spanish.

El técnico **viene** para arreglar mi computadora hoy.	*The technician will come (is coming) to fix my computer today.*
Termino mi trabajo esta tarde.	*I will finish my paper this afternoon.*

■ The future may also be conveyed with the present tense of **ir a** + *infinitive.*

Voy a arreglar la computadora.	*I am going to fix the computer.*
¿**Vas a archivar** ese documento?	*Are you going to save that document?*

■ The idea of willingness, sometimes expressed with the English future, cannot be expressed with the Spanish future tense. Use verbs like **querer** or simple present tense to express willingness.

¿**Quieres** ayudarme con la impresora?	*Will you help me with the printer?*
¿Me **traes** el otro programa?	*Will you bring me the other program?*

■ The irregular verbs in the future are formed by adding the future endings to an irregular stem. The irregular stems can be grouped into three categories.

1. Drop two letters to form the stem of the future.

decir	**dir-**	diré, dirás,...
hacer	**har-**	haré, harás,...

2. The **e** of the infinitive ending is dropped to form the stem of the future.

haber	**habr-**	habré, habrás,...
poder	**podr-**	podré, podrás,...
querer	**querr-**	querré, querrás,...
saber	**sabr-**	sabré, sabrás,...

3. The **e** or the **i** of the infinitive ending is replaced by **d** to form the stem of the future.

poner	**pondr-**	pondré, pondrás,...
salir	**saldr-**	saldré, saldrás,...
tener	**tendr-**	tendré, tendrás,...
venir	**vendr-**	vendré, vendrás,...

El programa **hará** todos los cálculos.	*The program will make all the calculations.*
El técnico **vendrá** a las ocho.	*The technician will come at eight.*

Implementation of *The future and the future of probability*.

Create additional contexts to illustrate the various options available in Spanish: 1) the use of the simple present tense to express an action in the immediate future; 2) *ir + a + infinitive* (with *ir* conjugated in the simple present tense) to express a future action with certainty; and 3) the future tense to express a future action with less certainty. In one column on the board, write the verbs *llamo, voy a llamar, llamaré*, and in a second column, write some possible endings in random order, such as *...en media hora, ...al hotel esta noche a hacer la reserva, ...más tarde cuando tenga tiempo.* Ask students to suggest the best matches and to explain their responses. Then write three sentence starters on the board, such as *En una hora..., La semana que viene..., El año que viene... .* After eliciting some examples to write on the board, have students complete the starters with information that is true for them, e.g., *En una hora tomo café con una amiga, La semana que viene voy a visitar a mis padres en Chicago, El año que viene ganaré mucho dinero.* Point out that as the time reference extends further into the future, certainty naturally decreases, which often occasions the use of verb forms that communicate progressively lower levels of certainty. As a wrap-up, have volunteers write responses on the board under each sentence starter or header.

Additional Activity for *The future and the future of probability.*

¿Cómo será el mundo en el año 2050? Usa el futuro para expresar tu opinión sobre estas posibilidades.

MODELO: Para el año 2050 vamos a vivir en la luna.
Es verdad. Viviremos en la luna. /
No, no es cierto. No viviremos nunca en la luna.

1. Vamos a trabajar sólo veinte horas a la semana.

2. No vamos a tener que ir a la oficina. Vamos a mandar nuestro trabajo por fax y correo electrónico.

3. No vamos a ir al cine. Las películas nos van a llegar por cable.

4. No va a haber restaurantes. Vamos a tomar toda la comida en forma líquida.

5. Los niños no van a asistir a la escuela. Van a recibir sus lecciones por computadora.

Answers:
1. trabajaremos 2. tendremos, mandaremos
3. iremos, llegarán 4. habrá, tomaremos
5. asistirán, recibirán

El futuro y la probabilidad

La computadora estará pensando.

■ Probability or conjecture in the present is often expressed in Spanish with the future tense. This use of the future has many equivalents in English, for example, *probably, may, I wonder,* etc.

¿Dónde **estará** Antonio? *I wonder where Antonio is?*
Estará jugando juegos *He's probably playing computer*
electrónicos. *games.*
¿Qué hora **será**? *What time must it be?*
Serán las seis. *It must be six.*

Aplicación

12-20 Antonio Villaraigosa. Lee la entrevista con Antonio Villaraigosa. Subraya los verbos en el futuro y da el infinitivo. Luego expresa la misma acción, usando la expresión **ir a…**

MODELO: **sabrá**
saber ¿Cuándo va a saber si…?

Answers to 12-20.
sabrá (saber, va a saber), será (ser, va a ser), Será (ser, va a ser), querrá (querer, va a querer), seguiré (seguir, voy a seguir), habrá (haber, va a haber), Pondré, (poner, voy a poner), hará (hacer, va a hacer), me reuniré (reunirme, voy a reunirme), pediré (pedir, voy a pedir), veremos (ver, vamos a ver)

Periodista: Sr. Villaraigosa, ¿cuándo sabrá si será candidato para gobernador de California?

Villaraigosa: Bueno, no se lo puedo decir. No es sólo decisión mía. Será importante conversarlo con mi esposa, pues ella querrá participar en cualquier decisión. Por ahora, seguiré trabajando por el bien de la gente de Los Ángeles.

Periodista: De acuerdo, pero ¿habrá debates políticos entre usted y sus contrincantes (*opponents*)?

Villaraigosa: Pondré esa decisión en manos de las personas encargadas de la campaña política.

Periodista: Y si gana las elecciones, ¿qué hará?

Villaraigosa: Para empezar, me reuniré con mis asesores y les pediré que me acompañen a Sacramento. Pero esto es pura conjetura (*guess*). Ya veremos qué pasa en el futuro.

12-21 El futuro de Antonio Villaraigosa. Contesta ahora las preguntas sobre el texto que acabas de leer.

1. Según esta entrevista, ¿es Villaraigosa candidato para gobernador?
   No, pero es posible.

2. ¿Cuándo sabrá si será candidato?
   Lo sabrá después de que hable con su esposa.

3. ¿Quién participará en su decisión?
   Participará en ella su esposa.

4. ¿Para qué o para quién seguirá trabajando Villaraigosa?
   Villaraigosa seguirá trabajando para la gente de Los Ángeles.

5. ¿Quiénes decidirán si habrá debates?
   Lo decidirán las personas encargadas de su campaña.

6. En tu opinión, ¿será Villaraigosa candidato?
   Answers will vary.

12-22 La empresa MicroDuro. Isela tiene una entrevista con la empresa MicroDuro. Completa la conversación entre ella y el director de personal de una manera lógica, usando el futuro de los verbos a continuación.

conocer	decir	informar	poder	responder	tener
dar	escribir	llamar	recibir	ser	trabajar

Isela: Señor Mejías, ¿(1. yo) ___trabajaré___ desde las nueve hasta las cinco?

Director: No. Los nuevos programadores trabajan desde las tres hasta las once.

Isela: ¿(2. yo) ___Podré___ trabajar con un programador veterano?

Director: Sí, usted puede trabajar con varias personas con experiencia.

Isela: ¿(3. yo) ___Tendré___ muchas oportunidades para ser creativa?

Director: Bueno, los nuevos tienen que ayudar a los veteranos.

Isela: ¿(4. yo) ___Escribiré___ programas para juegos electrónicos?

Director: No. Es más probable que usted escriba manuales para *software*. También, usted (5) ___responderá___ el correo electrónico de los clientes.

Isela: ¿Usted me (6) ___dirá___ cuánto me van a pagar?

Director: Sí, le (7) ___informaré___ sobre su sueldo antes de que se vaya hoy.

Isela: ¿Cuándo (8. yo) ___recibiré___ el primer aumento?

Director: Normalmente los empleados lo reciben después del primer año de servicio.

Isela: ¿(9. yo) ___Conoceré___ a gente importante?

Director: Sí. Usted va a tener muchas oportunidades de conocer a gente importante.

Isela: ¿Cuándo me (10) ___dará___ usted su decisión?

Director: La (11) ___llamaré___ por teléfono mañana por la mañana.

Isela: Gracias, señor Mejías. (12) ___Será___ muy interesante trabajar en esta empresa.

12-23 ¿Por qué será? Usa las ideas de la lista siguiente en el futuro para hacer una conjetura *(guess)* sobre cada situación.

MODELO: Recibes una llamada por teléfono a las siete de la mañana.
Será algo urgente.

estar contaminado	la fotocopiadora estar rota
haber problemas con la antena parabólica	ser mi jefe

1. Hay peces *(fish)* muertos en el lago.
2. Hay un mensaje en el contestador automático.
3. No podemos ver la película.
4. La secretaria no ha hecho las fotocopias.

Additional Activity for *The future and the future of probability.*

Planes. Túrnense para contar dos o tres de sus planes para este año. ¿Tienen algo en común?

MODELO: E1: *Aprenderé a usar la nueva versión del procesador de textos.*

E2: *¿De veras? ¿Tomarás una clase especial?*

 12-24 El/La adivino/a. Túrnense para ser el/la adivino/a (*fortune-teller*) y el/la cliente que quiere saber su futuro. Háganse tres preguntas originales.

MODELO: E1: *¿Dónde voy a trabajar el año que viene?*
E2: *Trabajarás en alguna parte de la universidad.*

1. ¿Dónde voy a estar este verano?
2. ¿Qué voy a hacer después de graduarme?
3. ¿Con quién voy a pasar el resto de mi vida?
4. ¿Cuántos hijos voy a tener?
5. ¿Dónde voy a vivir? ¿En una finca (*farm*)?
6. ¿Cómo voy a ser? ¿Feliz? ¿Infeliz?

 12-25A ¿Qué harás? Túrnense para preguntarse qué harán en estas circunstancias. Estudiante B, por favor ve al **Apéndice 1,** página A14.

MODELO: Ni el fax ni la conexión a la Red informática funcionan.
Llamaré a un técnico o compraré un módem nuevo.

CIRCUNSTANCIAS	SOLUCIONES
1. El cajero automático no tiene dinero.	1. ir a la Red informática
2. Se rompe tu computadora.	2. borrar los que no son importantes
3. Borras un trabajo importante en tu computadora.	3. comprar uno nuevo
4. Tu escáner no funciona.	4. bajarlo (*download*) del Internet

¿Cuánto sabes tú? *Can you...*

12-27 to 12-30

☐ talk about electronic gadgets that you use?

☐ identify the parts of a computer?

☐ say what you and others have done in the past using the present perfect and present perfect subjunctive? **(He visitado Los Ángeles; Ojalá que el técnico haya reparado mi computadora.)**

☐ describe people and things using past participles as adjectives? **(Estamos cansados; Mi impresora está rota.)**

☐ say what will happen using the future tense? **(Algún día viviremos en la luna.)**

La tecnología y el idioma

12-26 En tu experiencia. ¿Puedes nombrar algunas palabras que se usan en inglés que vienen de otros idiomas? ¿Cuáles vienen del español? Por ejemplo: siesta (*español*); coup d'état (*francés*), etc.

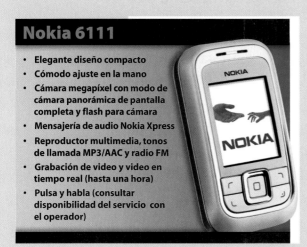

Nokia 6111

• Elegante diseño compacto
• Cómodo ajuste en la mano
• Cámara megapíxel con modo de cámara panorámica de pantalla completa y flash para cámara
• Mensajería de audio Nokia Xpress
• Reproductor multimedia, tonos de llamada MP3/AAC y radio FM
• Grabación de video y video en tiempo real (hasta una hora)
• Pulsa y habla (consultar disponibilidad del servicio con el operador)

La tecnología avanza a un ritmo muy acelerado, pero el idioma, que tiene que adaptarse constantemente a los inventos que surgen todos los días, sigue un ritmo más lento. La mayoría de los nuevos productos electrónicos viene de los países industrializados. Por eso, muchas palabras relacionadas con la tecnología en español son anglicismos (palabras derivadas del inglés) y extranjerismos (palabras de otros idiomas). En esta lección ya hemos presentado palabras como **fax** y **disquete.** A continuación hay una lista de palabras tecnológicas que vienen del inglés.

el casete	el escáner	el home page	el módem	el shareware
el chip	el formato MP3	el/la Internet	el monitor	la página web
el DVD	hacer clic	el láser	el PDA	el software

Entre los países hispanohablantes, algunos aparatos electrónicos varían de nombre. En España, por ejemplo, se dice **el ordenador** para referirse a **la computadora.** En ciertos países de Hispanoamérica también se dice **el computador** o **el microcomputador.**

 12-27 En tu opinión. Hagan una lista de cinco problemas que se nos presentan cuando nos falla (*fails*) la tecnología.

MODELO: *Si el módem no funciona, no podemos mandar información a otros lugares tan rápidamente.*

Note on *Comparaciones.*
There are also many variations in Spanish for the Internet: *el Internet, la Red Mundial,* or simply, *la Red.*

Note on *Comparaciones.*
Technology has become increasingly important in developing countries, including Latin America. Most popular brands of hardware and software produced by U.S. companies are sold all over the world.

Implementation of *Comparaciones.*
After students create their list of problems, ask them to present only half of each situation (either the first part, such as *Si el módem no funciona…* or the second part, such as *…no podemos mandar…*). A partner can try to complete the idea and then offer a solution.

SEGUNDA PARTE

¡Así lo decimos! Vocabulario

CD 3,
Track 11

12-31 to
12-32

¡Así es la vida! El medio ambiente: ¿El problema de los más jóvenes?

Entre los jóvenes hispanos de hoy hay una preocupación por la protección del medio ambiente. Ellos saben que, aunque sus países de origen tienen grandes recursos naturales, el desarrollo industrial y la falta de preocupación de los gobiernos por proteger estos valiosos recursos naturales, hacen que el medio ambiente se deteriore.

En muchas grandes ciudades, como la Ciudad de México, el gran problema es la contaminación del aire. En la capital hay más de 18 millones de habitantes y la contaminación que producen los carros y camiones es algo serio. Asimismo, otros problemas como el humo que producen las fábricas, las plantas nucleares y otros factores contaminantes están poniendo en peligro la vida de todos, no sólo la de los más jóvenes. Obviamente, todos tendremos que cooperar para tratar de resolver estos problemas.

416 • cuatrocientos dieciséis

RECURSOS

Transparency
T12-4

PowerPoint
T12-4

CD 3,
Track 12

12-33 to
12-36

el bosque

la fábrica

el humo

el petróleo

la planta nuclear

Implementation of ¡Así lo decimos!
Have students give examples of these terms, e.g., *el recurso natural → Un gran recurso natural en Venezuela es el petróleo.*
Terms: *el recurso natural, la energía, la escasez, la fábrica, el bosque, la planta nuclear, el reciclaje, la deforestación,* etc.

Implementation of ¡Así lo decimos!
Have students act out these verb phrases that deal with ways to conserve the environment: *Es mejor caminar que conducir un coche. Conservamos energía cuando apagamos las luces. Siempre reciclamos los envases de aluminio. El gobierno multa las fábricas que producen mucho humo. Si bajamos la temperatura de la casa en el invierno, consumimos menos energía,* etc.

Nuestro mundo y el medio ambiente	Our world and the environment
la deforestación[1]	deforestation
los desechos	waste
la energía	energy
el envase (de aluminio)	(aluminum) container
la escasez	shortage
la medida	measure
el medio ambiente	environment
la multa	fine
la naturaleza	nature
los pesticidas	pesticides
la radioactividad	radioactivity
el recurso natural	natural resource
el reciclaje	recycling
la reforestación[2]	reforestation

Verbos	Verbs
arrojar	to throw out
conservar	to conserve; to preserve
consumir	to consume
contaminar	to contaminate; to pollute
echar	to throw out
proteger (j)	to protect
reciclar	to recycle

Adjetivos	Adjectives
dispuesto/a	willing; ready; disposed
obligatorio/a	mandatory

[1]**la despoblación** en España
[2]**la repoblación forestal** en España

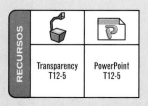

RECURSOS

| Transparency T12-5 | PowerPoint T12-5 |

CD 3,
Track 13

12-37 to
12-38

LETRAS Y SONIDOS

The consonants "t, d" in Spanish

In Spanish, the letter *t* sounds like the *t* in English *stop*, except in Spanish, the tongue tip forms a closure behind the upper front teeth instead of against the alveolar ridge (located just beyond the teeth). Avoid, however, the *t* sound made in English *top*, where a strong puff of air is expelled after the sound.

Hard *t*:   *te-lé-fo-no*   *tra-í-do*   *vuel-to*   *au-to-má-ti-co*

The letter *d* in Spanish creates one of two sounds, depending on the context. After a pause or the letters *n* or *l*, the letter *d* sounds like the *d* in English *den*. In all other contexts, especially between vowels, the sound is softer, like the *th* in English *then* or *father*. While in English the sound for *d* is made with the tongue tip against the alveolar ridge, and the sound for *th* is made with the tongue tip placed between the upper and lower front teeth, both sounds for Spanish *d*, like *t*, are formed behind the upper front teeth. The hard *d* involves a tight closure that momentarily stops the flow of air, while the soft *d* involves a partial closure that allows the air to flow but creates friction.

Hard *d*:   *dis-co*   *di-se-ño*   *un-di-se-ño*   *don-de*   *el-di-se-ño* *suel-do*
Soft *d*:   *los-di-se-ños* *me-di-da* *le-í-do*   *ver-dad* *la Red*

In sum, Spanish has the same three sounds found at the beginning of the English words *ten* (but with less air expelled), *den* (hard *d*), and *then* (soft *d*). However, in Spanish, all three of these sounds are created with the tongue tip behind the upper front teeth only.

Aplicación

12-28 ¿Qué solución hay? Empareja cada problema con la solución correspondiente.

1. __g__ la contaminación del aire
2. __f__ la deforestación
3. __e__ arrojar envases a la calle
4. __d__ los desechos industriales
5. __c__ la escasez de energía
6. __b__ la escasez de agua
7. __a__ echar basura en el parque

a. usar basureros en el parque
b. ahorrar agua
c. conservar electricidad
d. multar las fábricas
e. establecer programas de reciclaje
f. plantar más árboles
g. usar un programa de inspección de las emisiones de automóviles

12-29 En las noticias. Completa cada titular con el verbo correspondiente.

arroje	consume	contaminó	conservar	multa	protege

1. Accidente del Exxon Valdez _____ el agua de la costa de Alaska

2. No _____ los artículos de plástico, recíclelos

3. NIÑOS COSTARRICENSES APRENDEN A _____ ENERGÍA

4. El gobierno de la India _____ a la Dow Chemical por un accidente de pesticidas

5. La EPA regula y _____ el medio ambiente

6. Los EE.UU. _____ más energía que cualquier otro país del mundo

CD 3, Track 14

12-30 Un anuncio público. Escucha el anuncio de la radio y completa las afirmaciones que siguen.

1. El anuncio habla de un programa…
   (a.) del gobierno.
   b. de una organización no gubernamental.
   c. de la ONU.

2. Los participantes son…
   (a.) niños y jóvenes.
   b. ancianos.
   c. amas de casa.

3. Van a trabajar en la limpieza y…
   a. el control de los pesticidas.
   b. el reciclaje.
   (c.) la reforestación.

4. El trabajo será durante…
   (a.) las vacaciones.
   b. el año escolar.
   c. la Semana Santa.

SEGUNDA PARTE

Audioscript for 12-30.
Jóvenes costarricenses, ¡manos a la obra! El gobierno ha declarado hoy que todos los jóvenes costarricenses participarán en un programa para ayudar en la limpieza de nuestras lindas playas y la reforestación de nuestras hermosas sierras. Los niños de diez a quince años de edad trabajarán en equipos para recoger basura de las playas y los ríos. Los jóvenes de dieciséis a dieciocho años participarán plantando árboles en los bosques pluviales. Estas actividades serán durante las dos semanas que las escuelas están de vacaciones. Debemos estar orgullosos de nuestro país. Es la obligación de todos proteger nuestra belleza natural. Éste ha sido un anuncio de servicio público. Gracias por su atención.

Additional Activity for ¡Así lo decimos!

En otras palabras. Túrnense para explicar y dar un ejemplo de cada una de estas expresiones.

MODELO: obligatorio
   E1: *Es algo que tenemos que hacer, por ejemplo, pagar los impuestos.*
   E2: *No es obligatorio votar, pero es una responsabilidad.*

1. el humo
2. el reciclaje
3. los pesticidas
4. la fábrica
5. los recursos naturales
6. los envases de aluminio
7. la energía nuclear
8. la reforestación

Additional Activity for ¡Así lo decimos!
Have students individually write ads for a recycling program (or any environmental program) at their university. Remind them to include information about *¿qué? ¿cuándo? ¿cómo? ¿por qué?* Display the ads in class.

12-31A ¿Cuál es tu opinión? Túrnense para hacer y responder a preguntas sobre el medio ambiente. Usa expresiones como: **¿Cuál es tu opinión sobre…? ¿Qué podemos hacer para…?,** etc. Estudiante B, por favor ve al **Apéndice 1,** página A15.

MODELO: la contaminación del medio ambiente
E1: *¿Crees que la contaminación es un problema grave?*
E2: *En mi opinión, es el problema más grave que tenemos.*

PREGUNTAS	RESPUESTAS
1. la escasez de agua	la única respuesta
2. la conservación de energía	leyes más fuertes
3. la energía nuclear	hacer todo lo posible
4. el sistema de transporte público en tu ciudad	nuestro futuro

12-32 ¡Salve nuestro paraíso! Refiéranse a la siguiente tarjeta que se encontró en la habitación de un hotel y hagan por lo menos cinco afirmaciones para explicar el problema y las posibles soluciones.

MODELO: *Estamos en una región que tiene escasez de agua. Tendremos que…*

12-33 Debate. Formen dos equipos para debatir algunos de los siguientes asuntos (*issues*). Usen las frases a continuación para expresar sus opiniones.

En mi opinión…	No estoy de acuerdo…
Estás equivocado/a…	Para mí lo más importante es…
Creo que…	Desde mi punto de vista…

1. las ventajas y desventajas de la tecnología moderna
2. las plantas nucleares y el peligro para el medio ambiente
3. la destrucción de la selva (*jungle*) del Amazonas
4. el exceso de población en Latinoamérica

¡Así lo hacemos! Estructuras

4. The conditional and the conditional of probability

12-39 to 12-45

El condicional

In Spanish, the conditional of regular verbs is formed by adding the imperfect ending for **-er** and **-ir** verbs to the infinitive. The same endings are used for **-ar, -er,** and **-ir** verbs.

	tomar	**comer**	**vivir**
yo	tomar**ía**	comer**ía**	vivir**ía**
tú	tomar**ías**	comer**ías**	vivir**ías**
él, ella, Ud.	tomar**ía**	comer**ía**	vivir**ía**
nosotros/as	tomar**íamos**	comer**íamos**	vivir**íamos**
vosotros/as	tomar**íais**	comer**íais**	vivir**íais**
ellos/as, Uds.	tomar**ían**	comer**ían**	vivir**ían**

- The conditional expresses what you would do under certain circumstances.

    ¿**Reciclarías** envases de aluminio?   *Would you recycle aluminum cans?*

    Consumiríamos menos agua.   *We would consume less water.*

- The conditional is also used when the speaker is referring to an event that is future to another past event.

    Creíamos que **habría** más gente protestando enfrente de la planta nuclear.   *We thought there would be more people protesting in front of the nuclear plant.*

    Nos dijo que no **contaminarían** el agua.   *He told us they wouldn't pollute the water.*

- The verb **deber,** when used in the conditional tense, is equivalent to the English *should* + infinitive.

    Deberías conservar recursos.   *You should conserve resources.*

- The conditional has the same irregular stems as the future.

decir	**dir-**	diría, dirías,…	saber	**sabr-**	sabría, sabrías,…
hacer	**har-**	haría, harías,…	poner	**pondr-**	pondría, pondrías,…
haber	**habr-**	habría, habrías,…	salir	**saldr-**	saldría, saldrías,…
poder	**podr-**	podría, podrías,…	tener	**tendr-**	tendría, tendrías,…
querer	**querr-**	querría, querrías,…	venir	**vendr-**	vendría, vendrías,…

RECURSOS

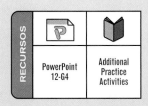

PowerPoint 12-G4

Additional Practice Activities

SEGUNDA PARTE

Implementation of *The conditional and the conditional of probability.*
Present the following context on the board or a transparency and have students identify the forms and explain the use of the conditional. *¿Qué harías con un millón de dólares? Bueno, primero, pagaría todas mis deudas. Después, tomaría un mes de vacaciones. Al volver a casa, vendería la que tengo y compraría otra más grande. Donaría algún dinero a causas importantes como La Paz Verde, por ejemplo.*

Note on *The conditional and the conditional of probability.*
Other softened requests in the conditional are *querría* and *podría*.

EXPANSIÓN	**More on structure and usage**

Conjetura con el condicional

Probability or conjecture in the past is often expressed in Spanish with the conditional.

—¿A qué hora **sería** la conferencia de prensa?   *I wonder at what time the press conference was.*
—**Sería** a las cuatro.   *It was probably at four.*

Aplicación

12-34 Marc Anthony. Marc Anthony es uno de los salseros neoyorquinos jóvenes más admirados. Aquí tienes una narración sobre su juventud. Léela y subraya los verbos en el condicional. ¿Cuáles expresan el futuro con respecto a una acción en el pasado y cuáles expresan el concepto de *should* en inglés?
All verbs are in "el futuro del pasado" *except* debería (concepto de *should*)

Cuando tenía diez años sabía que sería cantante de salsa. Mis padres siempre me decían que tendría éxito, porque me gustaba bailar y cantar los ritmos de las islas del Caribe. Cuando era niño, cantaba con mi padre, quien tocaba la guitarra. Fue él quien me enseñó todo lo que sabía sobre la música puertorriqueña y quien me decía que algún día yo daría conciertos por todo el mundo. En 1990, conocí a Little Louis Vega, otro músico. Él me dijo que debería producir un álbum de mis canciones. En ese álbum, también tocó Tito Puente, el gran percusionista puertorriqueño y otro modelo importante en mi vida. Tito y Celia Cruz me animaron y me guiaron mucho. De joven soñaba con crear música, pero nunca me imaginé que trabajaría al lado de estas dos leyendas del mundo hispano.

12-35 Más sobre Marc Anthony. Contesta las preguntas siguientes sobre el texto que acabas de leer.

1. ¿Quién es Marc Anthony?
   Es un salsero neoyorquino.
2. ¿Qué hacía de joven?
   Bailaba y cantaba.
3. ¿Quiénes le sirvieron de modelo?
   Su padre, Little Louis Vega, Tito Puente y Celia Cruz le sirvieron de modelo.
4. ¿Qué sabía él de joven?
   Sabía que sería cantante de salsa.
5. ¿Qué no sabía?
   No sabía que trabajaría al lado de Tito Puente y Celia Cruz.

 12-36 ¿Conoces su música? Conéctate con la página web de **¡Arriba!** para ver más imágenes de Marc Anthony y escuchar su música. Escribe un párrafo en el que describas al artista o su música.

12-37 Lo que haría Cristina Saralegui. Cristina Saralegui es una presentadora de la cadena hispana Univisión. En un programa reciente, dijo que el próximo año haría lo siguiente. Completa cada promesa con la forma correcta del verbo correspondiente en el condicional.

MODELO: Dijo que _trabajaría_ para aumentar su influencia en la comunidad hispana.

añadir	buscar	entrevistar	ser
atraer	combatir	poder	tener

1. Prometió que ___entrevistaría___ a un político hispano.

2. Dijo que no ___sería___ candidata para el congreso.

3. Nos aseguró que ___atraería___ a más televidentes.

4. Creía que ___tendría___ más éxito con los patrocinadores (*sponsors*).

5. Prometió que ___combatiría___ los estereotipos.

6. Dijo que ___buscaría___ diferentes maneras para informar mejor al público hispano.

7. Creía que ___podría___ ayudar a la mujer latina.

8. Prometió que ___añadiría___ otra hora a su programa.

12-38A Geraldo. Imagínate que eres entrevistador/a para un programa de investigación en la televisión. Hazle preguntas al/a la jefe/a de una planta nuclear y contesta las suyas. Siempre insiste en que te dé respuestas directas. Estudiante B, por favor ve al **Apéndice 1,** página A15.

MODELO: limpiar los desechos
          E1: *Usted dijo que limpiaría los desechos de su planta, pero…*
          E2: *Es verdad. Pero eso toma tiempo. Usted dijo que no me haría preguntas indiscretas.*
          E1: *Es verdad, pero…*

PREGUNTAS DEL/DE LA ENTREVISTADOR/A

Usted dijo que…

1. proteger la naturaleza alrededor de la planta

2. reciclar los desechos nucleares

3. pagar las multas de la EPA

4. no contaminar el agua del río

5. trabajar en la reforestación de las montañas

SEGUNDA PARTE

Additional Activity for *The conditional and the conditional of probability.*

¡Sugerencias! Imagínate que trabajas en la EPA y te encargas de leer las sugerencias que los empleados ponen en el buzón (*drop-box*) de sugerencias para la administración. ¿Cuáles de las siguientes sugerencias llevarías a cabo (*would you carry* out) si fueras (*if you were*) administrador/a?

MODELO: darles a los empleados un mes de vacaciones
          Les daría a los empleados un mes de vacaciones sólo después de un año de servicio.

1. aumentarles el salario a los científicos

2. hacer más viajes de inspección

3. escribir más manuales para la protección del medio ambiente

4. hacer inspecciones inesperadas (*without warning*)

5. publicar los nombres de las empresas que violan las leyes del medio ambiente

Note on *Tú commands.*

Students may already have receptive knowledge of *tú* commands if you have previously used them for classroom instructions.

Implementation of *Tú commands.*

Remind students that they have been responding to *tú* commands since *Capítulo 1*. Point out that the negative command for *saber* (*no sepas*) is not commonly used. Write the following sentences on the board or a transparency. Have them underline each command and identify the infinitive for it. Then say the commands to different students for them to act out in front of the class. **1.** *Abre el libro.* **2.** *Escribe.* **3.** *Ve a la pizarra.* **4.** *Cierra el libro.* **5.** *Lee las instrucciones.* **6.** *Trabaja con tu compañero/a.* **7.** *Habla en español.* **8.** *Pon el libro debajo del escritorio.*

 12-39 Diferentes situaciones. Túrnense para contar lo que harían en estas situaciones para mejorar el medio ambiente.

MODELO: en la playa
> E1: *¿Qué harías en la playa?*
> E2: *Recogería la basura y los envases. ¿Y tú? ¿Qué harías?*
> E1: …

1. con un millón de dólares
2. en una organización benéfica
3. en un comité sobre el medio ambiente en el congreso o el parlamento
4. en un editorial para el periódico
5. en un bosque
6. en tu coche para conservar gasolina
7. en tu casa para conservar energía
8. en tu vida para conservar el medio ambiente

5. *Tú* commands

12-46 to 12-50

In **Capítulo 11** you learned that formal commands used the forms of the subjunctive. Here are the informal (**tú**) commands, which we use in the directions for the activities. Note how they compare with the subjunctive as well.

Dame la linterna, por favor.

Infinitive	Affirmative	Negative	(Subjunctive)
comprar	**compra**	**no compres**	(compres)
comer	**come**	**no comas**	(comas)
escribir	**escribe**	**no escribas**	(escribas)
pensar	**piensa**	**no pienses**	(pienses)
dormir	**duerme**	**no duermas**	(duermas)
pedir	**pide**	**no pidas**	(pidas)
traer	**trae**	**no traigas**	(traigas)

■ Regular affirmative **tú** commands have the same form as the third-person singular of the present indicative.

> **Recicla** los platos de papel.   *Recycle the paper plates.*
> **Protege** nuestros bosques.   *Protect our forests.*

■ Negative **tú** commands use the subjunctive.

> **No cortes** los árboles pequeños.   *Don't cut the small trees.*
> **No cierres** la fábrica todavía.   *Don't close the factory yet.*

■ Remember that irregularities in the subjunctive will also appear in the negative **tú** command.

> **No conduzcas** tan rápido.   *Don't drive so fast.*
> **No te vayas.**   *Don't leave.*

RECURSOS

PowerPoint 12-G5

Additional Practice Activities

Mandatos irregulares e informales de la forma *tú*

■ The following verbs have irregular **affirmative** command forms.

decir	di	**Di** por qué.	*Tell (Say) why.*
hacer	haz	**Haz** la inspección.	*Do the inspection.*
ir	ve	**Ve** a la selva.	*Go to the jungle.*
poner	pon	**Pon** la basura en el basurero.	*Put the trash in the trash can.*
salir	sal	**Sal** de ese aire contaminado.	*Get out of that contaminated air.*
ser	sé	**Sé** amable con los voluntarios.	*Be nice to the volunteers.*
tener	ten	**Ten** paciencia con el gobierno.	*Be patient with the government.*
venir	ven	**Ven** a la sierra conmigo.	*Come to the mountain range with me.*

¡Mira ese pájaro! ¡Qué exótico!

■ As with the formal commands, attach pronouns to the affirmative command and place them in front of the negative command. Remember to place an accent on the next-to-last syllable of the verb in the affirmative command form.

Recíclala mañana.   *Recycle it tomorrow.*
No le pongas la multa a la   *Don't give the fine to the student.*
estudiante.

Aplicación

12-40 En la oficina del alcalde Antonio Villaraigosa. Cuando el alcalde Villaraigosa habla con su personal en su oficina, le pide que le haga muchas cosas. ¿Cuáles de estos favores crees que **no** le pediría? Explica por qué. *Answers will vary.*

MODELO: María, tráeme los documentos de mi escritorio, por favor.
Sí.
María, prepárame una tortilla española, por favor.
No, porque no se cocina en una oficina.

1. Tomás, no trabajes más de cinco horas diarias.
   No, porque hay que trabajar ocho horas.

2. Clarisa, escribe este informe en latín.
   No, porque los informes se escriben en español.

3. Ramón, ve a la piscina y nada por tres horas.
   No, porque Ramón no está de vacaciones.

4. Josefina, búscame el informe de Sacramento.
   Sí.

5. Raúl, llama al jefe de la EPA.
   Sí.

6. Concha, sé amable con los visitantes.
   Sí.

7. Eduardo, pon las sillas alrededor de la mesa para la reunión.
   Sí.

8. Julia, descansa. No hagas tu trabajo.
   No, porque Villaraigosa necesita que trabajen todos.

SEGUNDA PARTE

Additional Activity for *Tú commands*.

Enciende la computadora. Aquí tienes las instrucciones para usar la computadora. Complétalas con el mandato informal de un verbo lógico de la lista.

MODELO: *Enciende* la computadora.

aprender	archivar	borrar	imprimir
lavarse	poner	poner	tener

1. _____ un disquete.
2. No _____ el documento.
3. _____ el documento en el disco duro o en un disquete.
4. _____ cuidado con los virus en el correo electrónico.
5. No _____ los dedos en la pantalla.
6. _____ las manos antes de usar el teclado.
7. _____ a usar los acentos cuando escribes en español.
8. _____ tu documento cuando lo termines.

Answers:

Answers will vary.
1. Pon 2. borres 3. Archiva 4. Ten 5. pongas 6. Lávate 7. Aprende 8. Imprime

Expansion of 12-43.

As a class, think of some other topics about which to give advice and write these on the board. Then, have students in pairs think of three or four problems that can arise in relation to one of the topics, similar to the list in 12-43. Next, pairs interchange their lists of problems and offer at least one piece of advice per problem in writing, using *tú* commands. Finally, pairs return the problems and their advice to the original pair, who reads over the advice and chooses the most interesting problem and advice to share with the class. Examples of some situations include: *la vida amorosa, la salud, el dinero,* etc.

12-41 Tú eres el alcalde. Imagina que tú eres el alcalde. ¿Qué mandatos darías tú en la oficina? Combina elementos de las dos columnas para formar mandatos lógicos.

MODELO: poner—los papeles en la mesa
      Sandra, pon los papeles en la mesa, por favor.

(no) buscar	una impresora para tu oficina
(no) comprar	al banco a depositar dinero
(no) salir	a trabajar el sábado
(no) decirle	la verdad al público
(no) venir	información en la Red informática

 12-42 Alex Rodríguez, una gran estrella del béisbol. Alex Rodríguez nació en los EE.UU. de padres dominicanos. Imagínense que son amigos de él y que le pueden pedir lo que quieran. Túrnense para darle mandatos.

MODELO: *Alex, ven a mi casa a cenar esta noche.*

beber	comer	hacer	jugar	salir
buscar	decir	ir	practicar	ser

 12-43 Consejos. Túrnense para darse consejos sobre el medio ambiente.

    MODELO: E1: *Hay mucha contaminación del aire.*
              E2: *No uses tu coche.*

ALGUNOS PROBLEMAS

1. Mi coche no es muy económico.
2. Hay mucha contaminación en la ciudad.
3. Algunas empresas no procesan sus desechos.
4. Me interesa la ecología.
5. El humo de algunas fábricas causa la lluvia ácida.
6. La deforestación es un problema crítico para muchos países.

¿Cuánto sabes tú? *Can you…*

☐ talk about environmental issues?

☐ say what you would do to help the environment, using the conditional tense, such as **Le escribiría una carta al editor del periódico; Protestaría en contra de las empresas que contaminan**?

☐ give a friend advice using **tú** commands such as **Camina más; no vayas siempre en coche**?

12-51 to
12-54

Observaciones

 ## ¡Pura vida! Episodio 12

En este episodio Felipe busca una camioneta nueva.

Antes de ver el video

12-44 Vehículos usados en Costa Rica. Cuando Felipe va a la Red informática encuentra una página web con camionetas a la venta. Lee sus características y explícale a Felipe por qué crees que la debe comprar o no.

MODELO: *En mi opinión,…*

MODELO:	Chevrolet S10
AÑO:	1995
AIRE ACONDICIONADO:	✗
VIDRIOS ELÉCTRICOS :	✗
TRANSMISIÓN:	Manual
MOTOR:	2500 cc diesel
DIRECCIÓN HIDRÁULICA:	✔
CIERRE CENTRAL:	✗
KILOMETRAJE:	224.000 km
COLOR:	blanco y azul
PRECIO:	US $ 8.000

Vehículos usados.

A ver el video

12-45 Felipe en la Red informática. Mira el episodio número doce de *¡Pura vida!* para ver cómo Felipe busca otra camioneta. Luego, indica si las afirmaciones siguientes son ciertas o falsas.

Felipe

Felipe en la Red informática

Los amigos ayudan a Felipe.

1. Felipe se ha conectado a su correo electrónico.	<u>cierto</u>	falso
2. Recibe un mensaje que dice que ha ganado la lotería.	cierto	<u>falso</u>
3. El mecánico ha reparado su camioneta.	cierto	<u>falso</u>
4. Imprime la dirección de la agencia.	cierto	falso
5. Busca una camioneta en **Terra.es.**	<u>cierto</u>	falso
6. El teléfono de Marcela no manda mensajes instantáneos.	cierto	<u>falso</u>
7. A Marcela le interesan más los trajes de baño.	cierto	falso
8. Felipe le pide la moto a Patricio para ir a ver la camioneta.	<u>cierto</u>	falso

Después de ver el video

12-46 www.Terra.es. Terra.es es un buscador (*search engine*) muy popular en España. Conéctate con la página web de **¡Arriba!** para ver qué se ofrece en **Terra.es** y anota qué hay en alguna de sus secciones.

cuatrocientos veintisiete • **427**

Note on *Observaciones*.
The words *camioneta* and *furgoneta* both exist, albeit in different varieties of Spanish, to refer to a "pick-up truck."

Warm-up for 12-45.
This episode of *¡Pura vida!* works nicely as a springboard for integrating theatre into the classroom. Choose a moment during the episode to play during class. Stop the video before all is revealed and have students predict what will happen next. The students can compose brief dialogues to act out in front of the class. After viewing the skits, play the scene and see which group's skit most closely approximates the video storyline. Students can view the remainder of the episode and complete the comprehension activity as homework.

Wrap-up for 12-45.
In this episode, we observe Felipe, Marcela, and Silvia more closely. Have students summarize what they know and have learned about these characters thus far in the series. Write questions such as the following on the board or a transparency: *¿Cómo es Felipe físico y personalmente? ¿Y Marcela? ¿Y Silvia? ¿Te cae bien cada uno/a como persona? ¿Por qué sí o por qué no?* etc.

RECURSOS

IRM
Video Script

NUESTRO MUNDO

Panoramas

 Los hispanos en los Estados Unidos

Vistas culturales

12-47 ¿Ya sabes...? Trata de identificar o explicar lo siguiente.

12-59 to 12-60

1. el número de hispanos en los EE.UU.
   Hay más de 42 millones.

2. el nombre de algunos hispanoamericanos importantes
   Answers will vary.

3. un canal de televisión que sirve al público hispano
   Univisión, Telemundo y Galavisión

4. el nombre de un negocio hispano
   Answers will vary.

5. el tema de un mural mexicoamericano
   Hay murales de los trabajadores y el sindicato o de su historia indígena.

Los murales, hechos por artistas mexicoamericanos, ilustran la conexión entre el pasado y el presente del pueblo. Éste, por Juanishi Orosco, es parte de una colección llamada *Idaho Migrant Council Murals (1978)*. Su tema es la leyenda de "Nuestra Raza" desde los aztecas hasta los campesinos de hoy en día.

Source: Juanishi Orosco V. and Esteban Villa, "Idaho Migrant Council Murals," 1978, one shot enamel paints on concrete wall. Dimension: stairway 20' x 14'. Idaho Migrant Council, Burley, Idaho Art Center. Courtesy of the California Ethnic and Multicultural Arch.

Cheech Marín es más conocido como actor de películas y programas de televisión, pero también es director, escritor y músico.

El mexicoamericano Derek Parra ganó la medalla de oro de patinaje de velocidad en los Juegos Olímpicos del año 2002.

La cubanoamericana Gloria Estefan ha popularizado la música y el baile de las islas del Caribe.

Hoy en día más de 42 millones de hispanos viven en los EE.UU., un gran número de los cuales habla español en casa y en el trabajo. Por eso, los EE.UU. constituye la cuarta nación hispanohablante. Esta presencia es evidente en los medios de comunicación, como en los canales de televisión Univisión y HBO en Español, en revistas populares como *Vanidades* y *People en español* y en periódicos como *La Opinión* y *El Nuevo Herald*.

No es de extrañar que hoy en día haya miles de negocios hispanos que sirven a clientes de cualquier origen étnico.

La puertorriqueña Esmeralda Santiago es conocida por sus novelas, las cuales retratan la difícil transición que tuvo cuando se mudó de Puerto Rico a Nueva York. Entre sus novelas, se destacan *Cuando era puertorriqueña* y *El sueño de América*.

Implementation of *Panoramas*.

Point out various reading comprehension strategies to help students process the material in the *Panoramas* section of each chapter. First, encourage students to look for cognates as they read the captions. For instance, have them identify the English equivalents for the following words in the very first caption of this section: *murales, artistas, ilustran, conexión, presente, colección*. Second, encourage students to connect the language to the photographs. For example, have them identify the expression for *gold medal* in the second caption. Third, whether the reading is assigned for home or in-class, tell students to underline words that interfere with their understanding of the text. Review these words with them or ask them to consult the glossary or a Spanish–English dictionary before proceeding to the activities. Fourth, point out that it is not necessary to understand every word in a text to capture its global meaning. Thus, tell students not to get distracted or overwhelmed by an occasional unknown word. For further practice with reading comprehension, have students carry out the *Páginas* section of each chapter, as well.

Expansion of *Panoramas*.

Ask students comprehension questions based on the information in the captions, e.g., *¿Qué ilustran los murales hechos por artistas mexicoamericanos? ¿Cuál es, por ejemplo, el tema de la colección llamada Idaho Migrant Council Murals? ¿Quién es Derek Parra? ¿Quién es Cheech Marín? ¿Y Gloria Estefan? ¿Y Esmeralda Santiago? ¿Cuántos hispanos viven en los EE.UU. hoy en día? ¿Por qué hay varios medios de comunicación en español en los EE.UU.? ¿Cuáles son? ¿Hay muchos negocios hispanos hoy en día en los EE.UU.?*

Note on *Ritmos*.

Remind students of the importance of African heritage in Caribbean music. This heritage is also apparent along the east coast of Central America and the northern coast of Colombia and Venezuela.

12-48 A ver si puedes identificar a estas personalidades. Empareja a las siguientes personas con su profesión.

1. __b__ Roberto Clemente
2. __g__ Gloria Estefan
3. __d__ Jennifer López
4. __c__ Esmeralda Santiago
5. __e__ Derek Parra
6. __h__ Ricky Martin
7. __a__ Cheech Marín
8. __f__ Óscar de la Hoya

a. actor mexicoamericano
b. beisbolista puertorriqueño
c. escritora puertorriqueña
d. actriz y cantante puertorriqueña
e. patinador de velocidad mexicoamericano
f. boxeador mexicoamericano
g. cantante cubanoamericana
h. cantante puertorriqueño

12-49 Figuras conocidas. Conéctate con la página web de **¡Arriba!** para buscar más información sobre una persona hispana importante. Escribe un párrafo en el que incluyas esta información:

- su nombre completo
- sus raíces
- su edad
- por qué es conocido/a
- unas obras o reconocimientos

12-50 Entrevistas. Asuman el papel de la personalidad que investigaron en la actividad **12-49** y entrevístense para tener más información.

Ritmos

"Caminando" (Millo Torres y El Tercer Planeta, Puerto Rico)

12-61

La música de Millo Torres y El Tercer Planeta, un grupo puertorriqueño, es conocida por la mezcla de varias influencias musicales: rock, reggae, música ska (parecida al reggae pero más rápida y con muchos más instrumentos) y ritmos afrocaribeños. Los problemas sociales frecuentemente aparecen como tema principal en sus canciones.

RECURSOS

Ritmos
Track 12

Antes de escuchar

12-51 El futuro. En esta canción, el autor canta sobre el porvenir y la necesidad de seguir adelante en la vida. Las siguientes oraciones vienen de la canción. Cambia los verbos entre paréntesis al tiempo futuro para indicar lo que pasará o lo que hará el narrador.

1. Mi alma ___sonreirá___ (sonreír).
2. (Yo) ___tendré___ (tener) que seguir.
3. (Nosotros) ___navegaremos___ (navegar) con el viento y ___buscaremos___ (buscar) un porvenir (*future*).
4. El tiempo ___pasará___ (pasar).
5. (Yo) ___seguiré___ (seguir) caminando.
6. ___Se hará___ (hacerse) camino al andar.
7. Cada huella (*trace*) ___será___ (ser) un impreso de enseñanza.
8. Tropezando (*stumbling*) (yo) ___aprenderé___ (aprender) a caminar.
9. Alegría (yo) ___encontraré___ (encontrar).
10. ___Llegará___ (Llegar) un cambio.

A escuchar

12-52 Palabras clave. Completa la letra de "Caminando" con las siguientes palabras clave.

alegría	alma	cambio	enseñanza
esperanza	porvenir	seguir	vivir

Caminando

No hay segundo que detenga la ___esperanza___,
mi ___alma___ quiere sonreír.
Si entre ruegos y súplicos y alabanzas (*praise*),
anda y busca un trago lleno de ___vivir___.
Que estoy sediento (*thirsty*) y tengo que ___seguir___.
Navegamos con el viento,
sí buscando un ___porvenir___.
Y el tiempo pasa.

Yo sigo caminando…
No hay camino que se pierda en la distancia,
se hace camino al andar.
Cada huella es un impreso de ___enseñanza___ y
tropezando es que se aprende a caminar.

Yo sigo caminando, ya tengo que llegar,
___alegría___ estoy buscando sí, la tengo que encontrar.
Ya tengo que llegar a un ___cambio___,
y el tiempo pasa.
Yo sigo caminando…

Note on *Páginas.*

Sandra Cisneros's vivid and detailed style of writing allows the reader to visualize the house of her childhood on Mango Street. For example, the house takes on a humanlike personality with her phrase *"unas ventanitas tan chicas que parecen guardar su respiración"*.

Note on *Páginas.*

Another short-story collection by Sandra Cisneros, *Woman Hollering Creek*, also has been translated into Spanish.

Después de escuchar

 12-53 El mensaje. En parejas, hablen de cuál es el mensaje (o mensajes) de "Caminando". Compartan sus opiniones y escriban una lista de posibles mensajes para esta canción. Refiéranse a las palabras clave con las cuales completaron la letra de la canción.

 12-54 Experiencias. Trabajando con las mismas parejas, contesten las siguientes preguntas y compartan sus opiniones: ¿Cómo se relacionan los mensajes de "Caminando" con las experiencias de los hispanos en los EE.UU.? ¿Con las experiencias de sus antepasados (*ancestors*) o de los antepasados tuyos y de tu compañero/a?

Páginas

La casa en Mango Street (fragmento)
(Sandra Cisneros, EE.UU.)

12-62

La escritora Sandra Cisneros es chicana (mexicoamericana). Durante su vida se ha dedicado a mejorar y a enriquecer el futuro de los jóvenes. La novela *La casa en Mango Street* fue escrita originalmente en inglés y luego traducida al español por Elena Poniatowska, una importante figura literaria mexicana.

Sandra Cisneros (1954–), EE.UU.

Antes de leer

12-55 Dialectos. El dialecto que se habla entre los mexicoamericanos ha sido influenciado por el español mexicano y el inglés norteamericano. Una característica del mexicano es usar el diminutivo para comunicar que algo es pequeño, querido o, a veces, sin importancia. Por ejemplo, **una cosita** es una cosa pequeña. El sufijo **-ito/a, -illo/a** puede extenderse. Por ejemplo, **chiquitito** significa aún más pequeño que **chiquito**. A ver si puedes adivinar qué significan los diminutivos que describen la casa en Mango Street.

1. Es pequeña y roja, con escalones (*stair steps*) apretados al frente y unas **ventanitas** tan chicas que parecen guardar su respiración.

2. No hay jardín al frente sino cuatro olmos (*elms*) **chiquititos** que la ciudad plantó en la banqueta.

3. Afuera, atrás hay un garaje **chiquito** para el carro que no tenemos todavía, y un **patiecito** que luce todavía más **chiquito** entre los edificios de los lados.

4. El **modito** en que lo dijo me hizo sentirme una nada.

Note on *Páginas*.
The authors have provided the punctuation from the original text.

A leer

12-56 La casa en Mango Street. Lee ahora la lectura para conocer esta famosa obra de Cisneros.

La casa en Mango Street (fragmento)

No siempre hemos vivido en Mango Street. Antes vivimos en el tercer piso de Loomis, y antes de allí vivimos en Keeler. Antes de Keeler fue en Paulina y de más antes, ni me acuerdo, pero de lo que sí me acuerdo es de un montón de mudanzas (*moves*). Y de que en cada una éramos uno más. Ya para cuando llegamos a Mango Street éramos seis: Mamá, Papá, Carlos, Kiki, mi hermana Nenny y yo.

La casa de Mango Street es nuestra y no tenemos que pagarle renta a nadie, ni compartir el patio con los de abajo, ni cuidarnos de hacer mucho ruido, y no hay propietario que golpee (golpear: *to pound*) el techo (*ceiling*) con una escoba. Pero aún así no es la casa que hubiéramos querido.

Tuvimos que salir volados (*in a rush*) del departamento (apartamento) de Loomis. Los tubos del agua se rompían y el casero (dueño) no los reparaba porque la casa era muy vieja. Salimos corriendo. Teníamos que usar el baño del vecino y acarrear (*carry*) agua en botes lecheros de un galón. Por eso Mamá y Papá buscaron una casa, y por eso nos cambiamos a la de Mango Street, muy lejos, del otro lado de la ciudad.

Siempre decían que algún día nos mudaríamos (nos… *we would move*) a una casa, una casa de verdad, que fuera nuestra para siempre, de la que no tuviéramos que salir cada año, y nuestra casa tendría agua corriente y tubos que sirvieran. Y escaleras interiores propias, como las casas de la tele. Y tendríamos un sótano, y por lo menos tres baños para no tener que avisarle a todo el mundo cada vez que nos bañáramos. Nuestra casa sería blanca, rodeada de árboles, un jardín enorme y el pasto creciendo sin cerca (*fence*). Ésa es la casa de la que hablaba Papá cuando tenía un billete de lotería y ésa es la casa que Mamá soñaba en los cuentos que nos contaba antes de dormir.

Pero la casa de Mango Street no es de ningún modo como ellos la contaron. Es pequeña y roja, con escalones apretados (escalones… *small and narrow steps*) al frente y unas ventanitas tan chicas que parecen guardar su respiración (parecen… *seem to be holding their breath*). Los ladrillos (*bricks*) se hacen pedazos en algunas partes y la puerta del frente se ha hinchado (hinchar: *to swell*) tanto que uno tiene que empujar fuerte para entrar. No hay jardín al frente sino cuatro olmos (*elms*) chiquititos que la ciudad plantó en la banqueta. Afuera, atrás hay un garaje chiquito para el carro que no tenemos todavía, y un patiecito que luce todavía más chiquito entre los edificios de los lados. Nuestra casa tiene escaleras pero son ordinarias, de pasillo, y tiene solamente un baño. Todos compartimos recámaras (dormitorios), Mamá y Papá, Carlos y Kiki, yo y Nenny.

Implementation of 12-58.

First have students work in pairs to generate their list of ideas. Then elicit the contrasts and write these on the board under the two headers given in the activity, or ask volunteers to do so.

Una vez, cuando vivíamos en Loomis, pasó una monja (*nun*) de mi escuela y me vio jugando enfrente. La lavandería (*laundry*) del piso bajo había sido cerrada con tablas (*boards*) arriba por un robo dos días antes, y el dueño había pintado en la madera SÍ, ESTÁ ABIERTO, para no perder clientela.

—¿Dónde vives?—preguntó.

—Allí—dije señalando arriba, al tercer piso.

—¿Vives *allí*?

Allí. Tuve que mirar a donde ella señalaba. El tercer piso, la pintura descarapelada (*peeling*), los barrotes (*bars*) que Papá clavó en las ventanas para que no nos cayéramos. ¿Vives *allí*? El modito (*manner*) en que lo dijo me hizo sentirme una nada. *Allí*. Yo vivo *allí*. Moví la cabeza asintiendo.

Desde ese momento supe que debía tener una casa. Una que pudiera señalar. Pero no esta casa. La casa de Mango Street no. Por mientras (*for the time being*), dice Mamá. Es temporario, dice Papá. Pero yo sé cómo son esas cosas.

Después de leer

12-57 ¿Probable o improbable? Lee las siguientes oraciones e indica si cada una es probable (**P**) o improbable (**I**) según el fragmento que has leído. *Answers will vary.*

1. __P__ La joven tenía doce años cuando se mudaron a Mango Street.
2. __P__ Dejaron su antigua casa porque estaba en muy malas condiciones.
3. __I__ Antes de Mango Street vivían en el campo.
4. __I__ La casa de Mango Street era para dos familias.
5. __P__ La familia compró la casa, no la alquiló.
6. __I__ El jardín tenía espacio para plantar lechugas, tomates y otras verduras.
7. __I__ Cada niño tenía su propio dormitorio.

12-58 ¿Es ésa su casa? Compara la casa de los sueños de la narradora con la que encontraron en Mango Street. ¿Era mejor o peor?

MODELO:	La de sus sueños	La de la calle Mango
	era blanca	*era roja*

12-59 Resumir. Trabajen juntos para resumir el contentido de la lectura. Pueden usar las preguntas a continuación como guía.

1. ¿Quién narra la selección?
   La narra una hija de la familia.

2. ¿Cómo era su familia?
   Era grande y tradicional.

3. ¿Qué quería? ¿Por qué?
   Quería una casa bonita porque la monja le señaló que su casa era fea.

4. ¿Por qué se desilusionó?
   Porque la casa no era la que quería.

5. ¿Por qué dice que se sintió como una "nada" cuando le habló la monja?
   Porque la monja expresó sorpresa cuando vio dónde vivía la niña.

6. ¿Crees que algún día la casa de Mango Street será la casa de sus sueños? ¿Por qué?
   Answers will vary.

12-60 La casa de sus sueños. Túrnense para describir la casa de sus sueños. ¿Cómo se compara con la de la narradora del cuento?

MODELO: E1: *La casa de mis sueños tiene un jardín grande y una piscina. La de la joven no tenía jardín, ni piscina…*

Taller

12-61 Un relato personal. En este taller, vas a narrar alguna experiencia que hayas tenido con la tecnología o con el medio ambiente en el pasado. Si no has tenido ninguna, puedes inventarla. Puedes incluir también un diálogo entre los personajes para explicar si el conflicto ha sido resuelto.

12-63 to 12-64

MODELO: *En 2004 mi familia se mudó a San Antonio. Éramos cinco personas, mi madre, mis tres hermanas y yo. Para mí fue difícil el cambio. No conocía a nadie y me sentía fuera de lugar, pero luego conocí a una chica por la Red, y…*

Antes de escribir

■ **El escenario.** Piensa en el lugar, las personas, la situación y tus impresiones.

A escribir

■ **Introducción.** Abre el relato con una oración para describir el contexto y el evento.
■ **Anzuelo (*Hook*).** Escribe cuatro o cinco oraciones que piquen (*spark*) el interés del lector.
■ **Conflicto.** Presenta algún conflicto psicológico o personal.
■ **Diálogo.** Escribe dos o tres líneas de diálogo entre los personajes.
■ **Conclusión.** Resume o cierra el relato.

Después de escribir

■ **Revisar.** Revisa tu relato para verificar los siguientes puntos:

☐ el uso del pretérito, del imperfecto y del presente perfecto

☐ el uso del futuro y del condicional

☐ la concordancia y la ortografía

■ **Intercambiar**

Intercambia tu relato con el de un/a compañero/a. Mientras leen los relatos, hagan comentarios y sugerencias sobre el contenido, la estructura y la gramática. Reaccionen también a los relatos.

■ **Entregar**

Pasa tu relato a limpio, incorporando las sugerencias de tu compañero/a. Después, entrégaselo a tu profesor/a.

Vocabulario

PRIMERA PARTE

La computadora y otros aparatos electrónicos	The computer and other electronic appliances
la antena parabólica	satellite dish
el cajero automático	ATM machine
la computadora portátil	laptop computer
el contestador automático	answering machine
el disco duro	hard drive
el disquete	computer disc
el DVD	DVD
el escáner	scanner
la fotocopiadora	photocopier
la impresora	printer
el lector de CD/DVD	CD/DVD player
la pantalla	screen
el ratón	mouse
el teclado	keyboard
el teléfono inalámbrico	cordless phone
el teléfono móvil/celular	cellular phone
la videograbadora	VCR

Recursos en la computadora	Resources on the computer
el correo electrónico	e-mail
la hoja electrónica	spreadsheet
el hipervínculo / el enlace	hyperlink
el juego electrónico	computer (electronic) game
la Red informática	Internet
el sitio web/la página web	web site/web page

Verbos	Verbs
apagar	to turn off
archivar	to file; to save
borrar	to erase
encender (ie)	to turn on
fotocopiar	to photocopy
funcionar	to function; to work
grabar	to record
imprimir	to print
instalar	to install
programar	to program

Adjetivos	Adjectives
electrónico/a	electronic
tecnológico/a	technological

Otras palabras y expresiones	Other words and expressions
el diseño	design
la marca	brand

SEGUNDA PARTE

Nuestro mundo y el medio ambiente	Our world and the environment
el bosque	forest
la deforestación	deforestation
los desechos	waste
la energía	energy
el envase (de aluminio)	(aluminum) container
la escasez	shortage
la fábrica	factory
el humo	smoke
la medida	measure
el medio ambiente	environment
la multa	fine
la naturaleza	nature
el petróleo	oil
los pesticidas	pesticides
la planta nuclear	nuclear plant
la radioactividad	radioactivity
el recurso natural	natural resource
el reciclaje	recycling
la reforestación	reforestation

Verbos	Verbs
arrojar	to throw out
conservar	to conserve; to preserve
consumir	to consume
contaminar	to contaminate; to pollute
echar	to throw out
proteger (j)	to protect
reciclar	to recycle

Adjetivos	Adjectives
dispuesto/a	willing; ready; disposed
obligatorio/a	mandatory

Implementation of Vocabulario.
Help students better assimilate vocabulary through images and realia (e.g., images of natural resources and negative environmental effects, objects from technology, etc.), role-plays or dialogues (e.g., of an infomercial for a new product, of a conversation between a salesperson and a customer in a computer store, etc.), and review games. Some examples of the latter that will work successfully with these word sets include word associations (e.g., identifying members of categories, such as *las partes de una computadora, los problemas relacionados con el medio ambiente*, etc.; matching verbs with their associated objects, e.g., *instalar un programa, borrar un disquete, grabar un DVD, proteger el bosque, no arrojar los envases*, etc.), spelling races at the board, charades, and Pictionary. By interacting with others and using words in meaningful ways, vocabulary acquisition is greatly enhanced.

RECURSOS

Testing Program
Tests A and B
Modules
12-1 to 12-33

437

13 ¿Oíste las noticias?

OBJETIVOS COMUNICATIVOS

- Talking about means of communication: newspaper, television, and radio
- Hypothesizing
- Expressing possession

- Discussing movies and entertainment
- Talking about what will have happened in the future
- Talking about what would have happened in the past

Una de las joyas arquitectónicas e históricas de Granada es la Alhambra, el palacio construido por los moros (*Moors*). El nombre significa "castillo rojo" en árabe.

La herencia cultural de España: las culturas, los idiomas y las comunidades autónomas

《**Cree lo que vieres (veas) y no lo que oyeres (oigas).**》*

Implementation of *Refrán*.

Read the *refrán* aloud and have students repeat it with you. Ask them to identify the three verb forms in it and elicit their infinitives, writing *creer* = *ver* and *creer* ≠ *oír* on the board. Ask students to interpret the meaning of the *refrán* and think of possible equivalents in English, such as "Seeing is believing," "Actions speak louder than words," or "Don't believe everything you hear." Ask students if they agree and to give reasons why or why not.

La Iglesia de la Sagrada Familia en Barcelona fue diseñada por el arquitecto catalán, Antonio Gaudí. En 1926, en el momento de la muerte de Gaudí, todavía estaba por terminar. Todos los años, cientos de miles de turistas visitan esta inacabada (*unfinished*) iglesia famosa por su belleza y originalidad arquitectónica.

*****Refrán:** Believe what you see, not what you hear. (*Seeing is believing.*)

cuatrocientos treinta y nueve • **439**

RECURSOS

| Transparency T13-1 | PowerPoint T13-1 |

PRIMERA PARTE

¡Así lo decimos! Vocabulario

¡Así es la vida! Tu horóscopo

	CÁNCER (21 de junio—22 de julio) ¿Es necesario escalar la pirámide social? Sea fiel a sí mismo.
	LEO (23 de julio—22 de agosto) Prepárese para una serie de turbulencias. Mantenga sus relaciones personales para poder superar dificultades.
	VIRGO (23 de agosto—22 de septiembre) ¿Se siente injustamente criticado por sus colegas? Puede que tenga razón.
	LIBRA (23 de septiembre—22 de octubre) Prepárese para grandes desafíos (*challenges*). No vaya a ciegas (*blindly*) por la vida.
	ESCORPIO (23 de octubre—21 de noviembre) Si ese amigo no puede ayudarse a sí mismo, hay muy poco que usted puede hacer al respecto.
	SAGITARIO (22 de noviembre—21 de diciembre) ¿Problemas en el trabajo? No está poniendo mucho de su parte para llevar adelante ese proyecto importante. El grupo con el que comparte esa tarea espera mucho más de usted.
	CAPRICORNIO (22 de diciembre—19 de enero) Su peor pesadilla puede hacerse realidad si no reacciona a tiempo. Sea rápido de reflejos para evitar (*to avoid*) ese mal momento.
	ACUARIO (20 de enero—18 de febrero) Hay preguntas que sólo pueden ser respondidas por la experiencia vivida. No tenga prisa.
	PISCIS (19 de febrero—20 de marzo) Trate de cumplir sus compromisos.
	ARIES (21 de marzo—19 de abril) Ya pasó, quedó atrás. Ahora es tiempo de mirar hacia adelante y recorrer un nuevo camino.
	TAURO (20 de abril—20 de mayo) Respete esas horas de descanso tan necesarias para recuperar energías. Una dificultad de trabajo requerirá todas sus fuerzas.
	GÉMINIS (21 de mayo—20 de junio) Haga respetar sus derechos. No se deje pisotear por los demás (*Don't let others step over you*).

|||||| Los medios de comunicación |||||||||||||||||||||||||||||||||||||

CD 3, Track 16

13-3 to 13-7

El periódico

los anuncios/avisos clasificados

la crónica social

el horóscopo

la sección deportiva

la sección financiera

las tiras cómicas

los titulares

Más secciones del periódico	More newspaper sections
el artículo	article
la cartelera	entertainment section
el consultorio sentimental	advice column
el editorial[1]	editorial page
la esquela	obituary
la primera plana	front page

La televisión y la radio[2]	Television and radio
el canal	channel
el concurso	game show; pageant
la emisora	radio station (business entity)
la estación de radio	radio station
el noticiero	newscast
la telenovela	soap opera
la televisión por cable	cable TV
por satélite	satellite TV
en directo; en vivo	live (on television)

Verbos	Verbs
informar	to report
patrocinar	to sponsor
revisar	to check
transmitir	to transmit

Gente en los medios	People in the media
el anfitrión/la anfitriona	show host/hostess
el/la comentarista	newscaster; commentator
el/la comentarista deportivo/a	sportscaster
el/la crítico/a[3]	critic
el/la locutor/a[4]	announcer
el/la meteorólogo/a	weatherman; weatherwoman
el/la patrocinador/a	sponsor
el/la periodista	journalist
el/la reportero/a	(television) reporter

El público	The public
el/la lector/a	reader
el/la radioyente	listener
el/la televidente	viewer

---

[1]**El editorial** refers to an editorial while **la editorial** is a publishing house.

[2]The words **la televisión** and **la radio** refer to television and radio broadcasting in general, while in the majority of Hispanic countries **el televisor** and **el radio** refer to the actual radio and television set.

[3]**El/La crítico/a** is a critic such as a film or book critic; **la crítica** (when not referring to a person) refers to criticism in a general sense.

[4]also **el/la presentador/a**

cuatrocientos cuarenta y uno • **441**

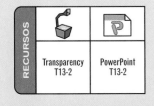

RECURSOS

Transparency T13-2	PowerPoint T13-2

Aplicación

13-1 Los medios de información. Empareja cada expresión con la definición correspondiente.

1. __g__ los avisos clasificados
2. __a__ el editorial
3. __e__ la primera plana
4. __b__ la cartelera
5. __d__ el patrocinador
6. __h__ la periodista
7. __c__ la comentarista
8. __f__ el noticiero

a. la sección donde se da la opinión del periódico

b. la sección con información sobre películas y conciertos

c. una persona que ofrece su opinión por televisión

d. la empresa que paga los anuncios comerciales

e. la página del periódico donde aparecen las noticias más importantes

f. un programa que informa sobre los acontecimientos más importantes del día

g. la sección con información sobre puestos de trabajo

h. una persona que hace investigaciones y escribe artículos o informes

13-2 Los programas de televisión. Lee el horario de algunos canales de televisión de España y contesta las preguntas a continuación.

1. ¿Cuál es el canal con programas educativos?
   TV2

2. ¿En qué canales hay noticieros? ¿Cómo se llaman estos programas? ("Noticias CNN +") Canal +, ("Noticias" "Telediario-1") TV1, ("Noticias con Míriam Romero") Antena 3, ("Informativos Telecinco") Tele 5

3. ¿Qué programas son de los EE.UU.? "Barrio Sésamo", CNN, "Garfield y sus amigos", "Hospital General", "Sobreviviente", "Buffy", "¿Quiere ser millonario?"

4. ¿Qué películas se pueden ver en algunos de estos canales?
   Pancho Villa, La máscara del zorro, Y tu mamá también, Tarzán

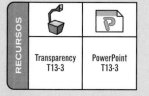

13-8 La publicidad. Usen el aviso que prepara[...] hacer un anuncio en la radio. Preséntenle el anun[...]

MODELO: *Radio Río, KRMP, es tu emisora de música[...] las mejores entrevistas de las estrellas de la[...] diez hasta las once de la noche …*

13-9 Periódicos españoles. Dos periódicos espa[...] son *El País* y *ABC*. Conéctate con la página web de[...] primera página de uno de estos periódicos. ¿Cuále[...] ¿Son noticias nacionales o internacionales? ¿So[...] habías oído o leído o en la prensa norteamericana[...]

13-10 El horóscopo. Con un/a compañero/a, pre[...] para el periódico de mañana. Completen cua[...] astrológicos (no los suyos), usando el tiempo futur[...] con los estudiantes de la clase para leer su inform[...] información sobre su signo, deben decir si están de a[...]

MODELO: Cáncer (22 de junio—22 de julio)
Amor: Habrá nuevos romances.
Salud: Tendrás que tener mucho cuidado [...]
Dinero: Querrás buscar otro puesto.

¡As[...]

1. The imperfect subjunctive

13-8 to
13-14

■ The imperfect subjunctive of regular and irreg[...] by dropping the **-ron** ending of the third-p[...] preterit and adding the endings below.

-ra form[1]			
yo	**-ra**	nosotros/as	
tú	**-ras**	vosotros/as	
él, ella, Ud.	**-ra**	ellos/as, Uds	

[1]A less commonly used imperfect subjunctive form is the [...] form, but it tends to be more literary and is used more oft[...] endings for this form are: **-se, -ses, -se, -semos, -seis, -sen.**

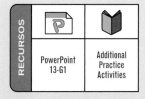

RECURSOS | PowerPoint 13-G1 | Additional Practice Activities

---

5. ¿Qué canal ofrece programas para niños? ¿Cuáles son algunos?
TV2 ("Daniel el travieso"; "Barrio Sésamo"; "Doraemón, el gato cósmico")

6. ¿Qué canal tiene programas deportivos?
Fútbol, UEFA Champions League (TV2), Phoenix vs. Philadelphia (Canal +)

7. ¿Cuáles de los programas te parecen interesantes? ¿Por qué?
Answers will vary.

CD 3,
Track 17

13-3 Los medios de comunicación. Vas a oír un artículo sobre la importancia de los hispanos en los medios de comunicación norteamericanos. Después de escuchar la selección, indica la mejor terminación para cada una de las frases siguientes.

1. La presencia de los hispanos en los EE.UU.…
   a. sigue igual que hace veinte años.
   b. está disminuyendo.
   c. está aumentando.

2. Las grandes compañías de productos de consumo quieren saber cómo…
   a. aumentar el mercado hispano.
   b. vender más productos en Hispanoamérica.
   c. hablar español mejor.

3. En Los Ángeles, Nueva York y Chicago…
   a. hay muchos periódicos hispanos.
   b. necesitan más periódicos hispanos.
   c. hay mucho interés en la política.

4. *La Opinión* es un periódico publicado en…
   a. Los Ángeles.
   b. Chicago.
   c. Miami.

5. *Vanidades* es…
   a. una revista popular.
   b. un periódico publicado en Miami.
   c. una telenovela bilingüe.

6. El mercado hispano cada vez va adquiriendo más…
   a. dinero.
   b. importancia.
   c. público de habla inglesa.

13-4 En otras palabras. Túrnense para definir, explicar y/o dar ejemplos de estas palabras. No usen otra forma de la palabra ni usen el inglés en sus definiciones o explicaciones.

MODELO: el canal
En mi televisor recibo tres: el 3, el 5 y el 8. Prefiero el 8 porque tiene mis programas favoritos, por ejemplo…

1. las tiras cómicas
2. el titular
3. el concurso
4. el meteorólogo
5. la esquela
6. la anfitriona
7. la telenovela
8. en vivo

PRIMERA PARTE

Audioscript for 13-3.

La presencia de los hispanos en los EE.UU. es cada día mayor. Debido a esto, las grandes empresas norteamericanas de productos de consumo han empezado a contratar compañías de publicidad norteamericanas para aumentar su venta en el mercado hispano. Además, en las grandes ciudades donde más se destaca la presencia hispana como en Nueva York, Miami, Los Ángeles y San Antonio, hay periódicos, revistas y estaciones de radio y de televisión para el servicio exclusivo de la comunidad hispana. Entre los principales periódicos se encuentran *La Opinión* de Los Ángeles y *El Nuevo Herald* de Miami. En estos periódicos no sólo se leen noticias de la comunidad hispana, sino también noticias nacionales e internacionales y noticias financieras y políticas como en cualquier otro periódico importante. Hoy en día, también se publican varias revistas para el mercado hispano, por ejemplo, *Vanidades*, *People en español* y *Latina*. No hay duda de que el idioma español es un medio poderoso de comunicación en un mercado que cada día va adquiriendo más importancia.

Implementation of 13-4.

This paired activity may be carried out orally (more difficult) or in writing (easier). If done orally, consider having students randomly choose a word from the list to define and have their partner guess, in order to add communicative purpose to the interaction. If done in writing, students have more time to generate language. Again, they can read aloud their work to one another in pairs and guess the words. To ensure that all of the words are covered, perhaps assign 1–4 to student A and 5–8 to student B to then read aloud randomly to one another.

Warm-up for 13-5.

Before having students begin this activity, review the meaning of any words necessary. You can do so either by asking students if they have questions or by eliciting meanings for all to hear (i.e., those who know will answer, and those who do not will take note), e.g., *¿Qué significa… libertad, censurada, proteger, seguridad, incitar?* etc.

Wrap-up for 13-6A/B.

Have students summarize each other's preferences. You can do so either orally by randomly calling on a few students to speak, or in writing by having students write sentences to read aloud to the class or to submit immediately or for homework the following class day.

Expansion of 13-7.

Many radio stations broadcast live on the Internet. Have students locate one that originates in a Spanish-speaking community in the United States or in another country. Perhaps have students address as many of the topics from the list in 13-7 as possible for that station. Have students report their findings the next day of class and see if they located any of the same stations. Also ask students to note any similarities and/or differences among their findings, if they indeed addressed the list of topics.

¿Cuáles son los

EN I
SIE

Pa
La elegida
de
Y en el mo
el h

Con la i
inconf

SIEMPRE
Sábados d
Domingos

Note on 13-14.

Alejandro Sanz has won 13 Grammy awards. In 2005, he and Shakira were the first Latin duet to perform on the MTV Video Music Awards in Miami.

Additional Activity for *The imperfect subjunctive.*

¿Cómo nos sentíamos? Explíquense cómo se sentían en estas situaciones hace cinco años (*five years ago*).

MODELO: Yo quería que mis amigos…
E1: *Yo quería que mis amigos me invitaran todas las noches a su casa.*
E2: *Pues yo prefería que mis amigos vinieran a mi casa a jugar al básquetbol.*

1. Yo sentía que mi profesor/a favorito/a…
2. Yo quería que mi mejor amigo/a…
3. Yo dudaba que mis padres…
4. Yo temía que la gente…
5. Me alegraba de que mis amigos…
6. Yo esperaba que todo el mundo…

Additional Activity for *The imperfect subjunctive.*

La mesa redonda. Explica lo que pasó anoche en una reunión del director con los reporteros. Escribe por lo menos ocho oraciones completas en español. Para cada oración, combina un elemento de cada columna y completa la idea.

MODELO: el director / insistir en que / los reporteros / terminar
El director insistió/insistía en que los reporteros terminaran a tiempo.

A	B
el director	insistir en que
una reportera	dudar que
un meteorólogo	temer que
unos periodistas	sentir que
los críticos	lamentar que
nosotros	esperar que

C	D
el periódico	publicar
los lectores	entender
el presidente	decir
los patrocinadores	aprobar
la comentarista	escribir
el actor	ser

13-12 ¿Qué hizo Arturo? Vuelve a leer la entrevista de Cristina y contesta las preguntas siguientes.

1. ¿Cómo está Arturo físicamente?
   Se mantiene en buena forma.
2. ¿Qué hizo para llegar a estar así?
   Abandonó ciertas comidas con azúcar, comió proteínas, corrió y fue al gimnasio.
3. ¿Quiénes lo ayudaron a cambiar?
   Su entrenador personal y sus amigos lo ayudaron.
4. ¿Cuál es su sueño para el futuro?
   Tener su propio programa de televisión.
5. ¿Es él un modelo que te gustaría seguir?
   Answers will vary.

 13-13 ¿Quieres ver a Cristina Saralegui? Conéctate con la página web de **¡Arriba!** para ver imágenes del programa de Cristina. Escoge uno/a de sus invitados/as y anota algunas de las preguntas que le hace, además de sus respuestas. ¿Fue una pregunta indiscreta? ¿Con qué otro/a presentador/a la comparas?

13-14 Alejandro Sanz. Cristina Saralegui entrevista a Alejandro Sanz, la sensación musical de España. Completa la entrevista con la forma correcta del pasado (pretérito del indicativo o imperfecto de subjuntivo) de cada verbo entre paréntesis.

Cristina: Buenas tardes, Alejandro. Estamos encantados con tu visita esta tarde. ¿Es verdad que tú (1. venir) ___viniste___ en tu propio avión?

Alejandro: Hola, Cristina. Gracias por invitarme. No, lo de mi avión son sólo rumores. Aunque me gustaría venir en mi propio avión, no tengo. (2. Llegar) ___Llegué___ en el helicóptero de un amigo.

Cristina: Ah, entiendo. Bueno, hablemos de tu gran éxito con *MTV Unplugged.* ¿Te sorprendió que (3. tener) ___tuvieras___ tanto éxito en el mercado estadounidense?

Alejandro: Sí y no. Sabía que el mercado estaba listo para la música latina. Con gente como Gloria Estefan y Enrique Iglesias, los cantantes latinos son cada día más importantes. Le dije a mi agente que (4. preparar) ___preparara___ una buena campaña publicitaria para ese disco, y así lo (5. hacer) ___hizo___. Pero a nivel personal, sí estoy sorprendido.

Cristina: Bueno, me alegro de que el público norteamericano te (6. recibir) ___recibiera___ con tanto entusiasmo. ¿Cómo reaccionó tu familia?

Alejandro: Bueno, mis padres estaban contentísimos de que (7. ganar) ___ganara___ un *Grammy*. Fue muy emocionante que ellos (8. asistir) ___asistieran___ a la celebración para verme recibir el premio.

Cristina: ¿Y ahora, Alejandro? ¿Cuáles son tus planes para el futuro?

Alejandro: Cantar, siempre cantar. Tienen que ver mi video *Tortura* que hice con Shakira. Recibió dos nominaciones para el mejor video musical de MTV.

13-15 ¿Conoces a Alejandro Sanz? Conéctate con la página web de **¡Arriba!** para ver más imágenes de Alejandro Sanz y escuchar algo de su música. ¿Cómo lo caracterizas como persona/artista? ¿Cómo caracterizas su música?

13-16A Cuando eras joven. Túrnense para hacer y contestar las preguntas sobre lo que sus padres les permitían o les prohibían cuando eran jóvenes. Usen el imperfecto de subjuntivo en sus respuestas. Estudiante B, por favor ve al **Apéndice 1,** página A16.

> **MODELO:** E1: *¿Qué querían tus padres que hicieras los fines de semana?*
> E2: *Querían que yo limpiara mi cuarto.*

PREGUNTAS

1. ¿Qué te prohibían tus padres que hicieras?
2. ¿Qué te pedían que hicieras por las tardes?
3. ¿Qué libros querían tus padres que leyeras?
4. ¿Qué programas esperaban que vieras en la televisión?

POSIBLES RESPUESTAS A LAS PREGUNTAS DE TU COMPAÑERO/A

Estudiar música.

La música clásica.

Los programas violentos.

Una profesión en la que ganara mucho dinero.

13-17 Quisiera pedirte un favor. Usen el imperfecto de subjuntivo de **querer, poder** y **deber** para pedirse tres favores. Respondan de una manera apropiada.

> **MODELO:** E1: *Quisiera pedirte un favor. Mañana tengo examen de cálculo. ¿Pudieras prestarme tu calculadora?*
> E2: *Me gustaría, pero tengo el mismo examen y la necesito también.*

13-18 ¡Ojalá que la prensa fuera perfecta! Conversen sobre estas cuestiones relacionadas con los medios de comunicación.

> **MODELO:** E1: *¿Los periódicos siempre reportan la pura verdad?*
> E2: *¡Ojalá la reportaran! La verdad es que hay reporteros que no son honrados.*

1. ¿Los programas de televisión son buenos para los niños?
2. ¿Los reporteros siempre respetan la privacidad de las celebridades?
3. ¿Los investigadores encuentran la verdad?
4. ¿Las tiras cómicas son siempre graciosas?
5. ¿El meteorólogo siempre tiene razón cuando pronostica el tiempo?
6. ¿Los lectores del periódico están siempre bien informados?

13-19 ¡Ojalá...! Túrnense para expresar sus deseos, aunque sean imposibles. Expresen por lo menos cinco deseos cada uno/a.

> **MODELO:** *¡Ojalá pudiéramos irnos de vacaciones!*

Warm-up for 13-16A/B.

You may want to set up the context with some general questions: *Es el año – (2007). Hace diez años era – (1997). ¿Cuántos años tenían Uds.? ¿Dónde estaban? ¿Con quiénes vivían? ¿Cómo pasaban su tiempo?* etc.

Warm-up for 13-17.

Remind students that the imperfect subjunctive forms of these three verbs may be used in a main clause to make polite requests or statements (unlike most contexts, where the subjunctive can appear only in a dependent clause). Review their conjugation in the imperfect subjunctive and perhaps provide a few additional models to guide students. E.g., *Quisiera pedirte un favor... ¿Me lo haces? Tengo que ir de compras. ¿Pudieras llevarme al supermercado? Tengo dolor de cabeza. ¿Pudieras darme dos aspirinas?*

Warm-up for 13-18.

Tell students to begin each response with the expression *Ojalá* + the imperfect subjunctive. You may want to tell them also that the pronoun *lo* is used in Spanish to substitute in for an expression after *ser* or *estar*, and complete a few of the items with them on the board, for example: **1.** *¡Ojalá lo fueran siempre!;* **6.** *¡Ojalá lo estuvieran siempre!;* etc.

Additional Activity for *The imperfect subjunctive.*

Excusas personales. ¿Tienen ustedes excusas para todo? Piensen en un contexto y construyan cinco buenas excusas para explicar por qué no hicieron lo que debían hacer.

MODELO: en el restaurante donde trabajan *Disculpa, pero no pude lavar los platos porque los clientes insistieron en que les explicara el menú.*

Implementation of *Long-form possessives.*

Point out that in English we use voice inflection to stress possession, whereas in Spanish we use the long-form possessive. Point out that all persons agree in gender and number with the entity possessed. You may want to walk around the room picking up objects from students and asking: *¿De quién es? ¿Es tuyo? No, no es tuyo; es mío,* etc.

2. Long-form possessive adjectives and pronouns

13-15 to 13-18 In **Capítulo 3,** you were introduced to the short forms (unstressed) of possessive adjectives. The following chart presents the long (stressed) forms.

Possessive adjectives (long forms)			
Subject pronoun	**Singular**	**Plural**	
yo	**mío/a**	**míos/as**	*my, (of) mine*
tú	**tuyo/a**	**tuyos/as**	*your (fam.), (of) yours*
él			*his, (of) his, (of) its*
ella	**suyo/a**	**suyos/as**	*her, (of) hers, (of) its*
Ud.			*your (form.)*
nosotros/as	**nuestro/a**	**nuestros/as**	*our, (of) ours*
vosotros/as	**vuestro/a**	**vuestros/as**	*your (fam. pl.), (of) yours*
ellos			*their, (of) theirs*
ellas	**suyo/a**	**suyos/as**	*their, (of) theirs*
Uds.			*your (form. pl.), (of) yours*

■ In contrast to the short forms, which always precede the noun, the long forms of possessive adjectives follow the noun. They also agree with the noun in gender and number.

La revista **tuya** está en la mesa.	*Your magazine is on the table.*
Aquí tienes dos reseñas **mías.**	*Here you have two reviews of mine.*
El titular **nuestro** es grande.	*Our headline is big.*

■ The long forms of possessive adjectives may be used as pronouns. In such instances, the definite article is used with the possessive adjective and the noun is omitted.

Los locutores **nuestros** son muy buenos.	*Our announcers are very good.*
Los nuestros son muy buenos.	*Ours are very good.*
Las noticias **tuyas** son horribles.	*Your news is horrible.*
Las tuyas son horribles.	*Yours is horrible.*

■ As with the short form of **su(s),** possessive adjectives and pronouns may be clarified in the third-person forms. For adjectives, the long form **suyo/a(s)** can be replaced by the construction **de** + *pronoun* in order to clarify the identity of the possessor.

—La crítica **suya** es imposible.	—**His** criticism is impossible.
—¿La crítica **de quién**?	—**Whose** criticism?
—La crítica **de él.**	—The criticism **of his.**
—El anfitrión **suyo** llega ahora.	—**Their** host is arriving now.
—Sí, el **de ellas** siempre llega a las diez.	—Yes, the host **of theirs** always arrives at ten.

For the pronouns **el suyo, la suya, los suyos,** and **las suyas,** use the definite article + **de** + *pronoun*: **el/la de usted, los/las de ellos,** etc. The definite article must agree in gender and number with the noun it replaces.

La suya (la telenovela) es más interesante que la nuestra.	*Yours (the soap opera) is more interesting than ours.*
La de usted es más interesante que la nuestra.	*Yours is more interesting than ours.*

●STUDY TIPS

Los adjetivos posesivos

In order to have the right form of a possessive adjective or pronoun, concentrate on the thing possessed. Is it singular or plural, masculine or feminine? What is important is not the possessor but the gender and number of the thing possessed.

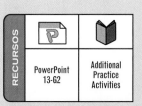

Aplicación

13-20 Javier Bardem. Reconocido por sus excelentes películas, algunos consideran a este actor español el nuevo Antonio Banderas. Lee el informe sobre Javier Bardem y subraya las formas posesivas plenas *(long-form)*. Después exprésalas otra vez, usando la forma apocopada (corta). el antiguo director suyo (su director), esa manera tan misteriosa suya (su manera), El público nuestro (nuestro público) la carrera suya (su carrera)

MODELO:　　Es un amigo <u>suyo</u>.
　　　　　　　Es su amigo.

Javier Bardem, el guapísimo actor español con un estilo muy personal, estuvo en Hollywood esta semana para estudiar el guión de una película nueva que espera hacer con el antiguo director <u>suyo</u>, John Malkovich. Cuando miembros de la prensa le preguntaron si iban a volver a trabajar juntos, él sonrió de esa manera tan misteriosa <u>suya</u> y dijo: "Quizá". El público <u>nuestro</u> sigue la carrera <u>suya</u> con mucha atención. Estaremos listos para informarles de cualquier novedad en este caso.

Javier Bardem (izquierda) con Alejandro Amenábar, el director de *Mar adentro*, la mejor película extranjera de 2005.

13-21 ¿Javier Bardem? Vuelve a leer el texto de Javier Bardem y contesta las preguntas siguientes.

1. ¿Dónde estaba Javier cuando se dio este informe?
   Estaba en Hollywood.

2. ¿Qué hacía allí?
   Estudiaba un guión.

3. Según el informe, ¿es cierto que se va a hacer una película con John Malkovich?
   No lo sabemos./No se sabe.

4. ¿Conoces la película *The Dancer Upstairs* que hizo con Malkovich? ¿Qué tipo de película es?
   Answers will vary. (You may also mention another acclaimed film, *Before Night Falls*.)

 13-22 ¿De quién? Túrnense para identificar de quiénes son las siguientes cosas. Usen su imaginación en la respuesta.

MODELO:　　el radio / de usted
　　　　　　¿De quién es el radio? ¿Es de usted?
　　　　　　No, no es mío. El mío es (más pequeño).

1. la columna / del crítico
2. el periódico / de nosotros
3. el disco compacto / del grupo español
4. el DVD / de ti
5. la sección financiera / del comentarista
6. la revista / de la locutora
7. las tiras cómicas / del niño
8. el horóscopo / de mí

13-23A Pues… ¿de quién? Túrnense para representar a un/a secretario/a en una emisora de radio o en una oficina de periódico y a un/a cliente/a que pide información. A cada pregunta del/de la cliente/a, el/la secretario/a responde afirmativa o negativamente. Estudiante B, por favor ve al **Apéndice 1,** página A17.

MODELO: este artículo: del Sr. Vázquez / de la Dra. Morales / de usted
E1: *¿Este artículo es del Sr. Vázquez?*
E2: *No, no es suyo.*
E1: *¿Es de la Dra. Morales?*
E2: *No, no es suyo.*
E1: *¿Es de usted?*
E2: *Sí, es mío.*

TUS PREGUNTAS

1. el programa de música clásica: de la comentarista / de ustedes / de la otra emisora
2. las noticias locales: de nosotros / de los reporteros / de usted
3. los concursos de la mañana: de esta estación / de estas anfitrionas / del Sr. Villegas

TUS RESPUESTAS

1. la columna financiera: de los editores
2. las fotos de la primera plana: de la agencia nacional
3. el anuncio público: de la Organización de Voluntarios

 13-24 ¿De quién es…? Conversen entre ustedes para decidir quién tiene la responsabilidad, la culpa o el crédito en las siguientes situaciones. Usen los posesivos cuando sea posible.

MODELO: la contaminación
E1: *La culpa es de la gente que tiene coches grandes.*
E2: *No, no es suya. Es del gobierno porque la gasolina es muy barata.*
E3: *No, creo que es nuestra, porque…*

- la corrupción política
- la violencia en las escuelas
- la sobrepoblación
- la economía

- la violencia en la televisión
- los accidentes aéreos
- la guerra en…
- la tasa (*rate*) de desempleo

¿Cuánto sabes tú? *Can you…*

☐ talk about different parts of the newspaper and say which you prefer?

☐ use the imperfect subjunctive to talk about requests, or uncertainty in the past, such as **El patrocinador insistió en que la emisora cambiara el programa**?

☐ use the long-forms to show possession, such as **El editorial mío y la crónica tuya están en el periódico de hoy**?

13-19 to 13-22

Comparaciones

Periódicos del mundo hispano

13-25 En tu experiencia. ¿Existe en los EE.UU. un periódico nacional? ¿Cómo se llama? ¿Cuáles son los periódicos de tu ciudad? ¿Tienen los periódicos en los EE.UU. y en el Canadá influencia en la política? ¿En qué sentido?

Por lo general, en cada país hispanohablante se publican uno o varios periódicos principales que se distribuyen en toda la nación. Normalmente estos periódicos se publican en la capital del país y ejercen gran influencia sobre la política, la industria y el comercio. A continuación se mencionan algunos de los periódicos más importantes.

El País: Es el diario de mayor circulación de España. Fue fundado en 1976 en Madrid, inmediatamente después de la muerte del dictador Francisco Franco.

El Tiempo: Es el diario principal de Colombia. Publicado en Bogotá, se considera uno de los periódicos más influyentes de América Latina.

El Mercurio: Es el diario más importante de Chile y el más antiguo de Hispanoamérica. Su circulación cubre todo el territorio chileno y ejerce gran influencia en la política del país.

El Nuevo Herald: Publicado en la ciudad de Miami por *The Miami Herald*, es el diario hispánico de mayor circulación en los EE.UU. Sus lectores son principalmente los inmigrantes cubanos radicados en el sur de la Florida.

La Opinión: Es el diario hispano de mayor importancia en Los Ángeles, California. Sus lectores son en su mayoría inmigrantes mexicanos. Fundado en 1926, tiene una circulación diaria de más de 120.000 ejemplares.

 13-26 En tu opinión. Conversen sobre las personas a quienes admiran en los medios de información y por qué las admiran.

MODELO: *Mi comentarista favorito/a es… porque…*
Siempre lo/la veo en el canal,…

anfitrión/anfitriona	locutor/a
comentarista	meteorólogo/a
comentarista deportivo/a	periodista
crítico/a	patrocinador/a

CAPÍTULO 13

Warm-up for ¡Así es la vida!
Use the following questions to prepare for this selection. *¿Qué canales de televisión hay en los EE.UU. para los hispanohablantes? ¿Qué canal prefieren ustedes? ¿Quiénes son algunos comentaristas hispanos muy conocidos? ¿Quién ha visto un programa de Univisión?*

Implementation of ¡Así es la vida!
Have students scan the article about Jorge Ramos and make a list of his accomplishments.

Expansion of ¡Así es la vida!
Use the following questions to check comprehension: *¿Quiénes ven el noticiero de Jorge Ramos? ¿A quiénes ha entrevistado? ¿Qué tema le interesa mucho? ¿Es cierto que a Jorge le gustaría que todos los hispanos votaran? ¿Por qué?*

SEGUNDA PARTE

¡Así lo decimos! Vocabulario

CD 3,
Track 18

13-23 to
13-24

¡Así es la vida! Jorge Ramos, presentador de Univisión

Como presentador del *Noticiero Univisión*—edición vespertina—en los últimos veinte años, Jorge Ramos ha llegado a ser considerado uno de los hispanos más influyentes del país. En Miami, Los Ángeles y Houston, su noticiero atrae más televidentes que las principales cadenas. Su programa es visto por legiones de hispanohablantes en todo Estados Unidos y en 13 países latinoamericanos. Ramos se ha ganado siete Emmys, ha entrevistado a presidentes, dictadores e insurrectos y ha sido corresponsal de guerra durante cinco conflictos bélicos. Ha escrito seis libros, escribe una columna semanal para un diario y hace comentarios de radio todos los días, además de su noticiero.

La diversidad es un tema central para Ramos, que sin duda está inspirado por su propia condición de inmigrante de México. Él sostiene, con mucha pasión, que se debe mantener la propia identidad hispana —y a la vez— "ser un buen americano". Ramos observa que, "actualmente hay 45 millones de hispanos en Estados Unidos, y el 70% de ellos son inmigrantes o hijos de inmigrantes". Si todos los elegibles votaran en las próximas elecciones, tendrían una voz significante en la política de este país.

¿Ramos estará pensando en ser político? El tiempo lo dirá.

CD 3,
Track 19

13-25 to
13-28

la cámara

el guión

la presentadora

la productora

El cine, el teatro y la televisión	*Film, theatre, and television*
la cinematografía	*cinematography*
la cinta	*film; tape*
la comedia	*comedy*
el drama	*drama*
el/la espectador/a	*spectator*
el estudio	*studio*
el galán	*leading man*
las noticias	*news*
la obra	*play (theatre)*
la película	*movie; film*
la primera actriz	*leading lady*
el/la protagonista	*protagonist; star*

Verbos	*Verbs*
actuar	*to act*
filmar	*to film*
grabar	*to record*
representar	*to perform*

Otras palabras y expresiones	*Other words and expressions*
el final	*end*
el principio	*beginning*

Implementation of *¡Así lo decimos!*

Write the following concepts on the board or a transparency and have students provide three or four closely associated terms for each one: *actuar* (→ *representar, el/la protagonista, el galán, la primera actriz, el actor, la actriz, la película, el cine, el teatro*); *filmar* (→ *grabar, la cámara, la cinta, la cinematografía, la película*); *el teatro* (→ *el drama, la comedia, la obra, el/la espectador/a, el galán, la primera actriz*); *el estudio* (→ *la televisión, la cámara, el/la productor/a, filmar, grabar*); *el cine* (→ *la cinematografía, la película, filmar, el/la protagonista, el/la espectador/a*).

Implementation of *¡Así lo decimos!*

Write the following concepts on the board or a transparency and have students provide synonyms and antonyms for various terms. *Sinónimos: filmar* (→ *grabar*), *representar* (→ *actuar*), *la película* (→ *el filme*), *el galán* (→ *el protagonista*), *la primera actriz* (→ *la protagonista*). *Antónimos: el principio* (→ *el final*), *el drama* (→ *la comedia*), *el/la espectador/a* (→ *el actor/la actriz, el/la protagonista*).

Expansion of *¡Así lo decimos!*

Students usually have some knowledge of television talk shows and soap operas. After completing the initial vocabulary activities in this section, encourage student creativity by having them write and "produce" their own shows.

cuatrocientos cincuenta y cinco • **455**

RECURSOS

Transparency T13-4 to T13-5	PowerPoint T13-4 to T13-5

CD 3, Track 20

13-29 to 13-30

The consonants "y, ll, l" in Spanish

In Chapter 2, it was explained that the letter *y* at the end of a word in Spanish corresponds to a glide sound (e.g., *soy, muy, Uruguay*). The letter *y* alone also can sound like a vowel (e.g., *Juan y María*). In other contexts, however, the letter *y* produces a consonant, which is stronger and usually sounds like the *y* in English *you* or *yellow*. (For many speakers of Southern Cone Spanish, however, the letter *y* sounds like the *sh* in English *shoe* or the *ge* in English *garage*.)

o-*ye*	pla-*ya*	*yer*-no	in-clu-*ye*	le-*ye*-ron

In most varieties of Spanish, the sequence *ll* sounds the same as *y*. Similarly, words that begin with the letters *hie-* in Spanish are pronounced like *ye-*.

lle-var	ta-*lla*	a-ma-ri-*llo*	*hie*-lo	*hier*-ba

Finally, the letter *l* in Spanish sounds like the *l* in English *low*. Be careful, however, to avoid the dark *l* sound that occurs at the end of a syllable in English, where the tongue not only touches the alveolar ridge but also rises up in the back of the mouth. Contrast, for example, the sound of *l* in English *low* versus *meal*. The dark *l* sound in *meal* is not used in Spanish. It can be avoided by relaxing the tongue in the throat region.

*l*a-go	re-*l*oj	vo*l*-cán	mi*l*	fa-ta*l*	ge-ne-ra*l*

Aplicación

13-27 ¿Quién es Jorge Ramos? Contesta las preguntas sobre Jorge Ramos.

1. ¿Cuál es su profesión?
   Es presentador/comentarista.

2. ¿Cuál es su nacionalidad?
   Es mexicano.

3. ¿Por qué es influyente?
   Es influyente porque muchos hispanohablantes ven su noticiero todos los días.

4. ¿Qué punto de vista sostiene Jorge Ramos?
   Sostiene que se debe mantener la identidad hispana y ser un buen americano.

5. ¿Qué importancia tiene el voto hispano en la política de los EE.UU.?
   Hay 45 millones de hispanos; por eso su voto importa.

WWW

13-28 Más sobre Jorge Ramos. Conéctate con la página web de **¡Arriba!** para obtener más información sobre Jorge Ramos. ¿Cuáles son algunas de las personalidades a las que ha entrevistado? ¿Cuáles son algunos de los temas sobre los que opina? ¿Cuántos libros ha escrito?

13-29 El cine, el teatro y la televisión. Empareja los términos con su definición o su descripción.

1. __c__ la cinta
2. __e__ el productor
3. __b__ el galán
4. __g__ los espectadores
5. __a__ el drama
6. __h__ el guión
7. __d__ la presentadora
8. __f__ la comedia

a. por ejemplo, *King Lear* o *Hamlet*
b. el actor mejor pagado de la obra
c. se necesita poner en la cámara antes de filmar
d. una persona importante en un noticiero
e. produce la película o el programa
f. una obra divertida
g. los que van a ver una obra
h. el material que se memorizan los actores, o las noticias que leen los presentadores

13-30 Una escena de *Corazón Salvaje*. Completa la conversación entre el director y una de las estrellas de esta telenovela popular en la televisión con las palabras siguientes.

comedia	emoción	final	telenovela
drama	filmación	protagonistas	televidentes

Director: ¡Atención! Hoy vamos a completar la (1) __filmación__ del último episodio de la (2) __telenovela__ *Corazón Salvaje*. Les quiero recordar que ésta no es una (3) __comedia__ ligera (*light*); es un (4) __drama__ serio. Los (5) __televidentes__ no van a reírse al (6) __final__ de este episodio; van a llorar. Los (7) __protagonistas__ son un hombre y una mujer que se quieren mucho, pero que están condenados a vivir separados. Cuando empiecen a hablar, quiero que su voz refleje la tristeza que sienten en el corazón.

Edith: De acuerdo. Es un gran honor poder trabajar con gente tan profesional como Eduardo Palomo y los otros actores. Estoy muy emocionada.

Director: Perfecto. ¡Esa (8) __emoción__ es lo que quiero ver en esta escena!

SEGUNDA PARTE

Expansion of 13-29.
Have students work in pairs and write definitions for two to four additional words from *¡Así lo decimos!* not included in 13-29, following the definitions in the activity as a model. Each pair then forms a group with a second pair, and pairs take turns reading their definitions aloud and guessing the words.

**Additional Activity for
*¡Así lo decimos!***

Los programas de entrevistas.
Hay algunos programas de entrevistas mejores que otros. Conversen entre ustedes para opinar y explicar sus opiniones sobre algunos que hayan visto en el pasado o que estén viendo actualmente (*now*). Hablen de varios programas, como por ejemplo, "Oprah", "Jerry Springer", "Geraldo", "Donny & Marie", "Regis & Kathy Lee", "Regis & Kelly (Ripa)", "Rosie O'Donnell", "Sally", "Montel Williams". ¿Tienen la misma opinión sobre estos programas?

Audioscript for 13-31.

E: Muy buenos días, señora Saralegui. Gracias por estar con nosotros esta tarde. Será un poco diferente para usted ser la entrevistada en vez de la entrevistadora.

C: Sí, es verdad. ¡Espero que no me haga ninguna pregunta indiscreta! (*ríe*)

E: (*ríe*) No se preocupe. Estamos aquí hoy en su cocina donde usted acaba de prepararnos un café cubano. Gracias. Mmmm, riquísimo. Bueno, usted ha recibido muy buenas noticias, ¿verdad?

C: Sí, acabo de recibir este fax que informa que El Museo de la Tolerancia, en Los Ángeles, me va a otorgar el Premio Nacional de Servicio a la Comunidad del Centro Simon Wiesenthal. Es un gran honor para mí y también para mi esposo que me ha apoyado muchísimo en todo.

E: ¡Enhorabuena! Según el comunicado de prensa, usted estableció su fundación que se llama *Arriba la Vida*, en 1996. ¿Cuál es el propósito de su fundación?

C: El propósito de la fundación es educar a la comunidad en temas sociales, como el SIDA.

E: ¡Qué interesante! Es una labor muy importante. Y la felicito también por tener su propia estrella en el Paseo de la Fama en Hollywood. Su programa ha sido un gran éxito entre la comunidad latina.

C: Sí, estoy muy orgullosa de ese honor, que comparto con mi compatriota Desi Arnaz, los actores mexicanos Dolores del Río y Cantinflas y la legendaria Rita Hayworth, entre muchos otros.

E: Esta estrella va a acompañar sus once premios *Emmy*. ¡Esperamos que reciba muchos más, señora Saralegui! Y le agradecemos este tiempo que nos ha dado.

C: Ha sido un placer.

Según la entrevista…

1. ¿Qué honor ha recibido Cristina recientemente?

2. ¿Con quién(es) comparte ese honor?

3. ¿Cuál es el propósito de su fundación *Arriba la Vida*?

4. ¿Qué premio recibió en Hollywood?

5. ¿Quiénes son Cantinflas y Rita Hayworth?

6. ¿Cuántos premios *Emmy* ha recibido Cristina?

Warm-up for 13-32.

Students will have varying levels of familiarity with soap operas. Help them begin this activity by brainstorming the names of popular or favorite shows as a class and creating a list of possibilities on the board.

Implementation of 13-33.

First, have students work in pairs to create a list of five to seven interview questions, following the model and proposed topics as a guide. Then, each pair separates and forms a new pair with someone else, one student asking his/her questions as interviewer and the other answering them as a famous actor/actress (adopting a real personality or inventing one). The same

13-31 Cristina Saralegui. Escucha la entrevista con Cristina Saralegui, la anfitriona del programa de Univisión que lleva su nombre. Contesta cada una de las preguntas al final de la entrevista con la respuesta correspondiente.

CD 3, Track 21

1. a. un reconocimiento por su fundación social
   b. un premio *Grammy*
   c. un rol en una película

2. a. con sus hijos
   b. con su esposo
   c. con sus padres

3. a. educar a la gente
   b. ayudar a los pobres
   c. apoyar la investigación médica

4. a. tres *Grammys*
   b. una estrella en el Paseo de la Fama
   c. varias menciones honoríficas

5. a. actores cubanos
   b. actores mexicanos
   c. coestrellas en su programa de televisión

6. a. tres
   b. once
   c. uno

13-32 Una telenovela. Las telenovelas siempre exageran las cualidades y los defectos de sus protagonistas y las situaciones en que se encuentran. Describan las características y las acciones de los personajes en una telenovela que conozcan.

- el hombre malo
- la mujer inocente
- la mujer mala
- el hombre de buen corazón

13-33 Cara a cara. Uno/a de ustedes es anfitrión/ona de "Cara a cara", un programa de entrevistas. El/La otro/a es una personalidad del cine o de la televisión. Hagan y respondan a preguntas apropiadas.

> **MODELO:** E1: *¿Cuándo empezó su carrera?*
> E2: *La empecé en…*

ALGUNOS TEMAS DE CONVERSACIÓN

su vida personal   su próxima película o rodaje   un escándalo   sus coactores

13-34 Una telenovela suya. Imagínense que tienen un guión para una telenovela que quieren filmar. Preparen los siguientes elementos de su guión para vendérselo a un/a patrocinador/a.

el principio y el final	el galán y la primera actriz
el/la director/a	el número de episodios
el lugar de la acción	el público que se interesará

pairs then switch roles, or new pairs are formed again with each student taking on the role not yet played.

Expansion of 13-34.

Have students present their proposals to the class and vote on the best one (or create more than one prize through a few categories, such as *la propuesta… más cómica, más realista, mejor desarrollada*, etc.).

¡Así lo hacemos! Estructuras

3. *Si* clauses

Cláusulas con *si* en el indicativo

A **si** clause states a condition that must be met in order for something to occur. The verb in a simple **si** clause states a fact and is usually in the present indicative, while the verb in the resultant clause is in the present or future tense or is a command.

Si vas al cine, iré contigo.	*If you go to the movies, I will go with you.*
Si quieres, veremos la película.	*If you want, we will see the movie.*
Si deseas ver una telenovela, dímelo.	*If you want to see a soap opera, tell me.*

Si lo comemos todo, ganamos el concurso.

Cláusulas con *si* para expresar hipótesis e información en contra de los hechos

- When a **si** clause contains implausible or contrary-to-fact information, the imperfect subjunctive is used in the **si** clause and the conditional tense is used in the resultant clause.

Si fuera un drama bueno, **iría** a verlo.	*If it were a good drama, I would go see it.*
Sería más interesante **si supieras** cinematografía.	*It would be more interesting if you knew cinematography.*

- Note that a conditional clause does not have a fixed position in the sentence; it may appear at the beginning or end of the sentence.

Aplicación

13-35 Jorge Ramos y María Elena Salinas. Éstos son los presentadores para el noticiero de la tarde de Univisión. Lee su conversación y subraya las cláusulas con **si**. Indica cuáles usan el indicativo y cuáles el subjuntivo y explica por qué.

MODELO: Si tienes cable, puedes ver Univisión.
            Indicativo. No es hipotética. No hay duda.

Jorge: Hola, María Elena. ¿Estás lista para el noticiero de esta noche?

Ma Elena: Pues sí, pero si tienes las estadísticas demográficas para las elecciones presidenciales, dámelas ahora y las repaso antes de empezar.

Jorge: No las tengo, pero si quieres, podemos hablar con la persona que está haciendo la investigación.

Ma Elena: Ah, mira esto. Es magnífico que el número de votantes hispanos aumente todos los años. Si los políticos entendieran el impacto de sus votos, les prestarían más atención.

Jorge: Tienes razón. Y si saliera electo un presidente hispano en 2012, no habría duda de que la voz hispana es muy importante en este país.

Productor: Atención. Quedan cinco segundos para empezar… cinco, cuatro, tres, dos, uno.

Jorge: Muy buenas noches…

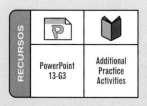

Una fundación para las artes. Imagínense que ustedes son miembros de la junta directiva (*board of directors*) de una fundación que patrocina las artes en su ciudad. Decidan qué tipo de proyecto les gustaría patrocinar y cuánto dinero le dedicarían.

MODELO: E1: *Si hubiera un proyecto de arte en el centro de la ciudad, como por ejemplo, pintar murales en un edificio, le daría un millón de dólares.*

E2: *Pero si le diéramos un millón de dólares, ¿cómo podríamos estar seguros de la calidad del mural?*

13-36 Jorge y María Elena. Ahora vuelve a leer la conversación entre Jorge Ramos y María Elena Salinas y contesta las preguntas siguientes.

1. ¿Quién no se siente bien preparado/a? ¿Por qué?
   María Elena no se siente bien preparada porque no tiene las estadísticas.

2. ¿Qué le sugiere Jorge a María Elena?
   Jorge sugiere que hable con la persona que hace la investigación.

3. ¿Qué le gustaría a Jorge que pasara en 2012?
   Le gustaría que saliera electo un presidente hispano.

4. ¿Te parece posible que salga electo un presidente hispano en los próximos 20 años?
   Answers will vary.

13-37 ¿Qué pasaría si...? Los cinematógrafos están discutiendo las consecuencias de sus posibles acciones. Completa la conversación con la forma correcta del condicional o del imperfecto de subjuntivo de cada verbo entre paréntesis.

Productora: Si (1. contratar: nosotros) <u>contratáramos</u> a Jennifer López, (2. tener) <u>tendríamos</u> que pagarle más de un millón de dólares.

Director: Es verdad, pero si ella (3. trabajar) <u>trabajara</u> para nosotros, nuestra película (4. tener) <u>tendría</u> mucho más éxito.

Productora: Mi amigo Bill la conoce bien. Pero, si yo lo (5. llamar) <u>llamara</u>, seguramente no me (6. decir) <u>diría</u> nada. Es muy discreto.

Director: Es bueno que tengas esas conexiones. Si yo (7. poder) <u>pudiera</u> usar alguna conexión, ¡(8. usar) <u>usaría</u> esa ventaja (*advantage*)!

Productora: Si tú (9. conocer) <u>conocieras</u> a Bill, (10. saber) <u>sabrías</u> que esa conexión no es una ventaja.

Director: Bueno, si yo (11. tener) <u>tuviera</u> un millón de dólares, yo mismo le (12. pagar) <u>pagaría</u> a Jennifer para trabajar con ella.

Productora: ¡Tú estás loco! De todas maneras, voy a llamar al agente de Jennifer López a ver si ella está interesada en venir a trabajar con nosotros.

13-38 La rutina de George López. George cuenta sobre su rutina en el estudio. Completa cada afirmación con la forma correcta de los verbos de la lista.

MODELO: Si *leo* un artículo interesante, siempre lo *recorto* para mostrárselo a mis amigos.

enojarse	ganar	leer	oír	poner
ir	gustar	llegar	perder	saber

Si yo (1) ___llego___ tarde al estudio, el director (2) ___se enoja___ conmigo. Si mis compañeros no se (3) ___saben___ el guión, nosotros (4) ___perdemos___ mucho tiempo. Si yo (5) ___leo___ una crítica negativa en el periódico, me (6) ___pongo___ triste. No me (7) ___gusta___ ver mi programa si no (8) ___oigo___ risa (*laughter*) durante la filmación. Pero si (9) ___gano___ un *Emmy* este año, (10) ¡___voy___ a estar muy contento!

 13-39 Los valores sociales, el público y el dinero. Piensen en los factores que afectan las decisiones de la industria cinematográfica. Luego, hablen de algunas decisiones que se toman o no. Pueden usar los temas que siguen.

MODELO: E1: *Es necesario que haya menos violencia en las películas.*
            E2: *Pero si los padres controlaran la televisión en casa, los niños verían menos violencia.*

POSIBLES TEMAS

1. la representación de minorías
2. el sexo explícito
3. el precio de la entrada
4. el papel de la mujer
5. las películas para niños
6. los videopiratas

 13-40A ¿Qué harías si...? Túrnense para especular (*speculate*) sobre lo que harían en estas situaciones hipotéticas. Estudiante B, por favor ve al **Apéndice 1,** página A17.

MODELO: subir los precios de las entradas del cine
            E1: *¿Qué harías si subieran los precios de las entradas del cine?*
            E2: *Pues, iría menos…*

Tus preguntas	Posibles respuestas a las preguntas de tu compañero/a
1. invitarte a un concierto de rock	*pedir* dos millones
2. tener que comprar un televisor digital	*prestarte* el dinero que necesitaras
3. ganar un concurso en la televisión	*aceptar* el papel de extra con mucho gusto
4. conocer una personalidad famosa	*regalarle* una a mi profesor de drama
5. visitar Hollywood	*invitarla* a cenar a mi casa

 13-41 Si yo fuera... Túrnense para decir lo que harían si fueran estrellas de cine por un día.

MODELO: E1: *Si yo fuera Antonio Banderas, pasaría mis vacaciones en España…*
            E2: *¿En qué parte de España?*

SEGUNDA PARTE

Expansion of 13-39.
Have students outline and discuss a movie they would like to make. Encourage them to use *si* clauses. E.g., *Si escribiéramos el guión para una película, sería sobre… / la acción sería en… /* etc.

Implementation of 13-41.
Tell students to ask at least one question for each statement that another group member makes.

Expansion of 13-41.
Have students take turns telling what they would do if they were head of the government for a day and commenting on each other's plans. E1: *Si yo fuera jefe/a del gobierno, aumentaría el apoyo financiero dado a la televisión pública… /* E2: *¿Sería posible sin tener el apoyo del Congreso (Parlamento)?*

4. The future perfect and the conditional perfect

13-36 to 13-41

El futuro perfecto

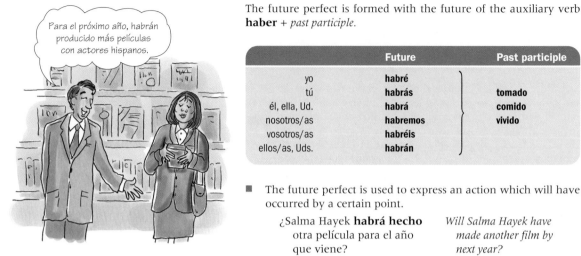

Para el próximo año, habrán producido más películas con actores hispanos.

The future perfect is formed with the future of the auxiliary verb **haber** + *past participle*.

	Future	Past participle
yo	habré	
tú	habrás	tomado
él, ella, Ud.	habrá	comido
nosotros/as	habremos	vivido
vosotros/as	habréis	
ellos/as, Uds.	habrán	

■ The future perfect is used to express an action which will have occurred by a certain point.

¿Salma Hayek **habrá hecho** otra película para el año que viene?   *Will Salma Hayek have made another film by next year?*

Sí, **habrá hecho** dos.   *Yes, she will have made two.*

¿Cuándo **habrás terminado** el editorial?   *When will you have finished the editorial?*

Lo **habré terminado** en diez minutos.   *I will have finished it in ten minutes.*

El condicional perfecto

Habría podido bailar toda la noche.

■ The conditional perfect is formed with the conditional of the auxiliary verb **haber** + *past participle*.

	Conditional	Past participle
yo	habría	
tú	habrías	tomado
él, ella, Ud.	habría	comido
nosotros/as	habríamos	vivido
vosotros/as	habríais	
ellos/as, Uds.	habrían	

■ The conditional perfect is used to express an action which would or should have occurred but did not.

Habría visto el drama, pero preferí la comedia.   *I would have seen the drama, but I preferred the comedy.*

Habríamos grabado el programa, pero no teníamos cinta.   *We would have recorded the program, but we didn't have a tape.*

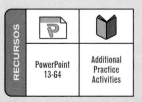

RECURSOS

PowerPoint 13-G4   Additional Practice Activities

Aplicación

13-42 ¿Qué habrá pasado? Expresa tus conjeturas sobre las situaciones siguientes.

MODELO: En el teatro todos están aplaudiendo.
Habrá terminado la obra.

1. __d__ El director está enojado.
2. __e__ El editor está preocupado.
3. __a__ El galán está muy triste.
4. __h__ El dramaturgo está muy frustrado.
5. __b__ La primera actriz de la telenovela está buscando al galán.
6. __c__ El actor no está en su vestuario (*dressing room*).
7. __g__ La televidente está muy contenta.
8. __f__ El protagonista está en el suelo.

a. Habrá descubierto que tiene canas (*gray hair*).
b. Éste habrá salido con otra mujer.
c. Habrá terminado de vestirse.
d. Los actores no habrán memorizado el guión.
e. Se habrá dañado (*crashed*) la computadora en la que tenía su editorial para el periódico de hoy.
f. Alguien lo habrá asesinado.
g. Le habrá gustado el programa que veía.
h. Habrá perdido el guión de la obra.

13-43 Para el año 2020… ¿Qué habrán hecho ustedes para el año 2020? ¿Qué no habrán hecho? Túrnense para contar sus planes para el futuro. ¿Tienen algunas metas en común?

MODELO: terminar
E1: *Para el año 2020 habré terminado mis estudios.*
E2: *¿Sí? ¿En qué?*

aprender	conseguir	escribir	terminar	visitar
conocer	empezar	ganar	trabajar	vivir

13-44 En otras circunstancias. ¿Qué habrían hecho estas personas en otras circunstancias? Empareja las circunstancias con las acciones.

MODELO: Si Frida Kahlo hubiera nacido en Madrid y no en México…
no se habría casado con Diego Rivera.

1. __d__ Si Alex Rodríguez hubiera preferido jugar al fútbol norteamericano…
2. __h__ Si Antonio Banderas nunca hubiera venido a los EE.UU…
3. __a__ Si Celia Cruz hubiera vivido en España…
4. __b__ Si Benjamín Bratt se hubiera casado con Julia Roberts…
5. __g__ Si Enrique Iglesias hubiera nacido en México…
6. __c__ Si Picasso hubiera imitado a Salvador Dalí…
7. __e__ Si Sandra Cisneros hubiera sido hija única…
8. __f__ Si Martin Sheen hubiera decidido ser abogado…

a. habría cantado flamenco y no salsa.
b. no habría conocido a su esposa actual.
c. su estilo habría sido surrealista.
d. habría sido jugador con los New York Red Bulls y no con los Yankees.
e. no habría escrito sobre su familia.
f. no habría sido un actor popular.
g. habría sido miembro de una banda de mariachis.
h. no se habría casado con Melanie Griffith.

Implementation of ¿Cuánto sabes tú?

Turn this section into a review activity where students interact in pairs to address each item or task. Create two semicircles, circles, or lines of desks, where pairs of students face one another in circle/line A and circle/line B. Write the first task on the board or a transparency and give an example, e.g., *En mi opinión, los mejores galanes/actores de Hollywood son Anthony Hopkins y Tom Hanks.* Have paired students share their views and ideas, as you walk around the room monitoring their progress and answering any questions as needed. Then have only those students in circle/row A rotate to a new desk in a clockwise direction. Perhaps repeat the first task, or proceed to the second one, reviewing some examples on the board before having new pairs of students interact. Continue to have circle/row A rotate for each new task, until all of them have been reviewed and/or until students demonstrate a clear grasp of the material.

 13-45 Habría hecho algo diferente. Conversen entre ustedes para decidir cómo habría sido diferente su vida en las siguientes situaciones.

MODELO: tener mucho dinero
E1: *Habría viajado por todo el mundo antes de empezar mis estudios.*
E2: *Habría dejado mi puesto.*

1. vivir en España
2. ser actor/actriz
3. ser periodista
4. trabajar en un teatro
5. escribir drama
6. ser presentador/a
7. ser rico/a
8. ver a Jorge Ramos o a Cristina Saralegui en la calle

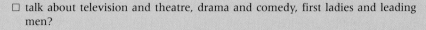
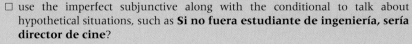

¿Cuánto sabes tú? *Can you...*

13-42 to 13-45

☐ talk about television and theatre, drama and comedy, first ladies and leading men?

☐ use the imperfect subjunctive along with the conditional to talk about hypothetical situations, such as **Si no fuera estudiante de ingeniería, sería director de cine**?

☐ talk about what you *will have done* by some time in the future, for example, **Para 2015 habré terminado mis estudios**?

☐ talk about what you *would have done* some time in the past, for example, **En otras circunstancias habría estudiado teatro**?

RECURSOS

In-class Communicative Projects

Observaciones

Episode 13

13-46 to 13-49

¡Pura vida! Episodio 13

En este episodio Patricio y Marcela celebran la beca que Patricio ha recibido.

Antes de ver el video

13-46 La beca *Fulbright*. Aquí tienes información sobre la Comisión *Fulbright* en Colombia. Lee sobre su origen y su misión y luego explica por qué es un honor recibir una de sus becas.

> **La Comisión para el Intercambio Educativo entre los Estados Unidos y Colombia**
>
> El Programa *Fulbright* fue creado por el Congreso estadounidense en 1946 para aumentar la comprensión mutua entre los Estados Unidos y otras naciones. Hoy en día maneja un complejo programa de intercambio educativo en más de ciento veinticinco países.
>
> En Colombia, el Programa *Fulbright* se inició con el convenio (*agreement*) firmado entre el gobierno colombiano y el de los Estados Unidos en 1957. La Comisión *Fulbright*, como se conoce comúnmente, por medio de diferentes becas financia estudios, investigación y docencia en Colombia para ciudadanos estadounidenses, así como programas posgraduados para ciudadanos colombianos que deseen estudiar en universidades de los Estados Unidos. Las becas se otorgan (*are granted*) por concurso, basándose en los méritos académicos, profesionales y personales de los candidatos.

José Hernández-Rebolla, becario de *Fulbright*, estudió ingeniería en los Estados Unidos.

A ver el video

13-47 Patricio y Marcela reciben noticias. Mira el episodio trece de *¡Pura vida!* para saber las noticias que reciben Patricio y Marcela. Luego, completa las siguientes oraciones con la información que falta.

Patricio

Marcela

La noticia inesperada

1. Patricio recibe una invitación para __c__.
2. En el periódico hay un artículo sobre __d__.
3. Se cree que David Ortiz-Smith __b__.
4. Patricio hizo bien en no __a__.

a. aceptar la oferta de trabajo
b. está involucrado (*involved*) en el incidente
c. estudiar en Nueva York
d. el tráfico ilegal de pájaros

Después de ver el video

13-48 Si fueras... Escribe lo que harías si fueras estos personajes.

MODELO: Patricio
Si fuera Patricio, aceptaría la beca Fulbright...

1. Marcela
2. Doña María
3. Silvia
4. David Ortiz-Smith

cuatrocientos sesenta y cinco • **465**

RECURSOS

IRM
Video Script

NUESTRO MUNDO

Panoramas

La herencia cultural de España

Vistas culturales

13-49 ¿Ya sabes...? Trata de identificar o explicar lo siguiente.

13-50 to 13-51

1. los nombres de algunas de las regiones o comunidades autónomas
   Andalucía, Madrid, Cataluña, etc.

2. el nombre de algún artista español
   Goya, Dalí, Picasso, etc.

3. otro nombre para el idioma español
   el castellano

4. el origen lingüístico de **álgebra** y **alcohol**
   el árabe

5. La lengua de los vascos
   el euskera

España se compone de dieciocho comunidades autónomas, las cuales han gozado de cierta autonomía política y cultural desde la muerte de Francisco Franco en 1975. La herencia lingüística varía de comunidad en comunidad por razones de su herencia cultural. Aquí tienes una breve descripción de seis de ellas.

Galicia

La catedral de Santiago de Compostela ha atraído a peregrinos (*pilgrims*) cristianos desde los tiempos medievales.

El gallego, el idioma de Galicia, refleja la influencia de los celtas, quienes habitaron la península hace siglos. Todavía se toca la gaita (*bagpipe*) en Galicia. Esta música, el clima húmedo y la abundante vegetación de la región, hacen que mucha gente la compare con Escocia (*Scotland*).

El País Vasco

Se desconoce el origen del euskera, el idioma de los vascos. Es uno de los más antiguos del mundo y aparentemente es único. Tampoco se conoce el origen de los vascos, un pueblo que se destaca por su fuerte carácter independiente y su perseverancia. Hoy en día, se enseña el euskera en las escuelas del País Vasco.

Cataluña

La importancia de Cataluña se destaca tanto en el arte como en la política. Es la región de grandes artistas como Salvador Dalí, Pablo Picasso y Antonio Gaudí. El catalán, idioma oficial de la comunidad, tiene una rica tradición literaria. La bella avenida de Las Ramblas en Barcelona atrae a muchos turistas.

Castilla y León

El idioma de esta región, el castellano o español, llegó a ser el idioma oficial de España. Esto se debe en gran parte a la influencia y el poder de los monarcas Fernando e Isabel, cuyo matrimonio marcó el principio de la reconquista de la Península Ibérica. El Alcázar de Segovia fue construido en varias etapas; empezó a construirse en el siglo XI.

Andalucía

Cuando los moros (árabes) conquistaron España en el siglo VIII, establecieron una cultura rica en arte, música, arquitectura, matemáticas, filosofía y letras. La presencia árabe influyó especialmente en el idioma español, en palabras que empiezan en "al" como álgebra, alcohol y el nombre del famoso palacio árabe de la Alhambra, que significa "castillo rojo" y se encuentra en Granada. La herencia musulmana perdura hoy en día en mucho de lo que se considera "español".

Implementation of *Panoramas*.

Point out various reading comprehension strategies to help students process the material in the *Panoramas* section of each chapter. First, encourage students to look for cognates as they read the captions. For instance, have them identify the English equivalents for the following words in the very first caption of this section: *catedral, cristianos, medievales*. Second, encourage students to connect the language to the photographs. For example, have them identify the expression for beautiful avenue and the name of the famous one located in Barcelona. Third, whether the reading is assigned for home or in-class, tell students to underline words that interfere with their understanding of the text. Review these words with them or ask them to consult the glossary or a Spanish–English dictionary before proceeding to the activities. Fourth, point out that it is not necessary to understand every word in a text to capture its global meaning. Thus, tell students not to get distracted or overwhelmed by an occasional unknown word. For further practice with reading comprehension, have students carry out the *Páginas* section of each chapter, as well.

Expansion of *Panoramas*.

Ask students comprehension questions based on the information in the captions. E.g., *¿A quiénes atrae la catedral de Santiago de Compostela? Aparte del español, ¿qué lengua se habla en Galicia? ¿Por qué se compara Galicia con Escocia? Aparte del español, ¿qué lengua se habla en el País Vasco? ¿Qué se sabe del euskera? ¿Cómo es el pueblo vasco? ¿Qué nombre tiene la variedad del español hablada en Castilla y León? ¿Qué representó el matrimonio entre los monarcas Fernando e Isabel? Aparte del español, ¿qué lengua se habla en Cataluña? ¿Cuáles son algunas de las características de esta región? ¿Qué contribuyeron los árabes a la cultura en España? ¿Qué significa La Alhambra y dónde se encuentra?* etc.

Expansion of *Panoramas*.

Have students reflect on the photographs presented here and in the chapter opener. Perhaps bring in additional photographs of other places in Spain. In pairs or in groups of three, have students say which scenes they would visit if they traveled to Spain and why. Then ask a few volunteers to share their responses with the class.

Implementation of 13-51.

Perhaps divide students into five different groups and assign each group one specific region to research for homework, in order to ensure full coverage of the regions listed. As a follow-up during the next day of class, ask representatives from each group to present their findings. In order to motivate listening, ask other students from the same group to add any further information not mentioned by the representative. Also ask the entire class a few comprehensive questions after each region is covered.

13-50 ¿Has comprendido? Contesta brevemente las preguntas siguientes en español.

1. ¿Cuántas comunidades autónomas hay?
   Hay dieciocho.

2. ¿Qué otras lenguas se hablan en España además del español?
   Se hablan gallego, catalán y euskera.

3. ¿En qué comunidades están Barcelona, Granada y Santiago de Compostela?
   En Cataluña, en Andalucía, en Galicia.

4. ¿Cuáles son algunos artistas catalanes importantes?
   Dalí, Picasso y Gaudí.

5. ¿Cuál es el origen del euskera?
   No se sabe.

6. ¿Por qué dicen que Galicia es la Escocia de España? Porque en Galicia se toca la gaita y la región tiene un clima y una vegetación similares a la de Escocia.

7. ¿En qué región vas a encontrar mucha arquitectura árabe?
   En Andalucía.

8. ¿Qué influencia refleja la lengua gallega?
   El gallego refleja la influencia celta.

 13-51 Investigación. Conéctate con la página web de **¡Arriba!** y busca información sobre una de estas comunidades autónomas: Extremadura, la Comunidad Valenciana, la Rioja, las Islas Canarias, Madrid. Después, prepara un informe para presentárselo a la clase. Puedes usar las siguientes ideas como guía.

■ Además del español, ¿tiene otra lengua oficial esta comunidad?
■ ¿Cuáles son sus ciudades principales?
■ ¿Cómo son su clima y su topografía?
■ ¿Cuáles son sus contribuciones culturales (artísticas, literarias)?
■ ¿Cuáles son sus especialidades culinarias?

 13-52 Comparaciones. Conversen entre ustedes para comparar algunas de las comunidades autónomas a los estados o provincias que ustedes conozcan.

MODELO: *Galicia me recuerda a Nueva Escocia por el clima y la herencia cultural.*

 13-53 La gastronomía española. La gastronomía española varía mucho de región a región. A continuación, tienes tres ejemplos. Conéctate con la página web de **¡Arriba!** y busca información sobre uno de ellos y contesta las preguntas que siguen.

1. ¿Cuáles son los ingredientes principales?
2. ¿Se sirve como primer plato, plato principal o postre?
3. ¿Lo prepararías si estuvieras a dieta? ¿Si tuvieras visitas en casa? ¿Si tuvieras poco tiempo para cocinar?
4. ¿A quiénes invitarías si prepararas este plato?

Tarta de Santiago

Paella valenciana

Gazpacho andaluz

Ritmos

13-52

"Se vende" (ADN, España)

ADN es un grupo español de música rock y "Se vende" es una de sus canciones más famosas. La canción que vas a escuchar en este capítulo trata del amor fracasado entre dos personas.

Antes de escuchar

13-54 Se vende. Las siguientes oraciones se basan en la letra y el tema de la canción y tienen cláusulas con **si,** las cuales aprendiste a usar en este capítulo. Están en el imperfecto de subjuntivo y en el condicional. Complétalas con la forma correcta de los verbos en paréntesis. Luego, escribe una oración original, basándote en el tema del amor fracasado.

1. Yo ___vendería___ (vender) mi corazón si tú no ___estuvieras___ (estar) enamorada de mí.
2. Te ___enviaría___ (enviar) rosas si tú las ___aceptaras___ (aceptar).
3. Nosotros ___seríamos___ (ser) muy felices si tú no ___fueras___ (ser) infiel.
4. Mi alma ___sufriría___ (sufrir) si nosotros no ___siguiéramos___ (seguir) estando juntos.

A escuchar

13-55 La canción. Escucha la canción y llena los espacios en blanco de la letra de "Se vende", con una palabra de la lista que aparece a continuación.

dolor	sufrir	corazón	besos	rosas
infidelidad	pasión	amor	clandestinidad	miradas (*looks*)

Se vende
Se vende,
por cierre por derribo, (1) ___corazón___.
Se vende,
un juego de caricias y un colchón.

Millones de (2) ___miradas___ casi sin usar,
un ramo de (3) ___rosas___ aún por enviar.

Se vende,
equipo de alta (4) ___infidelidad___.
Se vende,
el fuego de la (5) ___clandestinidad___.

Mi colección de (6) ___besos___ aún por estrenar,
billete de ida y vuelta a ningún lugar.

Se vende el duende del (7) ___amor___.

Se vende el puente hacia el (8) ___dolor___.
Se vende al mejor postor.

Se vende de saldo y ocasión.
Se vende por liquidación.
Se vende por falta de (9) ___pasión___.

Se vende,
el tacto de tu piel para no (10) ___sufrir___.
Se vende,
luna de miel por compartir.

Y un millón de fotos donde tú y yo
nunca más seremos esos tú y yo.

Mi colección de besos aún por estrenar,
billete de ida y vuelta a ningún lugar.

Lyrics to "Se vende" (ADN, España).
Se vende,
por cierre por derribo, corazón.
Se vende,
un juego de caricias y un colchón.

Millones de miradas casi sin usar,
un ramo de rosas aún por enviar.

Se vende,
equipo de alta infidelidad.
Se vende,
el fuego de la clandestinidad.

Mi colección de besos aún por estrenar,
billete de ida y vuelta a ningún lugar.

Se vende el duende del amor.
Se vende el puente hacia el dolor.
Se vende al mejor postor.

Se vende de saldo y ocasión.
Se vende por liquidación.
Se vende por falta de pasión.

Se vende,
el tacto de tu piel para no sufrir.
Se vende,
luna de miel por compartir.

Y un millón de fotos donde tú y yo
nunca más seremos esos tú y yo.

Mi colección de besos aún por estrenar,
billete de ida y vuelta a ningún lugar.

RECURSOS

Ritmos
Track 13

Después de escuchar

13-56 Una entrevista imaginaria. Lee la entrevista que un reportero les hace a los miembros del grupo ADN. Complétala, escogiendo el verbo apropiado y conjugándolo en la forma correcta del imperfecto de subjuntivo.

Reportero: ¿Por qué decidieron Uds. cantar sobre el tema del amor en su canción "Se vende"?

ADN: Bueno, era muy importante que nosotros <u>cantáramos</u> (1. escuchar, mirar, cantar) sobre el amor, ya que es un tema universal. También queríamos cantar sobre temas que <u>fueran</u> (2. leer, ser, oír) fáciles de entender. Creo que el amor lo entienden todos de una manera u otra, ¿no?

Reportero: ¿Qué cosas eran necesarias para completar su más reciente disco compacto?

ADN: Era necesario que nosotros <u>tuviéramos</u> (3. presentar, comprender, tener) tiempo suficiente y que los empleados del estudio donde lo grabamos nos <u>ayudaran</u> (4. dar, ayudar, filmar) con sus conocimientos como expertos en el proceso de grabación.

Reportero: ¿Podrían describir cómo fue la grabación de este disco compacto nuevo?

ADN: Pues, sí. Para nosotros fue una experiencia muy buena aunque muchos insistían en que <u>trabajáramos</u> (5. comentar, trabajar, ver) día y noche. Era necesario que nosotros <u>estuviéramos</u> (6. estar, revisar, buscar) en el estudio muchas horas. Todos querían que <u>hiciéramos</u> (7. filmar, transmitir, hacer) un disco de buena calidad, así que no nos molestó tener que trabajar tanto.

Reportero: ¿Cómo se sintieron cuando supieron que su disco había sido (*had been*) tan bien recibido por el público?

ADN: Pues, dudábamos que este disco <u>tuviera</u> (8. estar, poder, tener) tanto éxito porque no creíamos que <u>fuera</u> (9. tener, estar, ser) el mejor que habíamos hecho.

Reportero: ¿Qué cosas les gustaría hacer con su próximo disco? ¿Podrían decirnos un poco acerca esto?

ADN: No sabemos exactamente lo que vamos a hacer, pero pensamos seguir componiendo música que a nuestro público le va a gustar. Sería fantástico que todos <u>siguieran</u> (10. seguir, ver, comprar) gozando de nuestra música, ¿no? Estamos muy agradecidos con ellos.

Reportero: Se nos acabó el tiempo y me gustaría decirles "gracias" por compartir unos minutos con nosotros.

Páginas

Solos esta noche (fragmento) (Paloma Pedrero, España)

13-53

Además de ser dramaturga, Paloma Pedrero ha sido actriz de teatro y guionista para la televisión y para el cine español. Sus dramas cortos siempre llevan una tensión entre el hombre y la mujer, tensión que a veces no se resuelve de una manera agradable. A continuación, se presenta un fragmento de un drama que se estrenó en Madrid en 1990. Es parte de una trilogía que se llama *Noches de amor efímero*.

Antes de leer

13-57 Estrategias para leer obras dramáticas. En una obra dramática, lo visual es tan importante como el diálogo. Mientras lees este drama, anota todo lo que indique diferencias sociales entre los dos personajes. ¿Cómo contribuyen a la tensión dramática del drama?

13-58 ¿Quiénes son los personajes? Dale una mirada rápida (*skim through*) al drama para buscar esta información antes de leerlo por completo.

1. Número de personajes: dos
2. Nombres: Se llaman Carmen y José.
3. Escena: Están en una estación de metro.
4. Problema: Un hombre se acerca a una mujer.

A leer

13-59 *Solos esta noche.* Lee ahora el texto de Paloma Pedrero y verifica tus respuestas de la actividad anterior.

Solos esta noche (fragmento)

Estación de metro. No hay nadie en el andén. Entra Carmen. Es una mujer de treinta y bastantes años. Va vestida de forma elegante, pero muy convencional. Pelo de peluquería y uñas largas muy pintadas. Carmen, con cierta inquietud, se sienta en un banco (*bench*) y espera. Al poco, aparece José. Es un joven moreno de piel y musculoso. Carmen, al verlo, disimula un sobresalto (sorpresa). El joven se sienta en otro banco y enciende un cigarro. Mira a Carmen. Carmen pasea nerviosa por el andén. Después de un momento, el joven comienza a acercarse (*approach*) a la mujer. Carmen, asustada, se agarra (*grabs*) el bolso y se dirige hacia la salida. El joven llama con un "Eh, oye". Carmen se para en seco (*stops cold*). José llega hasta ella.

Carmen: (*Muy asustada, hablando muy de prisa*) (*hurriedly*) No tengo nada. Me he metido en el metro porque me he quedado sin dinero. Ni un duro (centavo), te lo juro… Toma. (*Le da el bolso.*) Puedes quedarte con él. El reloj es caro. Toma, puedes venderlo… Los anillos… ¡No puedo sacármelos! Por favor, los dedos no. No me cortes los dedos…

José: (*Interrumpiéndola perplejo.*) Pero, ¿qué dices? ¿Qué te pasa? ¿Te he pedido yo algo?

Carmen: ¿Qué quieres? ¿Qué quieres de mí?

José: Dios, qué miedo llevas encima, ¿no? ¿Tengo tan mala pinta? (*Do I look so bad?*)

Carmen: No, no, es que… es muy tarde. No estoy acostumbrada a estar sola a estas horas… No cojo nunca el metro y…

José: Ya. A estas horas estás en tu casa viendo la televisión. Toma tus cosas y relájate. (*Carmen asiente.*) Tranqui, ¿eh? Tranqui…

Vuelve al banco y se sienta.

Carmen: ¿Qué querías?

José: Te iba a preguntar que si llevas mucho tiempo esperando.

Carmen: Sí, bastante. Me dijeron que tenía que pasar el último metro.

José: El último suele tardar (*tends to be late*). (*Mira el reloj.*) Aunque ya tenía que haber llegado.

Carmen: (*Mirando hacia el túnel.*) Creo que ya viene.

Implementation of *Páginas.*
This is a fragment. The play concludes with Carmen and José giving in to their passion. Students will be asked to speculate about possible outcomes in the storyline in Activity 13-62. How many of them predicted this resolution?

Note on *Páginas.*
Point out that the use of *tú* in Spain is common, even among strangers.

Note on *Páginas.*
José's use of the word *tranqui* is an abbreviation for *tranquila*, which in Spain means "Calm down."

José: (*Después de un momento.*) Yo no lo oigo.

Carmen: No, yo tampoco.

José: Bueno, habrá que esperar. (*Saca un bocadillo.*) ¿Quieres?

Carmen: (*Sin mirarle.*) No fumo, gracias.

Carmen pasea nerviosa por el andén.

José: Estáte quieta, chica, es que me estás mareando (*making me dizzy*). ¿Tienes hambre?

Carmen: No, gracias.

José: Es de jamón. (*Carmen sigue paseando sin hacerle caso.*) (*without paying attention to him*). Oye, que es de jamón.

Carmen: ¿Y qué?

José: Que es de jamón. ¿No quieres un cacho (*un poquito*)?

Carmen: No, de verdad, gracias. He cenado hace un rato (*a little while ago*).

Sigue paseando cada vez más nerviosa.

José: ¿En un restaurán?

Carmen: ¿Cómo?

José: ¿Que si has cenado en un restaurán?

Carmen: Sí.

José: ¿Sola?

Carmen: Se está retrasando demasiado. (*It's really late.*)

José: ¿Eh?

Carmen: El metro. No es normal que un metro tarde tanto.

José: El último sí. A veces tarda mucho. ¿Por qué no te sientas?

Carmen: No, gracias, prefiero estar de pie.

José: Tú misma. (*Your choice.*)

Carmen: Gracias.

José: ¿Por qué?

Carmen: ¿Por qué, qué?

José: ¿Que por qué me das tanto las gracias? No lo entiendo.

Carmen: Ah, no sé… (*Alejándose.*) ¡Dios mío lo que tarda…!

José: (*Levantando la voz.*) ¿Y has cenado sola en el restaurán?

Carmen: No.

José: ¿Con tu novio?

Carmen: ¡Dios mío, este metro no llega nunca!

José: Pues por aquí no se ve un alma. Lo mismo se ha averiado (*broken down*) y está colgado (*hung up*) en el túnel.

Carmen: Espero que no.

José: ¿Tienes que madrugar mañana?

Carmen: (*Enfrentándole asustada.*) ¿Por qué dices eso?

José: ¿Digo qué?

Carmen: ¿Por qué me preguntas que si tengo que madrugar mañana?

José: Dios mío, ni que te hubiera preguntado la talla del sostén (*you'd think I'd asked you your bra size*).

Carmen: ¡Ah! Me voy.

José: No seas estrecha, mujer, que era una broma. Te lo preguntaba por si trabajabas. ¿Trabajas o no?

Carmen: Sí. ¿Por qué?

José: Yo cuando trabajo me acuesto pronto para rendir. Ahora estoy en paro (*sin trabajo*). Mira. (*Se quita la cazadora* (*chaqueta*) *y se abre la camisa. Carmen grita.*) ¿Qué te pasa?

Carmen: ¿Qué haces?

José: Que te voy a enseñar la cicatriz (*scar*). Mira, una viga (*metal beam*) que se desprendió y me cayó encima. Casi me destroza el tatuaje (*almost ruined my tattoo*). (*Carmen no sabe dónde meterse. José, tranquilamente, sigue hablando.*) Con el tórax tan estupendo que tenía, ahora estoy marcado. Ya ves, ni guapos nos dejan ser a los cabrones (*they even take our good looks*). Es una cosa que siempre he pensado, lo guapa que es la gente de pelas (*rica*). Y no es la ropa cara, ni el pelo tan brillante, ni las alhajas (*joyas*). No, es la piel (*skin*). Es la maldita piel que se hace distinta. Oye, por cierto, tú tienes una piel tela de fina (*fine-looking complexion*). ¿Qué haces tú en una alcantarilla (*sewer*) a estas horas?

Carmen: Este metro no viene. Intentaré coger un taxi.

José: ¿Pero no decías que no tenías pelas (*dinero*)?

Carmen: No tengo aquí. Lo pagaré en casa. Eso es lo que tenía que haber hecho desde el principio. Sí, me voy. Adiós.

José: Bueno, mujer, adiós.

Carmen sale a toda prisa. José termina su bocadillo. Saca una botellita de alcohol y se da un trago. Mira hacia dentro del túnel. Enciende otro cigarro. Aparece Carmen histérica.

Carmen: ¡Está cerrado! ¡Están cerradas las puertas de la calle!

José: ¿En serio?

Carmen: ¡Y no hay nadie! ¡Nadie! ¡Ni una taquillera, ni un guardia, ni un solo empleado! ¡No hay nadie!…

Después de leer

13-60 ¿Quién será? Lee las siguientes descripciones y decide quién será: José (**J**) o Carmen (**C**).

1. __C__ No acostumbra a usar el metro.
2. __J__ No se preocupa de nada.
3. __C__ No habla con gente que no conoce.
4. __C__ Quiere salir del metro lo más pronto posible.
5. __J__ Es muy informal y amistoso/a.
6. __J__ Hace trabajo manual pero ahora está en paro.
7. __C__ Ha cenado con un amigo en un restaurán.
8. __C__ Se pone histérico/a cuando se entera que están encerrados en el metro.

13-61 Los personajes. Describe a los dos personajes, considerando no sólo su aspecto físico, sino también su carácter. ¿Con cuál te identificas más? ¿Por qué?

 13-62 El desenlace (*conclusion*). El último momento de este fragmento está muy cargado de tensión entre José y Carmen. Sin embargo, esta tensión se extiende por varias páginas más en el drama. Hagan una lista de las posibles soluciones al conflicto y conversen sobre sus posibilidades para tener éxito al resolverlo.

MODELO: E1: *Creo que José entrará en el túnel y buscará el tren.*
E2: *Pero si viene el tren, ¿qué le pasará?*

Expansion of *Páginas*.
This fragment may encourage students to finish reading the short play, whose outcome may be surprising for some. Perhaps inform students of how to obtain the full version, or put a copy of it on reserve in the library for students to read at will, as extra credit or as an assignment.

Additional Activity for *Páginas*.

¿Qué harían en tal situación? Conversen entre ustedes para comparar lo que harían si se encontraran atrapados en el metro muy tarde por la noche.

MODELO: E1: *Si estuviera atrapado/a en el metro tarde por la noche, gritaría…*
E2: *Pues, no gritaría, porque no habría nadie…*

13-63 La dramatización. Actúen esta escena entre José y Carmen. Una tercera persona será el/la narrador/a.

 ## Taller

 13-64 Reseña de una película. En este taller vas a escribir una reseña de una película que hayas visto. Incluye información para que los lectores sepan si quieren verla o no.

13-54 to 13-56

MODELO: *Mar adentro, la película internacional que ganó un Óscar en 2005, fue dirigida por el gran director español Alejandro Amenábar. El cineasta de otras películas con mucho éxito (como Abre los ojos y Los otros) continúa su tradición de tensión dramática entre los personajes. Dice Amenábar: «Mi cine no es un cine de respuestas sino de preguntas», y tiene razón. Javier Bardem, el actor principal, hace el papel de protagonista en la historia. Es Ramón Sampedro, un señor que de joven sufre un horrible accidente y pasa los siguientes treinta años condenado a la tetraplejía y luchando por el derecho a terminar su vida con dignidad. Aunque intelectualmente está vivo, psicológicamente quiere morir y se encuentra entre su familia, que lo desea mantener vivo, y los amigos que quieren ayudarlo a morir…*

Antes de escribir

■ **Ideas.** Piensa en una película que has visto de la que te gustaría hacer una reseña.

A escribir

■ **Presentación.** Escribe una o dos oraciones para presentar el tema y el tipo de persona a quien le pueda interesar.

■ **Resumen.** Haz un pequeño resumen de la trama, pero no incluyas todos los detalles, ni el desenlace (*outcome*).

■ **Evaluación.** Haz tu propia evaluación y las razones.

■ **Conclusión.** Termina la reseña con una oración que la resuma.

Después de escribir

■ **Revisar.** Revisa tu reseña para verificar los siguientes puntos:

☐ el uso del imperfecto del subjuntivo, el condicional y las cláusulas con **si**

☐ el uso de los adjetivos y pronombres posesivos

☐ el uso del futuro perfecto y el condicional perfecto

☐ la concordancia y la ortografía

■ **Intercambiar**

Intercambia tu reseña con la de un/a compañero/a. Mientras leen las reseñas, hagan comentarios y sugerencias sobre el contenido, la estructura y la gramática. Reaccionen también a las reseñas.

■ **Entregar**

Pasa tu reseña a limpio, incorporando las sugerencias de tu compañero/a. Después, entrégasela a tu profesor/a.

Vocabulario

PRIMERA PARTE

El periódico — The newspaper

El periódico	The newspaper
los anuncios/avisos clasificados	classified ads
el artículo	article
la cartelera	entertainment section
el consultorio sentimental	advice column
la crónica social	social page
el editorial	editorial page
la esquela	obituary
el horóscopo	horoscope
la primera plana	front page
la sección deportiva	sports section
la sección financiera	business section
las tiras cómicas	comics
el titular	headline

La televisión y la radio — Television and radio

La televisión y la radio	Television and radio
el canal	channel
el concurso	game show; pageant
la emisora	radio station (business entity)
la estación de radio	radio station
el noticiero	newscast
la telenovela	soap opera
la televisión por cable	cable TV
por satélite	satellite TV
en directo; en vivo	live (on television)

Verbos	Verbs
informar	to report
patrocinar	to sponsor
revisar	to check
transmitir	to transmit

Gente en los medios — People in the media

Gente en los medios	People in the media
el anfitrión/la anfitriona	show host/hostess
el/la comentarista	newscaster; commentator
el/la comentarista deportivo/a	sportscaster
el/la crítico/a	critic
el/la locutor/a	announcer
el/la meteorólogo/a	weatherman; weatherwoman
el/la patrocinador/a	sponsor
el/la periodista	journalist
el/la reportero/a	(television) reporter

El público	The public
el/la lector/a	reader
el/la radioyente	listener
el/la televidente	viewer

SEGUNDA PARTE

El cine, el teatro y la televisión — Film, theatre, and television

El cine, el teatro y la televisión	Film, theatre, and television
la cámara	camera
la cinematografía	cinematography
la cinta	film; tape
la comedia	comedy
el drama	drama
el/la espectador/a	spectator
el estudio	studio
el galán	leading man
el guión	script
las noticias	news
la obra	play (theatre)
la película	movie; film
el/la presentador/a	moderador
la primera actriz	leading lady
el/la productor/a	producer
el/la protagonista	protagonist; star

Verbos	Verbs
actuar	to act
filmar	to film
grabar	to record
representar	to perform

Otras palabras y expresiones	Other words and expressions
el final	end
el principio	beginning

Long-form possessive adjectives and pronouns
See page 450.

Implementation of *Vocabulario*.
Help students better assimilate vocabulary through images and realia (e.g., an actual newspaper in Spanish), role-plays or dialogues (e.g., of a radio or television broadcast, an excerpt from a play or movie, etc.), and review games. Some examples of the latter that will work successfully with these word sets include word associations (e.g., identifying members of categories such as *las partes del periódico, la gente en el cine o el teatro*, etc.; matching verbs with their associated objects, e.g., *revisar el artículo, patrocinar un concurso, representar una obra de teatro, grabar en cinta*, etc.), spelling races at the board, and Pictionary. By interacting with others and using words in meaningful ways, vocabulary acquisition is greatly enhanced.

RECURSOS

Testing Program Tests A and B Modules 13-1 to 13-31

475

14 ¡Seamos cultos!

OBJETIVOS COMUNICATIVOS

Pablo Picasso (1881–1973) fue uno de los artistas más prolíficos del siglo xx. Su obra maestra, *Guernica* (1937), refleja los horrores de la Guerra Civil española cuando los fascistas bombardearon y destruyeron el pueblo del mismo nombre en el País Vasco.

El arte moderno hispano

Implementation of *Refrán*.
Read aloud the *refrán* to students and have them repeat it with you a few times. Ask if they can cite examples of musicians (and artists in general) or poets (and writers in general) who are or were considered a little odd, eccentric, or even crazy. Ask for a show of hands of students who play a musical instrument, sing, create some form of visual art, or write poetry or prose. Then ask if they agree that there is a creative or eccentric side to all of us and to explain their view. Finally, have them try to think of equivalent expressions in English.

«De músico, poeta y loco todos tenemos un poco.»*

*Refrán: Musician, poet, and madman, we all have some.

Las pinturas de Frida Kahlo (1907–1954), a veces violentas, pero también expresivas y coloridas, son siempre muy personales y representan el dolor físico y psicológico que sufrió durante su corta vida.

cuatrocientos setenta y siete • **477**

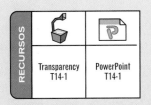

Transparency T14-1	PowerPoint T14-1

RECURSOS

Implementation of ¡Así es la vida!
Have students scan the reading to find out who these performers are and why they are called *la "familia real" de la guitarra española*. You may want to elicit and then draw a family tree on the board to illustrate the relationships and emphasize the musical heritage in this family.

Expansion of ¡Así es la vida!
Ask questions to confirm comprehension. E.g., *¿Quién es Celedonio Romero? ¿Quiénes son Celín, Ángel y Pepe? ¿Por qué se les denomina la "familia real" de la guitarra española? ¿Quién es Celino? Según él, ¿de qué depende el talento musical? Cuando Celino era joven, ¿qué le recomendó su abuelo? ¿En qué trabaja el hijo de Pepe? ¿Cuándo murió Celedonio? ¿Sigue tocando música su familia?*

Expansion of ¡Así es la vida!
Bring in a CD of los Romero for students to listen to or bring in a variety of CDs and ask students to identify the style of guitar music played on each one.

¡Así lo decimos! Vocabulario

CD 3, Track 22

14-1 to 14-2

¡Así es la vida! Los Romero: "la familia real" de la guitarra española

El legendario maestro de la guitarra española, Celedonio Romero, además de disfrutar de una larga y prestigiosa carrera musical, es considerado el patriarca de "la familia real de la guitarra española". Sus tres hijos, Celín, Ángel y Pepe han tenido mucho éxito en el mundo de la música clásica, y ahora su nieto Celino también se destaca como un gran músico.

Después de que la familia Romero se mudó de Málaga, España, a California, Celedonio formó junto con sus tres hijos el Cuarteto Romero. Después de muchos conciertos en los EE.UU. y en el resto del mundo, este cuarteto ha sido reconocido por la crítica internacional y honrado por el Rey Juan Carlos de España.

Según Celino, él empezó a tocar la guitarra cuando tenía tres años. Ahora cree que el talento musical depende no sólo de los genes sino también de la instrucción. Aprendió la técnica del flamenco de su tío y la "magia" de la música de su abuelo. Cuando era joven, Celino tenía la tendencia de tocar apurado (*hurriedly*), pero su abuelo lo convenció de que era mejor tocar una pieza una sola vez al paso correcto que cien veces rápidamente. En su juventud a Celino le encantaba la música de Pink Floyd y Led Zeppelin.

Sin embargo, no todos los Romero son guitarristas. El hijo de Pepe tiene fama de fabricar excelentes guitarras. La gente que desea comprar una tiene que pedirla con cuatro años de anticipación y pagar más de $7.000 por ella. Hace muchos años que el Cuarteto Romero da conciertos por Norteamérica y Europa. Aunque Celedonio Romero murió en 1996, su herencia musical continúa con sus hijos y nietos.

CD 3,
Track 23

14-3 to
14-8

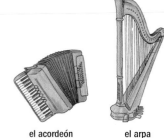

el acordeón | el arpa

el bajo | la batería

el clarinete | la corneta | el director | la flauta | la guitarra | las maracas

 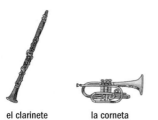   

el piano | el saxofón | el tambor | el trombón | la trompeta | la viola | el violín

La ópera y la música clásica	The opera and classical music
la audición	audition
la comedia musical	musical comedy
el/la compositor/a	composer
la diva	diva
el escenario	stage
la gira	tour
el/la músico/a	musician
la ópera	opera
la pieza (musical)	(musical) piece
el repertorio	repertoire
la sinfonía	symphony
el/la solista	soloist
talentoso/a	talented

Verbos	Verbs
aplaudir	to clap
componer	to compose
ensayar	to rehearse
improvisar	to improvise
representar	to perform; to represent

Grupos musicales	Musical groups
la banda	band
el cuarteto	quartet
la orquesta sinfónica	symphony orchestra
el sexteto	sextet

Implementation of ¡Así lo decimos!
Some of your students may participate in musical and/or theatrical groups at your college or university. Now is the perfect time for them to contribute their expertise to class discussions about music and art. Encourage these students to be discussion leaders in more open-ended activities.

Implementation of ¡Así lo decimos!
Ask the following questions to practice the vocabulary, or write them on the board or a transparency for students to discuss in small groups. *¿Tocas algún instrumento musical? ¿Cuál? Si no tocas ninguno ahora, ¿cuál te interesaría aprender a tocar? ¿Por qué? ¿Conoces a alguien que toque? ¿Qué instrumento prefieres escuchar? ¿Cuál no te gusta escuchar? ¿Por qué? ¿Te gusta ver comedias musicales? ¿Cuál es tu favorita? ¿Conoces alguna ópera? ¿... alguna opereta o zarzuela? ¿Cuál(es)? ¿Has hecho alguna audición para algo? ¿Cuándo y para qué? ¿Te gusta escuchar la orquesta sinfónica? ¿Tienes un/a compositor/a favorito/a? ¿Cuál es tu banda favorita? ¿Qué tipo de música toca?*

Additional Activity for ¡Así lo decimos!
¿Cómo se clasifican los instrumentos? Clasifica los instrumentos bajo las categorías de instrumentos de cuerda (*strings*), de viento (madera [*woodwinds*] o bronce) y de percusión. ¿Cuál de los instrumentos te gusta escuchar? ¿Cuál tocas o tocarías?

Additional Activity for ¡Así lo decimos!
Un concierto de música clásica. Escribe un párrafo sobre un concierto al que hayas asistido. Las siguientes preguntas pueden servirte de guía:
- ¿Cuándo fue el concierto?
- ¿Quiénes tocaron y/o cantaron?
- ¿Qué instrumentos musicales tocó la orquesta?
- ¿Quién fue el/la director/a?
- ¿Quiénes eran los/las compositores/as?
- ¿Cuál de las piezas te impresionó más?
- ¿Cuál fue la reacción de los críticos?

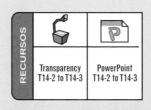

RECURSOS | Transparency T14-2 to T14-3 | PowerPoint T14-2 to T14-3

Aplicación

14-1 Los Romero. Contesta las siguientes preguntas, basándote en **¡Así es la vida!**

1. ¿Por qué se considera a los Romero "la familia real" de la guitarra?
   Porque tanto el padre como los hijos y los nietos han tenido éxito en la música.

2. ¿De dónde son los Romero originalmente?
   Son de Málaga.

3. ¿Quiénes los han reconocido?
   Los han reconocido la crítica internacional y el rey Juan Carlos.

4. ¿Cómo explica Celino su talento musical?
   Su talento depende de los genes y de la instrucción.

5. ¿Son guitarristas todos los Romero? Explica.
   No todos son guitarristas. El hijo de Pepe fabrica guitarras.

6. ¿Por qué dicen que perdurará (*will endure*) la herencia musical de Celedonio Romero? La herencia perdurará debido a su familia.

14-2 En el escenario. Empareja las expresiones con su significado.

1. __b__ el/la solista
2. __h__ la audición
3. __e__ el/la director/a
4. __j__ la diva
5. __g__ la sinfonía
6. __a__ la gira
7. __d__ el repertorio
8. __f__ la casa de ópera
9. __c__ el/la compositor/a
10. __i__ el escenario

a. un viaje por muchas ciudades para dar conciertos
b. la persona que canta sola
c. una persona que compone música
d. el conjunto de piezas que toca un músico
e. la persona que dirige la orquesta
f. el lugar donde se presenta una ópera
g. una pieza musical con movimientos
h. un tipo de entrevista en que el músico toca o canta
i. el lugar en el teatro donde se presenta un drama
j. una mujer que goza de fama como cantante de ópera

CD 3, Track 24

14-3 Una entrevista con Pepe Romero. Escucha la entrevista con Pepe Romero y completa las siguientes frases.

1. Esta noche Pepe Romero toca con…
   (a.) la Filarmónica de San Francisco.
   b. el Cuarteto Romero.
   c. su padre, Celedonio Romero.

2. El concierto es en honor de…
   a. sus hermanos.   b. el rey de España.   (c.) su padre.

3. Manuel de Falla es…
   a. violinista.   b. amigo de Pepe.   (c.) compositor.

4. Su CD es una compilación de piezas…
   (a.) clásicas y populares.
   b. modernas.
   c. de Pink Floyd y Led Zeppelin.

5. La gira de Pepe es por…
   a. España.   (b.) los EE.UU.   c. California.

14-4 La música de Los Romero. Conéctate con la página web de **¡Arriba!** para escuchar algunos fragmentos de la música de los Romero. Identifica una pieza que te guste y explica por qué.

14-5 La vida de los músicos. Conversen entre ustedes para hacer una lista de cualidades y talentos que deben tener las personas dedicadas a la música.

MODELO: *Deben tener mucha perseverancia, por eso hay muy pocas estrellas.*

14-6 El presupuesto del NEA. Ustedes son miembros de un comité del NEA[1] y tienen que decidir cómo van a compartir los fondos entre las exposiciones de arte y los conciertos de música clásica. Conversen entre ustedes para justificar sus recomendaciones.

PRESUPUESTO

$10.000.000

PROYECTOS

- una exposición de murales de pintores del barrio del este de Los Ángeles
- un programa educativo para llevar la música clásica a las escuelas de Appalachia
- un concierto abierto al público de música de compositores jóvenes no muy conocidos
- un programa para reparar y donar instrumentos musicales a las escuelas
- una gira de una orquesta sinfónica por Europa
- una gira de esculturas de artistas jóvenes por los EE.UU.

¡Así lo hacemos! Estructuras

1. *Hacer* in time expressions

14-9 to 14-14

In Spanish, special constructions with the verb **hacer** are used to express the idea that an action began in the past and is still going on in the present.

- To ask *how long* a certain action has been continuing, use the following construction.

> **¿Cuánto (tiempo) hace que** + a verb phrase in the present tense?

¿Cuánto tiempo hace que Pepe Romero toca la guitarra?	*How long has Pepe Romero been playing the guitar?*
¿Cuántos minutos hace que esperas la audición?	*How many minutes have you been waiting for the audition?*

[1]National Endowment for the Arts

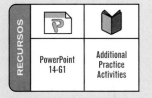
RECURSOS — PowerPoint 14-G1 — Additional Practice Activities

Implementation of *Hacer* in time expressions.

As an introduction, personalize some context to yourself or your students. E.g., *Mike tiene veintiún años. Hace cinco años que maneja. Hace tres años que es estudiante en la universidad de _____. Cristina tiene veintitrés años. Hace _____ años que maneja. ¿Cuántos años hace que estudia en la universidad?* etc. Alternatively, you may prepare a survey with different time periods for various activities and ask students to self-categorize. For example:

Hace   un año   tres años   cinco años

_____   _____   _____

que tengo teléfono móvil.

■ To answer these questions, use these constructions with **hacer.**

> **hace** + a time expression + **que** + a verb phrase in the present tense

Hace más de treinta años que Pepe Romero toca la guitarra.	*Pepe Romero has been playing the guitar for over thirty years.*

■ Note that in Spanish, the verb **hacer** and the main verb are in the present tense; the English equivalent, however, uses *has* or *have been.*

Hacer para referirse a eventos pasados

To tell how long ago an action or event occurred in Spanish, you will use a similar construction. **Hace** will be used in the present tense, but the verb phrase will be in the preterit. Again, when the verb phrase ends the sentence, omit the **que.**

> **hace** + time expression + **que** + verb phrase in the preterit tense
>
> verb phrase in the preterit tense + **hace** + a time expression

¿Cuánto tiempo hace que salió para el concierto?	*How long ago did she leave for the concert?*
Hace veinte minutos que salió.	*She left twenty minutes ago.*
Conocí a Celín Romero en España **hace** dos años.	*I met Celín Romero in Spain two years ago.*

Aplicación

14-7 Plácido Domingo. Lee el párrafo sobre el tenor español Plácido Domingo y contesta las preguntas que siguen.

Plácido Domingo nació en 1941 e hizo su primera audición a la edad de siete años. Sus padres lo llevaron a la casa de ópera para cantar enfrente de un jurado que iba a elegir a los cantantes más talentosos para un concierto. Plácido impresionó mucho al jurado cuando cantó una pequeña aria de la ópera *Rigoletto*. Aunque empezó su carrera como barítono, siguió la recomendación del jurado y se hizo tenor. Hace más de cincuenta y ocho años que este gran tenor canta para un público que lo adora. Plácido es un personaje muy popular que tiene buenas relaciones con los otros cantantes y se lleva muy bien con los directores de orquesta sinfónica. Se le atribuye un gran corazón y hace muchas obras benéficas en México, su país adoptivo. Por ejemplo, después del terremoto de 1986, Plácido fue a México y ayudó a mucha gente.

1. ¿Cuánto tiempo hace que Plácido Domingo canta ópera?
   Hace más de cincuenta y ocho años.

2. ¿A qué edad tuvo su primera audición?
   La tuvo a la edad de siete años.

3. ¿Qué tipo de voz musical tiene Plácido?
   Es tenor.

4. ¿Cómo es su personalidad?
   Muy amable, se lleva bien con otros.

5. ¿Cuánto tiempo hace que hubo un terremoto en la Ciudad de México?
   Hace (current year–1986 = ?) años.

6. ¿Cómo respondió Plácido Domingo a la crisis?
   Fue a México y ayudó a muchas personas.

14-8 En la Ópera. Completa el párrafo con el presente del verbo **hacer** y el presente o el pretérito de los verbos de la lista.

devolver	hacer	llegar	querer

Son las ocho y media de la noche y (1) ____hace____ más de una hora que nosotros (2) ____hacemos____ cola para ver si hay boletos para la función. (3. nosotros) ____Llegamos____ al teatro (4) ____hace____ dos horas, pero tuvimos que esperar en la calle hasta que se abrió el teatro. (5) ____Hace____ más de dos meses que (6. yo) ____quiero____ asistir a esta función. Pero es difícil conseguir boletos para una ópera en la que canta Plácido Domingo. El tenor (7) ____llegó____ al teatro en su limosina (8) ____hace____ media hora. ¡Qué suerte! Acaban de decirnos que una señora (9) ____devolvió____ sus boletos (10) ____hace____ unos minutos.

 14-9 ¿Conoces la voz de Plácido Domingo? Conéctate con la página web de **¡Arriba!** para escuchar algunos fragmentos de la música de Plácido Domingo. ¿Cómo caracterizas su voz? ¿Su energía musical?

14-10 Antes de la función. Forma oraciones completas para explicar cuánto tiempo hace que las siguientes personas hacen las acciones indicadas, y luego explica cómo se sienten o de qué se quejan. *Answers will vary.*

MODELO: la violinista: practicar / cinco horas
              Hace cinco horas que practica y ahora está cansada.

1. la soprano: buscar su vestido / treinta minutos
   Hace treinta minutos que busca su vestido y ahora está apurada.

2. los bailarines: bailar sin música / diez minutos
   Hace diez minutos que bailan sin música y ahora están preocupados.

3. los miembros de la orquesta: esperar a la diva / mucho tiempo
   Hace mucho tiempo que esperan a la diva y ahora se han puesto / están impacientes.

4. la patrocinadora de la función: hablar con el director / quince minutos
   Hace quince minutos que habla con el director y ahora se siente feliz.

5. el director: trabajar con la orquesta / una semana
   Hace una semana que trabaja con la orquesta y ahora se siente con confianza.

6. el público: esperar entrar / una hora
   Hace una hora que espera entrar y ahora se siente emocionado.

14-11 ¡Ya son las ocho! Imagínate que ya son las ocho y es la hora de la función. ¿Cuánto tiempo hace que las siguientes cosas ocurrieron?

MODELO: la soprano: llegar a las siete
              Hace una hora que llegó la soprano.

1. el director: dormir una siesta a las tres
   Hace cinco horas que durmió una siesta.

2. los asistentes: ordenar el escenario a las cinco
   Hace tres horas que ordenaron el escenario.

3. los músicos: empezar a llegar a las seis y media
   Hace una hora y media que empezaron a llegar.

4. ellos: abrirle las puertas al público a las siete y media
   Hace media hora que le abrieron las puertas al público.

5. nosotros: sentarnos a las ocho menos cuarto
   Hace quince minutos que nos sentamos.

6. alguien: bajar las luces del auditorio a las ocho menos cinco
   Hace cinco minutos que alguien bajó las luces.

PRIMERA PARTE

Warm-up for 14-10.
Go over the model with students. Point out that they will start the sentence with **Hace** + the time expression + **que** + verb phrase in the present + their own opinion about how the subject(s) is/are now: tired, angry, bored, excited, etc.

Warm-up for 14-11.
Review the model with students. Elicit the other possible sentence order and write it on the board: *(La soprano) llegó hace una hora.* Then go over the first few items with students, eliciting and writing both sentence orders on the board for visual support, e.g., **1.** *Hace cinco horas que (el director) durmió una siesta. / (El director) durmió una siesta hace cinco horas.* etc.

Warm-up for 14-12A/B.
To help students get started, choose a few verbs from lists A and B and write them on the board. As a class, brainstorm a few different questions for each one, recording these on the board for visual support.

Warm-up for 14-13.
Perhaps brainstorm the list of artists as a class and collectively record any interesting facts for subsequent commenting in pairs. Encourage students to use their imagination if sufficient facts about the artists do not arise.

Implementation of *The pluperfect indicative*.
Prepare an activity on the board or a transparency as a contextualized introduction. Begin by asking what time Spanish class starts.

¿Qué habías hecho hoy antes de llegar a clase?

sí / no (draw a timeline here; start with class time and put in times of earlier acts)

_____ *Había tomado un café cuando llegué a las nueve.*

_____ *Había leído el correo electrónico.* etc.

 14-12A ¿Cuánto tiempo hace que…? Hagan y contesten preguntas sobre cuánto tiempo hace que participan en algunas actividades o que hicieron algunas de ellas. Estudiante B, por favor ve al **Apéndice 1,** página A18.

MODELO: *asistir* a un concierto de música clásica
> E1: *¿Cuánto tiempo hace que asististe a un concierto de música clásica?*
> E2: *Hace un año que asistí a uno en la sala de ópera de mi ciudad. Tocaron…*

TUS PREGUNTAS	POSIBLES RESPUESTAS A LAS PREGUNTAS DE TU COMPAÑERO/A
1. *gustar* escuchar música latina	■ diez años, cuando mis padres me matricularon en una clase de guitarra
2. *querer* oír un cuarteto español	■ un mes, en la Ópera de Madrid con mi familia
3. *pensar* estudiar composición	■ dos días, cuando encontré una película en DVD que me gustaba
4. *practicar* trompeta	■ una semana en el Cine Rialto con algunos amigos

 14-13 Datos sobre los artistas. Hagan una lista de artistas y músicos que conozcan, con algunos datos de cada uno. Luego, túrnense para preguntarse cuánto tiempo hace que las personas de su lista hacen o hicieron varias cosas.

MODELO: E1: *¿Cuánto tiempo hace que canta profesionalmente Plácido Domingo?*
> E2: *Hace muchos años que canta. ¿Cuánto tiempo hace que murió Picasso?*
> E1: *Hace más de treinta años que murió.*

2. The pluperfect indicative

14-15 to 14-19

■ Like the present perfect tense, the pluperfect (or past perfect) is a compound tense. It is formed with the imperfect tense of **haber** + *past participle*.

	Imperfect tense of *haber*	Past participle	Past tense of *to have*	Past participle
yo	**había**		I had	
tú	**habías**	**tomado**	you had	taken
él, ella, Ud.	**había**	**comido**	he, she, you had	eaten
nosotros/as	**habíamos**	**vivido**	we had	lived
vosotros/as	**habíais**		you (pl. fam.) had	
ellos/as, Uds.	**habían**		you (pl.), they had	

RECURSOS

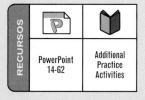

PowerPoint 14-G2   Additional Practice Activities

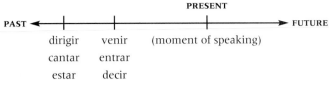
■ The pluperfect is used to refer to an action or event that had occurred before another past action or event. Compare the following sentence with the time line.

```
                          PRESENT
PAST ←———————|————————|————————|————————→ FUTURE
           dirigir    venir   (moment of speaking)
           cantar    entrar
           estar     decir
```

El director **había dirigido** otras dos orquestas antes de venir a Boston.	*The director had conducted two other orchestras before coming to Boston.*
Cuando entramos, la diva ya **había cantado** el aria.	*When we entered, the diva had already sung the aria.*
Nos dijo que el compositor **había estado** enfermo.	*He told us that the composer had been sick.*

■ Remember that in compound tenses nothing may be inserted between the auxiliary **haber** and the past participle; **haber** must agree in number with the subject, and the past participle has only one form.

El público lo **había visto** antes.	*The public had seen him before.*
Los músicos **habían tocado** maravillosamente.	*The musicians had played marvelously.*

Aplicación

14-14 El primer puesto de Julio Bocca. Lee la conversación entre la coreógrafa y el famoso bailarín argentino Julio Bocca. Luego, escribe una lista de cosas que ya había hecho Bocca antes de esa noche y de cosas que no había hecho.

Coreógrafa: Sr. Bocca, ¿había trabajado usted en una compañía profesional de danza moderna antes de venir aquí?

Julio: No, señorita. Es verdad que había bailado mucho de estudiante en la Escuela de Artes, pero nunca había tenido la oportunidad de bailar profesionalmente antes de trabajar con usted.

Coreógrafa: Bueno, yo nunca había observado una técnica exactamente como la suya, pero sabía que usted tenía un futuro en esta compañía cuando lo conocí. ¿Había ensayado con una orquesta antes de venir aquí?

Julio: No, mi colegio no tenía fondos para una orquesta. Antes de este año sólo había practicado con discos.

Coreógrafa: Y ¿nunca había llevado un disfraz (*costume*) antes de la función que presentamos anoche?

Julio: No, antes de anoche nunca me había puesto un disfraz. Y tampoco había visto un público tan grande en el auditorio. Estaba un poco nervioso.

Coreógrafa: Pues, yo estoy muy contenta de que esté usted aquí con nosotros. Gracias.

Implementation of *The pluperfect indicative.*

On the board, a transparency, or a handout, prepare a series of sentences about things you had done in your lifetime before some other event (e.g., starting your present job, getting married, having a child, etc.). Make some of the sentences true and others false. Read aloud the statements to the class, and tell students that they can ask you up to two or three questions about each one in order to determine its veracity. After the questioning phase, read each statement again and reveal whether it is true or false. For the statements that are true, possibly bring in a photo of yourself engaged in the activity to share with the class. As an expansion, have students repeat this activity in small groups among themselves, each writing three or four sentences and asking questions about the statements of others. If you want them to include photos also, have them prepare the activity as homework and carry it out during the next day of class.

Examples: *Antes de venir a esta universidad, yo había… enseñado en dos otras; estudiado español durante veinte años; escrito una tesis doctoral de 500 páginas; viajado a 10 países diferentes de habla hispana, etc.*

Implementation of 14-17.
First, have students work in pairs to create four or five interview questions, following the model as a guide. Then, each pair separates and forms a new pair with someone else, one student asking his/her questions as interviewer and the other answering them as the famous artist. If students do not know enough facts about artists to answer questions truthfully, encourage them to use their imagination in their responses. The same pairs then switch roles, or new pairs are formed again with each student taking on the role not yet played.

Cosas que ya había hecho antes	Cosas que nunca había hecho
había bailado	no había tenido la oportunidad de bailar profesionalmente
había practicado con discos	no había ensayado con una orquesta
	no se había puesto un disfraz
	no había visto un público tan grande

WWW **14-15 Más sobre Julio Bocca.** Conéctate con la página web de **¡Arriba!** para ver más imágenes de Julio Bocca. ¿Cuáles son algunas de las piezas que ha bailado? ¿En qué ciudades ha bailado recientemente?

14-16 Antes de cumplir dieciséis años. Conversen entre ustedes para comparar las experiencias artísticas que no habían tenido antes de cumplir dieciséis años.

MODELO: E1: *Antes de cumplir dieciséis años, nunca había asistido a una ópera, pero vi una el año pasado.*

14-17 Una entrevista con Plácido Domingo. Preparen algunas preguntas que le harían a un artista como Plácido Domingo, Julio Bocca o Pepe Romero. Luego túrnense para hacerle la entrevista.

MODELO: E1: *Sr. Domingo, ¿había visitado usted Nueva York antes de su debut en la* Metropolitan Opera*?*
E2: *Sí, había visitado Nueva York varias veces con mis padres.*

14-18 Antes de . . . Expliquen lo que no había ocurrido antes de ciertas fechas. A continuación hay algunas posibilidades.

MODELO: *Antes de 2004 no habíamos aterrizado en Marte* (Mars).

cantar	ganar	necesitar	perder	tener	trabajar
elegir	ir	pagar	presentar	tocar	ver

1. 1999
2. 1939
3. este año
4. 1900
5. 1800
6. 1980
7. 1450
8. 2006

¿Cuánto sabes tú? *Can you...*

14-20 to 14-23

- ☐ talk about classical music and name some of the people involved, such as **el/la director/a** and **el/la compositor/a**?
- ☐ say how long something has been going on? (**Hace diez años que estudio piano.**)
- ☐ say how long ago something happened? (**Hace un mes que asistí a un concierto.**)
- ☐ say what had happened before a time in the past? (**El año pasado ya había visto un ballet.**)

RECURSOS
In-class Communicative Projects

Julio Bocca, bailarín

14-19 En tu experiencia. ¿Has visto alguna vez una representación de danza moderna? ¿Cómo se compara con el baile clásico en cuanto a la música, los movimientos, el tema y el vestuario? ¿Qué te impresiona más de la danza moderna? ¿De la danza clásica?

Una labor de amor por la Argentina

Para el bailarín clásico Julio Bocca no era suficiente ser una estrella. Bocca quería que su país de origen, la Argentina, también fuera reconocido.

En 1986, cuando sólo tenía diecinueve años, el argentino fue contratado por el *American Ballet Theater*, como primer bailarín. Su técnica espectacular y su capacidad física lo hicieron rápidamente una de las estrellas más en demanda del mundo del ballet. Para 1990, Julio Bocca tenía todo lo que un bailarín clásico puede desear.

"Quería demostrarle al mundo que en la Argentina tenemos buenos bailarines además de un buen equipo de fúbol", dice Bocca desde Nueva York, donde vive parte del tiempo. "Pensé, ¿por qué no comenzar una compañía de ballet con nuevos bailes y además darles trabajo a los bailarines argentinos?"

En sus veinte años de historia, Bocca y el Ballet Argentino han hecho giras por todo el mundo y han ganado una excelente reputación. En la Argentina, han representado espectáculos gratis para 100.000 personas.

En la Argentina, Bocca se ha convertido en una estrella al mismo nivel de jugadores de fútbol o cantantes famosos. Ha bailado en la televisión para la Noche Vieja del milenio, en estadios antes de juegos de fútbol y hasta ha posado para *Playgirl*. Su compañía cada día adquiere más prestigio.

 14-20 En tu opinión. En la educación, siempre hay una tensión entre las necesidades y los recursos que existen. Conversen entre ustedes sobre los beneficios de incluir el estudio y la práctica de las artes en el currículo de las escuelas. Incluyan, por ejemplo, las artes plásticas, la danza y la música.

Warm-up for ¡Así es la vida!

Before beginning the reading, review the vocabulary for fabrics and articles of clothing. As an introduction to the designer Carolina Herrera, have students scan the reading until they discover the type of clientele her designs attract.

Warm-up for ¡Así es la vida!

Use the following questions to prepare for this selection. *¿Sabes el nombre de algún/alguna diseñador/a de ropa? ¿Cuál es su nacionalidad? ¿Cómo es la ropa que diseña? ¿Diseña algo más? Cuando piensas en personas elegantes, ¿en quiénes piensas? ¿Por qué son elegantes?*

Expansion of ¡Así es la vida!

Ask questions to confirm comprehension of the reading, e.g., *¿Cuál es la profesión de Carolina Herrera? ¿Con qué otros diseñadores famosos en el mundo de la moda se agrupa? ¿De dónde es? ¿De qué tipo de familia proviene? ¿Crea diseños solamente para la mujer latinoamericana? ¿Qué opina de la forma en que se visten las jóvenes latinas de hoy? ¿Cuál es el nombre de uno de sus perfumes y qué representa ese nombre? ¿Cuánto tiempo hace que Carolina fundó su empresa? ¿Es cierto que solamente diseña vestidos elegantes?*

SEGUNDA PARTE

¡Así lo decimos! Vocabulario

CD 3, Track 25

14-24 to 14-25

¡Así es la vida! Carolina Herrera: elegancia total

SUS IDEAS DE LA MODA

> **"La moda es un cambio, pero ciertos elementos permanecen constantes, como la sofisticación, la elegancia y por supuesto, el lujo... yo no disfrazo (*disguise*) a las mujeres".**

Carolina Herrera no sólo es una figura de la *jet-set* internacional, sino que también es la primera diseñadora latinoamericana considerada una de las grandes de la moda junto a nombres tan famosos como el de Donna Karan o Donatella Versace. Proveniente de una antigua y prestigiosa familia venezolana, Carolina Herrera ha logrado descubrir la esencia de la elegancia.

"No creo que se pueda diseñar para un lugar específico. Cuando pienso en algo, espero que se lo pueda poner una mujer en Nueva York, en la India o en México," afirma esta diseñadora, quien es también conocida por su innato sentido del estilo.

"Cada día veo a más y más mujeres jóvenes que están muy bien vestidas...yo creo que las latinas siempre se han preocupado por verse bien," afirmó en una reciente visita a nuestro país para promover su perfume "212" (el código de teléfono de Nueva York).

Carolina fundó su empresa hace más de 25 años, la cual ha crecido de manera sorprendente. Hoy por hoy cuenta con una colección *ready to wear* que satisface las necesidades de la mujer de hoy, desde trajes y vestidos para el día hasta elegantes trajes de noche y hermosos trajes de novia.

No hay duda. Ella es la gran diseñadora de la mujer sofisticada a nivel mundial.

CD 3,
Track 26

14-26 to
14-29

|||||| La moda ||||||||||||||||||||||||||||||||||||||||||||||||||||||||||

DESFILE DE MODA
Primavera 2008

el conjunto

la diseñadora

el esmoquin

el modelo

la modelo

Implementation of ¡Así lo decimos!

Encourage students interested in fashion or other design to take charge of the more open-ended activities in this section.

Implementation of ¡Así lo decimos!

Have students discuss their favorite fabrics for these articles of clothing: *una blusa, una camisa, los pantalones, la ropa informal, un vestido formal, una falda larga, una corbata, una chaqueta, un saco, un suéter.*

La moda	Style
la alta costura	high fashion
el disfraz	disguise
el estilo	style
el modo (de vestir)	way; manner (of dressing)
la prenda	garment
la sencillez	simplicity

Telas y materiales	Fabrics and materials
el elástico	elastic
la gabardina	gabardine (lightweight wool)
las lentejuelas	sequins
el nilón	nylon
la paja	straw
la piel	leather; fur

el poliéster[1]	polyester
el rayón	rayon
el terciopelo	velvet
el tul	tulle (silk or nylon net)

Otras palabras y expresiones	Other words and expressions
bien hecho/a	well made
encantador/a	enchanting; delightful

Repaso[2]	Review
el algodón	
el cuero	
la lana	
la seda	
estar de moda	

---

[1]Many cognates can help you describe clothing, e.g., **elegante, formal, informal, simple,** and **el poliéster.**

[2]See **Capítulo 8.**

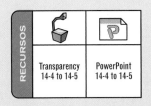

RECURSOS

| Transparency 14-4 to 14-5 | PowerPoint 14-4 to 14-5 |

CD 3, Track 27

14-30 to 14-31

LETRAS Y SONIDOS

The consonants "m, n, ñ" in Spanish

Generally in Spanish, the letter *m* sounds like the *m* in English *mice* and the letter *n* like the *n* in English *nice*. While the letter *ñ* does not exist in English, its sound in Spanish is approximated by the *ny* sequence in English *canyon*. Be careful to distinguish between these three sounds in Spanish, since they create meaning contrasts, e.g., ca-*ma* ("bed"), ca-*na* ("a grey hair"), ca-*ña* ("reed, cane").

mo-da   la-*na*   ni-*ño*   se-*ñor*   fil-*mar*   es-*mo*-quin

When at the end of a syllable, the pronunciation of *n* in Spanish is affected by the consonant after it. For example, before the letters *p, b, v,* or *m,* the letter *n* is pronounced like the *m* sound. Most other changes to syllable-final *n* will occur naturally as you speak. Pay attention to the *m* sound for the letter *n,* however, as in the following examples.

un po-co   *un* be-so   *un* va-so   *un* mes   *in*-mi-gra-ción

Aplicación

14-21 Carolina Herrera. Contesta las siguientes preguntas sobre el artículo que has leído en **¡Así es la vida!**

1. ¿Cuál es la nacionalidad de Carolina Herrera?
   Es venezolana.

2. ¿Cuál es su profesión?
   Es diseñadora.

3. ¿Cuál es su filosofía sobre la moda?
   Una mujer de los EE.UU., la India o México puede llevar su ropa.

4. ¿Para quiénes diseña?
   Diseña para la mujer de hoy.

5. ¿Hace cuántos años que fundó su casa de diseño?
   Hace más de veinte y cinco años que la fundó.

6. ¿Cómo podemos definirla?
   Ella es la gran diseñadora de la mujer sofisticada a nivel mundial.

14-22 Las telas. Clasifica las siguientes telas según su origen y su uso. Incluye un artículo que las use. *Answers will vary.*

Tela	Origen			Uso		Artículo
	animal	vegetal	sintético	formal	informal	
el tul		X	X	X		un tutú
la paja		X			X	un sombrero
la gabardina	X			X		un traje
la piel	X			X	X	un abrigo
las lentejuelas			X	X		un traje de noche, un vestido
el poliéster			X		X	unos pantalones
el terciopelo		X	X	X		un vestido
el cuero	X			X	X	unas botas
el algodón		X			X	una camiseta

14-23 El desfile de modas. Completa los comentarios del reportero de un desfile de modas con expresiones lógicas de la lista. *Answers will vary.*

alta costura	conjunto	diseñadora	diseños
encantadora	gabardina	lentejuelas	modelos
paja	piel	rayón	tela
terciopelo	desfile de modas	estilos	sencillez

Buenas tardes, señoras y señores. Estamos aquí esta tarde para presenciar el (1) ___desfile de modas___ de la famosa (2) ___diseñadora___ Carolina Herrera. Dentro de unos pocos minutos van a salir las primeras (3) ___modelos___ que mostrarán su colección para el nuevo año. En el mundo de la (4) ___alta costura___, no hay nadie que ilustre mejor la feminidad que la señora Herrera. Sus (5) ___diseños___ siempre complementan la bella figura de sus modelos. Bueno, aquí sale la primera: lleva un hermoso traje de (6) ___gabardina___ adornado con un collar de (7) ___piel___ de chinchilla. El color de la lana es de un tono durazno que contrasta con el cuello de color café, una combinación realmente (8) ___encantadora___. Ahora sale la segunda modelo. Lleva un vestido largo de (9) ___terciopelo___ negro que sirve tanto para asistir a un concierto, como a una cena elegante. Lleva también un pequeño bolso cubierto de (10) ___lentejuelas___ ¡Qué bonito (11) ___conjunto___! La tercera modelo lleva un vestido corto de (12) ___rayón___, una tela ideal para un clima templado como Miami en el invierno. La (13) ___tela___ estampada con flores multicolores se complementa con un sombrero ancho de (14) ___paja___. Bueno, señoras y señores, hemos visto los nuevos (15) ___estilos___ de la Casa Herrera, los mejores ejemplos de la alta costura: la (16) ___sencillez___ y la elegancia.

CD 3,
Track 28

14-24 La Pasarela (*runway*) Cibeles. Escucha la narración sobre este famoso desfile de modas en España y completa las frases que siguen.

1. La Pasarela Cibeles tiene lugar en
   a. Madrid.   b. Barcelona.   c. Málaga.
2. No se menciona a ningún diseñador de
   a. Italia.   b. los EE.UU.   c. Venezuela.
3. El primer diseñador presenta una colección de
   a. vestidos de rayón.   b. abrigos de piel.   c. trajes de terciopelo.
4. La línea de Versace es ropa
   a. para la oficina.   b. para la playa.   c. de noche.
5. La última diseñadora se especializa en ropa
   a. cómoda de diario.   b. elegante para las fiestas.   c. para hombres.

14-25 ¿Tienes prendas de estas telas? Describe qué prendas tienes de estas telas y qué telas no usarías nunca.

MODELO: seda
> *Tengo una camisa de seda con flores que llevo con unos pantalones de terciopelo negro. No usaría nunca…*

1. lentejuelas   5. gabardina
2. paja   6. nilón
3. poliéster   7. piel
4. terciopelo   8. rayón

Warm-up for 14-23.
Before having students begin this activity, clarify any unknown vocabulary as necessary.

Audioscript for 14-24.
Buenas tardes, damas y caballeros. Les damos la bienvenida esta tarde a la gran Pasarela Cibeles en Madrid, la capital de España. Esta tarde verán las nuevas modas de diseñadores españoles y también las de otros importantes diseñadores internacionales. El diseñador español Elio Berhanyer presentará su colección de abrigos de piel para el otoño. La diseñadora italiana Donatella Versace presentará su colección de ropa de noche y la diseñadora venezolana Carolina Herrera presentará su colección de ropa de diario.

Aquí tienen a las primeras modelos que llevan los abrigos de Elio Berhanyer. Observen la fina y delicada piel de varios colores. Es un verdadero encanto, y muy práctico también para las tardes frescas del otoño.

Ahora vemos a dos modelos con ropa de noche de Donatella Versace. Son vestidos muy cortos cubiertos de lentejuelas. Uno de color plateado y el otro de color negro. Sin duda, con este estilo la mujer se va a ver preciosa bajo la luz de la luna.

Finalmente, tenemos el cómodo estilo de Carolina Herrera. La modelo lleva un traje de gabardina fina azul oscuro, con pantalones y chaqueta, blusa de seda, color crema y, claro, un maletín de cuero. Todo lo que necesita la mujer profesional de hoy para ir bien vestida.

Y ahora…

Additional Activity for *¡Así lo decimos!*
¿Cómo se describen? Identifica personas, estilos o conjuntos que se podrían describir de estas maneras y explica dónde se encuentran.

MODELO: un conjunto formal
Un esmoquin es un conjunto formal que se lleva en una boda.

1. un conjunto elegante
2. un conjunto informal
3. una prenda indispensable
4. una prenda encantadora
5. una prenda bien hecha
6. una prenda extravagante

14-26 Diseño o disfraz. Háganse y contesten las siguientes preguntas sobre la alta costura.

1. ¿Cuál es la diferencia para ustedes entre un diseño y un disfraz?
2. ¿Cómo se justifican los altos precios de la ropa de los/las diseñadores/as?
3. ¿Siguen ustedes la moda? ¿Por qué?
4. ¿Dónde compran su ropa? Si fueran de la alta sociedad, ¿dónde comprarían la ropa?
5. ¿Qué opinan sobre el uso de las pieles de animales en las prendas de vestir?
6. ¿Prefieren usar telas naturales o telas sintéticas? ¿Por qué?

14-27 En orden de importancia. Comparen la importancia de estos aspectos de la moda y de prendas específicas que compraron o que comprarían.

MODELO: la durabilidad
Para mí, la durabilidad es muy importante. Pagaría mucho dinero por prendas bien hechas.

el costo	la etiqueta (*label*)
si le queda bien o mal	la tela
los gustos de los amigos	el color
la durabilidad	la comodidad

¡Así lo hacemos! Estructuras

3. The pluperfect subjunctive and the conditional perfect

14-32 to 14-38

El pluscuamperfecto del subjuntivo

Ojalá hubiera tenido una *Polaroid*.

■ The pluperfect subjunctive is formed with the imperfect subjunctive of the auxiliary verb **haber** + *the past participle*.

	Imperfect subjunctive	Past participle
yo	**hubiera**	
tú	**hubieras**	
él, ella, Ud.	**hubiera**	**tomado**
nosotros/as	**hubiéramos**	**comido**
vosotros/as	**hubierais**	**vivido**
ellos/as, Uds.	**hubieran**	

■ The pluperfect subjunctive is used in dependent clauses under the same conditions as the present perfect subjunctive. However, the pluperfect subjunctive is used to refer to an event prior to another past event. Compare the following sentences with the time line.

| PAST ◄—————————————————— PRESENT —————————► FUTURE |
| vestirse   desear |
| ser   sentir |

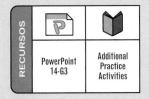

Deseaba que su novio se **hubiera vestido** mejor para la fiesta.
She wished that her boyfriend had dressed better for the party.

Sentíamos que el desfile de moda **hubiera sido** tan malo.
We were sorry that the fashion show had been so bad.

Note on *The pluperfect subjunctive and the conditional perfect.*

Your students are likely to become more adept at the receptive than the productive activities as regards these two conjugations.

El condicional perfecto y el pluscuamperfecto de subjuntivo

The conditional perfect and pluperfect subjunctive are used in **si** clauses that express contrary-to-fact information that occurred before another point in the past. In the following example, the point in the past is probably the day of the concert or ticketed event. Before then, the problem was not explained, and the speaker did not look for other tickets.

Si me hubieras presentado antes a tu hermana, habría podido bailar con ella.

Si me **hubieras explicado** el problema con las entradas, **habría buscado** otras.
If you had explained to me the problem with the tickets, I would have looked for others.

■ The pluperfect subjunctive can also be used with **ojalá** to express a contrary-to-fact situation that has already happened.

Ojalá hubieras conocido al cantante después del concierto.
I wish you had met the singer after the concert.

Ojalá no **hubieran cancelado** el baile.
I wish they hadn't cancelled the dance.

Aplicación

14-28 Si hubiera sabido... Lee la conversación entre la directora y los miembros de la orquesta y subraya el pluscuamperfecto del subjuntivo y el condicional perfecto.

Directora:	Vamos a empezar la pieza de Manuel de Falla, uno... dos... y...
Violinista:	Disculpe, maestra. <u>Si hubiera sabido</u> que íbamos a ensayar esa pieza, <u>habría traído</u> la partitura (*music sheet*).
Chelista:	Sí, maestra. Yo también <u>habría practicado</u> más, si usted nos <u>hubiera informado</u> que íbamos a ensayar esa pieza hoy.
Percusionista:	Disculpe, maestra. Se me rompió un palillo (*stick*). Si <u>no se me hubiera roto, habría estado</u> mejor preparado para el ensayo.
Clarinetista:	Maestra, si <u>no hubiera perdido</u> mi clarinete, <u>habría llegado</u> a tiempo para el ensayo.
Directora:	Entonces, no vamos a ensayar. Si los organizadores <u>me hubieran dicho</u> que ustedes estaban tan mal preparados, <u>nunca habría aceptado</u> este puesto.
Trompetista:	Maestra, no importa. ¡Toquemos la pieza, por favor!

14-29 ¿Por qué le fue mal a la directora? Vuelve a leer la conversación de la actividad **14-28** y explica por qué todo le salió mal a la directora. *Answers will vary.*

MODELO: *La violinista no sabía que debía traer la partitura.*

El chelista... no había practicado

La clarinetista... perdió su clarinete

A la percusionista... se le rompió un palillo

La directora... lamentó haber aceptado el puesto

14-30 El desfile de modas en Caracas, Venezuela. Explica qué habría sido diferente durante un desfile de modas que tuvo lugar en Caracas, según la información siguiente.

MODELO: Las modelos no llegaron a tiempo porque hubo un atasco (*traffic jam*) en la carretera.
Las modelos habrían llegado a tiempo si no hubiera habido un atasco.

1. No tuvimos asientos porque no planearon las cosas bien.
2. Muchas personas se enojaron porque no pudieron entrar a la casa de diseños.
3. El conjunto musical estaba tenso porque no había ensayado en ese lugar.
4. El público se quejó porque no había champán durante el desfile de modas.
5. No había suficientes programas para todos porque muchos se mojaron por la lluvia.
6. La casa de diseños perdió mucho dinero porque no pudieron vender todos los diseños.

 14-31A Si todo hubiera sido diferente. Túrnense para decidir cómo habría sido diferente la vida de estas personas si no hubieran hecho las siguientes cosas. Escojan la respuesta más lógica para cada afirmación. Estudiante B, por favor ve al **Apéndice 1,** página A18.

MODELO: E1: Santiago Calatrava estudió arquitectura.
E2: (no haber diseñado la Ópera de Sevilla)
E1: *Si no hubiera estudiado arquitectura, no habría diseñado la Ópera de Sevilla.*

Tus afirmaciones	Tus respuestas
1. Julio Bocca estudió danza.	■ no haber dejado una colección impresionante de arte surrealista.
2. Carolina Herrera logró descubrir la esencia de la elegancia.	■ no haber honrado al cuarteto Romero en España.
3. A Plácido Domingo le gustaba cantar.	■ no haber ayudado a las víctimas del terremoto en 1986.
4. Celedonio Romero les enseñó a sus hijos a tocar la guitarra.	■ no haber recibido un contrato para un CD con el director de la Sinfónica de Nueva York.

 14-32 ¡Ojalá! Túrnense para explicar momentos incómodos o vergonzosos (*embarrassing*) que tuvieron en el pasado. Su compañero/a debe hacer un comentario, usando *¡Ojalá!* para expresar compasión por algo que les ocurrió en el pasado.

MODELO: E1: *Me puse el mismo vestido que otra estudiante para el baile formal de la universidad.*
E2: *¡Ojalá no te hubieras puesto ese vestido!*

¿Cuánto sabes tú? *Can you…*

□ talk about different fashions, designs, and fabrics?
□ talk about your taste in fashion?
□ say what might have been if the situation had been different? (**Te habría gustado el concierto si hubieras asistido.**)
□ wish that something had been different? (**Ojalá Carolina Herrera hubiera diseñado algo para mí.**)

14-39 to 14-42

RECURSOS

In-class Communicative Projects

Observaciones

¡Pura vida! Episodio 14

Episode 14

En este episodio Felipe les explica a sus amigos por qué se va a México.

14-43 to 14-46

Antes de ver el video

14-33 La Orquesta Filarmónica de México. Aquí tienes información sobre la Orquesta Filarmónica de México. Lee el párrafo siguiente y anota esta información:

1. la fecha de su inicio 1978
2. el tipo de música que graba mexicana
3. el honor que recibió en 2000 Fue nombrada la mejor orquesta de México por la Unión Mexicana de Críticos de Teatro y Música.

La Orquesta Filarmónica de la Ciudad de México se inició en 1978 y durante tres décadas se ha sostenido como una importante organización cultural con presentaciones en las principales salas de México y en foros importantes de Europa, los Estados Unidos, Sudamérica y el lejano Oriente.

A lo largo de su existencia, esta orquesta ha contado con legendarios directores y solistas invitados como Leonard Bernstein, Nicanor Zabaleta, Renata Scotto y Birgit Nilsson, además de los más importantes músicos mexicanos.

La OFCM ha realizado más de cien grabaciones, la mayoría de ellas dedicadas a compositores mexicanos, convirtiéndose en la orquesta más grabada de la historia de la música mexicana. En el año 2000, fue nombrada la mejor orquesta de México por la Unión Mexicana de Críticos de Teatro y Música.

La Orquesta Filarmónica de la Ciudad de México da conciertos en el gran Palacio de Bellas Artes.

A ver el video

14-34 Felipe se va. Mira el episodio número catorce de *¡Pura vida!* para saber más sobre los planes de Felipe. Luego, indica si las siguientes oraciones son ciertas o falsas y corrige las falsas.

Felipe y su camioneta nueva

La despedida de Felipe

Doña María está triste.

1. Marcela se alegra de que por fin se vaya Felipe. Falso. Habría preferido que se quedara.
2. La novia de Felipe es bailarina. Falso. Es violinista.
3. Hermés le regala su chaqueta de seda a Felipe. Falso. La chaqueta es de cuero.
4. Al despedirse, Silvia le da dos besos y un abrazo. Cierto.

Después de ver el video

14-35 Ojalá... Al irse Felipe, cada amigo le desea algo diferente. Imagínate lo que le habrían deseado.

MODELO: Patricio
        Patricio: ¡Ojalá que nos volvamos a ver algún día!

1. Marcela
2. Doña María
3. Hermés
4. Silvia

cuatrocientos noventa y cinco • **495**

Expansion of 14-33.
Additional photographs of the *Palacio de Bellas Artes* are available on the Internet. Ask students to compare its architectural design to that of other concert halls they know.

Wrap-up for 14-34.
In this episode, we observe and learn more about the personalities and motives of Felipe, Marcela, and Hermés. Have students summarize what they know and think about these characters. Write questions such as the following on the board or a transparency: *¿Cómo son estos personajes? ¿Qué piensas de Felipe ahora?* etc.

RECURSOS

IRM Video Script

NUESTRO MUNDO

Panoramas

Vistas
culturales

14-47 to
14-48

El arte moderno hispano

14-36 ¿Ya sabes...? Trata de identificar o explicar lo siguiente.

1. unos medios y géneros de arte visual
   Answers will vary. Géneros: pintura, escultura, arquitectura, películas

2. el cubismo Es una técnica artística en la que se descomponen las figuras en triángulos, rectángulos o cubos.

3. el pintor cubista más famoso
   Picasso

4. la ciudad y el arquitecto de la Casa de la Ópera
   Valencia y Santiago Calatrava

5. un pintor ecuatoriano famoso por su dedicación a los derechos humanos
   Oswaldo Guayasamín

6. una pintora puertorriqueña
   María de Mater O'Neill

El arte moderno hispano abarca una diversidad de medios, estilos y temas. Los artistas han recibido renombre en su propio país y también en el foro internacional. Aquí tienes una muestra de algunos que han influido, van influyendo o seguramente influirán en el mundo del arte del siglo XXI.

Entre los españoles más influyentes están los pintores Joan Miró, Pablo Picasso y Salvador Dalí, y los arquitectos Antoni Gaudí y Santiago Calatrava.

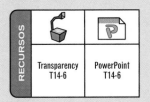

Salvador Dalí,
Teatro Museo Dalí

Al ecuatoriano Oswaldo Guayasamín se le conoce por su dedicación a los derechos humanos. Esta pintura se llama *Madre y niño* (1989) y es de la serie llamada "Ternura" (*Tenderness*).

El arquitecto español Santiago Calatrava es uno de los más innovadores de este siglo. Ha sido seleccionado para diseñar edificios públicos y puentes (*bridges*) en Europa, Sudamérica y los EE.UU., donde es uno de los arquitectos elegidos para el nuevo *World Trade Center*. Ésta es la Casa de la Ópera de Valencia, parte de un complejo que él diseñó.

Source: JOswaldo Guayasamin, "La Madre el Nino". 1989. Photo Nicolas Osorio Ruiz. Museo Fundacion Guayasamin, Quito - Ecuador

Pablo Picasso, *Retrato de Marie Thérèse*

Joan Miró (1893–1983), *El buitre*

Source: Joan Miro, Spanish, 1893–1983. The Owl. Photograph © SuperStock, Inc. © 2004 Successio Miro/Artists Rights Society ARS, NY

Los cuadros de la puertorriqueña María de Mater O'Neill tienen los colores vívidos de las islas del Caribe.

Source: JSelf Portrait #8 (desnudo frente al espejo), 1988, 420 cm x 165 cm, mixed media and oils on canvas. Co. Museo de Arte Contemporaneo de Puerto Rico. Painter: Maria de Mater O'Neill.

Las esculturas, tanto como las figuras de las pinturas del artista colombiano Fernando Botero, se destacan por su tamaño y por su voluptuosidad. Ha tenido exposiciones de sus esculturas en las calles de Chicago, París, Nueva York, Madrid, Washington y Los Ángeles, entre muchas otras ciudades.

cuatrocientos noventa y siete • **497**

Implementation of *Panoramas.*

Point out various reading comprehension strategies to help students process the material in the *Panoramas* section of each chapter. First, encourage students to look for cognates as they read the captions. For instance, have them identify the English equivalents for the following words in the second caption on the left in this section: *ecuatoriano, dedicación, humanos, serie.* Second, encourage students to connect the language to the photographs. For example, have them identify the expression for *sculptures* in the last caption. Third, whether the reading is assigned for home or in-class, tell students to underline words that interfere with their understanding of the text. Review these words with them or ask them to consult the glossary or a Spanish–English dictionary before proceeding to the activities. Fourth, point out that it is not necessary to understand every word in a text to capture its global meaning. Thus, tell students not to get distracted or overwhelmed by an occasional unknown word. For further practice with reading comprehension, have students carry out the *Páginas* section of each chapter, as well.

Expansion of *Panoramas.*

Ask students comprehension questions based on the information in the captions, e.g., ¿*Cuál es el nombre de un museo de Dalí?* ¿*Qué tipo de arquitecto es Santiago Calatrava?* ¿*En qué lugares del mundo tiene diseños de edificios públicos y puentes?* ¿*Qué función tiene el edificio que aparece en la foto y dónde está?* ¿*Te gusta el diseño?* ¿*Cómo se titula la pintura de Guayasamín que aparece en la foto?* ¿*Y la pintura de Picasso?* ¿*Y la de Miró?* ¿*Por qué usa colores vívidos la pintora María de Mater O'Neill?* ¿*Cómo son las figuras en las esculturas y pinturas de Fernando Botero?* ¿*De dónde es Botero?* ¿*En qué ciudades ha tenido exposiciones?*

Expansion of *Panoramas.*

The images in this section give a brief glimpse of the variety of fine art created by Hispanic artists. Have students select a work that they like and explain why it appeals to their artistic sensibility.

14-37 ¿Cómo los clasificas? Clasifica a cada artista.

Artista	Escultor/a	Pintor/a	Arquitecto/a
Fernando Botero	X	X	
Santiago Calatrava			X
Salvador Dalí		X	
Oswaldo Guayasamín		X	
Joan Miró	X	X	
Pablo Picasso	X	X	
Antoni Gaudí			X
María de Mater O'Neill		X	

 14-38 Sus preferencias. Hablen de sus reacciones e impresiones sobre las obras presentadas aquí. Comenten sobre el estilo, el tema, los colores y su interpretación del mensaje.

WWW **14-39 Investigación.** Conéctate con la página web de **¡Arriba!** e investiga sobre uno de estos artistas (Fernando Botero, Santiago Calatrava, Salvador Dalí, Oswaldo Guayasamín, María de Mater O'Neill, Joan Miró o Pablo Picasso), o escoge otro/a que conozcas del siglo XX. Prepara un informe para la clase en que incluyas algunas muestras (*samples*) de sus obras.

WWW **14-40 Astor Piazzola.** Astor Piazzola es un compositor, cuyas piezas se consideran clásico-populares. Entre los artistas famosos que las han tocado está el gran pianista Arthur Rubinstein. Además, su música se ha incluido en la banda sonora de películas como *Twelve Monkeys*. Conéctate con la página web de **¡Arriba!** para ver imágenes de Astor Piazzola y escuchar su música. ¿Cuál es su nacionalidad? ¿Qué instrumentos predominan? ¿Cómo se llama el estilo de su música? (¿Salsa? ¿Flamenco? ¿Merengue? ¿Tango?)

Ritmos

"Que viva el son montuno" (Típica Novel, Cuba/Nueva York)

14-49

Esta canción es un ejemplo del "son montuno", un ritmo cubano que se hizo popular en el siglo XIX en la provincia de Oriente de Cuba. El "son" combina elementos de la "trova", un estilo de canción española que se enfoca mayormente en la letra y la melodía, con instrumentos que usan ritmo y percusión africanos.

Antes de escuchar

14-41 Una noche musical. Imagínate que anoche fuiste con tus amigos a un concierto en el cual tocó la banda Típica Novel. ¿Habías tenido antes una experiencia semejante o no? Escribe tres oraciones completas en español usando el pluscuamperfecto.

MODELO: *Nunca había escuchado la música de un grupo musical cubano.*

14-42 Si no hubiera ido al concierto... Ahora, imagínate lo que habría pasado si no hubieras ido al concierto esa noche. Escribe tres oraciones, usando el pluscuamperfecto de subjuntivo y el condicional perfecto.

MODELO: *Si no hubiera ido al concierto de Típica Novel, no habría sabido lo que es el ritmo del "son".*

RECURSOS

Ritmos
Track 14

Implementation of *Páginas*.

Have students complete a chart with biographical information about the author: *nombre, nacionalidad, fecha de nacimiento, otra profesión, tipo de obras que escribe, algunas características de sus cuentos en general y del cuento que se va a presentar a continuación.*

A escuchar

14-43 Descripciones. Escribe cuatro palabras o frases que te vengan a la mente mientras escuchas "Que viva el son montuno". Después, intercambia tu lista con la de un/a compañero/a para comparar. ¿Están de acuerdo sobre la canción? ¿Por qué?

Cuando escucho esta canción pienso en…

1. _____   3. _____
2. _____   4. _____

Después de escuchar

14-44 Eventos culturales. Escribe sobre algunos eventos musicales o culturales (conciertos, obras teatrales, ballet, etc.) a los que has asistido en tu vida. Incluye los nombres de los artistas, los lugares y cuánto tiempo hace que asististe. Luego, con un/a compañero/a, háganse preguntas sobre sus experiencias.

MODELO: E1: *Fui a una ópera hace tres años en la ciudad de Nueva York y vi a Plácido Domingo, el gran tenor español.*
E2: *¿Te gustó?*
E1: *Sí, me gustó, pero la ópera fue muy larga y no pude entender todo.*

Páginas

"El crimen perfecto" (Enrique Anderson Imbert, Argentina)

14-50

El escritor argentino Enrique Anderson Imbert (1910–2000) enseñó literatura latinoamericana en su propio país y también en los EE.UU., en la Universidad de Harvard. Es famoso por ser el maestro del "microcuento". La mayoría de sus narraciones tiene un fin irónico o sorprendente. En sus cuentos se nota también cierta fusión entre la realidad y el mundo de la fantasía.

"El crimen perfecto" se incluye en una colección de cuentos llamada *El gato de Cheshire*. El narrador es un tipo criminal que acaba de cometer "el crimen perfecto". Como en muchas de las narrativas de Anderson Imbert, se nota una mezcla de lo humorístico y lo horrible, lo que resulta en una moraleja (*moral*) impresionante.

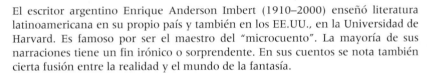

Antes de leer

14-45 Lo fantástico en tu vida. En este cuento el lector es tan importante como el autor. Verás que tienes que participar en la acción del cuento y creer lo improbable y lo fantástico. Da ejemplos de literatura, de cine y de arte que utilicen temas fantásticos.

MODELO: una tira cómica con un tema fantástico
Superman

1. un/a escritor/a de novelas de detectives o de ciencia ficción
2. una novela que cuente algo horrible
3. una novela o un cuento que combine lo humorístico y lo horrible
4. un programa de televisión con un tema fantástico
5. una película con un tema fantástico
6. una película cuyo tema es "un crimen perfecto"

CAPÍTULO 14

Implementation of *Páginas*.
Have students scan the opening paragraph to discover what type of cemetery the author describes and the religious affiliation of the victim. Why would the discrepancy between the two be a problem? Students can read the rest of the story for homework, as well as complete 14-47 and 14-48. Review the comprehension questions (14-49) and have the students role-play (14-50) during the next day of class.

14-46 El contexto. Observa los dibujos y repasa rápidamente el comienzo del cuento. Selecciona la mejor opción para completar las frases siguientes.

1. La acción tiene lugar en
   a. una casa.   b. un parque.   (c.) un cementerio.   d. una iglesia.
2. Éste es un cuento de
   a. romance.   b. acción   (c.) misterio.   d. humor.
3. En el dibujo se ve un lugar
   a. diabólico.   b. musulmán.   c. judío.   (d.) cristiano.

"El crimen perfecto"

Creí haber cometido el crimen perfecto. Perfecto el plan, perfecta su ejecución. Y para que nunca se encontrara el cadáver lo escondí (*I hid*) donde a nadie se le ocurriera buscarlo: en un cementerio. Yo sabía que el convento de Santa Eulalia estaba desierto desde hacía años y que ya no había monjitas que enterraran (*buried*) a monjitas en su cementerio. Cementerio blanco, bonito, hasta alegre con sus cipreses (*cypress trees*) y paraísos a orillas (*gardens on the banks*) del río. Las lápidas, todas iguales y ordenadas como canteros de jardín (*flower beds*) alrededor de una hermosa imagen de Jesucristo, lucían (*shone*) como si las mismas muertas se encargaran (*were responsible*) de mantenerlas limpias. Mi error: olvidé que mi víctima había sido furibundo ateo (*a raging atheist*).

Horrorizadas por el compañero de sepulcro que les acosté al lado, esa noche las muertas decidieron mudarse (*to move*) y cruzaron a nado (nadando) el río llevándose consigo (con ellas) las lápidas y arreglaron el cementerio en la otra orilla, con Jesucristo y todo. Al día siguiente los viajeros que iban por lancha (barco) al pueblo vieron a su derecha el cementerio que siempre habían visto a su izquierda. Por un instante, se les confundieron las manos y creyeron que estaban navegando en dirección contraria, como si volvieran de Fray Bizco, pero en

seguida advirtieron que se trataba de una mudanza (*move*) y dieron parte (notificaron) a las autoridades. Unos policías fueron a inspeccionar el sitio que antes ocupaba el cementerio y, cavando (*digging*) donde la tierra parecía recién removida, sacaron el cadáver por eso, a la noche, las almas en pena (*souls in torment*) de las monjitas volvieron muy aliviadas, con el cementerio a cuestas (por las espaldas) y de investigación en investigación; ¡bueno! el resto ya lo sabe usted, señor Juez.

Implementation of *Taller*.
Have students brainstorm the context and description of the scene in class and complete the *Taller* as homework.

Después de leer

14-47 Las etapas de la narración. Identifica las etapas del cuento.

1. la descripción de fondo (*background*)
2. la introducción del tema
3. la complicación
4. el horror
5. el descubrimiento
6. la desilusión

14-48 ¿En qué orden? Pon estas acciones en orden cronológico según el cuento.

<u> 3 </u> Las monjas se enojan.

<u> 1 </u> El criminal mata a alguien.

<u> 5 </u> El juez ahora lo sabe todo.

<u> 4 </u> Las monjas llevan el cementerio a la otra orilla del río.

<u> 2 </u> El criminal esconde el cadáver en un lugar sagrado (*sacred*).

14-49 ¿Has comprendido? Contesta brevemente las preguntas siguientes.

1. ¿Quién es el narrador y dónde se encuentra?
   Es un criminal que se encuentra en su propio juicio.

2. ¿Cuál es su crimen?
   Mató a un ateo.

3. ¿A quién le confiesa su crimen?
   Se lo confiesa al juez.

4. ¿Por qué era ideal el cementerio de Santa Eulalia?
   Estaba desierto desde hacía años.

5. ¿Cuál fue su gran error?
   Se olvidó de que su víctima era ateo.

6. ¿Quiénes se mudaron de una orilla del río a la otra?
   Se mudaron las monjas muertas del cementerio.

 14-50 Un informe periodístico. Uno/a de ustedes es el/la periodista y el/la otro/a es el/la asesino/a. Túrnense para hacer y responder las preguntas para un informe periodístico.

MODELO: PERIODISTA: *¿Por qué mató al hombre?*
ASESINO/A: *Lo maté en defensa propia (self-defense).*

 Taller

14-51 to 14-53

14-51 Una escena dramática. En este taller vas a escribir una escena dramática en la que hay un conflicto entre los dos personajes. Una escena incluye no sólo el diálogo, sino también los gestos, las pausas y la entonación de los personajes. Sigue los pasos siguientes para incluir toda la información necesaria en tu escena.

MODELO:

Personajes: Marisa Sainz, Editora; Ramón García, Reportero

Escena: La oficina editorial del periódico *ABC*, Madrid
Hay dos escritorios, dos computadoras, máquinas de fax, teléfonos. Hay muchos papeles y periódicos sobre los escritorios. Es de noche. La mujer con su traje azul marino parece muy profesional; el hombre con sus vaqueros, camisa blanca sin corbata y dos días sin afeitarse parece muy tenso. Ella está tranquila; él está agitado.

Expansion of *Taller.*

After writing their scenes, have students form small groups and share their work with one another. Ask them to choose one of the scenes to produce and perform in front of the class.

Marisa: (*Hablando por teléfono*) Sí (*pausa*), sí (*pausa*). De acuerdo. No se preocupe. Lo voy a arreglar yo personalmente. (*Cuelga.*)

Ramón: ¿Qué dijo? ¿Tenemos permiso para publicar el artículo sobre el escándalo?

Marisa: (*Sin mirarlo*) No.

Ramón: (*Agitado*) Pero, ¿por qué no?
(*Ella deja su escritorio sin decir nada. Va para la ventana y mira a la calle.*)

Marisa: ¿Has visto esta calle de noche?

Antes de escribir

- **Contexto.** Piensa en el contexto y la situación en que haya dos o tres personajes, por ejemplo, un restaurante, una oficina, un parque, etcétera.

A escribir

- **Descripción.** Describe la escena, la hora del día y los personajes, incluso la manera en que están vestidos.

- **Diálogo.** Escribe de ocho a diez líneas de diálogo entre los protagonistas. Incluye información sobre los gestos y la entonación.

- **Conflicto.** Da una indicación del conflicto. No es necesario resolverlo.

- **Conclusión.** Escribe algunas líneas para terminar la escena e indicar qué hacen los personajes.

Después de escribir

- **Revisar.** Revisa tu escena para verificar los siguientes puntos:
  - ☐ el uso del pluscuamperfecto del indicativo (**Había creído que…**)
  - ☐ el uso del condicional perfecto y del pluscuamperfecto del subjuntivo (**Si hubiera visto un fantasma, habría corrido mucho…**)
  - ☐ el uso de **hace que…** (**Ahora, hace cinco minutos que no se mueve.**)
  - ☐ la concordancia y la ortografía

- **Intercambiar**
  Intercambia tu escena con un/a compañero/a para hacer correcciones y sugerencias y reaccionar a lo que ha escrito.

- **Entregar**
  Pasa tu escena a limpio, incorporando las sugerencias de tu compañero/a. Después, entrégasela a tu profesor/a.

Vocabulario

PRIMERA PARTE

La ópera y la música clásica	The opera and classical music
la audición	audition
la comedia musical	musical comedy
el/la compositor/a	composer
el/la directora/a	conductor
la diva	diva
el escenario	stage
la gira	tour
el/la músico/a	musician
la ópera	opera
la pieza (musical)	(musical) piece
el repertorio	repertoire
la sinfonía	symphony
el/la solista	soloist
talentoso/a	talented

Verbos	Verbs
aplaudir	to clap
componer	to compose
ensayar	to rehearse
improvisar	to improvise
representar	to perform; to represent

Grupos musicales	Musical groups
la banda	band
el cuarteto	quartet
la orquesta sinfónica	symphony orchestra
el sexteto	sextet

Instrumentos musicales	Musical instruments
el acordeón	accordion
el arpa	harp
el bajo	bass
la batería	drums
el clarinete	clarinet
la corneta	cornet
la flauta	flute
la guitarra	guitar
las maracas	maracas
el piano	piano
el saxofón	saxophone
el tambor	drum
el trombón	trombone
la trompeta	trumpet
la viola	viola
el violín	violin

SEGUNDA PARTE

La moda	Style
la alta costura	high fashion
el conjunto	outfit
el/la diseñador/a	designer
el disfraz	disguise
el esmoquin	tuxedo
el estilo	style
el/la modelo	model
el modo (de vestir)	way; manner (of dressing)
la prenda	garment
la sencillez	simplicity

Telas y materiales	Fabrics and materials
el elástico	elastic
la gabardina	gabardine (lightweight wool)
las lentejuelas	sequins
el nilón	nylon
la paja	straw
la piel	leather; fur
el poliéster	polyester
el rayón	rayon
el terciopelo	velvet
el tul	tulle (silk or nylon net)

Otras palabras y expresiones	Other words and expressions
bien hecho/a	well made
encantador/a	enchanting; delightful

Implementation of *Vocabulario*.

Help students better assimilate vocabulary through images (e.g., of musical instruments, high fashion, etc.) and realia (e.g., examples of fabrics to touch, etc.), role-plays or dialogues (e.g., between a designer and a model, between two characters in a famous opera or musical comedy written as an added scene, etc.), and review games. Some examples of the latter that will work successfully with these word sets include word associations (e.g., identifying members of categories such as *las telas, los instrumentos musicales*, etc.; matching verbs with their associated objects, e.g., *componer una sinfonía, la diva canta en la ópera*, etc.), spelling races at the board, charades (e.g., acting out the playing of a particular musical instrument, etc.), and Pictionary. By interacting with others and using words in meaningful ways, vocabulary acquisition is greatly enhanced.

RECURSOS

Testing Program Tests A and B Modules 14-1 to 14-26

503

15 ¿Te gusta la política?

OBJETIVOS COMUNICATIVOS

PRIMERA PARTE

¡Así lo decimos! Vocabulario	Las crisis políticas y económicas
¡Así lo hacemos! Estructuras	The subjunctive with indefinite and nonexistent antecedents
	The relative pronouns **que, quien,** and **lo que**
Comparaciones	La política y los hispanos

- Talking about world problems and possible solutions
- Describing existent and nonexistent people and things
- Providing additional information

SEGUNDA PARTE

¡Así lo decimos! Vocabulario	Cargos políticos y tipos de gobierno
¡Así lo hacemos! Estructuras	**Se** for unplanned occurrences
	The passive voice
	Pero or **sino**
Observaciones	¡Pura vida! Episodio 15

- Expressing political points of view and identifying types of government
- Discussing current political topics
- Describing unplanned events

NUESTRO MUNDO

Panoramas	La herencia indígena
Ritmos	"Tu música popular" (Gilberto Santa Rosa, Puerto Rico)
Páginas	"Bajo la alambrada" (Francisco Jiménez, México)
Taller	Un editorial periodístico

El centro cívico y religioso maya de Tikal, en el norte de Guatemala, se extiende por 200 hectáreas (*500 acres*). Su fundación data del siglo III a.C.

La herencia indígena

«**Por agarrar una silla, el político promete villas y Castilla.**»*

AMÉRICA DEL NORTE

EUROPA

OCÉANO ATLÁNTICO

ÁFRICA

OCÉANO PACÍFICO

AMÉRICA DEL SUR

ANTÁRTIDA

La Dra. Michelle Bachelet, quien fue prisionera política durante la presidencia de Augusto Pinochet, salió electa presidenta de Chile en 2006.

*__Refrán:__ In order to get elected, a politician will promise grand summer homes and the Spanish province of Castilla. (*In order to get elected, a politician will promise anything.*)

Implementation of *Refrán*.
Read aloud the *refrán* to students and have them repeat it with you a few times. Offer synonyms such as *obtener, conseguir* for *agarrar*, but point out the more aggressive connotation of *agarrar* in some varieties of Spanish. Ask students what *silla* refers to in this context, and why they think the words *villas* and *Castilla* were chosen for the *refrán* (i.e., bring out the fact that the three words rhyme, beyond the fact that both *villa* and *Castilla* denote wealth and prestige). Ask students to summarize the general meaning of the expression: "In order to get elected, a politician will promise grand summer homes and the Spanish province of Castilla"; in other words, a politician will promise anything and everything to get people's votes. Ask students if they agree with this statement (e.g., is it true or just cynical?) and to try to think of equivalent expressions in English (e.g., Money talks).

quinientos cinco • **505**

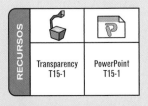

PRIMERA PARTE

¡Así lo decimos! Vocabulario

CD 3,
Track 29

15-1 to
15-2

¡Así es la vida! El legado de Óscar Arias

El costarricense Óscar Arias recibió el Premio Nobel de la Paz en diciembre de 1987 por sus esfuerzos para acabar con la guerra en Centroamérica. Su labor humanitaria continúa con la Fundación Arias para la Paz y el Progreso Humano. El Dr. Arias fue el presidente de Costa Rica de 1986 hasta 1990, y en 2006 fue electo presidente por segunda vez.

Entrevistador: Dr. Arias, ahora que ha sido electo presidente de Costa Rica por segunda vez, ¿cuál es el proyecto que considera más importante en estos momentos?

Dr. Arias: Para mí, lo más importante que pudiéramos hacer por la paz mundial es controlar el tráfico de armas a países en desarrollo. Hice un llamamiento a otros ganadores del premio Nobel de la Paz para que se unieran a mí y apoyaran un acuerdo internacional, con el fin de controlar el comercio de armas, de acuerdo con los principios de los derechos humanos, del derecho internacional y de las relaciones internacionales pacíficas. Es una labor gigantesca pero necesaria para erradicar los conflictos violentos que dificultan el desarrollo de los pueblos.

Entrevistador: En la última campaña presidencial, usted propuso varias metas para Costa Rica en el período de 2006 a 2010.

Dr. Arias: Sí, mis metas son educar al pueblo costarricense para el siglo XXI, luchar contra la pobreza, las drogas, la delincuencia y la corrupción, crear empleos de calidad, poner en orden las prioridades del gobierno, mejorar la infraestructura del país, y así mostrarle al resto del mundo lo que se puede lograr con trabajo y buena voluntad.

Entrevistador: Estas metas son muy nobles, Dr. Arias. Muchas gracias por la entrevista, y le deseamos mucho éxito en sus campañas para mejorar su país y el mundo.

CD 3,
Track 30

15-3 to
15-6

los activistas

las armas

el ejército

Eventos y personas	Events and people
la campaña	campaign
el/la ciudadano/a	citizen
el conflicto	conflict
el desarme	disarmament
el esfuerzo	effort
el/la pacifista	pacifist
el país en desarrollo	developing country
la pobreza	poverty

Verbos	Verbs
abolir	to abolish
firmar	to sign (a treaty, etc.)
fortalecer (zc)	to strengthen; to fortify
lograr	to achieve
promover (ue)	to promote
violar	to violate; to rape

Implementation of *¡Así lo decimos!*

Students whose majors are political science, government, international relations, and/or women's studies will have much to discuss in terms of international politics. Have these students be discussion leaders during the more open-ended vocabulary activities.

Implementation of *¡Así lo decimos!*

Have students look over the nouns in this section and provide one or two additional words associated with each one. Ask students to vary their choices. Be prepared to provide new vocabulary as requested by students. E.g., *la campaña* (→ *una causa, los activistas, una elección, el/la candidato/a*); *el/la ciudadano/a* (→ *el país, los derechos humanos*); *el conflicto* (→ *el ejército, la violencia, las armas*); *el desarme* (→ *las armas, el/la pacifista*); *el esfuerzo* (→ *la campaña, el trabajo*); *el/la pacifista* (→ *la paz, el desarme*); *el país en desarrollo* (→ *la pobreza, el conflicto, fortalecer*); *la pobreza* (→ *el hambre, el dinero*); etc.

Implementation of *¡Así lo decimos!*

Write the verbs from this section on the board and have students think of possible direct objects that may follow, in order to illustrate how to use the verbs in context. Be prepared to provide new vocabulary as requested by students. E.g., *abolir* (→ *una ley, la esclavitud*); *firmar* (→ *un tratado, un acuerdo, una ley, un contrato*); *fortalecer* (→ *un país en desarrollo, los derechos humanos, una campaña, un ejército*); *lograr* (→ *la paz, el desarme, una meta*); *promover* (→ *la paz, los derechos humanos*); *violar* (→ *un tratado, un acuerdo, una ley, un contrato, a otra persona*); etc.

Implementation of *¡Así lo decimos!*

Have students brainstorm the problems that face third-world, developing countries, some possible solutions, and the responsibilities of first-world, industrialized countries. Encourage students to use the vocabulary words from this section.

quinientos siete • **507**

Aplicación

15-1 Las aspiraciones de Óscar Arias. Contesta las siguientes preguntas sobre el artículo de **¡Así es la vida!**

1. ¿Quién es Óscar Arias?
   Es el presidente de Costa Rica, quien recibió el Premio Nobel de la Paz en 1987.

2. ¿Cuál es el proyecto que considera más importante?
   Quiere controlar el comercio de armas.

3. ¿A quiénes les ha hecho un llamamiento?
   A otros ganadores del premio Nobel de la Paz.

4. ¿Qué espera erradicar?
   Los conflictos violentos que dificultan el desarrollo de los pueblos.

5. ¿Cuáles son las metas que propuso en su última campaña presidencial?

6. ¿Cuál de esas metas te parece a ti la más difícil de lograr? ¿Por qué?
   Answers will vary.

5. Educar al pueblo, luchar contra la pobreza, las drogas, la delincuencia y la corrupción, crear empleos de calidad, poner en orden las prioridades del gobierno, mejorar la infraestructura del país, y así demostrarle al resto del mundo lo que se puede lograr con trabajo y buena voluntad.

15-2 La política mundial. Empareja las expresiones con su significado o ejemplo.

1. __h__ el ciudadano/a   a. una fuerza armada
2. __d__ el desarme   b. lucha vigorosamente por una causa en la que cree
3. __a__ el ejército   c. trabaja por la paz
4. __g__ el desarrollo   d. la acción de desarmar a una nación
5. __f__ la pobreza   e. puede resultar en una guerra si no se resuelve
6. __b__ el/la activista   f. no tener lo suficiente para vivir
7. __c__ el/la pacifista   g. el progreso económico, social, cultural o político de un país
8. __e__ el conflicto   h. es miembro del país en que nació

 15-3 La mujer y la política hispana. Escucha el discurso sobre el papel de la mujer en la política y contesta brevemente las preguntas que siguen.

CD 3, Track 31

1. ¿Cuáles son algunos de los puestos políticos que ocupan mujeres en el mundo hispano? Algunos puestos son jefa de un partido político, diputada, senadora, embajadora, miembro de gabinete y presidenta.

2. ¿Qué países latinoamericanos han elegido a presidentas?
   Nicaragua, Panamá y Chile.

3. ¿Cuánto tiempo hace que se celebró el 50 aniversario del voto femenino en México?
   Hace diez años.

4. Según la persona que habla, ¿cuándo saldrá electa una presidenta de México?
   Cuando lo decidan las mujeres mexicanas.

5. En tu opinión, ¿cuándo saldrá electa una presidenta de los Estados Unidos?
   Answers will vary.

La Congresista Ileana Ros-Lehtinen del Distrito Congresional #18 de la Florida.

15-4 Las mujeres norteamericanas en posiciones de poder. Conversen entre ustedes sobre el papel de la mujer norteamericana. Pueden usar como guía los temas siguientes.

1. las mujeres norteamericanas en posiciones de poder político
2. las mujeres con posiciones importantes en la universidad
3. las mujeres que han tenido mucha influencia en el pasado
4. las mujeres que van a influir en el futuro

15-5 ¿Por ejemplo? Los países y las regiones siguientes han experimentado períodos de conflicto o de progreso durante los últimos cincuenta años. Identifiquen un conflicto o una muestra de progreso en la columna de la derecha con los países mencionados en la columna de la izquierda y explíquenlo. Puede haber más de una respuesta. *Answers may vary.*

1. _b, e, f, g_ Nicaragua
2. _e, g_ Afganistán
3. _d, e_ Israel y Palestina
4. _b, e_ Chile
5. _a, b, d_ México
6. _b, d, h_ Alemania
7. _c, h_ Japón
8. _b, d_ Rusia

a. un país en desarrollo
b. la democratización
c. la desmilitarización
d. la opresión de un grupo minoritario
e. un conflicto sangriento
f. el tráfico de armas ilegales
g. una guerra civil
h. una paz duradera

 15-6 ¿Qué harían ustedes? Decidan qué harían para aliviar un conflicto mundial actual o reciente. Pueden incluir la intervención militar, económica, diplomática, etcétera.

MODELO: E1: *Le diría al Secretario de Estado que fuera a hablar con las dos partes.*
E2: *Mandaría fuerzas militares…*

¡Así lo hacemos! Estructuras

 1. The subjunctive with indefinite and nonexistent antecedents

15-7 to 15-12

An adjective describes, limits, or modifies a noun. A clause that modifies a noun is an adjective clause.

ADJECTIVE

Admiramos un político **honrado**.   *We admire an honest politician.*

ADJECTIVE CLAUSE

Óscar Arias es un político **que es honrado**.   *Óscar Arias is a politician who is honest.*

Queremos un presidente que sea honrado.

■ The subjunctive is used in an adjective clause when it refers to a person or object that is indefinite or does not exist.

INDEFINITE ANTECEDENT

Buscamos una paz que **sea** duradera.   *We are looking for a peace that is lasting.*

Necesitan un ejército que **respete** los derechos de los ciudadanos.   *They need an army that respects the rights of the citizens.*

NON-EXISTENT ANTECEDENT

No hay ningún candidato que me **guste**.   *There is no candidate that I like.*

No hay nadie que yo **conozca** en esta reunión.   *There is no one that I know at this meeting.*

Implementation of 15-5.
Students will have varying degrees of knowledge of history, politics, and world events. Perhaps ask for a show of hands of those students with high interest in these areas and create pairs or small groups around these students. Alternatively, consider carrying out this activity as a class, or create a third column on the board or a transparency with expanded explanations for students to match up with columns 1 and 2 from the activity.

Expansion of 15-5.
Un conflicto mundial. Piensen en un conflicto y conversen sobre sus causas y consecuencias. Pueden incluir causas y consecuencias económicas, políticas, étnicas y raciales.
MODELO: *El conflicto entre el gobierno colombiano, las guerrillas y los narcotraficantes es uno de poder y de dinero…*

Warm-up for 15-6.
Have students analyze the grammar used in the activity title and models. Ask them what verb conjugations are used (i.e., the conditional and the imperfect subjunctive) and why. Tell them to use similar structures in their own responses.

Expansion of 15-6.
For reports in Spanish, students can access the Internet site for Amnistía Internacional.com or www.cnn.com/espanol.

Note on *The subjunctive with indefinite and nonexistent antecedents*.
The choice of subjunctive or indicative in adjective clauses parallels the choice in noun clauses. When the antecedent is in doubt or its existence denied, the subjunctive is used.

Implementation of *The subjunctive with indefinite and nonexistent antecedents*.
Present the following context on the board or a transparency and have students tell you why the indicative or subjunctive is used. *En el gobierno de hoy, hay muchos políticos que hablan de reformas, pero no hay nadie que tome acción. Hay muchos que dicen que tenemos que conservar los recursos naturales, pero no hay nadie que quiera cambiar su coche por una bicicleta. Hay algunos que desean implementar programas para los que no tienen seguro médico, pero necesitamos alguien que lo sepa hacer sin que nos cueste un dineral.*

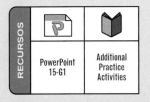

RECURSOS

PowerPoint 15-G1

Additional Practice Activities

■ When the dependent clause refers to a person or thing that is certain or definite, the indicative is used.

Hay alguien aquí **que conozco.**	*There is someone here that I know.*
Ése es el político **que me gusta.**	*That is the politician that I like.*
Necesitamos al activista **que se expresa** bien.	*We need the activist who expresses himself well. (We know him.)*

■ In questions where it is precisely the existence of the person or object that is being asked about, the subjunctive is used.

¿Conoce usted un soldado que **haya ido** a la guerra?	*Do you know any soldier who has gone to war?*
¿Hay alguna persona que no **quiera** una paz duradera?	*Is there anyone who doesn't want a lasting peace?*

Aplicación

15-7 La civilización olmeca. Lee el párrafo sobre los olmecas y subraya las cláusulas adjetivas. Identifica cuáles usan subjuntivo y cuáles indicativo, y luego explica por qué.

Answers to 15-7.

quienes tuvieron (indicativo), que ahora se llama (indicativo), que combinan (indicativo), que combine (subjuntivo), que se compare (subjuntivo)

Los olmecas, quienes tuvieron su apogeo entre los años 800 y 400 a.C. (*antes de Cristo*), habitaban en la región de México que ahora se llama Veracruz y Tabasco. Se admira a esta civilización por su elaboración de figuras de piedra, desde pequeñas figuras de jade hasta enormes cabezas de basalto. Por ejemplo, se han encontrado muchas piezas que combinan características del hombre y del jaguar, un animal reverenciado entre los olmecas. Sin embargo, no se ha encontrado ninguna pieza que combine características de más de dos animales. Se dice que no hay ninguna otra cultura que se compare con la Olmeca por su artesanía. Además, los olmecas inventaron un sistema de escritura único y mantenían un calendario. Según algunos, es muy probable que les hayan transmitido sus conocimientos a los mayas.

15-8 Los olmecas. Vuelve a leer el párrafo de la actividad **15-7** y contesta las siguientes preguntas.

1. ¿Dónde vivieron los olmecas?
Vivieron en Veracruz y Tabasco.

2. ¿Por cuántos años tuvo su apogeo esa civilización?
Tuvo su apogeo entre los años 800 y 400 a.C. Por más de cuatrocientos años.

3. ¿Por qué se admira a esa civilización?
Se admira por sus figuras de piedra.

4. ¿Qué materiales usaban para sus figuras?
Usaban jade y basalto.

5. ¿Quiénes probablemente se beneficiaron de sus conocimientos?
Los mayas.

15-9 Más sobre los olmecas. Conéctate con la página web de **¡Arriba!** para ver más imágenes de los olmecas. Elige una imagen y escribe un párrafo que la describa.

15-10 Óscar Arias. Imagínate que eres el/la ayudante de Óscar Arias y que tienes que contratar a las mejores personas para su organización. Forma oraciones completas en español, usando **buscar** y **necesitar.** Incluye la información de las dos columnas.

MODELO: *Busco una secretaria que… / Necesito un asistente que…*

1. intérprete
2. secretaria
3. supervisora
4. traductor
5. ayudante
6. chofer

entender la causa
traducir de/a varios idiomas
poder organizar la oficina
ser honrado/a y capaz
hablar tres idiomas
contestar todas las cartas
escribir 100 palabras por minuto
trabajar en otro país
tener experiencia diplomática
¿…?

 15-11A Lo ideal. Háganse y contesten preguntas sobre qué tipo de cosa, persona o lugar buscan. Estudiante B, por favor ve al **Apéndice 1,** página A19.

MODELO: coche
  E1: *¿Qué tipo de coche buscas?*
  E2: *Busco un coche que tenga cuatro puertas y que sea rojo.*

TUS PREGUNTAS

1. trabajo
2. casa
3. restaurante
4. lugar para pasar las vacaciones
5. programa de televisión

TUS RESPUESTAS

tener dos dormitorios y un baño
tener noticias internacionales
estar llena de acción y misterio
pagarme bien al comenzar a trabajar
tener posibilidades de ascender rápido

 15-12 Las profesiones y los oficios. Entrevístense para saber sus planes después de graduarse. Luego, hagan un resumen de lo que han aprendido de su grupo. Usen las frases siguientes para hacer las preguntas.

MODELO: querer ser ingeniero/a
  E1: *¿Hay alguien que quiera ser ingeniero o ingeniera?*
  E2: *Sí, quiero ser ingeniero/a porque…*

1. querer ser periodista
2. pensar abrir una peluquería
3. desear ser contador/a
4. soñar con tener un restaurante
5. preferir ser dentista
6. creer que ciertos oficios son mejores que ciertas profesiones
7. pensar estudiar para veterinario/a
8. desear ser bombero/a

 ## 2. The relative pronouns *que, quien,* and *lo que*

15-13 to 15-15

Relative pronouns are used to join two sentences that have a noun or a pronoun in common.

La Fundación escribió el código. El código prohíbe la venta de armas a ciertos países.

The Foundation wrote the code. The code prohibits the sale of arms to certain countries.

La Fundación escribió el código **que** prohíbe la venta de armas a ciertos países.

The Foundation wrote the code that prohibits the sale of arms to certain countries.

¡Éste es, papá! ¡Éste es el coche que quiero!

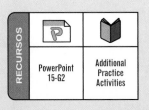

RECURSOS

PowerPoint 15-G2

Additional Practice Activities

Implementation of *Relative pronouns.*

Point out to students that the use of the pronoun *quien(es)* is much more limited in Spanish than in English. Tell them that *que* is much more common and that they will use *quien(es)* to refer to a person only in a phrase set off by commas (indicating that it is of lesser importance in the sentence, i.e., an aside) or in a phrase headed by a preposition (obligatorily). Ask them to analyze the following pairs of sentences, where an asterisk indicates ungrammaticality. E.g., 1) *La chica que vive aquí se llama Elena.* / **La chica quien vive aquí se llama Elena.* (*Quien* is incorrect because the context is not one of the two required for its use.) 2) **La chica con que salgo se llama Elena.* / *La chica con quien salgo se llama Elena.* (*Que* is incorrect because it follows the preposition *con* in a phrase that refers to a person, *la chica*.) 3) *La chica, quien se mudó aquí en 1999, se llama Elena.* / **La chica quien se mudó aquí en 1999 se llama Elena.* (*Quien* is incorrect in the second sentence because the phrase is not an aside set off by commas, thus *que* is required.)

■ The relative pronoun **que,** meaning *that, which, who,* and *whom,* is used for both persons and objects.

El folleto **que** te di está en la mesa.	*The brochure (that) I gave you is on the table.*
Esa chica **que** ves allí es activista de los derechos humanos.	*That girl (who) you see there is a human rights activist.*

■ The relative pronoun **quien(es),** meaning *who* and *whom,* refers only to persons and is most commonly used as an indirect object or after a preposition. Use **que** to express *who* or *whom* unless the phrase is set off by commas or introduced by a preposition. (Note that you will never end a sentence with a preposition in Spanish.)

José Luis Rodríguez Zapatero, **quien** fue elegido presidente de España en 2004, es líder del Partido Socialista Obrero Español.	*José Luis Rodríguez Zapatero, who was elected President of Spain in 2004, is the leader of the Spanish Socialist Worker Party (PSOE).*
Ésa es la pacifista **con quien** te vi.	*That's the pacifist with whom I saw you (that I saw you with).*
Ése es el candidato **a quien** buscabas.	*That's the candidate for whom you were looking (that you were looking for).*

■ The relative pronoun **lo que,** meaning *what* or *that which,* is a neuter form, and refers to a previous idea, event, or situation.

Lo que quiero es la paz y la libertad en mi país.	*What I want is peace and liberty in my country.*
No me gustó **lo que** hiciste.	*I didn't like what you did.*
¿Entiendes **lo que** dice el presidente?	*Do you understand what the president is saying?*

■ Remember that the relative pronoun **que** also introduces a noun clause.

Óscar Arias sabe **que** es difícil alcanzar una paz duradera.	*Óscar Arias knows (that) it is difficult to attain a lasting peace.*

■ In Spanish, the use of the relative pronoun **que** is never optional.

Estoy buscando el arma **que** compraste.	*I'm looking for the weapon (that) you bought.*
El reportero nos informó **que** los rebeldes habían entregado sus armas.	*The reporter informed us (that) the rebels had given up their arms.*

Answers to 15-13.
"quienes" (los incas), "que" (la región), "que" (los pocos tejidos), "que" (su ropa), "que" (las figuras), "que" (las personas), "que" (maestros), "para quienes" (las personas)

Aplicación

15-13 La civilización inca. Lee acerca de los tejidos (*weavings*) de los incas y subraya los pronombres relativos. Luego di a **quien** o a **que** se refiere cada uno de ellos.

MODELO: El tejido <u>que</u> se encontró era del cacique (*chief*).
"Que" se refiere al "tejido".

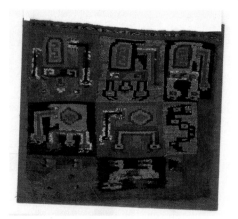

Los incas, <u>quienes</u> habitaban la región <u>que</u> ahora conocemos como el Perú, Bolivia y el Ecuador, eran muy diestros (*skillful*) en el arte de tejer (*weaving*). Los pocos tejidos <u>que</u> todavía se conservan muestran que usaban la lana de alpaca para elaborar bellos y útiles textiles. Los usaban para hacer la ropa, <u>que</u> los protegía del frío del altiplano, en sus decoraciones y también en sus ceremonias religiosas. Las figuras <u>que</u> tejían representaban dioses, animales y otros elementos naturales. Las personas <u>que</u> tejían eran maestros <u>que</u> luego pasaban su conocimiento a las generaciones siguientes, y de esa manera, preservaban la costumbre. Las personas para <u>quienes</u> tejían eran, por lo general, gente de la nobleza. Se sabe esto porque se han encontrado piezas muy finas en las tumbas de los incas nobles.

15-14 Los tejidos incaicos. Vuelve a leer el párrafo de la actividad **15-13** y contesta las siguientes preguntas.

1. ¿Dónde vivían los incas?
   Vivían en el Perú, Bolivia y el Ecuador.

2. ¿Cuál era una de sus destrezas artísticas?
   Tejer.

3. ¿Qué materia usaban?
   Usaban la lana de alpaca.

4. ¿Qué figuras se ven en sus piezas?
   Se ven dioses, animales y elementos naturales.

5. ¿Quiénes las usaban?
   Los nobles.

6. ¿Dónde las han encontrado?
   Las han encontrado en sus tumbas.

15-15 Otros tejidos. Conéctate con la página web de **¡Arriba!** para ver más imágenes de tejidos incaicos. Escoge una imagen y escribe un párrafo describiéndola.

15-16 En un Comité del Premio Nobel de la Paz. Completa la conversación con los pronombres relativos apropiados: **que**, **quien/es** o **lo que.**

Miembro 1: ¿Dónde están las cartas (1) _____que_____ recibimos del comité del año pasado? Las personas (2) _____que_____ fueron nominadas también serán consideradas este año.

Miembro 2: El secretario con (3) _____quien_____ hablé ayer me dijo (4) _____que_____ había dejado copias en su escritorio.

Miembro 3: ¿Son éstas las cartas (5) _____que_____ usted busca? (6) _____Lo que_____ más me preocupa es la seguridad de este proceso. Temo (7) _____que_____ la prensa se entere (*finds out*) de nuestras deliberaciones.

Miembro 1: No se preocupe. El oficial de seguridad con (8) _____quien_____ hablé ayer me aseguró (9) _____que_____ tiene todo bajo control. No es posible (10) _____que_____ la prensa sepa (11) _____lo que_____ está pasando en este salón.

Miembro 2: Pero, ¿por qué hay un micrófono en la lámpara (12) _____que_____ usted tiene en la mesa?

Miembro 3: (13) _____Lo que_____ tenemos que hacer es buscar otro sitio.

15-17 Lo que se necesita. Usa el pronombre relativo **lo que** para expresar lo que se necesita. *Answers will vary.*

MODELO: Se necesita la paz mundial.
             Lo que se necesita es la paz mundial.

1. Buscan un acuerdo entre los enemigos.
   Lo que buscan es un acuerdo entre los enemigos.

2. Queremos lograr una paz duradera.
   Lo que queremos lograr es una paz duradera.

3. Esperan ayudar a los países en vías de desarrollo.
   Lo que esperan es ayudar a los países en vías de desarrollo.

4. Deben fortalecer los gobiernos democráticos.
   Lo que deben hacer es fortalecer los gobiernos democráticos.

5. Hace falta promover los derechos humanos.
   Lo que hace falta es promover los derechos humanos.

6. Podrían compartir los escasos recursos.
   Lo que podrían compartir son los escasos recursos.

7. Es urgente el desarme de los gobiernos militares.
   Lo que es urgente es el desarme de los gobiernos militares.

PRIMERA PARTE

Expansion of 15-17.
Have students brainstorm other necessities.

Additional Activity for *Relative pronouns.*
Editor/a. Combina los siguientes pares de oraciones para formar una, usando el pronombre relativo apropiado (*que, quien(es)*, etc.)

MODELO: Ayer se anunció un acuerdo de paz. El acuerdo será entre las dos Coreas.
             Ayer se anunció un acuerdo de paz que será entre las dos Coreas.

1. Los países en desarrollo necesitan recursos económicos. Los recursos económicos son escasos.
2. Firmaron un acuerdo entre los dos países. El acuerdo no fue duradero.
3. El presidente se reunió ayer con el jefe de estado mexicano. El jefe de estado mexicano daba un discurso ante las Naciones Unidas en Nueva York.
4. Ayer hubo una resolución en el Senado. La resolución pedía armas para el gobierno colombiano.
5. Los militares no asistieron a la reunión. La reunión tuvo lugar en la Casa Blanca.
6. La presidenta no quiso reunirse con los activistas. Los activistas hicieron una manifestación enfrente de la Casa Blanca.
7. Néstor Kirchner, el presidente de la Argentina, visitó Washington en enero. Kirchner fue elegido en 2003.
8. Los países del Tercer Mundo necesitan ayuda. Los países industrializados pueden darles ayuda para su desarrollo.

Answers:
1. Los países en desarrollo necesitan recursos económicos que son escasos.
2. Firmaron un acuerdo entre los dos países que no fue duradero. **3.** El presidente se reunió ayer con el jefe de estado mexicano, quien daba un discurso ante las Naciones Unidas en Nueva York. **4.** Ayer hubo una resolución en el Senado que pedía armas para el gobierno colombiano. **5.** Los militares no asistieron a la reunión que tuvo lugar en la Casa Blanca. **6.** La presidenta no quiso reunirse con los activistas que hicieron una manifestación enfrente de la Casa Blanca. **7.** Néstor Kirchner, el presidente de la Argentina que fue elegido en 2003, visitó Washington en enero. **8.** Los países del Tercer Mundo necesitan la ayuda que los países industrializados pueden darles para su desarrollo.

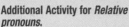

Additional Activity for *Relative pronouns*.

Sus deseos. Túrnense para expresar sus deseos, usando *lo que* con el verbo sugerido. Pídanse más información sobre la situación.

Modelo: necesitar

E1: *Lo que necesito es una "A" en esta clase.*
E2: *¿Por qué?*
E1: *Porque es importante para mis padres.*

LO QUE...

buscar en la vida
deber hacer el Congreso
desear para el futuro
faltarme
gustarme

impresionarme
necesitar
querer hacer
tener que hacer
el presidente

Un proyecto agrícola del Banco Mundial en Guatemala

15-18 El Banco Mundial. El Banco Mundial promueve proyectos para el desarrollo económico de países en vías de desarrollo. Túrnense para darse consejos sobre algunos de sus proyectos.

Modelo: E1: *Guatemala ha experimentado una crisis económica por los daños del terremoto.*
E2: *Lo que debemos hacer es darle un préstamo para reconstruir los caminos.*

POSIBLES CONSEJOS

Lo que tiene que hacer es…
Lo que necesita es…

Lo que debemos hacer es…
Lo que hay que hacer es…

1. Un grupo de mujeres chilenas crea artesanías que se podrían vender por todo el mundo.
2. Los agricultores peruanos quieren cambiar el cultivo de coca en sus terrenos por el cultivo de otro producto.
3. El gobierno panameño quiere agrandar (*enlarge*) el canal para permitir el paso de barcos más grandes.
4. Un grupo de activistas quiere abolir la práctica de la dote (*dowry*) en la India.
5. El gobierno salvadoreño quiere mejorar los medios de comunicación en las zonas rurales.
6. Un grupo de mujeres espera información del gobierno argentino sobre sus hijos desaparecidos.

¿Cuánto sabes tú? *Can you…*

15-16 to 15-19

☐ talk about world problems and solutions such as **la pobreza** and **la desmilitarización**?
☐ describe people and things using adjective clauses that distinguish between existent, nonexistent, and indefinite antecedents such as **busco un candidato que me guste** or **éste es el candidato que me gusta**?
☐ use relative pronouns **que** and **quien** to refer to people and things such as **el candidato que va a ganar…** or **la persona a quien admiro…**?
☐ use the expression **lo que** as an indefinite pronoun such as in **lo que me gusta…** or **no entiendo lo que quieres**?

Comparaciones

La política y los hispanos

15-19 En tu experiencia. ¿Qué diferencias hay entre la historia política estadounidense o canadiense y la hispanoamericana? Al comienzo de 2007, ¿cuál era la actitud del gobierno de los EE.UU. y del Canadá hacia Cuba y Fidel Castro? ¿Por qué? ¿Qué diferencias hay entre una dictadura y una democracia? ¿Eres conservador/a o liberal? ¿Por qué?

Los hispanos, al igual que otros grupos, no siempre han tenido mucha suerte con sus gobernantes. Tradicionalmente, la mayoría de los políticos han sido demagogos que después de salir electos sólo han querido enriquecerse (hacerse ricos) en el poder. Tanto en España como en Hispanoamérica han abundado los famosos caudillos (jefes) políticos que casi siempre se convierten en dictadores, cuyo (*whose*) único deseo es perpetuarse en el poder.

Sin embargo, con la muerte del general Francisco Franco en 1975, España pudo unirse al resto de las democracias europeas, y desde entonces España es un ejemplo de libertad y tolerancia donde conservadores y socialdemócratas se turnan en el poder. Desde el año 2004 el Presidente del Gobierno español es José Luis Rodríguez Zapatero. También en Hispanoamérica la situación política ha cambiado y ha tenido un gran auge (*boom, upturn*) con la elección en 2005 y 2006 de socialistas moderados como Tabaré Vázquez en el Uruguay, Michelle Bachelet en Chile y Alan García en el Perú. Sin embargo, todavía existen presidentes más revolucionarios como Hugo Chávez de Venezuela y el recientemente electo (2006) Evo Morales de Bolivia.

En estos momentos, Cuba es en Latinoamérica el único país que aún se encuentra gobernado por un dictador. Fidel Castro, jefe del gobierno cubano, ha estado en poder desde enero de 1959. Sin embargo, la difícil situación económica del país, más la posible muerte de Fidel Castro hacen pensar que Cuba pronto vuelva a ser una democracia. En todas las otras repúblicas hispanoamericanas se celebran periódicamente elecciones honradas y cada vez más se respetan los derechos humanos y las libertades básicas. Si a estos cambios democráticos añadimos el aparente mejoramiento de las economías de estas naciones, todo parece indicar que el pueblo hispano ahora puede mirar hacia el futuro con más esperanza.

 15-20 En tu opinión. Aunque vivimos bajo un gobierno democrático, no siempre ejercemos nuestros derechos ni cumplimos con nuestras obligaciones. ¿Cuáles son nuestros derechos y obligaciones como ciudadanos?

Fidel Castro tomó el poder en Cuba en enero de 1959.

José Luis Rodríguez Zapatero, presidente del Gobierno de España

En 2006, Evo Morales fue el primer indígena elegido presidente de Bolivia.

Implementation of *Comparaciones.*
Latin America, in particular, has suffered from the world economic recession of the early part of this century. Argentina, Bolivia, Venezuela, Brazil, and other countries often have been in the news due to economic and political instability. For updates on what is happening in these and other countries, two good Internet sources are *www.cnn.com/espanol* and *www.nytimes.com*.

CAPÍTULO 15

Warm-up for ¡Así es la vida!

As a transition to the *Segunda parte*, have students do 15-20 in the section *Comparaciones*, which is about the rights and responsibilities of an American citizen. Then introduce the *Segunda parte* by saying, *Aquí tenemos al Gobernador del Banco de España, quien presenta sus planes para mejorar el país. Lean sus ideas y decidan si les parecen viables o no. Expliquen por qué sí o por qué no.* Encourage students to look over the vocabulary on the next page before scanning the passage for the requested information.

Implementation of ¡Así es la vida!

After an initial reading alone or in pairs, have a few volunteers read the passage aloud to the class as if they were don Julián Pérez. Tell students to imitate the demeanor and speech typical of a politician, and lead the class in applause after each "performance."

Implementation of ¡Así es la vida!

Ask students questions to confirm comprehension, e.g., *¿Cuál es el puesto actual de don Julián Pérez? ¿Cuál es el tema general de su discurso? ¿Quiénes lo escuchan? ¿Por qué les da el discurso? ¿Dónde están todos? ¿De quiénes son los retratos en la pared? ¿Qué planes específicos tiene don Julián Pérez para mejorar la economía? En tu opinión, ¿son planes realistas y consistentes entre sí? ¿Cuál es su lema? Si fueras ciudadano/a español/a, ¿votarías por él? ¿Por qué?*

Note on ¡Así es la vida!

Successful politicians are adept at the language of persuasion exemplified in this reading. When students complete subsequent activities in the *Segunda parte*, such as 15-26 or 15-27A/B, encourage them to assume a demeanor and tone of voice that reflect this function.

SEGUNDA PARTE

¡Así lo decimos! Vocabulario

CD 3,
Track 32

15-20 to
15-21

¡Así es la vida! La política

¡Voten por mí!

En 2006, Julián Pérez, gobernador del Banco de España, fue candidato a la presidencia de su país. Aquí tienes parte de su campaña electoral.

Compañeros y amigos:

¿Buscan un candidato que represente verdaderamente al pueblo? Ese candidato soy yo. Como ustedes saben, nuestro país afronta problemas muy serios. Dudo que el gobierno de mis contrincantes pueda resolverlos. Es importante que todos nos unamos y que ustedes voten por mí. Si gano las elecciones, les aseguro que cumpliré con las siguientes promesas:

- **Los programas de ayuda social serán aumentados por el Ministerio de Sanidad y Asistencia Social.**
- **Los impuestos serán reducidos por el congreso.**
- **La tasa de empleo será aumentada por mi gabinete.**
- **El crimen será combatido fuertemente por la policía nacional.**

Recuerden mi lema: "Si quiere un presidente que verdaderamente se interesa en el pueblo, vote por mí". Muchas gracias.

Julián Pérez
Gobernador

Hon. Juan Hernández
Juez Municipal

Dr. Jorge Roldán
Ministro de Economía

RECURSOS

Transparency
T15-4

PowerPoint
T15-4

| | | | | | | | Cargos políticos y tipos de gobierno | | | | | | | | | | | | | | | | | | | | | | | | | | |

CD 3,
Track 33

15-22 to
15-25

el gobernador

el juez

el ministro

el presidente

la reina

el rey

Cargos políticos	Political posts
el/la alcalde/alcaldesa	mayor
el/la dictador/a	dictator
el/la representante	representative
el/la senador/a	senator

Tipos de gobierno	Types of government
la democracia	democracy
la dictadura	dictatorship
la monarquía	monarchy

Verbos	Verbs
afrontar	to face
apoyar	to support
aumentar	to increase
combatir	to fight; to combat
controlar	to control
cumplir (con)	to make good; to fulfill (a promise)
elegir (i, i)	to elect
eliminar	to end
mantener (ie)	to support (a family, etc.)
mejorar	to improve
resolver (ue)	to solve
votar (por)	to vote (for)

La política y otros temas actuales	Politics and other current topics
el/la asesor/a	consultant; advisor
el/la candidato/a	candidate
el/la contrincante	opponent
la corrupción	corruption
el deber	duty
el derecho	right
el discurso	speech
la drogadicción	drug addiction
la honradez; la honestidad	honesty
los impuestos	taxes
la inflación	inflation
el lema	motto
la ley	law
los programas sociales	social welfare programs
el pueblo	the people; the masses
la tasa (de desempleo)	rate (of unemployment)

Implementation of ¡Así lo decimos!

Ask or write questions such as the following, e.g., *¿Cuál es la diferencia entre una democracia, una dictadura, una monarquía y una monarquía parlamentaria? ¿Cómo se llama un líder de gobierno a nivel… local? …estatal? …nacional? En EE.UU., ¿cuánto tiempo dura un mandato (term) de presidente/a? ¿Y de senador/a? ¿Y de representante? ¿Y de juez/a en la Corte Suprema? ¿Cuántos jueces hay en la Corte Suprema? ¿Qué rama del gobierno escribe nuestras leyes? ¿Quién las firma? ¿Quiénes las interpretan? ¿Qué lema se pone en las monedas y en los billetes en EE.UU.? ¿Qué opinas de tal lema?*

Implementation of ¡Así lo decimos!

Write various terms on the board or a transparency and have students provide associated terms for each one, e.g., *la campaña (→ el/la candidato/a, el/la contrincante, el discurso, el lema, votar, elegir, las elecciones, cumplir, la democracia, la corrupción); la economía (→ la inflación, la corrupción, la tasa de desempleo, el desempleo, los impuestos, aumentar, mejorar); el pueblo (→ los derechos (humanos), el deber, la responsabilidad, la defensa, la tasa de desempleo, el desempleo, los programas sociales, la drogadicción, la honradez, la honestidad); etc.*

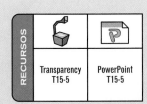

RECURSOS

Transparency T15-5

PowerPoint T15-5

CD 3, Track 34

15-26 to 15-27

LETRAS Y SONIDOS

Linking and rhythm in Spanish

In Spanish, words often are connected or linked together, obscuring the boundaries between them (and giving the impression that phrases are one long word!). One case of obligatory linking concerns a consonant followed by a vowel. When at the end of a word, a consonant always links to the initial vowel of a following word.

> mis + a-mi-gas → mi-sa-mi-gas   tan + a-ma-ble → ta-na-ma-ble

Other cases of linking affect adjacent vowels only in fast (as opposed to careful) speech. Glides within words were discussed in Chapter 2 (e.g., sie-te, vein-te, nue-vo, Eu-ro-pa). In fast speech, additional glides and reduced vowels are created, decreasing the number of syllables. For example, two identical, adjacent vowels may be pronounced as one long vowel (where a colon designates a long vowel).

> la + a-bue-la → la:-bue-la   le + en-vió + flo-res → le:n-vió-flo-res
> mi + (h)i-jo → mi:-jo   su + u-ni-ver-si-dad → su:-ni-ver-si-dad

Additionally, two non-identical vowels may be linked together, creating a diphthong (if one of the vowels is *i* or *u*) or two reduced vowels (if both vowels are from the set *a, e, o*).

> mi + a-mi-ga → mia-mi-ga   su + (h)er-ma-no → suer-ma-no
> la + or-ques-ta → laor-ques-ta   me + a-ma → mea-ma

Linking directly affects the rhythm (i.e., the beat or musicality) of Spanish. In Spanish, rhythm is based on the syllable, where all syllables, whether stressed or unstressed, get more or less equal time. The more syllables there are in a phrase, the longer the phrase takes to say. For instance, given the following two sentences, the second one requires more time, because it has more syllables (where an accent mark indicates word stress).

> *Juan bebe sidra.* → *Juán-bé-be-sí-dra.* (3 stresses, 5 syllables)
> *Juanito se bebe la sidrita.* → *Jua-ní-to-se-bé-be-la-si-drí-ta.* (3 stresses, 10 syllables)

In English, on the other hand, rhythm is based on word stress, not the syllable. Stressed syllables are made longer and unstressed syllables are rushed over. The following two sentences, for example, require more or less equal time, even though the second one has more syllables, because they contain the same number of stressed syllables.

> *John drinks cider.* → *Jóhn-drínks-cí-der.* (3 stresses, 4 syllables)
> *Johnny is drinking a cider.* → *Jóhn-ny-is-drínk-ing-a-cí-der.* (3 stresses, 8 syllables)

Thus, when speaking Spanish, make sure to give equal time to each syllable and follow a steady rhythm.

Aplicación

15-21 ¿Quién es Julián Pérez? Contesta las siguientes preguntas basadas en ¡Así es la vida!

1. ¿En qué año fue candidato a presidente Pérez?
   En 2006.

2. ¿Crees que es conservador o liberal? ¿Por qué?
   Liberal. Promete más ayuda social.

3. ¿Cuáles son sus promesas económicas?
   Reducirá los impuestos y aumentará los empleos.

4. ¿Es posible hacer todo lo que promete?
   Answers will vary.

5. ¿Votarías por él? ¿Por qué?
   Answers will vary.

15-22 En otras palabras. Empareja las expresiones con su definición o con el ejemplo correspondiente.

MODELO: los impuestos
d. en los EE.UU. los pagamos para el 15 de abril

1. __d__ los impuestos
2. __a__ la alcaldesa
3. __f__ el juez
4. __g__ la inflación
5. __b__ los contrincantes
6. __i__ el deber
7. __c__ los programas sociales
8. __e__ la dictadura
9. __j__ la drogadicción
10. __h__ la monarquía

a. encabeza (heads) el gobierno municipal
b. personas que compiten en las elecciones
c. programas para las personas necesitadas
d. en los EE.UU. los pagamos para el 15 de abril
e. el control del gobierno por una persona sin aceptar oposición
f. preside en una corte
g. se produce cuando los precios siempre están subiendo
h. el jefe del gobierno es miembro de una familia real
i. lo que hay que hacer
j. el no poder dejar de usar sustancias nocivas (harmful)

Audioscript for 15-24.

Compañeros y amigos:

Lo que necesitamos es un presidente honrado. Dice mi contrincante que es el candidato del pueblo, pero no es verdad. Nunca ha trabajado con sus propias manos. Nunca ha tenido un empleo fijo. Nunca ha tenido que mantener a una familia. Yo sí soy un hombre del pueblo. Trabajo catorce horas al día para mantener a mi esposa y a mis cinco hijos. ¡Mi contrincante ni está casado! Si gano las elecciones, yo les aseguro que cumpliré con las siguientes promesas:

Todos los ciudadanos podrán tener una casa adecuada.

Eliminaré el desempleo.

Aumentaré el presupuesto para la educación.

Meteré a todos los políticos deshonestos a la cárcel.

Recuerden mi lema: "Si quieren un presidente honrado, voten por Maldonado". Gracias.

Expansion of 15-26.

Have students post their slogans on the class *Listserv* or bulletin board and vote on the most convincing or clever slogan.

15-23 Una campaña política. Completa la plataforma de Julián Pérez con los verbos apropiados. *Answers will vary.*

apoyar	combatir	cumplir	mejorar
ayudar	controlar	eliminar	resolver

LES ASEGURO QUE VOY A...

1. ___resolver___ el problema del desempleo.
2. ___controlar___ la inflación.
3. ___combatir___ los problemas del medio ambiente.
4. ___apoyar___ a la familia.
5. ___eliminar___ la drogadicción.
6. ___mejorar___ el sistema de educación.
7. ___ayudar___ a las minorías.
8. ___cumplir___ todas mis promesas.

 15-24 ¡Voten por mí! Escucha el discurso de otro candidato. Mientras escuchas el discurso, indica sus calificaciones y su plataforma política.

CD 3, Track 35

	SÍ	NO	
1.	X	____	casado
2.	X	____	con hijos
3.	____	X	rico
4.	X	____	trabajador
5.	X	____	Va a dar una casa a todos los ciudadanos.
6.	____	X	Va a reducir la inflación.
7.	X	____	Va a aumentar la tasa de empleo.
8.	X	____	Va a apoyar la educación.
9.	____	X	Va a proteger el medio ambiente.
10.	X	____	Va a resolver el problema de los políticos deshonestos.

 15-25 Para ser candidato/a. Hablen de las cualidades importantes de un/a presidente/a o de un/a primer/a ministro/a. Hagan una lista de las cualidades en orden de importancia y compárenla con la de otros estudiantes de la clase.

 15-26 Un lema. Imagínense que uno/a de ustedes es candidato/a para el Congreso. Preparen un lema y una plataforma para su campaña y, después, preséntenselos a la clase.

MODELO: **El poder es el pueblo.**

15-27A Entrevista a un/a candidato/a. Imagínate que eres reportero/a y que tu compañero/a es candidato/a a la presidencia. Trata de conseguir toda la información posible sobre su plataforma. Estudiante B, por favor ve al **Apéndice 1,** página A19.

1. ¿Cómo piensa resolver el problema de la economía?
2. ¿Nos puede explicar su posición sobre el seguro social?
3. ¿Quién será su candidato para vicepresidente/a?
4. ¿Cómo va a resolver el tráfico de drogas?
5. ¿Por qué quiere usted ser presidente/a?

¡Así lo hacemos! Estructuras

3. *Se* for unplanned occurrences

15-28 to 15-31

- In order to describe an involuntary or unplanned event, Spanish frequently uses **se** in conjunction with the third-person singular or plural of the verb. The action is not viewed as being carried out by someone but rather as happening to someone. Hence, that someone is an indirect object, and an indirect object pronoun is used.

  Se me perdió el discurso.   *My speech got lost.*
  Se les quedaron las estadísticas   *Their statistics were left behind*
  en casa.   *at home.*

- Where English uses the possessive adjective, Spanish uses the definite article since possession is indicated by the indirect object pronoun. The preposition **a** + *noun* or *pronoun* may be added for clarity or emphasis.

  ¿A ustedes se les olvidó la tarea   *You forgot your homework*
  otra vez?   *again?*
  Al senador se le perdieron los   *The senator lost his papers.*
  papeles.

Se me perdió el discurso.

RECURSOS

| PowerPoint 15-G3 | Additional Practice Activities |

Aplicación

15-28 Todo le fue mal a Alejandro. En las elecciones para presidente de Chile, hubo varios candidatos. Alejandro Vega fue uno a quien todo le fue mal. Lee lo que le pasó y contesta las preguntas siguientes.

En 2006, los votantes de Chile tuvieron elecciones para decidir quién sería presidente o presidenta. En diciembre, había tres candidatos fuertes, y otros mucho menos. De éstos, Alejandro Vega tuvo muy mala suerte en todo lo que hizo. Por ejemplo, el día de la reunión política, se le olvidó el discurso en casa y su presentación estuvo muy desorganizada. Se preparó muy bien para el debate con sus contrincantes, pero se le perdieron las instrucciones de donde iba a tener lugar. Además, aunque su esposa lo iba a acompañar al debate, a Alejandro se le olvidó pasar por ella en su oficina y ella se puso furiosa. Una vez en el debate, se le cayeron los apuntes y cuando fue a recogerlos, se le cayeron las gafas y se le rompieron. Por eso, no pudo leer lo que tenía escrito. Después del debate, cuando iba a su casa, lo detuvo la policía. Cuando le pidió el permiso de conducir, se dio cuenta que se le había quedado en casa. El policía lo llevó a la cárcel y tuvo que pasar allí toda la noche. Por eso, allí mismo Alejandro decidió que ésa sería su última campaña política.

1. ¿Por qué no tenía su discurso en la reunión política?
   No tenía su discurso porque se le quedó en casa.

2. ¿Por qué llegó tarde al debate?
   Llegó tarde porque se le perdieron las instrucciones.

3. ¿Cómo estuvo su discurso?
   Su discurso estuvo desorganizado.

4. ¿Por qué no pudo leer sus apuntes?
   Porque se le cayeron los apuntes y se le rompieron las gafas.

5. ¿Por qué se molestó su esposa?
   Porque se le olvidó recogerla.

6. ¿Qué le pasó cuando iba a su casa?
   Lo detuvo un policía.

7. En tu opinión, ¿por qué no ganó las elecciones?
   Answers will vary.

15-29 ¡Pobre Alejandro! Ahora identifica todas las acciones imprevistas que le ocurrieron a Alejandro y cuenta su historia desde su punto de vista.

MODELO: A Alejandro se le quedó el discurso en casa.
   Alejandro dice: *Ay, ¡se me quedó el discurso en casa!*

15-30 Sucesos imprevistos. Combina elementos de cada columna para describir seis acciones que ocurrieron. Explica lo que pasó, usando el **se** no imprevisto.

MODELO: caerse
   Al candidato se le cayeron los papeles.

Answers to 15-29.

¡Se me quedó el discurso en casa! ¡Se me perdieron las instrucciones! ¡Se me olvidó recoger a mi esposa! ¡Se me cayeron los apuntes! ¡Se me rompieron las gafas! ¡Se me quedó el permiso de conducir en casa!

al presidente	perderse	la fecha de la reunión
a la congresista	caerse	el informe en casa
a mí / a ti	quedarse	los apuntes para la reunión
a nosotros	olvidarse	el disco duro de la computadora
a la jueza	romperse	los carteles políticos
a los senadores	ocurrirse	la presentación para la reunión

15-31 Fue sin querer. Túrnense para preguntarse sobre lo que les ha ocurrido sin querer en el pasado.

1. ¿Se te olvidó algo hoy?
2. ¿Se te ha roto algún objeto últimamente?
3. ¿Se te han perdido algunas cosas en estos días?
4. ¿Se te quedó el permiso de conducir en casa alguna vez?
5. ¿Se te rompieron las gafas alguna vez?
6. ¿Se te caían objetos de las manos cuando eras pequeño/a?

 15-32 Excusas. ¿Qué dicen ustedes para disculparse en estas situaciones? Representen algunas de las situaciones a continuación.

MODELO: E1 (**PROFESOR**): ¿Dónde está la tarea?
E2 (**ESTUDIANTE**): ¡Ay! ¡Se me quedó en casa esta mañana!

> se me quedó/quedaron   se me olvidó/olvidaron   se me rompió/rompieron
>
> se me perdió/perdieron   se me cayó/cayeron

1. **PROFESORA:** ¿Por qué no tiene el libro abierto en el Capítulo 15?
2. **BIBLIOTECARIO:** No encontramos los libros que usted sacó hace tres meses.
3. **DUEÑO DEL APARTAMENTO:** No recibí su alquiler (*rent*) este mes.
4. **POLICÍA:** Se prohíbe estacionar (*park*) el coche aquí.
5. **CAMARERO:** Aquí tiene la cuenta.
6. **JUEZ:** ¿Por qué estaba usted en la calle a las tres de la mañana?
7. **JEFE:** Busco el artículo que usted escribió.
8. **AMIGO:** ¿Dónde está el suéter que te llevaste ayer?
9. **PROFESOR:** Usted recibió una nota muy baja en el último examen.
10. **DEPENDIENTE:** No entiendo por qué esta lámpara no funciona.

 ## 4. The passive voice

 15-32 to 15-36

Spanish and English both have active and passive voices. In an active voice construction, the subject of the sentence is the doer of the action.

Óscar Arias fundó el Centro para la Paz.	*Óscar Arias founded the Center for Peace.*
Los dos bandos hicieron la guerra.	*The two sides waged war.*

La pirámide fue construida por los mayas en . . .

■ In the passive voice, the agent of the action can be expressed in a prepositional phrase most often introduced by **por**.

El Centro para la Paz fue fundado **por** Óscar Arias.	*The Center for Peace was founded by Óscar Arias.*
La guerra fue hecha **por** los dos bandos.	*The war was waged by the two sides.*

Implementation of *The passive voice.*

Prepare four or five messages on paper for students. In the messages give students a time and instructions for things to do in class, e.g., get up and shut the door, get up and close the instructor's book, get up and open a window, etc. Space each action a few minutes apart. After the last student has completed his or her task, prepare the following on the board or a transparency and ask students to respond and explain. *La puerta fue cerrada por… La ventana fue abierta por… Mi libro fue cerrado por…*

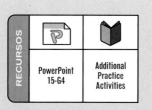

RECURSOS

PowerPoint 15-G4

Additional Practice Activities

Implementation of *The passive voice.*

Contrast and analyze with students the three possible constructions discussed, using a controlled example. E.g., 1a) *Tres países firmaron un acuerdo.* (= the active voice, where the agent occupies the subject position, and the patient occupies the direct object position); 1b) *Un acuerdo fue firmado por tres países.* (= the passive voice, where the patient occupies the subject position, and the agent occupies the position of object of a preposition, indicating that the agent's identity is relevant or important to know); 1c) *Se firmó un acuerdo. / Un acuerdo se firmó.* (= the passive *se*, where the patient occupies the subject position, and the agent is not expressed, either because it is unknown or for some reason irrelevant). Create a similar trio of sentences for students to analyze on their own, or provide a few active sentences for students to transform into the passive voice and the passive *se.*

- The passive voice construction in Spanish is very similar to English. The direct object of the active sentence becomes the subject of the verb **ser. Ser** is followed by the *past participle* of the active verb. The past participle agrees in gender and number with the subject because it is used as an adjective.

ACTIVE VOICE

El congreso **aprobó la abolición** del ejército panameño en 1994.	*The congress approved the abolition of the Panamanian army in 1994.*

PASSIVE VOICE

La abolición del ejército panameño **fue aprobada** por el Congreso en 1994.	*The abolition of the Panamanian army was approved by Congress in 1994.*

ACTIVE VOICE

La sociedad civil **ha tratado** muy mal a **las mujeres** centroamericanas.	*Civil society has treated Central American women very poorly.*

PASSIVE VOICE

Las mujeres centroamericanas **han sido tratadas** muy mal por la sociedad civil.	*Central American women have been treated very poorly by civil society.*

- Generally the passive voice is used less frequently in spoken language in Spanish than in written narratives and documents.

EXPANSIÓN **More on structure and usage**

Passive *se*

Remember that in **Capítulo 8** you learned that if the subject of the passive voice statement is an object and the agent is not expressed, the pronoun **se** is more commonly used than the passive voice.

Se cerró la fundación.	*The foundation was closed.*
Se abrieron los centros.	*The centers were opened.*

Answers to 15-33.

R	*voz pasiva*	*H*
Una exposición	fue inaugurada	el Museo de Arte Contemporáneo de Panamá
El drama de la violencia en Colombia	es expresado	hombres y mujeres gordos
Hombres y mujeres regordetes	son abatidos	las balas
La colección	fue traída	la galerista Carmen Alemán
La colección	fue llevada	los directores de la colección

Aplicación

15-33 Botero lleva "la violencia" a Panamá. Lee el artículo siguiente sobre una exposición importante. Después subraya las oraciones en voz pasiva y explica en cada caso quien hizo (**H**) la acción y quién(es) la recibieron (**R**).

MODELO: La exposición <u>fue organizada</u> por <u>la directora</u> del museo.
        R   ser + participio   **H**
                    pasado

Expansion of 5-33.
After students identify and analyze examples of the passive voice found in the reading passage, have them also identify and analyze other related structures found in it, such as the active voice (e.g., *Incluye cuadros, El Museo tuvo que hacer cambios*), the passive *se* (e.g., *se inauguró, se exhibían, se exhibirá*), and *estar* + past participle in the function of adjective, which expresses a resultant state (e.g., *está compuesta*).

Una exposición del pintor colombiano se inauguró la semana pasada

19 de marzo de 2006

PANAMÁ (AP).— Una exposición de 50 pinturas y dibujos del pintor colombiano Fernando Botero fue inaugurada por el Museo de Arte Contemporáneo de Panamá, en la que el drama de la violencia en Colombia es expresado por hombres y mujeres gordos.

La colección *La violencia en Colombia* está compuesta por 23 óleos y 27 dibujos que Botero donó al Museo Nacional de Colombia.

Incluye cuadros como *Masacre en Colombia,* un óleo sobre tela, en el que hombres y mujeres regordetes son abatidos por las balas *(bullets),* y otro titulado *Mujer llorando,* que muestra una mujer voluptuosa desnuda en llanto *(tears)* con las manos sobre la cara.

La colección fue traída al país por la galerista Carmen Alemán. Ella comentó que era la primera vez que se exhibían obras de Botero en Panamá.

"Es una oportunidad para que el pueblo panameño mire las expresiones

Un cuadro de Botero en la exposición de Panamá

artísticas del pintor", dijo la embajadora de Colombia en Panamá Gina Benedetti durante la inauguración el martes por la noche. Benedetti dijo que el presidente colombiano Álvaro Uribe "viene haciendo una lucha frontal contra el terrorismo".

El Museo de Arte Contemporáneo tuvo que hacer cambios relativos a la humedad, aire acondicionado, iluminación y reforzar el sistema de seguridad para albergar la obra de Botero, que se exhibirá hasta el 30 de abril.

La colección ya fue llevada a ciudades de la provincia colombiana como Barranquilla, Manizales y Medellín, así como a Quito, Ecuador. ◼

15-34 ¿Qué sucedió? Vuelve a leer el artículo de la actividad **15-33** y contesta las siguientes preguntas.

1. ¿Qué se organizó?
   Se organizó una exposición.

2. ¿Dónde tuvo lugar?
   Tuvo lugar en Panamá.

3. ¿Quién es Fernando Botero?
   Es un conocido pintor colombiano.

4. ¿Cuál es el tema de la exposición?
   Es la violencia.

5. ¿Cómo son las personas representadas?
   Son personas gordas.

6. ¿Has visto otras piezas de Botero? ¿Cuál era el tema?
   Answers will vary, but also tell students to refer to Capítulo 9 *and* Capítulo 14.

La Moneda, el palacio presidencial de Chile

15-35 Guía. Completa las siguientes oraciones de la guía del Palacio de la Moneda (el palacio presidencial) de Chile con la construcción pasiva. Usa el pretérito del verbo **ser.**

MODELO: El Palacio de la Moneda (visitar) _fue visitado por_ miles de turistas el año pasado.

1. Estos retratos (pintar) _fueron pintados por_ grandes pintores.
2. Estos muebles (hacer) _fueron hechos por_ un famoso diseñador del siglo XIX.
3. Estos libros (escribir) _fueron escritos por_ escritores españoles.
4. Esta carta (firmar) _fue firmada por_ Michele Bachelet.
5. Este discurso (escribir) _fue escrito por_ Salvador Allende.
6. Estos platos (regalar) _fueron regalados por_ el rey de España.
7. Este bolígrafo (usar) _fue usado por_ Michele Bachelet para firmar su primera ley.

15-36 En tu ciudad. Escribe una guía de tu ciudad o de otra ciudad interesante en la que incluyas cinco lugares de interés. Usa la voz pasiva para contestar estas preguntas. Preséntale tu guía a la clase.

1. ¿Por quién fue diseñado/a (construido/a)?
2. ¿Para quién(es) fue construido/a?
3. ¿Por cuántas personas es visitado/a cada año?
4. ¿Es conocido/a en otras partes?

5. *Pero* or *sino*

15-37 to 15-39

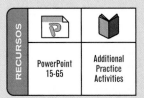

■ The conjunction *but* is usually expressed in Spanish by **pero.**

Quiero ser representante **pero** un buen representante.	*I want to be a representative but a good representative.*
Los impuestos son necesarios, **pero** no me gustan.	*Taxes are necessary, but I don't like them.*

■ When *but* means *on the contrary* or *but rather*, use **sino. Sino** always follows a negative statement and introduces the correction (an affirmative statement) or contradiction. If the correction is a word or phrase, simply use **sino.** If the correction includes a subject and verb, use **sino que.**

No quiero hablar con el juez **sino** con el senador.	*I don't want to speak with the judge but (rather) with the senator.*
El candidato no va a dar un discurso, **sino que** prefiere tener una mesa redonda con varios ciudadanos.	*The candidate is not going to give a speech, but rather he prefers to have a round table with several citizens.*

Aplicación

15-37 El *pero* y el *sino* de los incas. Lee el párrafo sobre la civilización inca y subraya las conjunciones **pero** y **sino**. Después, explica por qué se usa cada una.

De todas las importantes civilizaciones de la edad de Bronce, la inca es la única que aparentemente no tenía un sistema de escritura, lo que les extraña mucho a los antropólogos. Es verdad que dejaron muestras de una civilización bien avanzada en su arquitectura, su tecnología, sus ciudades y en sus instituciones políticas, pero no en su escritura. Pero aún si no escribían, tenían un sistema complejo para comunicarse. No usaban palabras escritas, sino cuerdas anudadas (*knotted strings*) que se llamaban **quipus.** Los nudos representaban números para mantener cuentas y el censo. Ahora, algunos antropólogos creen que representaban, no sólo números, sino que también algunos comunicaban historias y narrativas. Es posible que estos **quipus** nos revelen más secretos del imperio inca. Pero, desafortunadamente, muchos de los **quipus** fueron destruidos por los españoles en los años después de la conquista en 1532.

Source: JFelipe Guaman Poma de Ayala: Neuva coronica y buen gobierno (1615), page 337 of the autograph manuscript GKS 2232 4to. Courtesy of The Royal Library, Copenhagen. Complete digital facsimile: www.kb.dk/elib/mss/poma/

Answers to 15-37.

pero no en su escritura (*but*), Pero aún (*but*), sino cuerdas (*but instead*), sino que también (*but rather*), Pero (*but*)

15-38 La comunicación entre los incas. Vuelve a leer el texto de la actividad **15-37** y contesta las siguientes preguntas.

1. ¿Por qué se considera avanzada la civilización inca? Se considera avanzada por su arquitectura, su tecnología, sus ciudades y sus instituciones políticas.

2. ¿Qué elemento de una civilización avanzada no practicaban? No practicaban la escritura.

3. ¿Para qué servía un **quipu**? Servía para mantener las cuentas y el censo.

4. ¿Qué hipótesis ha surgido (*emerged*) recientemente? Además de números, comunicaban historias y narrativas.

5. ¿Por qué es difícil comprobar esta hipótesis? Porque muchos de los quipus fueron destruidos por los españoles.

6. ¿Qué opinas tú sobre esta posibilidad? Answers will vary.

 15-39 Más sobre los quipus. Conéctate con la página web de **¡Arriba!** para leer más sobre el **quipu** y explica tu respuesta al número 6 de la actividad **15-38**.

15-40 Asesores políticos. Imagínense que ustedes van a planear las estrategias de su candidato/a. Completen cada oración lógicamente usando **pero, sino** o **sino que,** según el contexto.

Modelo: Nuestra candidata, Lourdes Abascal, quiere ganar las elecciones…
    … *pero no sabe si tiene el apoyo del pueblo.*

1. Quiere reducir la inflación…

2. No quiere que las mujeres trabajen fuera de la casa…

3. Espera nombrar a otra mujer para la Corte Suprema…

4. Dice que es feminista…

5. No quiere apoyar los programas del presidente…

6. No le gusta la plataforma conservadora…

7. Espera establecer más programas sociales…

8. No quiere reducir los impuestos…

 15-41 Un debate político. Formen dos equipos (uno a favor y el otro en contra) para debatir estos asuntos. Traten de incluir **pero** y **sino** en sus discusiones.

1. Debemos invertir recursos para disminuir la tasa de desempleo en los centros urbanos.

2. Debemos tener seguro médico para todos.

3. No debemos meternos en las guerras de otros países.

 15-42 Su plataforma. Imagínense que ustedes son candidatos/as para la presidencia y vicepresidencia del país. Construyan su plataforma para presentársela a la clase.

MODELO: *Queremos tener buenas relaciones diplomáticas con nuestros vecinos, pero…*

¿Cuánto sabes tú? *Can you…*

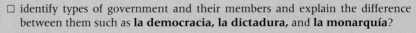

15-40 to 15-43

☐ identify types of government and their members and explain the difference between them such as **la democracia, la dictadura,** and **la monarquía**?

☐ use **se** to show that something happened accidentally such as **se me perdieron las llaves** or **se nos olvidó la tarea**?

☐ recognize and use the passive voice in written speech such as **la exposición fue organizada por la directora del museo** or **los políticos fueron identificados por la prensa**?

☐ distinguish between **pero** and **sino (que),** as in **el candidato no es rico** *sino* **pobre** or **el presidente quiere promover la paz,** *pero* **necesita el apoyo del congreso**?

RECURSOS

In-class Communicative Projects

Observaciones

 ¡Pura vida! Episodio 15

En este episodio Marcela y Patricio acaban de asistir a un congreso internacional.

Antes de ver el video

15-43 La Fundación Rigoberta Menchú Tum (FRMT). Aquí tienes información sobre la fundación que lleva el nombre de la activista Rigoberta Menchú. Lee el párrafo siguiente y escribe tres preguntas que pueden contestarse de la lectura:

Según su página en la Red, la FRMT es "la plataforma institucional de Rigoberta Menchú Tum que garantiza la realización y ejecución de los planes, programas y acciones a favor de los derechos humanos, de los derechos de los pueblos indígenas y de los aportes (*contributions*) a la solución política de los conflictos mediante el diálogo, las negociaciones y los acuerdos de paz. La Sra. Rigoberta Menchú Tum, ganadora del Premio Nobel de la Paz, mujer indígena y sobreviviente del genocidio en Guatemala, y la Fundación con su plataforma de acción institucional, buscan generar procesos para impulsar UN CÓDIGO DE ÉTICA PARA UNA ERA DE PAZ como contribución a la humanidad."

> **CÓDIGO DE ÉTICA PARA UN MILENIO DE PAZ**
> No hay paz sin justicia;
> No hay justicia sin equidad;
> No hay equidad sin desarrollo;
> No hay desarrollo sin democracia;
> No hay democracia sin respeto a la
> identidad de las culturas y los pueblos.

Rigoberta Menchú

A ver el video

15-44 El congreso. Mira el episodio número quince de *¡Pura vida!* para saber más sobre las ideas de Rigoberta Menchú. Después identifica cuatro temas que se incluyen en el congreso.

Marcela y Patricio hablan de la política.

Cristina

¿Y Felipe?

Después de ver el video

15-45 Tu punto de vista Prepara una lista con algunos aspectos positivos y otros negativos, relacionados con la globalización. ¿Estás a favor o en contra (*for or against*)?

MODELO:	Aspectos positivos	Aspectos negativos
	Crea oportunidades de trabajo, como por ejemplo, en las maquiladoras.	

RECURSOS

IRM
Video Script

Implementation of 15-43.
This reading passage consists of long sentences. Point out to students that this is a common characteristic of formal writing in Spanish. Help students parse the sentences by breaking them down into their component phrases as a class.

Implementation of 15-45.
First have students work alone to formulate their own ideas and opinions in Spanish. Then ask them to form groups of three to four students to present and discuss their views. Finally, in a whole-class format, have volunteers present some highlights from their group discussions.

NUESTRO MUNDO

Panoramas

 La herencia indígena

Vistas culturales

15-46 ¿Ya sabes...? Explica o identifica lo siguiente.

15-48 to 15-49

1. una fecha que se celebra dos días después de la celebración norteamericana de *Halloween*
   Se celebra el Día de los Muertos.

2. lenguas indígenas que aún se hablan en Centro y Sudamérica
   Se hablan el quechua, el aymara, el guaraní, el náhuatl y el maya.

3. culturas indígenas que existían en México
   Los mayas, los olmecas y los aztecas

4. la cultura indígena que asociamos con los Andes
   Los incas

5. culturas indígenas que mantenían calendarios
   Los olmecas y los aztecas

Los pueblos indígenas han contribuido mucho a la cultura que ahora llamamos hispanoamericana. Representan una variedad de culturas que todavía conservan aspectos de su herencia lingüística, artística, agrícola y arqueológica.

Muchos idiomas que se hablaban en las Américas cuando llegaron los españoles todavía existen. Algunos de los más importantes son el quechua (de los incas), el aymara (del pueblo del sur del Paraguay, Bolivia y parte de Chile), el guaraní (del Paraguay), el náhuatl (de México) y el maya (de Guatemala y México). Las siguientes imágenes e información son una pequeña muestra de la gran herencia de algunas de las civilizaciones indígenas.

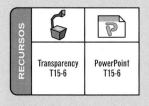

RECURSOS

Transparency T15-6

PowerPoint T15-6

Muchas antiguas civilizaciones han usado la tradición oral para transmitirles sus leyendas y conocimientos (*knowledge*) sobre la creación a las futuras generaciones. Los mayas también usaban jeroglíficos (*hieroglyphics*) para grabar las historias y las leyendas de su pueblo.

Los mayas dominaban el sur de México y partes de Centroamérica, especialmente Guatemala. Se distinguieron por su avanzado sistema de irrigación, por su arquitectura, por su conocimiento de los astros y por su sistema de escritura. Los guerreros mayas practicaban un juego semejante a nuestro baloncesto. El factor que distingue el juego maya es que el ganador del partido recibía el honor de ser sacrificado.

Los aztecas le daban gran importancia al tiempo y mantenían dos calendarios. El de 365 días, *xihuitl*, era el calendario solar y agrícola. Se componía de dieciocho meses de veinte días cada uno, más cinco días inútiles al final del año. El otro calendario se usaba para predecir el futuro. El idioma náhuatl contribuyó con muchas palabras al léxico español; por ejemplo, *cacao, chocolate, tomate, cacahuete, chicle* y *tiza*. Este glifo representa el mes de enero.

Las culturas indígenas son especialmente evidentes en las celebraciones. Por ejemplo, en Oaxaca, a finales de julio, se celebra *Guelaguetza*, un festival que honra a los dioses de la fertilidad y la lluvia. Por dos semanas, se puede disfrutar de bailes y música indígenas, fuegos artificiales y platos especiales típicos de la región.

El reino inca cubría partes del Ecuador, el Perú, Bolivia y Chile. De su idioma, el quechua, el léxico español ha incorporado las palabras *pampa, papa* y *coca*. Los incas, como muchos otros indígenas de las antiguas sociedades de Centro y Sudamérica, elaboraron piezas de cerámica que eran bellas y prácticas. También confeccionaron exquisitas joyas de oro.

Los guaraníes dominaban la región que hoy llamamos el Paraguay y parte de la Argentina. Todavía hoy, el Paraguay tiene dos idiomas oficiales: el español y el guaraní.

El Día de los Muertos se celebra el 2 de noviembre. Esa noche la gente acude al cementerio para rezar por el alma de sus familiares difuntos. Aunque la celebración coincide con el calendario cristiano, la manera de celebrarla es típicamente indígena, con sus calaveras (*skulls*), pan de muertos, música y flores moradas, blancas y anaranjadas.

quinientos treinta y uno • **531**

15-47 La herencia indígena. Empareja las costumbres y términos con una cultura indígena.

1. __c__ la papa, la pampa y la coca
2. __a, d__ jeroglíficos
3. __d__ el baloncesto
4. __a__ el Día de los Muertos
5. __a__ un calendario agrícola
6. __d__ un sistema de irrigación
7. __a, d__ festivales para honrar al dios de la lluvia
8. __d__ el estudio de los astros
9. __a__ el chocolate y el tomate
10. __b__ un idioma que se enseña en las escuelas

a. la azteca
b. la guaraní
c. la inca
d. la maya

 15-48 Las contribuciones a nuestra sociedad. Conversen entre ustedes sobre las contribuciones indígenas que consideren de mayor importancia y/o utilidad. Pueden incluir contribuciones científicas, culinarias, lingüísticas, culturales, etcétera. ¿Sobre cuáles de estas contribuciones querrían investigar más?

 15-49 Investigación. Conéctate con la página web de **¡Arriba!** para investigar
WWW más sobre uno de estos grupos: guaraní, azteca, inca o maya. Escribe un párrafo sobre un punto de interés que encuentres.

 Ritmos

 "Tu música popular" (Gilberto Santa Rosa, Puerto Rico)
15-50

En esta canción el famoso salsero, Gilberto Santa Rosa, a quien le llaman "El caballero de la salsa", canta sobre el amor por la música de los países hispanos del Caribe, cuyas influencias incluyen la música africana, española e indígena, entre otras. Santa Rosa ha cantado en conciertos por todo el mundo, incluso en el famoso *Carnegie Hall* en Nueva York.

RECURSOS

Ritmos
Track 15

Antes de escuchar

15-50 Tu música popular. Lee las siguientes estrofas de la letra de "Tu música popular" y escribe por lo menos cinco términos que se relacionen con la música.
Possible answers are: son, cantares, acordes, bomba, guaracha, bolerito

Tu música popular

Cuando canta el corazón la música popular,
se puede apreciar su son siendo puro y natural.
Y escuchar con emoción lo tradicional,
la cadencia de los montes donde nacieron cantares.
Pero hay en otros lugares,
a los acordes de un tres.
Nació el son y desde entonces,
a mí se me van los pies.
Porque tiene distinción,
sí se canta como es.
Canta con el corazón y tú vas a ver.
Canta con el corazón tu música popular. (se repite)
Canta pero canta, canta pueblo que me encanta
cuando tú escuchas mi música y te pones a gozar.
Canta una bomba, una guaracha, un bolerito pa' las muchachas enamorar.
Música con la que mi gente vibra,
la que me toca la fibra para bailar.
...

15-51 ¿Qué significa? Con un/a compañero/a busca en un diccionario o en la Red el significado de las siguientes palabras que tienen que ver con la música hispana: **el son, la bomba, la guaracha, el bolero** y **la salsa.** ¿Cuáles son algunos estilos musicales o algunos bailes de tu país o de la región donde vives que son populares hoy en día? ¿Cuáles son de la época de cuando tus padres eran jóvenes? ¿Y de la época de tus abuelos?

A escuchar

15-52 Describir la canción. Mientras escuchas "Tu música popular" escribe por lo menos cuatro palabras y/o expresiones que se te ocurran para describir la canción, el ritmo, la letra y/o el cantante.

1. _____   3. _____
2. _____   4. _____

Después de escuchar

15-53 Resumen. En grupos de tres, comparen las listas que hicieron en la actividad **15-52.** Usen su información para escribir un breve párrafo que resuma la canción. Pueden usar las siguientes preguntas como guía.

- ¿Quién es el narrador?
- ¿A quién(es) canta(n)?
- ¿Cuál es el tema?
- ¿Qué cosas menciona y por qué?

Note on *Páginas*.

According to the author, Francisco Jiménez, this story is representative of many of the stories of migrant workers who cross the border in search of the American dream. Despite U.S. government efforts to tighten the border and the inherent danger involved in the journey, the number of undocumented immigrants has not fallen in recent years. The dangers also remain; there has been an average of over 500 deaths along the U.S.–Mexican border annually since 1998. These numbers grow each year as more immigrants risk their lives to make the arduous trek through the arid U.S. Southwest.

15-54 La vida de un cantante. Completa los siguientes párrafos de una entrevista del cantante Gilberto Santa Rosa con **que, quien, quienes** o **lo que,** según el caso.

1. ___Lo que___ me encanta de ser músico es cantar en público y conocer a mis aficionados. Creo que a mis aficionados les gusta todo 2. ___lo que___ tengo en mi música: los ritmos, la letra y la instrumentación. Mis aficionados, 3. ___quienes___ siguen asistiendo a mis conciertos año tras año, son muy importantes para mí. Es por ellos 4. ___que___ puedo seguir como artista y 5. ___que___ tengo tanto éxito. Estoy muy agradecido de 6. ___que___ me apoyen con tanto amor. A la gente hispana, con 7. ___quien___ comparto el amor por la música, le encanta la salsa tanto como a mí. El bongó y la conga, algunos de los instrumentos 8. ___que___ se tocan en mis canciones, les añaden un sabor afrocaribeño. No importa que sea son, salsa, bolero o bomba; 9. ___lo que___ importa es la expresión creativa y la música.

Páginas

 "Bajo la alambrada" (Francisco Jiménez, México)

15-51

Francisco Jiménez (1943–) nació en Tlaquepaque, un pueblito cerca de la ciudad de Guadalajara, México. Cuando tenía cinco años de edad, su familia decidió dejar su pueblo e irse en busca de una vida mejor en California, donde según las películas, "la gente barre el dinero de las calles". La colección *Cajas de cartón* relata episodios de la vida de Panchito, un hijo de trabajadores migratorios que siguen la cosecha de fruta, legumbres y algodón. Aunque era una vida increíblemente dura para la familia, la bondad de algunas de las personas que conocieron en su búsqueda, les animaba a seguir trabajando para realizar su sueño. Ahora, el señor Jiménez es profesor de español en la Universidad de Santa Clara, California, donde sigue dando voz a las experiencias de muchas familias que buscan el sueño americano. En 2002, la *Carnegie Foundation for the Advancement of Teaching* lo seleccionó "profesor del año". "Bajo la alambrada" es el primer cuento de la colección.

Antes de leer

15-55 La autobiografía. La autobiografía se narra en primera persona (**yo**) y la información depende de lo que sabe el narrador. Este cuento se ve a través de los ojos del niño. Busca información en los primeros párrafos sobre la vida del narrador en México. ¿Cómo esperaba la familia que cambiara su vida cuando fueran a California? ¿Alguna vez, especialmente de niño/a, querías algo imposible de obtener?

A leer

15-56 La generosidad. Cuando leas este cuento, piensa en el concepto de la generosidad. ¿Qué actos de generosidad ven el niño y su hermano Roberto?

"Bajo la alambrada"

La frontera es una palabra que yo a menudo escuchaba cuando, siendo un niño, vivía allá en México, en un ranchito llamado El Rancho Blanco, enclavado entre lomas secas y pelonas (*dry and barren hills*), muchas millas al norte de Guadalajara. La escuché por primera vez a fines de los años cuarenta, cuando Papá y Mamá nos dijeron a mí y a Roberto, mi hermano mayor, que algún día íbamos a hacer un viaje muy largo hacia el norte, cruzar la frontera, entrar en California y dejar atrás para siempre nuestra pobreza. Yo ni siquiera sabía exactamente qué cosa era California, pero veía que a Papá le brillaban los ojos siempre que hablaba de eso con Mamá y sus amigos. —Cruzando la frontera y llegando a California, nuestra vida va a mejorar—, decía siempre. Roberto, que era cuatro años mayor que yo, se emocionaba mucho cada vez que Papá hablaba del mentado (*much anticipated*) viaje a California. A él no le gustaba vivir en El Rancho Blanco, aún menos le gustó después de visitar en Guadalajara a nuestro primo Fito, que era mayor que nosotros. Fito se había ido de El Rancho Blanco. Estaba trabajando en una fábrica de tequila y vivía en una casa con dos recámaras (alcobas), que tenía luz eléctrica y un pozo (*well*). Le dijo a Roberto que él, Fito, ya no tenía que madrugar levantándose, como Roberto, a las cuatro de la mañana para ordeñar (*milk*) las cinco vacas. Ni tenía que ir a buscar agua al río, ni dormir en piso de tierra, ni usar velas para alumbrarse (*give light*). Desde entonces, a Roberto solamente le gustaban dos cosas de El Rancho Blanco: buscar huevos de gallina y asistir a misa (*mass*) los domingos. A mí también me gustaba buscar huevos e ir a misa. Pero lo que más me gustaba era oír contar cuentos. Mi tío Mauricio, el hermano de Papá, solía llegar con su familia a visitarnos por la noche, después de la cena. Entonces nos sentábamos todos alrededor de la fogata (*fire*) y nos poníamos a contar cuentos mientras desgranábamos las mazorcas de maíz (*we shelled the ears of corn*).

En una de esas noches, Papá hizo el gran anuncio: íbamos por fin a hacer el tan ansiado (*much desired*) viaje a California, cruzando la frontera. Pocos días después, empacamos nuestras cosas en una maleta y fuimos en camión hacia Guadalajara para tomar allí el tren. Papá compró boletos para un tren de segunda clase. Yo nunca había visto antes un tren. Lo veía como un montón de chocitas (*little huts*) metálicas, ensartadas en una cuerda (*strung together*). Subimos al tren y buscamos nuestros asientos. Yo me quedé parado mirando por la ventana. Cuando el tren empezó a andar, se sacudió (*it shook*) e hizo un fuerte ruido (*noise*), como miles de botes (*cans*) chocando unos contra otros. Yo me asusté y estuve a punto de caerme. Papá me agarró en el aire y me ordenó que me estuviera sentado. Me puse a mover las piernas, siguiendo el movimiento del tren. Roberto iba sentado frente a mí, al lado de Mamá, y en su cara se pintaba una sonrisa grande.

Viajamos por dos días y dos noches. En las noches, casi no podíamos dormir. Los asientos de madera eran muy duros y el tren hacía ruidos muy fuertes, soplando su silbato (*whistle*) y haciendo rechinar (*squeak*) los frenos. En la primera parada a la que llegamos, yo le pregunté a Papá: —¿Aquí es California?

—No mi'jo, todavía no llegamos —me contestó con paciencia—. Todavía nos faltan muchas horas más.

Me fijé que Papá había cerrado los ojos. Entonces me dirigí a Roberto y le pregunté: —¿Cómo es California? —No sé —me contestó—; pero Fito me dijo que ahí la gente barre el dinero de las calles.

Implementation of *Páginas*.
Have students scan the first few paragraphs to answer these questions. *¿Cuántos años tendría el niño narrador? ¿Dónde vivían al comienzo del relato? ¿Cuántas personas había en la familia? ¿Cuál era el sueño del padre? ¿Cómo se diferenciaba la vida en El Rancho Blanco de la de Fito, el tío del niño? ¿Qué tenían que hacer los niños todos los días?*

—¿De dónde sacó Fito esa locura? —preguntó Papá— abriendo los ojos y riéndose.

—De Cantinflas (actor cómico mexicano) —aseguró Roberto—. Dijo que Cantinflas lo había dicho en una película.

—Ése fue un chiste de Cantinflas —respondió Papá siempre riéndose—. Pero es cierto que allá se vive mejor.

—Espero que así sea —dijo Mamá. Y abrazando a Roberto agregó— Dios lo quiera.

Cuando el tren se detuvo en Mexicali, Papá nos dijo que nos bajáramos. —Ya casi llegamos —dijo mirándome. Lo seguimos hasta que llegamos a un cerco de alambre (*wire fence*). Según nos dijo Papá, ésa era la frontera. Él nos señaló la alambrada gris y nos aclaró que del otro lado estaba California, ese lugar famoso, del que yo había oído hablar tanto. A ambos lados de la cerca había guardias armados que llevaban uniformes verdes. Papá les llamaba "la migra" y nos explicó que teníamos que cruzar la cerca sin que ellos nos vieran.

Ese mismo día, cuando anocheció (se hizo de noche), salimos del pueblo y nos alejamos varias millas caminando. Papá, que iba adelante, se detuvo, miró todo alrededor para asegurarse de que nadie nos viera y se arrimó (se acercó) a la cerca. Nos fuimos caminando a la orilla (*edge*) de la alambrada hasta que Papá encontró un hoyo (*hole*) pequeño en la parte de abajo. Se arrodilló y con las manos se puso a cavar (*dig out*) el hoyo para agrandarlo. Entonces nosotros pasamos a través de él, arrastrándonos (*slithering*) como culebras. Un ratito después, nos recogió una señora que Papá había conocido en Mexicali. Ella había prometido que, si le pagábamos, iba a recogernos en su carro y llevarnos a un lugar donde podríamos encontrar trabajo. Viajamos toda la noche en el carro que la señora iba manejando. Al amanecer llegamos a un campamento de trabajo cerca de Guadalupe, un pueblito en la costa. Ella se detuvo en la carretera, al lado del campamento. —Éste es el lugar del que les hablé —dijo cansada—. Aquí encontrarán trabajo pizcando (pizcar: *to pick* [Mex.]) fresa.

Papá descargó la maleta de la cajuela (*trunk*), sacó su cartera y le pagó a la señora. —Nos quedan nomás siete dólares —dijo, mordiéndose el labio. Después de que la señora se fue, nos dirigimos al campamento por un camino de tierra, flanqueado con árboles de eucalipto.

Esa noche dormimos bajo los árboles de eucalipto. Juntamos unas hojas que tenían un olor a chicle, y las apilamos para acostarnos encima de ellas. Roberto y yo dormimos entre Papá y Mamá.

A la mañana siguiente, me despertó el silbato de un tren. Por una fracción de segundo, me pareció que todavía íbamos en el tren rumbo a California. Echando un espeso chorro (*thick stream*) de humo negro, el tren pasó detrás del campamento. Viajaba a una velocidad mucho mayor que el tren de Guadalajara. Mientras lo seguía con la mirada, oí detrás de mí la voz de una persona desconocida. Era una señora que se había detenido para ver en qué nos podía ayudar. Su nombre era Lupe Gordillo, y era del campamento vecino al nuestro. Nos llevó algunas provisiones y nos presentó al capataz (*foreman*) que afortunadamente hablaba español. Él nos prestó una carpa (*tent*) militar para vivir en ella, y también nos ayudó a armarla.

—Ustedes tienen suerte —nos dijo—. Ésta es la última que nos queda.

—¿Cuándo podemos comenzar a trabajar? —preguntó Papá, frotándose (*rubbing*) las manos.

—En dos semanas —respondió el capataz.

—¡No puede ser! —exclamó Papá, sacudiendo la cabeza—. ¡Nos dijeron que íbamos a trabajar de inmediato!

—Lo siento mucho, pero resulta que la fresa no estará lista para pizcar hasta entonces —contestó el capataz, encogiéndose (*shrugging*) de hombros y luego retirándose.

Después de un largo silencio, Mamá dijo: —Le haremos la lucha, viejo. Una vez que empiece el trabajo, todo se va a arreglar.

Las dos semanas siguientes, Mamá cocinó afuera, en una estufita improvisada, hecha con algunas piedras grandes, y usando un comal (*hotplate for cooking tortillas*) que le había dado doña Lupe.

Para distraernos (*amuse ourselves*), Roberto y yo nos poníamos a ver los trenes que pasaban detrás del campamento. Nos arrastrábamos debajo de una alambrada de púas (*barbed wire*) para llegar a un punto desde donde los podíamos ver mejor. Nuestro tren favorito pasaba siempre a mediodía. Tenía un silbido (*whistle*) diferente al de los otros trenes. Nosotros lo reconocíamos desde que venía de lejos. Roberto y yo le llamábamos "El Tren de Mediodía". A menudo, llegábamos temprano y nos poníamos a jugar en los rieles (*rails*), mientras esperábamos que pasara. Corríamos sobre los rieles, o caminábamos sobre ellos, procurando llegar lo más lejos que pudiéramos sin caernos. También nos sentábamos en los rieles para sentirlos vibrar cuando se acercaba el tren. Conforme pasaron los días, aprendimos a reconocer desde lejos al conductor del tren. Él disminuía la velocidad cada vez que pasaba junto a nosotros, y nos saludaba con su cachucha (*cap*). Nosotros también le devolvíamos el saludo.

Un domingo, Roberto y yo cruzamos la alambrada más temprano que de costumbre para ver el tren de mediodía. —Me gustaría saber de dónde viene ese tren —le dije a Roberto—. ¿Tú no lo sabes?

—Yo también he estado pensando en eso —contestó, levantando muy despacio la cabeza—. Creo que viene de California.

—¡California! —exclamé yo—. ¡Pero si aquí estamos en California!

—No estoy tan seguro —dijo— Recuerda lo que…

Entonces lo interrumpió el silbido del tren que conocíamos tan bien. Nos apartamos de los rieles, haciéndonos a un lado. El conductor disminuyó la velocidad hasta casi detenerse, nos saludó y dejó caer una bolsa de papel, justamente cuando estaba frente a nosotros. La recogimos y examinamos lo que había adentro. Estaba llena de naranjas, manzanas y dulces.

—¡Ya ves, te dije que venía de California! —exclamó Roberto. Corrimos al lado del tren saludando con la mano al conductor. El tren aceleró y pronto nos dejó atrás. Seguimos el tren con la mirada y lo vimos hacerse más y más chiquito, hasta que desapareció completamente.

Source: Francisco Jiménez (1999). "Bajo la alambrada." *Cajas de cartón*. Boston: Houghton Mifflin, pp. 1–9.

Warm-up for 15-58.

Perhaps discuss with students the case of Argentina, a country similar to the United States in that it attracts migrant workers from various surrounding countries, such as Bolivia, Paraguay, and Uruguay, who are willing to take on jobs of manual labor considered undesirable by citizens of the country. In 2006, the Argentine government began a new policy of granting two-year work visas to migrant workers who register themselves as such. The benefits to workers include better access to hospitals and schools for their children. This policy, however, has received mixed reaction from citizens, some of whom worry that jobs will be taken away from them, in a country where recent unemployment rates have approached 20%. Have students point out similarities and differences between the situation in Argentina and the one in the United States and express their opinions regarding immigration policy in general.

Después de leer

15-57 ¿ En qué orden? Completa las oraciones con las palabras de la columna de la derecha. Luego, pon los acontecimientos en orden de 1 a 12.

_11_ Un día, el conductor les tiró una bolsa llena de _c_.

_3_ Su padre les hablaba de cruzar la _d_ e ir a California.

_8_ En el campamento, tuvieron que esperar dos _h_ antes de empezar a trabajar.

_9_ Los niños jugaban en los rieles del _l_.

_2_ Los niños también trabajaban en el rancho, buscando _f_ y agua.

_10_ Esperaban el tren del _g_, porque el conductor los saludaba con la cachucha.

_1_ La familia de Pancho vivía en un _j_ cerca de la ciudad de Guadalajara.

_4_ Allí encontrarían _k_ y vivirían mejor.

_12_ Desde aquel momento, sabían que el tren era de _a_.

_5_ El viaje en tren hasta la frontera fue de varios _b_.

_7_ Caminaron por la cerca de alambre hasta que encontraron un _e_ por donde podían cruzar la frontera.

_6_ Había oficiales de la _i_ por toda la frontera.

a. California
b. días
c. dulces y frutas
d. frontera
e. hoyo
f. huevos
g. mediodía
h. semanas
i. migra
j. rancho
k. trabajo
l. tren

 15-58 Los trabajadores migratorios. Hay mucha controversia sobre la situación de los inmigrantes que vienen a los EE.UU. en busca de trabajo. Sin embargo, es importante saber que, según las estadísticas, ellos contribuyen más a la economía de lo que reciben a cambio de su trabajo. Conversen entre ustedes sobre las causas y las consecuencias de algunas de las siguientes propuestas.

MODELO: El gobierno federal debe abrirles la frontera a los trabajadores migratorios.

E1: *Es verdad que aquí la tasa de desempleo es baja y necesitan más trabajadores.*

E2: *Si el gobierno les diera permiso para trabajar, se podría controlar mejor la inmigración.*

1. Los agricultores deben mejorar las condiciones de vivienda y sanidad de los trabajadores migratorios.

2. Se les debe dar servicios sociales a todos los inmigrantes.

3. Todos los trabajadores merecen un sueldo mínimo.

4. Se debe vigilar para que no se explote a los menores de edad, obligándolos a trabajar.

5. Hay que asegurarse de que los hijos de los trabajadores migratorios asistan a la escuela.

15-59 César Chávez. César Chávez fue importante en la organización del sindicato de trabajadores agrícolas (UFW). Conéctate con la página web de **¡Arriba!** para buscar esta información.

WWW

- si todavía vive
- unas experiencias que influyeron sobre él
- una causa importante que encabezó

Taller

Implementation of *Taller*.
In this *Taller*, students practice the function of persuasion. Encourage them to adopt a style that will convince their audience of the merit of their argument. You can publish the strongest essays on your departmental web site or in a class newspaper.

15-60 Un editorial periodístico. En este taller vas a escribir un editorial en el que expreses y apoyes tus opiniones.

15-52 to
15-53

MODELO: *El movimiento* English Only *fue propuesto por John Tandon, quien espera que todo negocio, instrucción y transacción financiera en los EE.UU. se haga en inglés. Esta posición es equivocada…*

Antes de escribir

- **Ideas.** Piensa en una cuestión política o social que se ve mucho hoy en día en la prensa, por ejemplo, el movimiento *English Only.*

A escribir

- **Presentación.** Escribe una o dos oraciones para presentar el tema y su importancia en la sociedad.
- **Tu punto de vista.** Presenta tu punto de vista y da por lo menos tres razones que lo apoyen.
- **Las consecuencias.** Explica las consecuencias de no aceptar tu posición.
- **Conclusión.** Termina el editorial, resumiendo el argumento.

Después de escribir

- **Revisar.** Revisa tu editorial para verificar los siguientes puntos:
  - ☐ el uso del indicativo y subjuntivo, por ejemplo, **no hay nadie que crea...**
  - ☐ la voz pasiva, por ejemplo, **las escuelas bilingües fueron establecidas por...**
  - ☐ el uso del **"se" no intencional,** por ejemplo, **a los líderes se les ha olvidado la importancia de saber otro idioma**
  - ☐ la concordancia y la ortografía
- **Intercambiar**
  Intercambia tu editorial con el de un/a compañero/a para hacer correcciones y sugerencias y responder a su editorial.
- **Entregar**
  Pasa tu editorial a limpio, incorporando las sugerencias de tu compañero/a. Después, entrégaselo a tu profesor/a.

Vocabulario

PRIMERA PARTE

Las crisis políticas y económicas	Political and economic crisis
el/la activista	activist
las armas	weapons
el ejército	army

Eventos y personas	Events and people
la campaña	campaign
el/la ciudadano/a	citizen
el conflicto	conflict
el desarme	disarmament
el esfuerzo	effort
el/la pacifista	pacifist
el país en desarrollo	developing country
la pobreza	poverty

Verbos	Verbs
abolir	to abolish
firmar	to sign (a treaty, etc.)
fortalecer (zc)	to strengthen; to fortify
lograr	to achieve
promover (ue)	to promote
violar	to violate; to rape

Implementation of *Vocabulario*. Help students better assimilate vocabulary through images (e.g., of well-known politicians in various posts to be identified in Spanish), role-plays (e.g., interviews of political figures or activists, speeches or monologues from candidates for office or a particular position, etc.), and review games. Some examples of the latter that will work successfully with these word sets include word associations (e.g., identifying members of categories such as *los tipos de gobierno, los cargos políticos, los problemas de los países en desarrollo,* etc.; matching verbs with associated objects, e.g., *violar la ley, firmar un acuerdo, lograr la paz,* etc.), spelling races at the board, and Pictionary (since there are various abstract nouns that can be represented on paper through symbols, sequences of drawings, etc.). By interacting with others and using words in meaningful ways, vocabulary acquisition is greatly enhanced.

SEGUNDA PARTE

Cargos políticos	Political posts
el/la alcalde/ alcaldesa	mayor
el/la dictador/a	dictador
el/la gobernador/a	governor
el/la juez/a	judge
el/la ministro/a	minister
el/la presidente/a	president
la reina	queen
el/la representante	representative
el rey	king
el/la senador/a	senator

Tipos de gobierno	Types of government
la democracia	democracy
la dictadura	dictatorship
la monarquía	monarchy

Verbos	Verbs
afrontar	to face
apoyar	to support
aumentar	to increase
combatir	to fight; to combat
controlar	to control
cumplir (con)	to make good; to fulfill (a promise)
elegir (i, i)	to elect
eliminar	to end
mantener (ie)	to support (a family, etc.)
mejorar	to improve
resolver (ue)	to solve
votar (por)	to vote (for)

La política y otros temas actuales	Politics and other currrent topics
el/la asesor/a	consultant; advisor
el/la candidato/a	candidate
el/la contrincante	opponent
la corrupción	corruption
el deber	duty
el derecho	right
el discurso	speech
la drogadicción	drug addiction
la honradez; la honestidad	honesty
los impuestos	taxes
la inflación	inflation
el lema	motto
la ley	law
los programas sociales	social welfare programs
el pueblo	the people; the masses
la tasa (de desempleo)	rate (of unemployment)

RECURSOS

Testing Program Tests A and B Modules 15-1 to 15-30

B Activities

Capítulo 1

1-6B ¿Cómo está usted? Your partner will assume the role of instructor; you are his/her student. Greet each other and ask how things are. Use the following information about yourself and the day.

- Answer your instructor. Then ask him/her how he/she feels.
- Respond and say good-bye to you instructor.
- Tell your instructor you will see him/her later.

1-10B Otra vez, por favor (*please*). Take turns spelling out your words to each other. Be sure to say what category they are in. If you need to hear the spelling again, ask your partner to repeat by saying, **Otra vez, por favor.**

MODELO: cosa (*thing*) (enchilada)
e- ene - ce - hache - i - ele - a - de - a

YOU SPELL...	YOU WRITE...
1. persona famosa (Salma Hayek)	1. persona famosa: _____
2. ciudad (Tampa)	2. ciudad (*city*): _____
3. cosa (café)	3. cosa: _____
4. ciudad (Quito)	4. ciudad: _____

1-24B Necesito... Below is a list of items you have. Your classmate will tell you what he/she needs. Tell him/her if you have each item or not. Circle the items you have that your classmate needs. When you finish, compare your lists.

MODELO: E1: *Necesito ochenta bolígrafos. ¿Tienes ochenta?*
E2: *Sí, tengo bolígrafos.*
E1: *Necesito treinta y tres libros. ¿Tienes treinta y tres libros?*
E2: *Sólo (only) veintidós.*

Tengo...

80 bolígrafos	30 lápices	14 cuadernos	22 libros
17 mochilas	95 mapas	15 diccionarios	100 papeles
25 pizarras	11 sillas	7 puertas	1 mesa

Capítulo 2

2-10B ¿A qué hora? Complete your calendar by asking your partner when the events with times missing take place.

MODELO: la fiesta (20:30)
  E1: *¿A qué hora es la fiesta?*
  E2: *Es a las ocho y media de la noche.*

Hora	Actividad
	la clase
11:30	la conferencia (*lecture*)
	la reunión
13:45	el examen
	el partido de fútbol
19:00	el programa "Amigos" en la televisión
20:30	la fiesta

2-23B ¿Dónde estoy? Take turns identifying the country where you speak the language.

MODELO: E1: Hablo italiano.
  E2: Estás en Italia.

HABLO...	TU COMPAÑERO/A ESTÁ EN...
1. español	Corea
2. japonés	Inglaterra
3. chino	Portugal
4. alemán	Rusia

2-34B Entrevistas. Ask each other questions to obtain information. Be prepared to report back to the class.

MODELO: E1: *¿A qué hora llegas a clase?*
  E2: *Llego a las dos.*

1. ¿Dónde estudias?
2. ¿Aprendes mucho en clase?
3. ¿Qué música (popular, clásica, de rock) escuchas?
4. ¿Bailas en una fiesta?
5. ¿Qué programa ves en la televisión?

2-39B ¿Tienes? Take turns asking each other if you have the items on your list. If your partner has the item you want, you make a pair. The first person who has five pairs of items wins.

MODELO: ☐ un libro de historia
  E1: *¿Tienes un libro de historia?*
  E2: *Sí, tengo. (No, no tengo.)*

☐ un cuaderno verde   ☐ un lápiz rojo
☐ una mochila negra   ☐ un cuaderno viejo
☐ un libro de francés   ☐ un examen difícil
☐ una pintura de Dalí   ☐ un/a profesor/a inteligente
☐ una novela de Hemingway   ☐ un libro viejo
☐ un reloj grande   ☐ un buen amigo

Capítulo 3

3-9B Inventario. Take turns dictating your inventory numbers to each other in Spanish. Which items do you have in common? **¡Ojo!** (*Watch out!*) Watch for agreement.

MODELO: 747 mesas
           setecientas cuarenta y siete mesas

1. 202 diccionarios
2. 5.002 escritorios
3. 816 pizarras
4. 52 mapas

5. 1.326 libros
6. 2.700.000 calculadoras
7. 110.000 sillas
8. 762 computadoras

3-26B Las materias, la hora, el lugar. Take turns asking and answering questions in order to complete the missing information on your class schedules.

MODELO: E1: *¿A qué hora es la clase de…?*
           E2: *¿Qué clase es a la/s…?*
           E1: *¿Dónde es la clase de…?*
           E2: *¿Quién es el/la profesor/a de…?*

Hora	Clase	Lugar	Profesor/a
8:30	cálculo	Facultad de Informática	
9:00			Ramón Sánchez Guillón
	biología	Facultad de Medicina	
12:00	lingüística	Facultad de Letras	Juan Ramón Jiménez
1:55		Facultad de Ingeniería	Carlos Santos Pérez

3-37B ¿Dónde estoy? Take turns acting out your situations while your partner tries to guess where you are.

MODELO: E1: (act out reading a book) *¿Dónde estoy?*
           E2: *Estás en la biblioteca.*

1. (feeling very sick)
2. (playing tennis)
3. (painting a picture)
4. (playing basketball)
5. ¿…?

3-43B Dibujos (*Drawings*). Take turns describing a person using the following information while your classmate tries to draw the person described. Then compare your drawings with the descriptions.

MODELO: chica: dieciocho años, alta, bonita, triste, oficina
           E1: *Es una chica. Tiene dieciocho años. Es alta y bonita. Está triste y está en la oficina.*
           E2: *Es un hombre…*

1. chico, veinte años, delgado, bajo, enamorado, cafetería
2. mujer, cuarenta años, alta, gorda, cansada, gimnasio
3. mujer, noventa años, delgada, pequeña, ocupada, biblioteca

Capítulo 4

4-11B El/La curioso/a. Take turns asking each other about your family. Use the following questions to get started. Be sure to conjugate the verbs in italics.

TUS PREGUNTAS

POSIBLES RESPUESTAS A LAS PREGUNTAS DE TU COMPAÑERO/A

1. ¿Sirven las comidas en tu casa temprano o tarde?

   Preferir vivir en un apartamento.

2. ¿Quiénes duermen la siesta en tu familia?

   Almorzar con ellos siempre que estoy en casa.

3. ¿A qué hora vuelven tus padres (hijos) a casa durante la semana?

   Servir platos especiales.

4. ¿Qué piensas hacer con tu familia este fin de semana?

   Preferir comer en casa porque la comida es mejor.

5. ¿Puedes ver la televisión todas las noches en casa?

   Dormir la siesta.

4-18B Una entrevista para *Prensa Libre*. *Prensa Libre* is an independent newspaper from Guatemala. Role-play a member of a famous family as your partner—a reporter—asks you questions. After the interview, ask the reporter questions based on the following information. Write down his/her answers.

MODELO: E1: *¿Practica usted fútbol?*
E2: *No, no lo practico. Y usted, ¿escribe artículos en inglés también?*
E1: *Sí, los escribo. (No, no los escribo.)*

ACTIVIDADES

escribir muchos artículos

siempre escribir la verdad

hablar inglés en su trabajo

ver a muchas personas famosas

visitar El Salvador

necesitar mi fotografía

preferir los periódicos norteamericanos

¿…?

4-30B ¡Estoy aburrido/a! Your partner is bored. Invite him/her to do something that he/she might enjoy.

MODELO: E1: *Estoy aburrido/a.*
E2: *¿Quieres ir a bailar?*
E1: *Me encantaría. ¡Vamos! / Gracias, pero no puedo. No tengo dinero.*

ALGUNAS ACTIVIDADES

conversar con…

ir al cine / a la playa

correr por el parque

pasear por el centro

hacer ejercicio

tomar un café

dar una fiesta

visitar a amigos / la familia

4-41B Entrevista. Read the following profile and answer your partner's questions using this information. Then ask your partner the questions below. Write down his/her answers.

MODELO: E1: *¿Conoces alguna* (any) *persona famosa?*
E2: *Sí, conozco a Ricky Martin. Soy amigo/a de él.*

> Soy amigo/a del presidente de Costa Rica.
>
> Toco el piano muy bien.
>
> No practico mucho los deportes.
>
> Vivo y trabajo en la Ciudad de Guatemala.
>
> Hablo español y una lengua maya.
>
> Soy arqueólogo/a y estudio las pirámides mayas.

1. ¿Conoces un político importante?
2. ¿Qué actores famosos conoces?
3. ¿Qué idiomas sabes hablar?
4. ¿Qué países conoces muy bien?
5. ¿Estudias la biología?
6. ¿Juegas bien al fútbol?

Capítulo 5

5-5B El monstruo (*Monster*). Túrnense (*Take turns*) para describir un monstruo mientras su compañero/a lo dibuja (*draw*). Incluyan características físicas. Luego comparen sus descripciones con sus dibujos.

MODELO: El monstruo tiene cuatro ojos, dos dientes, una nariz…

El monstruo tiene…
- un ojo grande
- cinco dientes pequeños
- pelo largo
- tres narices

5-16B En la agencia de bienes raíces (*real estate*). Buscas una casa en una agencia de bienes raíces. Quieres comprar una casa pequeña, pero por un precio razonable. En la agencia hay dos casas. Escucha las descripciones del agente y después hazle preguntas. Decide cuál de las dos casas quieres comprar.

5-28B ¿Cómo son? Túrnense para preguntarse sobre "su familia". Imagínate que eres uno de los personajes (*characters*) de la serie popular, *The Simpsons*. Si no conocen a esta familia, pueden usar su familia.

MODELO: más trabajador/a
  E1: *¿Quién es el/la más trabajador/a de tu familia?*
  E2: *Mi padre, Mike, es el más trabajador de mi familia.*

1. menor
2. más imaginativo/a
3. peor cantante (*singer*)
4. más atractivo/a
5. más activo/a
6. mayor

5-33B ¿Qué estoy haciendo? Mientras (*While*) actúas una de las siguientes situaciones, tu pareja trata de adivinar (*guess*) lo que estás haciendo. Túrnense para actuar y adivinar.

MODELO: afeitarse
  E1: (act out "shaving") *¿Qué estoy haciendo?*
  E2: *Estás afeitándote.*

1. secarse el pelo
2. ponerse el desodorante
3. levantarse de la cama
4. lavarse las manos

Capítulo 6

6-9B Cocina Concha. Esta "cocina" (restaurante informal) es una de las muchas que se encuentran por la costa chilena, donde las especialidades son pescados y mariscos. Imagínate que tú eres un/a camarero/a que atiende a un/a turista. Trata de convencerlo/a de que pida los platos más caros, para luego recibir una propina más grande. Puedes utilizar expresiones como **exquisito, fenomenal, delicioso, rico,** etcétera.

COCINA CONCHA

Pescados y mariscos
Calidad garantizada
(56) (65) (266795)
Angelmó - Puerto Montt - Chile

almejas (*clams*)	
almeja a la parmesana	2500 pesos
camarones	3000 pesos
cangrejo (*crab*)	2500 pesos
corvina (*sea bass*)	6000 pesos
ostras (*oysters*)	4000 pesos
salmón frío	5000 pesos
salmón ahumado (*smoked*)	5000 pesos
salmón a la mantequilla	6000 pesos
salmón a la plancha (*grilled*)	5500 pesos
sopa marinera	5500 pesos
langosta	3000 pesos
vino tinto chileno (botella)	6000 pesos
vino blanco chileno (botella)	4000 pesos
cerveza	3500 pesos
agua mineral	1000 pesos
té	1000 pesos
café	500 pesos
	750 pesos

¿Cómo se llega?
De la estación de autobuses en Puerto Montt, tome un taxi o un colectivo a Angelmó. Allí va a ver un edificio de dos plantas. Suba al segundo piso y busque la Cocina Concha.

6-30B El arroz con leche. El arroz con leche es un postre muy conocido en todo el mundo hispano. Imagínate que tu compañero/a tiene la receta y tú tienes algunos de los ingredientes. Decidan qué ingredientes necesitan comprar.

MODELO: E1: *Necesitamos una taza de arroz.*
              E2: *No tenemos arroz. Tenemos que comprarlo.*

EN TU COCINA, TIENES...

1 litro leche

½ taza de azúcar

1 limón viejo

canela molida (*ground cinnamon*)

sal

6-36B Charadas. Túrnense para representar éstas y otras acciones en el pasado para ver si el/la otro/a compañero/a puede adivinar la acción.

MODELO: E1: (Act out: *Corté el pan.*)
              E2: *Cortaste el pan.*

El/La profesor/a peló las zanahorias.	Cortamos el bistec.
Comí un huevo crudo.	Tomaste café con leche.
Volteé la tortilla en el plato.	¿...?

6-42B ¿Qué pasó? Tu compañero/a te va a preguntar qué pasó en algunas situaciones. Contesta usando actividades lógicas de la lista.

MODELO: en la fiesta familiar
              E1: *¿Qué pasó en la fiesta familiar?*
              E2: *Mi mamá sirvió nuestra comida favorita.*

SITUACIONES	**ALGUNAS ACTIVIDADES**
1. en el restaurante el sábado	1. dormirse
2. en el museo	2. no saber el pretérito
3. en el mercado	3. servir bebidas alcohólicas

Capítulo 7

7-8B Una invitación. Responde a la invitación de tu compañero/a. Pídele (*Ask him/her for*) detalles. Puedes usar preguntas de la lista.

- ¿Qué día?
- ¿Dónde?
- ¿A qué hora volvemos?
- ¿A qué hora?

7-11B Chismes (*Gossip*). Alguien encontró unos apuntes del/de la profesor/a sobre la clase de ayer. Hagan y contesten las preguntas sobre lo que ocurrió, basándose en los apuntes.

1. ¿Quiénes no estuvieron en clase?

2. ¿Quiénes tuvieron que hacer presentaciones?

3. ¿Quiénes no hicieron la tarea?

4. ¿Qué excusas le dieron al/a la profesor/a?

7-25B Consejos. Explíquense cómo se sienten y pidan consejos sobre lo que deben hacer. Pueden aceptar o rechazar (*reject*) los consejos, pero es necesario dar excusas si no los aceptan.

MODELO: E1: *Estoy aburrido/a. ¿Qué hago?*
E2: *¿Por qué no das un paseo?*
E1: *No quiero. No me gusta salir de noche.*
E2: *Bueno, yo voy contigo. ¿Está bien?*

Situaciones	Sugerencias	Reacciones
Me siento muy solo/a.	hacer un pícnic	¡Fabuloso!
Estoy en la oficina todo el día sin salir.	jugar al tenis	No me gusta(an)...
Quiero conocer a Tiger Woods.	escuchar música	¡Ideal!
Tengo mucho calor.	trabajar en la biblioteca	¡Qué buena idea!
Compré una raqueta nueva.	ver la televisión	Me da igual.
	visitar una librería	¡Qué mala idea!
	ir a un concierto	No quiero porque...
	¿...?	Tienes razón.
		No puedo porque...
		¡Vamos!

7-34B ¿Tienes? Imagínate que tu compañero/a está muy enfermo/a y quiere saber si le puedes traer algunas cosas. Contesta las preguntas para decidir qué puedes traerle de casa y qué necesitas comprar.

MODELO: E1: *¿Tienes naranjas?*
E2: *Sí, tengo naranjas. / No, no tengo naranjas.*
E1: *¿Me las traes? / ¿Me compras unas naranjas?*
E2: *Sí, te las traigo. / Sí, te las compro.*

EN TU COCINA, TIENES...

azúcar	jugo de limón	manzanas	sopa de tomate	sal
café	jugo de naranja	pan	lechuga	tomates
naranjas	leche	papas	pollo	zanahorias

Capítulo 8

8-5B ¿Tienes? Tienes un recibo para varios artículos, pero falta parte de la información. Túrnense para llenar su recibo con la información que falta.

MODELO: E1: *¿Cuánto cuesta la blusa de manga corta?*
              E2: *Cuesta 50 nuevos soles. ¿De qué talla es?*
              E1: *Es una...*

Falabella		00917
		12 diciembre de 2008
Artículo	Talla	Precio (nuevos soles)
blusa de manga corta		NS 50
camiseta de algodón	40	
_____ de lana	81	NS 75
blusa de seda		NS 58
chaqueta de _____	42	NS 200
sandalias de cuero	39	
falda de _____		NS 49

8-15B ¿Qué pasaba? Tu compañero/a te va a preguntar qué pasaba en algunas situaciones. Contesta, usando actividades lógicas de la lista.

MODELO: a la medianoche en la última fiesta que asististe
              E1: *¿Qué pasaba a la medianoche en la fiesta?*
              E2: *Todos bailaban.*

ALGUNAS ACTIVIDADES

1. todos *divertirse* mucho
2. los turistas *preferir* comprar...
3. yo *dormir* como un ángel
4. el profesor *repetir* la lección
5. los estudiantes *pedir* refrescos
6. todos *ver* el maniquí (*mannequin*)

8-33B Artículo perdido. Imagínate que perdiste un artículo que compraste y que lo vas a buscar en la oficina de artículos perdidos (*lost and found*) de un almacén. Di lo que perdiste y contesta las preguntas que te hace tu compañero/a mientras completa el formulario necesario. Después, hazle las siguientes preguntas al agente.

> **Artículo perdido (*Item lost*)**
> *Camisa*
>
> ■ Talla: 40
> ■ Tela: Algodón
> ■ Estilo: De cuadros azules y de manga larga con botones (*buttons*) blancos

8-37B En una tienda de equipo deportivo. Tu compañero/a es propietario/a (*owner*) de un nuevo negocio (*business*) y tú estás interesado/a en descubrir de qué se trata. Hazle las siguientes preguntas.

1. ¿Qué se vende?
2. ¿Qué se anuncia?
3. ¿Qué se ofrece?
4. ¿Cómo se paga?

Capítulo 9

9-5B En el mostrador de AVIANCA. Hagan el papel *(role)* de agente de viajes y viajero/a en el mostrador *(counter)* de la aerolínea AVIANCA (aerolínea colombiana). Incluyan la siguiente información.

MODELO: (el destino) *Quiero comprar un boleto para Bogotá.*

PREGUNTAS PARA EL/LA AGENTE

la hora de salida

el número del vuelo

el número de la puerta de embarque

INFORMACIÓN

destino = Bogotá

equipaje = dos maletas

fecha de vencimiento *(expiration)* del pasaporte = 17-04-09

el asiento = de ventanilla

9-11B ¡Explícate! Hablen sobre los viajes que van a hacer, usando las categorías del modelo. Luego, háganse las preguntas siguientes e intenta convencer *(convince)* al otro/a la otra para ir juntos.

	Modelo	Tu compañero/a
Destino:	Miami	
Ruta:	Carolina del Norte	
Transporte:	avión	
Fecha de llegada:	el 27 de mayo	
Duración del viaje:	una semana	
Propósito:	divertirme en South Beach, ir de compras y nadar en la playa	

1. ¿A dónde vas?
2. ¿Cómo vas a llegar?
3. ¿Cómo vas a viajar, por tren, por carro, por…?
4. ¿Para cuándo es el viaje?
5. ¿Por cuánto tiempo vas?
6. ¿Para qué vas?

Una escultura

9-15B El robo en el museo. Cada uno/a de ustedes encontró un objeto del Museo del Oro. Túrnense para hacerse preguntas y ver qué objeto encontró cada uno. Contesten cada pregunta con un adverbio que termina en **-mente**, formado con un adjetivo de la lista.

enorme	especial	increíble	inmediato
maravilloso	tranquilo	particular	fácil

1. ¿Cómo es?
2. ¿Cuál es el origen del objeto?
3. ¿Dónde lo encontraste?
4. ¿Qué valor crees que tiene?
5. ¿Vas a llamar a la policía?

9-28B Desafío (*Challenge*). Cada uno/a de ustedes tiene una lista de verbos diferentes en el indicativo y el subjuntivo. Dile a tu compañero/a el indicativo del verbo, y él/ella debe darte el presente de subjuntivo de ese verbo.

MODELO: E1: *Indicativo: tomamos*
                     E2: *Subjuntivo: tomemos*
                     E1: *Correcto.*

MI LISTA			
Indicativo	**Subjuntivo**	**Correcto**	**Incorrecto**
tomamos	**tomemos**	✔	
vemos	veamos		
voy	vaya		
lees	leas		
dormimos	durmamos		
ponen	pongan		
quiere	quiera		

9-33B ¿Qué hacer? Imagínate que tu compañero/a te pide consejos. Después de escuchar cada problema, ofrécele un consejo. Usa verbos de la lista para tus recomendaciones. Escucha su reacción.

MODELO: E1: *Tengo un examen de química mañana.*
                     E2: *Te recomiendo que estudies mucho.*
                     E1: *Buena idea. / No tengo tiempo.*

te aconsejo	te digo	mando	te pido	te recomiendo
deseo	insisto en	permito	te prohíbo	te sugiero

Capítulo 10

10-5B Consejos médicos. Habla con tu compañero/a para que te dé consejos sobre los siguientes síntomas.

MODELO: E1: *Me duelen los pulmones.*
E2: *Debes dejar de fumar.*

SÍNTOMAS

1. Tengo gripe.
2. Tengo náuseas.
3. Tengo un dolor de cabeza terrible.
4. Toso mucho.
5. No tengo energía.
6. Soy alérgico/a a los mariscos.

CONSEJOS PARA EL/LA ESTUDIANTE A

1. tomar más café
2. no caminar tanto y usar más el coche
3. ir de vacaciones
4. tomar antiácidos
5. ponerse el termómetro
6. comprar *Kleenex*

10-10B En la sala de urgencias. Imagínense que ustedes tienen que decidir qué deben hacer en situaciones urgentes. Un/a estudiante presenta unas situaciones. El otro/la otra responde con instrucciones lógicas de su lista, usando un mandato de **nosotros.** Túrnense, cambiando de papel.

MODELO: E1: *El niño tiene gripe.*
E2: *Démosle vitamina C.*

ACCIONES

buscar el tanque de oxígeno   darle un jarabe   tomarle la temperatura

darle un antiácido   ponerle una inyección   ¿...?
　　　　　　　　　　 de penicilina

SITUACIONES URGENTES

1. La paciente en la silla se rompió una pierna.
2. El señor viejo está muy ansioso.
3. La niña está resfriada.
4. La señora tiene dolor de cabeza.
5. Al joven le duele un diente.
6. ¿...?

10-19B Te recomiendo que... Un/a estudiante presenta los siguientes problemas mientras el otro/la otra ofrece recomendaciones. Túrnense, cambiando de papel. Pueden usar el verbo **recomiendo** con una cláusula nominativa en el subjuntivo.

MODELO: E1: *Estoy muy flaco/a.*
E2: *Te recomiendo que comas tres comidas completas todos los días.*

PROBLEMAS

1. Mi jefe/a padece de úlceras.
2. A mi abuelo/a le preocupa su alto nivel de colesterol.
3. A mi amigo/a le falta energía.
4. No quiero engordar cuando voy de vacaciones.
5. Me duele el estómago.

RECOMENDACIONES PARA EL ESTUDIANTE A

1. tomar una aspirina
2. practicar juegos de memoria
3. no comer postres
4. hacer jogging
5. no fumar

10-33B *Termas Bolivia.* Tienes mucho estrés y quieres ir a un spa. Tu compañero/a trabaja en *Termas Bolivia*. Explícale tus problemas para ver si es el spa apropiado para ti.

PROBLEMAS

1. Necesito perder 15 kilos.
2. Tengo que dejar de fumar.
3. Tengo mucho estrés.
4. Me duelen los músculos.
5. Necesito hacer yoga.

Capítulo 11

11-13B Consejos. Túrnense para contarse sus problemas y darse consejos, usando expresiones impersonales.

MODELO: un/a amigo/a enojado/a
    E1: *Mi amigo/a está enojado/a conmigo.*
    E2: *Es indispensable que lo/la llames y que ustedes hablen del problema.*

PROBLEMAS

no tener dinero	un examen difícil
un virus en tu computadora	un reloj que no funciona *(broken)*
un/a jefe/a imposible	¿…?

CONSEJOS

1. vestirse bien
2. hablar con él/ella y explicar el problema
3. comprar un carro nuevo
4. hacerle preguntas para comprender el tema
5. obedecerles

11-23B La despedida. Eres un/a empleado/a de veinte años en la sección de finanzas de tu empresa. Siempre has sido *(have been)* muy honrado/a, pero ahora hay una discrepancia en las cuentas. Explícale a tu director/a por qué mereces *(deserve)* quedarte en tu trabajo. Si hay un error, no fue tu culpa *(not your fault)*, trabajas mucho y largas horas, etc.

LAS CUENTAS DE ABRIL

- COMPRAS: $125.000,00
- VENTAS: $305.000,00
- GASTOS: $250.000,00

11-31B Dos empresas. Eres el/la directora/a de la empresa Mundiplásticos y tu compañero/a es el/la directora/a de la empresa Plásticos, S.A. Túrnense para hacer y contestar las siguientes preguntas con la información de tu empresa. Usen el subjuntivo o el indicativo con la lista de conjunciones, según sea necesario.

cuando	tan pronto como	hasta (que)
para (que)	después de (que)	donde

MUNDIPLÁSTICOS

- ORGANIZACIÓN: 10 ingenieros/50 empleados
- EQUIPO: 2 máquinas nuevas
- NUEVOS PUESTOS: 2 ingenieros
- FECHA DE SOLICITUD: 3 de mayo
- DECISIÓN PARA: 12 de agosto

PREGUNTAS:

1. ¿Cuándo vas a contratar más empleados?
2. ¿Cuántos empleados vas a contratar?
3. ¿Hasta cuando vas a aceptar candidatos?
4. ¿Cuándo vas a tomar la decisión?

Capítulo 12

12-7B Una encuesta de Harris. Haz el papel de una persona que contesta las preguntas para una encuesta de Harris.

MODELO: (Saludo) E1: *Buenos días. Con su permiso, me gustaría hacerle algunas preguntas sobre su forma de utilizar la tecnología…*
E2: *Bueno, no tengo mucho tiempo pero…*

- Usa la computadora para sus estudios y en su trabajo. Tienes una pantalla grande.
- Usa una variedad de programas pero no es muy artístico/a.
- En casa tiene una computadora con poca memoria; en la oficina tiene una más rápida.
- En la oficina tiene alguien que le ayuda con cualquier problema técnico.

12-25B ¿Qué harás? Túrnense para preguntarse qué harán en estas circunstancias.

MODELO: Ni el fax ni la conexión de la Red informática funcionan.
Llamaré a un técnico o compraré un módem nuevo.

CIRCUNSTANCIAS

1. Necesitas información para un trabajo sobre un país hispano.
2. Recibes cien mensajes en tu correo electrónico.
3. No funciona tu contestador automático.
4. Hay un disco compacto nuevo que te interesa oír.

SOLUCIONES

1. llamar un/a analista de sistemas
2. comprar otro/a
3. usar una tarjeta de crédito
4. escribir otro trabajo

12-31B ¿Cuál es tu opinión? Túrnense para hacer y responder a preguntas sobre el medio ambiente. Usa expresiones como: **¿Cuál es tu opinión sobre...?** **¿Qué podemos hacer para...?,** etc.

MODELO: la contaminación del medio ambiente
      E1: *¿Crees que la contaminación es un problema grave?*
      E2: *En mi opinión, es el problema más grave que tenemos.*

PREGUNTAS

1. los coches pequeños
2. el deber del gobierno de proteger el medio ambiente
3. la energía solar
4. nuestro deber como seres humanos

RESPUESTAS

la mejor solución

peligroso/a

importante hacer más

todo lo necesario para no gastarla

12-38B Geraldo. Imagínate que eres jefe/a de una planta nuclear y tu compañero/a es entrevistador/a para un programa de investigación en la televisión. Contesta sus preguntas, pero siempre con respuestas indirectas y excusas.

MODELO: limpiar los desechos
      E1: *Usted dijo que limpiaría los desechos de su planta, pero...*
      E2: *Es verdad. Pero eso toma tiempo. Usted dijo que no me haría preguntas indiscretas.*
      E1: *Es verdad, pero...*

RESPUESTAS DEL/DE LA JEFE/A

Usted dijo que...

1. no sacarle fotos a mi familia
2. ayudarme a mejorar mi imagen en su artículo
3. ser un artículo favorable
4. no hacerme preguntas difíciles
5. escuchar mi punto de vista

Capítulo 13

13-6B Te toca a ti. Túrnense para entrevistarse y reaccionar.

MODELO: E1: ¿Cuál es tu programa favorito de la televisión?
E2: Me gusta el *Barrio Sésamo*.
E1: ¿En serio?

PREGUNTAS

POSIBLES RESPUESTAS A LAS PREGUNTAS DE TU COMPAÑERO/A

1. ¿Qué programa de radio prefieres?

Los deportes, los anuncios clasificados, las esquelas...

2. ¿En qué estación de televisión ves las noticias?

Me llamo Earl, los Sopranos...

3. ¿Qué programas deportivos te gusta ver en la televisión?

Hospital General, Amas de casas desesperadas...

4. ¿Qué programas de televisión no te gusta ver?

Katie Couric, Brian Williams, Bill O'Reilly...

5. ¿Crees que el gobierno debe financiar la radio y la televisión públicas?

Programas sobre la naturaleza y programas de cocina.

13-16B Cuando eras joven. Túrnense para hacer y contestar las preguntas sobre lo que sus padres les permitían o les prohibían cuando eran jóvenes. Usen el imperfecto de subjuntivo en sus respuestas.

MODELO: E1: *¿Qué querían tus padres que hicieras los fines de semana?*
E2: *Querían que yo limpiara mi cuarto.*

PREGUNTAS

POSIBLES RESPUESTAS A LAS PREGUNTAS DE TU COMPAÑERO/A

1. ¿Qué profesión esperaban que estudiaras?

Mis tareas.

2. ¿Qué te prohibían que vieras en la televisión?

Sólo libros serios.

3. ¿Qué sugerían que hicieras en la escuela?

Salir solo/a.

4. ¿Qué deseaban que escucharas en la radio?

Sólo los educativos.

13-23B Pues... ¿de quién? Túrnense para representar a un/a secretario/a difícil en una emisora de radio o en una oficina de periódico y a un/a cliente/a que pide información. A cada pregunta del/de la cliente/a, el/la secretario/a responde afirmativa o negativamente.

MODELO: este artículo: del Sr. Vázquez / de la Dra. Morales / de usted
          E1: *¿Este artículo es del Sr. Vázquez?*
          E2: *No, no es suyo.*
          E1: *¿Es de la Dra. Morales?*
          E2: *No, no es suyo.*
          E1: *¿Es de usted?*
          E2: *Sí, es mío.*

TUS PREGUNTAS

1. la columna financiera: de los editores / de la Sra. Maldonado / de ustedes

2. las fotos de la primera plana: de la fotógrafa nueva / de usted / de la agencia nacional

3. el anuncio público: de la dueña del periódico / de la Organización de Voluntarios / de nosotros

TUS RESPUESTAS

1. el programa de música clásica: de la otra emisora

2. las noticias locales: de nosotros

3. los concursos de la mañana: de esta estación

13-40B ¿Qué harías si...? Túrnense para especular (*speculate*) sobre lo que harían en estas situaciones hipotéticas.

MODELO: subir los precios de las entradas del cine
          E1: *¿Qué harías si subieran los precios de las entradas del cine?*
          E2: *Pues, iría menos...*

Tus preguntas	Posibles respuestas a las preguntas de tu compañero/a
1. no tener dinero para ir a un concierto	*consultar* a un amigo que sabe mucho sobre aparatos electrónicos
2. tener dos entradas para el teatro	*ir*, sin duda
3. tener la oportunidad de participar como extra en una película	*pedirle* su autógrafo
4. llamarte una estrella de cine	*invitar* a todos mis amigos a cenar
5. ofrecerte un millón de dólares por una novela que escribiste	*visitar* el Paseo de la Fama

Capítulo 14

14-12B ¿Cuánto tiempo hace que…? Hagan y contesten preguntas sobre cuánto tiempo hace que participan en algunas actividades o que hicieron algunas de ellas.

MODELO: *asistir* a un concierto de música clásica
E1: *¿Cuánto tiempo hace que asististe a un concierto de música clásica?*
E2: *Hace un año que asistí a uno en la sala de ópera de mi ciudad. Tocaron…*

TUS PREGUNTAS COMPAÑERO/A

1. *asistir* a un concierto de una orquesta sinfónica
2. *ver* una película de acción
3. *estudiar* un instrumento musical
4. *comprar* una película en DVD

POSIBLES RESPUESTAS A LAS PREGUNTAS DE TU

- muchos años, desde la primera vez que escuché a Celia Cruz
- varios años, desde que conocí a un compositor famoso
- muchos años, cuando oí tocar la trompeta a Arturo Sandoval en Miami
- una semana, cuando supe que iban a tener un concierto en la universidad

14-31B Si todo hubiera sido diferente. Túrnense para decidir cómo habría sido diferente la vida de estas personas si no hubieran hecho las siguientes cosas. Escojan la respuesta más lógica para cada afirmación.

MODELO: E1: Santiago Calatrava estudió arquitectura.
E2: (no haber diseñado la Ópera de Sevilla)
E1: *Si no hubiera estudiado arquitectura, no habría diseñado la Ópera de Sevilla.*

Tus afirmaciones	Tus respuestas
1. El rey Juan Carlos escuchó un concierto de guitarra clásica.	■ no haber formado años después el Cuarteto Romero.
2. La Sinfónica de México dio un concierto en *Lincoln Center*.	■ no haber sido primer bailarín del *American Ballet Theater*.
3. Plácido Domingo vivió en México.	■ no haber hecho su primera audición a la edad de siete años.
4. Salvador Dalí hizo popular el arte surrealista.	■ no haber sido la diseñadora latina más famosa.

Capítulo 15

15-11B Lo ideal. Háganse y contesten preguntas sobre qué tipo de cosa, persona o lugar buscan.

MODELO: coche

E1: *¿Qué tipo de coche buscas?*
E2: *Busco un coche que tenga cuatro puertas y que sea rojo.*

TUS PREGUNTAS	TUS RESPUESTAS
1. puesto	no *empezar* hasta las diez de la mañana
2. película	*tener* cabañas y un lago para pescar
3. sueldo	*tener* buenos actores y poca violencia
4. apartamento	no *cerrarse* hasta la medianoche
5. periódico	*tener* una bella vista de las montañas

15-27B Entrevista a un/a candidato/a. Tu compañero/a te va a entrevistar sobre tu plataforma para presidente/a. Es muy importante que no le des información concreta. Aquí tienes algunas posibles respuestas. Sigue siempre con una pregunta tuya a ver qué dice.

■ Mi contrincante no entiende la situación. Mi plan es usar pesticidas para erradicar el cultivo de la planta de la coca. ¿Tiene usted una idea mejor?

■ En este momento no tengo respuesta. Pero creo que es buena idea trabajar hasta los ochenta años de edad. ¿Cuál es su opinión?

■ No he decidido todavía. ¿Cuál prefiere usted?

■ Tengo muchos expertos económicos, pero realmente depende de ustedes los consumidores. ¿Cuál es su opinión?

■ Porque soy la persona con las mejores ideas. ¿Conoce a alguien que entienda mejor a su pueblo?

Verb Charts

Regular Verbs: Simple Tenses

Infinitive Present Participle Past Participle	Indicative					Subjunctive		Imperative
	Present	Imperfect	Preterit	Future	Conditional	Present	Imperfect	
hablar hablando hablado	hablo hablas habla hablamos habláis hablan	hablaba hablabas hablaba hablábamos hablabais hablaban	hablé hablaste habló hablamos hablasteis hablaron	hablaré hablarás hablará hablaremos hablaréis hablarán	hablaría hablarías hablaría hablaríamos hablaríais hablarían	hable hables hable hablemos habléis hablen	hablara hablaras hablara habláramos hablarais hablaran	habla tú, no hables hable usted hablemos hablen Uds.
comer comiendo comido	como comes come comemos coméis comen	comía comías comía comíamos comíais comían	comí comiste comió comimos comisteis comieron	comeré comerás comerá comeremos comeréis comerán	comería comerías comería comeríamos comeríais comerían	coma comas coma comamos comáis coman	comiera comieras comiera comiéramos comierais comieran	come tú, no comas coma usted comamos coman Uds.
vivir viviendo vivido	vivo vives vive vivimos vivís viven	vivía vivías vivía vivíamos vivíais vivían	viví viviste vivió vivimos vivisteis vivieron	viviré vivirás vivirá viviremos viviréis vivirán	viviría vivirías viviría viviríamos viviríais vivirían	viva vivas viva vivamos viváis vivan	viviera vivieras viviera viviéramos vivierais vivieran	vive tú, no vivas viva usted vivamos vivan Uds.

Vosotros Commands

hablar	comer	vivir
hablad, no habléis	comed, no comáis	vivid, no viváis

Regular Verbs: Perfect Tenses

Indicative					Subjunctive	
Present Perfect	Past Perfect	Preterit Perfect	Future Perfect	Conditional Perfect	Present Perfect	Past Perfect
he hablado	había hablado	hube hablado	habré hablado	habría hablado	haya hablado	hubiera hablado
has comido	habías comido	hubiste comido	habrás comido	habrías comido	hayas comido	hubieras comido
ha vivido	había vivido	hubo vivido	habrá vivido	habría vivido	haya vivido	hubiera vivido
hemos	habíamos	hubimos	habremos	habríamos	hayamos	hubiéramos
habéis	habíais	hubisteis	habréis	habríais	hayáis	hubierais
han	habían	hubieron	habrán	habrían	hayan	hubieran

Irregular Verbs

Infinitive Present Participle Past Participle	Indicative					Subjunctive		Imperative
	Present	Imperfect	Preterit	Future	Conditional	Present	Imperfect	
andar andando andado	ando	andaba	anduve	andaré	andaría	ande	anduviera	
	andas	andabas	anduviste	andarás	andarías	andes	anduvieras	anda tú,
	anda	andaba	anduvo	andará	andaría	ande	anduviera	no andes
	andamos	andábamos	anduvimos	andaremos	andaríamos	andemos	anduviéramos	ande usted
	andáis	andabais	anduvisteis	andaréis	andaríais	andéis	anduvierais	andemos
	andan	andaban	anduvieron	andarán	andarían	anden	anduvieran	anden Uds.
caer cayendo caído	caigo	caía	caí	caeré	caería	caiga	cayera	
	caes	caías	caíste	caerás	caerías	caigas	cayeras	cae tú,
	cae	caía	cayó	caerá	caería	caiga	cayera	no caigas
	caemos	caíamos	caímos	caeremos	caeríamos	caigamos	cayéramos	caiga usted
	caéis	caíais	caísteis	caeréis	caeríais	caigáis	cayerais	caigamos
	caen	caían	cayeron	caerán	caerían	caigan	cayeran	caigan Uds.
dar dando dado	doy	daba	di	daré	daría	dé	diera	
	das	dabas	diste	darás	darías	des	dieras	da tú,
	da	daba	dio	dará	daría	dé	diera	no des
	damos	dábamos	dimos	daremos	daríamos	demos	diéramos	dé usted
	dais	dabais	disteis	daréis	daríais	deis	dierais	demos
	dan	daban	dieron	darán	darían	den	dieran	den Uds.

Irregular Verbs (continued)

Infinitive / Present Participle / Past Participle	Indicative Present	Imperfect	Preterit	Future	Conditional	Subjunctive Present	Imperfect	Imperative
decir diciendo dicho	digo dices dice decimos decís dicen	decía decías decía decíamos decíais decían	dije dijiste dijo dijimos dijisteis dijeron	diré dirás dirá diremos diréis dirán	diría dirías diría diríamos diríais dirían	diga digas diga digamos digáis digan	dijera dijeras dijera dijéramos dijerais dijeran	di tú, no digas diga usted digamos decid vosotros, no digáis digan Uds.
estar estando estado	estoy estás está estamos estáis están	estaba estabas estaba estábamos estabais estaban	estuve estuviste estuvo estuvimos estuvisteis estuvieron	estaré estarás estará estaremos estaréis estarán	estaría estarías estaría estaríamos estaríais estarían	esté estés esté estemos estéis estén	estuviera estuvieras estuviera estuviéramos estuvierais estuvieran	está tú, no estés esté usted estemos estad vosotros, no estéis estén Uds.
haber habiendo habido	he has ha hemos habéis han	había habías había habíamos habíais habían	hube hubiste hubo hubimos hubisteis hubieron	habré habrás habrá habremos habréis habrán	habría habrías habría habríamos habríais habrían	haya hayas haya hayamos hayáis hayan	hubiera hubieras hubiera hubiéramos hubierais hubieran	
hacer haciendo hecho	hago haces hace hacemos hacéis hacen	hacía hacías hacía hacíamos hacíais hacían	hice hiciste hizo hicimos hicisteis hicieron	haré harás hará haremos haréis harán	haría harías haría haríamos haríais harían	haga hagas haga hagamos hagáis hagan	hiciera hicieras hiciera hiciéramos hicierais hicieran	haz tú, no hagas haga usted hagamos haced vosotros, no hagáis hagan Uds.
ir yendo ido	voy vas va vamos vais van	iba ibas iba íbamos ibais iban	fui fuiste fue fuimos fuisteis fueron	iré irás irá iremos iréis irán	iría irías iría iríamos iríais irían	vaya vayas vaya vayamos vayáis vayan	fuera fueras fuera fuéramos fuerais fueran	ve tú, no vayas vaya usted vamos, no vayamos id vosotros, no vayáis vayan Uds.

Irregular Verbs (continued)

Infinitive / Present Participle / Past Participle	Indicative Present	Imperfect	Preterit	Future	Conditional	Subjunctive Present	Imperfect	Imperative
oír / oyendo / oído	oigo, oyes, oye, oímos, oís, oyen	oía, oías, oía, oíamos, oíais, oían	oí, oíste, oyó, oímos, oísteis, oyeron	oiré, oirás, oirá, oiremos, oiréis, oirán	oiría, oirías, oiría, oiríamos, oiríais, oirían	oiga, oigas, oiga, oigamos, oigáis, oigan	oyera, oyeras, oyera, oyéramos, oyerais, oyeran	oye tú, no oigas, oiga usted, oigamos, oigan Uds.
poder / pudiendo / podido	puedo, puedes, puede, podemos, podéis, pueden	podía, podías, podía, podíamos, podíais, podían	pude, pudiste, pudo, pudimos, pudisteis, pudieron	podré, podrás, podrá, podremos, podréis, podrán	podría, podrías, podría, podríamos, podríais, podrían	pueda, puedas, pueda, podamos, podáis, puedan	pudiera, pudieras, pudiera, pudiéramos, pudierais, pudieran	
poner / poniendo / puesto	pongo, pones, pone, ponemos, ponéis, ponen	ponía, ponías, ponía, poníamos, poníais, ponían	puse, pusiste, puso, pusimos, pusisteis, pusieron	pondré, pondrás, pondrá, pondremos, pondréis, pondrán	pondría, pondrías, pondría, pondríamos, pondríais, pondrían	ponga, pongas, ponga, pongamos, pongáis, pongan	pusiera, pusieras, pusiera, pusiéramos, pusierais, pusieran	pon tú, no pongas, ponga usted, pongamos, pongan Uds.
querer / queriendo / querido	quiero, quieres, quiere, queremos, queréis, quieren	quería, querías, quería, queríamos, queríais, querían	quise, quisiste, quiso, quisimos, quisisteis, quisieron	querré, querrás, querrá, querremos, querréis, querrán	querría, querrías, querría, querríamos, querríais, querrían	quiera, quieras, quiera, queramos, queráis, quieran	quisiera, quisieras, quisiera, quisiéramos, quisierais, quisieran	quiere tú, no quieras, quiera usted, queramos, quieran Uds.
saber / sabiendo / sabido	sé, sabes, sabe, sabemos, sabéis, saben	sabía, sabías, sabía, sabíamos, sabíais, sabían	supe, supiste, supo, supimos, supisteis, supieron	sabré, sabrás, sabrá, sabremos, sabréis, sabrán	sabría, sabrías, sabría, sabríamos, sabríais, sabrían	sepa, sepas, sepa, sepamos, sepáis, sepan	supiera, supieras, supiera, supiéramos, supierais, supieran	sabe tú, no sepas, sepa usted, sepamos, sepan Uds.
salir / saliendo / salido	salgo, sales, sale, salimos, salís, salen	salía, salías, salía, salíamos, salíais, salían	salí, saliste, salió, salimos, salisteis, salieron	saldré, saldrás, saldrá, saldremos, saldréis, saldrán	saldría, saldrías, saldría, saldríamos, saldríais, saldrían	salga, salgas, salga, salgamos, salgáis, salgan	saliera, salieras, saliera, saliéramos, salierais, salieran	sal tú, no salgas, salga usted, salgamos, salgan Uds.

Irregular Verbs (continued)

Infinitive Present Participle Past Participle	Indicative					Subjunctive		Imperative
	Present	Imperfect	Preterit	Future	Conditional	Present	Imperfect	
ser siendo sido	soy eres es somos sois son	era eras era éramos erais eran	fui fuiste fue fuimos fuisteis fueron	seré serás será seremos seréis serán	sería serías sería seríamos seríais serían	sea seas sea seamos seáis sean	fuera fueras fuera fuéramos fuerais fueran	sé tú, no seas sea usted seamos sed vosotros, no seáis sean Uds.
tener teniendo tenido	tengo tienes tiene tenemos tenéis tienen	tenía tenías tenía teníamos teníais tenían	tuve tuviste tuvo tuvimos tuvisteis tuvieron	tendré tendrás tendrá tendremos tendréis tendrán	tendría tendrías tendría tendríamos tendríais tendrían	tenga tengas tenga tengamos tengáis tengan	tuviera tuvieras tuviera tuviéramos tuvierais tuvieran	ten tú, no tengas tenga usted tengamos tened vosotros, no tengáis tengan Uds.
traer trayendo traído	traigo traes trae traemos traéis traen	traía traías traía traíamos traíais traían	traje trajiste trajo trajimos trajisteis trajeron	traeré traerás traerá traeremos traeréis traerán	traería traerías traería traeríamos traeríais traerían	traiga traigas traiga traigamos traigáis traigan	trajera trajeras trajera trajéramos trajerais trajeran	trae tú, no traigas traiga usted traigamos traed vosotros, no traigáis traigan Uds.
venir viniendo venido	vengo vienes viene venimos venís vienen	venía venías venía veníamos veníais venían	vine viniste vino vinimos vinisteis vinieron	vendré vendrás vendrá vendremos vendréis vendrán	vendría vendrías vendría vendríamos vendríais vendrían	venga vengas venga vengamos vengáis vengan	viniera vinieras viniera viniéramos vinierais vinieran	ven tú, no vengas venga usted vengamos venid vosotros, no vengáis vengan Uds.
ver viendo visto	veo ves ve vemos véis ven	veía veías veía veíamos veíais veían	vi viste vio vimos visteis vieron	veré verás verá veremos veréis verán	vería verías vería veríamos veríais verían	vea veas vea veamos veáis vean	viera vieras viera viéramos vierais vieran	ve tú, no veas vea usted veamos ved vosotros, no veáis vean Uds.

Stem-Changing and Orthographic-Changing Verbs

dormir (ue, u), durmiendo, dormido

	Present	Imperfect	Preterit	Future	Conditional	Present (Subj.)	Imperfect (Subj.)	Imperative
	duermo	dormía	dormí	dormiré	dormiría	duerma	durmiera	
	duermes	dormías	dormiste	dormirás	dormirías	duermas	durmieras	duerme tú, no duermas
	duerme	dormía	durmió	dormirá	dormiría	duerma	durmiera	duerma usted
	dormimos	dormíamos	dormimos	dormiremos	dormiríamos	durmamos	durmiéramos	durmamos
	dormís	dormíais	dormisteis	dormiréis	dormiríais	durmáis	durmierais	dormid vosotros, no durmáis
	duermen	dormían	durmieron	dormirán	dormirían	duerman	durmieran	duerman Uds.

incluir (y), incluyendo, incluido

	Present	Imperfect	Preterit	Future	Conditional	Present (Subj.)	Imperfect (Subj.)	Imperative
	incluyo	incluía	incluí	incluiré	incluiría	incluya	incluyera	
	incluyes	incluías	incluiste	incluirás	incluirías	incluyas	incluyeras	incluye tú, no incluyas
	incluye	incluía	incluyó	incluirá	incluiría	incluya	incluyera	incluya usted
	incluimos	incluíamos	incluimos	incluiremos	incluiríamos	incluyamos	incluyéramos	incluyamos
	incluis	incluíais	incluisteis	incluiréis	incluiríais	incluyáis	incluyerais	incluid vosotros, no incluyáis
	incluyen	incluían	incluyeron	incluirán	incluirían	incluyan	incluyeran	incluyan Uds.

pedir (i, i), pidiendo, pedido

	Present	Imperfect	Preterit	Future	Conditional	Present (Subj.)	Imperfect (Subj.)	Imperative
	pido	pedía	pedí	pediré	pediría	pida	pidiera	
	pides	pedias	pediste	pedirás	pedirías	pidas	pidieras	pide tú, no pidas
	pide	pedía	pidió	pedirá	pediría	pida	pidiera	pida usted
	pedimos	pedíamos	pedimos	pediremos	pediríamos	pidamos	pidiéramos	pidamos
	pedís	pedíais	pedisteis	pediréis	pediríais	pidáis	pidierais	pedid vosotros, no pidáis
	piden	pedían	pidieron	pedirán	pedirían	pidan	pidieran	pidan Uds.

pensar (ie), pensando, pensado

	Present	Imperfect	Preterit	Future	Conditional	Present (Subj.)	Imperfect (Subj.)	Imperative
	pienso	pensaba	pensé	pensaré	pensaría	piense	pensara	
	piensas	pensabas	pensaste	pensarás	pensarías	pienses	pensaras	piensa tú, no pienses
	piensa	pensaba	pensó	pensará	pensaría	piense	pensara	piense usted
	pensamos	pensábamos	pensamos	pensaremos	pensaríamos	pensemos	pensáramos	pensemos
	pensáis	pensabais	pensasteis	pensaréis	pensaríais	penséis	pensarais	pensad vosotros, no penséis
	piensan	pensaban	pensaron	pensarán	pensarían	piensen	pensaran	piensen Uds.

Stem-Changing and Orthographic-Changing Verbs (continued)

Infinitive Present Participle Past Participle	Indicative					Subjunctive		Imperative
	Present	Imperfect	Preterit	Future	Conditional	Present	Imperfect	
producir (zc) produciendo producido	produzco produces produce producimos producís producen	producía producías producía producíamos producíais producían	produje produjiste produjo produjimos produjisteis produjeron	produciré producirás producirá produciremos produciréis producirán	produciría producirías produciría produciríamos produciríais producirían	produzca produzcas produzca produzcamos produzcáis produzcan	produjera produjeras produjera produjéramos produjerais produjeran	produce tú, no produzcas produzca usted produzcamos pruducid vosotros, no produzcáis produzcan Uds.
reír (i, i) riendo reído	río ríes ríe reímos reís ríen	reía reías reía reíamos reíais reían	reí reíste rio reímos reísteis rieron	reiré reirás reirá reiremos reiréis reirán	reiría reirías reiría reiríamos reiríais reirían	ría rías ría riamos riáis rían	riera rieras riera riéramos rierais rieran	ríe tú, no rías ría usted riamos reíd vosotros, no riáis rían Uds.
seguir (i, i) (ga) siguiendo seguido	sigo sigues sigue seguimos seguís siguen	seguía seguías seguía seguíamos seguíais seguían	seguí seguiste siguió seguimos seguisteis siguieron	seguiré seguirás seguirá seguiremos seguiréis seguirán	seguiría seguirías seguiría seguiríamos seguiríais seguirían	siga sigas siga sigamos sigáis sigan	siguiera siguieras siguiera siguiéramos siguierais siguieran	sigue tú, no sigas siga usted sigamos seguid vosotros, no sigáis sigan Uds.
sentir (ie, i) sintiendo sentido	siento sientes siente sentimos sentís sienten	sentía sentías sentía sentíamos sentíais sentían	sentí sentiste sintió sentimos sentisteis sintieron	sentiré sentirás sentirá sentiremos sentiréis sentirán	sentiría sentirías sentiría sentiríamos sentiríais sentirían	sienta sientas sienta sintamos sintáis sientan	sintiera sintieras sintiera sintiéramos sintierais sintieran	siente tú, no sientas sienta usted sintamos sentid vosotros, no sintáis sientan Uds.
volver (ue) volviendo vuelto	vuelvo vuelves vuelve volvemos volvéis vuelven	volvía volvías volvía volvíamos volvíais volvían	volví volviste volvió volvimos volvisteis volvieron	volveré volverás volverá volveremos volveréis volverán	volvería volverías volvería volveríamos volveríais volverían	vuelva vuelvas vuelva volvamos volváis vuelvan	volviera volvieras volviera volviéramos volvierais volvieran	vuelve tú, no vuelvas vuelva usted volvamos volved vosotros, no volváis vuelvan Uds.

APPENDIX 3

Spanish–English Vocabulary

A

a tiempo on time (3)
a través along (8)
abajo below (12)
abandonar to abandon (10)
abarcar to extend to (14)
abatido/a dejected (15)
abierto/a open (2)
abolición, la abolition (15)
abolir to abolish (15)
abordar to board (9)
abrazar to embrace (10)
abrazo, el hug; embrace (4)
abrigo, el coat (8)
abril April (1)
abrir to open (2)
abstener to abstain (9)
abuelita, la grandma (*diminutive*) (4)
abuelo/a, el/la grandfather/grandmother (4)
abundancia, la abundance (10)
abundante abundant (10)
abundar to abound (15)
aburrido/a boring (1)
aburrir to bore; to tire (6)
acabar (de) to finish; to have just (*done something*) (8, 11)
académico/a academic (3)
acarrear to carry (12)
accesorio, el accessory (5)
acción, la action (2)
aceite (de oliva), el (olive) oil (2)
aceituna, la olive (2)
acelerado/a accelerated (12)
acelerar to accelerate (15)
aceptado/a accepted (7)
acerca de about (6)
acercarse to approach (8)
aclarar to clarify (15)
acompañar to accompany (15)
acorde, el chord (15)
acordeón, el accordion (1, 14)
acostarse (ue) to go to bed (2, 5)
acostumbrar to be accustomed to (10, 13)
acostumbrarse to become accustomed (8)
activismo, el activism (5)
activista, el/la activist (15)
acto, el act (legal) (15)
actor, el actor (1)
actriz, la actress (1)
actual current (10)
actuar to act (5, 13)
acuático/a aquatic (9)
acudir to present oneself (11)
acuerdo, el accord (15)
acupuntura, la acupuncture (10)
acusación, la accusation (13)
adaptarse to adapt (12)
adecuado/a adequate (7)
adelanto, el advance (15)

adelgazar to lose weight (10)
ademán, el gesture (11)
además in addition (6)
adentro inside (6)
Adiós. Good-bye. (1)
adivinar to guess (5)
adivino/a, el/la fortune teller (12)
administración de empresas, la business administration (3)
administración, la administration (8)
admirador/a, el/la admirer (8)
admirar to admire (15)
adoptivo/a adoptive (14)
adorar to adore (14)
adornado/a adorned (8)
adornar to adorn (10)
adquirir (ie, i) to acquire (14)
aduana, la customs (9)
advertir (ie, i) to warn (14)
aeróbico/a aerobic (10)
aeropuerto, el airport (9)
afanosamente laboriously (5)
afeitarse to shave (5)
aficionado/a, el/la fan (7)
afirmación, la statement (12)
afrocaribeño/a Afro-Caribbean (7)
afrontar to face (15)
agarrar to grab (11)
agencia de viajes, la travel agency (9)
agente de viajes, el/la travel agent (9)
agitado/a agitated (10)
agosto August (1)
agradecido/a thankful (13)
agrandar to enlarge (15)
agravar to aggravate (10)
agregar to add; to gather (15)
agrícola agricultural (4)
agricultura, la agriculture (8)
agua (mineral), el (*fem.*) (mineral) water (6)
águila, el (*fem.*) eagle (8)
ahora now (2)
ajedrez, el chess (7)
ajo, el garlic (6)
ajustar to adjust (11)
ajuste, el fit (12)
al igual the same as (15)
alabanza, la praise (12)
alambrada, la wire (15)
albergar to house (3)
alcalde/sa, el/la mayor (12, 15)
alcantarilla, la sewer (13)
alcanzar reach, to (2)
alcohol, el alcohol (13)
alegoría, la allegory (6)
alegre cheerful (4)
alegría, la happiness (2)
alejarse to go away (11)
alejar to move away (13)
alemán, el German (2)

alergia, la allergy (10)
alergia(s) a, tener to be allergic to (10)
alérgico/a allergic (6)
álgebra, el (*fem.*) algebra (3)
algo something (3, 6)
algodón, el cotton (8)
alguien someone (7)
alguno/a/os/as some (7)
alhajas, las jewels (13)
alimentación, la nutrition (6)
alimentar to feed (11)
alimentos, los foods (10)
aliviado/a alleviated (14)
aliviar to alleviate (10)
allá there (9)
alma, el (*fem.*) soul (2)
almacén, el department store (8)
almendra, la almond (6)
almorzar (ue) to have lunch (4)
almuerzo, el lunch (2, 6)
alquilar to rent (11)
alquiler, de for rent (14)
alternar to alternate (8)
altiplano, el high plateau (10)
alto/a tall (2)
altura, la altitude (8, 9)
alucinógeno/a hallucinogenic (5)
alumbrarse to light up (15)
ama de casa, el (*fem.*) housewife (12)
amable amiable (4)
amanecer, el dawn (11)
amante, el/la lover (7)
amarillo/a yellow (1)
ámbar, el amber (7)
ambiental environmental (10)
ambiente, el atmosphere; surroundings (3, 6)
ambigüedad, la ambiguity (11)
ambos/as both (7)
ambulancia, la ambulance (10)
amigo/a, el/la friend (1, 2)
amistad, la friendship (5)
amor, el love (2)
amplio/a wide (8)
amueblado/a furnished (5)
analista (de sistemas), el/la systems analyst (11)
anaranjado/a orange (1)
ancho/a wide (5)
anciano, el/la old person (12)
andar to walk (6)
andén, el platform (13)
andino/a Andean (8)
anfitrión/anfitriona, el/la host/hostess (7, 13)
angelical angelical (8)
anglicismo, el Anglicism (12)
angustia, la anguish (10)
angustiado/a anguished (5)
anillo de oro, el gold ring (8)
animado/a animated (9)
animal, el animal (3)

animar to encourage; to cheer (7, 10)
aniversario, el anniversary (6)
anoche last night (6)
anochecer to get dark (15)
ansiado/a long-awaited (15)
ansioso/a anxious (9)
anteayer the day before yesterday (6)
antena parabólica, la satellite dish (12)
antepasado/a, el/la ancestor (12)
antes (de) before (2)
antiácido, el antacid (10)
antibiótico, el antibiotic (10)
anticipación, de in advance (14)
anticipación, la anticipation (9)
anticipar to anticipate (8)
anticuado/a antiquated (3)
antiguo/a old (2)
antropología, la anthropology (3)
anual annual (9)
anudado/a knotted (15)
anunciar to announce (8)
anuncio, el announcement (15)
anuncios clasificados, los classified ads (13)
añadir to add (15)
año, el year (1)
años, tener... to be... years old (3)
apagar to turn off (12)
apagar (fuegos/incendios) to put out; to extinguish (fires) (11)
aparato, el appliance (6)
aparecer appear, to (4)
aparente apparent (15)
apartamento, el apartment (3)
apartar to separate (15)
apasionado/a passionate (9)
apasionar to impassion (11)
apellido, el surname (2)
apilar to pile (15)
aplaudir to clap (14)
apodo, el nickname (2)
apogeo, el apogee (15)
apoyar to support (8, 15)
apoyo, el support (4)
apreciado/a appreciated (11)
apreciar appreciate, to (4)
aprender to learn (2)
apretado/a tight (12)
aprobar (ue) to pass (*a test*); to approve (13, 15)
aprovechar to take advantage of (7)
apunte, el note (5)
apurado/a hurried (14)
aquel/la that (*over there*) (4)
aquél/la that one (*over there*) (4)
aquello that (neuter) (*over there*) (4)

aquellos/as those (*over there*) (**4**)
aquéllos/as those ones (*over there*) (**4**)
aquí here (**1**)
árabe, el Arabic (**3**)
araña, la spider (**8**)
arañita, la little spider (**10**)
árbitro, el referee (**7**)
árbol, el tree (**4**)
archipiélago, el archipelago (**8**)
archivar to file; to save (**12**)
arco, el bow (**8**)
arder to burn (**10**)
ardilla, la squirrel (**8**)
aretes de diamantes, los diamond earrings (**8**)
argentino/a Argentine (**2**)
argumento, el argument (**15**)
aria, el (*fem.*) aria (**14**)
arma, el (*fem.*) weapon (**15**)
armado/a armed (**15**)
armar to assemble; to furnish (**8, 15**)
armario, el wardrobe (**5**)
arpa, el (*fem.*) harp (**7, 14**)
arqueólogo, el archeologist (**8**)
arquitecto/a, el/la architect (**2, 11**)
arquitectónico/a architectural (**8**)
arquitectura, la architecture (**2, 3**)
arrastrar to drag (**15**)
arreglar to arrange; to fix (**12**)
arriba de above (**5**)
arrodillarse to kneel down (**15**)
arrojar to throw out (**12**)
arroz, el rice (**6**)
arte, el art (**3**)
artes plásticas, las plastic arts (**14**)
artesanal artisan (**4**)
artesanía, la handicraft (**3**)
artesano/a, el/la artisan (**3**)
artículo, el article (**8, 13**)
artritis, la arthritis (**10**)
ascendencia, la ancestry (**10**)
ascender (ie) to promote; to move up (**11**)
asegurar to assure (**2**)
asentir (ie, i) to agree (**12**)
asesinado/a assassinated (**6**)
asesinar assassinate (**13**)
asesor/a, el/la consultant; advisor; counselor (**6, 15**)
asfixiado/a asphyxiated (**5**)
asiento (de ventanilla / de pasillo), el (window/aisle) seat (**6, 9**)
asistente de vuelo, el/la flight attendant (**9**)
asistente, el/la helper (**3**)
asistir (a) to attend (**2**)
asma, el (*fem.*) asthma (**10**)
asociación, la association (**10**)
asociar to associate (**2**)
aspecto, el aspect (**8**)
aspiradora, la vacuum cleaner (**5**)
aspirante, el/la job candidate (**11**)
aspirina, la aspirin (**10**)
asumir assume, to (**4**)
asustado/a frightened (**13**)
asustar to frighten (**11**)
atar to tie (**8**)
atasco, el traffic jam (**14**)

atención, la attention (**3**)
atender (ie) to tend to; to assist (**7**)
atentamente sincerely yours (**11**)
aterrizar to land (**9**)
atletismo, el track and field (**7**)
atracción, la attraction (**5**)
atractivo/a attractive (**4**)
atraer to attract (**7**)
atrapado/a trapped (**7**)
atrapar to trap (**11**)
atrás behind (**15**)
audición, la audition (**14**)
auditorio, el auditorium (**3**)
auge, el peak (**15**)
aullador/a howling (**5**)
aumentar to increase (**13, 15**)
aumento, el raise (**11**)
aun still; even (**4**)
auriculares, los earbuds (**12**)
ausencia, la absence (**9**)
auspiciado/a auspicious (**9**)
autobiografía, la autobiography (**3**)
autobús, el bus (**9**)
automóvil, el automobile (**2**)
autónomo/a autonomous (**13**)
autopista, la highway (**9**)
avance, el advance (**4**)
avanzado/a advanced; advancing (**3, 4**)
avenida, la avenue (**13**)
aventurero/a, el/la adventurer (**9**)
averiado/a damaged (**13**)
avión, el plane (**9**)
avisos clasificados, los classified ads (**13**)
ayer yesterday (**6**)
ayudante, el/la assistant (**6**)
ayudar to help (**2**)
ayuntamiento, el city council (**1**)
azar, el chance (**7**)
azúcar, la sugar (**6**)
azul blue (**1**)

B

bacalao, el cod (**7**)
bailable danceable (**9**)
bailar to dance (**2**)
bailarín/a, el/la dancer (**14**)
bajar to download; to lower (**6**)
bajar de peso to lose weight (**10**)
bajarse (de) to get off (of); to get down (from) (**9**)
bajo lower; below (**12**)
bajo, el bass (**3, 14**)
bajo/a short (*in stature*) (**2**)
bala, la bullet (**8**)
balboa, el monetary unit of Panama (**5**)
ballet, el ballet (**1**)
balneario, el spa (**9**)
baloncesto, el basketball (**2**)
banana, la banana (**6**)
banco, el bank (**8**); bench (**13**)
banda, la band (**14**)
bandera, la flag (**1**)
banjo, el banjo (**1**)
banqueta, la sidewalk (**12**)
bañarse to bathe (**5**)
baño, el bathroom (**5**)
barato/a cheap; inexpensive (**1**)

barbaridad, la outrage (**5**)
barco, el boat (**9**)
barra, la bar (**12**)
barrer to sweep (**5**)
barrio, el neighborhood (**3**)
basado/a based (**6**)
basalto, el basalt (**15**)
básquetbol, el basketball (**2**)
bastante quite; fairly (**3**)
bastantes quite a few (**13**)
bastar to be enough (**8**)
basurero, el garbage can (**5**)
batalla, la battle (**1**)
batear to bat (**7**)
batería, la drums (**14**)
bebé, el/la baby (**6**)
beber to drink (**2**)
bebida, la beverage (**6**)
bebidas alcohólicas, las alcoholic beverages (**10**)
beca, la scholarship (**10**)
béisbol, el baseball (**2**)
beisbolista, el baseball player (**7**)
bélico/a war-like (**13**)
belleza, la beauty (**9**)
bellísimo/a really beautiful (**6**)
bendito/a blessed (**6**)
beneficiar to benefit (**15**)
beneficio/s, el/los benefit/s (**10, 11**)
benéfico/a charitable (**14**)
besar to kiss (**10**)
beso, el kiss (**4**)
biblioteca, la library (**3**)
bibliotecario/a, el/la librarian (**11**)
bien well (**1**)
bien hecho/a well made (**14**)
bienes raíces, los real estate (**5**)
bienes, los goods (**5**)
bienestar, el well-being (**10**)
bienvenida, la welcome (**8**)
bilingüe bilingual (**13**)
billete, el bill (**12**)
billetera, la billfold (**12**)
biografía, la biography (**2**)
biología, la biology (**3**)
bistec, el steak (**6**)
blanco/a white (**1**)
bloque, el block (**8**)
blusa, la blouse (**8**)
boca, la mouth (**7, 10**)
bocadillo, el sandwich (**6**)
boda, la wedding (**3**)
boleto, el ticket (**4, 9**)
bolígrafo, el pen (**1**)
bolsa, la (big) bag (**7, 15**)
bolso, el bag; purse (**8**)
bombardear to bomb (**14**)
bombero/a, el/la firefighter (**11**)
bondad, la kindness (**15**)
bonificación anual, la yearly bonus (**11**)
bonito/a pretty; cute (**2**)
bordear to border (**9**)
borrar to erase (**12**)
bosque, el forest (**5, 9, 12**)
bote, el can (**9**)
botella, la bottle (**7**)
botellita, la little bottle (**13**)
boxeo, el boxing (**7**)
brazo, el arm (**10**)
breve brief (**6**)
brillante bright (**10**)
brillar to shine (**8**)

broma, la joke (**11**)
bronce, el bronze (**15**)
bruma, la mist (**11**)
bucear to scuba dive; snorkel (**9**)
buche, el belly (**8**)
¡Buen provecho! Enjoy your meal! (**1, 6**)
Buenas noches. Good evening. (**1**)
Buenas tardes. Good afternoon. (**1**)
bueno/a good (**1**)
Buenos días. Good morning. (**1**)
bufé, el buffet (**6**)
buitre, el vulture (**14**)
buscador, el search engine (**12**)
buscar to look for (**2**)
búsqueda, la search (**11**)
buzón, el mailbox (**2**)

C

caballero, el gentleman (**2**)
cabeza, la head (**10**)
cabrón, el rascal (**13**)
cachorro, el cub (**13**)
cachucha, la cap (**15**)
cacique, el chief (**14**)
cadáver, el cadaver (**14**)
cadena de plata, la silver chain (**8**)
cadencia, la rhythm (**15**)
caerse to fall down (**12**)
café, el coffee (**4**)
café (al aire libre), el outdoor café (**4**)
cafecito, el little cup of coffee; little café (**7**)
cafeína, la caffeine (**6**)
cafetera, la coffee maker (**6**)
cafetería, la cafeteria (**2, 3**)
caja, la box; cash register (**6, 8**)
cajero automático, el ATM (automatic teller machine) (**4, 12**)
cajuela, la trunk (**15**)
calabaza, la squash (**11**)
calamar, el squid (**6**)
calavera, la skull (**15**)
calculadora, la calculator (**1**)
cálculo, el calculus (**3**)
calentar (ie) to heat (**6**)
calidad, la quality (**4, 8**)
cálido/a hot; warm (**9**)
caliente hot (**6**)
calificaciones, las qualifications (**11**)
calle, la street (**2**)
calma, la calm (**9**)
calmante, el tranquilizer (**10**)
calor, hace it is hot (**7**)
calor, tener to be hot (**3**)
caloría, la calorie (**6**)
caluroso/a warm (**8**)
calzado, el footwear (**8**)
calzar to wear a shoe size (**8**)
cama, (hacer la) (to make the) bed (**5**)
cámara de video, la video camera (**9**)
cámara, la camera (**4, 9, 13**)
camarero/a, el/la waiter/waitress (**6**)
camarones, los shrimp (**6**)
cambiar change, to (**4**)
cambio, el exchange (**8**)
camélido/a camel-like (**8**)

caminar to walk (**2**)
camino, el road (8)
camión, el truck; bus (*Mexico*) (15)
camioneta, la pickup truck (1)
camisa, la shirt (4, **8**)
campamento, el camp (15)
campaña, la campaign (13, **15**)
campeón/campeona, el/la champion (7)
canadiense Canadian (**2**)
canal, el canal; channel (4, **13**)
canas, tener to be grey-haired (13)
cáncer, el cancer (10)
cancha de tenis, la tennis court (**3**)
cancha, la court (2)
canción, la song (3)
candidato/a, el/la candidate (3, **15**)
cansado/a tired (4)
cansancio, el fatigue (10)
cansar to tire (7)
cantante, el/la singer (1)
cantar to sing (8)
cantar, el poem (15)
cantero de jardín, el flower bed (14)
cantidad, la quantity (6)
caña, la cane (7)
capacidad, la capacity (12)
capataz, el foreman (15)
capaz capable (**11**)
capilla, la chapel (8)
capital, la capital city (1, **2**)
capitán, el captain (3)
cara, la face (**5**)
carácter, el character (13)
característica, la characteristic (5)
caramba gosh (7)
carbohidratos, los carbohydrates (**10**)
cárcel, la jail (15)
carecer de to lack (6)
cargo político, el political post (**15**)
cargo, el position (11)
caribeño/a Caribbean (7)
caricia, la caress (2)
cariño, el affection (2)
cariñosamente affectionately (4)
caritativo/a charitable (9)
carnaval, el Mardi Gras (9)
carne de res, la beef (10)
carnero, el mutton (6)
caro/a expensive (**1**)
carpa, la tent (15)
carpintero/a, el/la carpenter (**11**)
carrera, la career (3)
carretera, la highway (14)
carro, el car (3, **9**)
carta de presentación, la cover letter (**11**)
carta (de recomendación), la letter (of recommendation) (1, **11**)
cartelera, la entertainment section (**13**)
cartera, la wallet (15)
cartero/a, el/la mail carrier (**11**)
casa, en in the house; at home (2)
casa, la house (**5**)

casado/a married (**4**)
casarse to marry (4)
cascadas, las cascades (11)
cáscara, la shell; peel (*fruit*) (7)
casco, el helmet (12)
casera, la housewife (7)
casero/a, el/la landlord/lady (12)
caso, hacer to pay attention (13)
castillo, el castle (13)
cataratas, las falls (11)
catedral, la cathedral (**9**)
caudillo, el leader (15)
causa, la cause (8)
cavar to dig (14)
cazar to hunt (8)
cazuela, la stewpot; casserole dish; saucepan (**6**)
celebración, la celebration (3)
celebrar to celebrate (9)
celos, los jealousy (11)
celoso/a jealous (11)
celta Celtic (13)
cementerio, el cemetery (14)
cena, la dinner (**6**)
cenar to have dinner (**6**)
censo, el census (15)
censurar to censure (13)
centenares, los hundreds (4)
céntimo, el cent (2)
centro comercial, el shopping center; mall (**8**)
centro estudiantil, el student union (3)
centro, el downtown (3, **4**)
cepillarse to brush (5)
cepillo (de dientes), el (tooth) brush (**5**)
cerámica, la ceramic (4)
cerca (de) nearby; close (to) (**3**)
cerca, la fence (12)
cercano/a nearby (8)
cerdo, el pork (10)
ceremonia, la ceremony (4)
cerveza, la beer (**6**)
cese de fuego, el ceasefire (4)
ceviche, el raw fish with lemon (6)
champán, el champagne (8)
champú, el shampoo (**5**)
chaqueta, la jacket (**8**)
charada, la charade (6)
charango, el guitar-like instrument (4)
chicano/a Mexican-American (12)
chicle, el chewing gum (15)
chico/a, el/la boy/girl (**3**)
chileno/a Chilean (**2**)
chimichurri, la sauce popular in Argentina (6)
chinchilla, la chinchilla (14)
chino, el Chinese (**2**)
chiquito/a very small (5, 15)
chismoso/a gossipy (5)
chiste, el joke (15)
chocar to crash (15)
chocita, la little hut (15)
chorro, el stream (15)
chubasco, el heavy rain; shower (7)
cibernético/a cybernetic (2)
cicatriz, la scar (13)
ciclismo, el cycling (**7**)
ciego/a blind (11)
cielo, el heaven; sky (2, 8)

ciencia ficción, la science fiction (7)
ciencias políticas, las political science (**3**)
ciencias sociales, las social science (**3**)
científico/a, el/la scientist (1)
cierto/a true; certain (2)
cigarra, la cricket (8)
cinc, el zinc (10)
cine, el movie theater (2, **4**)
cineasta, el/la filmmaker (4)
cinematografía, la cinematography (**13**)
cinta, la film (*tape*) (**13**)
ciprés, el cypress (14)
círculo, el circle (7)
cita, (hacer una) to make an appointment (10, 11)
ciudad, la city (1, **2**)
ciudadano/a, el/la citizen (6, **15**)
cívico/a civil (15)
civilización, la civilization (5)
clandestinidad, la secrecy (13)
clarinete, el clarinet (1, **14**)
claro of course (**4**)
clase turista, la coach class (**9**)
clase, la class (1, 2, **3**)
cliente, el/la client; customer (6, **8**)
clientela, la clientele (12)
clima, el climate (5)
coactor/a, el/la co-actor (13)
cobre, el copper (6)
coca, la coca (15)
coche, el car (5)
cochinillo, el suckling pig (8)
cocina, la cuisine; kitchen (4, **5, 6**)
cocinar to cook (4, **6**)
cocinero/a, el/la chef; cook (6, **11**)
coco, el coconut (6)
cocodrilo, el crocodile (9)
código, el code (15)
cognado, el cognate (2)
coincidir to coincide (15)
cojo/a lame (13)
col, la cauliflower (6)
cola, hacer to stand in line (**9**)
cola, la tail (7)
colaborar to collaborate (5)
colchón, el mattress (13)
colección, la collection (4)
colega, el/la colleague (11)
cólera, el cholera (14)
colesterol, el cholesterol (**10**)
colgar (ue) to hang (13)
colibrí, el hummingbird (9)
collar (de perlas), el (pearl) necklace (7, **8**)
colombiano/a Colombian (**2**)
colonia, la colony; cologne (3, **8**)
colonizador/a, el/la colonizer (9)
coloradito/a blushing (3)
colorido/a brightly colored; coloring (9)
comal, la griddle (15)
combatir to combat (10, **15**)
combinación, la combination (10)
comedia musical, la musical comedy (**14**)
comedia, la comedy (**13**)

comedor, el dining room (**5**)
comentar to comment (5)
comentarista deportivo/a, el/la sportscaster (**13**)
comentarista, el/la newscaster; commentator (**13**)
comer to eat (**2**)
comercio, el commerce (3)
comestibles, los provisions; groceries (6)
cometer to commit (14)
comida, la meal (2, **6**)
comienzo, el beginning (5)
comisión, la commission (5)
comité, el committee (4)
cómo how; what (**1, 2**)
¿Cómo está usted? How are you? (*for.*) (**1**)
¿Cómo estás? How are you? (*inf.*) (**1**)
¿Cómo se llama usted? What's your name? (*for.*) (**1**)
¿Cómo te llamas? What's your name? (*inf.*) (**1**)
cómoda, la dresser (**5**)
comodidades, las comforts (9)
cómodo/a comfortable (9)
compañía, la company (14)
comparación, en comparison, in (2)
comparar to compare (5)
compartir share, to (4)
compatible compatible (12)
competir (i) to compete (15)
complacer to please (11)
complejo, el complex (14)
complejo/a complex (15)
complicado/a complicated (**3**)
complicar to complicate (11)
componer to compose (14, 15)
composición, la composition (2)
compositor/a, el/la composer (**14**)
comprar to buy (**2**)
comprender to understand (**2**)
comprobar (ue) to prove (15)
compromiso, el obligation (11)
compuesto/a composed (15)
computación, la computer science (**3**)
computadora, la computer (1, **3**)
común common (1)
comunicaciones, las communications (**3**)
comunidad, la community (3)
con with (**1**)
concierto, (ir a un) (to go to a) concert (3, **4, 7**)
concurso, el contest; game show; pageant (**13**)
condenado/a condemned (13)
condominio, el condominium (5)
cóndor, el condor (8)
conducir to conduct; to drive (15)
conductora, el/la conductor (15)
conectar connect (5)
conexión, la connection (13)
confeccionar to make up (15)
conferencia de prensa, la press conference (6)
conferencia, la lecture (3)
confesar (ie) to confess (10)

conflicto, el conflict (8, **15**)
conforme in agreement (15)
confundir to confuse (14)
congelador, el freezer (**6**)
conjetura, la conjecture (12)
conjunto, el outfit; group (4, **14**)
conmemorar commemorate, to (4)
conocer to know (*someone*); to be familiar with (**4**)
conocido/a known (6)
conocimiento, el knowledge (15)
conquista, la conquest (3)
consecuencias, las consequences (15)
conseguir (i, i) to get (9)
consejo, el advice (4)
conservación, la conservation (5)
conservador/a conservative (13)
conservante, el preservative (10)
conservar to conserve; to preserve (8, 12)
considerado/a considered; considerate (9, 15)
considerar to consider (3)
constante constant (14)
constantemente constantly (12)
constituir to constitute (12)
construcción, la construction (5)
construir to construct (10)
consuelo, el consolation (10)
consultar to consult (10)
consultorio sentimental, el advice column (13)
consultorio, el doctor's office (**10**)
consumidor/a, el/la consumer (1)
consumir to consume (4, 12)
consumo, el consumption (10)
contabilidad, la accounting (**3**)
contactar to contact (6)
contador/a, el/la accountant (**11**)
contaminación, hay there is pollution; there is smog (7)
contaminar to contaminate; to pollute (**12**)
contar (ue) to tell (*a story*) (10)
contemporáneo/a contemporaneous (6)
contenedor, el container (13)
contener (ie) to contain (10)
contenido, el content (10)
contento/a happy (**5**)
contestador automático, el answering machine (**12**)
continuación, a following (6)
continuar to continue (14)
contra, (en) against (**5**, 8)
contraste, el contrast (6)
contratar to hire (**11**)
contrato, el contract (**11**)
contrincante, el/la opponent (12, **15**)
controlar to control (**15**)
convencer to convince (2)
convencional conventional (13)
convento, el convent (**9**)
conversar to converse (2)

convertido/a converted (5)
convertir (ie, i) to convert (9)
cooperar to cooperate (8)
coordinador/a, el/la coordinator (**11**)
copia, la copy (5)
corazón, el heart (2, **10**)
corbata, la tie (**8**)
cordial cordial (7)
cordialmente cordially yours (**11**)
coreano, el Korean (**2**)
coreógrafo/a, el/la choreographer (14)
corneta, la cornet (**14**)
corpulento/a corpulent (15)
correo electrónico, el email (6, **12**)
correo, el mail (2)
correr run, to (2, **7**)
corresponsal, el/la correspondent (13)
corriente, la electric current (9)
corrupción, la corruption (15)
cortado/a cut (6)
corto/a short (6)
corvina, la sea bass (6)
cosa, la thing (**1**)
costa, la coast (2)
costar (ue) to cost (2, **4**, **8**)
costumbre, la custom (3)
costura, la alta high fashion (**14**)
creación, la creation (15)
creador/a, el/la creator (10)
crear to create (8)
creativo/a creative (12)
crecer to grow (8)
creer to believe (**2**)
crema (de afeitar), la (shaving) cream (**5**)
cría, la raising; chick (10, 13)
criarse to grow up (4)
crimen, el crime (14)
criollo/a creole (6)
crisis, la crisis (15)
cristalino/a clear; crystalline (5)
cristianizar to christianize (10)
cristiano/a Christian (14)
crítico/a, el/la critic (**13**)
crónica social, la social page (**13**)
cronológico/a chronological (11)
crucial crucial (6)
cruzar to cross (14)
cuaderno, el notebook (**1**)
cuadra, la block (3)
cuadrado/a square (5)
cuadro, el picture; painting (2, **5**)
cuadros, de plaid (**8**)
cual/es which (one/s) (**2**)
cualquier/a any/one (9)
cuando when (**2**)
cuanto/a how much/many (**1**)
Cuaresma, la Lent (9)
cuarteto, el quartet (**14**)
cuartito, el little room (5)
cuarto, el room (**5**)
cuarto/a fourth (**8**)
cubano/a Cuban (**2**)
cubierto/a covered (10)
cubismo, el cubism (2)
cuchara, la tablespoon (**6**)
cucharadita, la teaspoon (**6**)
cuchillo, el knife (8)

cuenta, la bill; account; bead (**6**, 7, 15)
cuenta, por su on your own (11)
cuentista, el/la storyteller (11)
cuerda, la cord (15)
cuero, el leather (**8**)
cuerpo, el body (**5**)
cuestas, a on the back (14)
cuestionario, el questionnaire (10)
cuidado, tener to be careful (**3**)
cuidadoso/a careful (9)
cuidar(se) to take care (of oneself) (6, **10**)
culebra, la snake (7)
culinario/a culinary (6)
culpa, la blame (13)
cultivo, el cultivation (2)
cumpleaños, el birthday (1)
cumplir (con) to make good (*on a promise*); to fulfill (*a promise*) (**15**)
cuna, la cradle (1)
cuñado/a, el/la brother-in-law/sister-in-law (3, **4**)
curanto, el Chilean stew (6)
curar to cure (**11**)
curioso/a curious (7)
currículo, el curriculum (14)
currículum vitae, el résumé (**11**)
curso, el course (3)
cuyo/a/os/as whose (5)

D

danza, la dance (14)
dañar to damage (*not work*) (10, **12**)
dañino/a harmful (10)
daño, el damage; harm (4, 15)
dar igual to be the same (7)
dar un paseo to go out; to take a walk (**7**)
datar to date from (15)
dato, el data; information (1)
de acuerdo fine with me; okay; in agreement; agreed (3, **4**)
de nada you're welcome (**1**)
de verdad really (1)
debajo (de) under; below (5)
debate, el debate (15)
deber, el duty (4, **15**)
debido a owing to (5)
debut, el debut (14)
decenas, las tens (5)
decidir to decide (**2**)
décimo tenth (**8**)
decir (i) to say (**6**)
decoración, la decoration (8)
dedicación, la dedication (14)
dedicado/a dedicated (9)
dedicar to dedicate (7)
dedo, el finger (10)
defender (ie) to defend (7)
defensa propia, la self-defense (14)
definir to define (14)
deforestación, la deforestation (**12**)
dejar (de fumar) to leave; to quit (smoking cigarettes) (4, **10**, **11**)
delante de in front of (2, **3**)
delgado/a thin (**2**)
delicioso/a delicious (2)

delincuencia, la delinquency (15)
demagogo/a, el/la demagogue (15)
demasiado too much (9)
democracia, la democracy (**15**)
democrático/a democratic (4)
demográfico/a demographic (13)
demora, la delay (6, **9**)
demostrar (ue) to demonstrate (14)
denominar to designate (4)
dentista, el/la dentist (3, **11**)
dentro de within; inside of (**5**)
denunciar denounce (7)
depender de to depend on (5)
deporte, el sport (1, **7**)
deportiva, la sección sports section (**13**)
deportivo/a sporting (7)
depósito, el deposit (10)
derecha, a la to/on the right (**3**)
derecho, el law; right (**3**, 8, **15**)
derechos humanos, los human rights (4)
derivado/a derived (12)
derribar to tear down (13)
desafío, el challenge (4)
desaparecer to disappear (11)
desaparecido/a disappeared (15)
desarmar to disarm (15)
desarme, el disarmament (**15**)
desastre, el disaster (5)
desayunar to have breakfast (**6**)
desayuno, el breakfast (**6**)
descafeinado/a decaffeinated (3)
descansar to rest (12)
descarapelado/a peeling (12)
descender (ie) to descend (11)
descendiente, el/la descendant (8)
descomposición, la decomposition (4)
desconocido/a unknown (15)
describir to describe (2)
descubierto/a discovered (13)
descubrimiento, el discovery (14)
descuento, el discount (**8**)
desde from; since (2)
deseado/a desired (4)
desechos, los waste (**12**)
desempeñar to carry out (6)
desempleo, el unemployment (6, **11**)
desengaño, el disillusionment (10)
desfile, el parade (9)
desgarrador/a heartrending (11)
desgraciadamente unfortunately (10)
desgranar to shell (15)
deshecho/a unraveled (10)
deshonesto/a dishonest (15)
deshonrar to dishonor (11)
desierto, el desert (4)
desierto/a deserted (5)
desigualdad, la inequality (5)
desilusionado/a disillusioned (4)
desnudo/a nude (15)
desodorante, el deodorant (**5**, 8)

desorden, el disorder (8)
desorganizado/a disorganized (15)
despacho, el office (11)
despacio slowly (5)
despedida, la farewell (1, 4)
despedidas, las closings (11)
despedir (i, i) to fire (11)
despegar to take off (9)
despejado/a clear (sky) (8)
despertarse (ie) to wake up (5)
después de after (3)
destacar to stand out (12)
destinado/a destined (10)
destinatario/a, el/la addressee (11)
destino, el destination (9)
destreza, la skill (15)
destrozado/a destroyed (9)
destrozar to destroy (9)
destructivo/a destructive (5)
desventaja, la disadvantage (10)
detallar to detail (7)
detalle, el detail (6)
detener (ie) to detain (11)
deteriorar to deteriorate (12)
determinado/a determined (9)
detestar to detest (11)
detrás (de) behind (3)
devolver (ue) to return (*something*) (8)
día, el day (1)
diabetes, la diabetes (10)
diabólico/a diabolical (14)
diagnóstico, el diagnosis (10)
diagrama, el diagram (7)
diario/a daily (2)
dibujar to draw (10)
dibujo, el drawing (5)
diccionario, el dictionary (1)
diciembre December (1)
dictador/a, el/la dictator (15)
dictadura, la dictatorship (15)
dientes, los teeth (5, 10)
dieta, estar a to be on a diet (10)
dieta, la diet (10)
diferente different (6, 8)
difícil difficult (2)
dificultar to make difficult (4)
difunto/a dead (15)
dignidad, la dignity (13)
dignificar to dignify (11)
diminutivo/a diminutive (12)
dinero, el money (4)
dios, el god (9)
diplomático/a, el/la diplomat (3)
director/a, el/la director; conductor (9, 11, 14)
dirigido/a directed (13)
dirigir to conduct (14)
discapacitado/a handicapped (3)
disco duro, el hard drive (12)
discoteca, ir a una to go to a nightclub (7)
discrepancia, la discrepancy (11)
disculparse to apologize (15)
discurso, el speech (15)
discusión, la argument (8)
discutir to argue (4)
diseñador/a, el/la designer (14)
diseñar to design (2, 11)
diseño, el design (2, 3, 12)

disfraz, el disguise; costume (14)
disfrutar de to enjoy (6)
disimular to cover up; to feign (13)
disminución, la decrease (5)
disminuir to diminish; to lessen (13, 15)
disparar to shoot (11)
dispuesto/a willing; ready; disposed (12)
disquete, el computer disc (12)
distancia, la distance (8)
distinguir to distinguish (15)
distinto/a different (6, 8)
distraer to entertain; to distract (15)
distribuir to distribute (13)
diva, la diva (14)
divertido/a fun (9)
división, la division (5)
divorciado/a divorced (4)
doble cuarto, el double room (9)
doble juego, el scam (4)
doctorado, el doctorate (3)
doler (ue) to hurt (9, 10)
dolor de cabeza, el headache (10)
dolor, el pain; ache (10)
doloroso/a painful (10)
doméstico/a domestic (3)
dominado/a dominated (6)
dominar to dominate (8)
domingo, el Sunday (1)
dominicano/a Dominican (2)
donar to donate (14)
donde where (2)
dormir (ue, u) to sleep (4)
dormirse (ue, u) to fall asleep (5)
dormitorio, el bedroom (5)
dote, el dowry (15)
drama, el drama (13)
dramático/a dramatic (13)
dramatización, la dramatization (13)
dramaturgo/a dramatist (13)
drogadicción, la drug addiction (15)
dueño/a, el /la owner (5)
dulcemente softly (5)
dulces, los sweets (15)
durabilidad, la durability (14)
duradero/a lasting (15)
durante during (2)
durar to last (8)
durazno, el peach (14)
duro/a hard (10)
DVD, el DVD (12)

E

echar to add; to throw in (6, 12)
echar de menos to miss (2)
ecología, la ecology (5)
ecológico/a ecological (8)
económico/a economical (2)
ecoturismo, el ecotourism (4, 5)
ecuatoriano/a Ecuadorian (2)
edificación, la building (4)
edificio, el building (8)
editar to edit (12)
editorial, el editorial (page) (13)
educación física, la physical education (3)
educar to educate (10)
efectivo, en cash (5)

efímero/a ephemeral (13)
ejecución, la execution (14)
ejecutivo/a, el/la executive (3)
ejemplo, el example (9)
ejercer to exercise (15)
ejercicio, hacer to exercise (7)
ejercicios aeróbicos, los aerobics (10)
ejército, el army (5, 15)
el the (1)
él he (1)
elaboración, la elaboration (15)
elaborado/a elaborated (4)
elaborar to elaborate (15)
elástico, el elastic (14)
electo/a elected (6)
electricidad, la electricity (10)
electricista, el/la electrician (11)
eléctrico/a electric (3)
electrónico/a electronic (2, 12)
elegible eligible (13)
elegir (i, i) to elect (14, 15)
elemento, el element (14)
eliminar to end (15)
ella she (1)
ellos/as they (1)
embajador/a, el/la ambassador (9)
embalse, el dam (10)
emisora, la radio station (*business entity*) (7, 13)
emocional emotional; exciting (11)
emocionante exciting (2)
emocionarse to get excited (15)
empacar to pack (10)
empanada (empanadilla), la turnover (6)
empaquetado/a packaged (10)
emparejar to match (*pair up*) (6)
empatar to tie (*the score*) (7)
empezar (ie) to begin (3, 4)
empleado/a, el/la employee (8, 11)
empresa, la company; firm (11)
en demanda in/on demand (14)
en directo live (*on television*) (13)
encajar to fit (8)
encaje, el lace (10)
Encantado/a. Delighted.; Pleased to meet you. (1)
encantador/a enchanting; delightful (14)
encantar to delight; to be extremely pleasing (6)
encanto, el delight (12)
encargar to take on (14)
encender (ie) to turn on (12)
encima on top (13)
enclavado/a nailed (15)
encoger draw up (8)
encogerse to shrink (15)
encontrar (ue) to find (4)
encuentro, el encounter (8)
encuesta, la survey (10)
enemigo/a, el/la enemy (11)
energía, la energy (3, 12)
enero January (1)
enfermedad, la illness (5, 10)
enfermero/a, el/la nurse (11)
enfrente in front (12)
enfrente de facing; across from (3)
engañar to deceive (13)

enlace, el hyperlink (12)
enojarse to get angry (14)
enorme enormous (6)
enredar to twist around (7)
enriquecer to enrich (12)
ensalada, la salad (6)
ensamblar assemble (3)
ensartar to string (15)
ensayar to rehearse (11, 14)
enseguida right away (6)
enseñanza, la teaching (12)
enseñar to teach (2)
enterarse to become aware (15)
entero/a entire (4)
enterrar (ie) to bury (14)
entonación, la intonation (14)
entrada, la admission ticket; entrance (4, 8)
entre between (3)
entregar to deliver (8)
entrenador/a, el/la trainer (7)
entrenamiento, el training; entertainment (7, 11)
entresuelo, el mezzanine (7)
entretener (ie) to entertain (9)
entretenimiento, el entertainment (7)
entrevista, la interview (2, 11)
entusiasta enthusiastic (11)
envase (de aluminio), el (aluminum) container (12)
época, la epoch (4)
equilibrio, el equilibrium (10)
equipo, el team; equipment (7)
equivocado/a mistaken (15)
erradicar to eradicate (15)
erupción, la eruption (11)
escalar to climb (8)
escaleras, las stairs (12)
escalonada, la stair step (8)
escandalizado/a scandalized (5)
escáner, el scanner (12)
escarlata scarlet (5)
escasez, la shortage (12)
escaso/a scarce (15)
escenario, el stage (14)
esclavo/a, el/la slave (9)
escoba, la broom (5)
escolar scholastic (12)
esconder to hide (7)
escorpión, el scorpion (7)
escribir to write (2)
escritor/a, el/la writer (6)
escuchar to listen (2)
escuela, la school (5)
escultor/a, el/la sculptor (8)
escurrir to drain (5)
ese/a that (4)
ése/a that one (4)
esencia, la essence (14)
eso that (neuter) (4)
esos/as those (4)
ésos/as those ones (4)
espalda, la back (10)
español, el Spanish (2)
español/a Spanish (2)
especialidad de la casa, la house specialty (6)
especie, la species (5)
espectacular spectacular (2, 5)
espectáculo, el spectacle (8)
espectador/a, el/la spectator (13)

especular to speculate (13)
espejo, el mirror (**5**)
esperanza, la hope (12)
esperanzado/a hopeful (10)
espeso/a thick (15)
espiar to spy (11)
esposo/a, el/la husband; wife (3, **4**)
esquela funeraria, la obituary (**13**)
esquí (acuático), el (water) skiing (**7**)
esquiar to ski (**7**)
esquina, la corner (3)
establecer establish (4)
estación de radio, la radio station (13)
estación, la season; station (**1, 13**)
estacionar to park (11)
estadía, la stay (**9**)
estadio, el stadium (**3**)
estadísticas, las statistics (3)
estado libre asociado, el commonwealth (7)
estado, el state (7)
estadounidense American (US) (**2**)
estampado/a stamped (14)
estancia, la ranch (11)
estante, el bookcase (3, **5**)
estaño, el tin (10)
estar to be (**3**)
estatua, la statue (**9**)
este/a this (**4**)
éste/a this one (**4**)
estereotipo, el stereotype (12)
estilo, el style (2, **14**)
estimado/a señor/a dear sir/madam (**11**)
estimularse to stimulate (9)
estímulo, el stimulus (11)
esto this (neuter) (**4**)
Estocolmo Stockholm (4)
estofado, el stew (6)
estómago, el stomach (**10**)
estos/as these (**4**)
éstos/as these ones (**4**)
estrecho/a tight (*clothing*) (**8**)
estrenar to debut (13)
estrés, el stress (**10**)
estrofa, la stanza (11)
estudiante, el/la student (**1**)
estudiantil student (*adj.*) (6)
estudiar to study (**2**)
estudio, el studio; study (3, **13**)
estudios, los studies (2)
estufa, la stove (6)
estufita, la little stove (15)
estupendo/a terrific (**7**)
etapa, la stage (3)
ética, la ethic (11)
etiqueta, la label (10)
étnico/a ethnic (12)
eucalipto, el eucalyptus (15)
Europa Europe (2)
euskera, el Basque language (13)
evento, el event (3)
evolución, la evolution (8)
examen físico, el medical checkup (**10**)
examen, el exam (3)
excavar to excavate (4)
excelente excellent (2)
excepción, la exception (15)
excepcional exceptional (7)

exclusivo/a exclusive (9)
excursión, ir de to go on an outing; to tour (**9**)
excursión, la excursion (6)
exento/a exempt (3)
exhausto/a exhausted (8)
exhibir to exhibit (15)
exigente challenging; demanding (**3**)
existir to exist (8)
éxito, el success (11)
exótico/a exotic (5)
expedición, la expedition (10)
expediente, el dossier (**11**)
experimentado/a experienced (15)
experto/a, el/la expert (9)
explicar to explain (5)
explícito/a explicit (13)
explorar explore (10)
explosivo/a explosive (6)
explotar to exploit (15)
exportar to export (6)
exposición, la exposition; show (3, 8)
expresar to express (15)
expresivo/a expressive (14)
expreso/a expressed (15)
exquisito/a exquisite (6)
extender (ie) to extend (8)
extensión, la extension (9)
extinción, la extinction (5)
extracción, la extraction (10)
extranjerismo, el foreign expression (12)
extranjero/a foreign (13)
extranjero/a, el/la foreigner (7)
extrañar to miss (someone); seem strange (3, 12)
extraño/a strange (11)
extraordinario/a extraordinary (4)
extratextual extratextual (2)
extremo/a extreme (6)
extrovertido/a outgoing (1)

F

fábrica, la factory (2, **12**)
fabricación, la manufacture (2)
fabricar to manufacture (12)
fábula, la fable (8)
fabuloso/a fabulous; great (7)
fácil easy (2)
factor, el factor (10)
facturar el equipaje to check luggage (**9**)
Facultad de Arte, la School of Art (**3**)
Facultad de Ciencias, la School of Science (3)
Facultad de Derecho, la School of Law (3)
Facultad de Filosofía y Letras, la School of Humanities (3)
Facultad de Ingeniería, la School of Engineering (3)
Facultad de Matemáticas, la School of Mathematics (3)
Facultad de Medicina, la School of Medicine (3)
falda, la skirt; slope (8)
fallar to fail (5)
fallecimiento, el death (8)
falso/a false (2)
falta, la lack (12)

faltar to be lacking; to be in need of (**6**)
fama, la fame (9)
familia, la family (3, **4**)
familiar family (*adj.*) (4)
familiares, los family members (11)
fanático/, el/la fan(atic) (2)
fantasía, la fantasy (14)
fantástico/a fantastic (3, **7**)
farmacia, la pharmacy (**8**)
fascinante fascinating (1)
fascinar to be fascinating (6)
fascista, el/la fascist (14)
febrero February (**1**)
fecha, la date (**1**)
felicidad, la happiness (6)
femenino/a feminine (15)
feminidad, la femininity (14)
fenomenal phenomenal (6)
fenómeno, el phenomenon (10)
feo/a ugly (2)
feria, la fair (9)
ferrocarril, el railroad (6)
fertilidad, la fertility (15)
fertilizante, el fertilizer (6)
fibra, la fiber (15)
fiebre, la fever (5, 10)
fiesta, la party; celebration (1)
figura, la figure (7)
fíjese look (*for. command*) (9)
fila, la row (7)
filarmónico/a philharmonic (14)
filmación, la filming (13)
filmar to film (**13**)
final, el end (**13**)
financiera, la sección business section (13)
financiero/a financial (15)
finanzas, las finance (3)
finca, la farm (12)
fines, a toward the end (11)
fingir to pretend (11)
fino/a delicate (13)
firma, la signature (11)
firmar to sign (*a letter, a treaty, etc.*) (7, **15**)
física, la physics (3)
físico/a physical (5)
flaco/a skinny (2)
flamenco/a flamenco (2)
flan, el custard dessert (6)
flanquear to flank (15)
flauta, la flute (1, **14**)
flor, la flower (2, **9**)
florería, la flower shop (8)
fluvial river (*adj.*) (9)
folklórico/a folkloric (3)
folleto, el brochure (9)
fondo, el bottom; background (12, 14)
fondos, los funds (14)
footing, hacer to jog (**10**)
forma, en in shape (10)
forma, la form (4)
formación, la education (11)
formar to form (8)
formular to formulate (8)
formulario, el form (**11**)
foro, el forum (14)
fortalecer to strengthen; to fortify (**15**)
fotocopia, la photocopy (12)
fotocopiadora, la photocopier (**12**)
fotocopiar to photocopy (**12**)

fotógrafo/a, el/la photographer (1)
fracasar to fail (13)
fragmento, el fragment (13)
francés, el French (**2**)
frecuencia, con frequently (8)
frecuente frequent (11)
frecuentemente frequently (8)
freír (i, i) to fry (**6**)
fresa, la strawberry (15)
fresco, hace it is cool (**7**)
fresco/a fresh (6)
frijoles, los beans (**6**)
frío, hace it is cold (**7**)
frío, tener to be cold (**3**)
frío/a cold (6)
fritura, la fried snack (7)
frontera, la frontier; border (3)
frotar to rub (15)
frustrado/a frustrated (4)
fuego alto/mediano/bajo high/ medium/low heat (**6**)
fuego, el fire (15)
fuegos artificiales, los fireworks (9)
fuente, la fountain (6)
fuera (de) outside (4)
fuera de lugar out of place (12)
fueres, si if you were (9)
fuerza, la force (15)
fumar to smoke (8, **10**)
función, la show; function; event (**4**)
funcional functional (10)
funcionar to function; to work (10, **12**)
fundación, la founding; foundation (13, 15)
fundado/a founded (9)
fundar to found (14)
furibundo/a raging (14)
furioso/a angry (5)
furor, el furor (11)
fusión, la fusion (14)
fútbol, el soccer (**2**)
fútbol americano, el football (**2**)

G

gabardina, la gabardine (*lightweight wool*) (**14**)
gabinete, el cabinet (6)
gafas de sol, las sunglasses (7, **9**)
gafas, las glasses (15)
gaita, la bagpipe (13)
galán, el leading man (**13**)
galápago, el tortoise (8)
galletas, las cookies (**6**)
gallina, la hen (15)
ganador/a, el/la winner (15)
ganar to earn; to win (2, **7**)
ganga, la bargain; good deal (**8**)
garaje, el garage (**5**)
garganta, la throat (**10**)
garza, la crane (8)
gastado/a worn out (10)
gastar to spend (**8**)
gasto, el expense (11)
gastronomía, la gastronomy (2)
gato/a, el/la cat (5)
gaucho, el Argentine cowboy (**11**)
genealógico/a genealogical (4)
generación, la generation (10)
general general (9)

generar to generate (15)
género, el genre (8)
generosidad, la generosity (15)
generoso/a generous (10)
genético/a genetic (10)
genial of genius (7)
genovés/-esa Genoese (7)
gente, la people (8)
geografía, la geography (3)
geología, la geology (3)
gerente, el/la manager (9, 11)
gesto, el gesture (8)
gigante, el giant (6)
gigantesco/a gigantic (15)
gimnasia, la gymnastics (7)
gimnasio, el gymnasium (2, 3)
gira, la outing; tour (11, 14)
glifo, el glyph (15)
gobernador/a, el/la governor (15)
gobierno, el government (2)
golf, el golf (2, 7)
golpear to pound (12)
gordo/a chubby (2)
gorra, la cap (8)
gozar de to enjoy (11)
grabación, la recording (12)
grabado/a recorded (13)
grabar to record (12, 13)
Gracias. Thank you. (1)
graduarse to graduate (12)
Gran Depresión, la Great Depression (3)
grande big (1, 2)
grasa, la fat (6, 10)
grasas transformadas, las fatty acids (10)
gratis free of charge (7)
grave serious (sickness) (5)
gripe, la flu (10)
gris grey (1)
gritar to shout (7)
grito, el cry; shout (5, 11)
grúa, la tow truck (4)
guacamayo, el macaw (5)
guapo/a good-looking (2)
guaraní, el Guarani language (10)
guardar to save; to keep (6, 10)
guardar cama to stay in bed (10)
guardar la línea to stay trim; to watch one's figure (10)
guardia, el/la guard (9)
guayaba, la guava (1)
gubernamental governmental (12)
Guerra Civil, la Civil War (3)
guerra, la war (5)
guerrero, el warrior (3)
guía, el/la tour guide (9)
guía, la guide book (9)
guiar to guide (12)
guindando hanging (7)
guión, el script (10, 13)
guionista, el/la script writer (13)
guitarra, la guitar (1, 14)
gustar to like (6)
gusto, el taste (5)

H

ha de one must (8)
habitante, el/la inhabitant (8)
habitar to inhabit; to live (6)
hablar to speak (2)
hacer to do; to make (2, 3)

hacer la(s) maleta(s) to pack the suitcase(s) (9)
hacer juego (con) to match; to go well with (8)
hacha, el hatchet (7)
hambre, tener to be hungry (3)
hamburguesa, la hamburger (6)
hasta luego see you later (1)
hasta mañana see you tomorrow (1)
hasta pronto see you soon (1)
hay there is/are (1)
hay que one must (8)
haz do; make (*inf. command*) (9)
hectárea, la hectare (15)
heladera, la cooler (7)
heladería, la ice cream shop (8)
helado, el ice cream (6)
helicóptero, el helicopter (13)
heno, el hay (11)
heredar to inherit (5)
herencia, la heritage (7)
herido/a injured; wounded (9)
herir (ie, i) to wound (4)
hermanastro/a, el/la stepbrother/stepsister (4)
hermano/a, el/la brother/sister (3, 4)
hervir (ie, i) to boil (6)
hidromasaje, el hydromassage (10)
hidroterapia, la hydrotherapy (10)
hielo, el ice (7)
hierba, la herb (10)
hierro, el iron (6)
hijo/a, el/la son/daughter (4)
hinchar to swell (12)
hipermercado, el hypermarket (6)
hipervínculo, el hyperlink (12)
hipótesis, la hypothesis (15)
hispano/a Hispanic (1)
histérico/a hysterical (13)
historia, la history (3)
hockey, el hockey (7)
hogar, el home (4)
hoja electrónica, la spreadsheet (12)
hoja, la leaf (15)
hola hello; hi (1)
hombre, el man (1)
hondo/a deep (6)
honestidad, la honesty (15)
honesto/a honest (11)
honradez, la honesty (15)
honrado/a honest; honored (11, 14)
horario (de clases), el (class) schedule (3, 8)
horario de trabajo, el work schedule (11)
horno, el oven (6)
horóscopo, el horoscope (4, 13)
horrorizado/a horrified (14)
hospedaje, el lodging (9)
hospital, el hospital (3)
hostal, el inn (9)
hotel (de lujo), el (luxury) hotel (9)
hoy en día nowadays (3)
hoyo, el hole (15)
huella, la trace (12)
huérfano/a, el/la orphan (9)
huevos, los eggs (6)
humanidad, la humanity (11)
humanista humanistic (8)

húmedo/a wet (13)
humo, el smoke (12)
humorístico/a humoristic (4)
huracán, el hurricane (4)

I

ida y vuelta roundtrip (9)
ideal ideal (1)
idéntico/a identical (10)
idioma, el language (2)
ignorar to be ignorant of (11)
igualmente likewise (1)
iluminación, la illumination (15)
ilusión, la illusion (6)
ilustre illustrious (10)
imagen, la image (8)
imaginería, la statuary (4)
impaciente impatient (5)
impactante stunning (5)
impacto, el impact (15)
imperio, el empire (8)
impresionante impressive (2)
impresionar to impress (9)
impreso/a printed (12)
impresora, la printer (12)
imprimir to print (12)
improvisado/a improvised (15)
improvisar to improvise (14)
impuestos, los taxes (11, 15)
inacabado/a unfinished (13)
inalámbrico, el teléfono cordless phone (12)
inauguración, la inauguration (6)
inaugurado/a inaugurated (3)
inca Inca (15)
incendio, el fire (11)
incentivo, el incentive (11)
incitar to incite (13)
incluir to include (2)
inclusive including (5)
incomodidad, la discomfort (9)
incómodo/a uncomfortable (9)
incorporar incorporate (6)
increíblemente incredibly (15)
indefinido/a indefinite (7)
indicar to indicate (8)
indiferente indifferent (8)
indígena indigenous (4)
indiscreto/a indiscrete (13)
industria, la industry (4)
infantil childish (8)
infección, la infection (10)
inferior lesser (3)
infidelidad, la infidelity (13)
infiel unfaithful (13)
infierno, el inferno; hell (4)
inflación, la inflation (15)
influido/a influenced (12)
influyente influential (13)
informal informal (3)
informar to report (13)
informática, la computer science (3)
infraestructura, la infrastructure (5)
ingeniería (eléctrica), la (electrical) engineering (2, 3)
ingeniero/a, el/la engineer (11)
inglés, el English (1)
ingrediente, el ingredient (6)
iniciado/a initiated (9)
iniciar to begin (9)
inmediato, de immediately (15)
inmediato/a immediate (9)

inmenso/a immense (8)
inmigración, la immigration (15)
inmigrante, el/la immigrant (13)
inmunología, la immunology (1)
innato/a innate (14)
innovador/a innovative (14)
inolvidable unforgettable (8)
inquietud, la uneasiness (13)
insecto, el insect (5)
insertar to insert (8)
inspeccionar to inspect (14)
inspector/a de aduanas, el/la customs inspector (9)
instalación, la equipment (3)
instalar to install (12)
instante, el instant (8)
instrumento, el instrument (2)
insurrecto/a, el/la insurrectionist (13)
inteligente intelligent (1)
intercambiar to exchange (5)
intercambio, el exchange (3)
interesante interesting (1)
interesar to be interesting (6)
internacional international (2)
intérprete, el/la interpreter (4, 11)
interrumpir to interrupt (15)
intervención, la intervention (15)
intestino, el intestine (6)
íntimo/a intimate (10)
inundar to flood (4)
inútil useless (15)
invasión, la invasion (7)
inventar to invent (15)
invernal (*adj.*) wintertime (6)
investigación, la research; investigation (3, 14)
investigador/a, el/la researcher (1)
invierno, el winter (1)
invitar to invite (3)
involucrar to involve (4)
inyección, la shot (10)
ir to go (3)
irlandés/esa, el/la Irish (9)
irónico/a ironic (14)
irrigación, la irrigation (15)
isla, la island (2, 9)
italiano, el Italian (2)
itinerario, el itinerary (4)
izquierda (de), a la to/on the left (of) (3)
izquierdas, de leftist (8)

J

jabón, el soap (5)
jade, el jade (15)
jaguar, el jaguar (9)
jamón, el ham (6)
japonés, el Japanese (2)
jarabe, el cough syrup (10)
jardín, el garden (5)
jefe/a, el/la boss (11)
jeroglífico, el hieroglyphic (15)
jesuita, el Jesuit (15)
jogging, hacer to jog (10)
joven young (2)
joya, la jewel (7)
joyería, la jewelry store (8)
jubilarse to retire (7, 11)
judío/a Jewish (14)

juego electrónico, el computer (electronic) game (**12**)
Juegos Olímpicos, los Olympic Games (3)
jueves, el Thursday (**1**)
juez/a, el/la judge (8, **15**)
jugador/a, el/la player (2)
jugar (ue) a to play (2, **4**)
jugo, el juice (**6**)
julio July (**1**)
junio June (**1**)
junto a next to (8)
juntos/as together (4)
jurado, el jury (14)
justamente exactly (15)
justificar to justify (14)
justo/a just (**11**)
juventud, la youth (12)

K

kilo, el kilogram (= *2.2 pounds*) (**6**)

L

la the (**1**)
labio, el lip (8)
labor, la work (10)
laboratorio (de lenguas/de idiomas), el (language) laboratory (2, **3**)
lácteo/a milky (10)
lado (de), al next to (**3**)
lado, el side (11)
ladrillo, el brick (12)
lago, el lake (**9**)
lágrima, la tear (8)
lámpara, la lamp (**5**)
lana, la wool (8)
langosta, la lobster (**6**)
languidecer to languish (11)
lápida, la tomb stone (14)
lápiz labial, el lipstick (**5**)
lápiz, el pencil (**1**)
las the (**1**)
lastimarse to hurt oneself (**10**)
lavadora, la washing machine (**5**)
lavandería, la laundry (12)
lavaplatos, el dishwasher (**5**)
lavar la ropa to wash clothes (**5**)
lavar los platos to wash dishes (**5**)
lavarse to wash (**5**)
lección, la lesson; moral (**1**, 8)
leche, la milk (**6**)
lechuga, la lettuce (**6**)
lector de CD/DVD, el CD/DVD player (**12**)
lector/a, el/la reader (12, **13**)
leer to read (**2**)
legendario/a legendary (6)
lejano/a faraway (11)
lejos (de) far (from) (**3**)
lema publicitario, el slogan (13)
lema, el motto (**15**)
lengua, la tongue (7, **10**)
lentejuelas, las sequins (**14**)
lento/a slow (9)
letra, la lyrics (3)
letrero, el sign (9)
levantar pesas weightlifting (**7**)
levantarse to get up; to stand up (**5**)

léxico, el lexicon (15)
ley, la law (6, **15**)
liberar to liberate (9)
libertad, la liberty (5)
libre free (6)
librería, la bookstore (1, **3**)
libro, el book (**1**)
líder, el/la leader (15)
liderazgo, el leadership (9)
ligero/a light (13)
limitar to limit (10)
límite, el limit (6)
limón, el lemon (6)
limonada, la lemonade (4, **6**)
limosina, la limousine (14)
limpiar (la casa) to clean (the house) (4, **5**)
limpio/a clean (8)
lindo/a pretty (8)
línea ecuatorial, la equator (8)
lingüístico/a linguistic (13)
líquido, el liquid (5)
literatura, la literature (**3**)
litro, el liter (**6**)
llamamiento, el call (15)
llano, el plain (10)
llave, la key (12)
llegada, la arrival (3)
llegar to arrive (**2**)
llegar a ser to become (12)
lleno/a full (8)
llevar to wear (**8**)
llevarse bien to get along (4)
llorar to cry (9)
llover (ue) to rain (7)
lluvia, la rain (4)
lo que that which (5)
lobo marino, el sea lion (6)
loción (de afeitar), la (shaving) lotion/cream (**5**)
locutor/a, el/la announcer (**13**)
logotipo, el emblem (12)
lograr to achieve (**15**)
loma, la hill (15)
los the (**1**)
lucha, la struggle (15)
luchar to fight (13)
lucir to shine (14)
lujo, el luxury (5)
lujoso/a luxurious (3)
luna, la moon (8)
lunes, el Monday (**1**)

M

machacar to crush (11)
madera, la wood (3)
madrastra, la stepmother (**4**)
madre, la mother (**4**)
madrugada, la daybreak (10)
madrugar to get up early (13)
magia, la magic (14)
magnífico/a great; wonderful (**7**)
maíz, el corn (**6**)
mal bad (**1**)
mala pinta bad appearance (13)
maldito/a damned (13)
maleta(s), hacer la(s) to pack the suitcase(s) (**9**)
maleta, la suitcase (4)
maletín, el briefcase (4)
malo/a bad (2)
mandato, el command (11)
manejar to manage; to drive (12)
manera, la way (6)

manga corta/larga, de short-/long-sleeved (**8**)
manga, sin sleeveless (**8**)
manifestar (ie) manifest (6)
mano, la hand (**5**, **10**)
mansión, la mansion (5)
mantener (ie) to support (*a family, etc.*) (**15**)
mantenerse (ie) en forma to stay in shape (**10**)
mantequilla, la butter (**6**)
mantilla, la mantilla (10)
manzana, la apple; block (*Spain*) (3, **6**)
mañana, la tomorrow (**2**)
mapa, el map (**1**, **9**)
mapache, el raccoon (8)
Mapoma Marathon in Madrid (1)
maquiladora, la assembly plant (3)
maquillaje, el makeup (**5**, **8**)
maquillarse to apply makeup (**5**)
máquina de afeitar, la electric razor (**5**)
mar, el sea; ocean (2, **7**, **9**)
maracas, las maracas (14)
maravillado/a surprised (4)
maravilloso/a marvelous (4)
marca, la brand (12)
marcharse to go away (9)
marcial martial (13)
marearse to become seasick (13)
mariachi, el (*Mexico*) mariachi musician (3)
marinero/a, el/la sailor (3)
marino/a marine (5)
mariposa, la butterfly (5)
mariscos, los seafood (**6**)
marítimo/a maritime (5)
martes, el Tuesday (**1**)
marzo March (**1**)
más o menos so, so (**1**)
más... que more... than (**5**)
masacre, el massacre (4)
mascota, la pet (6)
matar to kill (11)
matemáticas, las mathematics (2, **3**)
materia, la academic subject; course (**3**)
material, el material (5)
matriarcado, el matriarchy (5)
máximo/a maximum (9)
mayo May (**1**)
mayor older (**4**)
mayoría, la majority (8)
mazorca de maíz, la ear of corn (15)
Me da igual. It's all the same to me. (**7**)
Me encantaría. I would love to. (**4**)
Me llamo... My name is... (**1**)
mecánico/a, el/la mechanic (**11**)
medicina, la medicine (**3**)
medida, la measurement; measure (**6**, **12**)
medio ambiente, el environment (5, **12**)
medio/a half (2)
medios, los means (14)
medir (i, i) to measure (6)
mejor better (3)
mejorar to improve (6, **15**)

mejorarse to get better; to get well (**10**)
melancólico/a melancholic (7)
melodía, la melody (14)
mencionado/a mentioned (15)
mencionar to mention (4)
menor younger (**4**)
menos... que less... than (**5**)
mensaje, el message (8)
mensajería, la voicemail (12)
mentado/a named (15)
menú, el menu (**6**)
menudo (*slang*) real
menudo, a often (2)
mercado, el market (4)
merengue, el Caribbean dance (7)
merienda, la snack (**6**)
mérito, el merit (11)
mes, el month (**1**)
mesa de noche, la nightstand (**5**)
mesa, la table (**1**, **5**)
meta, la goal (6, **11**)
meteorológico/a meteorological (4)
meteorólogo/a, el/la weatherman/woman (**13**)
meter to put (6)
metro, el meter (8)
mexicano/a Mexican (**2**)
mezclar to mix (8)
Mi nombre es... My name is... (**1**)
mi/s my (**1**, **3**)
mi'jo my son (*slang*) (15)
micrófono, el microphone (15)
microondas, el microwave (5)
microscopio, el microscope (1)
miedo, tener (ie) to be afraid (**3**)
miembro, el member (4)
mientras while (4)
miércoles, el Wednesday (**1**)
migra, la immigration (*slang*) (15)
migratorio/a migrant (15)
milenio, el millennium (3)
militar military (4)
milla, la mile (15)
millón/millones, el/los million/s (2)
mina, la mine (6)
mineralogía, la mineralogy (6)
minería, la mining (4)
minero/a, el/la miner (10)
mínimo/a minimum (9)
ministro/a, el/la minister (4, **15**)
minoría, la minority (13)
mío/a/os/as mine (**13**)
mirada, la glance (13)
mirar to look at (**2**)
misa, la Mass (15)
misceláneo/a miscellaneous (1)
miseria, la misery (8)
misión, la mission (5)
mismo/a same (8)
misterio, el mystery (4)
misterioso/a mysterious (11)
mochila, la backpack (**1**)
moda, de in style (**8**)
moda, la fashion (4, **14**)
modelo, el/la model (**14**)
moderado/a moderate (15)
moderno/a modern (3)
modo (de vestir), el way/manner (of dressing) (11, **14**)

mojar to wet (14)
mola, la Panamanian embroidery (5)
mole poblano, el Mexican chicken dish (10)
molestar to be a bother; to annoy (6)
monarca, el/la monarch (13)
monarquía, la monarchy (15)
moneda, la coin (8)
monja, la nun (12)
monjita, la little nun (14)
mono, el monkey (5)
monótono/a monotonous (11)
monstruo, el monster (5)
montaña, la mountain (2, 9)
montañoso/a mountainous (4)
montar to ride (11)
montar a caballo to go horseback riding (9)
montar en bicicleta bicycle riding (9)
montón, el pile (12)
montuno/a wild (14)
monumento, el monument (9)
morado/a purple (1)
moraleja, la moral (8)
morcilla, la sausage (blood) (6)
morder (ue) to bite (7)
moreno/a brunette (2)
morir (ue, u) to die (9)
moro/a, el/la Moor (Arab) (13)
mostrar (ue) to show (8)
motivo, el motive (10)
movimiento, el movement (8)
muchacho/a, el/la boy/girl (2)
Mucho gusto. Pleased to meet you. (1)
mudanza, la move (12)
mudarse to move (5)
muebles, los furniture (5)
muerte, la death (6)
muerto/a dead (7)
muestra, la sample (15)
mujer, la woman (1)
mulato/a mulatto (7)
multa, la fine (12)
multinacional multinational (15)
mundial world (15)
mundo, el world (1)
mural, el mural (12)
muralista, el/la muralist (3)
músculo, el muscle (10)
musculoso/a muscular (13)
museo, el museum (2, 3)
música, la music (3)
músico/a, el/la musician (8, 14)
musulmán/ana Moslem (14)
muy very (1)

N

nacer to be born (2)
nacionalidad, la nationality (2)
nada nothing (7)
nadar (en el mar/en una piscina) to swim (in the ocean/in a pool) (2, 7)
nadie no one (7)
naranja, la orange (6)
nariz, la nose (5, 10)
narrador/a, el/la narrator (11, 14)
narrar to narrate (4)
narrativo/a story; narrative (adj.) (14)

natación, la swimming (2)
naturaleza muerta, la still life (6)
naturaleza, la nature (5, 12)
navaja de afeitar, la razor blade (5)
navegable navigable (5)
navegante, el/la navigator (7)
navegar to navigate; to sail (12, 14)
necesitado/a in need (9)
necesitar to need (1, 2)
negativo/a negative (7)
negocio, el business (8)
negro/a black (1)
neoyorquino/a New Yorker (12)
nervioso/a nervous (3, 5)
nevar (ie) to snow (7)
ni modo no way (3)
ni... ni neither... nor (7)
nido, el nest (11)
niebla, la fog (9)
nieto/a, el/la grandson/granddaughter (4)
nilón, el nylon (14)
ningún/ninguna none (7)
ninguno/a no one (7)
niños/as, los/las children (1)
nitrato de sodio, el sodium nitrate (6)
nivel, el level (10)
No te preocupes. Don't worry. (7)
noble noble (15)
nobleza, la nobility (15)
noche, la night (2)
Nochevieja, la New Year's Eve (9)
nocivo/a harmful (10)
nomás only (slang) (15)
nombrar to name (6)
nombre, el name (1)
nominación, la nomination (13)
nominado/a nominated (12)
norteamericano/a American (US) (2)
nosotros/as we (1)
nostálgico/a nostalgic (7)
nota, la grade (3)
noticias, las news (13)
noticiero, el newscast (13)
notificar to notify (14)
novela, la novel (2, 7)
novelista, el/la novelist (2)
noveno/a ninth (8)
noviembre November (1)
novio/a, el/la boyfriend/girlfriend; groom/bride (3, 4)
nube, la cloud (8)
nublado/a cloudy (7)
núcleo, el nucleus (4)
nuera, la daughter-in-law (4)
nuestro/a/os/as our/s (3, 13)
nuevo/a new (2)
nunca never (2, 7)

Ñ

ñandutí, el cloth woven with a spider web pattern (10)

O

o or (1)
o... o either... or (7)
objeto, el object (9)
obligación, la obligation (15)

obligatorio/a mandatory (12)
obra work (art); play (theater) (2, 13)
obra maestra, la masterpiece (9)
observar to observe (8)
observatorio, el observatory (3)
obstrucción, la obstruction (10)
obtener (ie) to obtain (11)
octavo/a eighth (7, 8)
octubre October (1)
ocupar to occupy (2)
ocurrir to occur (3)
oferta, la offer (1)
oficial official (13)
oficina, la office (2)
oficio, el trade (11)
ofrecer to offer (9)
oído, el inner ear (10)
oír to hear (8)
ojo, el eye (5)
ola, la wave (5)
olmo, el elm (12)
olor, el perfume; odor; smell (6, 8)
ONU, la UN (12)
ópera, la opera (1, 14)
operar to operate (10)
opinar to express an opinion (5)
oprimido/a oppressed (15)
oración, la sentence (7)
orden, el order (4)
ordenar to order (15)
ordenar la casa to clean the house (5)
ordeñar to milk (15)
ordinario/a ordinary (12)
oreja, la outer ear (10)
oriente, el east (10)
origen, el origin (3)
originalidad, la originality (13)
originar to originate (8)
orilla, la river bank (8)
ornamento, el ornament (8)
orquesta (sinfónica), la (symphony) orchestra (4, 14)
orquídea, la orchid (5)
oscuro/a dark (8)
otoño, el fall (season) (1)
oveja, la sheep (8)
oxígeno, el oxygen (10)
Oye. (command) Listen. (7)
oyeres whatever you hear (13)

P

paciente, el/la patient (10)
pacífico/a peaceful (15)
pacifista, el/la pacifist (15)
padecer (de) to suffer (from) (10)
padrastro, el stepfather (4)
padre, el father (4)
padres, los parents (2)
pagar (en efectivo) to pay (cash) (8)
página Web, la web page (12)
país (en desarrollo), el (developing) country (2, 15)
paisaje, el landscape (8)
paja, la straw (14)
pájaro, el bird (5)
palacio, el palace (3)
palillo, el drum stick; toothpick (14)
palo, el stick (7)
palpitar to beat (10)

pampas, las plains of Argentina (11)
pan, el bread (6)
panameño/a Panamanian (2)
pantalla, la screen (12)
pantalones, los pants (8)
papas, las potatoes (6)
papel, el paper; role (1, 12)
papelería, la stationery shop (8)
parada, la stop (15)
parado/a standing (15)
paraíso, el paradise (6)
pararse to stand up (8)
pardo/a brown (8)
parecer to seem (6)
parecido/a similar (12)
pareja, la couple; partner (4)
pariente, el/la relative (family) (4)
paro, estar en el to be out of work (11)
parque, el park (1, 4)
párrafo, el paragraph (5)
parrilla, la grill (8)
parrillada, la barbecue (Chile, Argentina) (6)
parte, la part (3)
participante, el/la participant (1)
participar to participate (3)
particularmente particularly (2)
partida, la parting (9)
partido, (ir a un) (to go to a) game (2, 4, 7)
partir de, a from then on (10)
partitura, la score (14)
pasado, el past (15)
pasado/a last (6)
pasaje (de ida y vuelta), el (roundtrip) fare; ticket (9)
pasar (por) to spend (time); pass (by) (4)
pasar la aspiradora to vacuum (5)
pasarlo bien/mal/de maravilla to have a good/bad/wonderful time (9)
pasatiempo, el pastime (7)
pasear to take a walk (4)
paseo, el stroll (1)
pasillo, el hallway; aisle (1, 9)
pasión, la passion (13)
paso, el step (4)
Paso por ti. I'll come by for you. (4)
pasta de dientes, la toothpaste (8)
pastel, el cake; pie (6)
pastilla, la pill; lozenge (10)
pasto, el grass (12)
pata, la paw; foot (animal) (7, 8)
patear to kick (7)
patiecito, el small patio (12)
patinador/a, el/la skater (12)
patinaje, el skating (7)
patinar to skate (7)
patio, el yard; patio (5)
pato, el duck (8)
patria, la homeland (10)
patriarca, el patriarch (14)
patriarcado, el patriarchy (5)
patrimonio mundial, el world heritage (10)
patrocinador/a, el/la sponsor (12, 13)
patrocinar to sponsor (13)

patronato, el board of trustees (1)
pavo, el turkey (6)
Paz Verde, la Green Peace (12)
paz, la peace (4)
pecho, el chest (10)
pedagogía, la teaching (3)
pedazo, el piece (6)
pedicura, la pedicure (10)
pedir (i, i) to ask for; to request; to order (4, 6)
peinarse to comb one's hair (2, 5)
peine, el comb (5)
pelar to peel (6)
pelícano, el pelican (6)
película, la movie; film (4, 13)
peligro, el danger (5)
peligroso/a dangerous (2)
pelo, el hair (5)
pelón/pelona barren (15)
peluquería, la hair salon (13)
peluquero/a, el/la hairstylist (11)
pena, la pity; sorrow (2, 10)
penales, los (*Latin America*) penalties (7)
penaltis, los (*Spain*) penalties (7)
pensamiento, el thought (3)
pensar (ie) to think (3, 4)
pequeño/a small (1, 2)
percusionista, el/la percussionist (7)
perder (ie) to lose (4)
perdurar to last (14)
perenne perennial (11)
perezoso/a lazy (2)
perezoso, el sloth (5)
perfecto/a perfect (2)
perfil, el profile (11)
perfume, el perfume (8)
perfumería, la perfume shop (8)
periódico, el newspaper (7, 13)
periodista, el/la journalist (4, 11, 13)
periodístico/a journalistic (15)
período, el period (2)
perlas, las pearls (8)
permanecer to remain (14)
permanente permanent (3)
permiso, el permission (15)
pero but (2)
perpetuarse to perpetuate (15)
perro/a, el/la dog (4)
perseverancia, la perseverance (13)
persona, la person (1)
personaje, el character (8)
personal, el personnel (11)
personalidad, la personality (7)
personificar to personify (6)
pertinente pertinent (11)
peruano/a Peruvian (2)
pesca, la fishing (2)
pescado, el fish (6)
pescar to fish (9)
peso, el weight (10)
pesquero/a fishing (6)
pesticidas, los pesticides (12)
petrificado/a petrified (7)
petróleo, el oil (9, 12)
pez, el fish (12)
piano, el piano (1, 14)
PIB, el GNP (9)
picante spicy (6)
pícnic, hacer un to have a picnic (7)

pico, el peak (8)
pie, el foot (7, 10)
piedra, la stone (4)
piel, la skin; leather; fur (5, 14)
pierna, la leg (10)
pieza (musical), la (musical) piece (3, 14)
pila, la battery (12)
piloto, el/la pilot (9)
pimiento, el pepper (6)
pingüino, el penguin (6)
pintado/a painted (3)
pintor/a, el/la artist; painter (1)
pintura, la painting (2)
pirámide, la pyramid (3)
pirata, el pirate (7)
piratear to pirate (11)
pisar to step on (11)
piscina, la swimming pool (5, 7, 9)
piso, el floor (5, 8)
pista, la clue (5)
pizarra, la blackboard (1)
pizca, la pinch (6)
pizcar to pick (*Mexico*) (15)
placa, la license plate (12)
placer, el pleasure (7)
plan de retiro, el retirement plan (11)
plancha, la iron; metal sheet (5, 8)
planchar to iron (5)
planear to plan (14)
plano/a flat (10)
planta nuclear, la nuclear plant (12)
plantar to plant (12)
plantear to pose (15)
plástico, el plastic (3)
plataforma, la platform (15)
plátano, el banana (8)
platería, la silverware (3)
plato, el dish; plate (2, 15)
playa, la beach (2, 7)
plomero/a , el/la plumber (11)
población, la population (2)
pobre poor (2)
pobreza, la poverty (5, 15)
poder (ue) to be able; can (4)
poder, el power (15)
poesía, la poetry (6)
poeta, el/la poet (2)
polémica, la controversy (12)
poliéster, el polyester (14)
política, la politics (15)
político, el politician (15)
político/a political (15)
pollo, el chicken (6)
poner to put (4)
poner la mesa to set the table (5)
poner una película to show a movie (4)
ponerse to become (5)
ponerse en forma to get in shape (10)
por eso therefore (2)
por qué why (2)
porque because (2)
portátil, la computadora laptop computer (12)
portugués, el Portuguese (2)
porvenir, el future (12)
posado/a posed (14)
posar to pose (model) (14)
posible possible (3)
posiblemente possibly (2)

postor/a, el/la bidder (13)
pozo, el well (*of water*) (15)
practicar to practice; to play (*a sport*) (2)
precio, el price (5, 8)
precioso/a precious (6)
precolombino/a pre-Colombian (5)
precursor/a precursor (10)
predecir (i) predict (15)
predominar to predominate (8)
preferencia, la preference (5)
preferido/a preferred (9)
preferir (ie, i) to prefer (4)
pregonero, el town crier (7)
pregunta, la question (1)
prehispánico/a prehispanic (3)
prehistórico/a prehistoric (3)
premiar to reward (11)
premio, el prize (8)
prenda, la accessory; garment (8, 14)
prensa, la press (4)
preocupación, la preoccupation (10)
preocuparse to worry (8)
preparar to prepare (2)
presa, la dam (10)
presentador/a, el/la moderator (12, 13)
preservar to preserve (5)
presidencia, la presidency (15)
presidente/a, el/la president (15)
presidir to preside (15)
presión, la blood pressure (10)
préstamo, el loan (11)
prestar to lend (12)
prestar atención to pay attention (13)
prestigio, el prestige (14)
prestigioso/a prestigious (2)
presupuesto, el budget (5)
primavera, la spring (1)
primer/o/a first (2, 8)
primera actriz, la leading lady (13)
primera plana, la front page (13)
primo/a, el/la cousin (4)
príncipe, el prince (2)
principiante, el/la beginner (3)
principio, al at first (5)
principio, el beginning (13)
principios, a at the beginning (15)
prioridad, la priority (15)
prisa, tener (ie) to be in a hurry (3)
prisionero/a, el/la prisoner (15)
privacidad, la privacy (5)
probador, el fitting room (8)
probar (ue) to try (6)
probarse (ue) to try on (4, 8)
procesar to process (12)
procesión, la procession (1)
proceso, el process (15)
procrear to procreate (10)
producir to produce (8)
producto, el product (2)
productor/a, el/la producer (13)
productos lácteos, los dairy products (10)
profesor/a, el/la professor (1)
profundamente profoundly (10)

profundo/a deep; profound (5)
programador/a programmer (12)
programar to program (12)
programas sociales, los social welfare programs (15)
progreso, el progress (15)
prohibido/a prohibited (6)
prohibir to prohibit (15)
prolífico/a prolific (2)
promesa, la promise (6)
prometer to promise (6)
promover (ue) to promote (*an idea*) (14, 15)
pronóstico, el forecast (4)
pronto soon (10)
propiedad, la property (10)
propietario/a, el/la owner (8)
propina, la tip (*monetary*) (6)
propio/a own (13)
proponer to propose (15)
proporcionar to proportion; to provide (1)
prosperidad, la prosperity (10)
próspero/a prosperous (6)
protagonista, el/la protagonist; star (13)
proteger to protect (5, 12)
protegido/a protected (6)
proteínas, las proteins (10)
proveniente originating (14)
provisión, la provision (15)
próximo/a next (6)
proyecto, el project (5)
psicología, la psychology (3)
psicológico/a psychological (14)
psicólogo/a, el/la psychologist (3, 11)
púas, las barbs (15)
publicar to publish (6)
publicitario/a publicity (*adj.*) (13)
público, el public; audience (13)
pueblecito, el small town (10)
pueblo, el town; the people; the masses (8, 15)
puente, el bridge (13)
puerta, la door (1)
puerto, el port (2)
puertorriqueño/a Puerto Rican (2)
pues well; because (3, 5)
puesto, el place; stall; position (*job*) (5, 6, 11)
pulmones, los lungs (10)
pulsar to dial (12)
pulsera, la bracelet (8)
punta, la tip (5)
puntiagudo/a sharp (9)
punto (de vista), el point (of view) (1, 13)
punto, en on the dot (2)

Q

que that which (5)
qué what (1, 2)
qué padre great (*Mexico*) (7)
¿Qué pasa? What's happening?; What's up? (1)
¿Qué tal? What's up? (1)
quedar to be left; to be remaining; to fit (6, 8)
quedarse to stay (*somewhere*); to remain (9)
quehaceres, los chores (4, 5)

quemar to burn (10)
quena, la Andean flute (8)
querer (ie) to want; to love (4)
queso, el cheese (6)
quien who (2)
¿Quieres ir a…? Do you want to go to…? (4)
química, la chemistry (3)
quinto/a fifth (8)
quipu, el knotted string (*Inca*) (15)
quiropráctico/a, el/la chiropractor (10)
quitar la mesa to clear the table (5)
quitarse to take off (5)
quizás perhaps (4)

R

radioactividad, la radioactivity (12)
radiografía, la X-ray (10)
radioyente, el/la radio listener (13)
rana, la frog (5)
ranchito, el small ranch (15)
rápido/a rapid (2)
raramente rarely (4)
ratito, el a little while (15)
rato, el short time; while (13)
ratón, el mouse (12)
rayas, de striped (8)
rayón, el rayon (14)
raza, la race (5)
razón, la reason (2)
razón, no tener to be wrong (3)
razón, tener to have a point; to be right (3)
reaccionar to react (10)
real royal (14)
realista realistic (4)
realizar to achieve (8)
rebaja, en on sale (8)
rebaja, la sale (8)
recámara, la bedroom (12)
recargable rechargeable (12)
receptor, el receiver (12)
receta, la recipe (6)
recetar to prescribe (10)
rechinar to squeak (15)
recibir to receive (2)
recibo, el receipt (8)
reciclaje, el recycling (12)
reciclar to recycle (12)
recientemente recently (6)
recipiente, el container (6)
recoger to pick up (9)
recomendar (ie) to recommend (9)
reconocimiento, el recognition (12)
reconquista, la reconquest (13)
reconstruir to reconstruct (15)
recordar (ue) to remember (4)
recorrer to go round; to travel through/across (9)
recreativo/a recreational (7)
recto, todo straight ahead (3)
rector/a, el/la president (*of a university*) (8)
rectoría, la president's office (3)
recuerdo, el souvenir; memory (4, 9)
recuperación, la recovery (9)
recuperar to recuperate (10)

recurso (natural), el (natural) resource (5, 12)
Red informática, la Internet (12)
redondo/a round (15)
reducir to reduce (15)
reflejar to reflect (8)
reforestación, la reforestation (12)
reformar to reform (12)
reforzar (ue) to reinforce (15)
refrescante refreshing (9)
refresco, el refreshment; soft drink (3, 6)
refrigerador, el refrigerator (5)
regadío, el irrigated land (8)
regatear to bargain; to haggle over (8)
régimen, el diet (10)
reglamento, el ruling (10)
regordete chubby (15)
regresar to return (2)
regreso, de on return (11)
reina, la queen (7, 15)
reinar to reign (10)
reino, el kingdom (8)
reírse (i, i) to laugh (5)
relación, la relation (4)
relajarse to relax (10)
relatar to relate (7)
relativo/a relative (15)
relato, el story (12)
religioso/a religious (15)
rellenar to fill out/completely (11)
reloj, el clock; watch (1)
reloj de pulsera, el wristwatch (8)
remediar to remedy (13)
remedio, el remedy (10)
remover (ue) to remove (14)
rendir (i, i) to defeat (13)
renombre, el renown (14)
renovable renewable (11)
renta, la rent (*Mexico*) (12)
reparar to repair (11)
repartir to deliver; to distribute (2, 11)
repaso, el review (13)
repertorio, el repertoire (14)
repetir (i, i) to repeat (4)
reportar report (13)
reportero/a, el/la (television) reporter (4, 13)
representación, la presentation (14)
representante, el/la representative (15)
representar to perform; to represent (2, 13, 14)
representativo/a representative (3)
república, la republic (15)
requerir (ie) to require (11)
requisito, el requirement (5)
res, la beef (10)
reseña, la review (*article*) (6)
reserva, la reservation (9)
reservación, la reservation (6)
resfriado, el cold (*illness*) (10)
residencia, la residence (2)
resina, la resin (7)
resolver (ue) to resolve; to solve (12, 15)
respectivo/a respective (7)
respetable respectable (14)

respetar to respect (15)
respiración, la breathing (12)
respirar to breathe (6, 10)
respiratorio/a respiratory (10)
responsabilidades, las responsibilities (11)
responsabilizar to take responsibility (1)
responsable responsible (3)
respuesta, la answer; response (1, 5)
restaurán, el restaurant (13)
restaurante, el restaurant (6)
restaurar to restore (5)
restos, los remains; leftovers (10)
resultado, el result (6)
resumen, el summary (5)
resumir to summarize (7)
retar to challenge (11)
retirarse to retire; to withdraw (11, 15)
retrasar to detain; to be behind (11, 13)
retrato, el portrait (14)
revelar to reveal (15)
reverenciado/a venerated (15)
revisar to check (13)
revolucionado/a revolutionized (12)
revólver, el revolver (11)
rey, el king (2, 15)
rezar to pray (15)
rico/a rich; delicious (2, 6)
riel, el rail (15)
riesgo, el risk (10)
río, el river (2)
riqueza, la wealth; richness (5)
risa, la laughter (13)
ritmo, el rhythm (1)
ritual, el ritual (3)
rival, el rival (8)
robar to steal; to rob (6)
robo, el theft (11)
rodaje, el filming (13)
rodeado/a surrounded (12)
rodilla, la knee (10)
rojo/a red (1)
rollo de película, el film (9)
romance, el ballad (8)
romántico/a romantic (4)
romperse (un hueso) to break (a bone) (10)
ropa, la clothing (8)
rosado/a pink (1)
rubio/a blond (2)
ruido, el noise (11)
ruina, la ruin (4)
rumor, el rumor (13)
ruso, el Russian (2)
ruta, la route (10)
rutina, la routine (5)

S

sábado, el Saturday (1)
saber to know (4)
sabor, el flavor (1)
sabroso/a tasty (4)
sacar to take out; to get (*a grade*) (5, 9)
sacar fotos to take pictures (9)
sacar la basura to take out the garbage (5)
saco, el blazer (8)
sacrificado/a sacrificed (15)

sacudir to shake (15)
sacudir el polvo (de los muebles) to dust (the furniture) (5)
sagrado/a sacred (13)
sal, la salt (6)
sala de espera, la waiting area (9)
sala de reclamación de equipaje, la baggage claim area (9)
sala de urgencias, la emergency room (10)
sala, la living room (3, 5)
salario, el salary (11)
saldo, el balance (13)
salir to leave; to go out (4)
salón, el room (9)
salsero/a, el/la salsa performer (12)
saltar to leap (8)
salto, el waterfall (9)
salud, la health (4, 10)
saluda atentamente, lo(s)/ la(s) very truly yours (11)
saludable healthy (10)
saludo/s, el/los greeting/s; salutation/s (1, 11)
salvadoreño/a Salvadorian (2)
salvar to save (12)
sandalias, las sandals (8)
sándwich, el sandwich (3, 6)
sanfermines, los Sanfermín festival (2)
sanidad, la sanitation; public health (15)
sano/a y salvo/a safe and sound (11)
santo/a holy (14)
sapo, el toad (8)
sartén, la skillet; frying pan (6)
satélite, la televisión por satellite TV (13)
satisfacer to satisfy (9)
satisfactorio/a satisfactory (6)
satisfecho/a satisfied (8)
saturado/a saturated (10)
saxofón, el saxophone (14)
sé I know (4)
secador, el hair dryer (5)
secadora, la dryer (5)
secar la ropa to dry clothes (5)
secarse to dry (*oneself*) (5)
seco/a dry (6)
secretario/a, el/la secretary (1, 11)
sed, tener (ie) to be thirsty (3)
seda, la silk (8)
sede, la seat of government (8)
sediento/a thirsty (12)
segregar to secrete (5)
segundo/a second (8)
seguramente surely (3)
seguridad, la security (9)
seguro médico, el health insurance (11)
seguro social, el social security (6)
seguro/a sure (4)
selección, la selection (7)
seleccionar to select (15)
sello, el stamp (2)
selva, la jungle (3)
selvático/a jungle (4)
Semana Santa, la Holy Week (1)

semana, la week (**1**)
sembrar (ie) to sow (8)
semejante similar (14)
semestre, el semester (3)
senador/a, el/la senator (**15**)
sencillez, la simplicity (14)
sendero, el path (5)
sensacionalista sensationalist (13)
sensual sensuous (7)
sentarse (ie) to sit (5)
sentimental sentimental (4)
sentimiento, el feeling (4)
sentirse (ie, i) to feel (5)
señalar to point out (12)
señor, el (Sr.) Mr. (**1**)
señora, la (Sra.) Mrs. (**1**)
señorita, la (Srta.) Miss (**1**)
separado/a separated (13)
septiembre September (**1**)
séptimo/a seventh (8)
sepulcro, el grave (14)
ser to be (**1**)
ser, el being (3)
serenata, la serenade (3)
serie mundial, la World Series (4)
serio/a serious (7)
servicio, el service (2)
servir (i, i) to serve (**4**)
severo/a severe (8)
sexo, el sex (13)
sexteto, el sextet (**14**)
sexto/a sixth (8)
SIDA, el AIDS (10)
siempre always (2, **3**, **7**)
siglas, las call letters (7)
siglo, el century (3)
significante significant (13)
significativo/a significant (7)
siguiente following (4)
silbato, el whistle (15)
silla, la chair (**1**)
sillón, el armchair; overstuffed chair (**5**)
simbolizar symbolize (6)
simpático/a nice (**1**)
sin embargo nevertheless (3)
sindicato, el union (12)
sinfonía, la symphony (**14**)
sinfónica, la symphonic (14)
síntesis, la synthesis (9)
sintético/a synthetic (14)
síntoma, el symptom (10)
sinvergüenza, el/la shameless (person) (13)
siquiera, ni not even (15)
sirviente/a, el/la servant (4)
sistema, el system (4)
sitio Web, el web site (**12**)
sitio, el place (10)
situación, la situation (5)
situado/a situated (3)
sobre on (**5**)
sobre, el envelope (2)
sobrepeso, el excess weight; obesity (**10**)
sobrepoblación, la overpopulation (13)
sobresalir to excel (12)
sobresalto, el shock (13)
sobrino/a, el/la nephew/niece (**4**)
socialista, el/la socialist (8)
sociedad, la society (5)
socio/a, el/la colleague (11)

sociología, la sociology (**3**)
sofá, el sofa; couch (**5**)
sofisticación, la sophistication (14)
sofisticado/a sophisticated (14)
sol, hace it is sunny (**7**)
solamente only (3)
solar solar (15)
soler (ue) to tend to; to be accustomed to (4, 10, 13)
sólido/a solid (6)
solista, el/la soloist (**14**)
solitario/a solitary (11)
sólo only (**3**)
soltar (ue) to let go (2)
soltero/a single; unmarried (4)
solución, la solution (2)
solucionar to solve (15)
sombrilla, la umbrella (**7**)
son, el musical rhythm (14)
sonido, el sound (14)
sonoro/a loud (14)
sonreír (i, i) to smile (10)
sonrisa, la smile (2)
soñar (ue) (con) to dream (about) (**4**)
sopa, la soup (**4**)
sopita, la a bit of soup (10)
soplar to blow (8)
soportar to endure (9)
sorbete, el sorbet (6)
sorprendente surprising (11)
sorpresa, la surprise (6)
sospecha, la suspicion (11)
sostén, el bra (13)
sostener (ie) to hold that (13)
sótano, el basement (12)
soy I am (**1**)
SRAS, el SARS (10)
su/s your (*for. sing./pl.*); his; her; their (**3**)
suave soft (8)
subir to raise; to go up; to climb (6, 8)
subir de peso to gain weight (**10**)
subrayar to underscore (5)
sucio/a dirty (6)
suegro/a, el/la father-in-law/mother-in-law (**4**)
sueldo, el wages (3, **11**)
suelo, el ground (13)
sueño, el dream (12)
sueño, tener to be sleepy (**3**)
suerte, la luck (**7**)
suéter, el sweater (4, **8**)
suficiente sufficient (11)
suficientemente sufficiently (4)
sufrir (de) to suffer (from) (3)
sugerencia, la suggestion (8)
sugerir (ie, i) to suggest (9)
sumamente very (10)
sumario, el summary (2)
superar to overcome (12)
superficial superficial (11)
supermercado, el supermarket (6)
supervisor/a, el/la supervisor (**11**)
supuesto, por of course (14)
supuesto/a supposed (9)
surfear to surf (7)
surgir to rise up; emerge (10)

surrealista surrealist (13)
susceptible susceptible (4)
sustancia, la substance (15)
suyo/a/os/as his; her/s; your/s (*for.*); their/s (7, **13**)

T

tabla, la board (12)
tacto, el touch (13)
tal/es como such as (4)
talco, el talcum powder (**8**)
talento, el talent (9)
talentoso/a talented (**14**)
talla, la clothing size (8)
tamaño, el size (14)
también also (**2**)
tambor, el drum (7, **14**)
tan... como as... as (**5**)
tanque, el tank (10)
tanto/a como as much as (**5**)
tantos/as como as many as (**5**)
tapar to cover (6)
tapas, las appetizers (6)
taquilla, la box office (8)
taquillero/a, el/la (box office) clerk (13)
tardar to be late (13)
tarde late (**2**)
tarde, la afternoon (**2**)
tarea, la homework; task (2)
tarjeta de crédito, la credit card (8)
tarjeta de embarque, la boarding pass (9)
tarjeta de memoria, la memory card (9)
tarta de limón, la lemon pie (6)
tasa (de desempleo), la rate (of unemployment) (6, **15**)
tatuaje, el tattoo (13)
taxista, el/la taxi driver (4)
te gustaría would you like (4)
té, el tea (3, **6**)
teatro, el theatre (**3**, **4**)
techo, el ceiling (12)
teclado, el keyboard (**12**)
técnica, la technique (14)
tecnológico/a technological (**12**)
tejer to weave (10)
tejido, el weaving (4)
tela de la araña, la spider web (10)
tela, la cloth (8)
telefónico/a telephone (*adj.*) (3)
teléfono móvil/celular, el cellular phone (4, **12**)
telenovela, la soap opera (**13**)
televidente, el/la viewer (**13**)
televisión, la television (**7**)
televisión por cable, la cable TV (**13**)
telón, el curtain (11)
tema actual, el current topic (**15**)
tema, el theme (7)
temblor, el tremor (14)
temperatura, la temperature (6, **10**)
tempestad, la storm (8)
templado/a temperate (6)
templo, el temple (8)
temporada, la season (**7**)
temporal temporary (3)

temporario/a temporary (12)
temprano/a early (**2**)
tendencia, la tendency (14)
tener (ie) to have (1, **2**)
tengo I have (**1**)
tenis, el tennis (**2**)
tensión, la tension (13)
tenso/a tense (14)
tentación, la temptation (6)
teoría, la theory (8)
terapia, la therapy (3)
tercer/o/a third (**8**)
terciopelo, el velvet (**14**)
termal thermal (10)
términos, los terms (11)
ternura, la tenderness (14)
terraza, la terrace (**5**)
terremoto, el earthquake (5)
terreno, el land; terrain (4)
terrestre terrestrial (8)
territorio, el territory (13)
tesoro, el treasure (8)
tibio/a lukewarm (7)
tiempo, el time; weather (**1**, **7**)
tienda, la store (8)
tienda especializada, la specialty shop (6)
tierra, la earth; land (2)
tímido/a shy; timid (**1**)
tío/a, el/la uncle/aunt (**4**)
típico/a typical (8)
tirar to throw (15)
tiras cómicas, las comics (13)
titular, el headline (13)
título, el title (2)
toalla, la towel (**7**)
tobillo, el ankle (10)
tocar to play (*an instrument*) (4)
todavía still (3)
todo/a/os/as all; everyone (**3**)
tolerancia, la tolerance (15)
tomar to drink; to take (**2**)
tomarse la presión to take one's blood pressure (**10**)
tomate, el tomato (**6**)
tonto/a stupid (13)
toque, el touch (6)
tórax, el thorax (13)
torcer (ue) to twist (**10**)
torneo, el tournament (2)
torno a, en around (3)
toro, el bull (2)
toronja, la grapefruit (**6**)
torta de chocolate, la chocolate cake (**6**)
tortilla, la omelet (*Spain*) (6)
tos, la cough (**10**)
toser to cough (**10**)
tostadora, la toaster (**6**)
tostar (ue) to toast (**6**)
trabajador/a hard-working (**1**)
trabajador/a, el/la worker (1)
trabajar (a comisión) to work (on commission) (**2**, **11**)
trabajo, estar sin to be out of work (**11**)
tradición, la tradition (3)
traducir to translate (15)
traductor/a, el/la translator (15)
traer to bring (**4**)
traficar to traffic (13)
tráfico, el traffic (15)
tragedia, la tragedy (7)
trágico/a tragic (4)
trago, el drink (12)

traje, el suit (**8**)
traje de baño, el swimsuit (**7**)
tranquilamente calmly (8)
tranquilo/a calm (5)
transacción, la transaction (15)
transformar to transform (10)
transición, la transition (12)
transmitir to transmit (10, **13**)
tras behind (15)
tratamiento, el treatment (10)
tren, el train (6, **9**)
trenzas, las braids, tresses (*of hair*) (8)
trilogía, la trilogy (13)
trimestre, el quarter; trimester (3)
triste sad (**5**)
trombón, el trombone (2, **14**)
trompeta, la trumpet (1, **14**)
trompetista, el/la trumpeter (5)
tropezar (ie) to trip (12)
tú you (**1**)
tu/s your (*inf.*) (**1, 3**)
tubo, el pipe (12)
tucán, el toucan (11)
tul, el tulle (*silk or nylon net*) (**14**)
tumba, la tomb (15)
turco/a Turkish (10)
turismo, el tourism (5)
turista, el/la tourist (2)
turístico/a touristy (9)
turnarse to take turns (5)
tuyo/a/os/as yours (*inf.*) (13)

U

ubicación, la location (5)
ubicado/a located (8)
ufano/a conceited (8)
últimamente lately (15)
último/a last (2)
un/o/a a; one (**1**)
único/a unique (8)
unido/a close (*close-knit*) (**4**)
uniforme, el uniform (7)
unir to unite (15)
universidad, la university (**1**)
uña, la fingernail (13)

usar to use (11)
usted/es you (*for.*) (**1**)
utensilio, el utensil (6)
útil useful (15)
utilidad, la utility (10)
utilizar to use (14)
uvas, las grapes (**6**)

V

vaca, la cow (15)
vacaciones, las vacation (8)
vacante, la vacancy (**11**)
vacío/a empty (10)
valer to be worth; to cost (2, **8**)
valioso/a useful (12)
valor, el value (1)
vamos let's go (**4**)
vamos a should we go (**4**)
vapor, el steam (9)
vaqueros, los jeans (**8**)
vara, la stick (7)
variar to vary (6)
variedad, la variety (5)
varios/as several; various (9)
vasco/a Basque (13)
vecindad, la neighborhood (5)
vecino/a, el/la neighbor (5)
vegetación, la vegetation (13)
vegetariano/a, el/la vegetarian (**6**)
vela, la candle (15)
velocidad, la speed (12)
vencimiento, el conquest (9)
vendedor/a ambulante, el/la street vendor (8)
vender to sell (2)
venenoso/a venomous (5)
venezolano/a Venezuelan (**2**)
venir (ie) to come (**4**)
ventaja, la advantage (10)
venta-liquidación, la clearance sale (8)
ventanilla, la window (**9**)
ver to see (**2**)
ver (la televisión/una película) to watch (television/a movie) (**7**)

verano, el summer (**1**)
verdad, la truth (8)
verde green (**1**)
versión, la version (10)
vespertino/a evening (13)
vestido, el dress (7, **8**)
vestirse (i, i) to get dressed (3, **5**)
veterano/a veteran (12)
veterinaria, la veterinary science (**3**)
veterinario/a, el/la veterinarian (**11**)
vez en cuando, de from time to time (2)
vía, la way (5)
viajante, el/la traveling salesperson (**11**)
viajar to travel (**2, 9**)
viaje, (hacer un) to take a trip (9)
viajero/a, el/la traveler (9)
vías de desarrollo, en developing (15)
vibrar to vibrate (15)
víctima, la victim (7)
vida, la life (2)
videograbadora, la VCR (**12**)
videopirata, el/la video pirate (13)
vidrio, el glass (7)
viejo/a old (**2**)
viento, el wind (6)
viento, hace it is windy (**7**)
vieres whatever you see (9)
viernes, el Friday (**1**)
vigilar to watch (15)
villa, la town (15)
vino, el wine (**6**)
viola, la viola (**14**)
violar to violate; to rape (**15**)
violencia, la violence (13)
violento/a violent (14)
violín, el violin (1, **14**)
virreinato, el viceroyalty (11)
visión, la vision (3)
visitante, el/la visitor (9)
vista, la view (5, **9**)

vistoso/a showy (9)
vitamina, la vitamin (10)
viudo/a, el/la widow/er (4)
vívido/a vivid (10)
vivienda, la housing (15)
vivir to live (**2**)
vivo/a alive (3)
volado/a in a hurry (12)
volar (ue) to fly (8)
volcán, el volcano (5, **9**)
vólibol, el volleyball (**7**)
voluntad, la will (15)
voluntario/a voluntary (5)
voluntario/a, el/la volunteer (2)
voluptuosidad, la voluptuousness (14)
voluptuoso/a voluptuous (9)
volver (ue) to return (**4**)
vosotros/as (*Spain*) you (*inf. pl.*) (**1**)
votante, el/la voter (13)
votar (por) to vote (for) (**15**)
voto, el vote (13)
voz, la voice (8)
vuelo, el flight (4, **9**)
vuestro/a/os/as your; yours (*inf. pl.*) (**3, 13**)

Y

y and (**1**)
yerba mate, la tea (*Argentina, Paraguay, Uruguay*) (11)
yerno, el son-in-law (**4**)
yo I (**1**)
yogur, el yogurt (**6**)

Z

zampoña, la panpipe (8)
zanahoria, la carrot (**6**)
zapatería, la shoe store (**8**)
zapatos, los shoes (7, **8**)
zona, la zone (8)
zorro, el fox (8)

English–Spanish Vocabulary

A

a un/a (**1**)
abandon, to abandonar (10)
able, to be poder (ue) (**4**)
abolish, to abolir (**15**)
abolition la abolición (15)
abound, to abundar (15)
about acerca de (6)
above arriba de (**5, 15**)
absence la ausencia (9)
abstain, to abstenerse (9)
abundance la abundancia (10)
abundant abundante (10)
academic académico/a (3)
accelerate, to acelerar (15)
accelerated acelerado/a (12)
accepted aceptado/a (7)
accessory el accesorio; la prenda (**5, 8**)
accompany, to acompañar (15)
accord el acuerdo (15)
accordion el acordeón (1, **14**)
account la cuenta (15)
accountant el/la contador/a (**11**)
accounting la contabilidad (**3**)
accusation la acusación (13)
accustomed to, to be soler (ue); acostumbrar (10, 13)
accustomed, to become acostumbrarse (8)
ache el dolor (**10**)
achieve, to realizar; lograr (8, **15**)
acquire, to adquirir (ie, i) (14)
across from enfrente de (**3**)
act el acto (*legal*) (15)
act, to actuar (5, **13**)
action la acción (2)
activism el activismo (5)
activist el/la activista (**15**)
actor el actor (1)
actress la actriz (1)
acupuncture la acupuntura (10)
adapt, to adaptarse (12)
add, to agregar; echar; añadir (**6, 15**)
addition, in además (6)
addressee el/la destinatario/a (11)
adequate adecuado/a (7)
adjust, to ajustar (11)
administration la administración (8)
admire, to admirar (15)
admirer el/la admirador/a (8)
admission ticket la entrada (4)
adoptive adoptivo/a (14)
adore, to adorar (14)
adorn, to adornar (10)
adorned adornado/a (8)
advance el avance; el adelanto (4, 15)

advance, in de anticipación (14)
advanced avanzado/a (3)
advancing avanzado/a (4)
advantage la ventaja (10)
adventurer el/la aventurero/a (9)
advice el consejo (4)
advice column el consultorio sentimental (**13**)
advisor el/la asesor/a (6, **15**)
aerobic aeróbico/a (10)
aerobics los ejercicios aeróbicos (**10**)
affection el cariño (2)
affectionately cariñosamente (4)
afraid, to be tener (ie) miedo (**3**)
Afro-Caribbean afrocaribeño/a (7)
after después de (**3**)
afternoon la tarde (**2**)
against contra (**5**); en contra (8)
aggravate, to agravar (10)
agitated agitado/a (10)
agree, to asentir (ie, i) (12)
agreement, in conforme; de acuerdo (3, 15)
agricultural agrícola (4)
agriculture la agricultura (8)
AIDS el SIDA (10)
airplane el avión (**9**)
airport el aeropuerto (**9**)
aisle el pasillo (**9**)
alcohol el alcohol (13)
alcoholic beverages las bebidas alcohólicas (**10**)
algebra el álgebra (*fem.*) (**3**)
alive vivo/a (3)
all todos/a/os/as (**3**)
allegory la alegoría (6)
allergic alérgico/a (6)
allergic to, to be tener alergia(s) a (**10**)
allergy la alergia (**10**)
alleviate, to aliviar (10)
alleviated aliviado/a (14)
almond la almendra (6)
along a través (8)
also también (**2**)
alternate, to alternarse (8)
altitude la altura (8, **9**)
always siempre (2, **3, 7**)
ambassador el/la embajador/a (**9**)
amber el ámbar (7)
ambiguity la ambigüedad (11)
ambulance la ambulancia (10)
American (US) estadounidense; norteamericano/a (**2**)
amiable amable (4)
analyst, (systems) el/la analista (de sistemas) (**11**)
ancestor el/la antepasado/a (12)

ancestry la ascendencia (10)
and y (**1**)
Andean andino/a (8)
angelical angelical (8)
Anglicism el anglicismo (12)
angry furioso/a (**5**)
angry, to get enojarse (14)
anguish la angustia (10)
anguished angustiado/a (5)
animal el animal (3)
animated animado/a (9)
ankle el tobillo (10)
anniversary el aniversario (6)
announce anunciar (8)
announcement el anuncio (15)
announcer el/la locutor/a (**13**)
annoy, to molestar (**6**)
annual anual (9)
answer la respuesta (**1**)
answering machine el contestador automático (**12**)
antacid el antiácido (**10**)
anthropology la antropología (**3**)
antibiotic el antibiótico (**10**)
anticipate, to anticipar (8)
anticipation la anticipación (9)
antiquated anticuado/a (3)
anxious ansioso/a (9)
any/one cualquier/a (9)
apartment el apartamento (3)
apogee el apogeo (15)
apologize, to disculparse (15)
apparent aparente (15)
appear, to aparecer (zc) (4)
appetizers las tapas (6)
apple la manzana (**6**)
appliance el aparato (**6**)
apply makeup, to maquillarse (**5**)
appointment, (to make an) (hacer una) cita (**10, 11**)
appreciate, to apreciar (4)
appreciated apreciado/a (11)
approach, to acercarse (8)
approve, to aprobar (ue) (15)
April abril (**1**)
aquatic acuático/a (9)
Arabic el árabe (**3**)
archeologist el/la arqueólogo/a (8)
archipelago el archipiélago (8)
architect el/la arquitecto/a (2, **11**)
architectural arquitectónico/a (8)
architecture la arquitectura (2, **3**)
Argentine argentino/a (**2**)
argue, to discutir (4)
argument la discusión (8); el argumento (15)
aria el aria (*fem.*) (14)
arm el brazo (**10**)

armchair el sillón (**5**)
armed armad/o/a (15)
army el ejército (5, **15**)
around en torno a (3)
arrange, to arreglar (12)
arrival la llegada (3)
arrive, to llegar (**2**)
art el arte (**3**)
arthritis la artritis (10)
article el artículo (8, **13**)
artisan el/la artesano/a/la; artesanal (3, 4)
artist el/la pintor/a (**1**)
as many as tantos/as como (**5**)
as much as tanto/a como (**5**)
as… as tan… como (**5**)
ask for, to pedir (i,i) (**4, 6**)
aspect el aspecto (8)
asphyxiated asfixiado/a (5)
aspirin la aspirina (**10**)
assassinate asesinar (13)
assassinated asesinado/a (6)
assemble ensamblar (3); armar (8)
assembly plant la maquiladora (3)
assist, to atender (ie) (7)
assistant el/la ayudante (6)
associate, to asociar (2)
association la asociación (10)
assume, to asumir (4)
assure, to asegurar (2)
asthma el asma (*fem.*) (10)
ATM (automated teller machine) el cajero automático (4, **12**)
atmosphere el ambiente (3, 6)
attend, to asistir (a)(**2**)
attention la atención (3)
attention, to pay hacer caso; prestar atención (13)
attract, to atraer (7)
attraction la atracción (5)
attractive atractivo/a (4)
audience el público (**13**)
audition la audición (14)
auditorium el auditorio (**3**)
August agosto (**1**)
aunt la tía (**4**)
auspicious auspiciado/a (9)
autobiography la autobiografía (3)
automobile el automóvil (2)
autonomous autónomo/a (13)
avenue la avenida (13)
aware, to become enterarse (15)

B

baby el/la bebé (6)
back la espalda (10)
background el fondo (14)
backpack la mochila (**1**)

bad mal; malo/a (**1**)
bad appearance la mala pinta (13)
bag, (big) la bolsa; el bolso (**7, 8,** 15)
baggage claim area la sala de reclamación de equipaje (**9**)
bagpipe la gaita (13)
balance el saldo (13)
ballad el romance (8)
ballet el ballet (1)
banana la banana; el plátano (**6,** 8)
band la banda (**14**)
banjo el banjo (1)
bank el banco (8)
bar/s la barra; los barrotes (12)
barbecue la parrillada (*Chile, Argentina*) (6)
barbs las púas (15)
bargain la ganga (**8**)
bargain, to regatear (**8**)
barren pelón/pelona (15)
basalt el basalto (15)
baseball el béisbol (**2**)
baseball player el beisbolista (7)
based basado/a (6)
basement el sótano (12)
basketball el básquetbol; el baloncesto (**2**)
Basque vasco/a (13)
Basque language el euskera (13)
bass el bajo (3, **14**)
bat, to batear (**7**)
bathe, to bañarse (**5**)
bathroom el baño (**5**)
battery la pila (12)
battle la batalla (1)
be, to ser; estar (**1, 3**)
beach la playa (2, **7**)
bead la cuenta (7)
beans los frijoles (**6**)
beat, to palpitar (10)
beautiful, really bellísimo/a (6)
beauty la belleza (9)
because porque; pues (**2,** 5)
become, to ponerse; llegar a ser (**5,** 12)
bed, (to make the) (hacer la) cama (**5**)
bedroom el dormitorio; la recámara (**5,** 12)
beef la carne de res (10)
beer la cerveza (**6**)
before antes (de) (2)
begin, to empezar (ie); iniciar (3, **4,** 9)
beginner el/la principiante (3)
beginning el comienzo; el principio (5, **13**)
beginning, at the a principios de (15)
behind detrás (de); atrás; tras (**3,** 15)
behind, to be retrasar (13)
being el ser (3)
believe, to creer (**2**)
belly el buche (8)
below abajo; bajo; debajo (de) (**5,** 12, 15)
bench el banco (13)
benefit, to beneficiar (15)
benefit/s el/los beneficio/s (10, **11**)
better mejor (3)
better, to get mejorarse (**10**)

between entre (**3**)
beverage la bebida (**6**)
bicycle riding, to go montar en bicicleta (**9**)
bidder el/la postor/a (13)
big grande (1, **2**)
bilingual bilingüe (13)
bill la cuenta; el billete (**6,** 12)
billfold la billetera (12)
biography la biografía (2)
biology la biología (**3**)
bird el pájaro (5)
birthday el cumpleaños (1)
bite, to morder (ue) (**7**)
black negro/a (**1**)
blackboard la pizarra (**1**)
blame la culpa (13)
blazer el saco (**8**)
blessed bendito/a (6)
blind ciego/a (11)
block la cuadra; la manzana (*Spain*); el bloque (3, 8)
blond rubio/a (2)
blood pressure la presión (**10**)
blouse la blusa (**8**)
blow, to soplar (8)
blue azul (**1**)
blushing coloradito/a (3)
board la tabla (12)
board of trustees el patronato (1)
board, to abordar (**9**)
boarding pass la tarjeta de embarque (**9**)
boat el barco (**9**)
body el cuerpo (**5**)
boil, to hervir (ie, i) (**6**)
bomb, to bombardear (14)
bonus, yearly la bonificación anual (**11**)
book el libro (**1**)
bookcase el estante (3, **5**)
bookstore la librería (1, **3**)
border la frontera (3)
border, to bordear (9)
bore, to aburrir (**6**)
boring aburrido/a (**1**)
born, to be nacer (2)
boss el/la jefe/a (**11**)
both ambos/as (7)
bother, to be a molestar (**6**)
bottle la botella (7)
bottle, little la botellita (13)
bottom el fondo (12)
bow el arco (8)
box la caja (5)
boxing el boxeo (**7**)
box office la taquilla (8)
boy el muchacho; el chico (**2, 3**)
boyfriend el novio (3, **4**)
bra el sostén (13)
braids las trenzas (8)
bracelet la pulsera (**8**)
brand la marca (**12**)
bread el pan (**6**)
break (a bone), to romperse (un hueso) (**10**)
breakfast el desayuno (**6**)
breakfast, to have desayunar (**6**)
breathe, to respirar (6, **10**)
breathing la respiración (12)
brick el ladrillo (12)
bride la novia (**4**)
bridge el puente (14)
brief breve (6)
briefcase el maletín (4)

bright brillante (10)
bring, to traer (**4**)
brochure el folleto (**9**)
bronze el bronce (15)
broom la escoba (**5**)
brother el hermano (3, **4**)
brother-in-law el cuñado (**4**)
brown pardo/a (8)
brunette moreno/a (**2**)
brush el cepillo (**5**)
brush, to cepillarse (**5**)
budget el presupuesto (5)
buffet el bufé (**6**)
building la edificación; el edificio (4, 8)
bull el toro (2)
bullet la bala (15)
burn, to arder; quemar (10)
bury, to enterrar (ie) (**14**)
bus el autobús; el camión (*Mexico*) (**9,** 15)
business el comercio; el negocio; la empresa (8, 13)
business administration la administración de empresas (**3**)
business section la sección financiera (**13**)
but pero (2)
butter la mantequilla (**6**)
butterfly la mariposa (5)
buy, to comprar (**2**)

C

cabinet el gabinete (6)
cable TV la televisión por cable (**13**)
cadaver el cadáver (14)
café, (outdoor) el café (al aire libre) (**4**)
cafeteria la cafetería (2, **3**)
caffeine la cafeína (6)
cake el pastel (**6**)
calculator la calculadora (**1**)
calculus el cálculo (**3**)
call el llamamiento (15)
call letters las siglas (7)
calm tranquilo/a; la calma (5, 9)
calmly tranquilamente (8)
calorie la caloría (6)
camel-like camélido/a (8)
camera la cámara (4, **9, 13**)
camp el campamento (15)
campaign la campaña (13, **15**)
can poder (ue) (*to be able*); el bote (**4,** 12)
Canadian canadiense (**2**)
canal el canal (4)
cancer el cáncer (10)
candidate el/la candidato/a (3, **15**)
candle la vela (15)
cane la caña (3)
cap la gorra; la cachucha (8, 15)
capable capaz (**11**)
capacity la capacidad (12)
capital city la capital (1, **2**)
captain el capitán (3)
car el carro; el coche (3, 5, **9**)
carbohydrates los carbohidratos (**10**)
career la carrera (3)
careful cuidadoso/a (9)
careful, to be tener cuidado (**3**)
caress la caricia (2)
Caribbean caribeño/a (7)

Caribbean dance el merengue (7)
carpenter el/la carpintero/a (**11**)
carrot la zanahoria (**6**)
carry out, to desempeñar (6)
carry, to acarrear (12)
cascades las cascadas (11)
cash en efectivo (5)
cash register la caja (**8**)
casserole dish la cazuela (**6**)
castle el castillo (13)
cat el/la gato/a (5)
cathedral la catedral (**9**)
cauliflower la col (6)
cause la causa (8)
CD/DVD player el lector de CD/DVD (**12**)
ceasefire el cese de fuego (4)
ceiling el techo (12)
celebrate, to celebrar (9)
celebration la celebración; la fiesta (1, 3)
cellular phone el teléfono móvil/celular (4, **12**)
Celtic celta (13)
cemetery el cementerio (14)
censure, to censurar (13)
census el censo (15)
cent el céntimo (2)
century el siglo (3)
ceramic la cerámica (4)
ceremony la ceremonia (4)
certain cierto/a (2)
chain, silver la cadena de plata (**8**)
chair la silla (**1**)
chair, overstuffed el sillón (**5**)
challenge el desafío (4)
challenge, to retar (11)
challenging exigente (3)
champagne el champán (8)
champion el/la campeón/campeona (7)
chance el azar (7)
change, to cambiar (4)
channel el canal (**13**)
chapel la capilla (8)
character el carácter; el personaje (*in a story*) (8, 13)
characteristic la característica (5)
charade la charada (6)
charitable benéfico/a; caritativo/a (9, 14)
cheap barato/a (**1**)
check luggage, to facturar el equipaje (9)
check, to revisar (13)
checkup, medical el examen físico (**10**)
cheer, to animar (**7**)
cheerful alegre (4)
cheese el queso (**6**)
chef el/la cocinero/a (**11**)
chemistry la química (**3**)
chess el ajedrez (7)
chest el pecho (**10**)
chewing gum el chicle (15)
chick la cría (13)
chicken el pollo (**6**)
chief el cacique (7)
childish infantil (8)
children los/las niños/as (1)
Chilean chileno/a (**2**)
chinchilla la chinchilla (14)
Chinese el chino (**2**)

chiropractor el/la quiropráctico/a (10)
chocolate cake la torta de chocolate (6)
cholera el cólera (5)
cholesterol el colesterol (10)
chord el acorde (15)
choreographer el/la coreógrafo/a (14)
chores los quehaceres (4, 5)
Christian cristiano/a (14)
christianize, to cristianizar (10)
chronological cronológico/a (11)
chubby gordo/a; regordete (2, 15)
cinematography la cinematografía (13)
circle el círculo (7)
citizen el/la ciudadano/a (6, 15)
city la ciudad (1, 2)
city council el ayuntamiento (1)
civil cívico/a (15)
Civil War la Guerra Civil (3)
civilization la civilización (5)
clap, to aplaudir (14)
clarify, to aclarar (15)
clarinet el clarinete (1, 14)
class la clase (1, 2, 3)
classified ads los anuncios/ avisos clasificados (13)
clean limpio/a (8)
clean (the house), to limpiar; ordenar (la casa) (4, 5)
clear cristalino/a; despejado/a (*sky*) (5, 8)
clear the table, to quitar la mesa (5)
clearance sale la venta-liquidación (8)
clerk, box office el/la taquillero/a (13)
client el/la cliente (6, 8)
clientele la clientela (12)
climate el clima (5)
climb, to escalar; subir (8)
clock el reloj (1)
close (*close-knit*) unido/a (4)
close (to) cerca (de) (3)
closings las despedidas (11)
cloth la tela (8)
cloth woven with a spider web pattern el ñandutí (10)
clothing la ropa (8)
cloud la nube (8)
cloudy nublado/a (7)
clue la pista (2)
coach class la clase turista (9)
co-actor el/la coactor/a (13)
coast la costa (2)
coat el abrigo (8)
coca la coca (15)
coconut el coco (6)
cod el bacalao (7)
code el código (15)
coffee el café (6)
coffee, little cup of el cafecito (7)
coffee maker la cafetera (6)
cognate el cognado (2)
coin la moneda (1)
coincide, to coincidir (15)
cold frío/a; el resfriado (*illness*) (6, 10)
cold, it is hace frío (7)
cold, to be tener frío (3)
collaborate, to colaborar (5)

colleague el/la colega; el/la socio/a (11)
collection la colección (4)
cologne la colonia (8)
Colombian colombiano/a (2)
colonizer el/la colonizador/a (9)
colony la colonia (3)
colored, brightly colorido/a (14)
coloring colorido/a (14)
comb el peine (5)
comb one's hair, to peinarse (2, 5)
combat, to combatir (10, 15)
combination la combinación (10)
come, to venir (ie) (4)
comedy la comedia (13)
comfortable cómodo/a (9)
comforts las comodidades (9)
comics las tiras cómicas (13)
command el mandato (11)
commemorate, to conmemorar (4)
comment, to comentar (5)
commentator el/la comentarista (13)
commerce el comercio (3)
commission la comisión (5)
commit, to cometer (14)
committee el comité (4)
common común (1)
commonwealth el estado libre asociado (7)
communications las comunicaciones (3)
community la comunidad (3)
company la empresa; la compañía (11, 14)
compare, to comparar (5)
comparison, in en comparación (2)
compatible compatible (12)
compete, to competir (i) (15)
complex el complejo; complejo/a (14, 15)
complicate, to complicar (11)
complicated complicado/a (3)
compose, to componer (14, 15)
composed compuesto/a (15)
composer el/la compositor/a (14)
composition la composición (2)
computer la computadora (1, 3)
computer (electronic) game el juego electrónico (12)
computer disc el disquete (12)
computer science la informática; la computación (3)
conceited ufano/a (8)
concert, (to go to a) (ir a un) concierto (3, 4, 7)
condemned condenado/a (13)
condominium el condominio (5)
condor el cóndor (8)
conduct, to conducir; dirigir (14, 15)
conductor el/la directora/a; el/la conductora (14, 15)
confess, to confesar (ie) (10)
conflict el conflicto (8, 15)
confuse, to confundir (14)
conjecture la conjetura (12)
connect, to conectar (5)
connection la conexión (13)

conquest la conquista; el vencimiento (3, 9)
consequences las consecuencias (15)
conservation la conservación (5)
conservative conservador/a (13)
conserve, to conservar (12)
consider, to considerar (3)
considerate considerado/a (15)
considered considerado/a (9)
consolation el consuelo (10)
constant constante (14)
constantly constantemente (12)
constitute, to constituir (12)
construct, to construir (10)
construction la construcción (5)
consult, to consultar (10)
consultant el/la asesor/a (15)
consume, to consumir (4, 12)
consumer el/la consumidor/a (1)
consumption el consumo (10)
contact, to contactar (6)
contain, to contener (ie) (10)
container, (aluminum) el recipiente; el envase (de aluminio); el contenedor (6, 12, 13)
contaminate, to, contaminar (12)
contemporaneous contemporáneo/a (6)
content el contenido (10)
contest el concurso (13)
continue, to continuar (14)
contract el contrato (11)
contract, to contratar (11)
contrast el contraste (6)
control, to controlar (15)
controversy la polémica (12)
convent el convento (9)
conventional convencional (13)
converse, to conversar (2)
convert, to convertir (ie,i) (9)
converted convertido/a (5)
convince, to convencer (2)
cook el/la cocinero/a (6, 11)
cook, to cocinar (4, 6)
cookies las galletas (6)
cool, it is hace fresco (7)
cooler la heladera (7)
cooperate, to cooperar (8)
coordinator el/la coordinador/a (11)
copper el cobre (6)
copy la copia (5)
cord la cuerda (15)
cordial cordial (7)
cordially yours cordialmente (11)
cordless phone el teléfono inalámbrico (12)
corn el maíz (6)
corner la esquina (3)
cornet la corneta (14)
corpulent corpulento/a (15)
correspondent el/la corresponsal (13)
corruption la corrupción (15)
cost, to costar (ue); valer (2, 4, 8)
costume el disfraz (14)
cotton el algodón (8)
couch el sofá (5)
cough la tos (10)
cough, to toser (10)

cough syrup el jarabe (10)
counselor el/la asesor/a (12)
country (developing) el país (en desarrollo)(2, 15)
couple la pareja (4)
course el curso; la materia (3)
court la cancha (2)
cousin el/la primo/a (4)
cover letter la carta de presentación (11)
cover, to tapar (6)
cover up, to disimular (13)
covered cubierto/a (10)
cow la vaca (15)
cowboy, Argentine el gaucho (11)
cradle la cuna (1)
crane la garza (8)
crash, to chocar (15)
cream, (shaving) la crema (de afeitar) (5)
create, to crear (8)
creation la creación (15)
creative creativo/a (12)
creator el/la creador/a (10)
credit card la tarjeta de crédito (8)
creole criollo/a (6)
cricket la cigarra (8)
crime el crimen (14)
crisis la crisis (15)
critic el/la crítico/a (13)
crocodile el cocodrilo (9)
cross, to cruzar (14)
crucial crucial (6)
crush, to machacar (11)
cry el grito (5)
cry, to llorar (9)
crystalline cristalino/a (7)
cub el cachorro (13)
Cuban cubano/a (2)
cubism el cubismo (2)
cuisine la cocina (4)
culinary culinario/a (6)
cultivation el cultivo (2)
cure, to curar (11)
curious curioso/a (7)
current actual (10)
current, electric la corriente (9)
curriculum el currículo (14)
curtain el telón (11)
custard dessert el flan (6)
custom la costumbre (3)
customer el/la cliente (6, 8)
customs la aduana (9)
customs inspector el/la inspector/a de aduanas (9)
cut cortado/a (6)
cute bonito/a (2)
cybernetic cibernético/a (2)
cycling el ciclismo (7)
cypress el ciprés (14)

D

daily diario/a (2)
dairy products los productos lácteos (10)
dam el embalse; la presa (10)
damage el daño (4)
damage, to (*not work*) dañar (10, 12)
damaged averiado/a (13)
damned maldito/a (13)
dance la danza (14)
dance, to bailar (2)
danceable bailable (9)

dancer el/la bailarín/a (14)
danger el peligro (5)
dangerous peligroso/a (2)
dark oscuro/a (8)
dark, to get anochecer (15)
data el dato (1)
date la fecha (**1**)
date from, to datar (15)
daughter la hija (**4**)
daughter-in-law la nuera (**4**)
dawn el amanecer (11)
day el día (**1**)
day before yesterday, the anteayer (**6**)
daybreak la madrugada (10)
dead muerto/a; difunto/a (7, 15)
deal, good la ganga (**8**)
dear sir/madam estimado/a señor/a (**11**)
death la muerte; el fallecimiento (6, 8)
debate el debate (15)
debut el debut (14)
debut, to estrenar (13)
decaffeinated descafeinado/a (3)
deceive, to engañar (13)
December diciembre (**1**)
decide, to decidir (**2**)
decomposition la descomposición (4)
decoration la decoración (8)
decrease la disminución (5)
dedicate, to dedicar (7)
dedicated dedicado/a (9)
dedication la dedicación (14)
deep profundo/a; hondo/a (5, 6)
defeat, to rendir (i, i) (13)
defend, to defender (7)
define, to definir (14)
deforestation la deforestación (**12**)
dejected abatido/a (15)
delay la demora (6, **9**)
delicate fino/a (13)
delicious delicioso/a; rico/a (2, **6**)
delight el encanto (12)
delight, to encantar (**6**)
Delighted. Encantado/a. (**1**)
delightful encantador/a (**14**)
delinquency la delincuencia (15)
deliver, to entregar; repartir (2, 8, **11**)
demagogue el/la demagogo/a (15)
demanding exigente (**3**)
democracy la democracia (**15**)
democratic democrático/a (4)
demographic demográfico/a (13)
demonstrate, to demostrar (ue) (14)
denounce denunciar (7)
dentist el/la dentista (3, **11**)
department store el almacén (**8**)
depend on, to depender de (5)
deposit el depósito (10)
derived derivado/a (12)
descend, to descender (ie) (11)
descendant el/la descendiente (8)
describe, to describir (2)
desert el desierto (4)
deserted desierto/a (5)

design el diseño (2, **3**, **12**)
design, to diseñar (2, **11**)
designate, to denominar (8)
designer el/la diseñador/a (14)
desired deseado/a (4)
destination el destino (9)
destined destinado/a (10)
destroy, to destrozar (9)
destroyed destrozado/a (9)
destructive destructivo/a (5)
detail detalle (6)
detail, to detallar (7)
detain, to detener (ie); retrasar (11)
deteriorate, to deteriorar (12)
determined determinado/a (9)
detest, to detestar (11)
developing en vías de desarrollo (15)
diabetes la diabetes (**10**)
diabolical diabólico/a (14)
diagnosis el diagnóstico (**10**)
diagram el diagrama (7)
dial, to pulsar (12)
diamond earrings los aretes de diamantes (**8**)
dictator el/la dictador/a (**15**)
dictatorship la dictadura (**15**)
dictionary el diccionario (**1**)
die, to morir (ue,u) (9)
diet la dieta; el régimen (10)
diet, to be on a estar a dieta (**10**)
different distinto/a; diferente (6, 8)
difficult difícil (**2**)
difficult, to make dificultar (4)
dig, to cavar (14)
dignify, to dignificar (11)
dignity la dignidad (13)
diminish, to disminuir (13)
diminutive diminutivo/a (12)
dining room el comedor (**5**)
dinner la cena (**6**)
dinner, to have cenar (**6**)
diplomat el/la diplomático/a (3)
directed dirigido/a (13)
director el/la director/a (9, **11**)
dirty sucio/a (6)
disadvantage la desventaja (10)
disappear, to desaparecer (11)
disappeared desaparecido/a (15)
disarm, to desarmar (15)
disarmament el desarme (**15**)
disaster el desastre (5)
discomfort la incomodidad (9)
discount el descuento (**8**)
discovered descubierto/a (13)
discovery el descubrimiento (14)
discrepancy la discrepancia (11)
disguise el disfraz (**14**)
dish el plato (2)
dishonest deshonesto/a (15)
dishonor, to deshonrar (11)
dishwasher el lavaplatos (**5**)
disillusioned desilusionado/a (4)
disillusionment el desengaño (10)
disorder el desorden (8)
disorganized desorganizado/a (15)
disposed dispuesto/a (**12**)
distance la distancia (8)
distinguish, to distinguir (15)

distract, to distraer; entretener (15)
distribute, to repartir; distribuir (**11**, **13**)
diva la diva (**14**)
division la división (5)
divorced divorciado/a (**4**)
Do you want to go to…? ¿Quieres ir a…? (**4**)
do haz (*inf. command*) (9)
do, to hacer (2, **3**)
doctor's office el consultorio (**10**)
doctorate el doctorado (3)
dog el/la perro/a (**4**)
domestic doméstico/a (3)
dominate, to dominar (8)
dominated dominado/a (6)
Dominican dominicano/a (**2**)
Don't worry. No te preocupes. (**7**)
donate, to donar (14)
door la puerta (**1**)
dossier el expediente (**11**)
download, to bajar (de la Red) (12)
downtown el centro (3, **4**)
dowry el dote (15)
drag, to arrastrar (15)
drain, to escurrir (15)
drama el drama (**13**)
dramatic dramático/a (13)
dramatist dramaturgo/a (13)
dramatization la dramatización (13)
draw, to dibujar (10)
draw up, to encoger (8)
drawing el dibujo (5)
dream el sueño (12)
dream (about), to soñar (con) (ue) (**4**)
dress el vestido (7, **8**)
dressed, to get vestirse (i, i) (3, **5**)
dresser la cómoda (**5**)
drink el trago (12)
drink, to beber; tomar (**2**)
drive, to manejar; conducir (12, 15)
drug addiction la drogadicción (**15**)
drum el tambor (7, **14**)
drum stick el palillo (14)
drums la batería (**14**)
dry seco/a (6)
dry (oneself), to secarse (5)
dry clothes, to secar la ropa (5)
dryer la secadora (**5**)
duck el pato (8)
durability la durabilidad (14)
during durante (2)
dust (the furniture), to sacudir el polvo (de los muebles) (5)
duty el deber (4, **15**)
DVD el DVD (**12**)

E

eagle el águila (*fem.*) (8)
ear of corn la mazorca de maíz (15)
ear, inner el oído **outer** la oreja (**10**)
earbuds los auriculares (12)
early temprano/a (**2**)
earn, to ganar (2)

earth la tierra (2)
earthquake el terremoto (14)
east el oriente (10)
easy fácil (**2**)
eat, to comer (**2**)
ecological ecológico/a (8)
ecology la ecología (5)
economical económico/a (2)
ecotourism el ecoturismo (4, 5)
Ecuadorian ecuatoriano/a (**2**)
edit, to editar (12)
editorial (page) el editorial (13, 15)
educate, to educar (15)
education la formación (**11**)
effect, in en efectivo (5)
effort el esfuerzo (4, **15**)
eggs los huevos (**6**)
eighth octavo/a (7, **8**)
either… or o… o (**7**)
elaborate, to elaborar (15)
elaborated elaborado/a (4)
elaboration la elaboración (15)
elastic el elástico (**14**)
elect, to elegir (i,i) (14, 15)
elected electo/a (6)
electric eléctrico/a (3)
electric current la corriente (9)
electric razor la máquina de afeitar (**5**)
electrician el/la electricista (**11**)
electricity la electricidad (10)
electronic electrónico/a (2, **12**)
element el elemento (14)
eligible elegible (13)
elm el olmo (12)
email el correo electrónico (6, **12**)
emblem el logotipo (12)
embrace el abrazo (4)
embrace, to abrazar (10)
emerald la esmeralda (9)
emerge, to surgir (12)
emergency room la sala de urgencias (10)
emotional emocional (11)
empire el imperio (8)
employee el/la empleado/a (8, **11**)
empty vacío/a (10)
enchanting encantador/a (**14**)
encounter el encuentro (8)
encourage, to animar (**7**, 10)
end el final (**13**)
end, toward the a fines (15)
end, to eliminar (**15**)
endure, to soportar (9)
enemy el/la enemigo/a (11)
energy la energía (3, **12**)
engineer el/la ingeniero/a (**11**)
engineering, (electrical) la ingeniería (eléctrica) (2, **3**)
English el inglés (**2**)
Enjoy your meal! ¡Buen provecho! (1, **6**)
enjoy, to disfrutar de; gozar de (6, 11)
enlarge, to agrandar (15)
enormous enorme (6)
enough, to be bastar (8, 11)
enrich, to enriquecer (12)
entertain, to distraer; entretener (ie) (9, 15)
entertainment el entrenamiento (7)
entertainment section la cartelera (**13**)

enthusiastic entusiasta (**11**)
entire entero/a (4)
entrance la entrada (8)
envelope el sobre (2)
environment el medio ambiente (5, **12**)
environmental ambiental (10)
ephemeral efímero/a (13)
epoch la época (4)
equator la línea ecuatorial (8)
equilibrium el equilibrio (10)
equipment la instalación; el equipo (3, **7**)
eradicate, to erradicar (15)
erase, to borrar (**12**)
eruption la erupción (11)
essence la esencia (14)
establish, to establecer (4)
ethic la ética (11)
ethnic étnico/a (12)
eucalyptus el eucalipto (15)
Europe Europa (2)
even aun (8)
evening (*adj.*) vespertino/a (13)
event el evento; la función (3, 7)
everyone todos/a/os/as (**3**)
evolution la evolución (8)
exactly justamente (15)
exam el examen (3)
example el ejemplo (9)
excavate, to excavar (4)
excel, to sobresalir (12)
excellent excelente (2)
exception la excepción (15)
exceptional excepcional (7)
excess weight el sobrepeso (**10**)
exchange el intercambio; el cambio (3, 8)
exchange, to intercambiar (5)
excited, to get emocionarse (15)
exciting emocional; emocionante (2, 11)
exclusive exclusivo/a (9)
excursion la excursión (6)
execution la ejecución (14)
executive el/la ejecutivo/a (3)
exempt exento/a (3)
exercise, to ejercer; hacer ejercicio (**7,** 15)
exhausted exhausto/a (8)
exhibit, to exhibir (15)
exist, to existir (8)
exotic exótico/a (5)
expedition la expedición (10)
expense el gasto (11)
expensive caro/a (**1**)
experienced experimentado/a (15)
expert el/la experto/a (9)
explain, to explicar (5)
explicit explícito/a (13)
exploit, to explotar (15)
explore explorar (10)
explosive explosivo/a (6)
export, to exportar (6)
exposition la exposición (3)
express, to expresar (15)
expressed expreso/a (15)
expressive expresivo/a (14)
exquisite exquisito/a (6)
extend to, to abarcar (14)
extend, to extender (ie) (8)
extension la extensión (9)
extinction la extinción (5)
extinguish (fires), to apagar (fuegos/incendios) (**11**)

extraction la extracción (10)
extraordinary extraordinario/a (4)
extratextual extratextual (2)
extreme extremo/a (6)
extremely pleasing, to be encantar (**6**)
eye el ojo (**5**)

F

fable la fábula (8)
fabulous fabuloso/a (**7**)
face la cara (**5**)
face, to afrontar (**15**)
facing enfrente de (**3**)
factor el factor (10)
factory la fábrica (2, **12**)
fail, to fallar; fracasar (5, 13)
fair la feria (9)
fairly bastante (**3**)
fall (*season***)** el otoño (**1**)
fall asleep, to dormirse (ue,u) (5)
fall down, to caerse (12)
falls las cataratas (11)
false falso/a (2)
fame la fama (9)
familiar with, to be conocer (**4**)
family la familia; familiar (*adj.*) (3, **4**)
family members los familiares (11)
fan(atic) el/la aficionado/a; el/la fanático/a (2, **7**)
fantastic fantástico/a (3, **7**)
fantasy la fantasía (14)
far (from) lejos (de) (**3**)
faraway lejano/a (11)
fare, (roundtrip) el pasaje (de ida y vuelta) (**9**)
farewell la despedida (1)
farm la finca (9)
fascinating fascinante (1)
fascinating, to be fascinar (**6**)
fascist el/la fascista (14)
fashion la moda (4, **14**)
fashion, high la alta costura (**14**)
fat la grasa (6, **10**)
father el padre (**4**)
father-in-law el suegro (**4**)
fatigue el cansancio (10)
fatty acids las grasas transformadas (10)
February febrero (**1**)
feed, to alimentar (11)
feel, to sentirse (ie, i) (5)
feeling el sentimiento (4)
feign, to disimular (13)
feminine femenino/a (15)
femininity la feminidad (14)
fence la cerca (12)
fertility la fertilidad (15)
fertilizer el fertilizante (6)
fever la fiebre (5, **10**)
fiber la fibra (15)
fifth quinto/a (**8**)
fight, to luchar; combatir (13, **15**)
figure la figura (9)
file, to archivar (**12**)
fill out/completely, to rellenar (**11**)
film (el rollo de) película; la cinta (*tape*) (**9, 13**)

film, to filmar (**13**)
filming la filmación; el rodaje (13)
filmmaker el/la cineasta (4)
finance las finanzas (**3**)
financial financiero/a (15)
find, to encontrar (ue) (**4**)
fine la multa (**12**)
fine with me de acuerdo (4)
finger el dedo (**10**)
fingernail la uña (13)
finish, to acabar (8)
fire el fuego; el incendio (**11**)
fire, to despedir (i, i) (**11**)
firefighter el/la bombero/a (**11**)
fireworks los fuegos artificiales (9)
firm la empresa (**11**)
first primer/o/a (2, **8**)
first, at al principio (5)
fish el pescado; el pez (**6,** 12)
fish, to pescar (9)
fishing la pesca; pesquero/a (2, 6, 8)
fit el ajuste (12)
fit, to quedar; encajar (8)
fitting room el probador (8)
fix, to arreglar (12)
flag la bandera (1)
flamenco flamenco/a (2)
flank, to flanquear (15)
flat plano/a (10)
flavor el sabor (1)
flight el vuelo (4, **9**)
flight attendant el/la asistente de vuelo (9)
flood, to inundar (4)
floor el piso (5, **8**)
flower la flor (2, **9**)
flower bed el cantero de jardín (14)
flower shop la florería (**8**)
flu la gripe (**10**)
flute la flauta (1, **14**)
flute, Andean la quena (8)
fly, to volar (ue) (8)
fog la niebla (9)
folkloric folklórico/a (3)
following siguiente; a continuación (4, 6)
foods los alimentos (**10**)
foot el pie; la pata (*animal*) (8, **10**)
football el fútbol americano (2)
footwear el calzado (8)
force la fuerza (15)
forecast el pronóstico (4)
foreign extranjero/a (13)
foreign expression el extranjerismo (12)
foreigner el/la extranjero/a (7)
foreman el capataz (15)
forest el bosque (5, **9,** 12)
form la forma; el formulario (4, **11**)
form, to formar (8)
formulate, to formular (8)
fortify, to fortalecer (**15**)
fortune teller el/la adivino/a (12)
forum el foro (14)
found, to fundar (14)
foundation la fundación (15)
founded fundado/a (9)
founding la fundación (13)
fountain la fuente (6)
fourth cuarto/a (8)

fox zorro (8)
fragment el fragmento (13)
free libre (6)
free of charge gratis (7)
freezer el congelador (**6**)
French el francés (**2**)
frequent frecuente (11)
frequently con frecuencia; frecuentemente (8)
fresh fresco/a (6)
Friday el viernes (**1**)
fried snack la fritura (7)
friend el/la amigo/a (1, **2**)
friendship la amistad (5)
frighten, to asustar (11)
frightened asustado/a (13)
frog la rana (5)
from desde (2)
from then on a partir de (10)
from time to time de vez en cuando (2)
front of, in delante de (2, **3**)
front page la primera plana (**13**)
front, in enfrente (12)
frontier la frontera (3)
frustrated frustrado/a (4)
fry, to freír (i,i) (**6**)
frying pan la sartén (**6**)
fulfill, to (*a promise*) cumplir (con) (**15**)
full lleno/a (8)
fun divertido/a (9)
function la función (7)
function, to funcionar (10, **12**)
functional funcional (10)
funds los fondos (14)
fur la piel (**14**)
furnish, to armar (15)
furnished amueblado/a (5)
furniture los muebles (**5**)
furor el furor (11)
fusion la fusión (14)
future el porvenir (12)

G

gabardine (*lightweight wool*) la gabardina (**14**)
gain weight, to subir de peso (**10**)
game, (to go to a) (ir a un partido (2, **4, 7**)
game show el concurso (**13**)
garage el garaje (**5**)
garbage can el basurero (**5**)
garden el jardín (5)
garlic el ajo (6)
garment la prenda (**14**)
gastronomy la gastronomía (2)
gather, to agregar (15)
genealogical genealógico/a (4)
general general (9)
generate, to generar (15)
generation la generación (10)
generosity la generosidad (15)
generous generoso/a (10)
genetic genético/a (10)
genius, of genial (7)
Genoese genovés/-esa (7)
genre el género (8)
gentleman el caballero (2)
geography la geografía (**3**)
geology la geología (**3**)
German el alemán (**2**)
gesture el gesto; el ademán (8, 11)

get, to conseguir (i,i); sacar (*a grade*) (**5, 9**)
get along, to llevarse bien (**4**)
get down (from), to bajarse (de) (**9**)
get in shape, to ponerse en forma (**10**)
get off (of), to bajarse (de) (**9**)
get up, to levantarse (**5**)
get up early, to madrugar (**13**)
get well, to mejorarse (**10**)
giant el gigante (**6**)
gigantic gigantesco/a (**15**)
girl la muchacha; la chica (**2, 3**)
girlfriend la novia (**3, 4**)
glance la mirada (**13**)
glass el vidrio (**7**)
glasses las gafas (**15**)
glyph el glifo (**15**)
GNP el PIB (**9**)
go, to ir (**3**)
go around, to recorrer (**9**)
go away, to alejarse; marcharse; irse (**9, 11**)
go out, to salir; dar un paseo (**4, 7**)
go to a game, to ir a un partido (**7**)
go to bed, to acostarse (ue) (**2, 5**)
go up, to subir (**6**)
go well with, to hacer juego (con) (**8**)
goal la meta (**6, 11**)
god el dios (**9**)
gold ring el anillo de oro (**8**)
golf el golf (**2, 7**)
good bueno/a (**1**)
Good afternoon. Buenas tardes. (**1**)
Good evening. Buenas noches. (**1**)
Good morning. Buenos días. (**1**)
Good-bye. Adiós. (**1**)
good-looking guapo/a (**2**)
goods los bienes (**5**)
gosh caramba (**7**)
gossipy chismoso/a (**5**)
government el gobierno (**2**)
governmental gubernamental (**12**)
governor el/la gobernador/a (**15**)
grab, to agarrar (**11**)
grade la nota (**3**)
graduate, to graduarse (**12**)
grandfather/grandmother el/la abuelo/a (**4**)
grandma la abuelita (*diminutive*) (**4**)
grandson/granddaughter la el/la nieto/a (**4**)
grapefruit la toronja (**6**)
grapes las uvas (**6**)
grass el pasto (**7, 12**)
grave el sepulcro (**14**)
Great Depression la Gran Depresión (**3**)
great fabuloso; qué padre (*Mexico*); magnífico/a (**7**)
green verde (**1**)
Green Peace la Paz Verde (**12**)
greeting/s el/los saludo/s (**1**)
grey gris (**1**)
grey-haired, to be tener canas (**13**)

griddle la comal (**15**)
grill la parrilla (**6**)
groceries los comestibles (**6**)
groom el novio (**4**)
ground el suelo (**13**)
group el conjunto (**4**)
grow up, to criarse (**4**)
grow, to crecer (**8**)
Guarani language el guaraní (**10**)
guard el/la guardia (**9**)
guava la guayaba (**1**)
guess, to adivinar (**5**)
guide book la guía (**9**)
guide, to guiar (**12**)
guitar la guitarra (**1, 14**)
guitar-like instrument el charango (**4**)
gymnasium el gimnasio (**2, 3**)
gymnastics la gimnasia (**7**)

H

haggle over, to regatear (**8**)
hair el pelo (**5**)
hair dryer el secador (**5**)
hair salon la peluquería (**13**)
hairstylist el/la peluquero/a (**11**)
half medio/a (**12**)
hallucinogenic alucinógeno/a (**5**)
hallway el pasillo (**12**)
ham el jamón (**6**)
hamburger la hamburguesa (**6**)
hand la mano (**5, 10**)
handicapped discapacitado/a (**3**)
handicraft la artesanía (**3**)
hang, to colgar (ue) (**13**)
hanging guindando (**7**)
happiness la felicidad; la alegría (**2, 6**)
happy contento/a (**5**)
hard duro/a (**10**)
hard drive el disco duro (**12**)
hard-working trabajador/a (**1**)
harm el daño (**15**)
harmful nocivo/a; dañino/a (**10**)
harp el arpa (*fem.*) (**7, 14**)
hatchet el hacha (**7**)
have a good/bad/wonderful time, to pasarlo bien/mal/de maravilla (**9**)
have a point, to tener razón (**3**)
have, I tengo (**2**)
have, to tener (ie) (**1, 2**)
hay el heno (**11**)
he él (**1**)
head la cabeza (**10**)
headache el dolor de cabeza (**10**)
headline el titular (**13**)
health la salud (**4, 10**)
health insurance el seguro médico (**11**)
healthy saludable (**10**)
hear, to oír (**8**)
heart el corazón (**2, 10**)
heartrending desgarrador/a (**11**)
heat, high/medium/low fuego alto/mediano/bajo (**6**)
heat, to calentar (ie) (**6**)
heaven el cielo (**2**)
hectare la hectárea (**15**)

helicopter el helicóptero (**13**)
hell el infierno (**4**)
hello hola (**1**)
helmet el casco (**12**)
help, to ayudar (**2**)
helper el/la asistente (**3**)
hen la gallina (**15**)
her su/s (**3**)
herb la hierba (**10**)
here aquí (**1**)
heritage la herencia (**7**)
hers suya/as (**7, 13**)
hi hola (**1**)
hide, to esconder (**7**)
hieroglyphic el jeroglífico (**15**)
highway la autopista (**9**); la carretera (**14**)
hill la loma (**15**)
hire, to contratar (**11**)
his su/s; suyo/os (**3, 7, 13**)
Hispanic hispano/a; hispánico/a (**1**)
history la historia (**3**)
hockey el hockey (**7**)
hold that, to sostener (ie) (**13**)
hole el hoyo (**15**)
holy santo/a (**14**)
Holy Week la Semana Santa (**1**)
home el hogar (**4**)
home, at en casa (**2**)
homeland la patria (**10**)
homework la tarea (**2**)
honest honrado/a; honesto/a (**11**)
honesty la honradez; la honestidad (**15**)
honored honrado/a (**14**)
hope la esperanza (**12**)
hopeful esperanzado/a (**10**)
horoscope el horóscopo (**4, 13**)
horrified horrorizado/a (**14**)
horseback riding, to go montar a caballo (**9**)
hospital el hospital (**3**)
host/hostess, show el anfitrión/la anfitriona (**7, 13**)
hot caliente; cálido/a (**6, 9**)
hot, it is hace calor (**7**)
hot, to be tener calor (**3**)
hotel, (luxury) el hotel (de lujo) (**9**)
house la casa (**5**)
house, in the en casa (**2**)
house, to albergar (**3**)
house specialty la especialidad de la casa (**6**)
housewife la casera; el ama (*fem.*) de casa (**7, 12**)
housing la vivienda (**15**)
How are you? ¿Cómo está usted? (*for.*); ¿Cómo estás? (*inf.*) (**1**)
how much/many cuanto/a/os/as (**1**)
how cómo (**1, 2**)
howling aullador/a (**5**)
hug el abrazo (**4**)
human rights los derechos humanos (**4**)
humanistic humanista (**8**)
humanity la humanidad (**11**)
hummingbird el colibrí (**9**)
humoristic humorístico/a (**4**)
hundreds los centenares (**4**)
hungry, to be tener hambre (**3**)
hunt, to cazar (**8**)
hurricane el huracán (**4**)

hurried apurado/a (**14**)
hurry, in a volado/a (**12**)
hurry, to be in a tener (ie) prisa (**3**)
hurt oneself, to lastimarse (**10**)
hurt, to doler (ue) (**9, 10**)
husband el esposo (**3, 4**)
hut, little la chocita (**15**)
hydromassage el hidromasaje (**10**)
hydrotherapy la hidroterapia (**10**)
hyperlink el hipervínculo; el enlace (**12**)
hypermarket el hipermercado (**6**)
hypothesis la hipótesis (**15**)
hysterical histérico/a (**13**)

I

I yo (**1**)
I am soy; estoy (**1**)
I know sé (**4**)
I would love to. Me encantaría. (**4**)
I'll come by for you. Paso por ti. (**4**)
ice el hielo (**7**)
ice cream el helado (**6**)
ice cream shop la heladería (**8**)
ideal ideal (**1**)
identical idéntico/a (**10**)
ignorant of, to be ignorar (**11**)
illness la enfermedad (**5, 10**)
illumination la iluminación (**15**)
illusion la ilusión (**6**)
illustrious ilustre (**10**)
image la imagen (**8**)
immediate inmediato/a (**9**)
immediately de inmediato (**15**)
immense inmenso/a (**8**)
immigrant el/la inmigrante (**13**)
immigration la inmigración; la migra (*slang*) (**15**)
immunology la inmunología (**1**)
impact el impacto (**15**)
impassion, to apasionar (**11**)
impatient impaciente (**5**)
impress, to impresionar (**9**)
impressive impresionante (**2**)
improve, to mejorar (**6, 15**)
improvise, to improvisar (**14**)
improvised improvisado/a (**15**)
in demand en demanda (**14**)
in need of, to be faltar (**6**)
inaugurated inaugurado/a (**3**)
inauguration la inauguración (**6**)
Inca inca (**15**)
incentive el incentivo (**11**)
incite, to incitar (**13**)
include, to incluir (**2**)
including inclusive (**5**)
incorporate, to incorporar (**6**)
increase, to aumentar (**13, 15**)
incredibly increíblemente (**15**)
indefinite indefinido/a (**7**)
indicate, to indicar (**8**)
indifferent indiferente (**8**)
indigenous indígena (**4**)
indiscrete indiscreto/a (**13**)
industry la industria (**4**)
inequality la desigualdad (**5**)

inexpensive barato/a (**1**)
infection la infección (10)
inferno el infierno (4)
infidelity la infidelidad (13)
inflation la inflación (**15**)
influenced influido/a (12)
influential influyente (13)
informal informal (3)
information el dato (1)
infrastructure la infraestructura (5)
ingredient el ingrediente (6)
inhabit, to habitar (6)
inhabitant el/la habitante (8)
inherit, to heredar (5)
initiated iniciado/a (9)
injured herido/a (9)
inn el hostal (**9**)
innate innato/a (14)
innovative innovador/a (14)
insect el insecto (5)
insert, to insertar (8)
inside adentro (6)
inside of dentro de (**5**)
inspect, to inspeccionar (14)
install, to instalar (**12**)
instant el instante (8)
instrument el instrumento (2)
insurrectionist el/la insurrecto/a (13)
intelligent inteligente (1)
interesting interesante (1)
interesting, to be interesar (**6**)
international internacional (2)
Internet la Red informática (**12**)
interpreter el/la intérprete (4, **11**)
interrupt, to interrumpir (15)
intervention la intervención (15)
interview la entrevista (2, **11**)
intestine el intestino (6)
intimate íntimo/a (10)
intonation la entonación (14)
invasion la invasión (7)
invent, to inventar (15)
investigation la investigación (14)
invite, to invitar (3)
involve, to involucrar (4)
Irish el/la irlandés/esa (9)
iron el hierro; la plancha (**5, 6**)
iron, to planchar (**5**)
ironic irónico/a (14)
irrigated land el regadío (8)
irrigation la irrigación (15)
island la isla (2, **9**)
It's all the same to me. Me da igual. (**7**)
Italian el italiano (**2**)
itinerary el itinerario (4)

J

jacket la chaqueta (**8**)
jade el jade (15)
jaguar el jaguar (9)
jail la cárcel (15)
January enero (**1**)
Japanese el japonés (**2**)
jealous celoso/a (11)
jealousy los celos (11)
jeans los vaqueros (**8**)
Jesuit el jesuita (10)
jewel la joya (7)
jewelry store la joyería (**8**)
jewels las alhajas (13)

Jewish judío/a (14)
job application la solicitud de empleo (**11**)
job candidate el/la aspirante (**11**)
jog, to hacer jogging/footing (**10**)
joke la broma; el chiste (11, 15)
journalist el/la periodista (4, **11**, 13)
journalistic periodístico/a (15)
judge el/la juez/a (8, **15**)
juice el jugo (**6**)
July julio (**1**)
June junio (**1**)
jungle la selva; selvático/a (4, 5)
jury el jurado (14)
just justo/a (**11**)
just, to have (*done something*) acabar de (hacer algo) (**11**)
justify, to justificar (14)

K

keep, to guardar (10)
key la llave (12)
keyboard el teclado (**12**)
kick, to patear (**7**)
kill, to matar (11)
kilogram (= *2.2 pounds*) el kilo (**6**)
kindness la bondad (15)
king el rey (2, **15**)
kingdom el reino (8)
kiss el beso (4)
kiss, to besar (10)
kitchen la cocina (**5, 6**)
knee la rodilla (**10**)
kneel down, to arrodillarse (15)
knife el cuchillo (8)
knotted anudado/a (15)
knotted string el quipu (*Inca*) (15)
know, to saber; conocer (*someone*) (**4**)
knowledge el conocimiento (15)
known conocido/a (6)
Korean el coreano (**2**)

L

label la etiqueta (10)
laboratory, (language) el laboratorio (de lenguas/de idiomas) (2, **3**)
laboriously afanosamente (5)
lace el encaje (10)
lack la falta (12)
lack, to carecer de (6)
lacking, to be faltar (6)
lake el lago (9)
lame cojo/a (13)
lamp la lámpara (**5**)
land el terreno; la tierra (4, 6, 8)
land, to aterrizar (**9**)
landlord/lady el/la casero/a (12)
landscape el paisaje (8)
language el idioma (**2**)
languish, to languidecer (11)
laptop computer la computadora portátil (**12**)
last último/a; pasado/a (2, 6)
last night anoche (**6**)
last, to durar; perdurar (8, 14)

lasting duradero/a (15)
late tarde (**2**)
late, to be tardar (13)
lately últimamente (15)
laugh, to reírse (i, i) (**5**)
laughter la risa (13)
laundry la lavandería (12)
law la ley; el derecho (**3**, 6, **15**)
lazy perezoso/a (6)
leader el caudillo; el/la líder (15)
leadership el liderazgo (9)
leading lady la primera actriz (**13**)
leading man el galán (**13**)
leaf la hoja (15)
leap, to saltar (8)
learn, to aprender (**2**)
leather el cuero; la piel (**8, 14**)
leave, to salir; dejar (**4**)
lecture la conferencia (3)
left (of), to/on the a la izquierda (de) (**3**)
left, to be quedar (6)
leftist de izquierdas (8)
leftovers los restos (10)
leg la pierna (**10**)
legendary legendario/a (6)
lemon el limón (6)
lemon pie la tarta de limón (6)
lemonade la limonada (4, **6**)
lend, to prestar (12)
Lent la Cuaresma (9)
less... than menos... que (**5**)
lessen, to disminuir (15)
lesser inferior (3)
lesson la lección (**1**)
let go, to soltar (ue) (2)
let's go vamos (**4**)
letter (of recommendation) la carta (de recomendación) (1, **11**)
lettuce la lechuga (**6**)
level el nivel (10)
lexicon el léxico (15)
liberate, to liberar (9)
liberty la libertad (5)
librarian el/la bibliotecario/a (**11**)
library la biblioteca (**3**)
license plate la placa (12)
life la vida (2)
light ligero/a (13)
light up, to alumbrarse (15)
like, to gustar (**6**)
likewise igualmente (**1**)
limit el límite (6)
limit, to limitar (10)
limousine la limosina (14)
linguistic lingüístico/a (13)
lip el labio (8)
lipstick el lápiz labial (**5**)
liquid el líquido (5)
Listen. Oye. (*command*) (**7**)
listen, to escuchar (2)
listener, radio el/la radioyente (**13**)
liter el litro (6)
literature la literatura (3)
live (*on television*) en directo; en vivo; en vivo y en directo (13)
live, to habitar; vivir (**2**, 6)
living room la sala (3, **5**)
loan el préstamo (11)
lobster la langosta (6)
located ubicado/a (8)
location la ubicación (5)
lodging el hospedaje (**9**)

long-awaited ansiado/a (15)
long-sleeved de manga larga (**8**)
look la mirada; fíjese (*for. command*) (9, 15)
look at, to mirar (**2**)
look for, to buscar (**2**)
lose, to perder (ie) (**4**)
lose weight, to adelgazar; bajar de peso (**10**)
lotion, (shaving) la loción (de afeitar) (**5**)
loud sonoro/a (14)
love el amor (2)
love, to querer (ie) (**4**)
lover el/la amante (7)
lower bajo (12)
lower, to bajar (6)
lozenge la pastilla (**10**)
luck la suerte (7)
lukewarm tibio/a (7)
lunch el almuerzo (2, **6**)
lunch, to have almorzar (ue) (**4, 6**)
lungs los pulmones (**10**)
luxurious lujoso/a (3)
luxury el lujo (5)
lyrics la letra (3)

M

macaw el guacamayo (5)
magic la magia (14)
mail el correo (2)
mail carrier el/la cartero/a (**11**)
mailbox el buzón (2)
majority la mayoría (8)
make haz (*command*) (9)
make, to hacer (**3**)
make good, to (*on a promise*) cumplir (con) (**15**)
make up, to confeccionar (15)
makeup el maquillaje (**5, 8**)
mall el centro comercial (**8**)
man el hombre (**1**)
manage, to manejar (12)
manager el gerente (9, **11**)
mandatory obligatorio/a (**12**)
manifest, to manifestar (ie) (6)
manner (of dressing) el modo (de vestir) (11, **14**)
mansion la mansión (5)
mantilla la mantilla (10)
manufacture la fabricación (2)
manufacture, to fabricar (12)
map el mapa (**1**, 9)
maracas las maracas (14)
Marathon in Madrid Mapoma (1)
March marzo (**1**)
Mardi Gras el carnaval (9)
mariachi musician el mariachi (*Mexico*) (3)
marine marino/a (6)
maritime marítimo/a (5)
market el mercado (4)
married, to casado/a (**4**)
marry, to casarse (4)
martial marcial (13)
marvelous maravilloso/a (4)
Mass la misa (15)
massacre el masacre (4)
masses, the el pueblo (**15**)
masterpiece la obra maestra (9)
match, to emparejar (*pair up*); hacer juego (con) (*to go together with*) (6, **8**)

material el material (5)
mathematics las matemáticas (2, **3**)
matriarchy el matriarcado (5)
mattress el colchón (13)
maximum máximo/a (9)
May mayo (**1**)
mayor el/la alcalde/alcaldesa (12, **15**)
meal la comida (2, **6**)
means los medios (14)
measure la medida (**12**)
measure, to medir (i, i) (6)
measurement la medida (**6**)
mechanic el/la mecánico/a (**11**)
medicine la medicina (3)
melancholic melancólico/a (7)
melody la melodía (14)
member el miembro (4)
memory el recuerdo (4)
memory card la tarjeta de memoria (**9**)
mention, to mencionar (4)
mentioned mencionado/a (15)
menu el menú (**6**)
merit el mérito (11)
message el mensaje (8)
metal sheet la plancha (8)
meteorological meteorológico/a (4)
meter el metro (8)
Mexican mexicano/a (**2**)
Mexican chicken dish el mole poblano (10)
Mexican-American chicano/a (12)
mezzanine el entresuelo (7)
microphone el micrófono (15)
microscope el microscopio (1)
microwave el microondas (**6**)
migrant migratorio/a (15)
mile la milla (15)
military militar (4)
milk la leche (**6**)
milk, to ordeñar (15)
milky lácteo/a (10)
millennium el milenio (3)
million/s el/los millón/millones (2)
mine la mina (*noun*); mío/a/os/as (6, **13**)
miner el/la minero/a (10)
mineralogy la mineralogía (6)
minimum mínimo/a (9)
mining la minería (4)
minister el/la ministro/a (4, **15**)
minority la minoría (13)
mirror el espejo (**5**)
miscellaneous misceláneo/a (3)
misery la miseria (8)
Miss señorita (Srta.) (**1**)
miss, to echar de menos; extrañar (*someone*) (2, 3)
mission la misión (5)
mist la bruma (11)
mistaken equivocado/a (15)
mix, to mezclar (8)
model el/la modelo (**14**)
moderate moderado/a (15)
moderator el/la presentador/a (12, **13**)
modern moderno/a (3)
monarch el/la monarca (13)
monarchy la monarquía (**15**)
Monday el lunes (**1**)
money el dinero(4)
monkey el mono (5)

monotonous monótono/a (11)
monster el monstruo (5)
month el mes (**1**)
monument el monumento (9)
moon la luna (8)
Moor (*Arab*) el/la moro/a (13)
moral la lección; la moraleja (8)
more... than más... que (**5**)
Moslem musulmán/ana (14)
mother la madre (4)
mother-in-law la suegra (4)
motive el motivo (10)
motto el lema (15)
mountain la montaña (2, **9**)
mountainous montañoso/a (4)
mouse el ratón (12)
mouth la boca (7, **10**)
move la mudanza (12)
move away, to alejar (13)
move up, to ascender (ie) (**11**)
move, to mudarse (5)
movement el movimiento (8)
movie la película (**4, 7, 13**)
movie theatre el cine (2, **4**)
Mr. señor (Sr.) (**1**)
Mrs. señora (Sra.) (**1**)
mulatto mulato/a (7)
multinational multinacional (15)
mural el mural (12)
muralist el/la muralista (3)
muscle el músculo (10)
muscular musculoso/a (13)
museum museo (2, **3**)
music la música (3)
musical comedy la comedia musical (14)
musical rhythm el son (14)
musician el/la músico/a (8, **14**)
mutton el carnero (6)
my mi/mis (**1, 3**)
My name is... Me llamo...; Mi nombre es... (**1**)
mysterious misterioso/a (11)
mystery el misterio (4)

N

nailed enclavado/a (15)
name el nombre (**1**)
name, to denominar; nombrar (4, 6)
named mentado/a (15)
narrate, to narrar (4)
narrative narrativo/a (*adj.*) (14)
narrator el/la narrador/a (11, 14)
nationality la nacionalidad (2)
natural resource el recurso natural (**12**)
nature la naturaleza (5, **12**)
navigable navegable (5)
navigate, to navegar (12)
navigator el/la navegante (7)
nearby cerca (de); cercano/a (**3**, 8)
necklace, (pearl) el collar (de perlas) (7, **8**)
need, in necesitado/a (9)
need, to necesitar (1, **2**)
negative negativo/a (7)
neighbor el/la vecino/a (5)
neighborhood el barrio; la vecindad (3, 5)
neither... nor ni... ni (**7**)
nephew el sobrino (4)
nervous nervioso/a (3, **5**)

nest el nido (11)
never nunca (2, **7**)
nevertheless sin embargo (3)
new nuevo/a (**2**)
New Year's Eve la Nochevieja (9)
New Yorker neoyorquino/a (12)
news las noticias (13)
newscast el noticiero (**13**)
newscaster el/la comentarista (**13**)
newspaper el periódico (7, **13**)
next próximo/a (6)
next to al lado (de); junto a (**3**, 8)
nice simpático/a (**1**)
nickname el apodo (2)
niece la sobrina (4)
night la noche (**2**)
nightclub, to go to a ir a una discoteca (**7**)
nightstand la mesa de noche (**5**)
ninth noveno (8)
no one ninguno/a; nadie (**7**)
no way ni modo (3)
nobility la nobleza (15)
noble noble (15)
noise el ruido (11)
nominated nominado/a (12)
nomination la nominación (13)
none ningún/ninguna (**7**)
nose la nariz (5, **10**)
nostalgic nostálgico/a (7)
not even ni siquiera (15)
note el apunte (5)
notebook el cuaderno (**1**)
nothing nada (**7**)
notify, to notificar (14)
novel la novela (2, **7**)
novelist el/la novelista (2)
November noviembre (**1**)
now ahora (**2**)
nowadays hoy en día (3)
nuclear plant la planta nuclear (**12**)
nucleus el núcleo (4)
nude desnudo/a (15)
nun la monja (12)
nun, little la monjita (14)
nurse el/la enfermero/a (**11**)
nutrition la alimentación (6)
nylon el nilón; el nylon (14)

O

obesity el sobrepeso (10)
obituary la esquela funeraria (**13**)
object el objeto (9)
obligation el compromiso; la obligación (11, 15)
observatory el observatorio (3)
observe, to observar (8)
obstruction la obstrucción (10)
obtain, to obtener (ie) (**11**)
occupy, to ocupar (2)
occur, to ocurrir (3)
ocean el mar (**7**)
October octubre (**1**)
odor el olor (8)
of course claro; por supuesto (**4**, 14)
offer la oferta (1)
offer, to ofrecer (9)
office la oficina; el despacho (2, **11**)

official oficial (13)
often a menudo (2)
oil el petróleo (9, **12**)
okay de acuerdo (**4**)
old viejo/a; antiguo/a (**2**)
old person el/la anciano/a (12)
older mayor (**4**)
olive la aceituna (2)
olive oil el aceite de oliva (2)
Olympic Games los Juegos Olímpicos (3)
omelet la tortilla (*Spain*) (6)
on sobre (**5**)
on demand en demanda (14)
on the back a cuestas (14)
on the dot en punto (2)
on time a tiempo (3)
on top encima (13)
on your own por su cuenta (11)
one must ha de; hay que (8)
one un/o/a (**1**)
only solamente; sólo; nomás (*slang*) (**3**, 15)
open abierto/a (2)
open, to abrir (**2**)
opera la ópera (1, **14**)
operate, to operar (**10**)
opinion, to express an opinar (5)
opponent el/la contrincante (12, **15**)
oppressed oprimido/a (15)
or o (**1**)
orange anaranjado/a (*color*); la naranja (*fruit*) (**1, 6**)
orchestra, (symphony) la orquesta (sinfónica) (**4, 14**)
orchid la orquídea (5)
order el orden (4)
order, to pedir (i, i); ordenar (**6, 15**)
ordinary ordinario/a (12)
origin el origen (3)
originality la originalidad (13)
originate, to originar (8)
originating proveniente (14)
ornament el ornamento (8)
orphan el/la huérfano/a (9)
our/s nuestro/a/os/as (**3, 13**)
out of place fuera de lugar (12)
out of work, to be estar en el paro; estar sin trabajo (**11**)
outfit el conjunto (**14**)
outgoing extrovertido/a (1)
outing la gira (11)
outing, to go on an ir de excursión (**11**)
outrage la barbaridad (5)
outside fuera (de) (4)
oven el horno (**6**)
overcome, to superar (12)
overpopulation la sobrepoblación (13)
owing to debido a (5)
own propio/a (13)
owner el /la dueño/a; el/la propietario/a (5, 8)
oxygen el oxígeno (10)

P

pacifist el/la pacifista (**15**)
pack the suitcase(s), to hacer la(s) maletas(s) (**9**)
pack, to empacar (10)
packaged empaquetado/a (10)

pageant el concurso (**13**)
pain el dolor (**10**)
painful doloroso/a (10)
painted pintado/a (3)
painter el/la pintor/a (2)
painting la pintura; el cuadro (2, **5**)
palace el palacio (3)
Panama monetary unit el balboa (5)
Panamanian panameño/a (**2**)
Panamanian embroidery la mola (5)
panpipe la zampoña (8)
pants los pantalones (**8**)
paper el papel (**1**)
parade el desfile (9)
paradise el paraíso (6)
paragraph el párrafo (5)
parents los padres (**2**)
park el parque (1, **4**)
park, to estacionar (11)
part la parte (3)
participant el participante (1)
participate, to participar (3)
particularly particularmente (2)
parting la partida (9)
partner la pareja (4)
party la fiesta (1)
pass (by), to aprobar (ue) (*a test*); pasar (por) (4, 13)
passion la pasión (13)
passionate apasionado/a (9)
past el pasado (15)
pastime el pasatiempo (**7**)
path el sendero (5)
patient el/la paciente (**10**)
patio el patio (**5**)
patio, small el patiecito (12)
patriarch el patriarca (14)
patriarchy el patriarcado (5)
paw la pata (7)
pay (cash), to pagar (en efectivo) (**8**)
peace la paz (4)
peaceful pacífico/a (15)
peach el durazno (14)
peak el pico; el auge (8, 15)
pearls las perlas (**8**)
pedicure la pedicura (10)
peel (*fruit*) la cáscara (7)
peel, to pelar (**6**)
peeling descarapelado/a (12)
pelican el pelícano (6)
pen el bolígrafo (**1**)
penalties los penales (*Latin America*); los penaltis (Spain) (7)
pencil el lápiz (1)
penguin el pingüino (6)
people la gente; el pueblo (8, **15**)
pepper el pimiento (**6**)
percussionist el/la percusionista (7)
perennial perenne (11)
perfect perfecto/a (2)
perform, to representar (**14**)
perfume el olor; el perfume (6, **8**)
perfume shop la perfumería (**8**)
perhaps quizás (4)
period período (2)
permanent permanente (3)
permission el permiso (15)
perpetuate, to perpetuarse (15)

perseverance la perseverancia (13)
person la persona (**1**)
personality personalidad (7)
personify, to personificar (6)
personnel el personal (11)
pertinent pertinente (11)
Peruvian peruano/a (**2**)
pesticides los pesticidas (12)
pet la mascota (6)
petrified petrificado/a (7)
pharmacy la farmacia (8)
phenomenal fenomenal (6)
phenomenon el fenómeno (10)
philharmonic filarmónico/a (14)
photocopier la fotocopiadora (12)
photocopy la fotocopia (12)
photocopy, to fotocopiar (12)
photographer el fotógrafo/a (1)
physical físico/a (5)
physical education la educación física (3)
physics la física (3)
piano el piano (1, **14**)
pick, to pizcar (*Mexico*) (15)
pick up, to recoger (9)
pickup truck la camioneta (1)
picnic, to have a hacer un pícnic (**7**)
picture el cuadro (2)
pie el pastel (**6**)
piece el pedazo (**6**)
piece, (musical) la pieza (musical) (3, **14**)
pile el montón (12)
pile, to apilar (15)
pill la pastilla (**10**)
pilot el/la piloto (**9**)
pinch la pizca (**6**)
pink rosado/a (**1**)
pipe el tubo (12)
pirate el pirata (7)
pirate, to piratear (11)
pity la pena (2)
place el puesto; el sitio (5, 10)
plaid de cuadros (**8**)
plain el llano (10)
plains of Argentina las pampas (11)
plan, to planear (14)
plane el avión (**9**)
plant, to plantar (12)
plastic el plástico (3)
plastic arts las artes plásticas (14)
plate el plato (15)
plateau, high el altiplano (10)
platform el andén; la plataforma (13, 15)
play (*theatre*) la obra (13)
play, to practicar (*a sport*); jugar (ue) (*a sport*); tocar (*an instrument*) (**2, 4**)
player el/la jugador/a (2)
please, to complacer (11)
Pleased to meet you. Mucho gusto.; Encantado/a. (**1**)
pleasure el placer (7)
plumber el/la plomero/a (**11**)
poem el cantar; el poema (15)
poet el/la poeta (2)
poetry la poesía (6)
point (of view) el punto (de vista) (1, 13)
point out, to señalar (12)

political político/a (15)
political post el cargo politico (**15**)
political science las ciencias políticas (3)
politician el político (15)
politics la política (15)
pollute, to contaminar (**12**)
pollution, there is hay contaminación (**7**)
polyester el poliéster (**14**)
poor pobre (**2**)
population la población (2)
pork el cerdo (10)
port el puerto (2)
portrait el retrato (14)
Portuguese el portugués (**2**)
pose, to posar (modelo); plantear (14, 15)
posed posado/a (14)
position el cargo; el puesto (**11**)
possible posible (3)
possibly posiblemente (2)
potatoes las papas (**6**)
pound, to golpear (12)
poverty la pobreza (5, **15**)
power el poder (15)
practice, to practicar (**2**)
praise la alabanza (12)
pray, to rezar (15)
precious precioso/a (6)
pre-Colombian precolombino/a (5)
precursor el/la precursor/a (10)
predict predecir (i) (15)
predominate, to predominar (8)
prefer, to preferir (ie, i) (**4**)
preference la preferencia (5)
preferred preferido/a (9)
prehispanic prehispánico/a (3)
prehistoric prehistórico/a (3)
preoccupation la preocupación (10)
prepare, to preparar (**2**)
prescribe, to recetar (**10**)
present oneself, to acudir (11)
presentation la representación (14)
preservative el conservante (10)
preserve, to preservar; conservar (5, 8, **12**)
preside, to presidir (15)
presidency la presidencia (15)
president el/la presidente/a; el/la rector/a (*of a university*) (8, **15**)
president's office la rectoría (3)
press la prensa (4)
press conference la conferencia de prensa (6)
prestige el prestigio (14)
prestigious prestigioso/a (2)
pretend, to fingir (11)
pretty bonito/a; lindo/a (**2, 8**)
price el precio (5, **8**)
prince el príncipe (2)
print, to imprimir (**12**)
printed impreso/a (12)
printer la impresora (**12**)
priority la prioridad (15)
prisoner el/ la prisionero/a (15)
privacy la privacidad (5)
prize el premio (8)
process el proceso (15)
process, to procesar (12)
procession la procesión (1)

procreate, to procrear (10)
produce, to producir (8)
producer el/la productor/a (13)
product el producto (2)
professor el/la profesor/a (**1**)
profile el perfil (11)
profound profundo/a (5)
profoundly profundamente (10)
program, to programar (**12**)
programmer programador/a (12)
progress el progreso (15)
prohibit, to prohibir (15)
prohibited prohibido/a (6)
project el proyecto (5, 15)
prolific prolífico/a (2)
promise la promesa (6)
promise, to prometer (6)
promote, to ascender (ie); promover (ue) (*an idea*) (**11, 15**)
property la propiedad (10)
proportion, to proporcionar (10)
propose, to proponer (15)
prosperity la prosperidad (10)
prosperous próspero/a (6)
protagonist el/la protagonista (13)
protect, to proteger (8, **12**)
protected protegido/a (6)
proteins las proteínas (**10**)
prove, to comprobar (ue) (15)
provide, to proporcionar (1)
provisions los comestibles, las provisiones (1)
psychological psicológico/a (14)
psychologist el/la psicólogo/a (3, **11**)
psychology la psicología (3)
public el público (13)
publicity la publicidad; publicitario/a (*adj.*) (13)
publish, to publicar (6)
Puerto Rican puertorriqueño/a (**2**)
purple morado/a (**1**)
purse el bolso (**8**)
put, to poner; meter (**4, 6**)
put out (fires), to apagar (fuegos/incendios) (**11**)
pyramid la pirámide (3)

Q

qualifications las calificaciones (**11**)
quality la calidad (4, **8**)
quantity la cantidad (6)
quarter el trimestre (3)
quartet el cuarteto (**14**)
queen la reina (7, **15**)
question la pregunta (**1**)
questionnaire el cuestionario (10)
quit (smoking cigarettes), to dejar (de fumar) (**10, 11**)
quite a few bastantes (13)
quite bastante (**3**)

R

raccoon el mapache (8)
race la raza (5)
radio station la emisora (*business entity*); la estación de radio (*on the dial*) (**13**)

radioactivity la radioactividad (**12**)
raging furibundo/a (14)
rail el riel (15)
railroad el ferrocarril (6)
rain la lluvia (4)
rain, heavy el chubasco (7)
rain, to llover (ue) (**7**)
raise el aumento (**11**)
raise, to subir (6)
raising la cría (10)
ranch la estancia (11)
ranch, small el ranchito (15)
rape, to violar (**15**)
rapid rápido/a (2)
rarely raramente (4)
rascal el cabrón (13)
rate (of unemployment) la tasa (de desempleo) (6, **15**)
raw fish with lemon el ceviche (6)
rayon el rayón (**14**)
razor blade la navaja de afeitar (**5**)
reach, to alcanzar (2)
react, to reaccionar (10)
read, to leer (**2**)
reader el/la lector/a (12, **13**)
ready dispuesto/a (**12**)
real menudo (*slang*) (2)
real estate los bienes raíces (5)
realistic realista (4)
really de verdad (**1**)
reason la razón (2)
receipt el recibo (**8**)
receive, to recibir (**2**)
receiver el receptor (12)
recently recientemente (6)
rechargeable recargable (12)
recipe la receta (**6**)
recognition el reconocimiento (12)
recommend, to recomendar (ie) (9)
reconquest la reconquista (13)
reconstruct, to reconstruir (15)
record, to grabar (**12, 13**)
recorded grabado/a (13)
recording la grabación (12)
recovery la recuperación (9)
recreational recreativo/a (7)
recuperate, to recuperar (10)
recycle, to reciclar (**12**)
recycling el reciclaje (**12**)
red rojo/a (**1**)
reduce, to reducir (15)
referee el árbitro (**7**)
reflect, to reflejar (8)
reforestation la reforestación (**12**)
reform, to reformar (12)
refreshing refrescante (9)
refreshment el refresco (3)
refrigerator el refrigerador (**5**)
rehearse, to ensayar (11, **14**)
reign, to reinar (10)
reinforce, to reforzar (ue) (15)
relate, to relatar (7)
relation la relación (4)
relative relativo/a; pariente (*family*) (4, 15)
relax, to relajarse (10)
religious religioso/a (15)
remain, to quedarse; permanecer (**9, 14**)
remaining, to be quedar (6)
remains los restos (10)

remedy el remedio (**10**)
remedy, to remediar (13)
remember, to recordar (ue) (**4**)
remove, to remover (14)
renewable renovable (11)
renown el renombre (14)
rent la renta (*Mexico*) (12)
rent, for de alquiler (14)
rent, to alquilar (11)
repair, to reparar (**11**)
repeat, to repetir (i, i) (**4**)
repertoire el repertorio (**14**)
report, to informar; reportar (13)
reporter, (television) el/la reportero/a (4, **13**)
represent, to representar (2, **13, 14**)
representative el/la representante (**15**)
representative representativo/a (3)
republic la república (15)
request, to pedir (i, i) (**4**)
require, to requerir (ie) (11)
requirement el requisito (5)
research la investigación (10)
researcher el investigador/a (1)
reservation la reservación; la reserva (6, **9**)
residence la residencia (2)
resin la resina (7)
resolve, to resolver (ue) (12)
resource el recurso (5)
respect, to respetar (15)
respectable respetable (14)
respective respectivo/a (7)
respiratory respiratorio/a (10)
response la respuesta (5)
responsibilities las responsabilidades (**11**)
responsibility, to take responsabilizar (1)
responsible responsable (3)
rest, to descansar (12)
restaurant el restaurante; el restaurán (**6**, 13)
restore, to restaurar (5)
result el resultado (6)
résumé el currículum vitae (**11**)
retire, to jubilarse; retirarse (7, **11**)
retirement plan el plan de retiro (**11**)
return, to devolver (ue) (*something*); regresar; volver (ue) (**2, 4, 8**)
return, on de regreso (11)
reveal, to revelar (15)
review el repaso; la reseña (*article*) (6, 13)
revolutionized revolucionado/a (12)
revolver el revólver (11)
reward, to premiar (11)
rhythm el ritmo; la cadencia (1, 15)
rice el arroz (6)
rich rico/a (**2**)
richness la riqueza (5)
ride, to montar (11)
right el derecho; verdad (8, **15**)
right away enseguida (6)
right, to/on the a la derecha (**3**)
right, to be tener razón (**3**)
rise up, to surgir (10)
risk el riesgo (10)

ritual el ritual (3)
rival el rival (8)
river el río; fluvial (*adj.*) (2, 9)
river bank la orilla (14)
road el camino (8)
rob, to robar (6)
role el papel (12)
romantic romántico/a (4)
room el cuarto; el salón (**5,** 9)
room, little el cuartito (5)
round redondo/a (15)
roundtrip ida y vuelta (9)
route la ruta (10)
routine la rutina (5)
row la fila (7)
royal real (14)
rub, to frotar (15)
ruin la ruina (4)
ruling el reglamento (10)
rumor el rumor (13)
run, to correr (2, **7**)
Russian el ruso (**2**)

S

sacred sagrado/a (13)
sacrificed sacrificado/a (15)
sad triste (**5**)
safe and sound sano/a y salvo/a (11)
sail, to navegar (14)
sailor el/la marinero/a (3)
salad la ensalada (**6**)
salary el salario; el sueldo (3, **11**)
sale la rebaja (**8**)
sale, on en rebaja (**8**)
salsa performer el/la salsero/a (12)
salt la sal (6)
salutation/s el/los saludo/s (11)
Salvadorian salvadoreño/a (**2**)
same mismo/a (8)
same as, the al igual (15)
same, to be the dar igual (7)
sample la muestra (15)
sandals las sandalias (**8**)
sandwich el bocadillo; el sándwich (3, **6**)
Sanfermín festival los sanfermines (2)
sanitation la sanidad (15)
SARS el SRAS (10)
satellite dish la antena parabólica (**12**)
satellite TV la televisión por satélite (**13**)
satisfactory satisfactorio/a (6)
satisfied satisfecho/a (8)
satisfy, to satisfacer (9)
saturated saturado/a (10)
Saturday el sábado (**1**)
sauce popular in Argentina la chimichurri (6)
saucepan la cazuela (**6**)
sausage, (blood) la morcilla (6)
save, to guardar; archivar (*a file*); salvar (**6, 12**)
saxophone el saxofón (**14**)
say, to decir (i) (6)
scam el doble juego (4)
scandalized escandalizado/a (5)
scanner el escáner (**12**)
scar la cicatriz (13)
scarce escaso/a (15)
scarlet escarlata (5)
schedule, (class) el horario (de clases) (3, 8)

schedule, work el horario de trabajo (**11**)
scholarship la beca (10)
scholastic escolar (12)
school la escuela (5)
School of Art la Facultad de Arte (**3**)
School of Engineering la Facultad de Ingeniería (**3**)
School of Humanities la Facultad de Filosofía y Letras (**3**)
School of Law la Facultad de Derecho (**3**)
School of Mathematics la Facultad de Matemáticas (**3**)
School of Medicine la Facultad de Medicina (**3**)
School of Science la Facultad de Ciencias (**3**)
science fiction la ciencia ficción (7)
scientist el/la científico/a (1)
score la partitura (14)
scorpion el escorpión (7)
screen la pantalla (**12**)
script el guión (10, **13**)
script writer el/la guionista (13)
scuba dive, to bucear (**9**)
sculptor el/la escultor/a (8)
sea el mar (2, **9**)
sea bass la corvina (6)
sea lion el lobo marino (6)
seafood los mariscos (6)
search la búsqueda (**11**)
search engine el buscador (12)
seasick, to become marearse (13)
season la estación; la temporada (**1, 7**)
seat, (aisle/window) el asiento (de pasillo/ventanilla) (6, **9**)
seat of government la sede (8)
second segundo/a (**8**)
secrecy la clandestinidad (13)
secretary el/la secretario/a (1, **11**)
secrete, to segregar (5)
security seguridad (9)
see you later hasta luego (**1**)
see you soon hasta pronto (**1**)
see you tomorrow hasta mañana (**1**)
see, to ver (**2**)
seem, to parecer (6)
select, to seleccionar (15)
selection la selección (7)
self-defense la defensa propia (14)
sell, to vender (**2**)
semester el semestre (**3**)
senator el/la senador/a (**15**)
sensationalist sensacionalista (13)
sensuous sensual (7)
sentence la oración (7)
sentimental sentimental (4)
separate, to apartar (15)
separated separado/a (13)
September septiembre (**1**)
sequins las lentejuelas (**14**)
serenade la serenata (3)
serious (sickness) grave; serio/a (5, 7)
servant sirviente/a (4)
serve, to servir (i, i) (**4**)
service servicio (2)

set the table, to poner la mesa (**5**)
seventh séptimo/a (**8**)
several varios/as (**9**)
severe severo/a (**8**)
sewer la alcantarilla (**13**)
sex el sexo (**13**)
sextet el sexteto (**14**)
shake, to sacudir (**15**)
shameless (person) el/la sinvergüenza (**13**)
shampoo el champú (**5**)
shape, in en forma (**10**)
share, to compartir (**4**)
sharp puntiagudo/a (**9**)
shave, to afeitarse (**5**)
she ella (**1**)
sheep la oveja (**8**)
shell la cáscara (**7**)
shell, to desgranar (**15**)
shine, to brillar; lucir (**8, 14**)
shirt la camisa (**4, 10**)
shock el sobresalto (**13**)
shoe store la zapatería (**8**)
shoes los zapatos (**7, 8**)
shoot, to disparar (**11**)
shopping center el centro comercial (**8**)
short bajo/a (*in stature*); corto/a (**2, 6**)
shortage la escasez (**12**)
short-sleeved de manga corta (**8**)
shot la inyección (**10**)
should we go vamos a (**4**)
shout el grito (**11**)
shout, to gritar (**7**)
show la función; la exposición (**4, 8**)
show a movie, to poner una película (**4**)
show, to mostrar (ue) (**8**)
shower el chubasco (**7**)
showy vistoso/a (**9**)
shrimp los camarones (**6**)
shrink, to encogerse (**15**)
shy tímido/a (**1**)
side el lado (**11**)
sidewalk la banqueta (**12**)
sign el letrero (**9**)
sign, to (*a letter, a treaty, etc.*) firmar (**7, 15**)
signature la firma (**11**)
significant significativo/a; significante (**7, 13**)
silk la seda (**8**)
silverware la platería (**3**)
similar parecido/a; semejante (**12, 14**)
simplicity la sencillez (**14**)
since desde (**2**)
sincerely yours atentamente (**11**)
sing, to cantar (**8**)
singer el/la cantante (**1**)
single soltero/a (**4**)
sister la hermana (**4**)
sister-in-law la cuñada (**3, 4**)
sit, to sentarse (ie) (**5**)
situated situado/a (**3**)
situation la situación (**5**)
sixth sexto/a (**8**)
size el tamaño (**14**)
size, clothing la talla (**8**)
skate, to patinar (**7**)
skater el/la patinador/a (**12**)
skating el patinaje (**7**)

ski, to esquiar (**7**)
skiing, (water) el esquí (acuático) (**7**)
skill la destreza (**15**)
skillet la sartén (**6**)
skin la piel (**5**)
skinny flaco/a (**2**)
skirt la falda (**8**)
skull la calavera (**15**)
sky el cielo (**8**)
slave el/la esclavo/a (**9**)
sleep, to dormir (ue, u) (**4**)
sleepy, to be tener sueño (**3**)
sleeveless sin manga (**8**)
slogan el lema (publicitario) (**13**)
slope la falda (**15**)
sloth el perezoso (**5**)
slow lento/a (**9**)
slowly despacio (**5**)
small pequeño/a (**1, 2**)
small, very chiquito/a (**5, 15**)
smell el olor (**6**)
smile la sonrisa (**2**)
smile, to sonreír (i, i) (**10**)
smog, there is hay contaminación (**7**)
smoke el humo (**12**)
smoke, to fumar (**8**)
snack la merienda (**6**)
snake la culebra (**7**)
snorkel, to bucear (**9**)
snow, to nevar (ie) (**7**)
so, so más o menos (**1**)
soap el jabón (**5**)
soap opera la telenovela (**13**)
soccer el fútbol (**2**)
social page la crónica social (**13**)
social science las ciencias sociales (**3**)
social security el seguro social (**6**)
social welfare programs los programas sociales (**15**)
socialist el/la socialista (**8**)
society la sociedad (**5**)
sociology la sociología (**3**)
sodium nitrate el nitrato de sodio (**6**)
sofa el sofá (**5**)
soft suave (**8**)
soft drink el refresco (**6**)
softly dulcemente (**5**)
solar solar (**15**)
solid sólido/a (**6**)
solitary solitario/a (**11**)
soloist el/la solista (**14**)
solution la solución (**2**)
solve, to resolver (ue); solucionar (**15**)
some alguno/a/os/as (**7**)
someone alguien (**7**)
something algo (**3, 6**)
son el hijo (**4**)
son, my mi'jo (*slang*) (**15**)
song la canción (**3**)
son-in-law el yerno (**4**)
soon pronto (**10**)
sophisticated sofisticado/a (**14**)
sophistication la sofisticación (**14**)
sorbet el sorbete (**6**)
sorrow la pena (**10**)
soul el alma (**2**)
sound el sonido (*fem.*) (**14**)
soup la sopa (**6**)
soup, a bit of la sopita (**10**)

souvenir el recuerdo (**9**)
sow, to sembrar (ie) (**8**)
spa el balneario (**9**)
Spanish español/a; el español (**2**)
speak, to hablar (**2**)
specialty shop la tienda especializada (**6**)
species la especie (**5**)
spectacle el espectáculo (**8**)
spectacular espectacular (**2, 5**)
spectator el/la espectador/a (**13**)
speculate, to especular (**13**)
speech el discurso (**15**)
speed la velocidad (**12**)
spend, to gastar; pasar (*time*) (**4, 8**)
spicy picante (**6**)
spider la araña (**8**)
spider, little la arañita (**10**)
spider web la tela de la araña (**10**)
sponsor el/la patrocinador/a (**12, 13**)
sponsor, to patrocinar (**13**)
sport el deporte (**1, 7**)
sporting deportivo/a (**7**)
sports section la sección deportiva (**13**)
sportscaster el/la comentarista deportivo/a (**13**)
spreadsheet la hoja electrónica (**12**)
spring la primavera (**1**)
spy, to espiar (**11**)
square cuadrado/a (**5**)
squash la calabaza (**11**)
squeak, to rechinar (**15**)
squid el calamar (**6**)
squirrel la ardilla (**8**)
stadium el estadio (**3**)
stage la etapa (*phase*); el escenario (*theatre*) (**3, 13, 14**)
stair step la escalonada (**8**)
stairs las escaleras (**12**)
stall el puesto (**6**)
stamp el sello (**2**)
stamped estampado/a (**14**)
stand in line, to hacer cola (**9**)
stand out, to destacar (**12**)
stand up, to levantarse; pararse (**8, 15**)
standing parado/a (**15**)
stanza la estrofa (**11**)
star el/la protagonista (**13**)
state el estado (**7**)
statement la afirmación (**12**)
station la estación (**13**)
stationery shop la papelería (**8**)
statistics las estadísticas (**3**)
statuary la imaginería (**4**)
statue la estatua (**9**)
stay la estadía (**9**)
stay, to (*somewhere*) quedarse (**9**)
stay in bed, to guardar cama (**10**)
stay in shape, to mantenerse (ie) en forma (**10**)
stay trim, to guardar la línea (**10**)
steak el bistec (**6**)
steal, to robar (**6**)
steam el vapor (**9**)
step el paso (**4**)
step on, to pisar (**11**)

stepbrother/stepsister el/la hermanastro/a (**4**)
stepfather el padrastro (**4**)
stepmother la madrastra (**4**)
stereotype el estereotipo (**12**)
stew el estofado (**6**)
stew, Chilean el curanto (**6**)
stewpot la cazuela (**6**)
stick el palo; la vara (**7**)
still todavía; aun (**3, 4**)
still life la naturaleza muerta (**6**)
stimulate, to estimularse (**9**)
stimulus el estímulo (**11**)
Stockholm Estocolmo (**4**)
stomach el estómago (**10**)
stone la piedra (**4**)
stop la parada (**15**)
store la tienda (**8**)
storm la tempestad (**8**)
story el relato; narrativo/a (**12, 14**)
storyteller el/la cuentista (**11**)
stove la estufa (**6**)
stove, little la estufita (**15**)
straight ahead todo recto (**3**)
strange extraño/a (**11**)
strange, to seem extrañar (**12**)
straw la paja (**14**)
strawberry la fresa (**15**)
stream el chorro (**15**)
street la calle (**2**)
strengthen, to fortalecer (**15**)
stress el estrés (**10**)
string, to ensartar (**15**)
striped de rayas (**8**)
stroll el paseo (**1**)
struggle la lucha (**15**)
student el/la estudiante; estudiantil (*adj.*) (**1, 6**)
student union el centro estudiantil (**3**)
studies los estudios (**2**)
studio el estudio (**13**)
study el estudio (**3**)
study, to estudiar (**2**)
stunning impactante (**5**)
stupid tonto/a (**13**)
style el estilo (**2, 14**)
style, in de moda (**8**)
subject, academic la materia (**3**)
substance la sustancia (**15**)
success el éxito (**11**)
such as tal/es como (**4**)
suckling pig el cochinillo (**8**)
suffer (from), to sufrir (de); padecer (de) (**3, 10**)
sufficient suficiente (**11**)
sufficiently suficientemente (**4**)
sugar la azúcar (**6**)
suggest, to sugerir (ie, i) (**9**)
suggestion la sugerencia (**8**)
suit el traje (**8**)
suitcase la maleta (**8**)
summarize, to resumir (**7**)
summary el sumario; el resumen (**2, 5**)
summer el verano (**1**)
Sunday el domingo (**1**)
sunglasses las gafas de sol (**7, 9**)
sunny, it is hace sol (**7**)
superficial superficial (**11**)
supermarket el supermercado (**6**)
supervisor el/la supervisor/a (**11**)
support el apoyo (**4**)

support, to apoyar; mantener (ie) (*a family, etc.*) (8, **15**)
supposed supuesto/a (9)
sure seguro/a (4)
surely seguramente (3)
surf, to surfear (7)
surname el apellido (2)
surprise la sorpresa (6)
surprised maravillado/a (4)
surprising sorprendente (11)
surrealist surrealista (13)
surrounded rodeado/a (12)
surroundings el ambiente (3)
survey la encuesta (10)
susceptible susceptible (4)
suspicion la sospecha (11)
sweater el suéter (4, **8**)
sweep, to barrer (**5**)
sweets los dulces (15)
swell, to hinchar (12)
swim (in the ocean/in a pool), to nadar (en el mar/en una piscina) (2, **7**)
swimming natación (**2**)
swimming pool la piscina (5, 7, **9**)
swimsuit el traje de baño (**7**)
symbolize simbolizar (6)
symphonic la sinfónica (14)
symphony la sinfonía (**14**)
symptom el síntoma (**10**)
synthesis la síntesis (9)
synthetic sintético/a (14)
system el sistema (4)

T
table la mesa (1, **5**)
tablespoon la cucharada (6)
tail la cola (7)
take, to tomar (**2**)
take advantage of, to aprovechar (7)
take care (of oneself), to cuidar(se) (6, **10**)
take off, to despegar (*on an airplane*); quitarse (**5**, 9)
take on, to encargar (14)
take one's blood pressure, to tomarse la presión (**10**)
take out (the garbage), to sacar (la basura) (**5**, 9)
take pictures, to sacar fotos (9)
take turns, to turnarse (5)
talcum powder el talco (**8**)
talent el talento (9)
talented talentoso/a (**14**)
tall alto/a (**2**)
tank el tanque (10)
task la tarea (2)
taste el gusto (5)
tasty sabroso/a (4)
tattoo el tatuaje (13)
taxes los impuestos (11, **15**)
taxi driver el/la taxista (4)
tea el té; la yerba mate (*Argentina, Paraguay, Uruguay*) (3, **6**, 11)
teach, to enseñar (**2**)
teaching la pedagogía; la enseñanza (**3**, 12)
team el equipo (7)
tear la lágrima (8)
tear down, to derribar (13)
teaspoon la cucharadita (6)
technique la técnica (14)
technological tecnológico/a (**12**)

teeth los dientes (**5, 10**)
telephone telefónico/a (*adj.*) (3)
television la televisión (**7**)
tell, to contar (*a story*) (10)
temperate templado/a (6)
temperature la temperatura (6, **10**)
temple el templo (8)
temporary temporal; temporario/a (3, 12)
temptation la tentación (6)
tend to, to soler (ue); atender (ie) (4, 7)
tendency la tendencia (14)
tenderness la ternura (14)
tennis el tenis (**2**)
tennis court la cancha de tenis (**3**)
tens las decenas (5)
tense tenso/a (14)
tension la tensión (13)
tent la carpa (15)
tenth décimo (**8**)
terms los términos (11)
terrace la terraza (5)
terrain el terreno (4)
terrestrial terrestre (8)
terrific estupendo/a (**7**)
territory el territorio (13)
Thank you. Gracias. (**1**)
thankful agradecido/a (13)
that (one) eso (*neuter*); ese/a; ése/a (*that one*); aquello (*neuter*); aquel/la; aquél/la (*that one over there*) (**4**)
that which (lo) que (5)
the el/la/los/las (**1**)
theatre el teatro (3, **4**)
theft el robo (11)
their su/s; suyo/a/os/as (3, 7, **13**)
theirs suyo/a/os/as (7, **13**)
theme el tema (7)
theory la teoría (8)
therapy la terapia (3)
there allá; allí (9)
there is/are hay (**1**)
therefore por eso (2)
thermal termal (10)
these (ones) estos/as; éstos/as (*these ones*) (**4**)
they ellos/as (**1**)
thick espeso/a (15)
thin delgado/a (**2**)
thing la cosa (**1**)
think, to pensar (ie) (3, **4**)
third tercer/o/a (**8**)
thirsty sediento/a (12)
thirsty, to be tener (ie) sed (**3**)
this (one) este/a; esto (*neuter*); éste/a (*this one*) (**4**)
thorax el tórax (13)
those (ones) esos/as; ésos (*those*); aquellos/as; aquéllos/as (*those over there*) (**4**)
thought el pensamiento (3)
throat la garganta (**10**)
throw in, to echar (6)
throw out, to arrojar (12)
throw, to tirar (15)
Thursday el jueves (**1**)
ticket, (roundtrip) el boleto; el pasaje (de ida y vuelta) (4, **9**)
tie la corbata (**8**)
tie, to atar; empatar (*the score*) (**7**, 8)

tight estrecho/a (*clothing*); apretado/a (**8**, 12)
time el tiempo; el rato (*length of*) (1, 13)
timid tímido/a (**1**)
tin el estaño (10)
tip punta; la propina (*monetary*) (4, **6**)
tire, to cansar; aburrir (*bore*) (**6**, 7)
tired cansado/a (4)
title el título (2)
toad el sapo (8)
toast, to tostar (ue) (**6**)
toaster la tostadora (**6**)
together juntos/as (4)
tolerance la tolerancia (15)
tomato el tomate (**6**)
tomb la tumba (15)
tomb stone la lápida (14)
tomorrow la mañana (**2**)
tongue la lengua (7, **10**)
too much demasiado (9)
toothbrush el cepillo de dientes (**5**)
toothpaste la pasta de dientes (**8**)
toothpick el palillo (14)
topic, current el tema actual (**15**)
tortoise el galápago (8)
toucan el tucán (11)
touch el toque; el tacto (6, 13)
tour la gira (**14**)
tour, to ir de excursión (**9**)
tour guide el/la guía (**9**)
tourism el turismo (5)
tourist el/la turista (2)
touristy turístico/a (9)
tournament el torneo (2)
tow truck la grúa (4)
towel la toalla (7)
town el pueblo; la villa (8, 15)
town crier el pregonero (7)
town, small el pueblecito (10)
trace la huella (12)
track and field el atletismo (7)
trade el oficio (**11**)
tradition la tradición (3)
traffic el tráfico (15)
traffic, to traficar (13)
traffic jam el atasco (14)
tragedy la tragedia (7)
tragic trágico/a (4)
train el tren (6, **9**)
trainer el/la entrenador/a (**7**)
training el entrenamiento (**11**)
tranquilizer el calmante (**10**)
transaction la transacción (15)
transform, to transformar (10)
transition la transición (12)
translate, to traducir (15)
translator el/la traductor/a (15)
transmit, to transmitir (10, **13**)
trap, to atrapar (11)
trapped atrapado/a (7)
travel, to viajar (2, **9**)
travel agency la agencia de viajes (9)
travel agent el/la agente de viajes (9)
travel through/across, to recorrer (**9**)
traveler el/la viajero/a (**9**)
traveling salesperson el/la viajante (**11**)
treasure el tesoro (8)

treatment el tratamiento (10)
tree el árbol (4)
tremor el temblor (14)
tresses (of hair) las trenzas (8)
trilogy la trilogía (13)
trimester el trimestre (3)
trip, to tropezar (2)
trip, (to take a) (hacer un) viaje (**9**)
trombone el trombón (2, **14**)
truck el camión (*Mexico*) (15)
true cierto/a (2)
trumpet la trompeta (1, **14**)
trumpeter el/la trompetista (5)
trunk la cajuela (15)
truth la verdad (8)
try, to probar (ue) (6)
try on, to probarse (ue) (4, **8**)
Tuesday el martes (**1**)
tulle (*silk or nylon net*) el tul (**14**)
turkey el pavo (6)
Turkish turco/a (10)
turn off, to apagar (12)
turn on, to encender (ie) (12)
turnover la empanada (empanadita) (6)
tuxedo el esmoquin (**14**)
twist around, to enredar (7)
twist, to torcer (ue) (**10**)
typical típico/a (8)

U
ugly feo/a (**2**)
umbrella la sombrilla (**7**)
UN la ONU (12)
uncle el tío (**4**)
uncomfortable incómodo/a (9)
under debajo (de) (**5**)
underscore, to subrayar (5)
understand, to comprender; entender (ie) (**2, 4**)
uneasiness la inquietud (13)
unemployment el desempleo (6, **11**)
unfaithful infiel (13)
unfinished inacabado/a (13)
unforgettable inolvidable (8)
unfortunately desgraciadamente (10)
uniform el uniforme (7)
union el sindicato (12)
unique único/a (8)
unite, to unir (15)
university la universidad (**1**)
unknown desconocido/a (15)
unmarried soltero/a (**4**)
unraveled deshecho/a (10)
use, to usar; utilizar (11, 14)
useful valioso/a; útil (12, 15)
useless inútil (15)
utensil el utensilio (6)
utility la utilidad (10)

V
vacancy la vacante (**11**)
vacation las vacaciones (8)
vacuum cleaner la aspiradora (**5**)
vacuum, to pasar la aspiradora (**5**)
value el valor (1)
variety la variedad (5)
various varios/as (9)
vary, to variar (6)

VCR la videograbadora (**12**)
vegetarian el/la vegetariano/a (**6**)
vegetation la vegetación (13)
velvet el terciopelo (**14**)
vendor, street el/la vendedor/a ambulante (8)
venerated reverenciado/a (15)
Venezuelan venezolano/a (**2**)
venomous venenoso/a (5)
version la versión (10)
very muy; sumamente (**1**, 10)
very truly yours lo(s)/la(s) saluda atentamente (**11**)
veteran veterano/a (12)
veterinarian el/la veterinario/a (**11**)
veterinary science la veterinaria (**3**)
vibrate, to vibrar (15)
viceroyalty el virreinato (11)
victim la víctima (7)
video camera la cámara de video (9)
video pirate el/la videopirata (13)
view la vista (5, **9**)
viewer el/la televidente (**13**)
viola la viola (**14**)
violate, to violar (**15**)
violence la violencia (13)
violent violento/a (14)
violin el violín (1, **14**)
vision la visión (3)
visitor el visitante (9)
vitamin la vitamina (10)
vivid vívido/a (10)
voice la voz (8)
voicemail la mensajería (12)
volcano el volcán (5, **9**)
volleyball el vólibol (**7**)
voluntary voluntario/a (5)
volunteer el/la voluntario/a (**2**)
voluptuous voluptuoso/a (9)
voluptuousness la voluptuosidad (14)
vote el voto (13)
vote (for), to votar (por) (**15**)
voter el/la votante (13)
vulture el buitre (14)

W

wages el sueldo (3, **11**)
waiter el camarero (**6**)

waiting area la sala de espera (**9**)
waitress la camarera (**6**)
wake up, to despertarse (ie) (**5**)
walk, to caminar; andar (**2**, 6)
walk, to take a pasear; dar un paseo (**4**, **7**)
wallet la cartera (15)
want, to querer (ie) (**4**)
war la guerra (5)
wardrobe el armario (5)
war-like bélico/a (13)
warm cálido/a, caluroso/a (8, **9**)
warn, to advertir (ie, i) (14)
warrior el guerrero (3)
wash, to lavarse (**5**)
wash clothes, to lavar la ropa (**5**)
wash dishes, to lavar los platos (**5**)
washing machine la lavadora (**5**)
waste los desechos (**12**)
watch el reloj (**1**)
watch (television/a movie), to ver (la televisión/una película); vigilar (**7**, 15)
watch one's figure, to guardar la línea (10)
water, (mineral) el agua (mineral) (*fem.*) (3)
water skiing el esquí acuático (**7**)
waterfall el salto (**9**)
wave la ola (5)
way (of dressing) el modo (de vestir); la vía; la manera (5, 6, 11, **14**)
we nosotros/as (**1**)
wealth la riqueza (9)
weapon el arma (*fem.*) (**15**)
wear a shoe size, to calzar (**8**)
wear, to llevar (**8**)
weather el tiempo (**7**)
weatherman/woman el/la meteorólogo/a (**13**)
weave, to tejer (10)
weaving el tejido (4)
web site el sitio Web (**12**)
web page la página Web (**12**)
wedding la boda (3)
Wednesday el miércoles (**1**)
week la semana (**1**)
weight el peso (**10**)
weightlifting levantar pesas (**7**)

welcome la bienvenida (8)
well bien (*fine*); pues; el pozo (*of water*) (**1**, **3**, 15)
well made bien hecho/a (**14**)
well-being el bienestar (**10**)
wet húmedo/a (13)
wet, to mojar (14)
what qué; cómo (**1**, **2**)
What's happening? ¿Qué pasa? (**1**)
What's up? ¿Qué tal?; ¿Qué pasa? (**1**)
What's your name? ¿Cómo se llama usted? (*for.*); ¿Cómo te llamas? (*inf.*) (**1**)
whatever you hear oyeres (13)
whatever you see vieres (13)
when cuando (**2**)
where donde (**2**)
which (one/s) cual/es (**2**)
while mientras (4)
while, a little el ratito (15)
whistle el silbato (15)
white blanco/a (**1**)
who quien (**2**)
whose cuyo/a/os/as (5)
why por qué (**2**)
wide ancho/a; amplio/a (5, 8)
widow/er viudo/a (4)
wife la esposa (3, **4**)
wild montuno/a (14)
will la voluntad (15)
willing dispuesto/a (**12**)
win, to ganar (2, **7**)
wind el viento (6)
window la ventanilla (**9**)
windy, it is hace viento (**7**)
wine el vino (6)
winner el/la ganador/a (15)
winter invierno (**1**)
wintertime invernal (*adj.*) (6)
wire la alambrada (15)
with con (**1**)
withdraw, to retirarse (15)
within dentro de (**5**)
woman la mujer (**1**)
wonderful magnífico/a (**7**)
wood la madera (3)
wool la lana (8)
work la labor; la obra (*art*) (2, 10)
work, to trabajar; funcionar (*mechanical*) (**2**, **12**)
work on commission, to trabajar a comisión (**11**)

welcome la bienvenida (8)
worker el/la trabajador/a (1)
world el mundo; mundial (1, 15)
world heritage el patrimonio mundial (10)
World Series la serie mundial (4)
worn out gastado/a (10)
worry, to preocuparse (8)
worth, to be valer (2, **8**)
would you like te gustaría (**4**)
wound, to herir (ie, i) (**4**)
wounded herido/a (10)
wristwatch el reloj de pulsera (**8**)
write, to escribir (**2**)
writer el/la escritor/a (6)
wrong, to be no tener razón (**3**)

X

X-ray la radiografía (**10**)

Y

yard el patio (**5**)
year el año (**1**)
years old, to be... tener...años (**3**)
yellow amarillo/a (**1**)
yesterday ayer (**6**)
yogurt el yogur (**6**)
you tú; usted/es (*for.*); vosotros/as (*inf. pl.*) (Spain) (**1**)
you were, if si fueres (9)
you're welcome de nada (**1**)
young joven (**2**)
younger menor (**4**)
your tu/s (*inf.*); su/s (*for.*); vuestro/a/os/as (*inf. pl.*) (**1**, **3**)
yours tuyo/a/os/as (*inf.*); suyo/a/os/as (*for.*); vuestro/a/os/as (*inf. pl.*) (**3**, **13**)
youth la juventud (12)

Z

zinc el cinc (10)
zone la zona (8)

CREDITS

Text Credits

p. 33 "Salsa a Nueva York." Courtesy of TTH Records, Inc.; **p. 69** "Cuentáme alegrías" (Salvador Puerta) by Tachú © and (p) Pasarela SL; **p. 107** "La bamba" Interpretada por El Mariachi Vargas de Tecatitlán aparece por autorización de Sony BMG Music Entertainment (México) S.A. DE C.V.; **p. 147** "Marimba con punta" by César Castillo ©MC Productions, Inc. **p. 183** Music courtesy of SONIDO Inc.; Lyrics © 1981 Ruben Blades Publishing, all rights administerd by Sony/ATV Discos Music Publishing LLC (ASCAP); **p. 217** "Tren al sur" by writer/composer Jorge González Rios, SCD, Chile; **p. 251** "El pregonero," courtesy of TTH Records, Inc.; **p. 253** "Sensemayá" by Nicolás Guillén. Used by permission of Juan Pablos Editor; **p. 285** "Junto a ti," by Yawar ©Producciones Iempsa, S.A.C.; **p. 287** "Los rivales y el juez," Ciro Alegría. Used by permission of Los Morochucos; **p. 323** "Tu ausencia," ©Discos Fuentes S.A.; **p. 354** "Sol de primavera" by Gonzalo Vargas ©Celestial Harmonies; **p. 356** "El ñandutí," Aitor Bikandi-Mejías; **p. 388** "Todo cambia." Music courtesy of Universal Music Latino; Lyrics: Letra y Música: Julio Numhauser ©1984 Editorial Musical Korn Intersong/Warner/Chappell Music Argentina; **p. 396** "No hay que complicar la felicidad" by Marco Denevi ©Denevi, Marco, *Falsificaciones*, Buenos Aires, Corregidor, 1984, pp. 159–160. Used by permission; **p. 401** Reprinted with permission from Toshiba; **p. 415** Reprinted with permission from Nokia; **p. 430** "Caminando." Music courtesy of Warner Music Latina, Inc.; Lyrics: Words and music by Millo Torres; **p. 433** From "La Casa en Mango Street." Copyright ©1984 by Sandra Cisneros. Published by Vintage Español, a division of Random House Inc. Translation copyright ©1994 by Elena Poniatowska. Reprinted by permission of Susan Bergholz Literary Services, New York. All rights reserved; **p. 469** "Se vende," (Benjamín A. Estacio, Octavio Cruz) by A.D.N. © and (p) Teddysound SL; **p. 471** "Solos en la noche by Paloma Pedrero." Reprinted with permission; **p. 498** "Que viva el son montuno." Courtesy of TTH Records, Inc.; **p. 500** ©Anderson Imbert, Erique, "El crimen perfecto," en *El gato de Chesire Cuentos 2, Obras Completas*, Buenas Aires, Corregidor, 1999, pp. 101–102; **p. 533** "Tu música popular." Courtesy of TTH Records, Inc.; **p. 535** "Bajo la alambrada" from *Cajas de Carton* by Francisco Jiménez. Spanish translation copyright ©2000 by Francisco Jiménez. Reprinted by permission of Houghton Mifflin Company. All rights reserved

Photo Credits

Photos in the Observaciones sections are stills from *¡Pura vida!* video to accompany *¡Arriba!, Comunicación y cultura*, 5th edition, ©2008

Cover Getty Images, Inc. Laura Ronchi Collection; **p. 3 (top)** Salvador Dali (1904–1989), "The Discovery of America by Christopher Columbus, 1958–1959, oil on canvas, 410.2 x 310 cm. Salvador Dali Museum, St. Petersburg, Florida, USA. The Bridgeman Art Library International Ltd. ©2004 Salvador Dali, Gala-Sal; **(bottom right)** Diego Rivera, "Mexico from the Conquest to 1930." Mural. (Detail) Location: National Palace, Mexico City, Mexico. Photo: Leslye Borden/Photoedit. ©Banco de Mexico Diego Rivera & Frida Kahlo Museums Trust. Av. Cinco de Mayo No. 2, Col. Centro, Del. Cuau; **p. 7** Jupiter Images–FoodPix–Creatas–Brand X–Banana Stock–PictureQuest; **p. 11** PhotoEdit Inc.; **p. 15** Aurora & Quanta Productions Inc.; **p. 17** ©Jimmy Dorantes / Latin Focus.com; **p. 27 (left)** Corbis/Bettmann; **(right)** Corbis/Bettmann; **p. 29 (top)** AGE Fotostock America, Inc.; **p. 31 (top left)** SuperStock, Inc.; **(top right)** Stock Boston; **(middle left)** Getty Images Inc.–Stone Allstock; **(middle right)** Getty Images Inc.–Image Bank; **(bottom)** Corbis/Bettmann; **p. 33** Mauricio Smith; **p. 34** The Granger Collection; **p. 35** Getty Images Inc.–Image Bank; **p. 36** Getty Images Inc.–PhotoDisc; **p. 39** Art Resource, N.Y; **p. 39** Getty Images, Inc.–Allsport Photography; **p. 46** ©Robert Frerck/Odyssey/Chicago; **p. 43 (top left)** Agence France Presse/Getty Images; **(top right)** Getty Images, Inc.; **(bottom left)** Getty Images, Inc–Liaison; **(bottom right)** Getty Images Inc.–Hulton Archive Photos; **p. 50** ©Oliver Benn/Stone/Getty Images; **p. 51** Daniel Berehula/Allsport Concepts/Getty Images; **p. 62 (top left)** PhotoDisc/Getty Images; **(top right)** The Image Works; **(bottom right)** PhotoEdit Inc.; **p. 65** Ian Aitken ©Rough Guides; **p. 67 (top left)** J. Pavlovsky/Corbis/Sygma; **(top right)** Mercury Press; **(middle left)** Index Stock Imagery, Inc.; **(middle right)** ©Daniel Aubry/Odyssey/Chicago; **(bottom left)** ©Reuters NewMedia Inc./CORBIS; **(bottom right)** Getty Images Inc.–Stone Allstock; **p. 69** TEDDYSOUND, S.L.; **p. 72** Reuters Limited; **p. 75 (top left)** Art Resource, N.Y.; **(bottom right)** ©Reuters NewMedia Inc./CORBIS; **p. 83** Images.com; **p. 87** Getty Images, Inc.; **p. 88** Agence France Presse/Getty Images; **p. 89** Photodisc/Getty Images; **p. 98 (top)** ©Tony Perrottet/Omni-Photo Communications, Inc.; **(bottom)** Frida (Frieda) Kahlo, "Frieda and Diego Rivera," 1931, oil on canvas, 39 3/8 in. X 31 in. (100.01 cm x 78.74 cm). Ben Blackwell/San Francisco Museum of Art. ©2003 Banco de Mexico Diego Rivera & Frida Kahlo Museums Trust. Estate of Frida Kahlo.; **p. 101** Omni-Photo Communications, Inc.; **p. 103** "Courtesy of Marcie A. Bahn and Elizabethtown College;" **p. 104** Getty Images Inc.–Stone Allstock; **p. 105 (top left)** ©Robert Frerck/Odyssey/Chicago; **(top right)** Getty Images Inc.–Image Bank; **(middle left)** D. Donne Bryant Stock Photography; **(bottom left)** Susan M. Bacon; **(bottom right)** Corbis/Bettmann; **p. 107** Mariachi Nuevo Tecalitlan; **p. 109 (left)** David R. Frazier Photolibrary, Inc.; **(middle)** Ceremonial procession—detail of musicians. From Mayan fresco series found at Bonampak. (East wall, room 1). Museo Nacional de Antropologia, Mexico City, D.F., Mexico. ©SEF/Art Resource, NY; **(right)** ©Erich Lessing/Art Resource, NY; **p. 115 (top left)** AP/Wide World Photos; **(bottom right)** AGE Fotostock America, Inc.; **p. 118** Pearson Education/PH College; **p. 122** AP Wide World Photos; **p. 126** Werner Forman/Art Resource, NY; **p. 127** Rob Crandall; **p. 131** Photo Researchers, Inc.; **p. 135** Corbis/Outline; **p. 143** PhotoEdit Inc.; **p. 145 (top left)** ©Robert Frerck/Odyssey/Chicago; **(top right)** Index Stock Imagery, Inc.; **(middle left)** D. Donne Bryant Stock Photography; **(middle right)** U of Cincinnati International Programs; **(bottom left)** Neil Lukas ©Dorling Kindersley; **(bottom right)** Viesti Associates; **p. 147 (left)** Rafael Larios; **(right)** Index Stock Imagery, Inc.; **p. 149** Latina Media Ventures; **p. 151** Getty Images Inc.–Stone Allstock; **p. 155 (top left)** Getty Images, Inc.; **(bottom right)** PhotoDisc/Getty Images; **p. 161** AP Wide World Photos; **p. 162** Photo Researchers, Inc.; **p. 165 (left)** Agence France Presse/Getty Images; **(right)** Stephane Cardinale/Corbis/Sygma; **p. 167 (top)** Susan M. Bacon; **(bottom)** Susan M. Bacon; **p. 174** Getty Images, Inc.–Taxi; **p. 175** Getty Images Inc.–Hulton Archive Photos; **p. 179** Peter Wilson ©Dorling Kindersley; **p. 180** D. Donne Bryant Stock Photography; **p. 181 (top left)** Getty Images, Inc.–Liaison; **(middle left)** ©kevinschafer.com; **(middle right)** Cindy Karp/Time Life Pictures/Getty Images; **(bottom left)** Susan M. Bacon; **(bottom right)** Susan M. Bacon; **p. 183** Instituto Panameno de Turismo–IPAT; **p. 185 (top left)** Corbis/Bettmann; **(bottom left)** Susan M. Bacon; **(top right)** PhotoDisc/Getty Images; **p. 189 (top left)** Claudio Bravo, "Ajos y Col," 1984, oil on canvas, 52.1 x 65.2 cm. ©Claudio Bravo, courtesy, Marlborough Galley, New York; **(bottom right)** AFP/Getty Images, Inc.; **p. 194** Chilean National Tourist Board; **p. 196** AP Wide World Photos; **p. 198** Susan M. Bacon; **p. 200** Susan M. Bacon; **p. 202** Grant LeDuc; **p. 205** Getty Images, Inc–Liaison; **p. 208** ©Fernando Pastene/Latin Focus.com; **p. 211** PhotoEdit Inc.; **p. 213** StockFood America; **p. 215 (top left)** Viesti Associates; **(top right)** Omni-Photo Communications, Inc.; **(middle left)** Getty Images Inc.–Stone Allstock; **(bottom left)** D. Donne Bryant Stock Photography; **(bottom right)** Panos Pictures; **p. 217** Loreto

Otero; **p. 218** Getty Images, Inc.–PhotoDisc; **p. 219** ©Jack Parsons/Omni-Photo Communications, Inc.; **p. 223 (top left)** Getty Images, Inc.–Agence France Presse; **(bottom right)** Jaime Colson, Merengue, 1937. Courtesy of Museo Bellapart, Dominican Republic.; **p. 228** Getty Images, Inc.– Liaison; **p. 230** Ricky Davila/International Cover; **p. 232** Getty Images, Inc.; **p. 235** NAOS Photo; **p. 238** AP Wide World Photos; **p. 242** AP Wide World Photos; **p. 245** David R. Frazier Photolibrary, Inc.; **p. 247** John MacDougall/Agence France Presse/Getty Images; **p. 249 (top left)** Agence France Presse/Getty Images; **(top middle)** eStock Photography LLC; **(top right)** Getty Images Inc.–Stone Allstock; **(middle left)** Neg./Transparency no. 578(3). Photo by Jackie Beckett. Courtesy Dept. of Library Services, American Museum of Natural History.; **(middle right)** Photo © www.danheller.com/ Dan Heller Photography; **(bottom left)** Photo © www.danheller.com/Dan Heller Photography; **(bottom right)** Woodfin Camp & Associates; **p. 251** Tito Nieves Productions, Inc.; **p. 252 (top)** Getty Images, Inc.; **(bottom)** Europa Press Reportajes, S.A.; **p. 254** PhotoDisc/Getty Images; **p. 257 (top right)** Fundacion Guayasamin; **(bottom right)** Getty Images Inc.–Stone Allstock; **p. 262** Getty Images Inc.–Stone Allstock; **p. 264** Stock Boston; **p. 265** ©Robert Frerck/Odyssey/Chicago; **p. 269** Susan M. Bacon; **p. 272** Susan M. Bacon; **p. 273** Susan M. Bacon; **p. 274** ©Jimmy Dorantes/Latin Focus.com; **p. 276** Corbis/Bettmann; **p. 278** Dave King ©Dorling Kindersley; **p. 279** Lebrecht Music & Arts Photo Library; **p. 281** PhotoEdit Inc.; **p. 283 (top left)** ©Jack S. Grove/ Mira.com; **(top right)** Rob Reichenfeld ©Dorling Kindersley; **(middle left)** Photography: Angel Hurtado, Art Museum of the Americas, OAS; **(middle right)** The Image Works; **(bottom left)** Affordable Photo Stock; **(bottom right)** Getty Images Inc.–Stone Allstock; **p. 285 (top)** Getty Images, Inc.–Taxi; **(bottom)** PhotoEdit Inc.; **p. 293 (top left)** Corbis/Bettmann; **(bottom right)** AP Wide World Photos; **p. 300** Les Stone/Corbis/Sygma; **p. 301** Getty Images Inc.–Image Bank; **p. 302 (top)** Getty Images Inc.–Hulton Archive Photos; **(bottom)** Museo del Oro, Banco de la República; **p. 305** Getty Images Inc.–Stone Allstock; **p. 306 (top)** Getty Images Inc.–Stone Allstock; **p. 308** Getty Images Inc.–Stone Allstock; **p. 310** Getty Images Inc.–Stone Allstock; **p. 313** Fernando Botero. "Nauturaleza muerta con sopa verde" (Still Life with Green Soup). 1972. ©Fernando Botero, courtesy, Marlborough Gallery, New York.; **p. 316** AP Wide World Photos; **p. 317** PhotoEdit Inc.; **p. 319** Nature Picture Library; **p. 321 (top left)** Jeffrey A. Scovil Photography; **(top right)** ©Marcelo Salinas/Latin Focus.com; **(middle)** ©Jan Butchofsy-Houser/CORBIS; **(bottom left)** PhotoEdit Inc.; **(bottom right)** ©2004 Peter Menzel/menzelphoto.com; **p. 323 (top)** Fernando Jaramillo; **(bottom)** David Ashby ©Dorling Kindersley; **p. 324 (top left)** Getty Images Inc.–Stone Allstock; **(top right)** Photo Researchers, Inc.; **(bottom left)** The Stock Connection; **(bottom right)** Peter Arnold, Inc.; **p. 325** Prentice Hall School Division; **p. 329 (top left)** Nancy Humbach; **(bottom right)** ©Robert Frerck/Odyssey/Chicago; **p. 333 (top)** Getty Images, Inc.–Taxi; **(bottom)** ©Wolfgang Kaehler 2004 www.wkaehlerphoto.com; **p. 335 (top)** Photofest; **(bottom)** PhotoEdit Inc.; **p. 337** Corbis/Bettmann; **p. 339** The Image Works; **p. 340** ©Hubert Stadler/CORBIS; **p. 345** Corbis Digital Stock; **p. 348** SAMUEL GOLDWYN/STARZ! ENCORE ENT / THE KOBAL COLLECTION; **p. 350** Sri Maiava Rusden / PacificStock.com; **p. 351** Photo Researchers, Inc.; **p. 353 (top left)** Itaipu Binacional; **(top right)** ©Ken Laffal; **(middle left)** D. Donne Bryant Stock Photography; **(middle right)** Woodfin Camp & Associates; **(bottom left)** Andrew W. Miracle; **(bottom right)** PhotoEdit Inc.; **p. 354** Celestial Harmonies; **p. 356** Visuals Unlimited; **p. 357** Victor Englebert; **p. 360** Getty Images, Inc - Artville LLC; **p. 363 (top left)** Nature Picture Library; **(bottom right)** ©Sophie Bassouls/CORBIS Sygma; **p. 369** AP Wide World Photos; **p. 371** PhotoEdit Inc.; **p. 375** PhotoEdit Inc.; **p. 378 (top)** Susan M. Bacon; **(bottom)** Susan M. Bacon; **p. 382** Aurora & Quanta Productions Inc.; **p. 383** PhotoEdit Inc.; **p. 385** Getty Images, Inc.–PhotoDisc; **p. 387 (top left)** Corbis/Bettmann; **(top right)** ©Carlos Goldin/Focus/DDB Stock Photo. All Rights Reserved; **(middle left)** Getty Images, Inc.–Liaison; **(middle right)** SuperStock, Inc.; **(bottom left)** Corbis/Bettmann; **(bottom right)** ©Max and Bea Hunn/DDB Stock Photo. All Rights Reserved. MBH35-15087; **p. 388** Omar Torres/Agence France Presse/Getty Images; **p. 389** Editorial Atlantida S.A.; **p. 394** Photo Researchers, Inc.; **p. 397 (top right)** "Humanscape 65", Mel Casas, Acrylic, 72" x 96", Collection of Jim & Ann Harithas, New York, New York; **(bottom right)** Getty Images, Inc.–Agence France Presse; **p. 401** Yoshikazu Tsuno/Agence France Presse/Getty Images; **p. 402** Photo Researchers, Inc.; **p. 405** ©Tillman Paul McQuien and Kim G. Hochmeister; **p. 406** NASA/Johnson Space Center; **p. 407** PhotoEdit Inc.; **p. 412** PhotoEdit Inc.; **p. 415** Nokia; **p. 422** AP Wide World Photos; **p. 423** AP Wide World Photos; **p. 426** Jim McIsaac/Allsport Concepts/Getty Images; **p. 427** Getty Images Inc.–Stone Allstock; **p. 429 (top left)** Juanishi Orosco V. and Esteban Villa, "Idaho Migrant Council Murals," 1978, one shot enamel paints on concrete wall. Dimension: stairway 20'x 14'. Idaho Migrant Council, Burley, Idaho Art Center. Courtesy of the California Ethnic and Multicultural Arch; **(top right)** Getty Images, Inc.; **(middle left)** Jamie Squire/Getty Images, Inc.; **(middle)** ©Michael Grecco/Stock Boston; **(middle right)** Prentice Hall School Division; **(bottom left)** Frank Cantor/Cantomedia; **(bottom right)** Stock Boston; **p. 430** Eric Laguna; **p. 432** AP Wide World Photos; **p. 439 (top left)** Getty Images Inc.–Image Bank; **(bottom right)** Robert Harding World Imagery; **p. 444** Robert Fried/robertfriedphotography.com; **p. 445 (top)** Corbis/Bettmann; **p. 447** Getty Images, Inc.; **p. 448** AP Wide World Photos; **p. 451** Getty Images, Inc.; **p. 453** Robert Fried/robertfriedphotography.com; **p. 454** Getty Images, Inc.; **p. 465** AP Wide World Photos; **p. 467 (top left)** ©Robert Frerck/Odyssey/Chicago; **(top right)** ©Robert Frerck/Odyssey/Chicago; **(middle)** Aurora & Quanta Productions Inc; **(middle left)** Getty Images Inc.–Stone Allstock; **(middle right)** ©Robert Frerck/Odyssey/Chicago; **(bottom)** Linda Whitwam ©Dorling Kindersley; **p. 468 (top left)** ©Quike H. Novoa /MercuryPress.com; **(bottom left)** ©Dorling Kindersley; **(bottom right)** David Murray and Jules Selmes ©Dorling Kindersley; **p. 469** TEDDYSOUND, S.L.; **p. 477 (top left)** Art Resource, N.Y.; **(bottom right)** Art Resource, N.Y.; **p. 478** Marv Sloben; **p. 480** Guitar Society; **p. 482** AP Wide World Photos; **p. 485** Corbis/ Reuters America LLC; **p. 487** AP Wide World Photos; **p. 488** AP Wide World Photos; **p. 491** AP Wide World Photos; **p. 492 (top)** Getty Images, Inc.–Taxi; **(bottom)** PhotoEdit Inc.; **p. 495** Getty Images Inc.–Stone Allstock; **p. 497 (top left)** ©Robert Frerck/ Stone/Getty Images; **(top right)** Esto Photographics, Inc.; **(middle left)** Oswaldo Guayasamin, "La Madre el Nino." 1989. Photo Nicolas Osorio Ruiz. Museo Fundacion Guayasamin, Quito–Ecuador; **(middle)** Art Resource, N.Y.; **(middle right)** Joan Miro, Spanish, 1893–1983. The Owl. Photograph ©SuperStock, Inc. ©2004 Successio Miro/Artists Rights Society ARS, NY; **(bottom left)** Self Portrait #8 (desnudo frente al espejo), 1988, 420 cm x 165 cm, mixed media and oils on canvas. Co. Museo de Arte Contemporaneo de Puerto Rico. Painter: Maria de Mater O'Neill.; **(bottom right)** Getty Images Inc.–Stone Allstock; **p. 498 (top)** ©Goldberg Diego/CORBIS SYGMA; **(bottom)** Photo Courtesy: Tipica Novel and Mauricio Smith, Jr.; **p. 499** Eduardo Comesana Agencia de Prensa; **p. 502** PhotoDisc/Getty Images; **p. 505 (top left)** Viesti Associates; **(bottom right)** AP Wide World Photos; **p. 506** PH College Archives category PS Portraits; **p. 508** CONGRESSWOMAN ILEANA ROS-LEHTINEN; **p. 510** Demetrio Carrasco ©CONACULTA-INAH-MEX. Authorized reproduction by the Instituto Nacional de Antropologia e Historia; **p. 512** Andy Crawford ©Dorling Kindersley, Courtesy of the Royal Museum of Scotland, Edinburgh; **p. 514** Sebastian Szyd/The World Bank; **p. 515 (top)** AP Wide World Photos; **(middle)** ©Horst Wagner / EFE / CORBIS All Rights Reserved; **(bottom)** Getty Images, Inc.; **p. 521** Getty Images–Stockbyte.; **p. 525** Juan Mabromata/Agence France Presse/Getty Images; **p. 526** Getty Images, Inc.–Taxi; **p. 527** Felipe Guaman Poma de Ayala: Neuva coronica y buen gobierno (1615), page 337 of the autograph manuscript GKS 2232 4to. Courtesy of The Royal Library, Copenhagen. Complete digital facsimile http://www.kb.dk/elib/mss/poma/; **p. 529** Getty Images, Inc.–Liaison; **p. 531 (top left)** Corbis/Bettmann; **(top right)** D. Donne Bryant Stock Photography; **(middle left)** Photo Researchers, Inc.; **(middle right)** ©The British Museum **(bottom left)** CORBIS- NY; **(bottom right)** D. Donne Bryant Stock Photography; **p. 532** Landov LLC; **p. 534** Charles Barry, Santa Clara University; **p. 539 (top)** Bob Fitch/Take Stock; **(bottom)** Stephen Oliver ©Dorling Kindersley; **p. A6** TM and ©Twentieth Century Fox Film Corp./Photofest

INDEX